同济法学先哲文存

徐道隣集

徐道隣 著
蒋晓伟 编

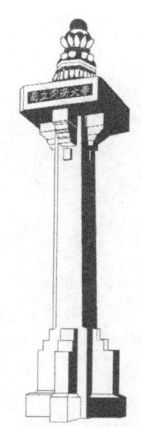

同济法学先哲文存
编委会

顾　　问：吕培明　吴广明　雷星晖

策　　划：吴为民

主　　编：蒋惠岭

执行主编：徐　钢　陈　颐

编委会成员：（按姓氏笔画排序）

　　　　　刘志坚　严桂珍　吴为民　陈　颐　金泽刚

　　　　　夏　凌　徐　钢　高旭军　黄丽勤　曹伊清

　　　　　蒋晓伟　蒋惠岭

徐道隣教授

(1906—1973)

总　序

　　同济大学的法科教育，可溯至1914年11月同济大学接收青岛特别高等专门学堂法政科9名学生。1945年9月13日，南京国民政府教育部训令同济大学："兹为积极培植法律人才，该校自本学年度起成立法学院，并先设法律学系开始招生，仰迅筹办具报，此令。"同月，同济大学发布增设法学院并先添设法律学系布告，筹办法学院，并于当年12月正式开学。

　　自清末修律以来，近代中国法制变革以日本（清末）、德国（南京国民政府时期）为宗。但在法律教育领域，介绍德国法学者独付阙如。同济大学之外国语文向以德文为主，教育部训令同济大学增设法学院，应是基于上述考量。故此，同济大学法学院之课程及一切设施参照德国法律教育制度，是近代中国法律教育史上唯一一所以德国法为特色的法学院。

　　同济大学法学院能在近代中国法律教育史上留有一席之地，除了德国法特色外，与法学院在短时期内汇聚了一批国内名家，有莫大的关联。法学院首任院长胡元义教授为南京国民政府教育部第一届部聘教授（第一届部聘教授中唯一的法科教授），民法造诣深厚；继任院长徐道邻教授为德国柏林大学法学博士、一代法学大家；代理院长薛祀光教授为中山大学法学院创始院长，精研债法；代理院长张企泰教授为法国巴黎大学博士，并曾任德国波恩大学及柏林大学法学院研究员。范扬、余群宗、吴岐、俞叔平、顾福漕、刘笃、钱实甫、萧作梁、何远岫、叶叔良、左仍彦、陈盛清、谢怀栻、丘日庆、余鑫如、林诚毅、胡继纯、曹茂良、朱伯康诸教授皆学养深厚、术有专攻、著述不辍，堪称一时之盛。

值此学习贯彻习近平法治思想，开启法治中国建设新征程之际，同济大学法学院奉"同舟共济"之校训，怀"继往"之心，全面整理同济法学先哲著述，纪念同济法学先哲；秉"开来"之愿，勇担"立时代潮头，育法治英才，发思想先声"的历史使命。"同济法学先哲文存"的编辑出版，为同济大学法学院"四分之三世纪再出发"构筑了历史底色，也为全面推进"新法科"建设提供了丰富的先哲智慧。

同济法学先哲，执教同济之先，大抵皆曾掌各名校教席有著誉者；1949年院系调整后，虽散落各方，亦皆曾为新中国法制、法学与法律教育的创建著有功勋。"同济法学先哲文存"的编辑出版，非仅以存同济法学院一院之学，亦拟为中国法学涵化百廿年传统、再创新章略尽绵薄之力。

谨此为序。

"同济法学先哲文存"编委会

二〇二〇年十二月

凡 例

一、"同济法学先哲文存"收录近代同济法学先哲所著,成就斐然、泽被学林的法学文存。入选作品以名作为主,或选录名篇合集。

二、入选著作内容、编次一仍其旧,率以原刊或作者修订、校阅本为底本,参校他本,正其讹误。前人引书,时有省略更改,倘不失原意,则不以原书文字改动引文;如确需校改,则出脚注说明版本依据,以"编者注"或"校者注"形式说明。

三、作者自有其文字风格,各时代均有其语言习惯,可不按现行用法、写法及表现手法改动原文;原书专名(人名、地名、术语)及译名与今不统一者,亦不作改动。如确系作者笔误、排印舛误、数据计算与外文拼写错误等,则予径改。

四、原书为直排繁体,除个别特殊情况,均改作横排简体。原书无标点或仅有简单断句者,增加新式标点;专名号从略。

五、原书篇后注原则上移作脚注,双行夹注改为单行夹注。文献著录则从其原貌,稍加统一。

六、原书因年代久远而字迹模糊或纸页残缺者,据所缺字数用"□"表示;字数难以确定者,则用"(下缺)"表示。

目 录

Die Verfassungswandlung ·················· 1

唐律通论 ·················· 179

中国法制史论略 ·················· 229

中国法制史论集 ·················· 349

论文 ·················· 801

    从法制史上看东方及西方法律观念之形成 ·········· 802

    《唐律疏议补注》序 ·················· 812

    纲常考 ·················· 814

    读唐律 ·················· 827

    《开元律》考 ·················· 831

    唐律在中国法制史上及东亚诸国之价值 ·········· 837

    宋朝的阿云之狱 ·················· 841

    清代考试与任官制度 ·················· 847

    民主、法治与制度 ·················· 867

    福利国家的科学意义 ·················· 871

    宪法草案初稿商兑 ·················· 881

对于宪法草案初稿之意见 ………………………………… 886
论行政处分之拘束力 …………………………………… 892
营业界限争执之行政法观 ……………………………… 895
刑事责任与行政责任 …………………………………… 902
论行政诉讼之范围 ……………………………………… 906
行政诉讼中之赔偿损害问题 …………………………… 915
论现行法律教育制度 …………………………………… 917
刑罚可废除乎？ ………………………………………… 922
书评：LAW IN IMPERIAL CHINA ……………………… 927

编后记 …………………………………………………… 949

Die Verfassungswandlung

Meinem Lehrer
Herrn Prof. D. Dr. R. Smend
in größter Verehrung *

---

*本篇影印自徐道邻1931年博士学位论文原件,并保留文件原目录及页码,供读者查阅。——编者注

Vorwort.

Ausgehend von einem grundlegenden Lehrsatz der konfuzianischen Staats- und Rechtsphilosophie, daß es regierende Menschen, aber kein regierendes Recht (Gesetz) gebe,[1]) hegte ich am Anfang meiner Studien in der abendländischen Jurisprudenz immer ein gewisses Mißtrauen gegen das positive Rechtssystem. Als ich einmal das Problem der Verfassungswandlung bei J e l l i n e k angedeutet fand,[2]) stand ich diesem gleich sehr interessiert — und nicht ohne eine gewisse Sympathie — gegenüber: wenn selbst die Verfassung, das höchste Gesetz jeder Rechtsordnung, in Frage gestellt werden kann und in Frage gestellt wird, was ist der Wert der tausend geschriebenen Paragraphen?

Als ich dem Problem etwas nachgegangen war — zuerst durch die deutsche und dann durch die „ausländische" Literatur —, sah ich mich bald inmitten einer bunten Fülle eigenwertiger Probleme, die im wesentlichen um die verfassungsrechtliche Disziplin zentriert sind, die aber mit meiner ursprünglichen Fragestellung nur noch in einem mittelbaren Zusammenhang stehen. Aus diesen Studien ist die vorliegende Arbeit entstanden, die einen bescheidenen Versuch in doppelter Hinsicht darstellt: einmal, die in der Literatur angedeuteten Probleme zu verstehen, sodann diese auch zu lösen. Welches nun am Ergebnis dieser Arbeit der chinesische Anteil ist, vermag ich selbst nicht mehr zu beurteilen.

---

[1]) Vgl. darüber etwa L e a n g Ki Tschao, La conception de la loi et les théories des légistes à la veille des Tsin (französische Übersetzung J. E s c a r r a et R. G e r m a i n), Pékin, 1926.

[2]) Allgemeine Staatslehre, 3. Aufl. Berlin, 1914 (neuer Abdruck, 1922), S. 537.

— 8 —

Wenn ich im Laufe der Arbeit oft an deutsche Vertreter der verfassungsrechtlichen Disziplin, besonders die der Vorkriegspublizistik, recht polemisch herantrete, so liegt das lediglich an der **Materie** meiner Behandlung. Ich bin mir wohl bewußt, was ich der deutschen Rechtswissenschaft, von der aus ich doch erst einen Einblick in das westliche geisteswissenschaftliche Denken gewinnen konnte, zu verdanken und wie ich sie zu schätzen habe.

Berlin, im August 1931.

H s ü Dau-Lin

Inhaltsübersicht.

Vorwort 7
Inhaltsübersicht 9
Einleitung 13

Erster Teil. Begriff und Arten der Verfassungswandlung.

Allgemeines und Übersicht 17
Verfassungswandlung bedeutet eine Inkongruenz zwischen Verfassungsnormen und Verfassungswirklichkeit (S. 17). Das Problem der Verfassungswandlung ist besonders bedeutungsvoll bei den „starren" Verfassungen (S. 18). — Die vier Arten der Verfassungswandlung (S. 19). Ein Schema (S. 20).

I. Verfassungswandlung durch eine formal die Verfassung nicht verletzende Verfassungspraxis (S. 21). Die kaiserliche Initiative (S. 22). Stellvertretende Bevollmächtigte zum Bundesrat (S. 23). Stellvertretung des Reichskanzlers (S. 24). Die „parliamentary committees" in den Vereinigten Staaten (S. 24).

II. Verfassungswandlung durch die Unmöglichkeit der Ausübung verfassungsgesetzlich statuierter Machtbefugnisse (S. 25). Das Auflösungsrecht des Präsidenten der französischen Republik (S. 26). Staatsrechtliche Ministerverantwortlichkeit (S. 27). Das Recht des Präsidenten der französischen Republik auf die Wiederwahl (S. 29).

III. Verfassungswandlung durch eine verfassungswidrige Praxis (S. 29). Das Reichsbahngesetz (S. 30). Das Gesetz über die Befriedung des Reichstags- und der Landtagsgebäude (S. 31). Das Begnadigungsrecht des Reichspräsidenten, Art. 49 RV. (S. 31). Franckenstein'sche Klausel (S. 32). Bevollmächtigte der Länder zu den Sitzungen des Reichstags und §§ 96, 97 der GO. des Reichstags (S. 33). Die Permanenz des Reichsrates (S. 33). Die Permanenz des Bundesrates (S. 34).

IV. Verfassungswandlung durch die Interpretation der Verfassung (S. 35). Das Abolitionsrecht des Großherzogs von Baden (S. 36). Der Gleichheitssatz in der preußischen Verfassung (S. 36). Die Bedeutung der „Verordnung" im Art. 10 des Österreichischen Staatsgrundgesetzes von 1867 (S. 37). Die „legal tender cases" (S. 38).

Verfassungslücken und Verfassungswandlung 39
Das Problem von Rechts- und Gesetzeslücken (S. 39). Das Mißverhältnis von Bedeutung und Behandlung des Problems (S. 40). Der Unterschied von echten und technischen Rechtsnormen ist hier übersehen worden (S. 43). Das „Recht" hat keine Lücken (S. 44). Der „Lückenmaßstab" (S. 45).
Das Problem von den Verfassungslücken (S. 46). Die Unterscheidung von öffentlichem und Privatrecht (S. 46). Die bisherige Literatur verkennt das Wesen der Verfassung (S. 47).

— 10 —

Die Verfassung ist keine Kodifikation zur „vollständigen" Regelung einzelner Staatsrechtsverhältnisse (S. 48). Verfassungswesentliche und verfassungsindifferente Verfassungsrechtsnormen (S. 49). Geschlossenheit (Sinnsystemhaftigkeit) statt Vollständigkeit (Ausdrücklichkeit) der Verfassung (S. 52). Die Schulbeispiele der Verfassungslücken (S. 53). Es sind zwei verschiedene Fragegruppen (S. 54). Die Frage nach den Verfassungslücken ist die natürliche Verzweiflung des verfassungstheoretischen Formalismus (S. 56).

Das Verhältnis von Verfassungslücken und Verfassungswandlung (S. 57). Bei Verfassungswandlung handelt es sich nicht um Verfassungslücken (S. 58).

Das Obsolet-Werden von Rechtssätze und die Verfassungswandlung   59

Ein Rechtssatz kann obsolet werden (S. 59). Das wandelbare Wesen des Rechts (S. 60). Der formaljuristische und der rechtsphilosophische Geltungsbegriff (S. 60). Die Frage der Sozialgeltung in der normlogischen Schule (S. 61). Die Obsolet-Werdung eines Rechtssatzes (S. 67). Die Positivsten (S. 63). Die Gründe für die Beibehaltung der „Formalexistenz" eines obsolet gewordenen Rechtssatzes (S. 66). Ein obsolet gewordener Verfassungsrechtssatz führt zu Verfassungswandlung (S. 66).

Die „materielle" Verfassungsänderung und die Verfassungswandlung   67

Das Problem der materiellen Verfassungsänderung (S. 67). Die verschiedene Behandlung des Problems in der Vorkriegs- und der Nachkriegszeit (S. 68).

Die drei Arten der materiellen Verfassungsänderung (S. 70). Die kenntlich gemachte materielle Verfassungsänderung (S. 71). Die nicht kenntlich gemachte materielle Verfassungsänderung (S. 73). Die zufällige materielle Verfassungsänderung (S. 77).

Verfassungsinterpretation und Verfassungswandlung . . .   79

Das Problem der Verfassungsinterpretation (S. 79). Nicht die Gesetzesinterpretation überhaupt (S. 80). Auch nicht die „authentische" Interpretation (S. 81).

Das Problem der Verfassungsinterpretation in den Vereinigten Staaten (S. 81). — Die drei Bedingtheiten dieser Problemlage (S. 82). Die Rolle der Supreme Court für die Verfassungsinterpretation (S. 85). Die „attacks" auf die judicial review (S. 85). Chief Justice John Marshall (S. 86). Die Rechtsprechung der Supreme Court (S. 86). Die „Doktrinen" Marshalls (S. 88). „Lose construction" und „strict interpretation" (S. 89). Die Lehre von den „implied powers" (S. 90). Diese Interpretationsmethode in der Praxis (S. 91). In der Wissenschaft (S. 93). Die unproblematische Haltung der amerikanischen Verfassungsrechtstheorie (S. 95). Diese spezifisch amerikanische Eigentümlichkeit darf nicht verallgemeinert werden (S. 95).

Zweiter Teil. Verfassungswandlung als Rechts- und als Verfassungsproblem.

Die Problematik der Verfassungswandlung   97

Die Stellung des Problems bei Laband (S. 97). Bei Jellinek (S. 99). In der bisherigen Literatur (S. 99). Die Verkennung der wahren Problemlage (S. 100).

— 11 —

Verfassungswandlung und Gewohnheitsrecht 101
  Gewohnheitsrechtliche Erklärung der Verfassungswandlung (S. 101). Die Theorie des Gewohnheitsrechts (S. 101). Sie ist keine deutsche Spezialität (S. 102).
  Ein Überblick über die Entwicklung der Gewohnheitsrechtstheorie (S. 102). 1. Die Romantik (S. 102). 2. Die modifizierte romantische Theorie (S. 103). 3. Die positivistische Theorie (S. 103) 4. Die soziologische Theorie (S. 104). 5. Die Richterrechtstheorie (S. 104). — Kritik (S. 105).
  Das Problem des Gewohnheitsrechts im Verfassungsrecht (S. 106). 1. Die „Gestattungstheorie" (S. 106). 2. Die Theorie der derogatorischen Kraft des Gewohnheitsrechts (S. 107). 3. Die vermittelnde Theorie (S. 108). 4. Die Leugnung des Gewohnheitsrechts im Vrfassungsrecht (S. 109). — Kritik dieser Theorien (S. 109).
  Die Lehre vom Gewohnheitsrecht ist zur Erklärung des Problems der Verfassungswandlung unbrauchbar (S. 112). Die formaljuristische Denkweise in solchen Erklärungsversuchen (S. 114).
  Die Lehre von der normativen Kraft des Faktischen (S. 115). Die Unhaltbarkeit dieser Lehre (S. 116). Ihre beschränkte Anwendbarkeit bei technischen Rechtsnormen (S. 118). Aber zur Erklärung des Problems der Verfassungswandlung ist auch diese Lehre unzulänglich (S. 119).

Verfassungswandlung und Konventionalregeln 120
  Hatschek erklärt das Problem der Verfassungswandlung mit dem Begriff der Konventionalregel (S. 120). Die Notwendigkeit der Betrachtung der conventions of the constitution in der englischen Verfassungsrechtstheorie (S. 120).
  Die drei Eigentümlichkeiten des englischen Verfassungsrechts (S. 121). 1. Die Rechtsauffassung (S. 122). 2. Die Funktion der Gerichte bei der Rechtsbildung (S. 123). 3. Die „sovereignity of the Parliament" (S. 124). Die Unterscheidung von law of the constitution und conventions of the constitution (S. 124). Die Elastizität der conventions of the constitution (S. 126). Die Lehre von den conventions of the constitution ist nur für das englische Verfassungsrecht brauchbar (S. 128).
  Die Lehre von den usages of the constitution in den Vereinigten Staaten (S. 131). Im Vergleich zu den conventions of the constitution (S. 132). Beispiele (S. 133). Ihre Elastizität (S. 135).
  Die Lehre von den Konventionalregeln bei Hatschek (S. 135). Ihre Orientierung an der englischen Theorie (S. 138). Die Unzulänglichkeit dieser Theorie (S. 138). Die Polemik bei Tezner (S. 139). Die Unterscheidung von Rechtsregeln und Konventionalregeln bei Redslob (S. 140).
  Mit keiner dieser Theorien kann das Problem der Verfassungswandlung gelöst werden (S. 141).

Verfassungswandlung als Verfassungsverletzung . . . 143
  Die Deutung der Verfassungswandlung als Rechtsverletzung bei Hildesheimer (S. 143). Die Leugnung des Problems in der normlogischen Schule (S. 144).
  Die positivistische französische Verfassungsrechtstheorie (S. 145). M. Hauriou (S. 145). Die völlig unproblematische Hal-

— 12 —

tung gegenüber dem Problem (S. 146). Sie ist bedingt 1. durch die Eigenart der französischen Verfassungsgesetze (S. 147). 2. Durch die allgemeine Rechtsauffassung (S. 148). Mit der positivistischen Betrachtungsweise kann unser Problem geleugnet, aber nicht erklärt werden (S. 150).

Verfassungswandlung als Verfassungsproblem 152
    I. Die Sonderstellung unseres Problems in der allgemeinen Rechtsquellentheorie (S. 152). Die Verfassungswandlung ist das natürliche Ergebnis des eigentümlichen Verhältnisses von Staat und Verfassung (S. 153). Hatschek (S. 153).
    II. Das Wesen der Verfassung als Gesetzeswerk und ihre Sonderstellung gegenüber anderen Rechtsgebieten (S. 154). 1. Die Unvollständigkeit der Verfassungsrechtssätze (S. 155). 2. Der Selbstzweck des Staates (S. 156). 3. Die Selbstgarantie der Verfassung (S. 157).
    III. Das Wesen der Verfassungswandlung (S. 158). 1. Die Verfassungswandlung als das Ergebnis aus der Lebenswirklichkeit des Staates (S. 158). Verfassungsänderung und Verfassungswandlung (S. 160). 2. Verfassungswandlung als Ergebnis der dreifachen Sonderstellung der Verfassung (S. 161). 3. Begriff des Werteinmaligen im Verfassungsrecht und die Deutung der Verfassungswandlung als Recht (S. 164). Radnitzky (S. 164). Bilfinger (S. 165).
    IV. Die Doppelnatur des Verfassungswandlungsbegriffs (S. 167) 1. Sie ergibt sich aus der Doppelnatur der Verfassung (S. 167). 2. Über die materielle Verfassungswandlung insbesondere (S. 169). Art. 54 der Weimarer Verfassung (S. 170). Art. 137 (S. 171). 3. Das Verhältnis der beiden Arten der Verfassungswandlung (S. 172). 4. Normergänzende und systemwiderstrebende Verfassungswandlung (S. 173). Die Lehre von der Verfassungswandlung bei Smend (S. 173).
    V. Einige Grenzprobleme der Verfassungswandlung (S. 175). 1. Grenzen der Verfassungswandlung (S. 175). Insbesondere im Verfassungssystem (S. 176). 2. Verfassungswandlung und Staatsform (S. 176). Unklarheit des Begriffs der Staatsform (S. 177). 3. Revolution als Grenzfall der Verfassungswandlung (S. 178). 4. Verfassungswandlung als ein Problem des Bundesstaatsrechts (S. 180). 5. Die politischen Verfassungstheorien (S. 181). Lassalle (S. 181). E. Kaufmann (S. 182).

Einleitung.

Bezeichnend für jede Betrachtungsweise eines Gegenstandes ist die Problemstellung, in der er die jeweilige Zeit beschäftigt. Mehr aber als die Art der Beantwortung vermittelt uns besonders die Art der Fragestellung die allgemeinen und Wertvorstellungen, die eine Zeit an den in Frage stehenden Gegenstand anknüpft [1]). Überblicken wir die Geschichte der geschriebenen Verfassung und des Verfassungsrechts, so fällt uns neben der Verschiedenheit, mit der eine und dieselbe Frage praktisch gelöst wird, die Mannigfaltigkeit der Art der Fragestellung auf: im Mittelalter wurde viel darum gekämpft, obrigkeitliche Konzessionen etwa als „subjektive Rechte" in einer Urkunde — meist mit pathetisch-feierlichen Worten — zu fixieren (so in der Magna Charta von 1215, aber auch noch in den Habeas-Corpus acts von 1679 und in der Bill of Rights von 1688); um Ende des 18. und im Anfang des 19. Jahrhunderts bemühte man sich mit viel Energie und Pathos, geschriebene Verfassungen nach allen Richtungen hin zu stabilisieren (man denke an die in Frankreich vorgeschlagene „absolute Unabänderbarkeit" der Verfassung) und in der Mitte des 19. Jahrhunderts war das politische Europa fast ausschließlich von den sogenannten „Verfassungskämpfen" erfüllt. Seit dem Ausgang des vorigen Jahrhunderts aber wendet man sich vorwiegend Fragen zu, die geeignet sind, den „romantischen Glauben" an die „mystische Kraft der Verfassung" zu zerstören und zu untergraben: Fragen nach Möglichkeit und Art, wie eine Verfassung „abgeändert" wird und wie sie sich „wandeln" kann, Fragen nach der Verfassungsänderung und der Verfassungswandlung.

Bei dem Problem der Verfassungsänderung wird die Möglichkeit, daß eine Verfassung mit den tatsächlichen staatlichen Le-

---

[1]) „Es steht nicht nur das einzelne Problem, sondern auch die Wichtigkeit eines jeden Problems im Fluß der Zeit" (M. E. M a y e r, Rechtsphilosophie, 2. Aufl. Berlin, 1926, S. 5).

— 14 —

bensbedürfnissen in eine Spannungslage kommen kann, nicht ängstlich ignoriert, sondern kalt und ruhig in Erwägung gezogen. Die Problematik des Gegenstandes liegt in der Auffindung einer optimalen Versöhnungsmethode zwischen der Stabilität und der Elastizität der Verfassung. In der jüngeren Zeit ist dagegen das Problem mehr auf die Frage nach der Grenze der Verfassungsänderung verschoben worden.

Das Problem der Verfassungswandlung ist einer spezifisch formalistischen Betrachtungsweise entsprungen. Denn für L a ‑ b a n d, der das Problem als erster gestellt hat, und J e l l i n e k, der es als erster theoretisch behandelte, bedeutete die Verfassungswandlung eben nicht mehr und nicht weniger als eine „Änderung des Verfassungsrechtszustandes ohne Änderung des Textes der Verfassung". Als typische Beispiele galten besonders die kaiserliche Initiative und die Stellvertretung des Reichskanzlers.

Das Problematische an der Verfassungswandlung war danach, da es sich hier um einen Gegensatz zwischen den geschriebenen Rechtsnormen und dem tatsächlichen Rechtszustand handelte, die rechtliche Betrachtung der gewandelten Rechtslage. Aber während L a b a n d und J e l l i n e k das Problem nur mehr literarisch als juristisch behandelten, (denn es handelt sich bei beiden nicht darum, eine Theorie aufzustellen, vgl. weiter unten S. 20, 25, 97 ff.), verkannten fast alle Schriftsteller der Vorkriegspublizistik die wahre Problemlage und kamen mit ihren Theorien immer weniger zum Ergebnis (vgl. hierüber weiter unten S. 99, 152 f.), und mit dem Wachstum der Lösungsversuche stieg die Problematik selbst: die Verfassungswandlung wird bald als Rechtsbildung, etwa als Gewohnheitsrecht, als nachgiebiges Recht oder als dispositives Recht erklärt, bald als die Folge einfacher, den Rechtsnormen unterwertiger Konventionalnormen, oder endlich als nichts anderes als bloße Tatsachen, die juristisch nicht erfaßbar sind, als unverhüllte Rechtsbrüche.

Dieser bunten Kontroverse in der deutschen Literatur steht nun eine völlig unproblematische Haltung des Auslandes gegenüber: weder in Frankreich, noch in den Vereinigten Staaten, noch in der Schweiz ist ein Problem der „Verfassungswandlung" gestellt und behandelt worden.

Freilich geht das zum Teil darauf zurück, daß die ausländische Jurisprudenz sich überhaupt weniger mit theoretischen

— 15 —

Fragen beschäftigt, als die deutsche, im vorliegenden Fall aber ist der Grund auch der, daß die ausländische Verfassungsrechtstheorie, dank ihrer „vorkritischen Naivität des Denkens"[1]) den Sinn und das Wesen der Verfassung besser erfaßt und daher ohne Schwierigkeit über die bei ihnen praktischen Verfassungsfragen Herr werden kann, während das formal-juristische Denken der deutschen Vorkriegspublizistik durch die eisernen Wände der geschriebenen Paragraphen jedes tiefere Verständnis für das wirkliche lebendige Verfassungsrecht versperrt und damit eine methodische Erfassung des Problems notwendigerweise ganz unmöglich gemacht hat.

Aber nichtsdestoweniger bedeutet das gezeigte Problem eine in hohem Maße glückliche und bedeutungsvolle Fragestellung für die Verfassungsrechtstheorie. Denn es handelt sich bei ihr in Wahrheit um das Geltungsproblem im Verfassungsrecht überhaupt und gerade hierin zeigt sich besonders deutlich die Eigentümlichkeit der Verfassung und des Verfassungsrechts, seine Sonderstellung gegenüber anderen Teilen der Rechtsordnung.

Somit ist der vorliegenden Arbeit, die sich mit dem Problem der Verfassungswandlung befaßt, eine doppelte Aufgabe gestellt: einmal das Problem in seiner historischen Gestalt und seine bisherigen Lösungsversuche zu betrachten und ihre Unzulänglichkeiten aufzuzeigen, sodann, das Problem in dem eben angedeuteten verfassungstheoretischen Sinnzusammenhang zu verstehen und zu würdigen.

Die Arbeit behandelt in ihrem ersten Teil den Begriff und die Arten der Verfassungswandlung, wobei ihre historischen Beispiele gezeigt werden, und ihre Teilprobleme, d. h. Probleme, die sich vorwiegend an eine bestimmte Art der Verfassungswandlung anknüpfen. Im zweiten Teil folgen dann die Auseinandersetzung mit den bisherigen Theorien der Verfassungswandlung und der Versuch einer neuen Betrachtung und Würdigung des Problems. Ausländische Verfassungsrechtstheorien, die für ein richtiges Verstehen unseres Problems unentbehrlich sind, werden an einzelnen, ihnen verfassungstheoretisch zukommenden Stellen behandelt. So sollen die amerikanische Verfassungsrechtstheorie in dem

---

[1]) R. Smend, Verfassung und Verfassungsrecht, München und Leipzig 1928, S. 138.

— 16 —

Kapitel über Verfassungsinterpretation und Verfassungswandlung, die englische in dem über Verfassungswandlung und Konventionalregeln und die französische in dem über Verfassungwandlung als Verfassungsverletzung — natürlich immer nur in ihrer allgemeinen Denkweise und ihren spezifischen Ausstrahlungen — kurz angedeutet werden.

Erster Teil.
Begriff und Arten der Verfassungswandlung.
Allgemeines und Übersicht.

Verfassungswandlung, von der in der deutschen Literatur vielfach gesprochen wird, ist ein noch ungeklärter Begriff. L a b a n d, der der Schöpfer dieses Ausdrucks war (Wandlungen der deutschen Reichsverfassung, Dresden 1895), hat eine nähere Begriffsbestimmung nicht gegeben. J e l l i n e k, durch den er erst allmählich den weiteren Zugang in die Literatur gefunden hat, bezeichnete mit ihm „jene Änderung der Verfassung, die die Texte (i. e. der Verfassung) unverändert bestehen läßt und durch Tatsachen hervorgerufen wird, die nicht von der Absicht oder dem Bewußtsein einer solchen Änderung begleitet werden müssen" (Verfassungsänderung und Verfassungswandlung, Berlin 1906, S. 3). Das ist also eine vorwiegend formalistische Betrachtungsweise. Die neue Staatsrechtslehre, in der die Verfassungswandlung ein geläufiger Begriff geworden ist, bezeichnet damit hauptsächlich die Wert- und Akzentverschiebung der betroffenen Rechtsnormen oder Institutionen.

Der Gedanke von der Verfassungswandlung, wenn er auch erst durch die J e l l i n e k sche Monographie geläufig wurde, geht in Wirklichkeit auf L a b a n d zurück. Das ist in der Literatur vielfach übersehen worden.

Um eine Begriffsbestimmung zu geben, die den verschiedenartigen, allgemein als „Verfassungswandlung" bezeichneten Fällen ungefähr in gleicher Weise entspricht, kann man vielleicht Verfassungswandlung als eine Inkongruenz definieren, die zwischen den Verfassungsrechtsnormen einerseits und der Verfassungswirklichkeit anderseits besteht.

Die Schriftsteller über das Problem der Verfassungswandlung verbinden mit dieser Bezeichnung fast immer eine bestimmte, ihnen eigene Vorstellung: bei L a b a n d ist z. B. die politische Notwendigkeit (vgl. Die geschichtliche Entwicklung der Reichsverfassung, im Jahrbuch des öffentl. Rechts (JöR.), Bd. I, 1907, S. 2), bei J e l l i n e k die mangelnde Bewußt-

— 18 —

heit der Abänderungswirkung der Hauptgesichtspunkt ihrer Darstellung (vgl. Verfassungsänderung, S. 3).

Die Bedeutung dieses Problems ergibt sich aus der Natur und Intention der geschriebenen Verfassung. Denn im Falle einer Verfassungswandlung wird die Verfassung als solche in ihrer grundlegenden Bedeutung in Frage gestellt: hier werden Normen, die das staatliche Leben in seiner Totalität umfassen sollen und die in höherem Maße als gewöhnliche Gesetze zu gelten heischen, zu toten leeren Buchstaben reduziert. Denn die Wirklichkeit, für die doch diese Normen existieren, coinzidiert mit ihnen nicht mehr. Es herrscht eine Spannung zwischen der geschriebenen Verfassung und dem tatsächlichen Verfassungszustand.

Das Problem der Verfassungswandlung hat aber seine besondere Bedeutung für einen bestimmten Verfassungstypus: für die Verfassung mit erschwerter Abänderungsmöglichkeit (sog. starre formelle Verfassung). Denn in einem Land ohne geschriebene Verfassung ist das tatsächliche Staatsleben seine „Verfassung" selbst,[1]) die Verfassung ist der konkrete Gesamtzustand politischer Einheit und sozialer Ordnung, eine Spannung zwischen dem tatsächlichen Verfassungsrecht und formellen „Verfassungsrechtssätzen" daher nicht möglich. Bei einer biegsamen formellen Verfassung, — Verfassung, die auf dem gewöhnlichen Gesetzgebungsweg abgeändert werden kann —, ist die Legislatur, in der der jeweilige Impuls der staatlichen Lebenswirklichkeit sich manifestiert, zugleich Abänderungsinstanz bestehender Verfassungsrechtssätze: zu einer nennenswerten Spannungslage zwischen der geschriebenen Verfassung und dem tatsächlichen Verfassungszustand wird sie es also kaum kommen lassen. Hier aber, wo einerseits eine gesteigerte Stabilität der Verfassung verbürgt wird, wo andererseits die Möglichkeit einer Abänderung der Verfassung doch immer besteht, wird die Erscheinung, daß die Verfassungsrechtsnormen und die Verfassungswirklichkeit dennoch in eine Inkongruenz, in eine Spannungslage kommen können, besonders problematisch: sollte man doch meinen, daß die Möglichkeit einer Verfassungsänderung die einer Verfassungswandlung ausschließen müsse.[2])

---

[1]) Vgl. etwa S. Spier, Das Problem der Verfassungsänderung (Marburger Dissertation), Cassel, 1911, S. 55.
[2]) So z. B. auch W. Hildesheimer, Über die Revision moderner Staatsverfassungen, Tübingen, 1918, S. 14.

— 19 —

Diese begrenzte Problemstellung bedingt zugleich eine Begrenzung für die theoretischen Untersuchungen. Denn diese sind an die Existenz der starren Verfassung gebunden. Untersuchungen in den geschichtlichen oder sonstigen Quellen weiter darüber hinaus würden entweder auf eine Aufzählung rechtstheoretischer Dogmen über die Geltung des geschriebenen Rechts hinauskommen, oder auf eine ideengeschichtliche Verfolgung des Gegensatzes von Lebenswirklichkeit und Sinnordnung überhaupt.

Nach Hatschek, Das Parlamentsrecht des Deutschen Reichs, Berlin und Leipzig, 1915, S. 15, ist das Problem der Verfassungswandlung schon bei Aristoteles, Politik, V 3 angedeutet worden, wo davon gesprochen wird, daß der Verfassungswechsel oft in kleinen Übergängen vor sich geht. Das ist nicht ganz richtig. Für Aristoteles ist „Verfassung" vorwiegend Staatsform, vgl. z. B. Politik, IV 14, III 6; uns interessiert aber nur der Rechtssatz einer geschriebenen Verfassung. Aus demselben Grund können aus der aristotelischen Polemik gegen die platonische Lehre von der Umwandlung der Verfassungen, Politik V 12, auch keine Konsequenzen für unsere Erörterung gezogen werden.

Ist das Problem der Verfassungswandlung ein Problem des Verhältnisses zwischen der geschriebenen Verfassung und dem tatsächlichen Verfassungszustand, also zwischen Normen und Wirklichkeit auf dem Gebiet des Verfassungsrechts, — Verfassungswandlung ist das inkorrekte Verhältnis beider —, so können vier Arten der Verfassungswandlung unterschieden werden:

1. Verfassungswandlung durch eine formal die Verfassung nicht verletzende Staatspraxis.
2. Verfassungswandlung durch die Unmöglichkeit der Ausübung gewisser verfassungsgesetzlich statuierter Rechte.
3. Verfassungswandlung durch eine der Verfassung widersprechende Staatspraxis.
4. Verfassungswandlung durch Verfassungsinterpretation.

Wir können folgendermaßen schematisieren:

— 20 —

Das Verhältnis zwischen Norm und Wirklichkeit: Verfassungsrecht und Verfassungsrechtsgeltung			
Kongruenz von Norm und Wirklichkeit: Verfassungsrechtsgeltung		Inkongruenz von Norm und Wirklichkeit: Verfassungswandlung	
Wirklichkeit folgt der Norm: normale Verfassungsrechtsgeltung	Norm folgt der Wirklichkeit: Verfassungsänderung	Wirklichkeit ohne Norm: formell die Verfassung nicht verletzende Praxis / Norm ohne Wirklichkeit: Unmöglichkeit der Ausübung normenmäßig statuierter Rechte	Norm mit Wirklichkeit: Inkorrektes Verhältnis beider — Wirklichkeit widerspricht der Norm: Verfassungwidersprechende Praxis / Wirklichkeit biegt die Norm deutet sie um: Interpretationswandel

Hiermit wird eine Systematisierung der Verfassungswandlungsarten unternommen. An eine bereits bestehende Gruppierung läßt sie sich leider nicht anlehnen, da jeder Schriftsteller nach seiner eigenen Begriffsbildung und Voraussetzung sein Schema konstruiert: L a b a n d zählt z. B. in seiner Schrift Wandlungen der Reichsverfassung, 1895, nur unpragmatisch einzelne Fälle auf, etwa wie Stellung des Reichskanzlers, die kaiserliche Initiative, Franckensteinsche Klausel über Matrikularbeiträge usw. Selbst in seiner zweiten Arbeit: Die geschichtliche Entwicklung der Reichsverfassung seit Reichsgründung, 1907, unterließ er, eine Systematik zu verfolgen, und begnügte sich mit der einfachen Einteilung nach Gegenständen, die eine Wandlung erfahren haben: etwa Verhältnis des Reichs zu den Einzelstaaten, Bundesgebiet, Reichsangehörige, Kaiser, Bundesrat, Reichstag usw. J e l l i n e k (Verfassungsänderung und Verfassungswandlung, 1906) macht dem gegenüber einen bedeutenden Fortschritt: er unterscheidet zuerst Wandlung der Verfassung durch deren Interpretation von seiten des Parlaments, der Verwaltung und der Rechtsprechung, dann Wandlung durch politische Notwendigkeit, durch konstitutionelle Praxis, durch Nichtausübung staatlicher Befugnisse und durch Ausfüllung von Verfassungslücken usw. Jedoch zeigt sich beim näheren Zusehen, daß es auch ihm weniger darum zu tun war, eine juristische Systematik durchzuführen, als vielmehr eine anschauliche Lektüre politischen Inhalts zu liefern, vgl. z. B. seine Vorrede, S. VI.

H i l d e s h e i m e r (Über die Revision moderner Staatsverfassungen, Tübingen, 1918, S. 11 ff.) teilt Verfassungswandlung in zwei Arten ein: Verfassungswandlung durch das Gewohnheitsrecht und Verfassungswandlung durch Interpretation. Er lehnt sich also hier an B r y c e an, der die drei Wege der Fortbildung des amerikanischen Verfassungsrechts: amendment, usage, interpretation, geschildert hat, von denen er nun den einen (amendment) herausnimmt und die anderen beiden als Wandlungsarten verwertet. Daß diese auf amerikanische Verhältnisse gemünzte Theorie für allgemeine Betrachtung nicht ohne weiteres angewendet werden kann, werde ich noch zu zeigen haben (vgl. u. S. 95 ff).

Ferner behauptet Hildesheimer, daß auch Jellinek diese drei Wege der Verfassungsänderung genannt habe (Revision, S. 11 Note). Das ist eine Verzeichnung. Denn gleich auf der nächsten Seite spricht Jellinek von Verfassungsänderung „durch die Revolution" (Verfassungsänderung, S. 3). Wir werden noch oft Gelegenheit haben, darauf hinzuweisen, daß Jellinek eine strenge Systematik zu verfolgen niemals beabsichtigt hat.

Nach Smend gibt es drei Arten von Wandlung der Verfassung. Sie „kann außerhalb des Verfassungsrechts vor sich gehen, wenn sie auf dem Gebiet der von der Verfassung vorausgesetzten, wohl gar einkalkulierten, aber nicht geregelten gesellschaftlichen Spontaneitäten, der ‚extrakonstitutionellen' Kräfte liegt. Sie kann die Verfassung selbst betreffen, indem sie schrittweise das Rang- und Gewichtsverhältnis der verfassungsmäßigen Faktoren, Institute, Normen verschiebt. Sie kann geradezu einen neuen Faktor des Verfassungslebens einführen" (Verfassung und Verfassungsrecht, S. 137).

Die vier Arten der Verfassungswandlung sollen jetzt näher erläutert und an einigen historischen Beispielen gezeigt werden.

I. Eine Verfassungswandlung kann herbeigeführt werden durch eine Staatspraxis, die der geschriebenen Verfassung formell nicht widerspricht. Es ist hier nicht ein einzelner Verfassungsartikel mißachtet, oder einer bestimmten verfassungsgesetzlichen Vorschrift widersprochen worden, sondern es handelt sich um Rechtsverhältnisse, die noch durch keine Verfassungsbestimmungen geregelt worden sind. Die Spannung, die hier zu beobachten ist, besteht zwischen dem tatsächlichen und dem in der Verfassung vorgestellten Rechtszustand und nicht zwischen dem bestehenden und dem vorgeschriebenen. Das Sollen, zu dem hier das Sein in einem Widerspruch steht, ergibt sich nicht aus einem bestimmten Verfassungsartikel, sondern aus dem Zusammenhang mehrerer Verfassungsvorschriften oder aus der Gesamtintention des ganzen Verfassungswerks.

Freilich ist die Feststellung oft schwer, ob eine Verfassungspraxis, die nicht ohne weiteres verfassungsmäßig ist, unzweifelhaft gegen eine bestimmte Verfassungsvorschrift verstößt oder ob die Bedenklichkeit der betreffenden Praxis nur aus dem ganzen Verfassungswerk als einem einheitlichen Sinnsystem beurteilt werden kann. Daher ist es schwierig, die Wandlungsfälle, die den Verfassungsinhalt formell nicht berühren, gegen diejenigen abzugrenzen, die gewissen Verfassungsvorschriften widersprechen. Vielleicht können wir als Kriterium nehmen für die Fälle erster Art, daß sie eines Verfassungszusatzes bedurft hätten, für die der zweiten

— 22 —

Art, daß eine Verfassungs ä n d e r u n g angebracht wäre. Vgl. z. B. unten den Fall der kaiserlichen Initiative mit dem der Permanenz des Bundesrates.

1. Als Beispiel für Verfassungswandlung dieser Art kann auf die Kaiserliche Initiative im alten deutschen Reich verwiesen werden. Hier bestand der Bundesrat aus Vertretern der Mitglieder des Bundes, die allein als solche das Recht hatten, daselbst Vorschläge einzubringen. Der deutsche Kaiser als solcher war nicht Bundesglied, sondern Bundesglied war er nur als König von Preußen. Der Reichskanzler konnte daher nach dem Wortlaut der Reichsverfassung als solcher keinen Antrag einbringen. Tatsächlich wurde aber ein großer Teil der vom Präsidium (Preußen) ausgehenden Anträge i m N a m e n d e s K a i s e r s durch den Reichskanzler an den Bundesrat gebracht, und zwar überwog die Zahl der Kaiserlichen Anträge bei weitem die der preußischen [1]). „Damit hat die Reichsverfassung eine bedeutende Änderung erfahren, ohne daß ihr Text einen Zusatz erhalten hätte" (L a b a n d).

L a b a n d, Wandlungen, S. 20; Geschichtliche Entwicklung, S. 17, vgl. Alb. H ä n e l, Studien zum deutsch. Staatsrecht, II, Leipzig 1880, S. 42; R. F i s c h e r, Recht des deutschen Kaisers, Berlin 1895, S. 149 ff.; H. R e h m, Unitarismus und Föderalismus in der deutschen Reichsverfassung, Dresden 1898, S. 17; K. B i n d i n g, Die rechtliche Stellung des Kaisers im heutigen deutschen Reich, Dresden 1898, S. 19; G. M e y e r, Lehrbuch des deutschen Staatsrechts, 6. Aufl., Leipzig 1905, S. 435 Note 11, hier die Zurückweisung der gegenteiligen Ansicht (S e y d e l); H. T r i e p e l, Unitarismus und Föderalismus im deutschen Reich, Tübingen 1907, S. 111; E. R o s e n t h a l, Die Reichsregierung (Festgabe für T h o n), Jena 1911, S. 407 f.; G. J e l l i n e k, Allg. Staatslehre, S. 537, hier weitere Zitate. — Nach K. B o r n h a k, Wandlungen der Reichsverfassung, im Archiv des öffentlichen Rechts (AöR), Bd. XXVI, 1910, verstößt die Praxis der kaiserlichen Initiative gegen Artt. 5, 17 aRV (S. 386), mir ist es nicht klar geworden, inwiefern diese Artikel dadurch betroffen werden. — Gegen die herrschende Meinung, daß hier wirklich eine „kaiserliche" Initiative vorliege: E. K a u f m a n n, Bismarcks Erbe in der Reichsverfassung, Berlin 1917, S. 55 ff.

2. Als zweites Beispiel möge das Institut der Stellvertreter der Bevollmächtigten zum Bundesrat dienen. Nach Art. 6 II der aRV konnte jedes Bundesmitglied soviel Bevollmächtigte ernennen wie es Stimmen hatte. Danach war die Zahl der Bevollmächtigten eine geschlossene, und nicht mehr als 58 Personen sollten Rechte und

---

[1]) Siehe die Statistik bis 1895 bei F i s c h e r, Recht des deutschen Kaisers, S. 150.

— 23 —

Pflichten haben, die die Reichsverfassung den Mitgliedern des Bundesrates beilegte.[1]) So bestimmte z. B. der Art. 8 III, daß die Auswahl eines Ausschusses für auswärtige Angelegenheiten aus bestimmten Bevollmächtigten zu erfolgen habe. Durch das Institut der stellvertretenden Bevollmächtigten aber kam diese Absicht nicht zur Erfüllung. Es wurden Stellvertreter ernannt, denen genau dieselben Rechte und Pflichten beigelegt wurden wie den ordentlichen Bevollmächtigten, sie waren de facto wirkliche „Bevollmächtigte" und gar keine „Vertreter" mehr. Damit eben der Wortlaut des Art. 6 formell nicht verletzt werde, unterließ man, die Zahl der Bevollmächtigten zu erweitern, und begnügte sich mit dem täuschenden Titel „Stellvertreter". Ob es politisch notwendig war, einen größeren Personenkreis mit den hohen Rechten und Pflichten zu versehen als die alte Reichsverfassung es vorgesehen hatte, und ob es zweckmäßig war, eine ausdrückliche Verfassungsänderung nach Art. 78 auf diese Weise zu umgehen, anstatt sie vorzunehmen, mag zunächst dahingestellt sein: wir stellen aber jedenfalls hier fest, daß der Verfassungszustand, der seit 1871 herrschte, — schon gleich im Jahre 1871 erschien im Bundesrat ein „stellvertretender Bevollmächtigter" [2]) —„sich keineswegs mit dem deckte, den sich Art. 6 II aRV vorgestellt hat. Der Verfassungsinhalt und der Verfassungszustand kamen in eine Spannungslage, ohne daß formell irgend ein positiver Verfassungsartikel verletzt wurde.

Diese Erscheinung hat zuerst K. Perels in seinem Aufsatz Stellvertretende Bevollmächtigte zum Bundesrat, in der Festgabe für Hänel, Kiel und Leipzig 1907, eingehend untersucht, ohne sie jedoch als Verfassungswandlung zu bezeichnen. Freilich kam er zu der Feststellung, daß nur eine Verfassungsänderung[3]) der richtige Weg wäre (S. 280). Mit ihm nicht ganz übereinstimmend Al. Vogels, Die staatsrechtliche Stellung der Bundesratsbevollmächtigten, Tübingen 1911, S. 15 (Note 2) und ff. Die eingehende Erörterung und Beweisführung in der Perelsschen Arbeit ermöglicht mir, mich auf Andeutungen zu beschränken. Ich kann jedoch Perels darin nicht folgen, daß es sich um eine gewohnheitsrechtliche Um- und Neubildung handele (S. 256). Das Problem von Verfassungswandlung und Gewohnheitsrecht wird uns weiter unten noch zu beschäftigen haben.

---

[1]) Perels, Stellvertretende Bevollmächtigte, S. 257.
[2]) Perels, Stellv. Bevollm., S. 257, 279, Note 1.
[3]) Nicht in dem oben S. 22 angedeuteten Sinne zu verstehen; er meint wohl Zusatz. Auch Jellinek spricht von „Lücken ausfüllender Verfassungsänderung" (Verfassungsänderung und Verfassungswandlung, S. 44)

— 24 —

3. Als drittes Beispiel kann die Einführung der Stellvertreter des Reichskanzlers (Stellvertretungsgesetz v. 17. März 1878) erwähnt werden. Nach Artt. 15, 17 aRV war der Reichskanzler der einzige verantwortliche Reichsminister, dem die Leitung der Reichsregierung oblag. Durch die Einführung der Stellvertreter, die formell nur eine fakultative Einrichtung darstellen sollten, ist der faktische Rechtszustand ein anderer geworden. Die Staatssekretäre hatten in Wirklichkeit die Stellung von „Unterministern des Reichs" erhalten, sie „vertraten" den Reichskanzler nicht mehr, sondern sie „ersetzten" ihn, die Stellvertretungsämter wurden „dauernde Verfassungseinrichtungen" und die „unmittelbare Leitung der Reichsverwaltung durch den Reichskanzler" war durchbrochen. Der Buchstabe der Reichsverfassung deckte sich nicht mehr mit der Wirklichkeit.

Eingehende Darstellung dieses Falls bei S m e n d, Die Stellvertretung des Reichskanzlers, in Hirths Annalen, 1906, S. 321 ff. Auf seine Betonung, daß hier die „Wahrung gewisser ursprünglicher Prinzipien des Reichsverfassungsrechts" in besonders charakteristischer Weise sich durchgesetzt habe, wird noch zurückzukommen sein. Vgl. ferner L a b a n d, Wandlungen, S. 16; Geschichtliche Entwicklung, S. 30; Staatsrecht I, 4. Aufl., Tübingen 1901, S. 357; J e l l i n e k, Verfassungsänderung, S. 26 f., hier weitere Literaturangabe; E. R o s e n t h a l, Reichsregierung, S. 376; G. D a i n e r t, Die Stellvertretung des Reichskanzlers, Freiburger Dissertation, 1902; ferner H a t s c h e k, Konventionalregeln oder über die Grenzen der naturwissenschaftlichen Begriffsbildung im öffentlichen Recht, im JöR, III, 1909, S. 54. — Gegen die herrschende Meinung, daß es sich hier in Wahrheit um „Reichsministerien" handle, E. K a u f m a n n, Bismarcks Erbe, S. 48 ff. — Die Spannungslage löste das verfassungsändernde Gesetz vom 28. Oktober 1918, das dem Art. 15 drei Absätze zufügte und die Verantwortlichkeit der Stellvertreter des Reichskanzlers vor Bundesrat und Reichstag bestimmte.

4. In den Vereinigten Staaten ist das Prinzip der Gewaltenteilung derart durchgeführt, daß kein Staatssekretär den Sitzungen des Kongresses beiwohnen darf. Jeder offizielle Verkehr zwischen Kongreß und Regierung ist damit unmöglich gemacht. In der Praxis hat sich aber das Institut der ständigen parlamentarischen Komitees herausgebildet, deren jedes einem Departement der Regierung entspricht. Durch die Präsidenten dieser Komitees verkehren die Staatssekretäre nun tatsächlich mit dem Kongreß und bringen durch sie Gesetze ein, so daß die von der Verfassung abgelehnte Verbindung zwischen Kongreß und Regierung dennoch hergestellt ist. Obwohl faktisch eine Verfassungsänderung zweifellos vorliegt, ist keine positive Verfassungsnorm verletzt worden.

— 25 —

Siehe Jellinek, Allg. Staatslehre, S. 538; Boutmy, Etudes de droit constitutionnel, 7me édit., Paris 1923, p. 148 et s; Bryce, The American Commonwealth I, new edition, New York 1926, pp. 156, sqq.; W. Wilson, Congressional Government, 15th ed., Boston and New York 1900, pp. 144 sqq., 262 sqq.

II. Eine Verfassungswandlung kann herbeigeführt werden durch die (eingetretene) Unmöglichkeit der Ausübung von Machtbefugnissen, die den Inhalt bestimmter Verfassungsvorschriften darstellen. Das Recht, das die Verfassungsartikel gewissen Rechtssubjekten zusprechen, geht durch die Unmöglichkeit der Ausübung verloren und diese Verfassungsartikel decken sich nun mit der Rechtswirklichkeit nicht mehr.

Diese Art Verfassungswandlung ist zuerst angedeutet worden bei Jellinek, Verfassungsänderung, S. 34 ff., der für sie den Begriff der „Verfassungswandlung durch Nichtausübung" ausprägte. Das ist aber nicht richtig: denn in Wirklichkeit ist die Verfassung hier nicht durch die Nichtausübung, sondern durch die Unmöglichkeit der Ausübung gewandelt, für die die Nichtausübung nur eine Ursache ist. Sachlich meint er freilich wohl auch dasselbe. Leider bleibt er uns aber auch dafür präzise Beispiele schuldig: denn er erwähnt zunächst die Nichtausübung des königlichen Vetorechts in England[1]), und zwar schildert er es so, als ob dieses Recht untergegangen sei und somit einen Beleg für Verfassungswandlung dieser Art darstelle (S. 34), und dann zitiert er weitere ähnliche Fälle aus den verschiedenen Staaten und die diesbezüglichen theoretischen Ausführungen, gelangt aber zum Schluß zu der Feststellung: daß dieses Recht „keineswegs gänzlich erloschen" sei, daß man aus der Nichtausübung allein den Schluß, die betreffende Verfassungsbestimmung sei obsolet geworden, gar nicht ziehen dürfe (S. 40). Ähnlich verhält es sich mit dem Beispiel der Ministerverantwortlichkeit. Denn wie er selbst dort ausführt, fehle es hier trotz der Andeutung in den Verfassungen an einer positiven rechtlichen Ausgestaltung (S. 42). Daß nun das Ausbleiben einer „positiven Ausgestaltung" etwas wesentlich anderes als die „Nichtausübung" ist, liegt auf der Hand.[2]) Hildesheimer, der die Nichtausübung des Vetorechts des französischen Präsidenten als einen Verfassungswandlungsfall schildert (Revision, S. 15), folgt offenbar dem Gedankengang Jellineks. Vgl. ferner R. Redslob, Abhängige Länder, Leipzig 1914, S. 23. — In Wahrheit sind nur die als Beispiel gegebenen Fälle etwas weniger glücklich gewählt, der Grundgedanke Jellineks ist durchaus richtig. Das wird noch zu würdigen sein.

---

[1]) Wir können auf diesen Fall nicht eingehen, weil England überhaupt keine geschriebene Verfassung besitzt und unsere Erörterung die Existenz einer geschriebenen Verfassung voraussetzt.

[2]) Besonders klar ist an dieser Stelle (Verfassungsänderung, S. 34—43) zu sehen, wie viel weniger Jellinek daran lag, eine strenge juristische Arbeit zu geben, als eine interessante politisch unterhaltende Lektüre zu schreiben.

— 26 —

1. Als Beispiel für Verfassungswandlung dieser Art möge das vielumstrittene Auflösungsrecht des Präsidenten der französischen Republik dienen. Nach Art. 5 des Verfassungsgesetzes vom 25. Februar 1875 hat der Präsident das Recht, mit Zustimmung des Senats die Deputiertenkammer jederzeit aufzulösen. Das ist ein wesentliches Mittel des Präsidenten, insbesondere nach der literarischen Vorgeschichte der Präsidialschaft von 1875, der Allmacht des Parlaments entgegenzuwirken.[1]) Ja überhaupt hat der Präsident dem Wortlaut des Verfassungsgesetzes nach eine starke Stellung, die dem politischen (nicht nur dekorativen) Oberhaupt eines Staatswesens durchaus geziemt. Durch die politische Entwicklung aber, begleitet und verursacht von merkwürdigen, für das Wohl des Staates recht unerfreulichen Ereignissen, ist die Rechtsstellung des Präsidenten zu einer bloß dekorativen, mediokren Institution[2]) herabgesunken. Das Auflösungsrecht ist seit der Entstehung nur einmal angewendet worden, nämlich durch Marschall MacMahon im Jahre 1877, und schließlich mußte er es mit seinem Rücktritt büßen. Seitdem hat das Auflösungsrecht nie wieder praktische Anwendung gefunden. Das Recht, das Art. 5 statuiert hat, ist „außer Gewohnheit gekommen".[3]) Selbst Millerand — Präsident von 1920 bis 1924 —, der immer für die Wiederherstellung eines wirksamen Auflösungsrechts als Gegengewichts gegen die parlamentarische Allmacht eingetreten war,[4]) hat seine Ausübung doch nicht gewagt, als im Jahre 1924 die Kammer gegen ihn selbst auftrat. Ja, die Kammer war sogar vornehmlich deshalb gegen ihn aufgetreten, weil er eine Stärkung der Präsidentenstellung bewirken wollte, wozu er das Hauptmittel im Auflösungsrecht sah. Die Stellung des Präsidenten, für die die Verfassungsgesetzgeber eine gewisse Stärke gewährleistet zu haben glaubten, — Nicht-Verantwortlich-

---

[1]) Vgl. z. B. Esmein (Nézard), Eléments de droit constitutionnel, 8me édit. II, 1928, p. 180; M. Hauriou, Précis de droit constitutionnel, 2me édit. 1929, p. 459.
[2]) Laband, Die staatsrechtliche Stellung des Präsidenten d. franz. Republik, in der Deutschen Juristenzeitung (DJZ), 1898, Sp. 437 f., vergleicht ihn mit dem Kegeljungen, der lediglich die Kegel aufzustellen hat, ohne am politischen Kegelspiel teilzunehmen. G. Jèze, im Bericht in der Revue du droit public et de la science politique, 1913, p. 115: „des hommes ayant fait leurs preuves de médiocrité".
[3]) W. Hirsch, Stellung des Präsidenten der franz. Republik, Berlin 1930, S. 40.
[4]) Hirsch, aaO., S. 51.

— 27 —

keit, Art. 6 § 2; Auflösungsrecht, Art. 5 — hat durch die Verfassungswandlung eine Schwächung erfahren,[1]) als deren besonders deutliches Merkmal das Schicksal des Auflösungsrechts angesehen werden kann. Denn heute besteht das Recht des Art. 5 in Wirklichkeit nicht mehr.[2])

Siehe hierüber die umfassende Arbeit von W. Hirsch, Die Stellung des Präsidenten der französischen Republik, in der Zeitschrift für vergleichende Rechtswissenschaft, 1930, hier überaus reiche Literaturangabe; besonders ist hierauf zu verweisen in Bezug auf die Krisenfälle MacMahon, Grévy, Millerand und die diesbezüglichen theoretischen Ausführungen. — Daß die Verfassungsgesetzgeber eine starke Präsidentschaft haben schaffen wollen, darüber vgl. Prévost-Paradol, La France nouvelle, 2me édit., Paris 1868, p. 141 et s. und insbesondere De Broglie, Vues sur le Gouvernement de la France, Paris 1870, p. 225 et s., beide haben bedeutenden Einfluß auf die Verfassungsgesetzgebung von 1875 ausgeübt.

Die Auflösung durch MacMahon erklären als gänzlich verfassungswidrig: P. Matter, La dissolution des Assemblées Parlementaires, Paris 1898, p. 126; J. E. C. Bodley, France, London 1898, Vol. I, pp. 275 sqq; R. Hübner, Die Staatsform der Republik, Bonn und Leipzig 1919, S. 206; — als bedingt verfassungswidrig: Redslob, Le régime parlementaire, Paris 1924, p. 191 et s.; ihm folgend H. Gmelin, Die Stellung des Präsidenten d. franz. Rep. und die Bedeutung der Präsidentschaftskrise von 1924, im AöR. NF VIII, 1925, S. 203: der Form nach sei die Auflösung verfassungsmäßig gewesen, ihrem Geist nach aber verfassungswidrig, — als ganz verfassungsmäßig: Esmein (Nézard), Eléments de droit constitutionnel, 8me édit. t. II, Paris 1928, p. 223; Duguit, Traité de droit constitutionnel, 2me édit. t. IV, Paris 1924, p. 578 et s.; letzterer meint, die Auflösung sei zwar verfassungsmäßig, aber höchst unpolitisch gewesen.

Man sieht, wie ein an sich bestehendes Recht durch die Tatsache, daß seine praktische Ausübung unmöglich geworden ist, selbst in ihrer Existenz in Frage gestellt wird. Das Ergebnis, daß das Auflösungsrecht des Art. 5 zumindest von einer fragwürdigen Natur geworden ist, — weil seine Ausübung unmöglich gemacht worden ist, nicht durch die „Nichtausübung" — beweist sowohl die junge Praxis, daß Millerand im Jahre 1924 trotz seiner bisherigen Anschauung dieses Recht dennoch nicht anzuwenden gewagt hat, als auch die alte Theorie, die aus der an sich rechtmäßigen Ausübung von 1877 eine rechtswidrige zu konstruieren bemüht war.

2. Ein weiteres Beispiel für Verfassungswandlung dieser Art sieht Jellinek in der staatsrechtlichen Ministerverantwortlichkeit im alten deutschen Reich (Verfassungsänderung, S. 41 ff.).

---

[1]) Hirsch, Stellung, S. 44, interessant hier die Gegenüberstellung mit deutschen Verhältnissen.

[2]) Hauriou, Précis, 2me édit. 1929: cette prérogative est tombée en sommeil, p. 459.

— 28 —

Hier werden die Minister — Reichskanzler, seine Vertreter, der Statthalter von Elsaß-Lothringen und der Staatssekretär des Reichslandes — zwar für „verantwortlich" erklärt, ohne daß aber diese Verantwortlichkeit irgendwie näher definiert wäre. Nun ist die schwierige Frage zu lösen: gehört die Ministerverantwortlichkeit zu den staatsrechtlichen Institutionen oder nicht? Die Erfahrungen, die man mit Ministeranklage und Staatsgerichtshof gemacht hat, lassen die Ausgestaltung der Ministerverantwortlichkeit „als eine rein doktrinäre Forderung" erscheinen. Auch tatsächlich denkt man nicht einmal an ein Ausführungsgesetz dieses „nur ausgesprochenen Prinzips", sondern man begnügt sich mit der praktisch allein bedeutsamen politischen Verantwortlichkeit. „Die staatsrechtliche Literatur gerät aber dadurch in Verlegenheit: die Existenz der staatsrechtlichen Verantwortlichkeit im Reiche wird bald behauptet, bald abgelehnt.[1]) Aber wo sie auch verteidigt wird, kommt man nicht über den Gedanken der lex imperfecta hinaus und vermag keinerlei rechtliche Wirkungen aus ihr abzuleiten.[2]) Trotz aller Versicherung der Verfassungen ist sie toter Buchstabe geblieben". Was vom Deutschen Reiche gesagt ist, gilt auch für Preußen und viele andere Staaten.[3])

Gegen dieses von Jellinek als Verfassungswandlung durch „Nichtausübung" angeführte Beispiel habe ich dreierlei Bedenken: 1. ob die freilich nur andeutenden Sätze über die Ministerverantwortlichkeit nicht dennoch motivierend wirken,[4]) 2. ob nicht schon die „politische" Verantwortlichkeit, da eine nähere Definition ausgeblieben ist, der in der Verfassung ausgesprochenen Andeutung doch genügt hat (also dort, wo die Verfassung nicht ausdrücklich den Staatsgerichtshof für die Ministeranklage vorgesehen hat), 3. ob man das „Ausbleiben der näheren Ausgestaltung" der „Unmöglichkeit der Ausübung" gleichstellen darf. — Immerhin wird man hier mit gewissem Recht sagen können, daß die bekundete Verfassungsintention nicht zur Erfüllung gekommen sei: daß das in der Verfassung statuierte Recht nicht zur Anwendung kommen kann, sei es deshalb, weil seine nähere Ausgestaltung ausgeblieben ist, sei es, weil es durch ein anderes ersetzt wird (sc. staatsrechtliche Verantwortlichkeit durch die politische).

---

[1]) Jellinek, Verfassungsänderung, S. 42. Vgl. Passow, Das Wesen der Ministerverantwortlichkeit, Tübingen 1904, S. 64, 15 Note 2; Redslob, Abhängige Länder, S. 24.

[2]) Anders Dainert, Stellvertretung des Reichskanzlers, S. 67.

[3]) Etwa Frankreich, Italien, Spanien; auch Portugal, Belgien, Dänemark usw. vgl. Jellinek, aaO. S. 42.

[4]) Ähnlich Passow, aaO. S. 64; ausdrücklich gegen die staatsrechtliche Verantwortlichkeit, aaO. S. 77 ff.

— 29 —

3. Es wird gelegentlich behauptet, daß das Recht auf die Wiederwahl, das das Verfassungsgesetz vom 25. Februar 1875 dem Präsidenten der französischen Republik ausdrücklich gewährt (Art. 2), in Wirklichkeit außer Gewohnheit gekommen sei. In der Tat hat eine solche Wiederwahl des Präsidenten, solange die aktuellen Verfassungsgesetze gegolten haben, nur ein einziges Mal stattgefunden, nämlich bei Grévy im Jahre 1885. Seitdem ist nie wieder davon Gebrauch gemacht worden.

H i r s c h, Stellung d. Präsidenten, S. 48; D u g u i t, Traité t. IV, 1924, p. 562; E s m e i n (Nézard), Elements, t. II, 1928, p. 39 et s. — Ich weiß nicht, ob man hier unzweifelhaft von einer Verfassungswandlung sprechen kann. Dazu fehlt es an unzweideutiger Bestätigung durch die politische Wirklichkeit. Viel deutlicher scheint mir die Entwicklung der amerikanischen Praxis zu sein, wo die Wiederwahl des Präsidenten zweifellos durch die tatsächliche Übung beschränkt wird: vgl. zu diesem „third term" Problem: B r y c e, American Commonwealth, Vol. I, p. 46; T i e d e m a n, The Unwritten Constitution, New York und London 1890, pp. 51 sqq. W. W. W i l l o u g h b y, The constitutional Law of the United States, New York 1910, Vol. II, p. 1147; Ch. A. B e a r d, American Government and Politics, New York 1924, p. 185; D u g u i t, Traité, t. IV, p. 562; E s m e i n (Nézard), Eléments, t. II, p. 40; H i l d e s h e i m e r, Revision, S. 15; Fr. L i n n, Die staatsrechtliche Stellung des Präsidenten der Vereinigten Staaten von Amerika, Bonn 1928. Aber der amerikanische Verfassungstext enthält keinerlei Vorschrift, die eine unbeschränkte Wiederwahl des Präsidenten ausdrücklich erwähnt, wie der französische die über die Reeligibilität. Für einen richtigen Verfassungswandlungsfall fehlt es also dort an einer deutlichen Verfassungspraxis, hier an einer deutlichen Verfassungsnorm.

III. Eine Verfassungswandlung kann herbeigeführt werden durch eine Verfassungspraxis, die mit den Bestimmungen der Verfassung in klarem Widerspruch steht, sei es durch die sogenannte materielle Verfassungsänderung, sei es durch die einfache Gesetzgebung, sei es durch die Geschäftsordnung der oberen Staatsorgane oder deren tatsächliche Praxis. Die Spannungslage ist hier deutlich, weil der Gegensatz von Sein und Sollen unverkennbar ist.

1. Die sogenannte materielle Verfassungsänderung ist ein Gesetz, dessen Inhalt in Widerspruch zur Verfassung steht; der Widerspruch wird erkannt und das Erfordernis der Abänderungserschwerung daher eingehalten; dies wird gelegentlich auch in der Publikationsklausel zum Ausdruck gebracht, aber meistens geschieht es nicht. Jedenfalls wird in beiden Fällen der Wortlaut der Verfassung nicht geändert. So bleibt die Verfassungsurkunde, ob-

wohl eine Verfassungsänderung tatsächlich vorgenommen ist, nach wie vor dieselbe. Die von der materiellen Verfassungsänderung betroffenen Normen stimmen mit der Verfassungswirklichkeit nun nicht mehr überein.

Als Beispiel für eine materielle Verfassungsänderung, die in ihrer Publikationsklausel kenntlich gemacht wird, sei das Reichsbahngesetz vom 30. August 1924 (RGBl. II 272) erwähnt. Nach der Weimarer Verfassung, Artt. 89 ff., hat das Reich die Aufgabe, „die dem allgemeinen Verkehr dienenden Eisenbahnen in sein Eigentum zu übernehmen und als einheitliche Verkehrsanstalt zu verwalten". Um dieses wirtschaftliche Unternehmen als ein Sondervermögen des Reichs zu fördern, hat die Verfassung in einer Reihe von Artikeln verschiedene Befugnisse und Rechte für die Reichsregierung vorgesehen: z. B. Enteignungsbefugnis: Art. 90; Monopol: Art. 94; Aufsicht über die nicht vom Reich verwalteten Bahnen: Art. 95 usw. Und der Übergang der Staatsbahnen auf das Reich ist auch durch verschiedene Staatsverträge zwischen dem Reich und den sog. Eisenbahnländern erfolgt. Das Reichsbahngesetz aber — das wohl bedingt war durch die wirtschaftlichen und finanziellen Verhältnisse der Nachkriegszeit — schuf eine Reichsbahngesellschaft mit eigener juristischer Persönlichkeit zum Betriebe der Reichsbahn, die in Wirklichkeit eine weitgehende Loslösung der Reichsbahn von der allgemeinen Staats- und Finanzverwaltung bedeutet. Der Widerspruch dieser Gesetzgebung zu den Verfassungsbestimmungen wurde auch klar erkannt, das Gesetz wurde mit verfassungsändernder Mehrheit im Reichstag (Art. 76 I RV) angenommen und die Erfüllung dieses Erfordernisses in der Verkündungsformel erwähnt, aber der Wortlaut der Verfassung ist trotzdem völlig unberührt geblieben.

Vgl. hierüber S a r t e r - K i t t e l, Die neue deutsche Reichsbahngesellschaft, 2. Aufl. Berlin 1927, S. 27 ff.; H u e de G r a i s - P e t e r s, Handbuch der Verfassung und Verwaltung, 24. Aufl. Berlin 1927, S. 700 ff.; S. J e s e l s o h n, Begriff, Arten und Grenzen der Verfassungsänderung, Heidelberg 1929, S. 55; A n s c h ü t z, Kommentar zur Reichsverfassung, 11. Aufl. Berlin 1929, Note 4 zu Art. 89.

Als Beispiel für materielle Verfassungsänderungen, die sich überhaupt nicht kenntlich machen, kann das Gesetz über die Befriedung des Gebäudes des Reichstags und der Landtage vom 8. Mai 1920 (RGBl. 909) genannt werden. Die unbeschränkte Versamm-

— 31 —

lungsfreiheit, die Art. 123 RV gewährleistet, erleidet durch dies Gesetz eine dauernde örtliche Beschränkung: eine Versammlung unter freiem Himmel darf innerhalb des befriedeten Bannkreises des Reichstagsgebäudes und der Landtagsgebäude auch dann nicht stattfinden, wenn eine „unmittelbare Gefahr für die öffentliche Sicherheit" (Art. 123 II RV) gar nicht besteht. Der Wortlaut der Verfassung, Art. 123, gibt also über den rechtlichen Zustand der Versammlungsfreiheit nur eine unvollständige, ja irreleitende Auskunft.

Vgl. Pötzsch, Vom Staatsleben unter der Weimarer Verfassung, JöR XIII, 1925, S. 227; Jeselsohn, Verfassungsänderung, S. 53; Anschütz, Kommentar, Note 6 zu Art. 123; Marschall von Bieberstein, Verfassungsrechtliche Reichsgesetze, 2. Aufl. Mannheim-Berlin-Leipzig 1929, Note 264 auf S. 52. — Es ist mir jedoch sehr zweifelhaft, ob es sich hier in Wirklichkeit um eine Verfassungsänderung handelt. Zur Versammlungsfreiheit, die hier verfassungsrechtlich garantiert werden soll, gehört nicht unbedingt die Freiheit der Versammlung gerade am Reichs- oder Landtagsgebäude.

Ein weiteres Beispiel für materielle Verfassungsänderung dieser Art: Art. 49 RV gibt dem Reichspräsidenten ein unbeschränktes Begnadigungsrecht für das ganze Reich. Eine Einschränkung auf bestimmte Straffälle ist verfassungsgesetzlich an keiner Stelle vorgeschrieben. Der § 13 des Ges. über den Staatsgerichtshof vom 9. Juli 1921 (RGBl. 905) schreibt aber vor, daß der Reichspräsident zur Begnadigung eines vom Staatsgerichtshof Verurteilten der Zustimmung des Reichstags bedarf.

Vgl. Pötzsch, Vom Staatsleben, S. 229; Jeselsohn, Verfassungsänderung, S. 54; Anschütz, Kommentar, Note 1 zu Art. 49; Marschall, Reichsgesetze, N. 94 zu Art. 49. — Über das Begnadigungsrecht als solches vgl. Hatschek, Deutsches und Preußisches Staatsrecht, Bd. I, Berlin 1922, S. 547; A. Finger, Das Staatsrecht des Deutschen Reichs, Stuttgart 1923, S. 323; Stier-Somlo, Deutsches Reichs- und Landesstaatsrecht, I, Berlin und Leipzig 1924, S. 617 ff.; E. v. Hippel, Umfang des Reichsgnadenrechts, AöR NF. XV, 1928, S. 242 ff.

2. Auch durch die einfache Gesetzgebung kann ein Verfassungsrechtssatz gewandelt werden, namentlich da, wo das in Widerspruch zur Verfassung stehende Gesetz mangels des Prüfungsrechts besonderer Instanzen auf die Verfassungsmäßigkeit der Gesetze unangefochten gelten kann. Als Beispiel möge die berühmte Franckensteinsche Klausel zitiert werden, durch die der Grundsatz der Artt. 38, 70 aRV durchbrochen wurde. Nach den genannten Artikeln sollte nämlich der Ertrag aus den Zöllen und bestimmten Steuerabgaben.

der für die Reichsverwaltung verwendet werden sollte, zur Deckung
der Reichsausgaben in die Reichskasse fließen (Art. 38). Bei Überschuß der Einnahmen sollten sie für das nächste Jahr verwendet
werden, bei Nichtdeckung sollten die Bundesstaaten je nach Maßgabe ihrer Bevölkerung Beiträge aufbringen (Matrikularbeiträge).
Demnach waren die Matrikularbeiträge eine fakultative Einrichtung, und was dazu aufgebracht war, sollte in der Reichskasse
bleiben. Durch die Franckenstein'sche Klausel aber, die in mehrere
Steuergesetze aufgenommen war, wurde vereinbart, daß das Institut
der Matrikularbeiträge zu einer dauernden Institution erhoben
wurde und der Ertrag der betreffenden Steuereinnahmen (Tabak-
und Branntweinsteuer) nach Abzug von bestimmten Summen —
130 Millionen Mk — am Schluß des Jahres wieder an die Einzelstaaten überwiesen wurde. Die Beiträge, die nach dem Verfassungswortlaut „in die Reichskasse" fließen sollten, flossen also in
Wirklichkeit nur noch „durch die Reichskasse".

　　Dieser Fall ist schon als Verfassungswandlung bezeichnet bei
L a b a n d, Wandlungen, S. 30 f., und Geschichtl. Entwicklung, S. 43 ff.;
J e l l i n e k, Allg. Staatslehre, S. 356, ferner H ä n e l, Deutsches Staatsrecht, Leipzig 1892, I, S. 383. — Diesen Widerspruch beseitigte das verfassungsändernde Gesetz vom 14. Mai 1904 (RGBl. 169).

　　3. Daß ein Verfassungsrechtssatz durch die Geschäftsordnung
eines oberen Staatsorgans gewandelt werden kann, möge an folgendem Beispiel gezeigt werden. Art. 33 II RV bestimmt, daß zu den
Sitzungen des Reichstags und seiner Ausschüsse, zu denen der
Reichskanzler, die Reichsminister und die von ihnen Beauftragten
Zutritt haben, außerdem „die Länder" berechtigt seien, „Bevollmächtigte" zu entsenden, um den Standpunkt ihrer Regierung zu
dem Gegenstand der Verhandlung darzulegen. Mit dieser Bezeichnung
„Bevollmächtigte der Länder" sind offenbar nicht die Mitglieder des
Reichsrats gemeint: vielmehr soll danach jedes Land in der Lage
sein, zu den Reichstagsverhandlungen jeden beliebigen Geeigneten
als den dazu Bevollmächtigten zu entsenden. Diese Bevollmächtigten zu ernennen und zu entsenden, ist also ein uneingeschränktes Recht der Länder. Die Reichstagsgeschäftsordnung vom 12. Dez.
1922 spricht aber in ihren §§ 96, 97 immer nur von „Bevollmächtigten des Reichsrats". Danach wird es fraglich sein, ob ein
„Bevollmächtigter eines Landes", der aber nicht zugleich Mitglied
des Reichsrats ist, bei den Reichstagssitzungen auch das Wort

— 33 —

ergreifen kann.¹) Und in der Tat haben im Plenum und in den Ausschüssen des Reichstags mehrmals Reichsratsmitglieder ausdrücklich in ihrer Eigenschaft als Vertreter des Reichsrats gesprochen.²) Ob nun diese Praxis, daß Reichsratsmitglieder als solche bei Reichstagssitzungen mit verhandeln, was die Reichsverfassung eigentlich gar nicht vorgesehen hat — im Gegensatz zum Reichswirtschaftsrat, Art. 165 IV Satz 4 RV —, verfassungsmäßig ist, ist zum mindesten „bedenklich", dagegen sind die genannten Paragraphen der Geschäftsordnung, die dem unbeschränkten Recht der Länder eine starke Einengung auferlegen, unzweideutig in Widerspruch mit der Reichsverfassung.

Siehe des näheren O. M e n z e l, Abwandlungen der Weimarer Verfassung durch die Geschäftsordnungen der unmittelbaren Reichsorgane (Kieler Dissertation), 1925, S. 12 ff. Er sieht in den genannten Paragraphen, die im Gegensatz zu Art. 33 RV stehen, eine Anknüpfung an den alten Rechtszustand, die „eine Entgegenwirkung der in der Weimarer Verfassung verankerten unitarischen Tendenz" sei (S. 12). Vgl. ferner W. J e l l i n e k, Verfassung und Verwaltung des Reichs und der Länder, Leipzig und Berlin 1925, S. 93; A n s c h ü t z, Kommentar, Note 1, Nr. 2 zu Art. 33 (S. 193); P ö t z s c h -H e f f t e r, Handkommentar der Reichsverfassung, 3. Aufl. Berlin 1928, Nr. 6 zu Art. 33; er sieht eine „Lücke" der Verfassung darin, daß die RV das Erscheinen der Reichsratsvertreter als solcher vor dem Reichstag nicht vorgesehen hat, a. M. L. W i t t m a y e r, Die Weimarer Reichsverfassung, Tübingen 1922, S. 379, dem ich beipflichte.

Wiewohl der Gegensatz zwischen Faktum und Rechtssatz bezüglich des alten Bundesrats lange genug bekannt war und viel darüber diskutiert wurde (vgl. unten S. 35), bestimmte die Weimarer Verfassung dennoch in Art. 64, daß der Reichsrat, der dem Bundesrat des Kaiserreichs nachgebildet war, ein periodisches Kollegium sein soll: die Reichsregierung muß den Reichsrat auf Verlangen von einem Drittel seiner Mitglieder einberufen. Denn ein Selbstversammlungsrecht steht ihm nicht zu — im Gegensatz zum Reichstag, Art. 24 RV —, vielmehr kann er n u r auf Berufung der Reichsregierung zusammentreten (Anschütz). Die Geschäftsordnung des Reichsrats vom 20. Nov. 1919 macht aber in ihrem § 2 gerade das Gegenteil zum Rechtssatz: „Der Reichsrat ist d a u e r n d v e r s a m m e l t. Eine Unterbrechung seiner Sitzungen für einen

---

¹) Das Problem ist bis jetzt nicht aktuell geworden, weil die Länder immer ihren Vertreter im Reichsrat als „Bevollmächtigten" zu den Reichstagssitzungen geschickt haben.
²) M e n z e l, Abwandlungen, S. 17.

bestimmten Zeitraum bedarf der Zustimmung der Reichsregierung." Die Reichsregierung also, die ursprünglich verpflichtet sein sollte, den Reichsrat auf Verlangen seiner Vertreter jederzeit einzuberufen, ist nun im Gegenteil berechtigt, ihn an einer Tagungsunterbrechung zu verhindern.

Menzel, Abwandlungen, S. 21 ff.; Anschütz, Kommentar, Art. 64. — Marschall, Reichsgesetze, Note 113 auf S. 24, meint aber, daß hier der Art. 64 — im Gegensatz zu Art. 14 aRV — sich lediglich auf die einzelnen Sitzungen beziehe, da der Reichsrat nach § 2 seiner Geschäftsordnung „dauernd versammelt" sei. Das ist nicht haltbar. Es geht nirgends aus den Bestimmungen der RV selbst hervor, daß Art. 64 keine Parallelvorschrift zu Art. 14 aRV sein, sondern etwas völlig Neues bedeuten solle. Eine Regelung über die einzelnen Sitzungen gehört sachlich in den Bereich der Geschäftsordnung, nicht in den der Verfassung. Es ist nicht angängig, die Verfassungsbestimmungen über den Weg der Geschäftsordnungen zu interpretieren. Objektiv betrachtet, lehnt sich der Art. 64 RV an den Art. 14 aRV so an, wie der Reichsrat von Weimar sich an den Bundesrat des Kaiserreichs anlehnt. Auch sprachtechnisch spricht das Wort „einberufen" mehr für die einmalige Versammlung als für die einzelnen Sitzungen.

Verfassungswandlungen durch Geschäftsordnungen haben von jeher besondere Aufmerksamkeit gefunden, da 1. die Geschäftsordnungen eine untergeordnete Stellung gegenüber der Verfassung einnehmen und 2. eine rechtliche Gewähr für die Einhaltung der von der Verfassung aufgestellten Schranken durch die Geschäftsordnung vielfach mangelt.[1]) So ist auch eine Gruppierung der Wandlungsfälle in dieser Richtung verschiedentlich vorgenommen worden: z. B. durch die zitierte Arbeit von Menzel, freilich kann die Bedeutung der dort angeführten Fälle oft stark angezweifelt werden; dann bei Jellinek, Verfassungsänderung, S. 10 ff.; ähnlich auch Allgemeine Staatslehre, S. 539; Besondere Staatslehre (in der Ausgabe: Schriften und Reden), Berlin 1911, S. 263. Ferner Hatschek, Parlamentsrecht, S. 15; Deutsches und preußisches Staatsrecht, S. 13. — Jellinek behandelt in diesem Zusammenhang auch vielfach englische Fälle (Allg. Staatslehre, S. 539). Das halte ich nicht für richtig: wo eine geschriebene Verfassung nicht existiert, da ist jede Frage nach Verfassungsänderung und Verfassungswandlung eine müßige.

4. Endlich kann ein Verfassungsrechtssatz einfach durch die tatsächliche von den Bestimmungen der Verfassung abweichende Praxis[2]) des betreffenden Staatsorgans gewandelt werden. Als Bei-

---

[1]) Vgl. Jellinek, Verfassungsänderung, S. 10.

[2]) Nicht zu verwechseln mit den vorübergehenden, nur als Nebenwirkungen gewisser Verwaltungsakte hervorgerufenen Verfassungsstörungen. Diese sind nur Maßnahmen tatsächlicher Art, bedeuten keine Antastung der Verfassung: K. Häntschel, Die Verfassungsschranken der Diktaturgewalt, in Zeitschrift für öffentliches Recht (ZöR), Bd. V, 1926, S. 213 ff.

— 35 —

spiel möge die Permanenz des Bundesrats im deutschen Kaiserreich dienen. Nach Artt. 12 ff. aRV war der Bundesrat keine ständige Versammlung, sondern er trat nur zeitweise auf Berufung zusammen. Die Berufung sollte regelmäßig alljährlich einmal stattfinden (Art. 13), ausnahmsweise hatte sie stets zu erfolgen, wenn ein Drittel der Stimmzahl sie verlangte (Art. 14). In Wirklichkeit war aber der Bundesrat seit 1883 nicht mehr geschlossen worden. „Die immer wachsenden Geschäfte erlaubten nicht, daß seine Tätigkeit längere Zeit unterbrochen werde", und im Gegensatz zum Verfassungswortlaut war der Bundesrat in Wirklichkeit ein ständiges Kollegium.

Diese Erscheinung als „unaufhebbare Verfassungswandlung" hat zuerst J e l l i n e k festgestellt, Verfassungsänderung, S. 22 f. Den Gegensatz zwischen Faktum und Norm haben schon früher erkannt: Ph. Z o r n, Das Staatsrecht des Deutschen Reichs, 2. Aufl. Berlin 1895, S. 159 f.; Edgar L ö n i n g, Grundzüge der Verfassung des Deutschen Reichs, Leipzig 1901, S. 63; A n s c h ü t z, Grundzüge des deutschen Staatsrechts (in der Holtzendorff-Kohler'schen Enzyklopädie, 6. Aufl. Bd. II), Berlin und Leipzig 1904, S. 543. — L a b a n d, der in der 4. Aufl. seines Staatsrechts des Deutschen Reichs, 1901, I, S. 253, diese Erscheinung noch nicht beobachtet zu haben scheint, kam in der Geschichtlichen Entwicklung, 1907, auch zu dem Satz, daß die permanente Tätigkeit des Bundesrats die Reichsverfassung abgeändert habe (S. 19).

IV. Eine Verfassungswandlung kann herbeigeführt werden durch die Interpretation; namentlich dann, wenn die Verfassungsvorschriften lediglich gemäß den jeweiligen wandelnden Anschauungen und Bedürfnissen der Zeit ausgelegt werden, ohne daß man sich besonders fest an den Wortlaut der Verfassung hält oder den Sinn beachtet, der den betreffenden Verfassungsnormen ursprünglich von den Verfassungsgesetzgebern beigelegt war. Die Verfassungsnorm bleibt hier dieselbe, aber die Verfassungspraxis, mit der man ihr zu folgen vorgibt, ist eine verschiedene. Was man zu einer Zeit als Recht aus der Verfassung herausgelesen hat, ist es zu einer anderen Zeit nicht mehr. Die Verfassung erfährt eine Wandlung, indem ihre Normen einen anderen Inhalt bekommen, indem ihre Sätze einen anderen Sachverhalt normieren, als ihnen zuerst zugedacht war.

Diese Art Verfassungswandlung ist auch bei J e l l i n e k erwähnt worden (Verfassungsänderung, S. 8 ff.). Leider fehlt es dort an einer präzisen Begriffsbildung: wenn er von „Wandlung der Verfassung durch deren Interpretation seitens der Parlamente, der Verwaltung, der Rechtsprechung" spricht (S. 8, 14, 15), so meint er eigentlich die Verfassungspraxis überhaupt. Wo eine Bestimmung aus einer Geschäftsordnung

— 36 —

„gegen einen ausdrücklichen Verfassungssatz verstößt", — geheime Sitzung im alten Reichstag (S. 12) — da kann von einer „Auslegung" nicht mehr die Rede sein, ebenso, wenn zwei gleichartige Rechtsnormen bei verschiedenen Rechtsordnungen verschieden verstanden werden, — der Satz über die Ausübung der bürgerlichen und politischen Rechte in Österreich und in der Schweiz (S. 16). — Dann liegt hier eine „Wandlung" (i. e. der Auslegung) überhaupt nicht vor.

1. Ein Beispiel der Verfassungswandlung durch Interpretation liefert das Abolitionsrecht des Großherzogs von Baden in der Vorkriegszeit. Nach § 4 der Verfassung von 1818 vereinigte der Großherzog alle Rechte der Staatsgewalt in sich und übte sie unter den in der Verfassungsurkunde festgesetzten Bedingungen aus. Zu diesen im einzelnen nicht aufgeführten Rechten rechnete man auch das Abolitionsrecht, von dem auch in der Tat reichlich Gebrauch gemacht wurde.[1]) Später aber, wohl aus Rücksicht auf die Selbständigkeit der Strafrechtspflege, ändert sich die Ansicht der Regierung und man versucht dieses Recht auszuschließen. Man argumentierte mit § 15 der Verfassung, der dem Großherzog das Recht gibt, eine erkannte Strafe zu mildern oder ganz nachzulassen, und sagte, dieser Verfassungssatz enthalte die verfassungsmäßig zurückbehaltenen Rechte des Monarchen hinsichtlich der Strafjustiz, da aber das Abolitionsrecht in ihm nicht aufgezählt sei, so stehe es dem Monarchen nicht mehr zu. Und seit der Mitte der Sechzigerjahre ist kein Fall der Abolition mehr zu verzeichnen. Ein Recht, das bis dahin unbefangen fast ein halbes Jahrhundert lang als Majestätsrecht geübt wurde, ist durch Interpretation beseitigt worden. Der Text der Verfassung bleibt unverändert, ihr materieller Inhalt hat aber in einem keineswegs bedeutungslosen Punkt einen gründlichen Wandel erfahren.

So Jellinek, Verfassungsänderung, S. 14 f. Vgl. ferner J. Heimberger, Das Landesherrliche Abolitionsrecht, Leipzig 1901, S. 66 f.

2. Art. 4 der Preußischen Verfassung vom 5. Dezember 1848, auch später in der revidierten Form vom 31. Januar 1850, lautet: „Alle Preußen sind vor dem Gesetz gleich. Standesvorrechte finden nicht statt." Dem ursprünglichen Sinn dieser Freiheitsverbürgungen der individualistisch gestimmten Zeit entspricht durchaus der Wortlaut der Normierung, deren unmittelbare Rechtsverbindlichkeit nicht ernsthaft angezweifelt werden kann. In der Praxis

---

[1]) Bei allgemeinen Amnestien bis 1857, bei Einzelfällen bis 1865.

— 37 —

aber wurde dieser Rechtssatz höchst restriktiv ausgelegt, so daß ihm praktisch eine juristische Bedeutung in keiner Weise zukam: der genannte Artikel spreche lediglich ein bereits bestehendes Prinzip „deutlich und ausdrücklich" aus, er erstrecke sich nur auf „staatsbürgerliche Verhältnisse, gestatte keine unmittelbare Anwendung auf das Privatrecht". Das Eheverbot zwischen dem Adel und dem Bauern- oder geringeren Bürgerstand des Allgemeinen Landrechts, §§ 30—33, 940, Titel 1, Teil II, ALR, das bei richtiger Erwägung mit dem genannten Verfassungsartikel in keinerlei Einklang gebracht werden kann, bestand trotz der feierlichen Verbürgung der rechtlichen Gleichstellung faktisch uneingeschränkt weiter. Durch die wiederholte Auslegung des Verfassungssatzes in der geschilderten Art ist eine Verminderung seiner Geltungskraft und damit eine Verfassungswandlung eingetreten.

Diesen Fall der „gewohnheitsrechtlichen Verfassungswandlung" beobachtete zuerst R. T h o m a, Die juristische Bedeutung der grundrechtlichen Sätze der deutschen Reichsverfassung im allgemeinen (in Kommentar „Grundrechte und Grundpflichten der Reichsverfassung", herausgegeben v. N i p p e r d e y, Berlin 1929), Bd. I, S. 4; vgl. ferner seinen Aufsatz: Der Vorbehalt des Gesetzes im preußischen Verfassungsrecht (Festgabe für O. M a y e r), Tübingen 1916, S. 214; dazu die Entscheidungen des Königlichen Obertribunals, 26/347; 34/177. — Sachlich gehört auch der Widerspruch zwischen dem in der Verfassung bekundeten Prinzip der Emanzipation der Juden (Artt. 4 S. 3, 12) und der tatsächlichen gegenteiligen Praxis, z. B. in den Zirkularreskriptionen der verschiedenen Ressortminister, die den Juden gewisse öffentliche Ämter verschlossen (vgl. R ö n n e - Z o r n, Das Staatsrecht der preußischen Monarchie, 5. Aufl. Leipzig 1906, Bd. II, § 50, S. 10), hierher. Eine ähnliche Interpretation der Verfassung hätte nahegelegen.

3. Im österreichischen Staatsgrundgesetz vom 21. Dezember 1867 über die Ausübung der Regierungs- und der Vollzugsgewalt steht die Bestimmung (Art. 10, seit Gesetz vom 10. Juni 1869 über Gesetzespromulgation), daß die Prüfung der Gültigkeit gehörig kundgemachter Gesetze den Gerichten nicht zusteht (Abs. II), daß dagegen die Gerichte über die Gültigkeit von Verordnungen im gesetzlichen Instanzenzug zu entscheiden haben (Abs. III). Der Wortlaut ist hier ganz klar: Gesetze, die rechtmäßig zustandegekommen und formgerecht verkündet sind, sollen der Überprüfung durch die Gerichte entzogen werden; Verordnungen aber, die nicht Gesetze sind, sollen für die Gerichte überprüfbar sein. Der Unterschied besteht also lediglich zwischen Gesetz und Verordnung; unter den

Verordnungen selbst ist nach dem Verfassungswortlaut keine weitere Unterscheidung gemacht worden. Die Praxis aber, die auch die Kaiserlichen Verordnungen der gerichtlichen Überprüfung zu entziehen wünschte, versuchte das Ziel mit der Auslegung zu erreichen, indem sie aus der Reihe der „Verordnungen" des Art. 10 III die Kaiserlichen Verordnungen, die gemäß Art. 14 des Grundgesetzes über die Reichsvertretung erlassen sind, herausnahm und nur die übrigen Verordnungen als „Verordnung" i. S. dieser Gesetzesstelle gelten ließ. Das Wort „Verordnung", mit dem ursprünglich jede Verordnung gemeint war, bezeichnet jetzt nach dieser Interpretation nur noch die nicht-kaiserlichen Verordnungen.

Vgl. Tezner, Konventionalregeln und Systemzwang (Grünhuts Zeitschr. Bd. XLII), 1916, S. 613. Über die überhaupt merkwürdige Auslegungspraxis in Österreich, Tezner, aaO., S. 573, 585 ff., 611 ff.

4. Nach Art. I, Sektion 8 der nordamerikanischen Unionsverfassung vom 17. September 1787 hat der Kongreß die Befugnisse, Krieg zu erklären und Geld auf Kredit der Vereinigten Staaten zu borgen. Als im Sezessionskrieg der Kongreß Papiergeld mit Zwangskurs („greenbacks") ausgab, wozu ihm die Verfassung eigentlich keinerlei Ermächtigung gegeben hatte, erklärte der Richter, daß zum Kriegführen Geldmittel gehören, daß der Kongreß das Recht der Kriegserklärung habe und weiter von der Verfassung ermächtigt sei, alle Gesetze zu erlassen, die zur Ausführung seiner verfassungsmäßigen Vollmachten notwendig sind, daß daher die Union dieses Mittel beschaffen dürfe. Als aber der Krieg beendet war und die Ausgabe von Papiergeld dennoch nicht aufhörte, begründete man die Verfassungsmäßigkeit dieser Praxis mit der Befugnis der Union, „Geld auf Kredit der Vereinigten Staaten zu borgen".[1]) Mit dieser ausgekünstelten Interpretationsweise hat man also eine neue Kompetenz der Union zur Anerkennung gebracht, an die die herangezogenen Verfassungsartikel wahrlich niemals gedacht haben.

Vgl. hierzu Jellinek, Verfassungsänderung, S. 17; Th. M. Cooley, The General Principles of Constitutional Law in the U. S. A., Boston 1880, p. 80; Tiedeman, The Unwritten Constitution of the U. S. A., New York und London 1890, pp. 135 sqq.; Brinton Coxe, An Essay of Judicial Power and Unconstitutional Legislation, Philadelphia 1893, pp. 27 sqq., 34 sqq.; Bryce, American Commonwealth, Vol. I, p. 383. C. E. Martin, An Introduction to the Study of the American Constitution, Los Angeles 1925, pp. 179 sqq.

---

1) Siehe insbesondere 110 U. S. Reports 447, 449.

Verfassungslücken und Verfassungswandlung.

Der Fall der Verfassungswandlung durch eine formal die Verfassung nicht verletzende Staatspraxis (oben S. 21 ff.) führt uns unmittelbar zum Problem der Verfassungslücken. Wir haben festgestellt, daß hier gar nicht davon die Rede ist, daß einer oder mehrere Verfassungsartikel irgendwie in Frage gestellt worden, sondern daß es sich um Rechtsverhältnisse handelt, die eine verfassungsgesetzliche Regelung noch überhaupt nicht erfahren haben. Es taucht also die Frage auf: liegen hier nicht vielleicht die sogenannten Verfassungslücken vor, durch deren ungesetzliche Ausfüllung ein Verfassungswandel eintritt, da der neue faktische Zustand, der doch jeder verfassungsgesetzlichen Grundlage darbt, zu gewohnheitsrechtlicher Anerkennung gelangen kann und ihm normale Bedeutung beigelegt wird? — Was aber diese „Lücken der Verfassung" sind, werden wir hier zunächst zu betrachten haben.

Das Problem der Verfassungslücken und das der Verfassungwandlung hat erst J e l l i n e k in diesen Zusammenhang gebracht und in ihm erörtert (Verfassungsänderung, S. 43 ff.).

Aus seiner ganzen verfassungstheoretischen Auffassung, daß die Verfassung („im positiven Sinne") die Entscheidung über die Existenzform der politischen Einheit sei, daß die Verfassungsgesetze, — die bloßen Relativierungen der (positiven) Verfassung — nur eine unsystematische Vielheit darstellen, gewinnen für Carl S c h m i t t (Verfassungslehre, München und Leipzig 1928) die „Verfassungslücken" einen besonderen Aspekt: eine Lücke der Verfassung kann nur dort gefunden werden, wo eine „Entscheidung hätte getroffen werden müssen." Und „sie kann dann nur durch einen Akt der verfassunggebenden Gewalt ausgefüllt werden" (S. 77). Wo die Rede von einer Lücke im (Verfassungs-)Recht ist, — Preußischer Budgetkonflikt im Jahre 1862 — da „handelt es sich in Wahrheit um die Frage der Souveränität" (S. 332). Hier ist also der Lückenbegriff ein ganz anderer, er ist eine konsequente Durchführung der Auffassung von der Verfassung als Entscheidung. Diese Theorie nimmt gegenüber der breiten Literatur über Verfassungslücken eine neutrale Stellung ein, wir lassen sie hier auf sich beruhen. — Über die Auffassung von der Verfassung als Entscheidung selbst vgl. meinen Aufsatz: Formalistischer und antiformalistischer Verfassungsbegriff, AöR, NF, XXI, 1932.

Das berühmte Problem der Rechts- und Gesetzeslücken, das

— 40 —

bis zu der „kritischen Zeit" — diese beginnt mit B r i n z (1873), B e r g b o h m (1892) und Z i t e l m a n n (1903) — so gut wie völlig unbekannt war,[1]) hat seit der Jahrhundertwende eine überreiche Literatur heraufbeschworen, die selbst heute noch im Anwachsen zu sein scheint. Betrachten wir aber etwas näher ihr letztes Ergebnis, so steht dies zu der dazu aufgewandten Mühe in keinerlei Verhältnis. Resultate, die zum Teil auf sehr weiten Umwegen gewonnen sind, sind entweder dogmatisch nichtssagend, oder rechtsphilosophisch unüberzeugend, oder praktisch bedeutungslos.[2]) Die häufige Bearbeitung dieses Problems sowie die vielen Streitfragen erklären sich aber aus dreierlei Gründen: 1. daß bei dem dogmatischen Streit vornehmlich teleologische Gesichtspunkte überwogen, 2. daß aus dieser einen Problemlage verschiedene Fragestellungen gewonnen wurden, 3. daß die Begriffe der „Lücke" und des „Rechts" keine einheitlichen sind und daher bei jedem Autor etwas anderes bedeuten, wodurch die anwachsende Behandlung nur mehr Verwirrung als Klärung bewirkt.

Geschichtlich gesehen, verdankt die Lückentheorie der P o l e m i k ihr Dasein. Denn es sind B r i n z und B e r g b o h m, die erst den Begriff der Lücke näher erörterten, die aber auch zugleich ihre Existenz bestritten, B r i n z für das positive Recht, B e r g b o h m für das Rechtssystem: beider Polemik richtete sich gegen das Naturrecht. Weiterhin sind es einige Publizisten, die die Lücken leugneten, um einige praktische Fälle, deren Rechtmäßigkeit in Frage gestellt wurde, für rechtlich unanfechtbar zu erklären, so z. B. L a b a n d und B o r n h a k. — Die Gegner, die die Existenz der Lücken bejahen, sind teils Vertreter der freirechtlichen Bewegung, die hiermit die Unzulänglichkeit der positiven Rechtsordnung darzutun trachten (E h r l i c h, J u n g), teils Publizisten, — die die Lücken wenigstens für das Staatsrecht unbedingt bejahen — die damit die „notwendige Grenze des Staatsrechts" nachweisen wollen (J e l l i n e k, A n s c h ü t z). So sagt mit Recht J. B i n d e r, daß das Lückenproblem ein teleologisches und ideologisches Problem sei.[3])

---

[1]) Vgl. hierüber H. H e r r f a h r d t, Lücken im Recht (Bonner Dissertation), 1915, S. 1 ff.
[2]) Ähnlich H e r r f a h r d t, aaO., S. 3.
[3]) Philosophie des Rechts, Berlin 1925, S. 977.

— 41 —

Es sind in Wahrheit vier ganz verschiedene Problemgruppen, die bei dem einen Streit um die „Lücken" den Streitgegenstand darstellen: 1. Frage nach Wesen und Möglichkeit der Lücken, 2. Problem der Lückenausfüllung, 3. Wesen der durch Lückenausfüllung gewonnenen Rechtssatze, 4. Grenze zwischen Lückenausfüllung und Gesetzesauslegung. Den Wesensunterschied dieser verschiedenen Fragestellungen und ihre theoretische Konsequenz hat H e r r f a h r d t in seiner Abhandlung über „Lücken im Recht" (1915) in eindrücklicher Weise dargelegt.

Endlich heißen „Lücke" und „Recht" bei jedem Autor etwas Anderes. Und jede Behandlung fördert neue Differenzierungen zutage. So gibt es Rechts- und Gesetzeslücken; echte und unechte Lücken; materielle und formelle Lücken; Tatbestands- und Bestimmtheitslücken usw.; das Recht, in dem die Existenz der Lücke bald behauptet, bald geleugnet wird, ist bald die positive Rechtsordnung, bald das Rechtssystem, bald der Geist der Rechtsordnung, bald der Rechtsgedanke, bald das wirkliche, bald das geformte Recht.[1]) Da der Gegenstand der Diskussion derart unbestimmt ist, ist eine heftige Polemik oft nur das Ergebnis eines groben Mißverständnisses. Interessant ist, daß Z i t e l m a n n seine Rede mit „Lücken im R e c h t" (Leipzig, 1903) betitelt, wo er ausdrücklich nur von den G e s e t z e s lücken sprechen wollte (S. 9) und A n s c h ü t z in seinen „Lücken in Verfassungs- und Verwaltungs g e s e t z e n" (Verwaltungsarchiv XIV, 1906, S. 315 H) über Lücken berichtet, die nach seiner Überzeugung „unzweifelhafte Lücken des R e c h t s" seien (S. 332).

Die Literatur über das Lückenproblem ist in den letzten Jahrzehnten wieder sehr gewachsen, eine neue zusammenfassende Arbeit täte not. Wir nennen hier die wichtigsten und neuesten Arbeiten: B r i n z, Rezension zu A d i c k e s in der Krit. Vierteljahrsschrift, Bd. XV, 1873, S. 164 ff.; Lehrbuch der Pandekten, 2. Aufl. Erlangen 1873, S. 129 ff.; K. B e r g b o h m, Rezension zu v. Hagens, AöR, VI, 1891, S. 160; Jurisprudenz und Rechtsphilosophie, Leipzig 1892, S. 373 ff.; E. E h r l i c h, Über Lücken im Recht, Wiener Jurist. Blätter, 1888, S. 447; Freie Rechtsfindung und freie Rechtswissenschaft, Leipzig 1903; E. Z i t e l m a n n, Lücken im Recht, Leipzig 1903; E. J u n g, Von der logischen Geschlossenheit des Rechts, in Gießener Festgabe für D e r n b u r g, Berlin 1900, S. 131 ff.; Positives Recht, in Festgabe für die Gießener Fakultät, Gießen 1907, S 469 ff.; Das Problem des natürlichen Rechts, Leipzig

---

[1]) Vgl. H e r r f a h r d t, Lücken, S. 4.

— 42 —

1912, dazu R. v. L a u n, Eine Theorie des natürlichen Rechts, in AöR, Bd. XXX, 1913, S. 369 ff.; Carl S c h m i t t, Gesetz und Urteil, Berlin 1912, S. 16 ff.; Ph. H e c k, Das Problem der Rechtsgewinnung, Tübingen 1912, S. 10 ff.; L. S p i e g e l, Gesetz und Recht, München und Leipzig 1913, S. 119 ff.; H. R e i c h e l, Gesetz und Richterspruch, Zürich 1915, S. 95 ff., 113 ff.; B i e r l i n g, Juristische Prinzipienlehre, Tübingen 1911, Bd. IV, S. 383 ff.; Felix S o m l ó, Die Anwendung des Rechts, in Grünhuts Z., Bd. XXXVIII, 1911, S. 58 ff.; Juristische Grundlehre, Leipzig 1917, S. 403 ff.; R. S t a m m l e r, Theorie der Rechtswissenschaft, Halle 1911, S. 64 ff.; Lehrbuch der Rechtsphilosophie, 3. Aufl. Berlin und Leipzig 1928, § 132 (S. 277 ff.); J. B i n d e r, Philosophie des Rechts, Berlin 1925, S. 977 ff. — Zusammenfassende Arbeiten, H. E l z e, Lücken im Gesetz, München und Leipzig 1913; gut H. H e r r f a h r d t, Lücken im Recht, Bonner Dissertation 1915, auf den ich besonders verweise. — Von publizistischen Behandlungen nenne ich L. v. R o e n n e, Das Staatsrecht der preußischen Monarchie, 3. Aufl., Leipzig 1869, § 65, S. 414 (R o e n n e - Z o r n, Staatsrecht der preuß. Monarchie, 5. Aufl. Leipzig 1906, II, S. 45). L a b a n d, Das Budgetrecht nach der preuß. Verfassungsurkunde, in Zeitschr. für Gesetzgebung und Rechtspflege in Preußen, Berlin 1871, S. 75; Das Staatsrecht des Deutschen Reichs, 4. Aufl., Tübingen 1901, Bd. IV, S. 537; G. J e l l i n e k, Gesetz und Verordnung, Freiburg i. B. 1887, S. 297 ff.; Allgemeine Staatslehre, S. 537 ff.; Verfassungsänderung, S. 43 ff.; B o r n h a k, Preußisches Staatsrecht, Freiburg i. B. 1890, Bd. III, S. 598; H a t s c h e k, Englisches Staatsrecht, Tübingen 1905, Bd. I, S. 154 ff.; A n s c h ü t z, Lücken in den Verfassungs- und Verwaltungsgesetzen, in Verwaltungsarchiv, Bd. XIV, 1906, S. 315; B r i e, Zur Theorie des konstitutionellen Staatsrechts, AöR IV, 1889, S. 1 ff.; Billigkeit und Recht, in Archiv für Rechts- und Wirtschaftsphilosophie, Bd. III, 1909/10, S. 532 ff.; E. K a u f m a n n, Das Wesen des Völkerrechts und die Clausula rebus sic stantibus, Tübingen 1911, S. 49 ff., 139 ff.; W. J e l l i n e k, Gesetz, Gesetzesanwendung, Tübingen 1913, S. 176 ff.; B u r c k h a r d t, Die Lücken des Gesetzes und die Gesetzesauslegung, Bern 1925; dazu R e i c h e l, Gesetzeslücken, in Zeits. f. d. ges. Staatswissenschaft (ZStW) LXXXI, 1926, S. 503 ff.; V. B r u n s, Völkerrecht als Rechtsordnung, in Zeitschr. für ausl. öff. Recht und Völkerrecht, I, 1929, S. 25 ff.; Alf R o s s, Theorie der Rechtsquellen, Leipzig und Wien 1929, S. 341 ff.; H. I s a y, Rechtsnorm und Entscheidung, Berlin 1929, S. 177 ff.

Die Einsicht, daß eine Lücke im Gesetz noch keineswegs Lücke im Recht bedeute, hat bisher — mit Ausnahme von B r i n z — nie gefehlt. Daß selbst unter den Gesetzeslücken noch die echten von den unechten zu unterscheiden sind, — die unechten, wo das Gesetz über den in Frage stehenden Tatbestand nichts aussagt, die echten, wo das Gesetz für den Tatbestand eine bestimmte Rechtsfolge nicht vorschreibt (Z i t e l m a n n) — steht seit Z i t e l m a n n immer im theoretischen Vordergrund. Auch der Unterschied von wirklichem und geformtem Recht,[1]) von Existenz und Evidenz eines Rechtsatzes

---

[1]) Nicht erst bei S t a m m l e r, vgl. z. B. I h e r i n g, Geist des röm. Rechts, 4. Aufl. Leipzig 1878, § 4 (S. 31 ff.).

— 43 —

wurde oft genug unterstrichen. — Dabei ist aber eine Unterscheidung, die m. E. in diesem Zusammenhang nicht ganz unwesentlich ist, bis jetzt immer übersehen worden: eine Unterscheidung unter den Rechtsnormen nach ihrer verschiedenen Natur.

Unter den Rechtsnormen einer jeden Rechtsordnung können zwei Arten voneinander unterschieden werden, die nur ihrer formalen Entstehung nach miteinander gleich sind, d. h. nach der jeweiligen positiv-rechtlichen Statuierung (Rechtsatzung). Ihrem Wesen nach sind aber davon die einen echte Rechtsnormen, d. h. rechtlich sanktionierte präexistente soziale Kulturnormen, — Werturteil enthaltende Normen, billigende und verwerfende Normen, die wohl zeitlich wandelbar sind, aber jeder staatlichen Rechtssetzung vorausgehen — denen auf der Seite der Sozietät (Kulturgemeinschaft) stets ein Rechtsbewußtsein, — oder Rechtsgefühl, Rechtsüberzeugung [1]) — gegenübersteht; die anderen sind nur technische Rechtsnormen, — d. h. wertindifferente Normen — die lediglich zur Verwirklichung der Rechtgebung oder zur Aufrechterhaltung der gemeinen Sozialordnung dienen, die ihre rechtliche Geltung also lediglich aus ihrer Normativität ableiten, denen das Rechtsbewußtsein der Volksindividuen völlig indifferent gegenüber steht.

Diese Unterscheidung entlehne ich M a r s c h a l l v. B i b e r s t e i n, Vom Kampf des Rechts gegen die Gesetze, Stuttgart 1927, S. 112 ff., der von Rechtsnormen und Richtungsnormen spricht. Vgl. Stephan K u t t n e r, Zur Sinngebung des Sollens, Europäische Revue, 1929, S. 62 ff. Die Bezeichnung echte Rechtsnorm und technische Rechtsnorm entlehne ich H. F e h r, Recht und Wirklichkeit, Leipzig 1927, S. 28 ff. Vgl. ferner G. R a d b r u c h, Grundzüge der Rechtsphilosophie, Leipzig 1924, S. 72 ff., und A. R a p p o p o r t, Die marxistische Rechtsauffassung, Riga 1927, S. 21 ff.; E. A. K o r o w i n, Das Völkerrecht der Übergangszeit, Berlin 1930, S. 13 ff.

In einem Fall, wo sich das Lückenproblem geltend macht, also wo das Gesetz auf einen konkreten Tatbestand keine oder keine befriedigende Entscheidung gibt — wo das Gesetz eine wirkliche Antwort schuldet, eine Lücke aufweist —, da ist es m. E. durchaus

---

[1]) Der Ausdruck ist unzulänglich gegenüber dem, was er bezeichnen soll: über die Problematik dieses und ähnlicher Ausdrücke siehe M a r s c h a l l, Kampf d. Rechts, S. 111, Note 343; I s a y, Rechtsnorm, S. 85 ff.

— 44 —

unterschiedlich, welche Art von Rechtsnormen hier in Frage steht. Betrifft es die Region der echten Rechtsnormen, — die konkrete Tatsache verlangt nach einer Billigung oder einer Verwerfung durch die Rechtsnormen — so ist eine Entscheidung jedenfalls möglich. Denn hier wird eine Wertung durch das Rechtsbewußtsein erfordert und kann stets gefunden werden, auch wo uns die konkreten Normierungen vorläufig keine Antwort geben. Sind doch die echten Rechtsnormen nichts anders als — freilich bestimmt geartete, d. h. staatlich statuierte — Ausdrücke des jeder Rechtsetzung präexistenten Rechtsbewußtseins, das der eigentliche Träger jeder menschlichen — individuellen wie sozialen — Wertung ist. Betrachtet man, daß die echten Rechtsnormen einer konkreten Rechtsordnung niemals die volle menschliche Wertung nach Recht und Unrecht erschöpfend statuieren, ferner, daß die Existenz und Evidenz eines Rechtsatzes nicht miteinander verwechselt werden dürfen, also, daß die Grenze des Rechts (Urteil des Rechtsbewußtseins) mit der der Gesetze keineswegs zusammenfällt, so ist es denn auch durchaus richtig zu sagen: das Recht hat keine Lücken, Lücken haben nur die Gesetze. Denn die Entscheidung, nach der verlangt wird, ist doch stets möglich, auch wenn die Paragraphen versagen; mit anderen Worten: lückenlos ist das Rechtsbewußtsein, es gibt jederzeit auf jeden Fall Antwort und Entscheidung.

Ganz anders wird es aber, wenn die festgestellte Lücke technische Rechtsnormen betrifft. Denn diese sind gänzlich wertindifferent, sie entstehen nicht aus dem sozialen Rechtsbewußtsein, sondern sie gelten lediglich kraft ihrer Normativität. Sie sind verbindliche Normen, weil und solange sie „Rechtsnormen" sind. Sie hatten vor ihrer formalen Statuierung kein ideelles Dasein. Bei ihnen fällt die Existenz und Evidenz begrifflich zusammen. Macht sich nun praktisch die Lücke einer solchen technischen Rechtsnorm geltend, so kann eine Entscheidung weder aus der bestehenden Rechtsordnung noch aus unserem Rechtsbewußtsein heraus gebildet werden. Eine präexistente Antwort ist hier nicht vorhanden, unser Rechtsbewußtsein versagt hier, weil es dem Inhalt dieser Normengruppen gegenüber völlig indifferent dasteht. Von einer logischen Geschlossenheit oder Lückenlosigkeit kann hier also gar nicht die Rede sein.

Wenn die „logische Geschlossenheit der Rechtsordnung" immer wieder von neuem verteidigt wird, so haben die Schriftsteller meistens das über die Gesetze weit hinausreichende Rechtsbewußtsein im Sinn. Wollte man aber allein aus der Unzulänglichkeit der technischen Rechtsnormen gegenüber der Vielgestaltigkeit sozialen Lebens auf Lücken des Rechts schließen, oder gar auf die Grenze der Rechtsordnung oder die der Jurisprudenz, so ist dieser bescheidene Verzicht gegenüber beiden ein großes Unrecht.

Ein weiterer Umstand ist bis jetzt fast unbeachtet geblieben, der zur richtigen Würdigung des Lückenproblems von großer Wichtigkeit ist: die Frage nach dem Maßstab, an dem gemessen eine Lücke festzustellen ist.

Denn man kann nicht überall von Lücken sprechen, wo und sobald der Rechtssuchende eine gewünschte Entscheidung vermißt. Aus der subjektiven Gefühlswelt des Rechtssuchenden kann ein Maßstab für die Existenz einer Lücke nicht gewonnen werden,[1]) vielmehr muß die Rechtsordnung objektiv eine Lücke aufweisen: d. h. von der individuellen Überzeugung des Rechtssuchenden und der Zwangslage des Richters (etwa wie bei Art. 1 Schweiz. ZGB) völlig abgesehen, hätte die Rechtsordnung bei vernünftiger Erwägung eine ausdrückliche Willenserklärung über den in Frage stehenden Tatbestand enthalten müssen. Enthält sie diese aber nicht und beruht dies entweder auf Übersehen der Gesetzgeber oder auf Unvoraussehbarkeit des eingetretenen Tatbestands, so liegt eine Lücke (des Gesetzes) vor. Denn der Satz, daß die Rechtsordnung alles, worüber sie nichts aussagt, nicht behandeln wolle, daß ihr alles das völlig gleichgültig sei,[2]) ist zwar gedanklich plausibel, wird aber der fortschreitenden Kulturwirklichkeit nicht gerecht. Freilich ist der objektive Maßstab, der hier in Frage steht, nicht leicht zu finden. Allenfalls ist die Hantierung mit der mystischen Personifikation des Gesetzgebers nicht immer ungefährlich. Aber irgendwie von der Rechtsordnung werden wir ausgehen müssen: wir werden insbesondere nach der Natur eines konkreten Rechtsgebiets, der Intention einer bestimmten Rechtsregelung zu fragen haben. Steht es doch fest, daß die Ausgestaltung des öffentlichen Rechts bei weitem schematischer ist als die des Privatrechts, daß das bürgerliche Recht für einen bei weitem größeren Personenkreis zu gelten heischt als das Handelsrecht. Rechtstheoretisch kann man denken

---

[1]) So vor allem Brinz, Rezension zu Adickes, S. 164.
[2]) Das ist die ganze Theorie von Brinz, vgl. aaO.

— 46 —

wie man will, sobald aber eine positiv-rechtliche Frage aufgeworfen wird, kann die Eigenart des betreffenden Rechtsgebiets niemals außer acht gelassen werden. Das Postulat einer einzigen allgemeinen Rechtslehre und einheitlicher juristischer Grundbegriffe führt bei derartigen Schwierigkeiten zu keiner Lösung.

Die Notwendigkeit dieses „Lückenmaßstabs" hat nunmehr auch Alf Ross besonders unterstrichen und dessen „Verschweigung durch die Literatur" gerügt (Rechtsquellen, S. 341, 348). Im übrigen hat er eine völlig andere Auffassung.

Angesichts des Zusammenhangs, aus dem wir die Frage nach den Lücken anschneiden, — das Verhältnis von Verfassungslücken und Verfassungswandlung —, erübrigt es sich, auf das eigentliche Lückenproblem näher einzugehen. Denn es gilt uns hier zu fragen: Gibt es Lücken in der Verfassung? Sind sie Lücken der Verfassungsgesetze oder die des Verfassungsrechts? Wie sind sie beschaffen und wie wirken sie sich aus? — Dagegen können andere Fragen, die wesentliche Streitpunkte der großen Lückenliteratur sind: die Unterscheidung von echten und unechten Lücken, von bloßen Korrekturen und richtiger Lückenausfüllung, das Problem von ausdehnender und einschränkender Auslegung, von Rechtsschaffung und Rechtsfindung usw., vorläufig zurückgestellt werden. Ja auch andere schwierige Probleme, die mit unserer Materie scheinbar im Zusammenhang stehen, etwa das Problem der Unterscheidung von öffentlichem und Privatrecht, das Problem der besonderen Natur der Verfassung und des Verfassungsrechts (etwa als „Recht höherer Ordnung") lassen wir zunächst auf sich beruhen: die aus dem Zusammenhang des Gegenstandes gebotene Fragestellung macht eine dogmatische Erörterung über die Abgrenzung und Feststellung genannter Art an dieser Stelle überflüssig.

Das Problem der Unterscheidung von öffentlichem und Privatrecht — ein Problem aus der allgemeinen Rechtsprinzipienlehre und Rechtsmethodik — ist in der jüngsten Zeit vorwiegend gegen und um die normlogische Rechtsschule erörtert worden. Wir können hier nicht näher darauf eingehen. Allgemein sind als Monisten zu nennen: Austin, Lectures on Jurisprudence, London 1863, II pp. 71, 435 sqq. H. Krabbe, Die Lehre der Rechtssouveränität, Groningen 1906, S. 31 ff.; Kelsen, Hauptprobleme der Staatsrechtslehre, Tübingen 1911, S. 269 f., 630 ff.; v. Laun, Theorie von natürlichem Recht, AöR XXX, 1913, S. 398 ff. Als wichtigste Literatur zitiere ich Bierling, Zur Kritik der juristischen Grundbegriffe, 2. Teil, Gotha 1883, S. 150 ff.; Holliger, Das Kriterium des Gegensatzes zwischen dem öffentlichen und dem Privatrecht (Zürcher

— 47 —

Dissertation), 1904; J. v. Schenk, Die Abgrenzung des öffentl. und des Privatrechts in Österreich ZöR I, 1914, S. 63 ff.; F. Somló, Juristische Grundlehre, Leipzig 1917, S. 485 ff. 490 ff.; E. Jung, Die Abgrenzung des Privatrechts vom öffentlichen Recht und über die Gliederung des gesamten Rechtsstoffs, in der Zeitschrift für Rechtsphilosophie II, 1919, S. 293 ff.; L. Waldecker, Allgemeine Staatslehre, Berlin 1927, S. 361 ff., 367; Stammler, Rechtsphilosophie, § 134; G. A. Walz, Vom Wesen des öffentl. Rechts, Stuttgart 1928; A. Gysin, Öffentliches Recht und Privatrecht, in ZöR, IX, 1930, S. 481 ff. — Die besondere Natur der Verfassung als Gesetz und des Verfassungsrechts ist in der Literatur, wenn auch nicht immer richtig erkannt, doch durchweg zugegeben; anders dagegen F. Somló, Jurist. Grundlehre, S. 320 ff.; Klee, Die richterliche Prüfung von Gesetzen, Deutsche Richterzeitung, 1924, S. 149.

Die bisherige juristische Literatur, die sich mit dem Problem der Verfassungslücken beschäftigt, hat ihre Existenz durchweg bejaht, darunter einige Publizisten, die sonst für die übrigen Rechtsgebiete das Dogma von der Geschlossenheit des Rechtssystems durchaus anerkennen (Jellinek, Anschütz). Jedoch zeigt sich bei der näheren Betrachtung, daß diese allgemeine Lehre nicht ganz haltbar ist.

Man hat nämlich bisher immer von Verfassungslücken gesprochen, — manche von Gesetzes-, manche von Rechtslücken — und sich um die Art ihrer Ausfüllung und die Erklärung ihrer Natur bemüht, ohne jedoch darauf einzugehen, auf welche Weise sich diese Lücken ergeben haben, d. h. an welchem Maßstab gemessen diese Lücken festzustellen und festgestellt sind. Es sind meistens Spekulationen individueller Art, die da und dort eine Entscheidung vermissen und wünschen, oder, um das einmal aufgestellte Dogma zu illustrieren, werden eine Reihe von hypothetischen Fällen konstruiert, an deren faktischen Eintritt im normalen Staatsleben nicht ernsthaft gedacht werden kann.

Die besondere Natur und die eigentümliche Beschaffenheit der geschriebenen Verfassung als Gesetzeswerk sind es, die hier nicht genügend erkannt worden sind. Und das führte dahin, daß Verfassungsgesetze unter denselben Gesichtspunkten betrachtet werden wie andere gewöhnliche Gesetze: so hat man vom Verfassungsgesetz dieselbe Ausführlichkeit und Vollständigkeit bei der rechtlichen Regelung der staatlichen Lebenswirklichkeit erwarten zu müssen geglaubt, wie vom Bürgerlichen Gesetzbuch für das Privat-

— 48 —

rechtsleben oder vom Strafgesetzbuch für die je vorkommenden kriminellen Fälle.

Ähnliche Rüge jetzt auch bei Carl S c h m i t t, Die staatsrechtliche Bedeutung der Notverordnung, aus „Notverordnung und öffentliche Verwaltung", Berlin und Wien 1931, S. 3, und Karl L ö w e n s t e i n, Erscheinungsformen der Verfassungsänderung, Tübingen 1931, S. 240, 253.

Man hat nicht genügend erkannt, daß die Verfassung die gesetzliche Regelung des Staats a l s T o t a l i t ä t ist, daß sie das staatliche Rechts- und Kulturleben als Ganzes erfaßt: ihre Intention geht auf die Normierung der gesamten Sozialordnung, nicht auf die Regelung einzelner Rechtsverhältnisse. Das ist der wesensmäßige Unterschied des Verfassungsgesetzes von anderen Gesetzen. Und bei dieser Beschaffenheit stehen die inhaltlich verschiedenartigen Rechtsnormen eines Verfassungsgesetzes ideell und sinngemäß in einer harmonischen Dialektik zueinander: die technischen Rechtsnormen dienen zur Aufrechterhaltung (Konkretisierung) der echten Rechtsnormen, die echten Rechtsnormen — die staatlich anerkannten Kulturnormen, selbst ein Kulturgut, Schutz anderer Kulturgüter — verleihen den technischen Rechtsnormen ihre Legitimität, begründen ihr rechtliches Dasein.[1]) Hier besteht kein Unterschied zwischen Subjekt und Objekt der Rechtsordnung, — eine Konzession durch den Monarchen bezeichnet nur den formalen Vorgang —, kein Unterschied zwischen Mittel und Zweck der Rechtssatzung: der Gegenstand jeder Betrachtung ist immer wieder die staatliche Lebenstotalität.

Hier soll nur die Zurückführung der staatsrechtlichen Stoffe auf die verfassungstheoretische Orientierung einmal unterstrichen werden. Vgl. dazu u. a. G. H u s s e r l, Rechtskraft und Rechtsgeltung, Berlin 1925, S. 73, S m e n d, Verfassung und Verfassungsrecht, S. 78, 80 ff., 128 ff; Einleitung zur Reichsverfassung, Berlin 1929, S. XXV; H. H e l l e r, in den Veröffentlichungen der Vereinigung deutscher Staatsrechtslehrer, Heft V, 1929, S. 112.

Dieser angedeutete Sinn der Verfassung erklärt uns die eigentümliche Beschaffenheit der Verfassungsgesetze, ihre oft gesuchte „Unvollständigkeit", ihre „bewußten Lücken". Da sie auf die Totalität des Staates gerichtet ist, so kann es nicht ihre eigentliche Auf-

---

[1]) Die inhaltliche Anknüpfung vom ersten und zweiten Hauptteil der Weimarer Verfassung siehe S m e n d, Einleitung zur Reichsverfassung, Berlin 1929, S. XX; vgl. ebenfalls H. W e s p e, Begriff und Bedeutung der Verfassung (Königsberger Dissertation), 1926, S. 27.

— 49 —

gabe sein, die einzelnen Rechtsverhältnisse der staatlichen Lebenswirklichkeit erschöpfend [1]) und optimal zu regeln. Vielmehr stellt sie nur grundsätzliche Richtlinien (Prinzipien) fest, nach denen sich die konkrete Rechtsordnung zu gestalten, die Sozialordnung zu entwickeln hat. So ist es nicht nur t e c h n i s c h unmöglich, unter diesen grundsätzlichen Richtlinien auch Vorschriften über jedes einzelne Rechtsverhältnis aufzunehmen, sondern die Aufnahme solcher Vorschriften ist v e r f a s s u n g s b e g r i f f l i c h nicht notwendig, und es wäre auch g e d a n k l i c h falsch, solche Vorschriften aufnehmen zu wollen; denn der Gegenstand der Verfassung als gesetzlicher Regelung ist die Staatstotalität: die verschiedenen Einzelheiten, wenn sie weder die Rechtsordnung noch die Sozialordnung in bedeutendem Maße betreffen, sind ihr gänzlich gleichgültig, sie sind verfassungsrechtsindifferent.

Daß die Verfassung nicht „alles" aufnehmen kann und aufnehmen will, ist verschiedentlich festgestellt worden, freilich nicht aus ihrem Sinngehalt heraus. Meistens liegen praktische Erfahrungen zugrunde. Vgl. z. B. E. v. J a g e m a n n, Deutsche Reichsverfassung, Heidelberg 1904, S. 229; B r i e, Theorie d. konst. Staatsrechts, AöR IV, 1889, S. 32. — Natürlich ist keine Verfassung ganz frei von verfassungsindifferenten Normen, darüber weiter unten. Aber die Feststellung des Nebeneinanderbestehens von verfassungswesentlichen und verfassungsindifferenten Normen ist verfassungstheoretisch von Bedeutung. Die Unterscheidung N a w i a s k y's von Verfassungen in die, die „einen vorhandenen Zustand kodifizieren", und die, die „sich von der Gegenwart abwenden und in die Zukunft weisen" (Grundprobleme der Reichsverfassung, Berlin 1928, S. 77 ff.) ist für unsere Erörterung recht fruchtbar, ändert aber nichts an ihrem Ergebnis. Unserer Unterscheidung nahe kommt Karl L ö w e n s t e i n, der zwischen „Fundamentalsätzen" und „Ausführungsnormen" der Verfassung unterscheidet (Erscheinungsformen, S. 243 f.), er behandelt sie aber nicht in unserem Zusammenhang.

Aus der dreifachen Negation: daß eine „vollständige" Rechtsregelung durch die Verfassung begrifflich nicht notwendig, technisch nicht möglich ist und die Verfassung danach nicht tendiert, ergibt sich, daß es nicht angängig ist, von „Lücken der Verfassung" zu sprechen, wo die Entscheidung irgendeiner öffentlich-rechtlichen Einzelheit im Verfassungsgesetz vermißt wird. Die Verfassung ist hier nicht lückenhaft, denn ihre Aufgabe besteht nicht darin, für jede mögliche Rechtslage Antwort und Entscheidung zu geben.

---

[1]) E. K a u f m a n n, Untersuchungsausschuß und Staatsgerichtshof, Berlin 1920, spricht von „erschöpfender Regelung" der rechtlichen Verantwortlichkeit usw. (S. 80 f.). Dies bezieht sich lediglich auf eine einzelne „Materie".

— 50 —

Eine Lücke dort festzustellen, wo die Rechtsordnung prinzipiell
darüber nichts aussagen will, hieße ein objektives Phänomen subjektiv konstruieren.

Freilich ist es nicht einfach, die verfassungswesentlichen
Grundnormen gegen die verfassungsindifferenten Einzelvorschriften abzugrenzen. Die formale Existenz in der Verfassungsurkunde
sagt über den Wertgehalt eines Rechtssatzes noch gar nichts. Es
kommt vor, daß gewisse grundsätzliche Normen nicht aufgenommen
werden, weil sich die beteiligten Faktoren über den Inhalt nicht
einigen können,[1]) oder daß manche Verfassungen — aus irgend
welchem Motiv — Rechtsnormen von sehr geringer Bedeutung enthalten,[2]) oder daß manche Verfassungsrechtssätze bewußt und gewollt sich undeutlich ausdrücken.[3]) Dazu kommt, daß die Auffassung von der Bedeutung eines Rechtssatzes oder eines Rechtsverhältnisses sowohl zeitlich wandelbar als auch örtlich verschieden
ist.[4]) Daher gibt es niemals zwei Verfassungsurkunden, die sich
inhaltlich völlig decken, und die Aufzählung einzelner Rechtsmaterien in der Verfassung kann immer nur eine schwankende sein.
Außerdem ist nicht zu vergessen, daß jede Verfassungsgesetzgebung
in Wahrheit doch immer einen Kampf darstellt, — Kampf in irgend

---

[1]) Vgl. Brie, Konst. Staatsrecht, AöR IV, 1889, S. 32.
[2]) Z. B. war in Amerika eine Zeitlang die Entlastung der einfachen
Legislatur auf Kosten der Verfassungsgesetzgebung üblich. Man hat dort
zur Verfassungsgesetzgebung gegriffen, um entweder die Legislatur zu
vermeiden, wenn gewisses Mißtrauen gegen diese bestand, oder um die
betroffenen Gesetze vor der Willkür zufälliger Majoritäten zu stabilisieren, oder endlich um dem allgemeinen richterlichen Prüfungsrecht zu
entgehen, da die Richter die einfachen Gesetze für nichtig zu erklären in
der Lage sind. So sind dort die Verfassungen oft zu kleinen Gesetzbüchern
herangewachsen und enthalten Gegenstände, die durch einfache Verordnungen geregelt werden könnten. Vgl. hierüber Jellinek, Allg. Staatslehre, S. 533; J. Bryce, American Commonwealth, Vol. I, pp. 494—96;
E. P. Oberholtzer, The Referendum in Amerika, Philadelphia 1893,
pp. 44 sqq. — In der Schweiz kann jede Forderung zum Gegenstand eines
Volksbegehrens gemacht werden. „Das verwischt die Unterscheidung
zwischen Verfassungsmaterie und Gegenstand gewöhnlicher Gesetze."
(Fleiner, Schweizerisches Bundesstaatsrecht, Tübingen 1923, S. 398 ff.
[3]) Tezner, Konventionalregeln, Grünhuts Zeitschrift, Bd. XLII,
S. 584; Smend, Ungeschriebenes Verfassungsrecht im monarchischen
Bundesstaat, in der Festgabe für O. Meyer, Tübingen 1916, S. 264.
[4]) Vgl. G. Seidler, Das juristische Kriterium des Staates, Tübingen 1905, S. 74; Wittmayer, Weimarer Reichsverfassung, Tübingen
1922, S. 28; Karl Löwenstein, Erscheinungsformen, S. 76/7.

— 51 —

welcher Form: konservativ-liberal, unitarisch-föderalistisch, sozialistisch-bürgerlich oder sonstwie —, und daher nicht jede mögliche Frage, sei sie noch so sehr von Wichtigkeit, immer gelöst oder in befriedigender Weise gelöst wird: es wird oft die Frage weiter offen gelassen oder ein vorläufiges Kompromiß geschlossen, statt eine endgültige Entscheidung herbeizuführen.[1]) Dazu kommt endlich die Möglichkeit, daß sich in der Entwicklung der staatlichen Lebenswirklichkeit eine Frage herausstellt, an die man bei der Verfassungsgesetzgebung niemals gedacht hat, die aber im gegebenen Zustand von grundsätzlicher verfassungsrechtlicher Bedeutung geworden ist (man denke an die „neuen" Grundrechte der Weimarer Verfassung).

Also: das Fehlen einer verfassungsindifferenten Einzelvorschrift bedeutet noch keineswegs „Lücke" in der Verfassung. Wie ist es aber nun, wenn das Fehlen einer verfassungs w e s e n t l i c h e n Grundnorm festgestellt wird? Sei es, daß die Verfassung eine wesentliche Frage übersehen hat, sei es, daß sie sie bewußt offen ließ, sei es endlich, daß die Lebensentwicklung sie erst allmählich herausgestellt hat.

Die Existenz solcher unbeantworteten wesentlichen Fragen kann freilich nicht geleugnet werden. Aber es ist eine Verkennung des Wesens der Verfassung, wenn man deshalb von Verfassungslücken sprechen wollte. Denn die Verfassung beansprucht auch in Bezug auf die verfassungs g r u n d s ä t z l i c h e n Normen nicht vollständig zu sein, und sie kann es auch nicht beanspruchen.[2]) Das hat seinen Grund zum Teil in der schwierigen politischen Situation, in der sich jede Verfassungsgesetzgebung befindet, zum Teil in der Schwierigkeit der Feststellung der verfassungswesentlichen Grundnormen und der verfassungswesentlichen Rechtsverhältnisse, wie oben angedeutet wurde.

Die Sinnsystemhaftigkeit, von der aus wir den Begriff der Ver-

---

[1]) Vgl. z. B. die Bedeutung des Art. 146 II RV als Kompromiß: S m e n d, Einleitung zur RV, S. XXIV.
[2]) Ch. B o r g e a u d: La cons itution écrite n'est pas le code complet du droit constitutionnel d'un pays (Etablissement et révision des constitutions en Amérique et en Europe, Paris 1893, p. 48). Vgl. B r y c e, Amer. Commonwealth I, p. 374; Ch. A. B e a r d, The Supreme Court and the Constitution, new edition, New York, 1926, p. 66; Karl L ö w e n s t e i n, Erscheinungsformen, S. 240.

fassungslücken leugnen, gibt uns aber zugleich den Fingerzeig, auf welchem Weg die festgestellten „Verfassungslücken" überwunden werden können. Denn wenn die Verfassung ihrem Sinngehalt nach den Staat als Lebenstotalität umfaßt, so kann und muß jede Frage der staatlichen Lebensentwicklung aus ihr beantwortet werden.[1]) Allerdings darf man nicht am Buchstaben haften, denn das ist auch gerade der Grund, warum die allgemeine Lehre uneingeschränkt die Existenz der Verfassungslücken bejaht hat und verzweifelt hier die Grenze der Jurisprudenz zugeben zu müssen glaubt. Denn wo man die Vorschriften der Verfassung zu rein stofflichen Einzelregelungen reduziert hat und damit ihre systematische Sinnhaftigkeit völlig verkennt, da ist die Feststellung ihrer Unzulänglichkeit gegenüber der staatlichen Lebenswirklichkeit nur allzu natürlich. Wo aber ihre Intention auf die Totalität (nicht Einzelheit und Vollständigkeit) erkannt wird, wo der Geist der Verfassung als eine existente Größe angesehen wird, wo die Verfassung als „das Lebensprinzip des Staates" [2]) nicht als leere Phrase gewertet wird, da muß bei Fehlen einer ausdrücklichen Norm für den konkreten Tatbestand doch irgendwie eine Antwort aus der Verfassung heraus gewonnen werden können. Stellen doch auch Verfassungsrechtssätze „Rechtsgedanken" [3]) einer bestimmten Sozialwertung dar, sind doch auch aus den Verfassungsrechtssätzen gewisse „Werturteile" [4]) zu entnehmen, die uns erkennbare Richtlinien für die zu gebende Entscheidung bieten können.

Freilich wird die Entscheidung, die auf diese Weise gewonnen wird, nicht immer allgemein befriedigend sein. Irgendeiner ablehnenden Kritik ist sie stets ausgesetzt. Die Differenzen von politischen Anschauungen und Rechtsempfindungen, die in den Volksmassen ruhen, werden sich hier in erhöhtem Maße geltend machen.[5]) Werden doch auch andere Entscheidungen, die auf Grund von unzwei-

---

[1]) Freilich nicht Verfassung als „lückenlose geschlossene K o d i f i k a t i o n, die aus sich selbst heraus zu erklären ist": eine „verhängnisvolle irrtümliche Auffassung", gegen die S t i e r - S o m l o mit Recht polemisiert (Deutsches Reichs- und Landesstaatsrecht I, S. 30).

[2]) K. W e l c k e r, Staatslexikon, 3. Aufl., Leizig 1865, Bd. XIII, S. 504.

[3]) S p i e g e l, Gesetz u. Recht, S. 123.

[4]) H e r r f a h r d t, Lücken im Recht, S. 90.

[5]) Das ist natürlich heute in dem „pluralistischen" Staatsgebilde besonders fühlbar und deshalb wichtig festzustellen.

— 53 —

deutigen Gesetzesvorschriften ergangen sind, oft starken Anfechtungen unterzogen. Man darf jedenfalls nicht dort die Grenze der Jurisprudenz feststellen wollen, wo sie ihre ernste Aufgabe gerade erst zu erfüllen hat.

Betrachten wir einmal die Beispiele der Verfassungslücken, die die allgemeine Lehre uns überliefert hat: zunächst sei der preußische Budgetkonflikt von 1862 genannt, der eigentlich erst das Lückenproblem in die Literatur eingeführt hat. Die Preußische Verfassung von 1850 schreibt für den Staatshaushaltsplan die Gesetzesform vor, und als im Jahre 1862 dieses Gesetz nicht zustande kam, entstand die Frage, wie die staatliche Wirtschaft nunmehr fortzuführen sei. Ähnlich ist der konstruierte Fall der Friedenspräsenzstärke: was gilt, wenn das Gesetz über die Präsenzstärke nicht zustande kommt? Fernerhin ist angedeutet worden, daß die Verfassungskonflikte immer echte Verfassungslücken seien.[1]) Das sind Fälle, die uns zu einigem Nachdenken gewiß gerechten Anlaß geben. Andere Beispiele, die in der Literatur oft mit großer Vorliebe vorgeführt werden, sind meistens leere Konstruktionen lebhaftester Phantasie, deren Eintritt ebenso unwahrscheinlich ist wie eine verfassungsgesetzliche Bemühung um ihre Lösung müßig — um nicht zu sagen, absurd — wäre. Es ist z. B. gefragt worden, was geschieht, wenn die französische Nationalversammlung, die den Präsidenten zu wählen hat, sich weigert, die Wahl vorzunehmen? Oder, wenn das während der Zeit der Präsidentenlosigkeit (bei Neuwahl, oder bei Tod des Präsidenten) mit der exekutiven Gewalt bekleidete Ministerium seine Demission gibt?[2]) Oder, wenn der deutsche Kaiser als solcher, aber nicht als König von Preußen abdankt?[3]) So hätten wir ebensogut fragen können: was hat zu geschehen, wenn die sämtlichen Mitglieder einer Staatsregierung handlungsunfähig geworden sind? Oder, wenn das ganze Volk sich weigert, jeden staatlichen Befehl auszuführen?

Vgl. über die Beispiele und Erörterungen der Verfassungslücken:

[1]) Anschütz, Lücken, S. 334.
[2]) Jellinek, Allg. Staatslehre, S. 357/8.
[3]) Diese akademische Frage bei Anschütz, Lücken, 1906, S. 338, ist im Jahre 1918 beinahe von praktischer Bedeutung geworden. Aber kann man da sagen, daß die Bismarcksche Verfassung hier eine Lücke aufweist, weil sie an eine staatsrechtliche Situation wie die des Jahres 1918 nicht gedacht hat?

— 54 —

Jellinek, Allg. Staatslehre, S. 357 ff.; Zitelmann, Lücken, S. 33; Anschütz, Lücken, S. 332. — Über den Budgetkonflikt Laband, Das Budgetrecht nach den Bestimmungen der preußischen Verfassungsurkunde, und Staatsrecht, 4. Aufl., 1901, Bd. IV, S. 537 mit Literaturnachweis; Jellinek, Gesetz u. Verordnung, S. 301; Bornhak, Preuß. Staatsrecht, Bd. III, S. 598; Bergbohm, Jurispr. u. Rechtsphilosophie, S. 386 f.; Carl Schmitt, Verfassungslehre, S. 332. — Über Präsenzstärke Brie, Konstitutionelles Staatsrecht; AöR IV, 1889, S. 32 mit weiteren Zitaten.

Es sind in Wahrheit zwei ganz verschiedene Gruppen von Fragen, die hier in einem unklaren Zusammenhang aufgeworfen sind. Bei den einen ist die ganze Staats- und Rechtsordnung überhaupt in Frage gestellt, es ist eine Krisis des ganzen Rechtssystems und nicht mehr nur „die Grenze des Staatsrechts" [1]): von einfachen „Lücken" kann überhaupt nicht die Rede sein.[2]) Bei den anderen handelt es sich lediglich um Fragen, deren Lösung in der Verfassung nur nicht ausdrücklich (buchstäblich) vorgesehen worden ist. Von Lücken ist hier deshalb nicht zu sprechen, weil die Verfassung eine vollständige Regelung staatsrechtlicher Verhältnisse und Eventualitäten gar nicht intendiert. Und wenn man die Ansicht teilt, daß eine Lösung kraft der Sinnsystemhaftigkeit der Verfassungsformen immer gefunden werden kann, so muß auch hier die „Grenze des Staatsrechts" aufs entschiedenste geleugnet werden.

Beim Fall des Budgetkonflikts — dem meist zitierten Argument für die Existenz von Verfassungslücken — handelt es sich in Wahrheit um eine Frage der Politik, nicht um den Mangel einer Rechtsnorm. Denn daraus, daß die Verfassung für den Staatshaushalt ein Budgetgesetz vorschrieb, ergibt sich, daß ein Staatshaushalt ohne Budgetgesetz verfassungsrechtlich nicht rechtmäßig ist. Aber es wäre doch verfassungsrechtlich noch weniger rechtmäßig — und das liegt ganz auf der Hand —, wenn die Regierung deshalb den Staatshaushalt einfach liegen ließe.[3]) In einem Fall, in dem man weiß, was rechtens ist und was nicht rechtens ist und auch, was in concreto zu geschehen hat, kann von einer Rechtslücke nicht die Rede sein. Ähnliches ist zum Fall der Präsenzstärke zu sagen. Und bei Verfassungskonflikten wird man wohl zu-

---

[1]) Anschütz, aaO., S. 336.
[2]) So auch Spiegel, Gesetz u. Recht, S. 111.
[3]) Daher waren die Vorwürfe, die man Laband, der einem Staatshaushalt ohne Budget das Wort führte, machte, nicht ganz berechtigt.

— 55 —

nächst an eine schlichtende Instanz denken müssen; fehlte es an einer solchen, so würde aus den allgemeinen Prinzipien, die in der Verfassung festgelegt sind — Demokratie, Rechtsstaat, Liberalismus, unitarische oder föderalistische Tendenz —, eine Entscheidung zu entnehmen sein. Ist das aber nicht möglich, handelt es sich also um eine von der Verfassung völlig offen gelassene Frage, so wird das letzte Ergebnis, das faktisch zutage tritt, auch die rechtlich sanktionierte Lösung sein.[1])

Im Fall, wo ein Monarch ohne Ernennung des Thronnachfolgers wegfällt (J e l l i n e k, Allgem. Staatslehre, S. 358, Z i t e l m a n n, Lücken, S. 33, A n s c h ü t z, Lücken, S. 337), liegt die Sache etwas anders, denn hier verweist die Verfassung bezüglich der Thronnachfolge oft auf die königlichen Hausgesetze (z. B. Preuß. Verfassungsurkunde von 1850, Art. 53) und oft entsteht zwischen den alten Hausgesetzen (z. B. Bestimmungen über Heimfallrechte oder über Erbverbrüderungen, vgl. z. B. R o e n n e - Z o r n, Das Staatsrecht der preußischen Monarchie, 5. Aufl., Leipzig 1899, Bd. I, S. 221, Anm. 3) und dem modernen Staatsrecht (z. B. dem Grundsatz der Unteilbarkeit der preußischen Monarchie, vgl. z. B. R o e n n e - Z o r n, aaO., S. 221) ein Widerspruch, wobei also der Verweis leerlaufen muß und damit eine „Lücke" entsteht. Freilich ist sich die bisherige Literatur dessen nie bewußt gewesen und hat die „Lücke" einfach formalistisch festgestellt. Aber auch dieses Bedenken ist für heutige Verhältnisse nicht mehr von Gewicht.

Natürlich kann mit einer unbedingten Verwirklichung all dieser theoretischen Erwägungen niemals gerechnet werden. Die politische Geschichte der Jahrhunderte hat uns zur Genüge gezeigt, daß es eine völlige Koinzidenz von Rechtsordnung und Staatslebenswirklichkeit niemals gegeben hat und auch nicht geben kann. Über die Wirklichkeit der Rechtskraft und Rechtsgeltung darf man sich — auch als Jurist — nicht täuschen lassen. Aber es wäre doch eine Preisgabe jeder theoretischen Arbeit, zu sagen, wir sind hier am Ende der juristischen Dinge,[2]) wir stehen vor „der Grenze des Staatsrechts"![3])

---

[1]) Man denke z. B. an den Todesfall des ersten deutschen Reichspräsidenten im Jahre 1925. Da war jede praktische Lösung — daher auch damals die Vertretung durch den Reichsgerichtspräsidenten —, weil eben die Verfassung diese Frage ganz offen ließ, verfassungsrecht m ä ß i g. — Carl S c h m i t t weist mit Recht für solche Fälle, für das „verfassungsrechtliche Provisorium", auf die gesteigerte Bedeutung der Präzedenzfälle hin (Staatsrechtliche Bedeutung der Notverordnung, S. 4/5).
[2]) Z i t e l m a n n, Lücken, S. 33.
[3]) J e l l i n e k, Allg. Staatslehre, S. 360; dazu fragt S p i e g e l mit Recht: ist damit die Staatsgesetzgebung, oder die Staatsrechtswissenschaft oder endlich die Staatsrechtsordnung gemeint (Ges. u. Recht, S. 121)?

An diesen zitierten Beispielen haben wir gesehen, daß die sogenannten Verfassungslücken ausschließlich technische Rechtsnormen betreffen, für die das einfache Rechtsempfinden keine Wertung hat. Dieser Umstand ist in Wahrheit der letzte Grund der ganzen Problemlage unseres Gegenstandes. Wenn in der Literatur als Ursache der Verfassungslücken gelehrt wird, daß es hier an einer richterlichen Instanz fehle,[1]) oder, daß hier Willenserklärungen über vorausgesetzte Notwendigkeiten unterblieben seien, die nicht erzwungen werden können,[2]) so ist das nur die äußerliche (formale) Seite dieses innerlichen (wesentlichen) Moments. — Im letzten Grunde ist die ganze formalistische Verzweiflung, die sich in der Theorie von den Verfassungslücken ausspricht, das natürliche Ergebnis der Verkennung des geistigen Sinngehalts der Verfassung: bei Übersehen der Sinnsystemhaftigkeit der Verfassung werden die Verfassungsparagraphen notwendig zu Einzelvorschriften reduziert; bei Haften am Buchstaben ist die Unzulänglichkeit (Lückenhaftigkeit) der geschriebenen Rechtssätze gegenüber der Lebensfülle der Staatswirklichkeit nur zu natürlich.[3])

E. Kaufmann leugnet Lücken im Staatsrecht, erkennt aber seine Grenze an, da es sich im Staatsrecht nicht um hypothetische, sondern um kategorische Rechtssätze handle. Diesen gegenüber habe es keinen Sinn zu fragen, was eintritt, wenn den in ihnen enthaltenen kategorischen Pflichten nicht genügt wird (Das Wesen des Völkerrechts, S. 52 ff.). Sachlich ist das also nur eine andere Formulierung des Satzes, daß der Staat keine übergeordnete Gemeinschaftsordnung habe und daher hypothetische Formeln für den Staat unmöglich seien (aaO. S. 139).

Wir haben bisher versucht, auf die Unzulänglichkeit der Theorie von den Verfassungslücken hinzuweisen, es ist nunmehr das Verhältnis dieses Problems zu dem der Verfassungswandlung näher zu betrachten. Jellinek, der den Satz aufgestellt hat, daß Verfassungslücken zu Verfassungswandel führen können, ist uns die konkreten Beispiele schuldig geblieben. Er meint nur, das werde dann der Fall sein, wenn „der neue faktische Zustand zu gewohn-

---

[1]) Jellinek, Allg. Staatslehre, S. 360, vgl. Anschütz, Lücken, S. 336, auch Tezner Konventionalregeln (Grünhuts Zeitschrift XLII) 1916, S. 562.

[2]) Anschütz, Lücken, S. 336, vgl. Herrfahrdt, Lücken, S. 35 ff.

[3]) Eingehender über den verfassungstheoretischen Formalismus in der Vorkriegspublizistik mein Aufsatz: Formalistischer und antiformalistischer Verfassungsbegriff.

— 57 —

heitsrechtlicher Anerkennung gelangt und ihm normale Bedeutung beigelegt wird. Doch wendet sich Erkenntnis von Verfassungslücken in der Regel an den Gesetzgeber, denn Verfassungsänderung ist der richtige Weg, eine derartige Lücke gründlich auszufüllen" (Verfassungsänderung, S. 44). Mit anderen Worten: Verfassungslücke ist ein in der Verfassung nicht beschriebener Tatbestand; wird eine Regelung (Beschreibung) dieses Tatbestands nachträglich in die Verfassung aufgenommen — Verfassungsänderung —, so liegt eine Verfassungswandlung nicht vor. Wird eine solche Verfassungsänderung nicht vorgenommen, bleibt also ein gewohnheitsrechtlich entstandenes verfassungsrechtliches Rechtsverhältnis in der Verfassung unerwähnt, so ist die Verfassungswandlung da!

Dieser grobe Formalismus ist eine inkonsequente Einengung des von ihm selbst aufgestellten Begriffs der Verfassungswandlung. Er sagt, Verfassungsänderung ist die absichtlich herbeigeführte Änderung der Verfassungstexte, Verfassungswandlung ist die Änderung, die diese Texte formell unverändert bestehen läßt (Verfassungsänderung, S. 3). Wenn aber die Verfassung über den in Frage stehenden Tatbestand überhaupt nichts aussagt, — wobei nach ihm also eine „Verfassungslücke" besteht —, was soll nun dort „geändert" sein? Kann etwas geändert werden, was überhaupt nie bestanden hat? Oder sollte er damit sagen wollen: eine Verfassung müsse für jeden möglichen Fall und jede Eventualität eine Regelung enthalten, jede nachträgliche solche Regelung heische daher eine Verfassungsänderung[1]) und jede unterbliebene solche Verfassungsänderung stelle dann eine Verfassungswandlung dar? Die unmöglichen Konsequenzen eines solchen Formalismus lägen auf der Hand, man braucht nicht erst auf das Verhältnis der einzelnen Verfassungparagraphen gegenüber der unendlichen Lebensfülle der staatlichen Wirklichkeit hinzuweisen.

Die Fälle, die wir als Beispiele für Verfassungswandlung durch eine formal die Verfassung nicht verletzende Praxis kennengelernt haben (oben S. 21 ff.) sind k e i n e Verfassungslücken. Die Wandlung ist nicht dadurch eingetreten, daß eine notwendige

---

[1]) So wäre nicht einmal die Verfassungsvorschrift auszulegen, die für eine „Ergänzung der Verfassung" die Form der Verfassungsänderung vorschreibt, wie z. B. § 73 der Badischen Verf. von 1818 (seit 24. August 1904), § 95 der Verfassung von Dänemark von 1874 usw.

— 58 —

Verfassungsänderung (Verfassungszusatz) unterblieben war, obwohl das betreffende Rechtsverhältnis einer verfassungsgesetzlichen Regelung bedurft hätte, sondern die Wandlung liegt deshalb vor, weil der neu entstandene faktische Rechtszustand a u s d e m S i n n s y s t e m der Verfassung nicht abgeleitet werden kann, weil er ihm nicht entspricht. Gewandelt (geändert) ist nicht ein positiver Verfassungsartikel, sondern ein sich aus dem Zusammenhang, aus dem System der Verfassungsnormen ergebendes Prinzip. Denn das Recht der kaiserlichen Initiative oder das Institut der Reichsministerien oder die unbeschränkte Zahl der Bundesratsmitglieder sind gedanklich aus der Bismarckschen Verfassung nicht ohne weiteres abzuleiten, und die Einrichtung der parlamentarischen Komitees steht gedanklich direkt im Widerspruch mit dem in der Unionsverfassung verkörperten Prinzip der strengen Gewaltentrennung. Es handelt sich hier um die Änderung eines geistigen Sinngehalts, nicht um das Ausbleiben einer formellen Ergänzung der geschriebenen Verfassung durch einen neuen Rechtssatz.

  Nach dieser kurzen Betrachtung des Lückenproblems im Verfassungsrecht zeigt sich, daß die allgemeine Rechtsquellentheorie für das Gebiet des Verfassungsrechts nicht ohne weiteres gilt. Dies wird noch deutlicher nach der Erörterung über das Gewohnheits- im Verfassungsrecht, unten S. 101 ff. Eine verfassungstheoretisch orientierte Geltungstheorie des Verfassungsrechts wird noch in späterem Zusammenhang, im Kapitel über die Verfassungswandlung als Verfassungsproblem, unten S. 153 ff. angedeutet werden.

Das Obsolet-Werden von Rechtssätzen und die Verfassungswandlung.

Die Erkenntnis, daß ein Verfassungsrechtssatz durch die Unmöglichkeit der Ausübung der in ihm statuierten Rechte eine Wandlung erfährt (o. S. 25 ff.), führt uns zu der Frage, wie ein Rechtssatz durch die Nichtausübung (oder: Nichtanwendung) seine Geltung überhaupt verliert, wie ein Rechtssatz „obsolet" wird. Von welcher Bedeutung diese Frage werden kann, zeigt uns die französische Verfassungspraxis im Jahre 1924, in der die Frage aufgeworfen wird, ob das Recht des Präsidenten der Republik, die Deputiertenkammer aufzulösen, obwohl ihm das Recht im Verfassungsgesetz ausdrücklich eingeräumt ist, in Wirklichkeit noch bestehe (vgl. oben S. 26 f.).

Diese Frage nach dem Obsoletwerden von Rechtssätzen enthält zugleich ein Zugeständnis, daß das Recht ein wandelbares Wesen hat. Denn für die naturrechtliche und kanonistische Rechtsauffassung gibt es gewisse Rechtssätze, — nicht Rechtsideen —, die jeder irdischen Gewalt entzogen sind, die über der Gesamtheit der Menschheit stehen, die für die Ewigkeit Geltung haben: das sind die „lex naturalis" und die „lex divina", beide Ausstrahlungen der „lex aeterna", die mit dem Wesen Gottes identisch ist. Nach dieser Auffassung würde man erst unterscheiden müssen, um nach der Wandlung eines Rechtssatzes zu fragen, ob dieser Rechtssatz dem Bereich des „jus divinum" oder dem der „lex humana" (lex positiva) angehört.

Vgl. über die angedeutete Auffassung etwa des heiligen Thomas, G i e r k e , Johannes Althusius und die Entwicklung der naturrechtlichen Staatstheorie, Breslau 1880 (4. Ausgabe, 1929), S. 273, Note 22, 23 und S. 266.

Unsere heutige allgemeine Rechtsauffassung geht jedoch dahin, daß die Wandelbarkeit nicht bloß ein wesentliches Merkmal

— 60 —

des Rechts, sondern auch eine notwendige Eigenschaft eines jeden Rechtsideals sei. „Das Recht entstammt in seinen Einzelheiten dem bedingten Verlaufe des Menschendaseins" (S t a m m l e r). Die Geschichte vergangener Jahrtausende hat uns zur Genüge gezeigt, in welchem engen Zusammenhang die Rechtsauffassung und Rechtsordnung mit dem Kulturfortschritt und wie alle gleich im dauernden Fluß der Zeit stehen. Gerade unsere heutige Gegenwart hat am besten gezeigt, wie die Lehre von der Unwandelbarkeit des seinsollenden Rechts jeder Realität entbehrt (man denke an die Staatsauffassung, an den Eigentumsbegriff!).

„Es lohnt sich nicht, darüber viele Worte zu verlieren", siehe statt vieler M. E. M a y e r, Rechtsphilosophie, 2. Aufl., Berlin 1926, S. 10; S t a m m l e r, Lehrbuch der Rechtsphilosophie, 3. Aufl., Berlin-Leipzig 1928, § 52.

Fragen wir, wie ein Rechtssatz durch Nichtausübung oder Nichtanwendung obsolet wird, außer Geltung kommt, so kommen wir damit zu der Frage der Rechtsgeltung überhaupt, zu einem der Hauptprobleme der Rechtsphilosophie. Auf dieses schwierige und viel diskutierte Problem einzugehen, ist hier nicht am Platz. Für unsere weitere Untersuchung genügt es, wenn wir die Geltung im juristisch-technischen Sinne und die soziale Geltung, die Geltung im rechtsphilosophischen Sinne, auseinanderhalten.

Die Geltung im juristisch-technischen Sinne bedeutet die Positivität eines Rechtssatzes, die Verbindlichkeit für die die Normen anwendenden und für die ihnen unterworfenen Personen. Ein ordnungsmäßig zustande gekommenes und ordnungsmäßig publiziertes Gesetz heischt befolgt und angewendet zu werden. Dies Gesetz gilt. Es gilt für ein bestimmtes Gebiet, von einem bestimmten Zeitpunkt ab, oft auch für eine bestimmte Zeitdauer. Es „gilt" im juristisch-technischen Sinne.

Die Geltung im rechtsphilosophischen Sinne ist aber die Wirkung, die Wirksamkeit eines Rechtssatzes im Leben der sozialen Wirklichkeit. In diesem Sinne gilt ein Rechtssatz nur, wenn er tatsächlich angewendet wird: wenn er nicht nur „auf dem Papier steht". Diese Geltung äußert sich in der Befolgung durch die den Normen Unterworfenen einerseits, in der Anwendung — also im Fall einer Nichtbefolgung — durch die die Normen Anwendenden anderseits.

Die Begriffsbestimmung der Geltung in diesem doppelten Sinne entlehne ich M. E. M a y e r, aaO., S. 56 ff.; S t a m m l e r, aaO. § 68. — Die

— 61 —

Hervorhebung des Unterschieds der Nichtanwendung von der einfachen Nichtbefolgung ist ein Verdienst K e l s e n s, Hauptprobleme der Staatsrechtslehre, S. 49 f. und S. 35.

Die Trennung dieser beiden Geltungsbegriffe dient uns nicht zur Erforschung der Geltungsvoraussetzungen und der Geltungsgründe, sondern lediglich zur Präzisierung unserer Fragestellung. Denn uns interessiert nicht die juristische Geltung — diese ist unproblematisch —, sondern nur die soziale Geltung, oder besser: die soziale N i c h t geltung. Unsere Frage lautet: wie verliert ein juristisch geltender Rechtssatz seine soziale Geltung?

Die Möglichkeit, daß ein Rechtssatz seine tatsächliche Wirkung verliert, liegt auf der Hand. Sind doch die Rechtsnormen als solche niemals absolute, konstante Werte: Kultur- und Wertanschauungen, soziale und wirtschaftliche Verhältnisse erzeugen, tragen und bestimmen sie. Kommt ein geschriebener Rechtssatz mit dem aktuellen Kultur- und Rechtsempfinden nicht oder nicht mehr überein, so wird seine soziale Wirksamkeit — je nach dem Grad der Differenz zwischen der in ihm verkörperten und der tatsächlich herrschenden Kultur- und Rechtswertung — mehr oder weniger in Frage gestellt.

Das für uns wichtige Problem besteht darin, einen juristisch geltenden, aber sozial nicht oder nicht mehr geltenden Rechtssatz, — einen Rechtssatz, der nur auf dem Papier steht —, rechtlich zu betrachten: ist das nur formal „geltende" Recht auch „wirkliches" Recht? Besteht die Geltung eines Rechtssatzes schon oder lediglich in seiner „formalen Existenz" (dem Geschrieben-Sein)?

In der rechtsphilosophischen Disziplin ist man darüber ziemlich einig, daß die soziale Geltung (Wirksamkeit) nicht zu den bleibenden Merkmalen des Rechts b e g r i f f s gehöre, sondern daß sie lediglich ein tatsächlicher Vorgang der Rechts w i r k l i c h k e i t sei. Und da ein kultureller Vorgang nicht wertfrei, etwas Tatsächliches und Bewirktes nicht ein kritisches Prinzip sein könne, so sei die Geltung auch kein Merkmal der Rechts i d e e.

Vgl. M. E. M a y e r, aaO. S. 57 f.; S t a m m l e r, aaO. § 68; K e l s e n, Das Problem der Souveränität und die Theorie des Völkerrechts, Tübingen 1920, S. 100 (Polemik gegen S o m l ó, Jurist. Grundlehre, S. 105). — Dagegen: K. L a r e n z, Das Problem der Rechtsgeltung, Berlin 1929, S. 6 ff.

— 62 —

Aus diesem Grund hat man gefolgert, daß „der Vorgang eines bloß faktischen Außerkraftsetzens von Rechtssätzen rechtlich völlig unfaßbar" sei, daß einem Juristen in solchem Fall nichts anderes übrig bleibe als „die formale Existenz des Rechtssatzes im Gegensatz zu dem nicht entsprechenden Verhalten der Subjekte zu konstatieren" (K e l s e n, Hauptproblem, S. 49 f.)

Diese normlogische Methode wird aber dem Gegenstand ihrer Behandlung nicht gerecht. Die Jurisprudenz ist in erster Linie eine Wissenschaft vom lebenden Recht, eine Wissenschaft von der Rechtswirklichkeit, dagegen weder eine reine Erkenntnistheorie des Rechtsbegriffs, noch die Lehre von der abstrakten Rechtsidee.[1]) Der Begriff der Sozialgeltung bleibt, auch wenn ihm in der Rechtsphilosophie keine besondere Bedeutung beigelegt wird, für die positive Jurisprudenz unumgänglich.

Es ist hier nicht der geeignete Ort, auf die Methode der normlogischen Schule einzugehen. Darüber ist schon genug gesagt worden. Genannt sei statt vieler E. K a u f m a n n, Kritik der neukantischen Rechtsphilosophie, Tübingen 1921, S. 20 ff.; Ph. H e c k, Die reine Rechtslehre und die jungösterreichische Schule der Rechtswissenschaft, in: Archiv für zivilistische Praxis, NF. II, 1924, S. 173 ff.; S. M a r c k, Substanz- und Funktionsbegriff, Tübingen 1925, S. 59 ff. Neuere Literatur siehe bei L e i b h o l z, Gleichheit vor dem Gesetz, Berlin 1925, S. 138, Note 2 und Wesen der Repräsentation, Berlin und Leipzig 1929, S. 151 Note.

Vom Standpunkt der Rechtswirklichkeit aus betrachtet, hat eine Rechtsnorm, die der sozialen Geltung gänzlich darbt, gar kein materielles Dasein: mit dem Verlust ihrer Sozialgeltung entfällt auch ihr Sinn- und Wertgehalt. Ihre Bedeutung für die Betrachtung der positiven Rechtsnormen beschränkt sich nur noch auf ihre formale Existenz, ihr Geschrieben-Sein.

Diese Erscheinung — wie ein Rechtssatz durch den Verlust der Sozialgeltung seine ganze wirkliche Bedeutung einbüßt — ist eine Umkehrung des Vorgangs der gewohnheitlichen Rechtsbildung. Hier ist ein materieller Rechtssatz allmählich entstanden — ohne formale Aufzeichnung —, dort wird ein Rechtssatz, trotz seiner weiteren Formalexistenz, allmählich „obsolet", er kommt außer Geltung, geht materiell unter. Wenn man allgemein der Meinung ist, daß ein gewohnheitsrechtlicher Satz ein wirklicher Rechtssatz

---

[1]) Ähnlich W i e l i k o w s k i: „Die normative Jurisprudenz verwirrt die juristische Methodenfrage" (Die Neukantianer in der Rechtsphilosophie, München 1914, S. 180).

— 63 —

ist, so muß man konsequenterweise zugeben, daß ein obsolet gewordener Rechtssatz in Wirklichkeit kein Rechtssatz mehr ist. Denn die formale Existenz allein konstituiert noch niemals den wirklichen Rechtssatz. Die große Bedeutung der Rechtsformung, die wir niemals verkennen dürfen, soll uns nicht irreführen, als ob sie allein die Existenz oder Nichtexistenz eines Rechtssatzes ausmache. Die äußere Garantierung seiner Durchsetzung, seine innere Fundierung gegenüber der Sozietät — die „Autorität" und die „Vernünftigkeit" des Rechtssatzes —, dürfen niemals fehlen. All die einzelnen Momente festzustellen, die zum Wesen und Begriff des Rechtssatzes gehören, — die eigentliche Lehre der Rechtsgeltung —, ist Aufgabe der Rechtsphilosophie. Positivrechtlich ist für uns wichtig die Erkenntnis, und diese lehrt uns der Begriff des Gewohnheitsrechts, daß das Fehlen der formalen Existenz noch keineswegs die Negation eines existenten Rechtssatzes bedeutet. Daher kann die bloße Formalexistenz auch nicht genügen, die Realität, die wirkliche Existenz eines wirklichen Rechtssatzes zu begründen.

Freilich darf nicht verkannt werden, daß die formale Existenz eines Rechtssatzes grundsätzlich gewisse materielle Wirkung hat: namentlich die auf dem formellen Dasein der Norm beruhende Motivierung der Normunterworfenen. Diese Motivation ist in der Tat die wichtigste Funktion der Rechtsnormen und entfaltet der Breite nach die größte soziale Wirkung. Daher: solange ein Rechtssatz formell besteht, ist die Vermutung grundsätzlich begründet, daß er auch tatsächlich „Geltung" hat, daß er „wirklich" gilt.

L a b a n d lehrt in seinem großen Staatsrecht (II, S. 75): „Solange der Staat seinen Befehl, daß ein gewisser Rechtssatz gelten soll, aufrecht erhält, können Untertanen und Behörden diesen Befehl nicht unbeachtet lassen und noch weniger ihn durch Nichtbefolgung aufheben." Das wäre dann nicht ganz falsch, — freilich auch nicht ganz richtig —, wenn er damit sagen wollte, daß einem positiven Rechtssatz, wie er auch im konkreten Fall sei, die ihm eigene Motivationswirkung stets innewohne. Denn es ist in der Tat nicht immer leicht, im gegebenen Fall festzustellen, ob ein konkreter Rechtssatz, mag seine Sozialgeltung (Befolgung, Anwendung) noch von so unbedeutendem Maße sein, nicht dennoch in gewissem Grade motivierend wirkt. Ist doch die soziale Geltung eines Rechtssatzes von einer unendlichen Gradualität und tritt sie doch auch in unendlich verschiedenem Grade auf. Dieser Satz wäre aber falsch, wenn auch festzustellen dies besagte: ein Rechtssatz gilt, weil er gelten muß, weil er positiv ist, weil er „auf dem Papier steht". Und das ist in der Tat die Auffassung des

— 64 —

Vorkriegspositivismus. Der Begriff der juristischen und der der sozialen Geltung wurden vermengt und identifiziert: die „positive" Norm „gilt". Für die Geltung im juristischen Sinne ist das eine reine Tautologie, für die soziale Geltung eine grobe Verkennung der Rechtswirklichkeit. Die ganze Rechtsbetrachtung dieser Denkrichtung hat ihre Welt lediglich in den positiven Rechtssätzen und steht der Rechtswirklichkeit mit einer geradezu überlegenen Ignoranz gegenüber: es wird entweder behauptet, ein Rechtssatz könne niemals durch die Nichtbefolgung aufgehoben werden, und niemand kümmert sich um den Beweis oder Gegenbeweis der aufgestellten These (so L a b a n d, aaO.); oder es wird gesagt, ein bloßes faktisches Verdrängen könne nicht genügen, den Rechtsregeln ihre verpflichtende Kraft und ihren Rechtscharakter zu nehmen, und damit wird jede weitere juristische Erwägung abgeschnitten (so H i l d e s h e i m e r, Revision, S. 12, der hier L a b a n d s Lehre vertritt). So ist die nicht unbedenkliche These, daß es ein dem Verfassungsrecht derogierendes Gewohnheitsrecht schlechthin nicht gebe (S e y d e l, L a b a n d), — worauf noch zurückzukommen ist —, eine konsequente Folgerung aus dieser Betrachtungsweise, und die theoretische Hilflosigkeit einer Erscheinung wie der Verfassungswandlung gegenüber — das hat am besten L a b a n d in seinen Schriften über die Wandlungen der Reichsverfassung gezeigt — das natürlichste Ergebnis dieses extremen Positivismus. Vgl. C. S c h m i t t, Verfassungslehre, S. 6 unten und S. 146.

Anders aber bei einem wirklich obsolet gewordenen Rechtssatz: er hat so wenig Rechtscharakter, daß er nicht mehr die geringste Motivationswirkung hat. Der Gedanke an seine Anwendung wirkt eher, als ob etwas Unrechtes geschehe. Während die Befolgung einer gewohnheitsrechtlichen Norm völlig rechtmäßig wirkt, wird die Befolgung einer obsolet gewordenen Norm als geradezu rechts w i d r i g empfunden. Es ist an der Stelle eines Rechtssatzes nur noch sein toter Buchstabe geblieben, nur noch seine „formale Existenz",[1]) die für die positive Jurisprudenz keinerlei Bedeutung mehr hat.

Ähnlich W. J e l l i n e k: Die ständige Nichtübereinstimmung der Wirklichkeit mit dem Inhalt eines Gesetzes nimmt dem Gesetz den Charakter eines geltenden Rechtssatzes (Gesetz, Gesetzesanwendung, S. 23, Note 59). I s a y, Rechtsnorm und Entscheidung, S. 229; vgl. auch T e z n e r, Konventionalregeln, S. 601. — Nicht so recht ist zu verstehen F. J. S t a h l, daß „die Autorität der Constitution im Laufe der Zeit hinter die der verjährten Übung zurücktreten solle" (Rechts- und Staatslehre, 5. Aufl. Tübingen und Leipzig 1878, II, S. 278). Vgl. dazu G r o t e f e n d, Das deutsche Staatsrecht der Gegenwart, Berlin 1869, S. 282.

---

[1]) K e l s e n: „eine andere hat der Rechtssatz für den Juristen nicht" (Hauptprobleme, S. 49). Dabei erkennt doch auch er die gewohnheitsrechtlichen Normen an (Allgemeine Staatslehre, Berlin 1925, S. 232)!

— 65 —

Die Schwierigkeit und die Anfechtbarkeit der praktischen Feststellung, wann ein Rechtssatz wirklich ganz „obsolet" geworden ist, wann der Buchstabe wirklich „tot" ist und n u r noch „auf dem Papier" steht, sind nicht abzustreiten. Kommt doch einem Rechtssatz kraft seiner Normativität grundsätzlich eine gewisse Rechtskraft (Motivationswirkung) zu (S. 63). Dies sind schließlich die letzten Gründe unseres Problems.[1]) Aber dogmatisch ist die Möglichkeit, daß ein Rechtssatz obsolet wird, daß er durch den Verlust seiner Sozialgeltung auch seinen Rechtscharakter verliert, nach dem bisher Gesagten durchaus zu bejahen. Die normlogische Methode beengt die juristische Betrachtung, der einseitige Positivismus vergewaltigt die Rechtswirklichkeit.

Unser angeführtes Beispiel — der Untergang des Auflösungsrechts des Präsidenten der französischen Republik — hat gezeigt, wie ein Rechtssatz, ja ein Verfassungsrechtssatz, in der Tat obsolet werden kann (o. S. 26). Der Rechtssatz des Art. 5 ist so sehr außer Geltung gekommen, daß nicht nur in den letzten Jahrzehnten seine Anwendung niemals ernsthaft in Erwägung gezogen, und niemals zur Ausführung gebracht wurde,[2]) sondern daß seine bereits erfolgte Anwendung, die als solche doch sicher rechtmäßig war, nachträglich als rechtswidrig empfunden, als rechtswidrig konstruiert wird. Für die tatsächlichen Verhältnisse des französischen Verfassungsrechts wäre es daher nicht nur unterschiedslos, sondern es entspräche ihnen eher, wenn der Wortlaut des Art. 5 nicht bestände.

R e d s l o b schrieb 1914, daß es keine R e c h t s regel sei, wenn der französische Präsident die Deputiertenkammer nicht auflösen kann, und daß der Nicht-Gebrauch lediglich Konventionalregel darstelle (Abhängige Länder, S. 23). — Damals fehlte ja noch der in dieser Hinsicht lehrreiche Fall Millerand. Über Konventionalregeln weiter unten S. 120 ff.

Die französische Theorie, die im großen ganzen dem deutschen Positivismus nahe kommt, hält trotz der Beobachtung der abweichenden Praxis am Gesetzestext fest. Darauf komme ich noch zurück.

Sollte man einwenden, daß ein obsolet gewordener Rechtssatz, solange seine formale Existenz (das Geschrieben-Sein) fortdauert,

---

[1]) Daher sagt mit gewissem Recht J e l l i n e k, daß man aus noch so langer Nichtausübung allein nicht den Schluß ziehen dürfe, daß die betreffenden Gesetzesbestimmungen obsolet geworden seien (Verfassungsänderung, S. 40).

[2]) Vgl. dagegen die Praxis der Auflösung des Reichstags in Deutschland!

— 66 —

insofern seinen Rechtscharakter nicht ganz verliert, als ihm in irgend einem Zeitpunkt wieder zu seiner vollen Rechtskraft verholfen werden kann, als er dann und wann wieder einmal „zum Leben" kommen kann: so ist dem gegenüber zu sagen, daß in einem solchen Fall der neu belebte Rechtssatz genau wie ein neu entstandener Rechtssatz zu beurteilen ist. Denn sobald ein Rechtssatz ganz obsolet geworden ist, — wo ihm also j e d e Wirkung abzusprechen ist — hat seine überbliebene Formalexistenz keinerlei Bedeutung mehr: man kann ihm ebensowenig Gewicht beilegen, weil er eines Tages wieder zur Rechtskraft kommen kann, wie einem geltenden Rechtssatz Anerkennung versagen, weil er eines Tages auch absolet werden könnte.

Daß die Formalexistenz der obsolet gewordenen Rechtssätze normalerweise beibehalten wird, geht teils auf psychologische, teils auf gesetzgebungstechnische Gründe zurück. Denn Außerkraftsetzen ist etwas Anderes als einfach Untergehenlassen, Beseitigen etwas Anderes als Nichtbeachten. Es gehört eben einmal zur Menschennatur, daß die Beharrung einer Aktion vorgezogen wird, daß eine sachliche Entscheidung möglichst vermieden, möglichst umgangen wird. Diese Erkenntnis zwingt uns aber umso mehr, der bloßen Formalexistenz eines obsolet gewordenen Rechtssatzes eine allzu große juristische Bedeutung nicht beizulegen.

Über die Tendenz zur Vermeidung von Aktion und Entscheidung vgl. z. B. die treffenden Beobachtungen bezüglich der Volksabstimmung bei C. S c h m i t t, Verfassungslehre, S. 280 f.

Haben wir festgestellt, daß ein Rechtssatz seinen Rechtscharakter völlig verlieren kann, obwohl seine Formalexistenz unverändert bleibt, so ist über die Verfassungswandlung, die dadurch bewirkt wird, daß ein Verfassungsrechtsatz seine Geltung verliert, in diesem Zusammenhang nicht mehr viel zu sagen. Durch den Verlust der tatsächlichen Wirkung verliert der Verfassungsrechtsatz seinen Rechtscharakter einerseits, bewirkt eine Inkongruenz zwischen Verfassungsnorm und Verfassungswirklichkeit andererseits (vgl. o. S. 25). Natürlich macht sich auch hier die Eigenart des Verfassungsrechts geltend; das wird noch in einem anderen Zusammenhang angedeutet werden (S. 160 ff.).

Die „materielle" Verfassungsänderung und die Verfassungswandlung.

Die verschiedenen Formen der verfassungswidersprechenden Praxis, durch die eine Verfassungswandlung eintreten kann, sind oben kurz aufgezeigt worden (S. 29 ff.). Wir wenden uns nunmehr dem Problem der sogenannten materiellen Verfassungsänderung zu. Denn das ist der Weg, auf dem sich bei weitem die meisten Fälle der Verfassungswandlung vollziehen.

Das Problem der materiellen Verfassungsänderung ist in der Literatur vielfach behandelt worden, dabei geht der Streit in erster Linie um die Zulässigkeit oder Unzulässigkeit dieser Praxis. Es gehört in die Problemgruppe der Verfassungs ä n d e r u n g. Wir behandeln es hier, weil wir die Verfassungswandlung als eine Inkongruenz zwischen Verfassungsnorm und Verfassungswirklichkeit ansehen. Wenn P r e u ß den Zusammenhang des Problems der materiellen Verfassungsänderung mit dem der Verfassungswandlung ablehnt (Verfassungsändernde Gesetze und Verfassungsurkunde, DJZ, 1924, S. 650), so kommt das daher, weil er hauptsächlich in dem U n b e w u ß t s e i n der Abänderungswirkung das wesentliche Moment der Verfassungswandlung erblickt.

Das Problem der materiellen Verfassungsänderung — diese selbst ein künstliches Produkt der deutschen Verfassungspraxis — war und blieb ein d e u t s c h e s Problem. Weder die Vereinigten Staaten, noch Frankreich, noch die Schweiz haben es gekannt, noch kennen sie es heute. Die Publizistik des deutschen Kaiserreichs, die der Praxis gegenüber viel zu nachgiebig war, hat es ins Leben gebracht, die der Gegenwart hat es ererbt. Daraus ist aber weder der letzteren ein Vorwurf zu machen, noch der ersteren eine Entschuldigung. Gewiß kann man nicht buchstäblich nachweisen, daß die Bismarcksche Verfassung nur eine Verfassungsänderung (Art. 78 a RV) im Weg der Textänderung zulassen wollte — etwa wie § 38 II der Verfassung von Lübeck oder das Einführungsgesetz zur Verfassung der Tschechoslowakei —, noch weniger läßt sich sprachtechnisch die Idee der Textänderung aus dem Wort „Verfassungsänderung" unbedingt ableiten — wie etwa aus dem Wort „révision" oder

— 68 —

„amendment" —, aber es ist noch nirgendwo auch nur annähernd dargetan worden, daß die Bismarcksche Verfassung die Praxis der materiellen Verfassungsänderung b e w u ß t g e w o l l t habe: alle Begründung der Zulässigkeit ist über die einfache Leugnung der Unzulässigkeit nicht hinausgekommen.

Die Behandlung des Problems hat sich im Laufe der Zeit stark gewandelt. In der Vorkriegszeit drehte sich die Frage vorwiegend um die Bedeutung der T e x t änderung: ist „Verfassungsänderung" gleichlautend mit Textänderung? Oder kann sie auch ohne eine Änderung der Texte geschehen? In der Nachkriegsliteratur gewinnt dagegen die inhaltliche Unterscheidung immer mehr an Gewicht: es wird gefragt, ob ein Verfassungsartikel rechtssatzmäßig „geändert" wird, oder ob er nur für einen konkreten Fall „durchbrochen" wird.[1]) Und sowie für die Vorkriegsliteratur die inhaltliche Unterscheidung (rechtssatzmäßige Änderung oder Durchbrechung), wenn sie auch außerhalb der gezeigten Fragestellung stand, doch in ihrem Ergebnis, vielleicht im Unterbewußtsein, mitbestimmend war,[2]) so wird die formelle Unterscheidung (Verfassungsänderung mit oder ohne Änderung der Texte) in der Nachkriegszeit bei jeder Untersuchung über das Problem der Verfassungsänderung beibehalten.

Die Frage, ob eine Verfassungsänderung ohne eine Änderung der Texte (materielle Verfassungsänderung) rechtlich zulässig sei, ist endgültig im positiven Sinne entschieden worden: in der Vorkriegszeit aus der schwachen Haltung der Staatsrechtslehre gegenüber der Reichsregierung, in der neuen Publizistik aus historischer Überkommenheit, aus Rechtstradition.[3]) Für uns ist dies also kein Problem mehr. Die Betrachtung nach der inhaltlichen Unterscheidung, nach rechtssatzmäßiger Verfassungsänderung und Verfassungsdurchbrechung, liegt dagegen in einer anderen Denkebene als das Problem der Verfassungswandlung: denn da wird im wesent-

---

[1]) Diese Fragestellung war im alten Staatsrecht so gut wie unbekannt, vgl. P r e u ß, aaO., S. 652.
[2]) Bei der Frage der Verfassungsänderung ohne Änderung der Texte dachte man damals vor allem an die „Spezialgesetze". Die Haltung diesen gegenüber war maßgebend für die Beantwortung der Frage nach der Zulässigkeit der materiellen Verfassungsänderung. Vgl. z. B. R o e n n e, Das Staatsrecht des Deutschen Reichs, 2. Aufl. Leipzig 1877, II, S. 31 ff.
[3]) Vgl. A n s c h ü t z, Komm. Art. 76 Note 3 Abs. II, — gegen die „Tradition": P r e u ß, aaO., S. 650 f.

— 69 —

lichen über die Zulässigkeit der Durchbrechung[1]) diskutiert, — die rechtssatzmäßige Verfassungsänderung gilt allgemein als zulässig, sei es mit, sei es ohne Textänderung —, und dann ihr Verhältnis zu der materiellen Verfassungsänderung erörtert: ob auch für die Verfassungsdurchbrechung eine formelle Textänderung notwendig sei,[2]) oder ob eine materielle Verfassungsänderung dafür schon genüge.[3]) Darauf einzugehen besteht für uns hier kein Anlaß. Denn für uns wesentlich sind nur die Fälle, wo eine formelle Verfassungsänderung ausbleibt: hier ist eine Verfassungswandlung jedenfalls vorhanden, gleichgültig, ob ein Rechtssatz in seiner ganzen Tragweite in Frage gestellt wird, oder ob er nur für einen konkreten Fall durchbrochen wird. Sobald aber zugleich auch eine formelle Verfassungsänderung geschieht, so entfällt jeder Fall, sei es eine rechtssatzmäßige Verfassungsänderung, sei es eine Verfassungsdurchbrechung, in gleicher Weise dem Gesichtskreis unserer Betrachtung. Denn hier ist die Verfassungsnorm an die ihr nicht entsprechende Verfassungswirklichkeit angepaßt worden, eine Inkongruenz beider daher nicht mehr vorhanden.

Nach dem Vorhergehenden ist also das eigentliche Problem der materiellen Verfassungsänderung (das Problem von ihrer Zulässigkeit) ein bereits gelöstes, das der Verfassungsdurchbrechung ein für uns nicht zu lösendes. Was wir aber hier zu behandeln für nötig halten, sind die verschiedenen F o r m e n der materiellen Verfassungsänderung.

Wesentlich für die materielle Verfassungsänderung ist die Beobachtung der für Verfassungsänderung vorgeschriebenen Form-

---

[1]) Über Verfassungsdurchbrechung vgl. Graf zu D o h n a und T r i e p e l in ihren Berichten auf dem 33. Juristentag (Verhandlungen, 1925, S. 31, 35), Carl S c h m i t t, Verfassungslehre, S. 99, 106, J e s e l s o h n, Verfassungsänderung, S. 45 ff., 65 ff., T h o m a, Grundbegriffe und Grundsätze, im Handbuch des deutschen Staatsrechts, Bd. II, Tübingen, 1931, S. 155, und W. J e l l i n e k, Das verfassungsändernde Reichsgesetz, daselbst, II, S. 187 f., jetzt vor allem die umfassende Arbeit von Karl L ö w e n s t e i n, Erscheinungsformen der Verfassungsänderung, 1931, der noch die weitere Unterscheidung von Verfassungsdurchbrechung und Verfassungsüberschreitung macht (S. 219 ff.), auf diese fruchtbare Lehre kann hier nicht eingegangen werden.

[2]) So T r i e p e l, Verhandlungen des 33. Deutschen Juristentags, S. 49; W. J e l l i n e k, aaO., S. 187.

[3]) So J e s e l s o h n, Begriff, Arten und Grenzen der Verfassungsänderung, Heidelberg 1929, S. 51.

— 70 —

erschwerung einerseits, das Ausbleiben einer Änderung der Verfassungsurkunde anderseits. „Verfassungsänderung" heißt also hier die Erfüllung der qualifizierten Mehrheit; „materiell" die Nichtberührung der Verfassungsurkunde. Der Terminus stammt von L a b a n d (Staatsrecht, II, S. 38), findet auch heute noch vielfache Anwendung (E. J a c o b i, Reichsverfassungsänderung, in der Festgabe für das Reichsgericht, Reichsgerichtspraxis, I, Berlin-Leipzig, 1929, passim; J e s e l s o h n, Verfassungsänderung); andere sprechen von „mittelbaren" oder „stillschweigenden" Verfassungsänderungen (v. R a u c h h a u p t, Verfassungsänderungen nach deutschem Landesstaatsrecht, Breslau, 1908, S. 70; A n s c h ü t z, Komm. Art. 76, Nr. 2, auch K. L ö w e n s t e i n, Erscheinungsformen, passim), oder einfach von „Verfassungsänderung ohne Änderung der Verfassungsurkunde" (so der 33. DJT; P r e u ß, Verfassungsändernde Gesetze, DJZ, 1924, S. 650 f.; P i l o t y, DJZ, 1923, S. 512).

Die alte Staatsrechtslehre, wie oben angedeutet, unterschied die Verfassungsänderungsfälle nur danach, ob zugleich eine Textänderung vorgenommen wurde oder nicht. Es bestand also lediglich der eine Gegensatz zwischen formeller und materieller Verfassungsänderung. Gelegentlich wird aber auch eine Unterscheidung danach getroffen, ob die Verfassungsurkunde vor, nach oder zugleich mit dem verfassungsändernden, mit qualifizierter Mehrheit angenommenen Gesetz (Spezialgesetz) abgeändert wird. (W i e s e, Verfassungsänderungen nach Reichsrecht, Breslau 1906, S. 66; v. R a u c h h a u p t, Verfassungsänderungen, S. 69 f.). Diese Differenzierung besteht aber lediglich in dem zeitlichen Unterschiede der Publikation des Gesetzes und der Verfassungsänderung, der in diesem Zusammenhang von keiner grundsätzlichen Bedeutung ist — denn eine formelle Verfassungsänderung liegt doch jedenfalls vor —, sie hat auch in der Literatur bisher kaum Beachtung gefunden und ist für unsere Betrachtung belanglos.

Diese Unterscheidung hält neuerdings Karl L ö w e n s t e i n, namentlich für die Frage der Kompetenzüberschreitung, für wesentlich und rügt ihre Nichtbeachtung in der Literatur (Erscheinungsformen, S. 40 und Note 1).

Die neue Publizistik, die besonders in der inhaltlichen Unterscheidung der Verfassungsabänderungen ihre Probleme sieht, hat außerdem unter den materiellen Verfassungsänderungen eine f o r-

— 71 —

m e l l e Unterscheidung geschaffen, die für unsere Fragestellung von großem Wert ist: sie kennt nämlich folgende drei Arten der materiellen Verfassungsänderung.

Die folgende Unterscheidung findet sich sowohl bei J a c o b i, Reichsverfassungsänderung (in Festgabe für das Reichsgericht), 1929, I, S. 263 ff, wie bei J e s e l s o h n, Verfassungsänderung, S. 20 ff. An ihrer Reihenfolge habe ich nicht festgehalten.

1. Die kenntlich gemachte materielle Verfassungsänderung oder: ausdrückliche Verfassungsänderung. J e s e l s o h n, aaO., S. 32).

Hier ist die Eigenschaft des Gesetzes, daß sein Inhalt in Widerspruch zur Verfassung steht und es daher mit der für Verfassungsänderung vorgesehenen qualifizierten Mehrheit angenommen wird, in ihm selbst (Publikationsklausel) zum Ausdruck gebracht. Meistens begnügt sich diese Kenntlichmachung mit einem allgemeinen Hinweis: die einzelnen Paragraphen des Gesetzes, in denen die Verfassungsänderung gesehen wird, und die betroffenen Verfassungsartikel werden nicht besonders erwähnt. So sehen wir bei dem oben angeführten Reichsbahngesetz in seiner Eingangsformel nur die Worte: „Der Reichstag hat das folgende Gesetz beschlossen, das mit der Zustimmung des Reichsrats hiermit verkündet wird, nachdem festgestellt ist, daß die Erfordernisse verfassungsändernder Gesetzgebung erfüllt sind."

Die Kenntlichmachung der materiellen Verfassungsänderung war in der Vorkriegszeit so gut wie unbekannt. Eine Ausnahme machte das Gesetz über die Legislaturperiode vom 21. Juli 1870, in dessen Verkündungsformel die Wendung: „nach erfolgter verfassungsmäßiger Zustimmung des Bundesrats und Reichstags" stand.[1]) Nach S e y d e l und H. S c h n e i d e r war es dagegen in Bayern anerkannter Brauch, daß die Beobachtung der Abänderungsvorschriften in der Verkündungsformel festgestellt wurde.[2]) In der Reichsgesetzgebung der Nachkriegszeit war es zuerst üblich, die materiellen Verfassungsänderungen nicht kenntlich zu machen.[3])

[1]) Vgl. H ä n e l, Studien zum deutschen Staatsrecht, Leipzig 1880, I, S. 257; D o h n a, Verhandlungen, S. 37; J e s e l s o h n, aaO., S. 33.

[2]) Vgl. D o h n a, aaO., S. 38; H. S c h n e i d e r, Die Verfassungsgesetze und verfassungsändernden Gesetze in Bayern, Erlanger Dissertation 1903, S. 19.

[3]) Vgl. P ö t z s c h, Vom Staatsleben, JöR, XIII, 1925, S. 226 ff.

— 72 —

Seit aber die Gemeinsame Geschäftsordnung der Ministerien (bes. Teil) vom 1. Mai 1924 die Kenntlichmachung ausdrücklich verlangte (§ 32 II: „Enthält das Gesetz eine Verfassungsänderung, so soll in der Eingangsformel ausgedrückt werden, daß die besonderen Vorschriften für verfassungsändernde Beschlüsse beachtet sind"), ist sie in der Praxis bisher immer eingehalten worden. Denn obwohl diese Bestimmung keine verbindliche Rechtsverordnung darstellt und ein ihr nicht genügendes Gesetz noch keineswegs ungültig wird,[1]) wird sie infolge ihrer inneren Notwendigkeit doch immer befolgt. Den Anfang dieser Praxis machte das erwähnte Reichsbahngesetz vom 30. August 1924.

Diese Praxis wird von der Wissenschaft allgemein geduldet, wenn auch niemals begrüßt. Aber während hiermit ein radikaler Bruch mit der überkommenen inkorrekten und schädlichen Praxis — das bleibt die materielle Verfassungsänderung bei allen Verteidigungen und Rechtfertigungen — bewußt vermieden wird, macht sich die Tendenz der neuen Staatsrechtslehre zur Befestigung der Formstrenge der geschriebenen Verfassung immer mehr geltend: schwere Bedenken gegen die Verfassungsänderung ohne Änderung der Texte, die schon in der Vorkriegszeit vielfach geäußert wurden (vgl. u. S. 74), werden jetzt mit doppeltem Pathos vorgetragen. Und so haben P r e u ß (Um die Reichsverfassung von Weimar, Berlin 1924, S. 112 ff.) und B i l f i n g e r (Verfassungsumgehung, AöR NF XI, 1926, S. 174) ihre Zulässigkeit überhaupt abgelehnt und verlangen für jede Verfassungsänderung eine Abänderung der Verfassungsurkunde. Auch T r i e p e l steht dieser Praxis energisch ablehnend gegenüber (Verhandlungen, S. 55 f.).

In der neuen Staatsrechtslehre halten materielle Verfassungsänderung für zulässig: S t i e r - S o m l o, Reichs- und Landesstaatsrecht, I, S. 666; A n s c h ü t z, Komm., Art. 76, Note 2; und die führenden Kommentare; ferner P i l o t y, Verfassungsänderung ohne Änderung der Verfassungsurkunde, DJZ, 1923, S. 650; J a c o b i, aaO., S. 259 f.; J e s e l s o h n, aaO., S. 23; früher auch T r i e p e l, Weg der Gesetzgebung nach der neuen Reichsverfassung, AöR, XXXIX, 1920, S. 543. — Bedenken hiergegen siehe bei P i l o t y, aaO., S. 516; P r e u ß, DJZ, 1924, S. 653 ff.; J a c o b i, aaO., S. 270; J e s e l s o h n, aaO., S. 24; eindrücklich B i l f i n g e r, Verfassungsfrage und Staatsgerichtshof, in Zeitschrift für Politik (ZfP), XX, 1930, S. 89 ff.; L ö w e n s t e i n, Erscheinungsformen, passim.

Die Frage, wie ein kenntlich gemachtes materiell verfassungs-

---

[1]) Vgl. J a c o b i aaO., S. 262; J e s e l s o h n, aaO., S. 35.

— 73 —

änderndes Gesetz wieder selbst abgeändert oder aufgehoben wird — auch sie ist ein Erbgut der Vorkriegspublizistik, vgl. u. S. 76 —, ist noch heute unentschieden geblieben: die einen verlangen für die Abänderung oder Aufhebung auch dieses Gesetzes die Beobachtung der verfassungsändernden Formerschwerung (P i l o t y, aaO. S. 513; S t i e r - S o m l o, aaO. S. 665), die anderen lassen dagegen ein einfaches Gesetz dazu genügen (D o h n a, aaO. S. 39; J a c o b i, aaO. S. 264; J e s e l s o h n, aaO. S. 26 ff.). Die Praxis scheint mehr zu der Annahme des einfachen Gesetzes zu neigen. Jedoch beobachtet sie die Form der Verfassungsänderung, wenn die weitere Änderung mehr als die einfache Aufhebung oder Abschwächung des ersten Änderungsgesetzes bedeutet. Sie entspricht also einer Ansicht, die unter dem Kaiserreich besonders von S e y d e l vertreten wurde (vgl. u. S. 76).

Vgl. über die Stellungnahme der aktuellen Gesetzgebungspraxis J e s e l s o h n, aaO., S. 28 ff.

2. Die nicht kenntlich gemachte (oder: stillschweigende [1]) J e s e l s o h n, aaO. S. 32) materielle Verfassungsänderung.

Hier ist der Widerspruch des Gesetzes zur Verfassung ebenfalls im Gesetzgebungsverfahren erkannt und sind die erschwerenden Formen der Revisionsvorschriften beobachtet worden. Aber das Gesetz selbst bringt nicht zum Ausdruck, daß es unter den Garantien der Abänderungserschwerung ergangen, daß also die materielle Verfassungsänderung bewußt und gewollt ist. Äußerlich unterscheidet sich dieses Gesetz durch nichts von einem einfachen, der Verfassung widersprechenden Gesetze. Beispiele sind die oben angeführten Gesetze zur Befriedung des Reichstagsgebäudes vom 8. Mai 1920 und über den Staatsgerichtshof vom 9. Juli 1921 (o. S. 30).

In der Vorkriegspraxis ergingen die materiellen Verfassungsänderungen — mit der oben erwähnten einen Ausnahme (S. 71) — durchweg ohne Kenntlichmachung. Und dabei blieb zuerst auch die Gesetzgebung der Nachkriegszeit. Erst seit 1924 ist die Kenntlichmachung durch die Eingangsformel zur Regel geworden.

Die Kritik der Vorkriegszeit an dieser Praxis gilt der materiel-

---

[1] Nicht zu verwechseln mit der alten Ausdrucksweise, die damit die materielle Verfassungsänderung schlechthin bezeichnet: v. R a u c h h a u p t, aaO., S. 70. T r i e p e l, Verhdlgn., S. 47. A n s c h ü t z, Komm., Art. 76, Note 2.

len Verfassungsänderung überhaupt. Denn man hat die Frage nur dahin gestellt, ob die Verfassung auch ohne eine Textänderung abgeändert werden könne, und die Frage nach der Bedeutung der Publikationsformel nicht besonders aufgeworfen.[1]) Die herrschende Lehre unter der Führung L a b a n d s hat die Verfassungsänderung ohne Änderung der Verfassungstexte für allgemein zulässig erklärt, wobei die L a b a n d sche Argumentation maßgebend war: die materielle Verfassungsänderung sei deshalb nicht unzulässig, weil ein positiver Rechtssatz, der etwa bestimmt, daß Änderungen der Verfassung nur unmittelbar durch Gesetze, die ihren Wortlaut anders fassen, erfolgen dürfen, nicht vorliege, und eine Einschränkung der Verfassungsänderung auf nur formelle Verfassungsänderung weder aus der juristischen Natur der Verfassung noch aus dem Verhältnis der Verfassungsurkunde zu einfachen Gesetzen sich herleiten ließe (Staatsrecht, II, S. 39).

Als Vertreter der herrschenden Lehre: H ä n e l, Studien, I, S. 258; Ph. Z o r n, Das Staatsrecht des Deutschen Reichs, 2. Aufl. Leipzig 1895, S. 432; S e y d e l, Kommentar zur Verfassungsurkunde für das Deutsche Reich, 2. Aufl. Freiburg und Leipzig 1897, S. 418, Note 4; Ad. A r n d t, Kommentar zur Reichsverfassung, 5. Aufl. Berlin 1913, Art. 78, Note 2; M e y e r - A n s c h ü t z, Lehrbuch des deutschen Staatsrechts, 7. Aufl. Leipzig 1919, § 164, S. 689; H. S c h n e i d e r, aaO., S. 19; W i e s e, aaO., S. 68; v. R a u c h h a u p t, aaO., S. 68 f.; H i l d e s h e i m e r, Revision, S. 70.

Die Gegner der materiellen Verfassungsänderung, die im wesentlichen vom Wesen und Begriff der Verfassung ausgingen, und hin und wieder die höhere Autorität der Verfassung kraft ihrer Natur betonten, sind aber schließlich dem formalistischen Positivismus der Vorkriegspublizistik unterlegen: nicht nur die Praxis des Kaiserreichs hielt weiter an der materiellen Verfassungsänderung fest,[2]) sondern auch die Nachkriegsgesetzgebung entging nicht ihrem Bann, ja selbst der große verfassungsverteidigende Eifer der nachrevolutionären Staatsrechtslehre hat mit ihr ganz zu brechen nicht gewagt.

Gegner der materiellen Verfassungsänderung in der Vorkriegsliteratur: G. B e s e l e r, Reichstagskompetenz, in Preuß. Jahrb. 1871, S. 190 ff.; H. A. Z a c h a r i a e, Zur Frage der Reichskompetenz ggenüber dem Unfehlbarkeitsdogma, Braunschweig 1871, S. 46; W e s t e r k a m p, Über die Reichsverfassung, Hannover 1873, S. 132; v. R o e n n e, Staatsrecht des

---

[1]) Siehe H ä n e l, Studien, I, S. 257 Note.
[2]) Vgl. L a b a n d, Staatsrecht, II, S. 42.

— 75 —

Deutschen Reichs, II, 1, S. 31 ff.; S p i e r , Das Problem der Verfassungsänderung, S. 50 f. — Schwere Bedenken: J e l l i n e k , Verfassungsänderung, S. 6; v. J a g e m a n n , Die deutsche Reichsverfassung, S. 227 ff.; S e u l e n , Verfassungsänderungen nach preußischem und nach Reichsrecht, Rostocker Dissertation 1902, S. 19 ff.; W i e s e , aaO., S. 65 ff.; v. R a u c h h a u p t , aaO., S. 83.

Mit dem endgültigen Sieg der Zulässigkeit der materiellen Verfassungsänderung war auch die Frage nach der Bedeutung ihrer Kenntlichmachung durch die Verkündungsformel implizite entschieden: ist das materiell verfassungsändernde Gesetz als solches gültig, so kann es nicht deshalb ungültig sein, weil seine Kenntlichmachung fehlt. Denn ein positiver Rechtssatz, der die Kenntlichmachung für die materielle Verfassungsänderung ausdrücklich vorschreibt — etwa wie der oben zitierte § 32 GGO II —, lag nicht vor. Und so wurde die Frage in der Tat, wenn sie überhaupt aufgeworfen wurde, in diesem Sinne beantwortet.

So z. B. W i e s e , aaO., S. 68; v. R a u c h h a u p t , aaO., S. 80; A r n d t , Kommentar, S. 397; H. S c h n e i d e r , aaO., S. 20.

In der Nachkriegsliteratur wird die nicht kenntlich gemachte materielle Verfassungsänderung einstimmig bekämpft, wenn auch ihre Rechtsgültigkeit allgemein anerkannt wird. Der Grund hierfür liegt nahe. Denn das verfassungsändernde Gesetz hat hier in seiner Erscheinung jede Beziehung verloren zu seiner ursprünglichen Bedeutung als Ausdruck einer besonderen verfassunggebenden Gewalt. Überdies wäre dies ein in seiner Tragweite nicht abzuschätzendes Übel für das richterliche Recht, die Gesetze auf ihre Verfassungsmäßigkeit hin zu prüfen, das sich in der Praxis herausgebildet hat. Denn woran soll der Richter erkennen, daß ein materiell verfassungswidriges Gesetz verfassungsmäßig zustandegekommen ist? Dieses Problem ist aber insofern nicht mehr so sehr von Aktualität, als die Reichsgesetzgebung seit 1924 die Kenntlichmachung der materiellen Verfassungsänderung sich zur Regel gemacht hat.

Scharfe Kritik gegen die nicht kenntlich gemachte materielle Verfassungsänderung T h e i ß e n , Verfassung und Richter, AöR, NF, VIII, 1925, S. 276, nach ihm ist sie überhaupt unzulässig. Ferner P i l o t y , DJZ, 1923, S. 512; T r i e p e l , Verhandlungen, S. 59; mit ihm der 2. Leitsatz des 33. DJT, Verhandlungen, S. 68; J a c o b i aaO., S. 263; J e s e l s o h n , aaO., S. 34. — Daher befremdend die Reichsgerichtsentscheidung: „Für die Wirksamkeit einer Verfassungsänderung ist nicht erforderlich, daß sie vom Gesetzgeber ausdrücklich als solche bezeichnet wird" (JW 1927, S. 2198). So auch A n s c h ü t z , Komm., Art. 76, Note 2.

— 76 —

Über die Art der Abänderung oder Aufhebung der nicht kenntlich gemachten materiellen Verfassungsänderung war die Ansicht der Vorkriegspublizistik sehr geteilt. H ä n e l verlangte für jede weitere Abänderung einer materiellen Verfassungsänderung die Beobachtung der Formerschwerung (Studien, I S. 255 Note 6). S e y d e l verlangte sie nur für den Fall, daß diese weitere Abänderung wiederum eine Änderung der Verfassung selbst bedeutet, sonst genüge das einfache Gesetz (Kommentar, Art. 76, S. 419). L a b a n d ließ dagegen für jede weitere Abänderung einer materiellen Verfassungsänderung das einfache Gesetz genügen, selbst wenn es die ursprünglich betroffenen Verfassungsnormen noch weitergehend beeinträchtigte (Staatsrecht II S. 41). A n s c h ü t z ließ demgegenüber es auf die Kenntlichmachung ankommen: hat das materiell verfassungsändernde Gesetz sich ausdrücklich als solches gekennzeichnet, so unterliegt seine Abänderung der Erschwerung der Verfassungsänderung, geschah dies aber nicht, so genügt zu seiner Abänderung das gewöhnliche Gesetz, und zwar ist es an die Grenze der vom ersten Gesetz vollzogenen Verfassungsänderung nicht gebunden (M e y e r - A n s c h ü t z, Lehrb. d. deut. StR., 7. Aufl., 1919, S. 690.[1]) Da die Kenntlichmachung dem Kaiserreich so gut wie unbekannt war, läuft also praktisch diese Lehre auf dasselbe hinaus wie die Theorie L a b a n d s.

Für die verstärkte formelle Gesetzeskraft der materiellen Verfassungsänderung waren ferner Z o r n, Staatsrecht des Deutschen Reichs, S. 433, v. R a u c h h a u p t, aaO., S. 47. Aber die Praxis gab der L a b a n d schen Lehre Recht. Daß diese Praxis — die in ihrer Wirkung jeden Sinn und Wert der Verfassung in Frage stellt — nicht unangefochten blieb, war ganz natürlich. Überhaupt war alle Polemik, die in der Vorkriegsliteratur gegen die materielle Verfassungsänderung als solche gerichtet wurde, im wesentlichen gegen diese Praxis gerichtet. Vgl. z. B. Z o r n aaO., v. R a u c h h a u p t aaO. Aber dadurch ließ sich weder die Praxis noch die Doktrin des Kaiserreichs von ihrer laxen Auffassung abbringen.

In der neuen Staatsrechtslehre ist die Frage nach der Abänderung der nicht kenntlich gemachten Verfassungsänderung nicht gesondert erörtert worden. Allgemein denkt man — ist doch die Unterscheidung von kenntlich gemachten und nicht kenntlich gemachten materiellen Verfassungsänderungen noch recht jungen Datums — an die Frage der Abänderung der materiellen Verfas-

---

[1]) So schon Fr. T h u d i c h u m, Verfassungsrecht des Norddeutschen Bundes, Tübingen 1870, S. 84.

— 77 —

sungsänderung überhaupt. Die oben mitgeteilten Ansichten hierüber (S. 72) gelten wohl auch hier. Wichtig aber ist in diesem Zusammenhang — und wohl auch nicht unbezeichnend für die herrschende Theorie — der fünfte Leitsatz des 33. Juristentags: „Die Abänderung oder Aufhebung eines verfassungsändernden Gesetzes bedarf der Erfüllung der erschwerenden Voraussetzungen einer Verfassungsänderung nur, wenn dies im Gesetz ausdrücklich bestimmt ist oder das Gesetz als Verfassungsgesetz bezeichnet ist" (Verhandlungen, S. 68).

J a c o b i läßt ausdrücklich für die Abänderung einer nicht kenntlich gemachten materiellen Verfassungsänderung das einfache Gesetz genügen, aaO., S. 263.

3. Die zufällige materielle Verfassungsänderung (oder: unbewußte Verfassungsänderung, J e s e l s o h n, aaO. S. 35).

Hier steht der Inhalt des beschlossenen Gesetzes im Widerspruch zur Verfassung. Der Widerspruch ist im Gesetzgebungsverfahren nicht bemerkt worden. Wie sich aber nachträglich feststellen läßt, ist das Gesetz bei seiner Schlußabstimmung mit einer den Erfordernissen der Verfassungsänderung entsprechenden Mehrheit angenommen worden. Es fragt sich nun, ob dies Gesetz als rechtsgültig anzusehen ist.

Als Beispiel für dieses vorwiegend theoretische Problem kann das Besoldungsgesetz vom 16. Dezember 1927 (RGBl. S. 549) erwähnt werden. Es schreibt nämlich in seinem § 41 vor, daß die Länder und Gemeinden künftig jede dritte planmäßige Stelle der Besoldungsordnung unbesetzt lassen müssen. „Darin liegt ein Eingriff in die Organisation der Landesverwaltungen, der mindestens soweit verfassungswidrig ist, wie die betroffenen Landesbehörden zur Ausführung von Landesgesetzen berufen sind" (J e s e l s o h n aaO.).

Vgl. über diesen Fall J e s e l s o h n, aaO., S. 37; W. J e l l i n e k, Das verfassungsändernde Reichsgesetz, S. 188, Note 23. Ob die Ungültigkeit dieser Einzelbestimmung weitere Teile des Gesetzes oder das ganze Gesetz ergreift, lassen wir dahingestellt sein. J e s e l s o h n läßt es auf die Bedeutung ankommen, die dem § 41 im Zusammenhang der Reichsbesoldungsordnung zukommt.

Für die Gültigkeit einer zufälligen materiellen Verfassungsänderung hat sich T r i e p e l erklärt, ja selbst für den Fall, wenn sich später mit Gewißheit feststellen lasse, daß bei sorgfältiger

— 78 —

Überlegung das Gesetz nicht durchgegangen wäre (Verhandlungen, S. 58) und mit ihm auch W. J e l l i n e k (Das verfassungsändernde Reichsgesetz, S. 188). Die Mehrzahl der hierüber geäußerten Meinungen hält sie jedoch für rechtsungültig. Denn zu einer Verfassungsänderung ist ein besonders darauf gerichteter Wille rechtlich notwendig. Dieser Wille liegt aber bei der zufälligen Verfassungsänderung nicht vor. Es wird doch auch in der einfachen Gesetzgebung ein Beschluß erst dann als Gesetz verkündet, wenn er als G e s e t z e s beschluß gefaßt war.

Gegen die Gültigkeit der zufälligen Verfassungsänderung B r e i t h o l d t, Die Abstimmung im Reichstag, AöR NF X, 1926, S. 316; J a c o b i, aaO., S. 263; J e s e l s o h n, aaO., S. 36 f.; L o b e im Heft 2 der von B u m k e herausgegebenen Ausgew. Entsch. d. StGH., Berlin 1930, S. 111 f.; L ö w e n s t e i n, Erscheinungsformen, S. 73 ff. — Vgl. T h o m a, Das richterliche Prüfungsrecht, AöR NF IV, 1922, S. 279.

Die anderen Abarten der verfassungswidersprechenden Praxis, die wir oben gesehen haben (S. 31 ff.): einfache Gesetzgebung. Geschäftsordnungen oberster Staatsorgane und deren tatsächliche Praxis — sie sind mitunter die wichtigsten Fragen aus dem Problem der Verfassungswandlung —, stehen außerhalb des Problems der materiellen Verfassungsänderung. Wir werden sie in anderem Zusammenhang behandeln.

Verfassungsinterpretation und Verfassungswandlung.

Daß eine Verfassungswandlung durch die Interpretation der Verfassung bewirkt werden kann — wie auch in der Literatur oft erwähnt ist —, haben wir oben an einigen historischen Fällen zu zeigen versucht (S. 35 ff.). Nunmehr ist das Problem der Verfassungsinterpretation etwas eingehender zu betrachten. Wir werden uns dabei insbesondere mit der Verfassungsinterpretation in den Vereinigten Staaten zu beschäftigen haben, mit der man dort über fast alle verfassungsrechtliche Probleme Herr geworden ist. Diese Betrachtung ist um so mehr vonnöten, als die amerikanische Verfassungsgerichtsbarkeit heute geradezu vorbildlich geworden ist, ihre Entstehungsgeschichte aber in der außeramerikanischen Literatur gar nicht genug hervorgehoben wird, obwohl sie zum vollen Verständnis der amerikanischen Praxis ganz unerläßlich wäre.

Die Interpretation bezeichnen als einen Weg der Verfassungswandlung: J e l l i n e k, Verfassungsänderung, S. 8 ff. (vgl. o. S. 35 f.): H a t s c h e k, Konventionalregeln oder über die Grenze der naturwissenschaftlichen Begriffsbildung im öffentlichen Recht (JöR III), 1909, S. 32; T e z n e r, Konventionalregeln und Systemzwang (Grünhuts Zeitschr. XLII), 1916, S. 573, 609; H i l d e s h e i m e r, Revision, S. 11; W e s p e, Begriff und Bedeutung der Verfassung, 1926, S. 131 ff.
Die Frage der Verfassungsgerichtsbarkeit ist namentlich für die deutsche Praxis von großer Bedeutung gewesen. Vgl. u. a. R. T h o m a, Das richterliche Prüfungsrecht, AöR. XLIII, 1922, S. 267 ff.; W. J e l l i n e k, Das Märchen von der Überprüfung verfassungswidriger Reichsgesetze durch das Reichsgericht, Juristische Wochenschrift (J. W.) 1925, S. 454 ff.; S t ü l z, Verfassungsgerichtshof, DJZ 1926, S. 837 ff.; W. S i m o n s, Reichsverfassung und Rechtsprechung, Zeits. f. ges. Staatswissenschaften, LXI, 1926, S. 385 ff.; M o r s t e i n - M a r x, Variationen über richterliche Zuständigkeit zur Prüfung der Rechtmäßigkeit der Gesetze, Berlin 1927; N a w i a s k y, Reichsverfassungsstreitigkeiten, AöR. NF XII, 1927, S. 130 ff.

Das Problem der Verfassungsinterpretation ist aber nicht mit dem eigentlichen Problem der Gesetzesinterpretation — dem Problem der Ermittlung und Anwendung des Rechts — zu verwechseln. Denn obwohl beide Probleme denselben Ausgangspunkt haben, nämlich die Auslegung einer geschriebenen Rechtsnorm, sind ihre Fragestellungen dennoch voneinander recht verschieden. Beim Problem der gewöhnlichen Gesetzesinterpretation — einem viel erörterten Problem in der zivilistischen Literatur — unterscheidet man die Legalinterpretation einerseits, die doktrinäre Interpretation andererseits, und die letzte wird wieder in grammatische und logische eingeteilt. Aber neben diesem Gegensatz von Wort- und Sinnesinterpretation streitet man besonders um die Grundlage ihrer Methoden: namentlich ob hier historische oder systematische oder Zweckgedanken den Ausschlag geben sollen. Jedenfalls ist das Problem hier der Gegenstand einer vorwiegend theoretischen, dogmatischen Betrachtung. Nach welcher der gezeigten Denkrichtungen die Theorie und Praxis in der heutigen Wirklichkeit tendiert, ist hier nicht näher zu verfolgen.

Vgl. hierzu E n n e c c e r u s - N i p p e r d e y, Lehrb. d. bürgerl. Rechts, I, 13. Bearb. Marburg 1931, §§ 48 ff.; Ph. H e c k, Gesetzesauslegung und Interessenjurisprudenz, Tübingen 1914, S. 4 ff.; Fr. L e o n h a r d, Auslegung und Auslegungsnorm, Marburg 1927; über den Standpunkt in der Praxis siehe W. W a l d e r, Grundlehre jeder Rechtsfindung, Berlin 1928. — Natürlich ist das Problem besonders von der Freirechtsschule behandelt worden, siehe die Literatur beim Lückenproblem, o. S. 41 f.; ferner J e l l i n e k, Verfassungsänderung, S. 9 Note 1.

Dem gegenüber ist das Problem der Verfassungsinterpretation ein mehr von der Wirklichkeit gestelltes. Hier ist nicht zu fragen, wie ein geschriebener Verfassungsrechtssatz bei praktischen Fällen auszulegen sei, welche Gedanken der Auslegungsmethode zugrundegelegt werden müssen, sondern es soll hier festgestellt werden, wie ein Verfassungsrechtssatz ausgelegt worden ist, und wenn diese Auslegung zu einer Verfassungswandlung geführt hat, wie dieser Gesichtspunkt bei der Auslegung mitbestimmend war.

Ferner ist das Problem der Verfassungsinterpretation, das wir hier behandeln wollen, nicht zu verwechseln mit dem der sogenannten authentischen Interpretation. In diesem Falle wird nämlich ein mehrdeutiger Verfassungsrechtssatz durch einen weiteren Verfassungsrechtssatz in seiner von den Verfassungsgebern gewollten Auslegung eindeutig festgelegt: authentische Verfassungsinterpretation ist eine Verfassungsinterpretation durch die Verfassung selbst.

— 81 —

So auch Hildesheimer, Revision, S. 16 Note 2. — Vgl. Jacobi, Reichsverfassungsänderung, S. 266.

Die authentische Interpretation ist nach mehreren ausdrücklichen Verfassungsbestimmungen einer Verfassungsänderung gleichzustellen und bedarf zu ihrem gültigen Beschluß der Beobachtung der für Verfassungsänderung vorgeschriebenen Formerschwerung. So z. B. die Verfassung von Baden (1818), § 73 (seit Ges. vom 24. August 1904): „Zur gültigen Abstimmung über Entwürfe, durch welche die Verfassung ergänzt, erläutert oder abgeändert werden soll, wird in beiden Kammern die Anwesenheit von mindestens drei Vierteln der Mitglieder erfordert". So auch die Verfassungen des Königreiches Sachsen (§ 152), von Hessen (Art. 110), von Reuß äL. (§ 90) und von Bolivien (Art. 136). Dagegen ist gelegentlich die Ansicht vertreten worden, daß die authentische Interpretation keine Verfassungsänderung sei, da hier nichts Neues in die Verfassung komme, und daher einer Beobachtung der Formerschwerung nicht bedürfe (Spier, Problem der Verfassungsänderung, S. 62). Auch auf diese Kontroverse ist hier nicht einzugehen.

Den Legalstandpunkt vertritt in der Literatur Jacobi, Reichsverfassungsänderung, S. 266, und wohl auch die Rechtsprechung, vgl. z. B. Entscheidung des StGH in RGZ 122, Anh. S. 17 ff., 40.

Der Gegenstand unseres zu behandelnden Problems ist aber nicht die Verfassungsinterpretation durch die Verfassung selbst, sondern die Interpretation der Verfassung durch das Gericht, durch die richterliche Entscheidung. Das soll im folgenden näher dargestellt werden.

Das Problem der Verfassungsinterpretation ist ein Hauptproblem der amerikanischen Verfassungsrechtspraxis und Verfassungsrechtstheorie. In keinem anderen Land der Welt ist die Verfassung so viel interpretiert worden wie hier, in keiner anderen Rechtsordnung hat die Verfassungsinterpretation eine so bedeutende Rolle gespielt wie in der amerikanischen.

So der viel zitierte Satz von Bryce: "Probably no writing except the New Testament, the Koran, the Pentateuch and the Digest of the Emperor Justinian, has employed so much ingenuity and labour as the American Constitution in sifting, weighing, comparing, illustrating, twisting and torturing its text" (American Commonwealth, new edition, New York 1926, I, p. 375). — Bryce nennt drei Wege der Fortbildung der amerikanischen Verfassung: amendments, interpretation, usage (Commw. I, p. 480).

— 82 —

Hildesheimer überträgt sie — nicht ohne Mißverständnis — auf das Verfassungsrecht überhaupt (Revision, S. 11). Das Problem der „amendments" fällt aus dem Rahmen unserer Arbeit, das der „usage of constitution" wird an anderer Stelle zur Erörterung kommen (S. 131 ff.).

Dies hat seinen Grund in den folgenden Umständen:

1. In Amerika besteht ein engeres Verhältnis zwischen Richtern und Verfassung als in anderen Staaten. Das ist nicht zuletzt ein Ausfluß der Verfassung selbst (Art. VI). Aber vor allem ist das auf das allgemeine richterliche Prüfungsrecht der Verfassungsmäßigkeit der Gesetze zurückzuführen, das hier in der bedeutungsvollsten Weise besteht (darüber weiter unten). Da die Gesetze aber — sind sie doch die legalisierenden Manifestierungen der fluktuierenden Kulturentwicklung — stets mit dem Lebensimpuls der Staats- und Kulturgemeinschaft selbst im Fortschreiten sind, während die Buchstaben der Verfassungsurkunde doch immer dieselben von 1787 bleiben, so kommen die Gesetze oft, oder sie scheinen wenigstens oft in Widerspruch zur Verfassung zu kommen. Und die häufig aufgeworfene Frage, ob ein bestimmtes Gesetz nicht gegen den Wortlaut der Verfassung verstoße, bedingt naturgemäß eine ebenso häufige Praxis der Verfassungsauslegung.

Das richterliche Prüfungsrecht stammt, wenigstens der Idee nach, aus der älteren englischen Staatsordnung, wo die Kolonialgesetze der Prüfung des englischen Richters auf ihre Übereinstimmung mit dem englischen Recht unterlagen. Vgl. A. Todd, Parliamentary Government in the British Colonies, 2d Edit. London 1894, pp. 306 sqq., 309, 346 sqq.; Br. Coxe, An Essay of Judicial Power and Unconstitutional Legislation, Philadelphia, 1893, pp. 208 sqq.; Jellinek, Allg. Staatslehre, S. 519; vor allem Dicey, Introduction to the Study of the Law of the Constitution, 8th Edition, London 1927, p. 154. — Über die Entwicklung des Prüfungsrechts der Supreme Court of the United States u. S. 85 ff.

2. Vor allen Dingen ist aber die überragende Bedeutung der Verfassungsinterpretation ein notwendiges Ergebnis des allzu schwierigen Verfahrens der Verfassungsänderung. Denn man hat die amerikanische Verfassung oft gerade wegen ihrer schweren Abänderbarkeit als die starrste der geschriebenen Verfassungen bezeichnet. In der Tat sind im ganzen 19. Jahrhundert nicht mehr als vier Zusätze zur Verfassung (amendments) angenommen worden. Da aber die Notwendigkeit einer Verfassungsänderung doch immer besteht — "growth and decay are the necessary conditions of the life of institutions as well of individual organism" (Bryce, Americ. Comm. I p. 362) —, so ist eine Interpretation, die die Ver-

— 83 —

fassungsvorschriften unbekümmert um den ihnen ursprünglich beigelegten Sinn, aber entsprechend den herrschenden Bedürfnissen und Anschauungen anwendet, der natürlichste Weg, um die unmittelbare lebendige Relation zwischen Verfassung und Staatsgemeinschaft zu erhalten. B r y c e hat mit vollem Recht gesagt: "the Americans have more than once bent their constitution in order that they might not be forced to break it" (Amer. Comm. I p. 391).

Die amerikanische Verfassung hat bis zum heutigen Tag nicht mehr als 19 amendments bekommen. „Sieht man die ersten 10 als einen wesentlichen Bestandteil der ursprünglichen Urkunde an, dann wurden in 137 Jahren nur 9 amendments vorgenommen" (J. B e c k, Verfassung der Vereinigten Staaten von Nordamerika, deutsche Ausgabe von F r i e d m a n n, Berlin-Leipzig 1926, S. 239). — Vgl. ferner J e l l i n e k, Allg. Staatslehre, S. 535 und Note 2.

3. Endlich ist die nahe Verwandtschaft des amerikanischen Rechtssystems mit dem englischen nicht zu vergessen, in dem die Rechtsprechung der Gerichte doch eine unendlich größere Rolle spielt als auf dem europäischen Kontinent. Denn in England besteht nicht nur der größere Teil der common law aus der sogenannten „case-law" oder „judge-made law", sondern selbst die „Verfassungsprinzipien" beruhen hauptsächlich auf Gerichtsentscheidungen: "in England the so-called principles of the constitution are inductions or generalisations based upon particular decisions pronounced by the Courts" (D i c e y, Introduction, p. 193), — darauf haben wir noch zurückzukommen. Die hohe Bedeutung der richterlichen Entscheidung für die Entwicklung des Verfassungsrechts in den Vereinigten Staaten ist also nicht zuletzt auf dem aus England her überlieferten Rechtssystem begründet.

Über das Verhältnis des amerikanischen Rechts zum englischen H. W. H o r w i l l, The Usage of the American Constitution, Oxford 1925, pp. 3 sqq.; über das Verhältnis der Supreme Court zum Privy Council D i c e y, Introduction, pp. 160—61; über den Gegensatz des anglo-amerikanischen Rechts zum deutsch-germanischen R. P o u n d, Law in Books and Law in Action (American Law Review, Vol. XLIV), 1910, p. 29.

Daher ist der Begriff der Präzedenz, der für das englische Recht, insbesondere für die Bildung der common law von größter Bedeutung ist, — "a judicial precedent in England is not merely evidence of the law but a source of it" (S a l m o n d, Jurisprudence, 7th edit. London, 1924, p. 187); oder "the appeal to precedent is a useful fiction by which judicial decision conceals its transformation into judicial legislation" (D i c e y, Introduction, p. 18) — auch

— 84 —

für das amerikanische Rechtssystem von Wichtigkeit. Aber die amerikanischen Juristen — und hierin offenbart sich der wesensmäßige Unterschied zwischen dem fortschreitenden Amerikaner und dem konservativen Engländer — haben sich bald bewußt von der Doktrin der Präzedenz befreit. Man gewann die Einsicht, daß "an overruling of precedents is quite permissible within the spirit of our system" (E. B r u n c k e n, The Elasticity of the Constitution in "the Green Bag", Vol. XX, Boston, 1908, p. 18). Denn "considering the influence of manners upon law and the force of opinion which is silently and almost insensibly controlling the course of business and the practice of the courts, it is impossible that the fabric of jurisprudence should not exhibit deep traces of the progress of society as well as the footsteps of time" (I, K e n t's Commentaries on American Law. 14th edit. Boston, 1898, p. 479). Während also die große, vorwiegend auf einer überkommenen Tradition beruhende Bedeutung der richterlichen Entscheidung für das lebende Rechtssystem hier weiter fortbesteht, verließen die Amerikaner bewußt die Doktrin der Präzedenz und ermöglichen hiermit ihre „elastische" Interpretation.

Vgl. über die Präzedenz in England S a l m o n d, Jurisprudence, secs. 54—62 (pp. 187—206); in Amerika und den Bruch mit ihr B r u n c k e n, The Elasticity of the Constitution, p. 18 & passim; J e l l i n e k, Verfassungsänderung, S. 17.

Natürlich ist die Interpretation der Verfassung nicht ausschließlich den Gerichten vorbehalten. Sondern jedermann, der sich eine verfassungsrechtliche Frage vorlegt, interpretiert die Verfassung. Und jede Staatsbehörde, die darüber entscheidet, ob eine Konfliktsfrage eine verfassungsrechtliche oder nur eine politische Frage darstellt, interpretiert die Verfassung.[1]) Aber von größerer Bedeutung für das ganze Rechtssystem ist natürlich vor allem die richterliche Interpretation. Denn hier wird die eindeutige Frage vorgelegt, ob ein bestimmtes Gesetz gegen einen bestimmten Verfassungsartikel verstoße oder nicht. Die klare Fragestellung und ihre notwendig klare Beantwortung lassen die Interpretation hier in der deutlichsten Weise und für jedermann er-

---

[1]) So B r y c e, Amer. Comm. I p. 376. Dieser Gedanke liegt wohl der J e l l i n e k schen Formulierung zugrunde, daß die Verfassung durch die Interpretation der Parlamente sowie der Regierungs- und Gerichtsbehörden gewandelt werden könne (Verfassungsänderung, S. 9).

— 85 —

kennen. Und da die Entscheidungen der einfachen Gerichte in den meisten Fällen zur Berufung an die Supreme Court der Vereinigten Staaten gebracht werden, und die Supreme Court die endgültige Entscheidung trifft, so wird in Wahrheit die Supreme Court die eigentliche Instanz für die Verfassungsinterpretation.

Vgl. hierüber Bryce, Americ. Commonw. I pp. 376—7; Dicey, Introduction, p. 156; Hildesheimer, Revision, S. 17.

Die Bedeutung der Supreme Court als „Verfassungsgerichtshof" liegt aber nicht so sehr in ihrer weitgehenden Zuständigkeit, — "the Supreme Court becomes the ultimate arbiter of all matters affecting the Constitution" (Dicey, Introd. p. 158), vgl. ferner art. 3 sec. 2 Constitution of the U.S.A. — als in ihrer überragenden Machtfülle, in ihrer gewaltigen „power". Namentlich hat sie sich für zuständig erklärt, Gesetze, sei es des Kongresses, sei es der Legislaturen der Einzelstaaten, auf ihre Verfassungsmäßigkeit zu überprüfen und sie nach ihrem Ermessen für verfassungswidrig zu erklären, womit dem betreffenden Gesetz jede Wirksamkeit und Durchführung versagt wird. Man nennt das „judicial review upon the constitutionality of the law".

Diese höchst bedeutungsvolle Befugnis, die die Supreme Court seit über 100 Jahren ausgeübt hat, hat eine merkwürdige Entstehungsgeschichte. Denn die Verfassung, in der die Errichtung der Supreme Court vorgesehen ist, hat diese Befugnis mit keinem Wort erwähnt. Auch aus dem Wortlaut des Art. VI, in dem die Unionsverfassung und die auf ihrer Grundlage erlassenen Gesetze der Vereinigten Staaten als oberstes Gesetz des Landes proklamiert und die Richter der Einzelstaaten für daran gebunden erklärt sind, läßt sich die Befugnis der Court zur Revision der Gesetze nicht ableiten. Und betrachtet man die Entstehungsgeschichte der Verfassung, so läßt sie eher erkennen, daß die Schöpfer der Verfassung eine Beteiligung der Richter an einer Prüfungsinstanz für Bundesgesetze bewußt ablehnten. Denn der im Jahre 1787 in der Verfassungskonvention gemachte Vorschlag, — in dem sog. Randolph-Plan —, eine Anzahl von Richtern der Regierungsgewalt (Exekutive) beizugeben (associate) für die Ausübung der Prüfungsgewalt (revisionary power) über die vom Kongreß erlassenen Gesetze, ist nicht weniger als viermal, obwohl dieser Vorschlag von den einflußreichen Männern wie Madison und James Wilson

— 86 —

unterstützt war, abgelehnt worden. Eine Zustimmung von mehr als drei Stimmen hat er niemals gefunden. M e r c e r resumierte im August 1787 das Ergebnis dieser Verhandlungen dahin, daß die Verfassungskonvention die Doktrin, daß die Richter die Autorität haben sollen, Gesetze für unwirksam zu erklären, mißbillige. Es ist gerade noch in den letzten Jahrzehnten vielfach die judicial review der Supreme Court angegriffen worden. Der Chief Justice C l a r k sagte einmal im Jahre 1906, daß die von der Supreme Court beanspruchte Prüfungsgewalt nichts als eine „rank usurpation" sei.

> Vgl. hierzu E. S. C o r w i n, The Doctrine of Judicial Review, Princeton 1914, pp. 1 sqq; über die Argumentation C l a r k s und andere neue „attacks" gegen die Prüfungsgewalt (T r i c k e t, B o u d i n, R o e etc.), Ch. A. B e a r d, The Supreme Court and the Constitution, new edit., New York 1926, pp. 1 sqq.

Wie dem auch sei, die Supreme Court hat seit 1803 die Prüfungsbefugnis uneingeschränkt ausgeübt und bis Juni 1924 in nicht weniger als 53 Fällen vom Kongreß erlassene Gesetze für verfassungswidrig erklärt. Und nicht nur das Volk hat diese Praxis der Court völlig gebilligt, sondern sowohl in der politischen wie in der juristischen Literatur ist ihr das dankbarste Lob zuteil geworden. In der Tat ist die Supreme Court, wie sie funktioniert und sich auswirkt, eine der glücklichsten Institutionen des amerikanischen Verfassungsrechts.

> Vgl. über die Entscheidungen der Supreme Court über Verfassungsmäßigkeit von Bundesgesetzen bis Juni 1924 Ch. W a r r e n, Congress, the Constitution and the Supreme Court, Boston 1925, pp. 273 sqq. — Über die Bedeutung der Court u. S. 92.

Die Supreme Court, deren Rechtsprechung für die Entwicklung des amerikanischen Verfassungsrechts von der größten Tragweite ist, verdankt ihr Ansehen und ihre Bedeutung der Autorität eines einzigen Mannes: diesem selben Manne allein verdanken die Vereinigten Staaten das vielgerühmte Prüfungsrecht ihrer Supreme Court über die Bundes- und Staatsgesetze: Chief Justice John M a r s h a l l.

J. M a r s h a l l war der erste Chief Justice der Supreme Court der Vereinigten Staaten und wirkte als solcher von 1801 bis zu seinem Tode im Jahre 1835. Sein ganzes Leben widmete er seiner höchstrichterlichen Tätigkeit. Unter ihm sind diejenigen

— 87 —

Entscheidungen ergangen, die für die Verfassungsrechtsentwicklung von grundlegender Bedeutung sind. Denn seitdem sind die Prinzipien, die er bei seinen Entscheidungen verfolgt hat, — allerdings mit einer längeren Unterbrechung — schließlich die der Supreme Court und überhaupt des amerikanischen Verfassungsrechts geworden. Man hat ihn mit vollem Recht als den zweiten Schöpfer der amerikanischen Verfassung bezeichnet.

Vgl. über M a r s h a l l und seine Bedeutung für die Supreme Court B r y c e, Americ. Commonw. Vol. I pp. 385 sqq., das große Werk von A. J. B e v e r i d g e, The Life of J. Marshall, Boston & New York 1919, 4 Volms.; ferner Ch. A. B e a r d, Readings in American Government and Politics, New York 1909, Nrs. 27, 112—14, 118; E. C h a n n i n g, A History of the U. S., New York 1927, Vol. V pp. 309 sqq.; E. S. C o r w i n, J. Marshall and the Constitution, New Haven 1927; W. B. G u i t t e a u, Government and Politics in the U. S. New York 1921, pp. 338 sqq.; H. W. W i l l o u g h b y, The Supreme Court of the U. S., Baltimore 1890.

Das größte Verdienst M a r s h a l l s war, daß er im Jahre 1803 in dem berühmten Fall Marbury *v.* Madison (1 Cran. 137) im Namen der Supreme Court das Recht beanspruchte, ein vom Kongreß erlassenes Gesetz für verfassungswidrig zu erklären: diese gerichtliche Kontrollgewalt über die Gesetzgebung sei in den Bestimmungen der Bundesverfassung implicite enthalten. "The particular phraseology of the Constitution confirms and strengthens the principle supposed to be essential to all written constitutions, that a law repugnant to the Constitution is void and that Courts are bound by that instrument" (Marbury *v.* Madison). Die Entscheidung wurde vom Volke einstimmig gutgeheißen. Und dieser erste Fall hat dann die Prüfungsgewalt der Supreme Court für immer geschaffen. Das war im wesentlichen ein persönliches Verdienst M a r s h a l l s — man vergegenwärtige sich die Autorität M a r s h a l l s bei seinen Mitrichtern an der Supreme Court! — Man hat später gesagt, daß das betroffene Gesetz im Madison-Fall eigentlich nicht in direktem Widerspruch zur Verfassung stehe, daß aber M a r s h a l l es für verfassungswidrig erklärt habe, nur um die herrschende, der Theorie der gerichtlichen Püfungsgewalt günstig gesinnte Stimmung nicht zu versäumen (B e a r d, Supr. Court and Const. p. 115). Jedenfalls ist das Prüfungsrecht der Supreme Court seitdem geltendes Verfassungsrecht geworden. Es ist daher ebenso bedeutungslos, aus der Entstehungsgeschichte der Verfassung das Bestehen dieses Rechts anzufechten, wie es überflüssig ist, dies bereits bestehende Recht noch mit ausgeklügelten historischen oder juristischen Theorien zu begründen.

Der Madison-Fall steht in jeder Schrift über amerikanisches Verfassungsrecht. Vgl. statt vieler B e a r d, Supreme Court and Const., pp. 119 sqq.; E. S. C o r w i n, The Doctrine of Judicial Review, New York pp. 1 sqq.; C. E. M a r t i n - G e o r g e, American Government and Citizenship, New York 1927, pp. 154 sqq.; C. E. M a r t i n, An Introduction to the Study of the American Constitution, Los Angeles 1925, p. 109. — Vgl. die vier verschiedenen Theorien zur Begründung des Prüfungsrechts der Supreme Court bei C o r w i n, Doctrine of Judicial Review, pp. 2 sqq.

Die großen Entscheidungen M a r s h a l l s haben der Supreme Court eine Richtungslinie für ihre Rechtsprechung vorgezeichnet, die bis in die Gegenwart befolgt wird. Denn die Doktrin der sogenannten „loose construction", die erst unter M a r s h a l l triumphierte, ist noch heute herrschend. Freilich kennt man eine Epoche dazwischen, in der die Rechtsprechung der Supreme Court einen anderen Geist trug als den M a r s h a l l s, — in der Zeit von 1836 bis zum Ausbruch des Sezessionskriegs, wo der große Federalist T e n a y nach M a r s h a l l s Tode sein Nachfolger war —, aber die Herrschaft dieser Denkrichtung war nur von verhältnismäßig kurzer Dauer, denn seit dem Ausgang des Bürgerkriegs tragen die Entscheidungen der Supreme Court durchaus wieder die Geisteszüge M a r s h a l l s.

Vgl. hierzu W i l l o u g h b y, Supreme Court, pp. 102 sqq.; B r y c e, Americ. Commonw. Vol. I, pp. 391—2; E. S. C o r w i n, The Constitution and What in Means To-day, 3d edit., Princeton 1924, p. xxiv. — Vgl. über Chief Justice T e n a y bei M a r t i n, Introduction, pp. 143 sqq.; M a r t i n - G e o r g e, Americ. Government, pp. 156 sqq. Die charakteristischen Entscheidungen T e n a y s sind: Bristol v. the Bank of Kentucky (11 Peters 257), Charles River v. Warren Bridge (11 Peters 420), vor allem der berühmte Fall Dred Scott v. Sandford (19 Howard 393), der den Sezessionskrieg entfachte. Vgl. hierzu besonders C o r w i n, Doctrine of Judicial Review, pp. 129 sqq.

Man hat oft die Prinzipien, die M a r s h a l l bei seinen Entscheidungen verfolgt hat, zu analysieren und zu schematisieren versucht. B r y c e hebt besonders zwei Hauptforderungen M a r s h a l l s hervor: 1. Every power alleged to be vested in the National Government must be affirmatively shown to have been granted, 2. When once the grant of a power by the people to the National Government has been established, that power will be construed broadly (Americ. Commonw. Vol. I, pp. 378, 380). Nach M a r t i n - G e o r g e sind drei Prinzipien bei M a r s h a l l zu konstatieren:

— 89 —

1. the constitutional limitations on the States, 2. the general scope of federal powers, 3. the right of judicial review. Dabei sind noch die Postulate der sogenannten „loose construction" und der „implied powers" — diese gehen freilich ursprünglich auf H a m i l t o n zurück — auch als Ergebnisse der M a r s h a l l schen Verfassungsinterpretation zu verzeichnen. Aber näher betrachtet, sind alle diese „Doktrinen" lediglich einzelne Momente einer einheitlichen großen Idee, eines einzigen politischen Postulats, nämlich der Idee der Zentralisation, der „sovereignty of the National Government". Denn die von B r y c e bezeichneten zwei Forderungen sind in Wahrheit nur eine; die theoretische Beschränkung (strictness) der Gewalten dient nur zur Begründung ihrer praktischen Erweiterung (liberality). Und dies entspringt dem „general scope of federal powers", dessen Durchführung wiederum praktisch auf die „constitutional limitations on the States" hinausläuft. Und die beanspruchte „judicial review" ist nur das praktische Verwirklichungsmittel dieses vorgestellten Strebungsgehalts, die sich dann notwendig der „loose construction" bedienen muß, um die „implied powers" entfalten zu können, durch die erst die letzten Konsequenzen des „general scope of the federal powers" gezogen werden können.

Natürlich können die einzelnen Entscheidungen, obwohl sie alle diesem „general scope" entspringen, in einzelne Kategorien eingeteilt werden, die den oben bezeichneten einzelnen „Doktrinen" entsprechen. Darauf ist hier nicht einzugehen. Vgl. eine solche Zusammenstellung bei M a r t i n - G e o r g e, Americ. Government, pp. 151 sqq.

Ist demnach die Konstruktion der implied powers in praktischer Hinsicht das eigentliche Zielobjekt der M a r s h a l l schen Doktrin, — hinter der wiederum der „general scope" den eigentlichen Zweck darstellt —, so ist das Mittel, dessen M a r s h a l l sich bedient hat, um seine Doktrin zur Verwirklichung zu bringen, die Methode der „loose construction of the Constitution", für unsere Betrachtung hier von großer Bedeutung. B r y c e beschreibt die Natur der „loose construction" und der „narrow interpretation" folgendermaßen: bei der loose construction "the case that has arisen is one apparently not contemplated by the enactors of the Constitution or one which though possibly contemplated, has for brievity's sake been omitted, but the Constitution has nevertheless to be applied to its solution". Dem gegenüber steht die narrow

— 90 —

interpretation, die „interpretation in the strict sense of the therm", hier handelt es sich um eine "question of the meaning of the therm or phrase which is so far ambiguous that it might be taken either to cover or not to cover a case apparently contemplated by the people when they enacted the constitution" (Americ. Commonw. Vol. I, pp. 378—9).

Vgl. hierzu Hildesheimer, Revision, S. 17 ff. Er bezeichnet die loose construction als eine Art „Analogieschluß". Das entspricht nicht der amerikanischen Auffassung. — Jellinek, Verfassungsänderung, S. 20 f.

Diese zwei Interpretationsmethoden, strict interpretation und loose construction, waren für die politische Wirklichkeit von so großer Bedeutung, daß sie schon bald nach der Errichtung der Verfassung die Hauptprinzipien zweier politischer Parteien wurden. Die Federalisten einerseits und die Unionisten anderseits stritten heiß um die von ihnen vertretene Interpretationsmethode. Doch seit dem Bürgerkrieg ist die loose construction allein herrschend geworden. Freilich "there is still a party inclined to strict construction, but the strictness which it upholds would have been deemed lax by the broad construction of the days before the civil war" (Bryce, Americ. Commonw. Vol. I, p. 391).

Vgl. zu dem Verhältnis der beiden Interpretationsmethoden und den an ihnen orientierten Parteien Bryce, Americ. Comm. I pp. 389—91.

Das Ziel und das Ergebnis der loose construction der Verfassung ist, wie oben angedeutet, die Doktrin der „implied powers". Diese Doktrin hat dem Kongreß eine Machtfülle verliehen, die man aus dem Wortlaut der Verfassung allein hätte niemals herauslesen können. Das Argument, das Marshall hierfür vorbringt, ist die oben erwähnte Forderung, daß jede Gewalt, die der Bundesregierung übertragen worden ist, in ihrer vollen Wirksamkeit entfaltet werden müsse (that power will be construed broadly). Der Verfassungsrechtssatz, mit dem dann am meisten gearbeitet wird, ist der Art. 1 sec. 8, in dem es heißt: "The Congress shall have power... to make all laws which shall be necessary and proper for carrying into execution the foregoing powers and all powers vested by the constitution in the government of the United States or any department or officer thereof". Aus diesem einen Artikel hat man unendlich viel Machtbefugnis zugunsten der Bundesregierung herauszuholen gewußt. Ein Beispiel zeigt z. B. die

— 91 —

Bundes-Gesetzgebung auf dem Gebiet des Strafrechts: nach ausdrücklichen Verfassungsbestimmungen ist der Kongreß nur ermächtigt, über Verrat, Vergehen gegen die Sicherheit der Regierung, Seeräuberei und Verletzungen des Rechts der Nationen zu entscheiden und sie zu bestrafen. Aber man hat dann gesagt, daß eine weitere Befugnis des Kongresses, auch andere Taten als Vergehen gegen die Vereinigten Staaten zu erklären und diese zu bestrafen, notwendig in den allgemeinen, dem Kongreß ausdrücklich übertragenen Machtbefugnissen involviert sein müsse. Aus der Gewalt des Kongresses, den Handel zu regulieren, hat man seine Zuständigkeit zur Gesetzgebung über das Handelsstrafrecht abgeleitet, aus seiner Gewalt, Postämter einzurichten, seine Zuständigkeit zur Gesetzgebung über das Poststrafrecht entnommen. Auf diese Weise hat der Kongreß eine Reihe von Strafgesetzen erlassen, die nach der Formulierung der loose construction lediglich eine „Sanktion zu den Zivilgesetzen" sind, die der Kongreß auf Grund seiner ausdrücklichen Ermächtigung erlassen habe.

Vgl. hiezu B r y c e, Americ. Commonw. I, pp. 382 sqq., H i l d e s h e i m e r, Revision, S. 18.

Besonders auf drei Gebieten hat sich die Doktrin der implied powers ausgewirkt und alle diese „implied powers" sind für die politische Entwicklung des Landes von der größten Tragweite. 1. Gestützt auf die Gewalt des Kongresses zum taxing and borrowing money hat man eine Nationalbank und ein Nationalzollamt errichtet, die in Wirklichkeit eine weitgehende Einschränkung der Autorität der Einzelstaaten bedeuten. 2. Gestützt auf die Gewalt zum regulating commerce hat der Kongreß eine Reihe von Gesetzen über die Arbeitstarife, zum Schutz der Industrie, über Güter- und Personenverkehr für das ganze Land, über die Navigation und die Einwanderung erlassen. 3. Am weitesten gehen die aus der Gewalt zum carrying on war entwickelten implied powers. In der Tat ist dies die elastischste Klausel in der ganzen Verfassung: zur Zeit des Sezessionskriegs sind unter dem Namen dieser Bestimmung die schwerstwiegenden Eingriffe in die Rechte der Einzelnen und der Gliedstaaten gemacht worden, so daß man beinahe von einer Suspension der Verfassung zugunsten des Federal Government sprechen könnte. — Es ist eigentlich wegen dieser weitgehenden Praxis mit den „implied powers" die mißtrauische Frage aufgeworfen worden: "It seems that of late the judges go very far in their conception of implied powers, and it is difficult to see how far the doctrine may carry them. Where is the limit?" (H i g g i n s, The Rigid Constitution in Political Science Quarterly, Vol. XX 1905, p. 211).

Vgl. über die Doktrin der implied powers B r y c e, Americ. Commonw., Vl. I pp. 382—83; J. S c h o u l e r, History of the U. S. A., Washington 1880, Vol. I, pp. 160—62; G u i t t e a u - W e b s t e r, The Constitution of the U. S., Boston & New York 1926, p. 202; J. A. W o o d b u r n, The American Republic and its Government, New York & London 1903, ch. VI. — T r i e p e l, Die Kompetenzen des Bundesstaats (Festgabe für L a b a n d), Tübingen 1908, S. 254, 256, 278; H i l d e s h e i m e r, Revision, S. 18.

„Loose construction" und „implied powers" sind also die charakteristischen Züge der Rechtsprechung der Supreme Court, die Eigentümlichkeiten der amerikanischen Verfassungsinterpretation. Für die politische Wirklichkeit ist diese Praxis der Supreme Court von unendlicher Bedeutung. Es ist auf diese allein zurückzuführen, daß die Verfassung, obwohl sie im großen ganzen noch dieselbe von 1787 ist, noch jetzt mit dem lebenden Staatswesen in einer unmittelbaren lebendigen Beziehung steht. James B e c k bezeichnet die Supreme Court als „Das Schwungrad der Verfassung" (Verfassung, S. 261). Obwohl sich in den letzten Jahren manche auflehnenden Stimmen gegen die „reaktionäre und unsoziale Gesinnung" der Supreme Court vernehmen ließen,[1]) so bleibt im großen ganzen doch ihre Autorität und ihre Bedeutung unerschüttert in der Nation.

Vgl. über die Bedeutung der Supreme Court: J. S. L a n d o n, The Constitutional History and Government of the U. S., Boston & New York 1889, pp. 226 sqq, 257 sqq; W. W. W i l l o u g h b y, The Supreme Court of the United States, pp. 115 sqq; J. W. B u r g e s s, Political Science and Comparative Constitutional Law, Boston & London 1902, Vol. II pp. 327 sqq; W. F. D o d d, The Growth of Judicial Power (Political Science Quarterly, XXIV), 1909, pp. 193—4; E. C. C o r w i n, The Constitution and What it Means To-day; J. B e c k, Verfassung der Vereinigten Staaten, Kap. 18 (S. 261 ff.); Ch. W a r r e n, The Supreme Court in United States History, new edition, Boston 1928; B e a r d, American Government and Politics, pp. 98 sqq; B l a c h l y and Miriam E. O a t m a n, Some Consequences of Judicial Review, in Zeitschr. f. ausl. öff. Recht u. Völkerrecht 1, 1929, S. 501 ff.

Für die Betrachtung des Verhältnisses von Verfassungswand-

---

[1]) W. S i m o n s in seiner Einleitung zu der deutschen Ausgabe des B e c k schen Werkes: Verfassung der Vereinigten Staaten, S. VI.

lung und Verfassungsinterpretation ist aber besonders interessant und wichtig die bewußte Handhabung dieser Interpretationsmethode in der amerikanischen Praxis einerseits, die Kritik an dieser Praxis in der amerikanischen Wissenschaft anderseits. Denn dank dieser Interpretationsweise ist die amerikanische Verfassungsrechtstheorie dem Problem der Verfassungswandlung in der glücklichsten Weise entgangen.

Die Amerikaner gehen nämlich davon aus, daß die Buchstaben der Verfassung unveränderlich bleiben, während das soziale und politische Leben der Nation unaufhaltsam fortschreitet, und daß daher, damit die Verfassung ihren Sinn und ihre Bedeutung nicht verliere, eine Abhilfe in der Interpretation geschaffen werden muß. Denn die Möglichkeit der formellen Abänderung der Verfassung ist hier unendlich erschwert [1]) und eine leichte Abänderbarkeit der Verfassung wird wegen ihrer zu großen Bedenklichkeit bewußt abgelehnt. Und so hat Marshall schon früh die Meinung vertreten, daß die Richter, die die Rechtsnormen richtig auslegen wollen, sich nicht so sehr um die Absicht der Väter der Verfassung oder der Gesetze zu bekümmern brauchen als um die Sinnveränderung der geschriebenen Worte, die durch den Einfluß des gegenwärtigen Volkswillens bewirkt sind. Es kommt darauf an, was die Inhaber der politischen Kräfte j e t z t unter den geschriebenen Worten verstehen (Dartmouth College Case, 4 Wheaton 644; cf. Ch. G. Tiedeman, The Unwritten Constitution of the United States, New York and London, 1890, p. 151). Chief Justice Miller sagt: die Bedeutung der Verfassung ist ebensosehr in dem nationalen Leben aufzufinden als in dem Wörterbuch (Lectures on the Constitution, cf. Green Bag, XIX, Boston 1907, p. 598). Judge Cooley: da das Volk sich ändert, so muß auch seine Verfassung sich ändern (History of Michigan, cf. Green Bag, XIX, p. 595).

In der Wissenschaft ist diese Idee noch viel deutlicher ausgesprochen worden. Ch. Tiedeman sagt in seiner viel beachteten „Unwritten Constitution" (1890), daß es die Menschen von jetzt seien, die das Gesetz brauchen, und nicht die toten, die es gemacht

---

[1]) Amidon nennt zwei Faktoren, die die Verfassungsänderung schwierig machen: the vast enlargement of the country and the business interests with their fear of radicalism (The Nation and the Constitution, in the Green Bag, 1907, p. 598).

— 94 —

haben (p. 150). Die (loose) „construction" sei nichts als eine logische Interpretation, durch die die wirkliche Meinung der lebenden Gesetzgeber (lawgiver) ermittelt wird (p. 153). Wir sind gezwungen, die Gesetze weit zu interpretieren (in construing the law), um den gegenwärtigen Intentionen und Meinungen des Volks zu folgen und ihnen Wirkung zukommen zu lassen (p. 154). Ch. A. A m i d o n sagt in seiner Abhandlung über „The Nation and the Constitution" (Green Bag, XIX, 1907), daß die Verfassung für die Nation existiere und nicht die Nation für die Verfassung (p. 596). Eine änderungslose (changeless) Verfassung werde nicht nur zum Beschützer der verliehenen Rechte (vested rights), sondern auch des überkommenen Unrechts (vested wrongs) (p. 596). Und die Änderung — die also notwendig ist — solle in der Form der Verfassungsinterpretation vor sich gehen, da die formelle Verfassungsänderung weder gut noch notwendig sei (p. 598). Der Handel und die Industrie stellen heute ganz andere Anforderungen an das nationale Rechtsleben und dies Problem kann weder durch die Lektüre der Geschichtsbücher, noch durch das Studium von Präzedenzfällen gelöst werden (p. 600). Und für die Forderung, mit der Doktrin der Präjudizien bewußt zu brechen, hat besonders E. B r u n c k e n in seiner Abhandlung „The Elasticity" of the Constitution" (Green Bag, Vol. XX, 1908) sich eingesetzt, was oben schon angedeutet worden ist (o. S. 84.)

Wir haben versucht, auf die Eigentümlichkeit der Verfassungsinterpretation, wie sie in Amerika in der Praxis gehandhabt und in der Wissenschaft beurteilt wird, hier in aller Kürze hinzuweisen. Denn auf der Grundlage dieser Verfassungsinterpretation steht die amerikanische Verfassungsrechtstheorie bei weitem unproblematischer als die deutsche. Freilich ließ sich manche Stimme vernehmen, die die Handhabung der Interpretation der Verfassung durch das Volk selbst verlangt, weil die Interpretationsbefugnis der Supreme Court vielleicht zu einer allzu großen Machtstellung der Court führen könne, aber das Vertrauen einerseits, das das Volk den Richtern des Gerichtshofs entgegenzubringen gewöhnt ist, und die Bedeutung der öffentlichen Meinung gegenüber den Richtern der Court andererseits lassen die Lage, wie sie heute dort ist, als durchaus befriedigend erscheinen.[1]

---

[1] Vgl. B r y c e, Americ. Commonw. I p. 387.

— 95 —

Was uns aber bei der bisherigen Betrachtung am meisten auffällt, ist, daß es noch keinem amerikanischen Juristen eingefallen ist, die Frage aufzuwerfen, ob die Wandlungen (transformations), die hier durch die Interpretation vor sich gegangen sind, rechtmäßig oder rechtswidrig seien. Niemand hat hier noch nur annähernd behaupten wollen, daß die Interpretation der Verfassung mit ihren Doktrinen der „loose construction" und der „implied powers" eine Verletzung der Verfassung sei, wie ja von deutscher Seite behauptet wird, wo die Rechtmäßigkeit dieser Art der Interpretation überhaupt bestritten wird.[1]) Es gibt in Amerika eine Reihe von Schriften, die sich mit der „wahren" oder der „lebendigen" Verfassung beschäftigen, oder die feststellen wollen, was „die Verfassung heute wirklich meine" usw.; aber noch nirgendwo ist über die Rechtmäßigkeit der Interpretation oder über den Rechtscharakter der durch die Interpretation vollzogenen Verfassungswandlungen (transformations) diskutiert worden.

Vgl. über neue verfassungsrechtliche Gesichtspunkte R. P o u n d, Law in Books and Law in Action (American Law Review, Vol. XLIV) 1910, pp. 12 sqq; H. S c h o f i e l d, Essays on Constitutional Law and Equity, Boston 1921, besonders pp. 817 sqq. — Als Arbeiten über die „wahre" Verfassung etc. nenne ich T i e d e m a n, The Unwritten Constitution of the U. S., 1890; J. C. C l a y t o n, The True Constitution (Albany Law Journal Vol. LXIX) 1907, pp. 271 sqq; M c B a i n, The Living Constitution, New York 1927; S. E. C o r w i n, The Constitution and Wat it Means To-day, 3rd edit., Princeton 1924; N. D. B a k e r, Progress and Constitution, New York 1925; Ch. A. B e a r d, American Government and Politics, 5th edit., New York 1928, besonders pp. 100 sqq.

Nach dem bisher Gesagten muß noch einmal daran festgehalten werden, daß diese Verfassungsinterpretation, wie wir sie bis jetzt betrachtet haben, eine Eigentümlichkeit des amerikanischen Verfassungsrechts ist. Natürlich soll nicht damit gesagt sein, daß sie einzig und allein auf dem amerikanischen Boden möglich sei. Denn wir haben gerade oben an den angeführten Beispielen gezeigt, daß auch in anderen Ländern eine Verfassungswandlung auf dem Wege der Verfassungsinterpretation vor sich gehen kann und vor sich gegangen ist (o. S. 36 ff.). Aber es wäre dennoch nicht ganz richtig,

---

[1]) So H i l d e s h e i m e r, Revision, S. 19. — In der nachrevolutionären Staatsrechtslehre macht sich allerdings das Verständnis für den Sinn und Wert solcher Interpretation immer mehr bemerkbar: vgl. W. S i m o n s, Einleitung zu dem B e c k schen Buch, S. VIII; L e i b h o l z. Wesen der Repräsentation, 1929, S. 105.

— 96 —

wenn man diese Erscheinung allzu weit verallgemeinern wollte. Es ist richtig zu sagen, die Verfassungsinterpretation ist eine Möglichkeit der Verfassungswandlung, oder: in Amerika gehen die Verfassungswandlungen in den häufigsten Fällen auf dem Wege der Verfassungsinterpretation vor sich. Aber es ist eine starke Verzeichnung, Gewohnheitsrecht und Interpretation als die einzigen Möglichkeiten der Verfassungswandlung schlechthin darzustellen, wie etwa Hildesheimer es tut (Revision, S. 11). Verfassungswandlungen durch Verfassungsinterpretation sind in den Vereinigten Staaten durchaus häufige Erscheinungen, aber in den anderen Staaten kommen sie nur in den seltensten Fällen vor. Dort gehen die Wandlungen der Verfassung in anderen Formen vor sich. Denn die verfassungswandelnde Verfassungsinterpretation, von der bisher die Rede ist, ist bedingt durch die dafür zuständige Instanz, durch ihre Stellung im nationalen Staatsleben, durch ihre wirkliche Funktion und ihre allmählich entwickelte und ausgestaltete Doktrin.

Und was das Gewohnheitsrecht anbetrifft — das bei Hildesheimer als der andere Weg der Verfassungswandlung bezeichnet wird —, so ist es bei den meisten Schriftstellern ein Lösungsversuch des Problems der Verfassungswandlung überhaupt und nicht nur eine alternative Möglichkeit der Verfassungswandlung neben der Verfassungsinterpretation. Auf das Problem des Gewohnheitsrechts kommen wir im übernächsten Kapitel zu sprechen. Der Denkweise Hildesheimers liegt ein Mißverständnis der anglo-amerikanischen Rechtsterminologie zugrunde, darüber unten S. 131 f.

Zweiter Teil.
Verfassungswandlung als Rechts- und als Verfassungsproblem.
Die Problematik der Verfassungswandlung.

So wenig in der Literatur die Möglichkeit und Existenz der Verfassungswandlung geleugnet wird, so wenig herrscht eine einheitliche Ansicht über ihren Rechtscharakter. Und eigentümlich ist es, daß L a b a n d und J e l l i n e k, die das Problem zum erstenmal bewußt gestellt haben, eine nähere Untersuchung über den Rechtscharakter der Verfassungswandlung nicht für notwendig hielten.

Für L a b a n d, dem das Problem der Verfassungswandlung durchaus am Herzen gelegen zu haben scheint — er schrieb 1895 über die Wandlungen der deutschen Reichsverfassung, 1907 über die geschichtliche Entwicklung der Reichsverfassung seit der Reichsgründung (im JöR I. S. 1 ff.) —, war das Problem eigentlich uninteressant, ja vielleicht sogar unbequem. Denn für einen dogmatischen Positivismus, der den gesamten staatsrechtlichen Stoff in strenger Methode und mit fest abgegrenzten Begriffen restlos bewältigen zu können und zu müssen glaubt,[1]) bedeutet ein Problem, das unmittelbar aus der Spannungslage zwischen Rechtsnormen und Rechtswirklichkeit fließt und das mit den allgemeinen juristisch-konstruktiven Begriffen nicht gelöst werden kann, eigentlich eine Infragestellung des inneren Werts der ganzen positivistischen Konstruktionsmethode. Und von dem Ausgangspunkt aus betrachtet, den die Vorkriegspublizistik ihrer ganzen juristischen Betrachtung zugrundelegte — eine bequeme Formel, die theoretische Unzulänglichkeit, die in ihrer Methode selbst lag, zu leugnen —, daß die methodische Scheidung von S t a a t s r e c h t

---
[1]) Vgl. H a t s c h e k, Konventionalregeln (JöR III), S. 53; L. S p i e g e l, Verwaltungsrechtswissenschaft, Leipzig 1909, S. 194 ff.

— 98 —

und Politik stets beobachtet werden müsse, sind natürlich politisch noch so bedeutende Tatsachen nicht immer notwendig zugleich auch juristische Probleme. Es wird wohl auf diesen Gedanken zurückzuführen sein, wenn Laband eine Frage nach dem juristischen Charakter der von ihm dargelegten Wandlungen der Verfassung bewußt unterließ.

Vor allem mußte eine einseitige formalistische Betrachtungsweise, die der methodische Positivismus mit sich brachte, notwendig die wahre Bedeutung des Problems verschleiern. Denn für Laband lag schon immer eine Verfassungswandlung vor, sobald sich ein Verfassungsbuchstabe mit dem tatsächlichen Verfassungszustand nicht mehr deckte. So mußte das Problem angesichts mancher der gegebenen Beispiele selbst unproblematisch erscheinen: der Art. 1 aRV sei dadurch gewandelt, daß Elsaß-Lothringen und die Schutzgebiete zum Deutschen Reich hinzukamen; Art. 6 sei gewandelt durch den Hinzutritt der elsaß-lothringischen Abgeordneten in den Bundesrat; Art. 18 I durch die Einrichtung des Bayerischen Senats am Reichsmilitärgericht usw. (Geschichtliche Entwicklung). Und die Folge ist, daß andere bedeutungsvollere Fälle — weil nicht rein formalistische —, wie etwa die Stellvertretung des Reichskanzlers oder die kaiserliche Initiative, deshalb auch nicht mehr Aufmerksamkeit finden konnten.

Oder sollte vielleicht nach Labands Absicht die Feststellung der Verfassungswandlung überhaupt dazu dienen, die „allgemeine Rechtsüberzeugung" zu zerstören, nach der „der Verfassung eine besondere Festigkeit und Stetigkeit zukommt" und der „eine Verfassungsverletzung als ein besonders schwerer Rechtsbruch erscheint" (Wandlungen, S. 1 f.)? Dann sollen eben die Verfassungswandlungen gerade das Gegenteil nachweisen: sie sollen zeigen, daß die Verfassung keineswegs eine „mystische Kraft" in sich besitzt und daß die Verfassungsgesetze sich in keiner Weise von den einfachen Gesetzen unterscheiden als durch die „gesteigerte formelle Gesetzeskraft" und daß diese eben auch nur formell besteht. Dann dienen die Verfassungswandlungen lediglich zur Stützung der formalistischen Verfassungsauffassung [1] und bieten als solche nicht das eigentlich gestellte Problem.

---

[1] Vgl. meinen Aufsatz: Formalistischer und anti-formalistischer Verfassungsbegriff.

— 99 —

Jellinek, der das Problem der Verfassungswandlung theoretisch sehr viel eingehender behandelte als Laband, ist über eine einfache negative Feststellung ebenfalls nicht hinausgekommen. Er hat in seiner Abhandlung über Verfassungsänderung und Verfassungswandlung (1906) eine Reihe von Formen, in denen die Wandlungsfälle vor sich gehen, festgestellt und in fast allen Staaten die Möglichkeit und Existenz der Verfassungswandlung dargelegt, aber das letzte Ergebnis seiner Arbeit bleibt lediglich der gelungene Nachweis, „daß Rechtssätze unvermögend sind, staatliche Machtverteilung zu beherrschen", daß „die realen politischen Kräfte sich bewegen nach ihren eigenen Gesetzen, die von allen juristischen Formen unabhängig wirken" (Verfassungsänderung, S. 72), daß „auch geschriebene, starre Verfassungen nicht hindern können, daß sich neben ihnen oder gegen sie ein ungeschriebenes Verfassungsrecht entwickelt" (Allg. Staatslehre, S. 536). Aber wie dieses „ungeschriebene Verfassungsrecht" beschaffen ist und wieso es sich hier um „Recht" handelt, das lag außerhalb seines Gesichtskreises. Wenn Laband das eigentliche Problem der Verfassungswandlung bewußt nicht sah, so ist Jellinek unmittelbar vor ihm stehen geblieben.

Hatschek polemisiert gegen Jellinek, daß dieser die Verfassungswandlungen als „dispositives, nachgiebiges Recht bezeichnet habe" (Konventionalregeln, S. 3). Das ist eine Verzeichnung. Jellinek hat mit diesem Rechtsbegriff nur eine der vielen Abarten der Verfassungswandlung bezeichnet, nämlich die Wandlung der „konventionellen Verfassungsregeln" (Verfassungsänderung, S. 28). Er sagte ausdrücklich: „der Verfassungswandel in England ist in erster Linie Wandel eines dispositiven Staatsrechts" (aaO., S. 30). Damit ist klar, daß er keinesfalls mit dem Begriff des dispositiven Rechts die Verfassungswandlung schlechthin erklären will. Ja überhaupt hat Jellinek hier keine juristische Theorie geben wollen, sondern seine Arbeit blieb bewußt eine „empirische Beschreibung wichtiger Fälle und Typen" (Smend, Verfassung und Verfassungsrecht, S. 76, Note 6).

Aber seitdem hat das Problem in der juristischen Literatur immer mehr Aufmerksamkeit gefunden und die Problematik des Begriffs der Verfassungswandlung steigt mit der Zunahme der Lösungsversuche. So wird die Verfassungswandlung entweder als Gewohnheitsrechtsbildung erklärt, oder als die Folge bloßer Konventionalregel, oder es wird in ihr nichts anderes als eine Rechtsverletzung, ein Rechtsbruch gesehen. Auf der anderen Seite wird

— 100 —

entweder die Verfassung selbst in den „im Lande bestehenden tatsächlichen Machtverhältnissen" gesucht, oder man sieht in den „wirklich maßgebenden soziologischen Kräften" den eigentlichen Schöpfer und Wandler des lebendigen Verfassungsrechts.[1]) Je mehr über das Problem diskutiert wird, desto mehr entfernt man sich vom gemeinsamen Ausgangspunkt, und die Verkennung der wahren Problemlage schleppt sich immer mehr fort. Der letzte Grund dieses theoretischen Versagens ist der, daß man das Problem immer als ein Problem der allgemeinen Rechtsquellentheorie behandelt hat, während es in Wirklichkeit ein spezifisches Problem der Verfassungsrechtstheorie ist. Ich werde im folgenden die historischen Lösungsversuche kurz darzustellen und ihre Unzulänglichkeit aufzuzeigen versuchen, um dann eine Würdigung des Problems unter dem Gesichtspunkt seiner spezifisch verfassungstheoretischen Lagerung folgen zu lassen.

---

[1]) So die politischen Verfassungstheorien, darüber u. S. 181 ff.

Verfassungswandlung und Gewohnheitsrecht.

Die Erscheinung der Verfassungswandlung wird in der Literatur häufig mit dem Begriff des Gewohnheitsrechts erklärt. Die Erklärung erschien so einleuchtend, daß man eine besondere Begründung nicht für notwendig hielt, ja sogar, daß man bei der Behauptung der Existenz des Gewohnheitsrechts auf dem Gebiet des Verfassungsrechts sich vielfach auf Fälle berief, die wir oben als Verfassungswandlung kennengelernt haben. Auf der anderen Seite geht aber eine vielfach vertretene Ansicht dahin, daß auf dem Gebiet des Verfassungsrechts eine Bildung von Gewohnheitsrecht überhaupt nicht möglich sei.

Verfassungswandlung sehen folgende Autoren als Gewohnheitsrecht an: Fr. T e z n e r, Ausgleichsrecht und Ausgleichspolitik, Wien 1907, S. 145; Konventionalregeln u. Systemzwang (Grünhuts Z. XLII), 1916, S. 565, 603; auch Staatsrechtliche Miszellen (Österr. jur. Blätter, Bd. XXXVI), Wien 1907, S. 302; K. P e r e l s, Stellvertretende Bevollmächtigte, S. 256; B o r n h a k, Wandlungen der Reichsverfassung (AöR XXVI) 1910, S. 375, 381; H e l f r i t z, Allgem. Staatsrecht, Berlin 1924, S. 86; wohl auch Fr. G i e s e, Änderungen und Wandlungen der Weimarer Verfassung (in Staats- und Selbstverwaltung VI) 1925, S. 520.

Die Theorie vom Gewohnheitsrecht, die für die heutige Rechtswirklichkeit nur noch von geringerer Bedeutung ist, hat in der Wissenschaft eine unübersehbare Literatur. Sie ist in der Tat „das schwierigste und bestrittenste Problem der gesamten Jurisprudenz".[1]) Bevor wir sie im Zusammenhang mit dem Problem der Verfassungswandlung betrachten, wollen wir einen Einblick in ihre besondere Problematik zunächst durch einen kurzen historischen Überblick gewinnen.

Es wird gelegentlich behauptet, daß die Theorie vom Gewohnheitsrecht eine d e u t s c h e Besonderheit sei und daß weder die französische, noch die anglo-amerikanische Rechtstheorie sie ge-

---
[1]) Bruno S c h m i d t, Das Gewohnheitsrecht als Form des Gemeinwillens, Leipzig 1897, S. 1.

kannt haben und kennen. Das ist nicht richtig. Das Problem des Gewohnheitsrechts ist in diesen Rechtstheorien durchaus bekannt. Wir erinnern nur an die tiefgehenden Erörterungen bei G é n y, E s m e i n, A u s t i n, S a l m o n d, W i l l o u g h b y usw. Freilich spielt dort das Problem bei weitem nicht dieselbe Rolle, die es in der deutschen Rechtswissenschaft gespielt hat. Das hängt mit den allgemeinen Rechtsauffassungen und -entwicklungen zusammen; darauf näher einzugehen, ist hier nicht der gebotene Platz.

Die deutsche Besonderheit des Gewohnheitsrechts behauptet I s a y, Rechtsnorm u. Entscheidung, S. 231. — Vgl. über die ausländischen Autoren G é n y, Méthode d'interprétation, 2me édit., Paris 1919, p. 316—446; E s m e i n, La coutume doit-elle être reconnue comme source du droit? (Bulletin de la Société d'Etudes Legislatives IV) 1905, p. 533 et s. J. A u s t i n, Lectures on Jurisprudence, 5th edit., London 1885 (repr. 1911), II, pp. 551 sqq.; S a l m o n d, Jurisprudence, pp. 156 sqq.; W i l l o u g h b y, An Examination on the Nature of the State, New York 1896, new edit. 1922, p. 142; The Fundamental Concepts of Public Law, New York 1924, pp. 136 sqq. — Vgl. ferner Alf R o s s, Theorie der Rechtsquellen, Leipzig u. Wien, S. 425 ff.

Andererseits ist das Problem des Gewohnheitsrechts, wie es in der deutschen Rechtswissenschaft bisher erörtert wird, durchaus deutschen Ursprungs. Denn obwohl hierbei häufig und üblich, ja mit großer Vorliebe, auf die römischen Juristen zurückgegangen wird, ist der eigentliche Gedanke des Gewohnheitsrechts, auf dem die ganze Theorie beruht, ein Ausfluß des r o m a n t i s c h e n Rechtsgedankens der historischen Rechtsschule: nämlich die Zurückführung alles Rechts auf den im Staatsvolk schlummernden „Volksgeist". Denn gerade hier im Gewohnheitsrecht — weil unter der Ausschaltung jeder staatlichen Transformation — findet sich der unmittelbarste und unreflektierteste Ausdruck des Volksgeistes. So lag die liebevolle, sorgsame Behandlung der Gewohnheitsrechtstheorie eigentlich in der natürlichen Richtung der großen allumfassenden Geistesbewegung der Romantik.

Vgl. die romantische Gewohnheitsrechtstheorie bei S a v i g n y, System des heutigen römischen Rechts, Berlin 1840, I, §§ 7, 12, 18, 25, 27; P u c h t a, Das Gewohnheitsrecht, Erlangen 1828/37; v. G e r b e r, System des deutschen Privatrechts, 6. Aufl., Jena 1886, § 28; W. S c h u p p e, Gewohnheitsrecht, Breslau 1890, S. 104, 127—28; Richard L ö n i n g, Wurzel und Wesen des Rechts, Jena 1907, S. 28—9; H. R e i c h e l, Gesetz u. Richterspruch, Zürich 1915, S. 102.

Diese Gewohnheitsrechtstheorie der historischen Rechtsschule wird aber im Laufe der Entwicklung nach zwei Richtungen hin

— 103 —

modifiziert: einmal wird der nationale Zug allmählich immer mehr beiseite gelassen — wohl im Hinblick auf das Kirchen- und Völkerrecht — und man verlangt für die Bildung des Gewohnheitsrechts nicht mehr das nationale Ganze; ein andermal tritt der spiritualistische Charakter — mit dem gleichzeitigen Abblassen des Volksgeistgedankens — immer mehr zurück und man fordert für die Entstehung des Gewohnheitsrechts nur noch die faktische Ausübung. Aber im großen ganzen hält man doch an den von S a v i g n y und P u c h t a ausgebauten Grundgedanken fest.

Den reinen nationalen Charakter der romantischen Gewohnheitsrechtstheorie verwerfen: C. G. B r u n s, Das heutige römische Recht (in H o l t z e n d o r f f s Enzyklopädie), 4. Aufl., Leipzig 1882, S. 296; Ernst M a i e r, Rechtsbildung in Staat und Kirche, Berlin 1861, S. 26, 104; R e g e l s b e r g e r, Das Subjekt der Rechtsbildung (Krit. Vierteljahrsschrift, IV) 1862, S. 241 f., 346 ff. — Gegen den spiritualistischen Charakter: G. B e s e l e r, Volksrecht u. Juristenrecht, Leipzig 1843, S. 77 f.; F. J. S t a h l, Rechtsphilosophie, 5. Aufl., Tübingen und Leipzig, S. 238; D e r n b u r g, Das bürgerliche Recht des Deutschen Reichs und Preußens, 3. Aufl., Halle 1906, Bd. I, § 28; W i n d s c h e i d (K i p p), Lehrbuch des Pandektenrechts, 9. Aufl., Frankfurt a. M. 1906, S. 76 ff.; R. S o h m, Institutionen, 7. Aufl., München u. Leipzig 1923, § 7 III (S. 22 ff.).

Aus diesen modifizierten Theorien ist dann eine Lehre entstanden, die noch jetzt die „herrschende" ist: der Volksgeist, auf dem die ganze Lehre der historischen Schule beruht, wird völlig aufgegeben; als Voraussetzungen und Begründung des Gewohnheitsrechts verlangt man nur die faktische Übung einerseits, die opinio iuris et necessitatis andererseits. Diese Erfordernisse sind für die Entstehung eines Gewohnheitsrechts notwendig und ausreichend. Das auf diese Weise entstandene Gewohnheitsrecht ist aber dann vollwertiges bindendes Recht, es steht in seiner Wirkung dem Gesetzesrecht vollkommen gleich, ist ihm sogar überlegen: denn das Gesetzesrecht kann es weder ausschließen noch beseitigen, umgekehrt kann das Gewohnheitsrecht ein bestehendes Gesetzesrecht jederzeit aufheben oder abändern (die Lehre von der „derogatorischen Kraft" des Gewohnheitsrechts).

Vgl. die „herrschende" Lehre bei S. B r i e, Die Lehre vom Gewohnheitsrecht, Breslau 1899; G i e r k e, Deutsches Privatrecht, I, Leipzig 1895, S. 164 ff.; C r o m e, System des deutschen bürgerl. Rechts, Tübingen u. Leipzig 1900, § 15; E n d e m a n n, Lehrbuch d. bürgerl. Rechts, I, 1903, § 9; J. K o h l e r, Lehrbuch d. bürgerl. Rechts, I, Berlin 1906, S. 106 f.; C. C o s a c k, Lehrb. d. bürgerl. Rechts, I, 8. Aufl., Jena 1927, §§ 8, 12; H a t s c h e k, Deutsch. u. Preuß. Staatsrecht, Berlin 1922, I, S. 13 ff.

— 104 —

Demgegenüber stehen zwei Gewohnheitsrechtstheorien, — beide anti-naturrechtlich —, die zu der Lehre der historischen Schule bewußt in Gegensatz treten. Die eine begründet das Gewohnheitsrecht hauptsächlich s o z i o l o g i s c h; für sie ist das Gewohnheitsrecht die faktisch befolgte und angewendete Regel; man bemüht sich nicht nach der Erkenntnis seines Ursprungs aus irgend einer normensetzenden Autorität. Dieser Theorie steht die psychologische Erklärung J e l l i n e k s nahe, nach der die Geltung des Gewohnheitsrechts lediglich auf der normativen Kraft des Faktischen beruht. Die andere, die Gewohnheitsrechtstheorie des in der Vorkriegszeit herrschenden R e c h t s p o s i t i v i s m u s, sieht dagegen den Geltungsgrund des Gewohnheitsrechts in einer ausdrücklichen oder stillschweigenden Konzession der Staatsautorität: nicht nur hat das Gewohnheitsrecht keinerlei Geltungsraum, wenn der Staat es nicht zuläßt, sondern das Gewohnheitsrecht ist überhaupt erst Recht durch den Willen des Staates, daß eine Gewohnheitsregel Recht sein solle (Gestattungstheorie). Hierauf werden wir noch zurückkommen.

Vgl. die soziologische Gewohnheitsrechtstheorie bei E. E h r l i c h, Die Tatsachen des Gewohnheitsrechts, Leipzig u. Wien 1907, 28, 38; Grundlegung einer Soziologie des Rechts, München u. Leipzig 1913, S. 38 f., 68 ff.; S i n z h e i m e r, Die soziologische Methode in der Privatrechtswissenschaft, München 1909, S. 20 ff.; L. S p i e g e l, Gesetz u. Recht, München u. Leipzig 1923, S. 18, 26 f., 38, 57. — Über die J e l l i n e k sche Lehre von der normativen Kraft des Faktischen, u. S. 115 ff. — Über die Vertreter der Gestattungstheorie E. M e i e r, L ü d e r s, L a b a n d, S e y d e l etc. u. S. 106 ff.

Endlich ist das Gewohnheitsrecht nach einer vornehmlich an das englische Recht sich anlehnenden Theorie ein von Richtern geschaffenes Recht, eine Art „judge-made law". Und der Entstehungsgrund dieses Rechts wird in dieser Theorie meistens in einer Delegation vom Gesetze gesehen,

Vgl. hierzu Géza K i s s, Gesetzesauslegung und „ungeschriebenes" Recht, IheringsJ., LVIII, 1911, S. 486; E. D a n z, Richterrecht, Berlin 1912; P. O e r t m a n n, Rechtsordnung u. Volkssitte, Leipzig 1914, S. 17 ff., auch M. E. M a y e r, Rechtsphilosophie, S. 60. Früher schon O. B ü l o w, Gesetz u. Richteramt, Leipzig 1885.

Das sind die Hauptrichtungen, die sich in der Theorie des Gewohnheitsrechts in den letzten Jahrzehnten herausgebildet haben. Dabei sind noch unendlich viel Nuancierungen festzustellen — vorwiegend in der Erklärung des Geltungsgrundes des Ge-

— 105 —

wohnheitsrechts —, die die verschiedenen Autoren einer und derselben Richtung wieder voneinander unterscheiden. Ja schon in der formalen Bezeichnung des problematischen Gegenstandes besteht eine bunte Mannigfaltigkeit: wenn für manche Theoretiker das Gewohnheitsrecht nur das vom Richter gesprochene Urteil ist (so in der Theorie der judge-made law), so ist es für R e i c h e l „jede durch Rechtsübung, Rechtslehre, Rechtsprechung bestätigte Rechtsüberzeugung der Gemeinschaft" (Gesetz und Richterspruch, S. 102). Nach K r ü c k m a n n ist das Gewohnheitsrecht weder Rechtsordnung, noch Rechtsordnung zweiten Grades, sondern es ist nur „Rechtsbesitzordnung" (Einführung in das Recht, Tübingen 1912, S. 97). T h ö l unterscheidet das auf einer primären Rechtsüberzeugung beruhende „Gewohnheitsrecht" von dem lediglich durch Übung entstandenen „Gewöhnungsrecht" (Einleitung in das deutsche Privatrecht, Göttingen, 1851, S. 137), und M. E. M a y e r unterscheidet echtes Gewohnheitsrecht, wenn ein Rechtssatz ohne Vermittlung der Gesetzgebung durch die Macht der Gewohnheit in Kraft kommt, und unechtes Gewohnheitsrecht, wenn es sich nur um soziale Gewohnheiten handelt, auf die bei der Anwendung von Gesetzesrecht zurückgegangen wird, etwa Verkehrssitte oder Handelsüsance (Allgemeiner Teil d. Strafrechts, 2. Aufl., Heidelberg 1923, S. 25). Nicht zu vergessen endlich der grundlegende Gegensatz zwischen der Überzeugungs- und der Willenstheorie.

Vgl. als zusammenfassende Arbeit B r i e, Die Lehre vom Gewohnheitsrecht; Alf R o s s, Theorie der Rechtsquellen, S. 427 ff.; auch W i n d s c h e i d (K i p p), Pandektenrecht, I, §§ 19 ff.; G. S e i d l e r, Grundzüge des allgemeinen Staatsrechts, Berlin u. Wien 1929, S. 198 ff. — Vgl. für den Gegensatz der Überzeugungs- und der Willenstheorie hinsichtlich des Gewohnheitsrechts: Z i t e l m a n n, Gewohnheitsrecht und Irrtum (Arch. f. ziv. Pr., LXVI), 1883, S. 364 ff.; E n n e c c e r u s - N i p p e r d e y, Lehrbuch des bürg. Rechts, 13. Bearb., Marburg 1931, §§ 35 ff.

Die ganze Kontroverse, die über die Gewohnheitsrechtstheorie besteht, erklärt sich aus dem „systembezogenen Charakter" des Gewohnheitsrechtsbegriffs und auch aus diesem Grund wird das Problem vom Gewohnheitsrecht bei jeder allgemeinen juristischen Erörterung mitbehandelt. In der Tat ist jede Gewohnheitsrechtstheorie der Ausfluß einer bestimmten allgemeinen Rechtstheorie Auch hieraus erklärt sich das böse Mißverhältnis zwischen dem Umfang der Gewohnheitsrechtsliteratur und seiner tatsächlichen praktischen Bedeutung. — Angesichts unseres eigentlichen Problems, der Frage nach dem Verhältnis von Verfassungsrecht und Gewohnheitsrecht, und der Problemlage der Gewohnheitsrechtstheorie, die wir hier sehen, ist es für uns ebensowenig notwendig wie ersprießlich, hier auf das eigentliche Problem des Gewohnheitsrechts näher einzugehen. Natürlich geschieht dies nicht aus der Meinung, daß es „eine unzeitgemäße Betrachtung" sei, „dieser viel diskutierten Frage nachzugehen".[1])

Den „systembezogenen Charakter" des Gewohnheitsrechtsbegriffs entlehne ich Alf R o s s, Rechtsquellen, S. 427.

Wenn wir das Verhältnis von Verfassungsrecht und Gewohnheitsrecht näher betrachten, so können wir die darüber bestehenden Theorien in vier Gruppen einteilen.

1. Die sogenannte G e s t a t t u n g s t h e o r i e geht davon aus, daß der Staat — die organisierte Gemeinschaft — die einzige Quelle alles Rechts sei, sowohl des gesetzten wie auch des ungesetzten. Denn es gebe kein Recht außerhalb des Staates oder über dem Staat, sondern jedes Recht entstehe einzig und allein d u r c h den Staat. Die sozialen Gewohnheiten entstehen zwar ohne Mitwirkung der staatlichen Autorität, aber sie können nur dann Recht werden, wenn der Staat sie als Recht ansieht: nur durch die Gestattung des Staates entsteht ein Raum für gewohnheitsrechtliche Bildung, nur durch die Anerkennung des Staates, sei es eine ausdrückliche, sei es eine stillschweigende, können erst Gewohnheiten zu Gewohnheits r e c h t werden.

Vgl. für diese positivistische Gewohnheitsrechtstheorie: Ernst M e i e r, Rechtsbildung in Staat u. Kirche, Berlin 1861, S. 24 ff.; W. L ü d e r s, Das Gewohnheitsrecht auf dem Gebiet der Verwaltung, Kiel 1863, S. 94 ff.; C. G. B r u n s, Das heutige röm. Recht, 1882, S. 399; A. L a s s o n, System der Rechtsphilosophie, Berlin-Leipzig 1882, S. 418 f.; K. B i n d i n g, Handbuch des Strafrechts, I, Leipzig 1885, S. 202 ff.; G. R ü m e l i n, Das Gewohnheitsrecht (IheringsJ., XXVII), 1889, S. 188 ff.; Bruno S c h m i d t, Das Gewohnheitsrecht als Form des Gemeinwillens, Leipzig 1899, S. 29, 59; W. J e l l i n e k, Gesetz, Gesetzesanwendung, Tübingen 1913, S. 175 ff.

Da das Dasein des Gewohnheitsrechts hiermit lediglich vom Willen des Staates abhängt, so ist begrifflich nicht möglich, daß es ein dem geschriebenen Recht widersprechendes Gewohnheitsrecht geben kann. Denn der Staat ist der einzige Inhaber der Herrschaft

---

[1]) M. E. M a y e r, Rechtsphilosophie, S. 60.

— 107 —

über die Bildung alles Rechts, und „das Gesetz ist eine Bestätigung der staatlichen Herrschaft, der gegenüber die nicht organisierte Rechtsgemeinschaft nicht befugt ist, im Wege der Gewohnheit einen entgegengesetzten Willen zur rechtlichen Anerkennung zu bringen. Gibt es kein Recht auf Ungehorsam, so kann es auch kein Recht auf gewohnheitsmäßigen Ungehorsam geben" (L a b a n d, Staatsrecht, II, S. 75). Soweit aber die staatliche Rechtssetzung eine Materie ungeregelt läßt, worin eine stillschweigende Gestattung des Gewohnheitsrechts durch den Staat gesehen werden kann, da behält das Gewohnheitsrecht durchaus seinen inneren Wert und dort kann Gewohnheitsrecht zur Entstehung kommen. Es gibt also nach dieser Theorie auf dem Gebiete des Verfassungsrechts — wie auch auf den anderen Rechtsgebieten — zwar ein Gewohnheitsrecht praeter oder intra legem, aber niemals contra legem: die sogenannte derogatorische Kraft des Gewohnheitsrechts wird hier also gänzlich geleugnet. Diese insbesondere von S e y d e l und L a b a n d vertretene Theorie war in der Vorkriegspublizistik durchaus die herschende.

Vgl. S e y d e l, Grundzüge einer allgemeinen Staatslehre, Würzburg 1873, S. 14; Bayerisches Staatsrecht, 2. Aufl., Freiburg i. B. 1888, S. 549; Kommentar zur Verfassungsurkunde für das Deutsche Reich, 2. Aufl., Freiburg i. B. u. Leipzig 1897, S. 118; L a b a n d, Staatsrecht, II, S. 75; Parlamentarische Streitfragen, DJZ, 1903, S. 9 ff. — Danach H. S c h u l z e, Das Preuß. Staatsrecht, 2. Aufl., Leipzig 1888, S. 6; v. P ö z l, Lehrbuch des bayer. Verfassungsrechts, München 1877, S. 37 f.; B e r n a t z i k, Der Verfassungsstreit zwischen Schweden und Norwegen, Grünhuts Zeits., 1899, S. 290; H. S t o c k e r, Verfassungsänderung nach deutsch. Staatsrecht, Würzburger Dissertation, 1905, S. 41 ff.; H i l d e s h e i m e r, Revision, S. 14.

2. Eine entgegengesetzte Theorie beansprucht die derogatorische Kraft des Gewohnheitsrechts, die in der zivilistischen Literatur durchweg anerkannt ist, auch uneingeschränkt für das Verfassungsrecht. Die Begründungen sind im einzelnen verschieden, vielfach lehnen sie sich an die aus der Theorie der historischen Schule entwickelte Lehre an (o. S. 102), — also faktische Übung und opinio necessitatis. Aber im großen ganzen wird hier — im Gegensatz zu der Behandlung des Gewohnheitsrechtsproblems in der zivilistischen Literatur — über den Grund der Existenz und Geltung des behaupteten Gewohnheitsrechts überhaupt nur sehr wenig diskutiert. Man begnügt sich mit dem Argument, daß es

— 108 —

tatsächlich Gewohnheitsrecht gebe, daß die in der Geschichte vom Gesetzgeber versuchten Verbote des Gewohnheitsrechts — ALR, §§ 1—3 Einleitung; Französisches Gesetz vom 21. März 1804; Österreichisches A.G.B., § 10 — sich immer als vollkommen unwirksam erwiesen haben. Vor allem wird mit großer Vorliebe vorgebracht, daß das englische Verfassungsrecht und das Verfassungsrecht der deutschen Territorien im 18. Jahrhundert doch fast nur auf Gewohnheitsrecht beruhen.

Vgl. hierzu P u c h t a, Gewohnheitsrecht, II, S. 225 ff.; J e l l i n e k, Gesetz u. Verordnung, Freiburg 1887, S. 334; Allgemeine Staatslehre, S. 339 ff.; G. S e i d l e r, Zur Lehre vom Gewohnheitsrecht, Wien 1896 (besonders über den Widerspruch bei P u c h t a, S. 549), Grundzüge des allgem. Staatsrechts, 1929, S. 148 ff.; G ö z, Staatsrecht des Königreichs Württemberg, Tübingen 1908, S. 153, 261, 341; H a t s c h e k, Deutsch. u. Preuß. Staatsrecht, I, S. 13 ff.; B r i e, Gewohnheitsrecht (im Wörterbuch d. deutsch. Staats- u. Verwaltungsrechts), Tübingen 1913, Bd. I, S. 289 ff.

3. Eine dritte Theorie erkennt die derogatorische Kraft des Gewohnheitsrechts auf dem Gebiet des Verfassungsrechts nur beschränkt an: nach v. G e r b e r kann die Verfassungsurkunde zwar durch Gewohnheitsrecht ergänzt, abgeändert werden, aber nur „sofern es sich nicht um jene höchsten Prinzipien handelt, welche dem Einfluß der fortschreitenden Rechtsbildung im Staat überhaupt entrückt sein sollen" (Grundzüge des deutschen Staatsrechts, 3. Aufl. Leipzig, 1880, S. 14). Welche aber diese Prinzipien sind, darüber läßt er uns völlig im Dunkeln. Nach G. M e y e r ist eine gewohnheitsrechtliche Abänderung einer Verfassungsbestimmung durchaus möglich, aber gewisse Änderungen können ihrem Wesen nach nicht vor sich gehen, weil zu ihrer Durchführung ein bewußter, äußerer Akt notwendig sei. Dies treffe namentlich bei den Änderungen der Verfassungsform zu. Denn mit ihnen sei stets ein Wechsel in der Person des Trägers der Staatsgewalt verbunden (Lehrbuch d. deutschen Staatsrechts, S. 58 f.). S t i e r-S o m l o meint, „im Gegensatz zum Reichs- und Landesverfassungsrecht kann sich Gewohnheitsrecht nur insoweit bilden, als der verfassungsmäßige Vorbehalt gerade diese Rechtsübung nicht ausschließen wollte" (Deutsches Reichs- und Landesstaatsrecht, S. 347).

4. Die vierte Ansicht endlich geht dahin, daß eine Bildung von Gewohnheitsrecht auf dem Gebiet des Verfassungsrechts über-

— 109 —

haupt nicht möglich sei. So sagte Grotefend: "von dem Dasein einer ,staatsrechtlichen Gewohnheit' ist nichts bekannt und hat die Theorie selbst Mühe, nur einmal die Möglichkeit derselben zu beweisen" (Das deutsche Staatsrecht der Gegenwart, Berlin, 1869, S. 18). Wie er aber zu dieser Feststellung gekommen ist, hat er nicht mehr näher ausgeführt. Seulen, der völlig unter dem Bann der positivistischen Denkweise steht, ist selbst über die Gestattungstheorie noch hinausgekommen und sagt, daß selbst kraft Gestattung des Staatswillens kein Gewohnheitsrecht entstehen könne, da alles Recht Imperativ sein müsse (Verfassungsänderungen nach preuß. und nach Reichsrecht, Rostocker Diss. 1902, S. 59). Wieso aber alles Recht Imperativ sein solle und was überhaupt unter Imperativ zu verstehen sei, darüber sagt er nichts.

Alle diese Theorien, da sie bewußt als Theorie aufgestellt sind, bleiben in sich doktrinär und können der Rechtswirklichkeit nicht ganz gerecht werden. Die zuletzt erwähnte Meinung (Grotefend-Seulen), nach der das Gewohnheitsrecht auf dem Gebiet des Verfassungsrechts völlig ausgeschlossen sei, entbehrt jeder theoretischen Fundierung und bleibt für unsere Erörterung belanglos. Die Gestattungstheorie, die die Vorkriegspublizistik fast ausschließlich beherrschte, wird in der neueren Staatsrechtslehre — mit der Abdankung des Rechtspositivismus überhaupt — so gut wie ganz aufgegeben. Die gemäßigte Theorie, die der derogatorischen Kraft des Gewohnheitsrechts gewisse Schranken gesetzt wissen will, kann aber selbst schwer angeben, welches jene "Prinzipien" sind, die der gewohnheitlichen Rechtsbildung entrückt sein sollen, und welche "Änderungen" ihrem Wesen nach nicht in der Form eines Gewohnheitsrechts vor sich gehen können. Sollte man mit einiger Zuversicht meinen, daß wohl die Verfassungsform eines Staates nicht durch eine einfache gewohnheitliche Rechtsbildung abgeändert werden könne (G. Meyer), so war das Kaiserreich der Bismarckschen Verfassung, das ursprünglich als eine von den deutschen Fürsten regierte Aristokratie gedacht war, tatsächlich bald zu einem monarchischen Bundesstaat mit einköpfiger Spitze geworden. Bleibt man mit Stier-Somlo bei dem Ausschluß des "verfassungsmäßigen Vorbehalts", so ist dieser wiederum ein durchaus nicht ganz eindeutiger Begriff und die Schwierigkeiten seiner praktischen Feststellung bei jedem notwendigen Falle wer-

— 110 —

den nicht ausbleiben können. Die immerhin „herrschende" Lehre, die dem Gewohnheitsrecht eine unumschränkte derogatorische Wirkung einräumt, findet nur unzulängliche Belege in der Rechtswirklichkeit. Sie unterschätzt die Bedeutung der staatlichen Normsetzung einerseits, die Geltungskraft der positiven Rechtsnormen anderseits. Der Hinweis auf die Rechtsentwicklung in England oder auf das Staatsrecht in den deutschen Territorien des 18. Jahrhunderts bedeutet insofern nichts für die Theorie, als hier gesetzte Verfassungsnormen noch überhaupt nicht existiert haben. Stand der Rechtspositivismus der aktuellen Rechtsentwicklung und -realität völlig unempfindlich gegenüber, so beruht die allgemeine Gewohnheitsrechtstheorie, sei sie historisch, oder soziologisch, oder psychologisch begründet, auf einer Verkennung der tatsächlichen Bedeutung der staatlichen Rechtsordnung.

Eine Einsicht in das wahre Verhältnis von Gewohnheitsrecht und Verfassungsrecht kann nur gewonnen werden aus der Betrachtung der historischen Rechtsentwicklung und der aktuellen Rechtswirklichkeit: jede Theoretisierung, die mit rein abstrakten Begriffen arbeitet, hat die Gefahr, bei aller dogmatischen Begründung die wirkliche Lage des Problems zu übersehen. Die positivistische Gewohnheitsrechtstheorie baut sich ausschließlich auf dem Begriff des positiven Rechts auf, verkennt daher die Bedeutung der aktuellen Rechtsentwicklung und bleibt eine Theorie der Naivität. Die „herrschende" Lehre geht dagegen nur vom Begriff des Gewohnheitsrechts aus, zieht daraus jede dogmatische Konsequenz und wird der Geltungskraft der gesetzten Rechtsnormen nicht gerecht, ihre Unzulänglichkeit zeigt sich in der Dürftigkeit ihrer Bestätigung durch die Rechtswirklichkeit.

Das eine ist jedenfalls richtig, daß die positiven Rechtssätze niemals imstande sein werden, die Bildung des Gewohnheitsrechts ganz auszuschließen. Die historischen Verbotsversuche, die sich stets als unwirksam erwiesen haben, beweisen uns das zur Genüge.[1]) Anderseits darf auch niemals verkannt werden, daß dem Gewohnheitsrecht, das einmal doch so mächtig war, in der Gegenwart nur noch eine sehr geringe Bedeutung zukommt. Die staat-

---

[1]) Vgl. hierüber M. Rümelin, Die bindende Kraft des Gewohnheitsrechts, Tübingen 1929, S. 28 ff.; hier die verschiedenen Konstruktionen des Überschreitungsgrundes der gesetzlichen Verbote.

— 111 —

liche Gesetzgebung, die heute immer mehr ins einzelne geht, läßt der gewohnheitsrechtlichen Bildung nur noch einen verschwindend kleinen Raum. Vor allem ist nicht zu vergessen, daß die allgemeinen Verhältnisse, unter denen das Gewohnheitsrecht sich bilden konnte, heute ganz andere geworden sind. Wurde die Lehre vom Gewohnheitsrecht erst unter der sorgsamen Pflege der historischen Schule groß, so war das romantische Kind des Volksgeistes eigentlich ein Verschwörer gegen die alleinige Autorität des Monarchen-Gesetzgebers: sollte der wahre Wille des Volks (Gewohnheitsrecht) mit dem des Herrschers (gesetztem Recht) in Konflikt geraten, so sollte der Herrscherwille hinter dem Volkswillen zurückweichen, da alles Recht auf den Volksgeist zurückgehen müsse. Diese polemische Zuspitzung ist aber jetzt gegenstandslos geworden. Denn die Gewalt der Gesetzgebung liegt doch heute — jedenfalls der Form nach — in den Händen der Volksvertretung, also des repräsentierten Volks selbst. — Sollte aber im gegebenen Falle ein von der Volksvertretung beschlossenes Gesetz mit dem wirklichen Willen des Volks dennoch nicht übereinstimmen, so sind in den demokratischen Institutionen eines Volksbegehrens oder -entscheides oder schließlich in der öffentlichen Meinung bei weitem wirksamere Mittel gegeben, um das schlechte Gesetz wieder zu beseitigen, als eine konstante Übung des dem formellen Gesetz einfach Widersprechenden. Darum hat das Gewohnheitsrecht heute seine innere Notwendigkeit nicht mehr.

Vgl. hierzu N a w i a s k y, Bayerisches Verfassungsrecht, München 1923, S. 20 f., 340 ff.; Zur Lehre vom Gewohnheitsrecht (Festgabe für den Bayerischen Verwaltungsgerichtshof), München-Berlin-Leipzig 1929, S. 160 ff.; M a i n z o l t, Das Gewohnheitsrecht als Quelle des Staats- und Verwaltungsrechts (Bayer. Verwaltungsblätter), 1928, S. 229, 235 ff.

Aber es wäre dennoch nicht unbedenklich, deshalb dem Gewohnheitsrecht jede Bedeutung absprechen zu wollen. Die heute in der Literatur allgemein manifestierte Tendenz nach der Schmälerung der Tragweite des Gewohnheitsrechts resultiert zwar aus der positiven Rechtsordnung und der aktuellen Rechtswirklichkeit, aber für die Zukunft des Gewohnheitsrechts wird daraus nur sehr schwer irgend etwas Bestimmtes gefolgert werden können. Die Fortbildung alles Rechts steht völlig im Flusse der aktuellen Kulturentwicklung, hier wirken tausend unbekannte Kräfte zusammen: wirtschaftliche, soziale Bedingungen, politische, kulturelle

— 112 —

Anschauungen bilden und wandeln es. Und so wird es immer ein Wagnis bleiben, aus augenblicklichen Beobachtungen einzelner Ausschnitte aus dem lebenden Verhältnis von Recht und Wirklichkeit das Schicksal des Gewohnheitsrechts als solchen überhaupt bestimmen zu wollen. Das gilt sowohl für die Meinung, daß alles Gewohnheitsrecht richterliches Recht sei, als auch für die These, daß das derogatorische Gewohnheitsrecht sich nur dort bilden könne, wo der verfassungsmäßige Vorbehalt es nicht ausschließt, wie auch für die Lehren, daß gewisse Prinzipien durch das Gewohnheitsrecht nicht modifiziert werden können und daß die Verfassungsform eines Staates aus der gewohnheitlichen Rechtsbildung herausgenommen sei.

Nach unserer kurzen Betrachtung des Gewohnheitsrechts und des Verhältnisses von Gewohnheitsrecht und Verfassungsrecht wird nunmehr klar, daß das Problem der Verfassungswandlung mit dem Begriff des Gewohnheitsrechts noch nicht gelöst werden kann. Denn das Gewohnheitsrecht auf dem Gebiet der Verfassung setzt, trotz aller dogmatischen Buntheit, nach der durchaus herrschenden Lehre die faktische Übung einerseits und die sogenannte Rechtsüberzeugung, opinio juris et necessitatis, anderseits notwendig voraus. Freilich gehen in der Begriffsbestimmung dieser Rechtsüberzeugung die Ansichten auseinander: nach der herrschenden Lehre muß die Überzeugung von den Staatsgenossen allgemein gehegt sein — das entspricht ja auch dem eigentlichen Gedanken der Gewohnheitsrechtstheorie —, nach S t i e r - S o m l o trifft das aber nicht zu, „vielmehr genügt hier die Übung der Volksvertretung, der Regierung usw." (Reichs- und Landesstaatsrecht, S. 345). Und wie lang die Dauer der „faktischen Übung" sein muß, um eine Gewohnheitsregel als Recht zu begründen, ist eine bisher ungelöste Frage: nach der allgemeinen Ansicht ist sie je nach den konkreten Umständen zu beurteilen. Wie aber dem auch sei, beides ist bei den Fällen der Verfassungswandlung schwer nachzuweisen. Wollte man mit dem Begriff der Rechtsüberzeugung noch so weitherzig umgehen und deren Vorliegen jedes Mal bejahen, mit der Behauptung, daß das Ergebnis der Wandlungsfälle politisch notwendig sei und daher die Akte selbst auch immer für rechtmäßig gehalten worden seien, so bleibt dennoch die „dauernde Übung"[1] fast stets

---

[1] So auch die Rechtsprechung des deutschen Staatsgerichtshofs, vgl. die Entscheidung vom 17. Nov. 1928 (L a m m e r s - S i m o n s, Rechtspre-

— 113 —

ein unerfüllbares Erfordernis: man brauchte nicht einmal mit dem kanonischen Recht, can. 28 Cod., vierzig Jahre der Übung zu verlangen. Sollte man aber das Gewicht auf die Überzeugung allein verlegen — die ihrerseits wieder i m m e r als v o r l i e g e n d angesehen werden kann — und das Erfordernis der dauernden Übung ganz fallen lassen, so käme es schließlich auf eine Art G e w o h n h e i t s r e c h t o h n e G e w o h n h e i t hinaus!

Sehen wir uns einmal die Beispiele an. Wenn man gewöhnlich die Stellvertreter des Reichskanzlers und der Bevollmächtigten im Bundesrat oder die kaiserliche Initiative als Gewohnheitsrecht hinstellt, so ist doch niemand wirklich der Überzeugung, daß all dies in der Tat nur aus „Gewohnheit" geschehe. Man war dessen immer gleich bewußt, daß diese Institute mit dem Wortlaut der Verfassung nicht ganz im Einklang stehen. Daß sie aber dennoch geschaffen wurden, erklärt sich daraus, daß man sie für notwendig hielt. Dies ist besonders einleuchtend bei der Permanenz des Bundesrates: es waren einfach die tatsächlichen laufenden Geschäfte, die ein vorschriftsmäßiges Funktionieren des Bundesrates, d. h. die pünktliche Berufung und Schließung, nicht erlaubten. Ebenso sind die Parlamentkomitees in den Vereinigten Staaten ein Produkt der p o l i t i s c h e n N o t w e n d i g k e i t . J e l l i n e k hat hierfür besonderes Verständnis gehabt, indem er sagte — zunächst auf einen Satz von M o d e s t i n u s zurückgehend: omne ius aut consensus fecit, aut necessitas constituit, aut firmavit consuetudo —, daß die politische Notwendigkeit, von der in den Lehren von den Rechtsquellen so wenig die Rede ist, im Leben der Verfassungen eine ungeheure Rolle spiele (Verfassungsänderung, S. 21). Das wird vollends klar bei den Fällen der materiellen Verfassungsänderungen oder der Verfassungsinterpretation, wo der Gedanke der politischen Notwendigkeit der einzige leitende Gesichtspunkt ist, unter dem die Verfassungswandlung vor sich geht. Von einer dauernden Übung, von einer „Gewohnheit", ist niemals die Rede gewesen.

Vor allem aber sind die Voraussetzungen, unter denen man hier nach dem Gewohnheitsrecht fragt, ganz andere. Sonst taucht

---

chung des Staatsgerichtshofs für das Deutsche Reich, Bd. I, Berlin 1929, S. 173).

— 114 —

gewöhnlich das Problem des Gewohnheitsrechts doch derartig auf, daß die Rechtmäßigkeit eines faktischen Verhaltens, das auf einer längeren Übung und einer Rechtsüberzeugung beruht, im konkreten Fall streitig und eine autoritative Beurteilung dieses Verhaltens nach seiner Rechtmäßigkeit durch eine dazu berufene Instanz gefordert wird. Daher spricht man beim Gewohnheitsrecht gelegentlich von einer „Rechtsbesitzordnung" (K r ü c k m a n n) oder man bezeichnet das Gewohnheitsrecht als „richterliches Recht" (O. B ü- l o w u. a.). In den Fällen der Verfassungswandlung ist aber weder die Rechtmäßigkeit der vorgenommenen Akte angefochten worden, noch ist irgend eine Instanz für ihre rechtliche Beurteilung vorgesehen. Die Sanktionierung oder Ablehnung des gewohnheitsrechtlichen Charakters einer Verfassungswandlung hat für die aktuelle Rechtswirklichkeit nicht im geringsten die Bedeutung, die der Feststellung eines Gewohnheitsrechts auf dem Gebiet des Privatrechts zukommt.

Gegen die **Erklärung** der Verfassungswandlung mit Gewohnheitsrecht auch H a t s c h e k, Konventionalregeln usw., S. 3 ff., 37; B i l f i n- g e r, Der Reichssparkommissar, Berlin-Leipzig 1928, S. 18 f.; Verfassungsumgehung (AöR NF XI) 1926, S. 175 ff.

Daß man bei dem Problem der Verfassungswandlung, obwohl hier in Wahrheit weder die Voraussetzungen des Gewohnheitsrechts gegeben sind, noch seine notwendigen Begleitumstände vorliegen, dennoch oft und mit Vorliebe auf das Gewohnheitsrecht zurückkommt, erklärt sich aus der formaljuristischen Denkweise, die auf der in der Vorkriegszeit bewußt in die Publizistik übernommenen zivilistischen Konstruktionsmethode beruht. Denn eine vollkommene Bewältigung des staatsrechtlichen Stoffs mit festen Begriffen und exakter Dogmatik, wie die des privatrechtlichen Stoffs der zivilistischen Jurisprudenz gelungen war, war das angestrebte Ziel der ganzen Staatsrechtslehre der damaligen Zeit. So wurde nicht nur die Methodik, sondern auch alle dogmatisch gewonnenen, also fest abgegrenzten Rechtsbegriffe der Privatrechtswissenschaft mit vollem Bewußtsein auf dem Gebiet des öffentlichen Rechts rezipiert und angewendet.[1]) Daher mußte ein Begriff wie der des

---

[1]) Siehe z. B. F. S t ö r k, Methodik des öff. Rechts (in Grünhuts Z., XII), 1885, S. 81 ff. — Polemik gegen die Rezeption der zivilistischen Methode in der Publizistik G i e r k e; Labands Staatsrecht und die deutsche Staatsrechtswissenschaft, in Schmollers Jahrb., Bd. VII, 1883, S. 1128;

— 115 —

Gewohnheitsrechts, der für die Privatrechtswissenschaft doch von unentbehrlichem Wert ist, — ist es doch die Haupterscheinung alles „ungesetzten" und alles dem Gesetzesrecht widersprechenden Rechts! — auch hier mit besonderer Pietät übernommen werden und in weitem Umfang Anwendung finden. Und so ist es denn auch ganz natürlich, daß man beim Problem der Verfassungswandlung, wo es sich doch vorwiegend um ungesetztes oder dem Gesetzesrecht konträres „Recht" handelt, in dem Begriff des Gewohnheitsrechts eine bequeme Formel sah und ohne jedes Bedenken davon Gebrauch machte. Denn der Begriff der politischen Notwendigkeit war für die positivistische Dogmatik unbekannt und unbrauchbar — man schied doch bewußt und streng zwischen Staatsrecht und Politik —, dagegen der des Gewohnheitsrechts eine Art „Futteral", in welches „allerlei Recht von heterogenen Bildungsformen" eingelegt werden kann (B e r g b o h m, Jurispr. u. Rechtsph., S. 84).

Wir haben unternommen, auf die Unzulänglichkeit des Versuchs hinzuweisen, das Problem der Verfassungswandlung mit der Gewohnheitsrechtstheorie zu lösen. Es ist nunmehr auf eine weitere Theorie einzugehen, die auf derselben Denkebene liegt wie die des Gewohnheitsrechts: auf die Lehre von der normativen Kraft des Faktischen. Denn diese Lehre ist nicht nur als eine Lösung für gewisse Fakta gedacht, die positiv-rechtlich nicht fundiert sind, sondern sie ist ein Lösungsversuch auch für das Problem des Gewohnheitsrechts, eine Lehre von den Rechtsquellen überhaupt. J e l l i n e k, der Begründer dieser Lehre, sieht nämlich den Geltungsgrund alles Rechts in der Überzeugung des Menschen und die Ursache dieser Überzeugung in einem „bestimmten psychologisch bedingten Verhalten der Menschen zu den faktischen Vorgängen". Er sagt: „Der Mensch sieht das ihn stets Umgebende, das von ihm fortwährend Wahrgenommene, das ununterbrochen von ihm Geübte nicht nur als Tatsache, sondern auch als Beurteilungsnorm an, an der er Abweichendes prüft, mit der er Fremdes richtet." „Bei dem Parallelismus von Ontogenese und Phylogenese ist der Schluß gerechtfertigt, daß historisch die ersten

---

S p i e g e l, Verwaltungsrechtswissenschaft, S. 166 ff.; E. K a u f m a n n, Verwaltung u. Verwaltungsrecht, im Wörterbuch des Staats- u. Verwaltungsrechts, 2. Aufl., Tübingen 1911—14, Bd. III, S. 717 f. Vgl. auch Carl S c h m i t t, Staatsrechtl. Bedeutung der Notverordnung, 1931, S. 3.

Vorstellungen vom Normativen sich unmittelbar aus dem Faktischen entwickelt haben." „Den Grund der normativen Kraft des Faktischen in seiner bewußten oder unbewußten Vernünftigkeit zu suchen, wäre ganz verkehrt. Das Tatsächliche kann später rationalisiert werden, seine normative Bedeutung liegt aber in der weiter nicht ableitbaren Eigenschaft unserer Natur, kraft welcher das bereits Geübte physiologisch und psychologisch leichter reproduzierbar ist als das Neue." Daher: „Alles Recht in einem Volke ist ursprünglich nichts als faktische Übung." Und diese Erkenntnis ist „für die Einsicht in die Entwicklung von Recht und Sittlichkeit von der höchsten Bedeutung". Denn erst durch diese Erkenntnis „erhalte das Problem des Gewohnheitsrechts seine Lösung", und nicht „nur für die Entstehung", sondern „auch für das Dasein der Rechtsordnung gibt die Einsicht in die normative Kraft des Faktischen erst das rechte Verständnis" (Allgemeine Staatslehre, S. 337 ff.).

Diese „teils schief gedachte, teils mindestens mißverständlich ausgedrückte" Lehre[1]) hat aber in der Literatur viel Anhänger gefunden. Denn sie ist in der Tat nicht nur eine leicht zu handhabende Lösung für Fragen, die gewisse positiv-rechtlich nicht zu lösende Fakta der rechtlichen Beurteilung aufdrängen, sondern sie ist auch eine denkbar bequeme Formel dafür, um überhaupt nicht als Recht zu erklärende und als Recht zu begründende Akte dennoch als Recht zu erklären und zu begründen. Daher ist sie beliebt bei jeder Verteidigung der Revolutionsakte.[2]) Endlich wird sie, da ihr durchaus gewisse psychologische Wahrheiten zugrundeliegen, auch von manchen Seiten ohne Bedenken als richtige Rechtsquellentheorie hingenommen.

Anhänger der Lehre: H a t s c h e k, Konventionalregeln, S. 34; K e l s e n, Hauptprobleme, S. 9 ff.; F. S o m l ó Juristische Grundlehre, Leipzig 1917, S. 109; K. S t r u p p, Rechtsstellung d. Reichstags (DJZ XXIV), 1919, S. 87; A n s c h ü t z, Studien zur Weimarer Reichsverfassung (ZöR, V), 1926, S. 149; Kommentar, Einleitung, S. 6; L. W a l d e c k e r, Allgemeine Staatslehre, Berlin 1927, S. 159 ff.; B i l f i n g e r, Reichssparkommissar, S. 18; wohl auch R a d b r u c h, Grundzüge der Rechtsphilosophie, Leipzig 1914, S. 163, 173.

In Wirklichkeit ist aber diese Lehre völlig unhaltbar. Ihr Grundfehler liegt in der Verwechslung des Ideellen mit dem Exi-

---

[1]) R e i c h e l, Gesetz u. Richterspruch, S. 100.
[2]) Daher die Renaissance dieser Lehre nach dem Umsturz von 1918.

— 117 —

stentiellen. Das Sollenselement in der Rechtsnorm resultiert niemals aus dem Seinselement eines Faktums, sondern es entspringt unmittelbar aus der immanenten, dem Faktum präexistenten Wertung der menschlichen Natur. Das äußerlich wahrnehmbare Faktum ist wohl ein Gegenstand der inneren Wertung, nicht aber wird erst durch das Faktum die Wertung erzeugt. Bei der stetigen Relation zwischen Faktizität und Wertung — der psychologischen Reaktion des Menschen auf ein tatsächliches Geschehen —, wo der Mensch nach dem Sinn und dem Grund des Geschehenen fragt, ist zwar das Faktum ein „Erkenntnisgrund", aber niemals der „Entstehungsgrund der Norm" (B i n d e r, Philosophie des Rechts, Berlin 1925, S. 702). Denn „das Faktum ist Gegenstand, nicht Quelle der Norm" (R e i c h e l, Gesetz und Richterspruch, S. 100).

Wäre die normative Kraft des Faktischen wirklich die „letzte psychologische Quelle des Rechts" (J e l l i n e k, Allg. Staatslehre, S. 337) und läge damit der Ursprung jedes Sollensmäßigen wirklich immer in der faktischen Seinswelt (K e l s e n, Hauptprobleme, S. 9), so wäre der Gegensatz von Sein und Sollen überhaupt nicht denkbar und der Begriff von Recht und Unrecht einfach unmöglich. Denn ist das Sollende wirklich immer nur der Ausfluß aus dem Seienden, so muß jedes Seiende ein Sollendes und damit ein Gesolltes sein. Und ist jedes Recht ein Sollendes, das seinerseits aber nur aus dem Seienden resultiert, so ist jedes Seiende eben Recht und das Unrecht schließlich etwas Nicht-Seiendes. Zieht man als Korrektiv das zeitliche Moment in Betracht, um diesem unmöglichen Ergebnis zu entgehen, und läßt nur das zeitlich ältere Faktum, das faktisch „Geübte" als Sollendes, als Recht gelten — das ist der Hauptgedanke der J e l l i n e k schen These —, so bleibt die Möglichkeit der Entstehung eines neuen Rechts, eines „besseren" Rechts — J e l l i n e k spricht selbst von „besserem" Recht, aaO. S. 340 — ein ewig unlösbares Rätsel und das Kriterium alles Rechts und Unrechts besteht dann lediglich in der zeitlichen Priorität des Geschehens, eines Verhaltens — dann aber auch nicht mehr in dessen zeitlicher D a u e r! Denn die normative Kraft des Faktischen bedeutet eben die normative Kraft j e d e s Faktischen: d. h. nicht notwendig auch des faktisch G e ü b t e n. Das menschliche Rechtsgefühl, diese von tausend Kul-

— 118 —

turelementen bedingte und getragene Wertung gleicht damit in ihrer höchsten Funktion einer leblosen mechanischen Stoppuhr.

Vgl. auch die Polemik gegen die Lehre von der normativen Kraft des Faktischen bei R e i c h e l, Gesetz und Richterspruch, S. 100 f.; B i n d e r, Philosophie des Rechts, S. 702 ff., gut gegen die psycho-physiologische Zuspitzung J e l l i n e k s: M a r s c h a l l, Vom Kampf des Rechts gegen die Gesetze, Stuttgart 1927, S. 121 f.

Dieser als Rechtsquellentheorie völlig unhaltbaren Lehre liegt aber eine psychologisch durchaus richtige Beobachtung zugrunde: nämlich die Beobachtung des großen Einflusses der tatsächlichen Übung auf die Konzeption und Vorstellung auf der Seite der Sozietät. Die psychologischen Vorgänge des Menschen gegenüber einem dauernd geübten Faktum, auf die J e l l i n e k seine ganze Lehre aufbaut, sind in der Tat jederzeit wahrnehmbar und ihre Bedeutung darf niemals verkannt werden. Die Verkehrssitte, die Handelsusancen, Sitten und Gebräuche sind durchaus naheliegende Belege für ihre Existenz. Ob nun diese sozialen Gewohnheitsnormen bindende Rechtsnormen werden können und wo eine Grenze zwischen diesen sozialen Normen und den wirklichen Rechtsnormen zu ziehen ist, das ist eine in keiner Weise leicht zu lösende, uns hier aber fernliegende Frage; daß aber in der Bedeutung der Übung allein nicht die Quelle a l l e s Rechts erblickt werden darf, liegt auf der Hand: denn das wäre eine Leugnung der Existenz jedes rechtlichen Denkens und jedes menschlichen Rechtsgefühls. Man braucht nicht erst auf den Unterschied von Recht und Moral, Sitte und Gewohnheit hinzuweisen.

Ferner ist die Bedeutung der Übung für eine bestimmte Art von Rechtsnormen, nämlich die sogenannten technischen Rechtsnormen, bei denen sich das menschliche Rechtsgefühl indifferent verhält (vgl. o. S. 43 ff.), durchaus anzuerkennen. Denn hier ist die faktische Übung tatsächlich imstande, gültige Regeln zu schaffen. Wenn daher Z i t e l m a n n besonders „die Macht der dauernden Tatsachen" hervorhebt (Gewohnheitsrecht und Irrtum, S. 454 ff., 464), so ist ihm völlig beizupflichten; bedenklicher wird es schon bei U n t e r h o l t z e r, der die Rechts ü b e r z e u g u n g aus dem dauernd wiederholten Handeln entstehen läßt (Rezension zu P u c h t a, Gewohnheitsrecht, Kritische Zeitschrift für Rechtswissenschaft, Stuttgart, Bd. V, 1829, S. 376); bei J e l l i n e k endlich, der auf diesen psychologischen Erwägungen eine Theorie von der

— 119 —

Quelle des Rechs überhaupt aufbaut, ist ein an sich richtiger Gedanke in der bedenklichsten Form zum Ausdruck gebracht worden: denn richtig daran ist, daß die faktische Übung eine große motivierende Wirkung auf die Sozietät besitzt, falsch aber, daß alles Recht aus dem von jeder Werthezogenheit, von jedem materiellen Inhalt abstrahierten Faktum entstehen soll.

Die Bedeutung der faktischen Übung für die „Richtungsnormen" erkennt auch M a r s c h a l l an (Vom Kampf des Rechts, S. 121). — Unser Ergebnis steht auch mit der These Carl S c h m i t t s in Einklang, daß im Verfassungs- und Völkerrecht eine gesteigerte Bedeutung der Präzedenzfälle zu konstatieren sei (Staatsrechtliche Bedeutung der Notverordnung, S. 5).

Bei Verfassungswandlungen, soweit es sich um technische Rechtsnormen handelt, kann man freilich geneigt sein, die normative Kraft des Faktischen „in besonders umfassender Wirksamkeit auf dem Gebiet der Verfassung"[1]) anzunehmen. Und in der Tat haben J e l l i n e k (Verfassungsänderung, S. 28, Note 1) und H a t s c h e k (Konventionalregeln, S. 34) und auch B i l f i n g e r (Reichssparkommissar, S. 18) mit dieser Lehre das Problem der Verfassungswandlung zu erklären versucht. Das ist aber nicht ganz richtig. Denn es wurde hier nicht etwas vorgenommen, weil es einmal so vorgenommen worden war, sondern es geschah, weil es von vornherein geschehen mußte, oder wenigstens nach der Meinung der Vornehmenden geschehen mußte. Es handelt sich bei der Verfassungswandlung um eine politische Notwendigkeit, die das Geschehene diktierte, nicht aber um eine bloße „Gewohnheit", die als solche Nachahmung fand, nicht also um einfache, zweckfreie und wertungebundene Fakta.

---

[1]) S m e n d, Verfassung und Verfassungsrecht, S. 76.

Verfassungswandlung und Konventionalregeln.

Den Versuch, das Problem der Verfassungswandlung mit dem Begriff des Gewohnheitsrechts zu erklären, hat H a t s c h e k als erster als unzulänglich erkannt, ohne daß er aber seine Polemik mit einer näheren Erörterung über das Gewohnheitsrecht fundierte. Weiterhin versuchte er, das Problem der Verfassungswandlung mit dem Begriff der Konventionalregeln zu erklären: eine Lösung, die er in fast allen seinen Schriften vertrat. Diese Lösung ist jedoch in gleicher Weise unbefriedigend wie die aus dem Gewohnheitsrecht. Ihre Unzulänglichkeit liegt in dem Begriff der Konventionalregel. Diese werden wir also hier zunächst ins Auge zu fassen haben.

H a t s c h e k erklärt das Problem der Verfassungswandlung mit Konventionalregeln in: Deutsches und preuß. Staatsrecht, Berlin 1922, I, S. 13 ff.; Das Parlamentsrecht des Deutschen Reichs, Berlin-Leipzig 1915, S. 15, 22, 84; Konventionalregeln (JöR, III) 1909; — ihm folgt W e s p e, Begriff und Bedeutung der Verfassung, Königsberger Dissertation 1926, S. 131.

Der Begriff der Konventionalregeln, wie auch H a t s c h e k selbst angab, stammt aus dem Begriff der conventions of the constitution des englischen Verfassungsrechts. Um eine rechte Einsicht in diese Rechtsbegriffe zu gewinnen, müssen wir also zunächst mit der Betrachtung des englischen Verfassungsrechts im allgemeinen beginnen.

Der grundlegende Unterschied zwischen dem europäisch-kontinentalen und dem englischen Verfassungsrecht liegt nicht darin, wie häufig fälschlich angenommen wird, daß jenes „geschrieben" und dieses „ungeschrieben" sei, denn England kennt durchaus auch seine „constitutional statute law"; weiterhin auch nicht darin, daß jenes ein Produkt der Revolutionen und dieses immer auf dem friedlichen Wege entstanden sei, denn England hat auch seine „Revolutionen" erlebt, die Änderung im Verfassungsrecht hervorriefen, nur gingen diese in einer milderen Form vor sich als auf dem Kontinent; endlich auch nicht darin, was vielfach verkannt

— 121 —

wird, daß jenes erst seit der französischen Revolution bestehe, während dieses eine bei weitem ältere Geschichte hinter sich habe, denn das Verfassungsrecht, wie es heute in England im allgemeinen gilt, hat seine Gestalt, so lehrt z. B. B u r g e s s, erst seit 1832.
Vgl. hierzu J. W. D u r g e s s, Political Science and Comparative Constitutional Law, Boston and London 1902, Vol. I, pp. 91 sqq.

Der Unterschied zwischen diesen beiden Rechten liegt vielmehr in der geistigen Haltung, in der allgemeinen Denkweise. Das englische und das kontinentale verfassungsrechtliche Denken sind in Wahrheit zwei völlig verschiedene Ideenwelten, die lediglich einen gemeinsamen Ausgangspunkt haben: nämlich die rechtliche Beurteilung der Relation zwischen den Staatsorganen untereinander und zwischen der Staatsgewalt und den Staatsbürgern; und die ferner zufällig dieselbe formelle Bezeichnung tragen: „Verfassungsrecht" und „constitutional law"; und die sich vielleicht auch inhaltlich manchmal kreuzen: in der Gleichartigkeit mancher der von ihnen behandelten Materien. Dagegen sind der geistige Boden, auf dem die Konzeption des Rechts basiert ist, und die einzelnen Faktoren der Rechtsbildung und -entwicklung und die Funktion des Rechts in England einerseits und auf dem Kontinent andererseits völlig verschieden. Jede Betrachtung, welche englische Rechtsverhältnisse und -probleme mit spezifisch kontinentalen Rechtsbegriffen und -vorstellungen behandelt, schlägt damit von vornherein einen falschen Weg ein und muß zu irrigen Schlußfolgerungen kommen. So erklärt z. B. T o c q u e v i l l e — natürlich konsequent nach seinem kontinentalen Verfassungsbegriff, der die Existenz einer geschriebenen Verfassung voraussetzt —, daß in England eine Verfassung nicht existiere, „elle n'existe point" (Oeuvres, I, p. 166), während in Wirklichkeit die verfassungsrechtliche Disziplin in der englischen Jurisprudenz schon zur Zeit T o c q u e v i l l e s zumindest einen ebenso wichtigen Platz einnimmt wie in den kontinentalen Rechtsystemen.

Der grundlegende Unterschied zwischen dem englischen Verfassungsrecht und dem des europäischen Kontinents liegt vielmehr erstens in der Auffassung des Verfassungsrechts, die nur ein Ausfluß der Auffassung des Rechts überhaupt ist; zweitens in dem Prozeß der Rechtsbildung und -entwicklung; drittens in der allgemeinen Struktur des politischen Staatslebens.

— 122 —

Man kann vielleicht den tiefsten und charakteristischsten Unterschied zwischen der englischen und der kontinentalen Rechtsauffassung dahin formulieren, daß das englische Recht eine nachfolgende staatliche Sanktionierung vorangegangener sozialer Bildungen bedeutet, während das kontinentale Recht das Wesen der sozialen Bildungen nach einem bewußten Prinzip und System von vornherein gestalten will. So besteht z. B. das kontinentale Rechtssystem im wesentlichen aus positiven Rechtsordnungen, Kodifikationen, während das englische Recht, the law of England, an erster Stelle aus der ungeschriebenen common law besteht, die nur eine staatliche Anerkennung — durch gerichtliche Kognition — sozial entstandener Gewohnheiten ist. Und so resultiert z. B. auch das englische Verfassungsrecht — außer den wenigen constitutional statute laws — lediglich aus der jeweilig bestehenden ungeschriebenen common law, während das kontinentale Verfassungsrecht aus einer fixierten Verfassungsurkunde abgeleitet wird, die das ganze nationale Kultur- und Sozialleben erfassen, d. h. für die fortlaufende Entwicklung eine bestimmte Richtlinie vorzeichnen will. Dem entspricht es, daß in der europäischen Staatenwelt fast ein jeder Staat seine geschriebene Verfassung hat, während in England seit den ephemeren konstitutionellen Bewegungen um die Zeit Cromwells das Verlangen nach einer geschriebenen Verfassung nicht wieder laut wurde.

Diesen aufgezeigten Unterschied bezeichnet H. P r e u ß als den der englischen und kontinentalen Rechts e n t w i c k l u n g (Zur Methodik juristischer Begriffskonstruktion [Schmollers Jahrb. XXIV], 1900, S. 365). Dem formalen Entwicklungsgang liegt natürlich eine bestimmte geistige Haltung zugrunde.

Der zweite ebenfalls höchst bezeichnende Unterschied zwischen englischem und kontinentalem Recht liegt in der Rechtsbildung und -entwicklung: in der rechtschaffenden Funktion der Gerichte. Sind die Gerichte auf dem Kontinent an erster Stelle dazu berufen, das bereits festgelegte Recht zur Anwendung zu bringen, wobei ihnen die Möglichkeit einer Rechtsschaffung nur in recht engen Schranken eingeräumt ist, so sind die englischen Courts nicht nur jederzeit in der Lage, nach ihrem freien Ermessen neues Recht zu schaffen [1]),

---

[1]) S c h a f f e n heißt natürlich nicht aus dem Nichts etwas entstehen lassen: denn judge-made heißt in Wahrheit nur "unfold a principle which is already contained in germ in more general rules which have already received judicial acknowledgement" (A. B. K e i t h, The Constitution, Administration and Law of the Empire, London 1924, p. 8).

— 123 —

sondern sie sind geradezu oft dazu gezwungen. Denn die geschriebenen Rechtssätze, die statute laws, sind gegenüber dem mannigfaltigen Rechtsleben in höchstem Maße fragmentarisch und der größte Teil der common law, auf der das englische Rechtssystem hauptsächlich beruht, besteht aus richterlichen Entscheidungen aus der case law oder judge-made law. Ist für eine vorgelegte Rechtsfrage weder eine statute law vorhanden, noch ein Präzedenzfall aufzufinden, so ist hier die für diese Frage vom Gericht gefällte Entscheidung die vollwertige geltende Rechtsnorm für dieses Rechtsverhältnis schlechthin. In England ist Recht (law) das, was der Richter anwendet und ausspricht: die schriftsatzmäßige Fixierung in Gesetzesnormen spielt hier nur eine sekundäre Rolle.

So besteht auch das englische Verfassungsrecht außer den wenigen constitutional statute laws lediglich aus der common law: was als Prinzip der common law gilt, gilt auch als Prinzip des geltenden Verfassungsrechts, so sind viele geltende Verfassungsprinzipien auch lediglich aus den Gerichtsentscheidungen zu entnehmen und die Rechtsprechung der Gerichtshöfe spielt für die Entwicklung auch des Verfassungsrechts die entscheidende Rolle. Wenn auf dem Kontinent die Gerichte lediglich das in der geschriebenen Verfassung festgelegte „Verfassungsrecht" anwenden, so kommt dagegen in England diese „constitutional law" erst durch die Entscheidungen der Gerichte zur Entstehung, oder wenigstens erst dadurch zu ihrem festen Bestand.

Vgl. über die common law S a l m o n d, Jurisprudence, 7th edit. London 1924, sec. 52; E. H e y m a n n, Englisches Recht (Handwörterb. d. Rechtw. hsgb. S t i e r - S o m l o II), 1927, S. 249 ff., 256. — Über Verfassungsrecht und common law, E. F i s c h e l, Die Verfassung Englands, 2. Aufl. Berlin 1864, S. 1 ff.; A n s o n, The Law and Custom of the Constitution, 3d edit. Oxford 1907, Vol. I, p. 6; S a l m o n d, Jurispr., pp. 155 sqq.; K o e l l r e u t e r, Ausländ. Staatsrecht, Berlin 1923, S. 1 f.; über die Bedeutung der Gerichte, D i c e y, Introduction to the Study of the Law of the Constitution, 8th. edition, London 1927, p. 58.

Endlich ist von großer Bedeutung für unsere Betrachtung die Stellung des Parlaments im englischen politischen Staatsleben. D i c e y sagt vom englischen Parlament: "the sovereignty of Parliament is (from a legal point of view) the dominant characteristic of our political institutions" (Introduction, p. 37). Die überragende Rolle, die es spielt, ist nicht nur auf die politische Entwicklung des Landes von entscheidendem Einfluß, sondern sie gibt auch seinem Rechtssystem sein eigentümliches Gepräge.

— 124 —

"The principle of Parliamentary sovereignty", so erklärt Dicey, "means neither more than less than this, namely, that Parliament has the right to make or unmake any law whatever; and further, that no person or body is recognised by the law of England as having a right to override or set aside the legislation of Parliament" (Introduction, p. 38).

Diese Doktrin — "fully recognised by the law of England" — bestätigen drei Tatsachen in England, die zugleich die charakteristischen Züge des englischen Verfassungsrechts sind: "first, the power of the legislature to alter any law, fundamental or otherwise, as freely and in the same manner as other laws; secondly, the absence of any legal distinction between constitutional and other laws; thirdly, the non-existence of any judicial or other authority having the right to nullify an Act of Parliament, or to treat it as void or unconstitutional" (D i c e y, Intr., p. 87).

Vgl. über die Bedeutung des Parlaments in England D i c e y, Introduction, Chps. I—III (pp. 37—134); A n s o n, Law and Custom, Vol. I; C o u r t n e y, The Working Constitution of the United Kingdom, London 1902, p. 363; K o e l l r e u t e r, Ausl. Staatsrecht, S. 2.

Es ist nur von der eigentümlichen, von den Zügen des kontinentalen Verfassungsrechts völlig abweichenden Beschaffenheit des englischen Verfassungsrechts aus zu verstehen, warum man hier eine Unterscheidung von der law of the constitution und den conventions of the constitution gemacht hat und was diese Unterscheidung in Wirklichkeit bedeutet. Dann wird es sich von selbst ergeben, ob diese englische Unterscheidung für die allgemeine Verfassungsrechtstheorie verwertet werden kann.

Die Unterscheidung von law of the constitution und conventions of the constitution, die heute ein Gemeingut der englischen Jurisprudenz geworden ist, wurde zuerst von E. A. F r e e m a n (The Growth of the English Constitution, London 1872) entwickelt (pp. 109 sqq.). Ihre theoretische Begründung und Ausgestaltung fand sie aber erst später bei D i c e y und dann durch diesen ihre weitere Verbreitung in die Literatur.

"Constitutional law", so lehrt D i c e y, " as the term is used in England, appears to include all rules which directly or indirectly affect the distribution or the exercise of the sovereign power in the state" (p. 22). Aber diese "rules which make up constitutional law include two sets of principles or maxims of a totally distinct character" (p. 23).

— 125 —

"The one set of rules are in the strict sense 'law', since they are rules which (whether written or unwritten, whether enacted by the statute or derived from the mass of custom, tradition, or judge-made maxims known as the common law) are enforced by the Courts; these rules constitute 'constitutional law' in the proper sense of that term, and may for the sake of distinction be called collectively 'the law of the constitution'. — The other set of rules consist of conventions, understandings, habits, or practices which, though they may regulate the conduct of the several members of the sovereign power, of the Ministry, or of other officials, are not in reality laws at all since they are not enforced by the courts. This portion of constitutional law may, for the sake of distinction, be termed the 'conventions of the constitution', or constitutional morality" (Introduction, p. 23).

Als Beispiele für die law of the constitution nennt D i c e y die Maxime "The King can do no wrong..; this maxim.. means... that by no proceeding known to the law can the King be made personally responsible for any act done by him; ... this principle... is... a law of the constitution, but it is not a written law", ferner den Satz: "there is no power in the Crown to dispense with the obligation to obey a law'; this negation or abolition of the dispensing power now depends upon the Bill of Rights; it is a law of the constitution and a written law" (p. 24). — Als Beispiele für die conventions of the constitution nennt D i c e y folgendes: "The King must assent to, or cannot 'veto' any bill passed by the two Houses of Parliament"; — "the House of Lords does not originate any money bill"; — "when the House of Lords acts as a Court of Appeals, no peer who is not a law lord takes part in the decisions of the House"; — "Ministers resign office when they have ceased to command the confidence of the House of Commons" etc. (p. 26). Und als gemeinsames Charakteristikum sagt D i c e y: "the conventions of the constitution, looked at as a whole, are customs, or understandings as to the mode in which the several members of the sovereign legislative body should each exercise their discretionary authority, whether it be termed the prerogative of the Crown or the privileges of Parliament" (p. 424).

Diese Unterscheidung hat also, wie sich auch von selbst ergibt, mit der von „written law" und „unwritten law" nichts zu tun. Denn viele Sätze der law of the constitution, wie die angeführten Beispiele gezeigt haben, sind ungeschrieben, und die ganzen Parlamentsgeschäftsordnungen, obwohl durchaus schriftsatzmäßig fixiert, sind nichts anderes als bloße „conventions" (vgl. D i c e y, p. 27).

> Vgl. über die Lehre von der Unterscheidung zwischen law of the constitution und conventions of the constitution: F r e e m a n, Growth of the Engl. Constitution, 1862, pp. 109 sqq.; D i c e y, Introduction, vor allem chps. XIV, XV; A n s o n, Law and Custom, Vol. I, pp. 77 sqq.; 302 sqq.; 404 sqq.; K e i t h, The Constitution, Administration and Law of the Empire, London 1924, pp. 5—8; C h a l m e r s - A s q u i t h, Outlines of Constitutional Law, 4th edit. London 1930, pp. 32 sqq.; — J e l l i n e k, Allg. Staatslehre, S. 703; Verfassungsänderung, S. 28; H a t s c h e k, Englisches Staatsrecht, Tübingen 1905/6, I, S. 543, II, S. 40 ff.; Englische Verfassungsgeschichte, München und Berlin 1913, S. 585 f.; Parlamentsrecht, S. 84 ff.; Deutsches u. Preuß. Staatsrecht, I, S. 13 ff.; R e d s l o b, Abhängige Länder, Leipzig 1914, S. 25 ff.; K. H e c k, Der Aufbau des britischen Reichs, Berlin und Leipzig 1927, S. 12 ff.; K o e l l r e u t e r, Verwaltungsrecht und Verwaltungsrechtsprechung im modernen England, Tübingen 1912, S. 120 ff.; Ausländ. Staatsrecht, S. 2 f.; Rezension zu L a s k i (AöR, NF XII), 1927, S. 472 ff.; Rezension zu K. H e c k (AöR, NF XVI), 1928, S. 127 ff.; L e i b h o l z, Wesen der Repräsentation, 1929, S. 158 ff., der K o e l l r e u t e r als einen Gegner des Begriffs der constitutional conventions bezeichnet (aaO., S. 158). Das trifft nicht zu, K o e l l r e u t e r hat nur die von D i c e y vertretene Ansicht bestritten, daß das englische Verwaltungsrecht l e d i g l i c h auf conventions beruhe.

Diesen conventions of the constitution, denen durchaus keine geringe Bedeutung beizulegen ist — "of constitutional conventions some are as important as any laws" (D i c e y, p. 27) —, ist aber eine gewisse Elastizität eigen: sie können jederzeit und ohne jede formelle Abänderung beliebig modifiziert werden und diese Modifikationen kommen auch häufig vor. D i c e y sagt von den conventions, "they vary from generation to generation, almost from year to year" (p. 30). A. L. L o w e l l sagt: "it is impossible to make a precis of the conventions of the constitution, for they are constantly changing by a natural process of growth and decay; and while some of them are universally accepted others are in a state of uncertainty" (The Government of England, new edit. New York 1921, Introduction, p. 9). In Wahrheit ist diese Elastizität, die leichte formlose Abänderbarkeit, nicht nur ein Kriterium oder eine Eigenschaft [1]) der constitutional conventions, sondern erst sie

---

[1]) Vgl. K. H e c k, Aufbau, S. 12, der in der Möglichkeit jederzeitiger formloser Abänderung und dem Fehlen der richterlichen Sanktion den Ausdruck der Minderwertigkeit der conventions sieht.

— 127 —

macht ihr Wesen und ihren Wert aus, K o e l l r e u t e r sagt, es seien die constitutional conventions, die das englische Verfassungsleben stets im Fluß und im Zusammenhang mit der politischen Entwicklung gehalten haben (Ausländ. Staatsrecht, S. 2) und L e i b h o l z bemerkt, daß nur dank den conventions of the constitution ein Zerfall des britischen Reichs bis heute vermieden worden sei (Repräsentation, S. 158).

Diese Wandelbarkeit der conventions of the constitution wirkt sich in einer doppelten Weise aus: erstens, sie werden durch neue modifiziert oder aufgehoben; zweitens, sie verdichten sich zu wirklichen Rechtsnormen. D i c e y hat die „changes in the conventions" der letzten dreißig Jahre dahin zusammengefaßt: "important alterations have most certainly taken place; these may be brought under two different heads, first, new rules or customs which still continue to be mere constitutional understandings or conventions, secondly, understandings or conventions which have since 1884 either been converted into laws or are closely connected with changes of law. These may appropriately be termed 'enacted conventions'" (Introduction, pp. xlviii—xlix). Und "the best examples of such enacted conventions are to be found in some of the more or less indirect effects of the Parliament Act, 1911" (p. li).

Natürlich ist eine convention, die durch einen statute in eine echte rule of law verwandelt wird, "in strict sense not a convention at all but a part of the law of the constitution". Aber D i c e y hält am Terminus convention fest, wohl wegen der tatsächlichen englischen Verhältnisse: denn "such an enacted convention may indirectly so affect the working of constitutional understandings or arrangements that its indirect effects are conveniently considered when dealing with the conventions of the constitution" (Introduction, p. li note 4).

Die Frage, aus welchem Grund die constitutional conventions, "which make up not a body of laws, but of constitutional or political ethics" (D i c e y, p. 413), die also keine Rechtssätze im eigentlichen Sinne sind, in der politischen Wirklichkeit tatsächlich immer befolgt werden, die Frage nach der "force or sanction by which is enforced obedience to the conventions of the constitution", gehört zu den schwierigsten und umstrittensten Problemen der englischen Verfassungsrechtstheorie. Es ist u. a. gesagt worden, daß die Kraft der conventions of the constitution im letzten Grund auf der Furcht vor „impeachment" beruhe, oder daß sie auf die Kraft der öffentlichen Meinung zurückzuführen sei. Nach C h a l m e r s-

— 128 —

Asquith "the only sanction behind the conventions consists in a sense of honour, respect for tradition and the fear of popular resentment" (Outlines, 1925, p. 10). Nach Dicey geht aber die faktische Beobachtung der constitutional conventions auf die Kraft der Rechtsnormen, the force of the law, zurück: "the sanction", sagt Dicey, "which constrains the boldest political adventurer to obey the fundamental principles of the constitution and the conventions in which these principles are expressed, is the fact that the breach of these principles and of these conventions will almost immediately bring the offender into conflict with the Court and the law of the land" (p. 442). Auf dies Problem hier näher einzugehen, gibt der Gegenstand unserer Betrachtung keinen Anlaß.

Vgl. über dies Problem und seine Lösungsversuche Dicey, Introduction, chp. XV und pp. lvii—lviii; Chalmers-Asquith, Outlines, 3rd edit. 1925, pp. 10 sqq., und 4th edit. 1930, pp. 32 sqq.; Keith, Constitution Administration and Law, p. 8; ferner K. Heck, Aufbau, S. 13; auch Jellinek, Verfassungsänderung, S. 28 Note und Hatschek, Englische Verfassungsgeschichte, S. 582, 585.

Jedenfalls können wir aus dem bisher Gesagten folgende doppelte Erkenntnis gewinnen: positiv, daß der Begriff der constitutional conventions das natürliche und notwendige Ergebnis der englischen Verfassungsrechtstheorie ist; negativ, daß dieser Begriff außerhalb des englischen Verfassungsrechts seine Bedeutung und Praktikabilität verlieren muß. Das soll im folgenden gezeigt werden.

Der Begriff der constitutional conventions entspringt der allgemeinen englischen Rechtsauffassung, der Konzeption von der „law". So sagt z. B. auch Hatschek, daß der Konventionalismus in der Natur der common law begründet sei (Engl. Staatsrecht, II, S. 41). Wir haben oben gesagt, daß man vielleicht die englische Rechtsauffassung dahin charakterisieren kann, daß das englische Recht — im Gegensatz zum kontinentalen Recht — eine Art nachfolgende Sanktionierung vorangegangener sozialer Bildungen bedeute. Und dieser Gedanke wird auch durch den Begriff der common law durchaus bestätigt. Da die law in Wirklichkeit eine Sanktion bestehender geltender sozialer Normen bedeutet, so können natürlich auch nur bestehende geltende Normen die Qualität der law erlangen: d. h. nur eine tatsächlich allgemein befolgte, also wirklich geltende Regel kann Norm der law werden, nicht aber soll versucht werden, in zufälligen Paragraphen geltende Rechts-

— 129 —

normen aufstellen oder in ihnen wirkliche Normen der law erblicken zu wollen. Es ist in der englischen Rechtsauffassung ein gewisses Mißtrauen gegen den geschriebenen Rechtssatz enthalten: daher besitzt England bis heute keine geschriebene Verfassung, keine kodifizierten Gesetzbücher.

Es ist eine Folge dieser Rechtsauffassung, daß dem Begriff der „law" eine bei weitem größere Konstanz, eine stärkere Unwidersprechlichkeit innewohnt als dem Begriff „Gesetz". Aber ihm ist auch eine gewisse Schwere, eine gewisse Unbeweglichkeit eigen. Und das ist auch notwendig: wonach soll sich das Volk richten, wenn das Rechtssystem, das zum Teil auf ungeschriebenen Sätzen beruht, noch dauernd sich ändern und wandeln soll?

Wenn wir oben gesehen haben, daß die conventions of the constitution darin eigentümlich sind, daß sie sich leicht ändern können und sich auch häufig ändern, daß ihnen also eine gewisse Elastizität eigen ist, so begreifen wir auch die hier bestehende Notwendigkeit, diese Normen nicht als Rechtsnormen, nicht als Normen der law zu qualifizieren. Denn die Normen der law müssen k o n s t a n t sein, die conventions of the constitution sind aber vornehmlich e l a s t i s c h e r Natur. Die Scheidung von conventions of the constitution und law of the constitution bedeutet also in Wirklichkeit eine Potenzierung, oder zumindest aber eine Gewährleistung des Begriffs der law, der constitutional law.

Die Unterscheidung von law of the constitution und conventions of the constitution ist ferner eine praktische Notwendigkeit. Wenn wir oben gesehen haben, daß in England alles law ist, was die Gerichte anwenden und aussprechen, und daß die Existenz einer law von der Fixierung durch ein statute völlig unabhängig ist, so begreifen wir auch die naheliegende Konsequenz, daß umgekehrt das Kriterium aller Rechtsnormen, der Normen der law, hier in ihrer Anwendung durch die Gerichte gesehen wird. Was gerichtlich anerkannt ist, ist Rechtsnorm; was gerichtlich nicht anerkannt wird, ist nicht Rechtsnorm. Das ist der eigentliche sachliche Gehalt der Unterscheidung von law of the constitution und conventions of the constitution. Sie steht also mit der rechtschaffenden und -bildenden Funktion der Gerichte in einem unmittelbaren Zusammenhang, ohne deren Erkenntnis das englische Rechtssystem überhaupt nicht verstanden werden kann. Aber freilich bleibt diese

— 130 —

Art Begriffsbestimmung für uns immer etwas befremdend: die Qualität einer Rechtsnorm wird weder in ihrer formalen Beschaffenheit gesehen, denn es gibt ungeschriebene Rechtsnormen und viele geschriebene conventions, noch in ihrem materiellen Inhalt, denn das Kriterium der Unterscheidung von law of the constitution und conventions of the constitution liegt keineswegs in dem Gegenstand ihrer Behandlung, sondern die Qualität einer Rechtsnorm liegt ausschließlich in ihrer gerichtlichen Anwendung, in einer außerhalb von ihr liegenden Anerkennung.

Endlich steht der Begriff der constitutional conventions mit der überragenden Stellung des Parlaments im englischen Staatsleben in einem engen Zusammenhang. Wir haben oben gesehen, daß die sogenannte parliamentary sovereignty der charakteristischste Zug des englischen Rechts- und Staatslebens ist, und in der Tat ist das englische Parlament der eigentliche Inhaber der politischen Gewalt im ganzen Lande. Und diese Bedeutung des Parlaments bedingt, daß die allgemeine englische Auffassung unter „constitutional law" all diejenigen Normen versteht, — darunter vielfach bloße Gewohnheiten und Vereinbarungen (customs and understandings), — die „direkt oder indirekt die Verteilung oder Ausübung der souveränen Gewalt im Staat betreffen", die sich also in Wirklichkeit hauptsächlich mit der Prärogative der Krone und den Privilegien des Parlaments (also das ganze „King in Parliament" betreffend) befassen. Viele dieser Normen aber, da sie von einer vornehmlich elastischen Natur sind, — und unter dem Einfluß der starren englischen Auffassung von der law —, werden von den Gerichten nicht anerkannt und sind daher keine Normen der law im eigentlichen Sinne, sondern nur „conventions of the constitution". In anderen Staaten z. B. — ganz abgesehen davon, daß schon die Existenz einer geschriebenen Verfassung die ganze Sachlage verschiebt, vgl. z. B. die Verhältnisse in den Vereinigten Staaten, darüber u. S. 132 ff. — wird der Begriff der constitutional conventions niemals die Bedeutung erlangen und von solcher Notwendigkeit sein wie in England, weil die „Gewohnheiten und Vereinbarungen", auch wenn sie die Prärogative und die Privilegien betreffen, von vornherein nicht als „Verfassungsrecht" — wie diese Gewohnheiten und Vereinbarungen in England allgemein als „constitutional law" gelten können — angesehen werden können, da das

— 131 —

Parlament („King in Parliament") hier nicht die das ganze Staatsleben dominierende Bedeutung hat wie in England. Eine Unterscheidung von wirklichen „laws" und bloßen „conventions" wäre hier von vornherein überflüssig.

Nach der Betrachtung der englischen Unterscheidung von law of the constitution und conventions of the constitution und ihres engen Zusammenhangs mit den allgemeinen englischen Verhältnissen ist nunmehr auf eine Erscheinung in den Vereinigten Staaten einzugehen, die in hohem Maße den englischen conventions of the constitution ähnelt: auf die Lehre von den sogenannten „usages of the constitution".

Der Begriff von den usages of the constitution — er stammt wohl von James Bryce — ist in der heutigen amerikanischen Verfassungsrechtstheorie durchaus geläufig geworden. In Deutschland wird er landläufig mit „Gewohnheitsrecht" übersetzt. Das ist irrtümlich. Denn usage ist zwar Gewohnheit, aber keineswegs Recht. Das „ungeschriebene Verfassungsrecht", das auch nach der amerikanischen Theorie existiert, heißt hier „the common law of the constitution" (H. W. Horwill, The Usage of the American Constitution, Oxford, 1925, p. 21; Martin-George, American Government and Citizenship, New York, 1927, p. 176). Unter „usages" sollen aber eben solche Normen verstanden werden, die zwar faktisch befolgt werden, die aber nicht zum Bereich der „law" gehören. Es ist eben der Begriff der convention of the constitution der englischen Verfassungsrechtstheorie, der hier nur einen anderen Namen gefunden hat: denn unter „constitutional convention" wird in Amerika nach dem allgemeinen Sprachgebrauch eine Versammlung verstanden, die entweder über die Errichtung einer Verfassungsurkunde berät, so z. B. die berühmte Constitutional Convention von 1787, die die Unionsverfassung schuf, oder die über eine zugelassene Verfassungsänderung (amendment) zu beschließen hat, so z. B. die einzuberufenden „conventions to revise the Constitution and amend the same". Dieser Zusammenhang ist oft übersehen worden. Da die Vereinigten Staaten ebenfalls eine geschriebene Verfassung besitzen wie die Länder des Kontinents, so ist der kontinentale Jurist begreiflicherweise geneigt, hier das Wort „usage" mit „Gewohnheitsrecht" zu übersetzen, in der Annahme, daß jene „usages of the Constitution" eben das „ungeschriebene

Verfassungsrecht" seien. Dieser sachliche Irrtum ist also die Folge eines terminologischen Mißverständnisses. Hätten die Amerikaner ihre „usages" dem englischen Sprachgebrauch entsprechend „conventions" genannt, so würde wohl niemand mehr an das „Gewohnheitsrecht" gedacht haben. Denn mit „usage" soll eben ausgedrückt werden, daß es sich n i c h t um Recht (law) handle.

„Usage" mit „Gewohnheitsrecht" übersetzt H i l d e s h e i m e r, Revision, S. 11 ff., dessen Schlußfolgerung daher immer mehr in die Irre geht; auch J. S i n g e r, der das B r y c e sche Werk American Commonwealth verdeutscht hat (Amerika als Staat und Gesellschaft, Leipzig 1924, I, S. 225 ff). — Vgl. über den engen Zusammenhang zwischen den amerikanischen usages und den englischen conventions statt vieler H o r w i l l, Usage of the American Const. p. 21; M a r t i n - G e o r g e, American Government, pp. 176 sqq., 185.

Freilich ist der Ausgangspunkt der Begriffsbildung bei den usages of the constitution ein anderer als der bei den constitutional conventions. Wir haben oben gesehen, daß der Unterschied zwischen law of the constitution und conventions of the constitution im wesentlichen darin besteht, daß die Normen der law v o r d e n G e r i c h t e n Anerkennung finden und die der conventions von den Gerichten unbeachtet bleiben, und daß der Sinn dieser Unterscheidung der ist, eine Möglichkeit zu schaffen, gewisse Normen der wirklichen „law" von anderen Normen, die zwar gewöhnlich auch als „constitutional law" angesehen werden, die aber keine „laws" im eigentlichen Sinne sind, zu trennen. Ganz anders verhält es sich aber mit den usages of the constitution im amerikanischen Verfassungsrecht.

Im amerikanischen Recht bildet den Ausgangspunkt der Begriffsbildung der usages of the constitution die g e s c h r i e b e n e V e r f a s s u n g. Usage ist das, was nicht in der geschriebenen Verfassung steht: es ist bekannt, daß auch die amerikanische Verfassung, wie ja jede geschriebene Verfassung überhaupt, viele wichtige Materien ungeregelt ließ, zum Teil, weil sie bei der Errichtung der Verfassung übersehen wurden, zum Teil, weil man sich darüber bei der Abfassung der Verfassung nicht einigen konnte. Eine Regelung dieser Materien aber, deren Notwendigkeit sich von selbst versteht, vollzieht sich auf einem doppelten Weg: einmal, auf dem Weg der Gesetzgebung des Kongresses, d. h. der Kongreß hat auch Gesetze über diejenigen Materien erlassen, deren Regelung ihm nicht ausdrücklich von der Verfassung zugedacht

— 133 —

ist, dazu verhilft ihm vor allem die Interpretationspraxis der Supreme Court M a r s h a l l s; ein andermal auf dem Weg der einfachen Gewohnheiten, auf dem Weg der „usages".
Vgl. hierzu B r y c e, Americ. Commonwealth, Vol. I, p. 393.

Usages of the constitution, die oft höchst wichtige verfassungsrechtliche Materien betreffen, sind einfache, tatsächlich befolgte Gewohnheitsregeln: sie beruhen weder auf einer Bestimmung der Verfassung, noch auf irgend einem Gesetze (statute): "which have sprung up round the Constitution and profoundly affected its working, but which are not parts of the Constitution nor necessarily attributable to any specific provision which it contains" (B r y c e, p. 396). Das ist ihr Charakteristikum. Sind die englischen conventions und die amerikanischen usages darin gleich, daß sie in gleicher Weise nicht Recht, nicht „law" darstellen, so unterscheiden sie sich dadurch, daß die ersten deshalb nicht „law" sind, weil sie vor den Gerichtshöfen keine Kognition finden, die letzten deshalb, weil sie einer verfassungsgesetzlichen Grundlage völlig entbehren.

Hier ist aber folgendes zu beachten: besteht das Wesen der usages in dem Fehlen der verfassungsgesetzlichen Grundlage, so sind zwei Möglichkeiten der usages denkbar: es gibt erstens usages, deren Gegenstand eine Regelung durch die Verfassung überhaupt nicht erfahren hat, das sind die eigentlichen Fälle der usages; ferner gibt es usages, deren Gegenstand zwar eine Regelung durch die Verfassung erfahren hat, zu der diese usages aber in einem Widerspruch stehen. Obwohl die usages in beiden Fällen gleichermaßen verfassungsgesetzlich nicht fundierte Gewohnheitsregeln sind, sind in Wirklichkeit viele davon einfach konträre Gewohnheiten zum ausdrücklichen Verfassungsrecht. Dieses verfassungs w i d r i g e Moment der usages ist aber nur ein Auswuchs der ihnen ursprünglich zugedachten verfassungs e r g ä n z e n d e n Funktion: aber auf dieser verfassungswidersprechenden Wirkung beruht wiederum die Bedeutung der usages für die Verfassungswandlung.

Einige Beispiele mögen den Begriff der usage of the constitution illustrieren:

Die Präsidentenwahlmänner haben durch usage das ihnen von der Verfassung verliehene Recht, bei der Wahl des obersten Beamten ganz nach ihrem Gutdünken vorzugehen, vollkommen eingebüßt. Denn die Wahlmänner, die selbst den Präsidenten wählen sollten, sind in Wirklichkeit völlig an die Vorschläge der Volksmassen, die sie selbst gewählt haben, gebunden. Das hat sich derart eingebürgert, daß eine Nichtbeachtung der Wähler und ihrer Wünsche praktisch als ein Treubruch und eine Verneinung der Demokratie angesehen würde.

Kein Präsident wurde auf mehr als zwei Amtsperioden gewählt, obgleich die Verfassung in keiner Hinsicht seine Wiederwählbarkeit eingeschränkt hat.

Der Präsident übt heute in der Praxis sein Vetorecht bei weitem ungezwungener aus als zu Beginn der Union und bei einer viel größeren Reihe von Gelegenheiten als zuvor.

Der Senat übt gegenwärtig niemals seine unbezweifelte Befugnis aus, die vom Präsidenten erstatteten Besetzungsvorschläge abzulehnen, wenn diese sein Kabinett betreffen.

Dem Präsidenten steht ohne Befragung des Senats die Entlassung von Beamten frei, auch wenn zu deren Ernennung die Zustimmung des Senats erforderlich war.

Sowohl das Haus der Repräsentanten wie auch der Senat verrichten gegenwärtig ihre legislative Arbeit lediglich durch ihre ständigen Komitees, was in der Verfassung keineswegs vorgesehen war.

Solche usages, die also weder auf der Verfassung, noch auf Gesetzen beruhen, sind in der Praxis recht zahlreich. Wenn Bryce noch gesagt hat, "in the United States there are fewer such understandings than in England" (Commonw. Vol. I, p. 294), so sagt schon Ch. A. Beard 1924, daß "in fact custom forms as large an element of our Constitution as it does in the case of the English Constitution" (American Government, p. 81). Die Monographie des Engländers Horwill, The Usage of the American Constitution (1925), hat uns in der Erkenntnis um die bestehenden usages noch sehr bereichert.

Vgl. über die einzelnen usages Bryce, Commonwealth, I, pp. 392 sqq.; T. A. Woodburn, The American Republic and its Government. New York & London, 1903, pp. 92 sqq.; Ch. A. Beard, American Government, pp. 81 sqq.; chps. VII & XXV; Martin-George, American Government, pp. 116 sqq., 432—438; Dicey, Introduction, pp. 28—9; vor allem Horwill, The Usage of the American Constitution.

Was die Elastizität der usages of the constitution anbelangt, so sind sie darin wieder den englischen conventions of the constitution sehr ähnlich: sie können ebenfalls leicht und formlos abgeändert werden und ändern sich auch häufig. Viele der usages

— 135 —

werden häufig nicht beachtet, manche sogar völlig aufgegeben, andere wiederum fast immer befolgt, unter Umständen sogar vom Gericht unterstützt; natürlich erkennt das Gericht sie niemals als Rechtsnormen an, sondern es versucht einerseits ihren Mangel an verfassungsgesetzlicher Grundlage zu verschleiern, anderseits ihre politische Notwendigkeit stark zu betonen. Eine unübersteigliche Schranke bleibt aber natürlich immer die geschriebene Verfassung: wird ein usage noch so konstant befolgt, so bleibt er doch immer nur ein usage, solange er einer verfassungsgesetzlichen Grundlage entbehrt; im Gegensatz zu den englischen conventions, die jederzeit zu Rechtsnormen erhoben werden können, entweder dadurch, daß sie in ein Gesetz aufgenommen werden, oder dadurch, daß die Gerichtshöfe sie anerkennen. Während also die Grenze zwischen law of the constitution und conventions of the constitution in England eine flüssige ist, kann die zwischen der constitutional law und den constitutional usages in Amerika an Hand der geschriebenen Verfassung unschwer aufgezeigt werden. Es wird wohl auch dies gemeint sein, wenn D i c e y sagt: "under the american System, however, the line between ‚conventional rules' and ‚laws' is drawn with a precision hardly possible in England" (Introduction, p. 28, note 1).

Vgl. über changes in usages B r y c e, Commonwealth, Vol. I, pp. 396 sqq.; H o r w i l l, Usage of the Americ. Const., pp. 196—212.

Nach der Betrachtung der englischen Lehre von den conventions of the constitution — auf die H a t s c h e k seine Lehre von den Konventionalregeln aufgebaut hat — und der verwandten amerikanischen Lehre von den usages of the constitution wenden wir uns nunmehr der H a t s c h e k schen Lehre von den Konventionalregeln selbst zu, einer Lehre, mit der er nicht nur das Problem der Verfassungswandlung lösen zu können glaubte, sondern die nach ihm für das öffentliche Recht überhaupt „von großer Bedeutung" ist.[1])

Unter Konventionalregeln versteht H a t s c h e k „jene Normen, die im Prozeß der Rechtsbildung ein Vorstadium des Rechts darstellen, weil sie noch nicht durch die offiziellen Rechtsquellen ge-

---

[1]) Diese ist aber mit der Lehre von den Konventionalregeln S t a m m l e r s nicht zu verwechseln (Wirtschaft und Recht, Leipzig 1896, S. 125 ff.). Sie sind zwei völlig verschiedene Theorien, haben nur zufällig dieselbe Bezeichnung.

— 136 —

gangen, die aber deshalb nicht weniger wirksam sind; Normen, welche gewissermaßen unter der Decke der Rechtsordnung, insbesondere unter der des öffentlichen Rechts, sich ausbilden, sie teils ergänzend, teils auf ihren Untergang lauernd, um sich, wo der Widerstand schwach geworden, rücksichtslos an ihre Stelle zu setzen" (Konventionalregeln usw. JöR, III, 1909, S. 4). Sie sind nicht Recht, vielmehr gelten sie lediglich kraft empirischer Faktizität, denn sie bilden sich erst zum Recht aus (S. 15).

Diese Konventionalregeln kommen besonders im öffentlichen Recht häufig und ungehemmt vor, das kommt daher, weil es eine Gesamtkodifikation des öffentlichen Rechts nicht gibt, ferner weil der Verwaltungsbeamte hier mehr schalten und walten kann, und endlich weil die Konsonanz zwischen den obersten Staatsorganen oft mangelt (S. 6 ff.).

H a t s c h e k unterscheidet sieben Formen der Konventionalregeln:

1. Die durch Rechtssetzungsanmaßung oberster, durch den Richter nicht kontrollierter Staatsorgane geschaffenen Normen, die, obgleich keine Rechtssätze, dennoch in der Praxis beobachtet werden (S. 9 ff.).

2. Die Allonomie, d. h. die der positiven Rechtsordnung widersprechende Verwendung und analogische Übertragung von Normen des einen Rechtsgebiets auf ein anderes Rechtsgebiet (S. 11 ff.).

3. Die Rechtsspaltung, d. h. die Heranbildung einer neuen, mit der geltenden herrschenden in Widerspruch stehenden Rechtsordnung auf dem Weg richterlicher Spruchpraxis (S. 16 ff.).

4. Organisationsparallelismus, d. i. jene Erscheinung, wo Rechtsnormen, die für eine Organisation von Staatseinrichtungen gelten, für eine parallele rechtliche Organisation, d. h. eine in ihrer Struktur der ersten analoge, ebenfalls zur Anwendung kommen, aber nicht kraft Rechtsgebots, sondern als Konventionalregeln (S. 22 ff.).

5. Die Formentartung, das sind die Fälle, bei denen die verfassungsmäßige Form des Zusammenwirkens mehrerer Staatsorgane ersetzt wird durch eine nicht verfassungsmäßige und daher widerrechtliche, was mitunter für die Beteiligten bequemer sein kann, einzig und allein aber deshalb möglich wird, weil keines der beteiligten Staatsorgane dagegen Einspruch erhebt (S. 31 ff.).

— 137 —

6. Wenn durch Interpretationswandel gewisse Gesetzestexte ihren Sinn geändert haben, so liegen hier auch Konventionalregeln vor, die aber das Mäntelchen des Gesetzes antun (S. 32).

7. Die Hypotaxe (Vorlagerung) oder Parataxe (Nebenlagerung) von Rechtssätzen und Konventionalregeln: das sind Fälle, bei denen man die Konventionalregeln als Rechtssätze ausgibt, indem man behauptet, diese seien zur Realisierung einer feststehenden Rechtsregel unbedingt erforderlich (S. 33 ff.).

Als allgemeine Charakteristik der Konventionalregeln nennt H a t s c h e k dreierlei: 1. daß sie Normen seien, die sich meist gegen den Wortlaut des Gesetzes entwickeln, die aber doch tatsächlich bindende Kraft besitzen; 2. daß sie ihre Verbindlichkeit aus der normativen Kraft des Faktischen ableiten; 3. daß sie sich von anderen Konventionalregeln (solchen der Sitte, Religion, Sprache usw.) dadurch unterscheiden, daß sie zu ihrem Schutz gewissermaßen als Deckblatt eine Rechtsnorm brauchen, diese Rechtsnorm aber meist rechtsirrtümlich zur Anwendung kommen lassen (S. 34 ff.).

Das Unterscheidungsmerkmal zwischen den wirklichen Rechtsnormen und diesen Konventionalregeln sieht H a t s c h e k darin, daß „die Rechtsnorm dazu dient, Weisungen für die Gegenwart und Zukunft zu geben, Anweisungen also für ein erst darauf folgendes Handeln, die Konventionalregel aber nur den Zweck hat, praktisch zweckmäßiges Handeln, das sich aus der Befolgung von Präzedenzfällen empfiehlt, nachträglich a posteriori zu rechtfertigen" (S. 35).

Diese Konventionalregeln sind im öffentlichen Recht besonders von dem „reifen Gewohnheitsrecht" zu unterscheiden, da sie nur ein Vorstadium des Rechts darstellen. „Ihr Hauptanwendungsgebiet ist die Tätigkeitssphäre der obersten Staatsorgane und ihr Verhältnis zueinander. Hier gibt es keine Ruhe, keine Stabilität. Hier wird täglich auf der einen Seite neues Gebiet urbar gemacht, dessen sich ein Staatsorgan bemächtigt, und zwar ein anderes, als woran die Väter der Verfassung gedacht haben. Ein ewiges Kämpfen und Ringen bezeichnet dies Gebiet" (Deutsches und Preuß. Staatsrecht, I, S. 13 ff.).

Wir sehen also, wie die von H a t s c h e k aufgestellte Lehre von den Konventionalregeln im wesentlichen auf die englische

— 138 —

Lehre von den conventions of the constitution zurückgeht. Die hier gekennzeichneten Charakterzüge stimmen im großen ganzen mit denen der conventions überein: der Charakter der Unterwertigkeit der Konventionalregeln gegenüber den wirklichen Rechtsnormen; ihre Fähigkeit (Tendenz), sich in Rechtsnormen zu verwandeln; ihr Hauptanwendungsgebiet in der Tätigkeitssphäre der obersten Staatsorgane. Dabei hat er die eigentümlichen Begleitumstände, unter denen sich die Lehre der conventions of the constitution entwickelt und gebildet hat, nicht genügend beachtet: die eigentümliche Rechtsauffassung der Engländer, die Konzeption von der „law"; die Bedeutung der Gerichtssprüche für die Unterscheidung von law of the constitution und conventions of the constitution; die überragende Stellung des Parlaments im ganzen englischen Rechts- und Staatsleben. Daher muß eine Lehre, die für die englische Doktrin und Praxis von grundlegender Bedeutung und unentbehrlichem Wert ist, in einer kontinentalen Rechtsordnung sich als unbrauchbar erweisen, trotz der unendlichen Mühe, die verwendet wurde, um diese auf einem engbegrenzten Rechtsboden aufgewachsene Lehre für die allgemeine Rechtstheorie fruchtbar zu machen.

Die Unzulänglichkeit der Lehre von den Konventionalregeln liegt in der unbestimmbaren Grenze zwischen den Konventionalregeln einerseits und den wirklichen Rechtsnormen andererseits. Bekanntlich liegt der Unterschied beider nicht in der Eigenschaft des Geschriebenseins, denn auch das Gewohnheitsrecht ist ungeschrieben; ferner auch nicht in dem Grade der Wirkung, denn auch die Konventionalregeln haben „bindende Kraft". Wo wird aber der Unterschied zu sehen sein? Läßt man es auf die Überzeugung ankommen, etwa auf die Wertung eines Verhaltens als tatsächlicher oder als rechtlicher Ausübung, so wird das juristische Kriterium eines Rechtssatzes in ein psychologisches Moment verlegt, aus dessen schwieriger Definierbarkeit und Nachweislichkeit die Unzulänglichkeit der Methode sich ergibt. Stellt man auf die „dauernde Übung" ab, etwa bei einer erstmaligen Handlung nehme man eine Konventionalregel an, bei Wiederholung ein Gewohnheitsrecht, so läge die Qualität einer Rechtsnorm nicht in der juristisch qualifizierbaren Geltung, sondern in der rein faktisch festzustellenden Übung, in den zahlenmäßig zu registrierenden Anwendungsfällen.

— 139 —

Stier-Somlo bemerkt zu der Hatschekschen Lehre: „Die Unterscheidung von Gewohnheitsrecht und Konventionalnorm ist gewiß von Interesse; wesentlich ist aber hier nicht der politische Kampf, der soziologische Tatbestand, sondern diejenige Macht- und Zuständigkeitsverschiebung, die als eine rechtliche, nicht bloß tatsächliche gedacht und wirksam ist. Dann aber liegt eben Gewohnheitsrecht vor" (Reichs- und Landesstaatsrecht, S. 345).

Zumal läßt es Hatschek selbst auch nicht auf diese Momente ankommen, sondern er sieht den Unterschied in der Natur der Rechtsnorm als Anweisung für die Zukunft einerseits, in der Bedeutung der Konventionalregel als Rechtfertigung für die Vergangenheit andererseits. Diese Vorstellung ist aber gänzlich irrig. Mit vollem Recht hat Kelsen dagegen eingewandt, daß auch die Rechtsregel a posteriori zur Rechtfertigung praktisch zweckmäßigen Handelns verwendet werde und daß die einmal existente Konventionalregel ebenfalls Anweisung für ein erst darauf folgendes Handeln geben und daher motivierend in die Zukunft wirken könne (Hauptprobleme, S. 105). Im Gegenteil, die Konventionalregel könne überhaupt nicht „rechtfertigen", sondern „rechtfertigen" könne nur die Rechtsregel, die naturgemäß einzig und allein dazu imstande sei, während die Anwendung einer Konventionalregel nach Hatscheks eigener Darstellung doch stets eine rechtswidrige Praxis involviere. Solle „rechtfertigen" ein zweckmäßiges Handeln als zweckmäßig aufzeigen heißen, so sei dies wohl recht überflüssig und eine solche „Rechtfertigung" habe keinerlei formal-juristische Bedeutung (S. 105/6).

Auch Tezner hat gegen diese Lehre polemisiert, mit dem Argument, daß es hier an Voraussetzungen fehle, unter denen die Konventionalregeln Rechtssätze werden sollen (Konventionalregeln und Systemzwang, S. 604). Vielmehr seien viele der von Hatschek genannten Konventionalregeln in Wirklichkeit bereits „Recht" geworden. Denn Geltung sei für das Dasein objektiven Rechts erforderlich und ausreichend. Die feste Praxis sei dem toten Letternrecht des Gesetzes gegenüber lebendiges, erprobtes Recht, Recht in jener Gestalt, in der es erfahrungsgemäß gilt (S. 601). Denn auch die Machtausübung der autoritären Staatsorgane schaffe Recht, und die Macht, die Recht gebiert, durchbreche zu allen Zeiten die sie hemmenden Formen (S. 609).

Freilich ist hier richtig nur das, was negativ gesagt ist, was positiv gesagt ist, ist mehr als bedenklich. Diese Lehre, die in Wahrheit ein noch „übereiligerer Tatsachenkult" ist als die Lehre von der normativen Kraft des Faktischen, verkennt im Grund das Wesen alles Rechts und verwechselt die Rechtsnormen mit einfachen technischen Normen, verwechselt die Rechtsordnung mit dem fungiblen Schema einer Funktionenteilung der Staatsgewalten. Diese Verkennung spricht sich vollends darin aus — und das nimmt uns nicht wunder —, daß Tezner am Ende seiner Abhandlung sagt: „die Jurisprudenz bietet in allen Formen ihrer Betätigung nur opiniones communes aut non communes und gehört darum in dasselbe Gebiet wie Glauben, Philosophie, Ethik" (S. 638).

Eine mit der Hatschekschen verwandte Lehre ist die von der Unterscheidung zwischen Rechtsregeln und Konventionalregeln bei Redslob (Abhängige Länder, S. 22 ff.). Nach diesem liegt das Unterscheidungsmerkmal beider weder in der Eigenschaft des Geschrieben-Seins (S. 23), noch in der Möglichkeit, vor den Richter gebracht zu werden (S. 25), sondern es liegt nur in der „organisierten Garantie ihrer psychologischen Wirksamkeit", die lediglich den Rechtsnormen zukommt (S. 21). Diese Garantie ist aber nicht mit der Geltung oder Übung gleichzustellen, denn die fest befolgte Regel, daß der französische Präsident die Deputiertenkammer nicht auflösen darf, sei nur Konventionalregel (S. 23); ferner ist die Qualität der Rechtsnorm auch von ihrer formalen rechtssatzmäßigen Statuierung durchaus unabhängig, denn „viele Verfassungen statuieren die Verantwortlichkeit der Minister vor dem Parlament, sie schaffen aber damit Regeln ohne rechtlichen Charakter" (S. 24). Demnach liegt also das Kriterium aller Rechtsnormen weder in ihrer formalen Beschaffenheit, noch in ihrer tatsachlichen Geltung, sondern lediglich in der „Garantie ihrer psychologischen Wirksamkeit", d. h. in dem Grund ihre Geltung. Für die Jurisprudenz des positiven Rechts ist diese Lehre irrelevant.

Diese Lehre geht in Wahrheit auf Jellinek zurück, der für die Geltung des Rechts nicht nur die psychologische Wirksamkeit, sondern ferner die Garantie dieser Wirksamkeit verlangt (Allg. Staatslehre, S. 334). — Eigentlich lag es Redslob überhaupt fern, diese Unterscheidung theoretisch näher zu begründen, sondern er begnügt sich mit der einfachen Feststellung des bestehenden Unterschiedes unter den verschiedenen Normen, der Tatsache, daß nicht „allen Rechtsnormen" derselbe Rechtscharakter zukommt. Vgl. aaO., S. 26.

— 141 —

Nach der Betrachtung der verschiedenen Theorien von den „Konventionalregeln" wird es uns nunmehr klar, daß das Problem der Verfassungswandlung mit dem Begriff der Konventionalregel nicht gelöst werden kann. Die englische Lehre von den conventions of the constitution ist deshalb für unsere Betrachtung nicht verwertbar, weil ihre Voraussetzungen und Begleitumstände im wesentlichen lokalisiert sind: abgesehen von der eigentümlichen englischen Rechtsauffassung, von der besonderen Bedeutung des englischen Richters und des englischen Parlaments, bedingen das Fehlen der geschriebenen Verfassung und das des legalen Unterschiedes zwischen Verfassungsgesetzen und einfachen Gesetzen eine völlig andere Betrachtungsweise für englische verfassungsrechtliche Probleme als für die anderer Rechtssysteme. So wesentlich und richtig daher die Erkenntnis auch ist, daß die Wandlungen (changes) im englischen Verfassungsrecht („constitutional law" in der allgemeinen Bedeutung) meistens auf dem Wege der conventions of the constitution vor sich gehen, so bedenklich ist es zu behaupten, daß die Erscheinung der Verfassungswandlung eine Folge der „Konventionalregeln" schlechthin sei. Hieran krankt die ganze Lehre H a t s c h e k s und kann daher zu keinem Ergebnis führen. Aber auch die Lehre R e d s l o b s ist für unsere Problemstellung nichtssagend. Denn ganz abgesehen davon, daß er von vornherein nicht das Problem der Verfassungswandlung im Auge hatte, lag ihm überhaupt weniger daran, eine dogmatische Lehre zu begründen, als eben eine empirische Tatsache festzustellen. Für eine theoretische Untersuchung ist damit nichts geholfen.

Unserem Problem wesentlich näher kommt die amerikanische Theorie von den usages of the constitution. Diese enthalten drei Momente, die auch den Verfassungswandlungen eigentümlich sind: die tatsächliche Geltung, das Unverändertbleiben des Verfassungstextes, der Widerspruch zu ihm. Hier zeigt sich das unvergleichlich tiefe Verständnis B r y c e s für das amerikanische Verfassungsrecht, der die drei Wege seiner Fortbildung bezeichnet hat als: amendments, usage, interpretation (Commonw. I, p. 480). Was also nicht auf dem Wege des amendments und dem der Interpretation vor sich gegangen ist, gehört zu den usages. Diese Formulierung ist so glücklich gefaßt und der Sachlage entsprechend, daß die

— 142 —

amerikanische Verfassungsrechtstheorie noch bis heute daran fest hält. Es liegt uns also nahe — da die Verfassungswandlung durch die Verfassungsinterpretation eine wesentlich amerikanische Erscheinung ist, und amendments unser Problem nicht berühren —, für das Problem der Verfassungswandlung eine Lösung im Begriff des usage of the constitution zu suchen. Das ist aber eine unerfüllbare Hoffnung. Denn die Amerikaner stellen lediglich die freilich auch für sie nicht als ganz normal und unproblematisch erscheinenden Fälle fest, Fälle, die eine Inkongruenz zwischen dem geschriebenen Verfassungsrecht und dem tatsächlichen Verfassungsrechtszustand bedeuten, sie nennen sie usages of the constitution, um also damit anzudeuten, daß sie zwar faktisch befolgt werden, aber eine legale Grundlage vollkommen entbehren, daß sie also keine Regeln der „law" seien; aber damit ist auch ihre wissenschaftliche Arbeit zu Ende: sie untersuchen die Existenz der usages, fragen aber weder nach ihrem Ursprung noch nach ihrer Natur. Die Problemlage der Verfassungswandlung ist also zwar bei den Amerikanern auch gegeben, aber das Problem selbst zu stellen, haben sie sich nicht bemüht.

Verfassungswandlung als Verfassungsverletzung.

Der Unterschied der beiden Richtungen im Lösungsversuche des Problems der Verfassungswandlung besteht, wie wir oben sahen, darin, daß die Verfassungswandlung einmal als **vollwertiges** Recht, Gewohnheitsrecht, einmal als den wirklichen Rechtsnormen **unterwertige** Konventionalregel angesehen wird. Es ist nunmehr eine dritte Theorie in diesem Zusammenhang zu erwähnen, nach der die Verfassungswandlung nichts anderes als eine tatsächliche Verfassungsverletzung, einen faktischen Bruch des positiven Verfassungsrechts darstellt.

Diese Theorie ist der natürliche Ausfluß einer positivistischen Rechtsauffassung, der Auffassung von der alleinigen Autorität des geschriebenen Rechtssatzes für das ganze Rechts- und Staatsleben. Ist dem geschriebenen Rechtssatz, der positiven Willenserklärung der Staatsautorität, bergrifflich der Wille immanent, daß er innerhalb seiner bestimmten Geltungsdauer und seines bestimmten Geltungsgebiets unbedingt befolgt werde, — die Dispositionsmöglichkeit über einen „dispositiven" Rechtssatz ist ja von diesem Rechtssatz selbst gewollt —, so ist natürlich eine anders als durch einen weiteren Rechtssatz gleichen Charakters herbeigeführte Änderung des durch den ersten Rechtssatz geschaffenen Rechtszustandes notwendig eine Verletzung dieses Rechtssatzes selbst. In diesem Sinne sagt **Hildesheimer**, daß „die durch die sogenannte Verfassungswandlung bewirkten Abänderungen im System der geschriebenen Verfassungen keine rechtmäßigen" seien (Revision, S. 11). Vielmehr „vollziehen sie sich in der Welt des politischen Geschehens lediglich, im Widerspruch zu dem bisherigen Rechtszustand. Die durch sie hervorgebrachten neuen Regeln können jedoch nur dann Rechtsregeln werden, wenn sie imstande sind, den alten ihre verpflichtende Kraft, ihnen ihren Rechtscharakter zu nehmen, ein bloßes faktisches Verdrängen kann nicht genügen" (S. 11 f.).

— 144 —

So sind für ihn die der Verfassung widersprechenden Gewohnheitsregeln nur Konventionalregeln, die in einer Richtung orientiert sind, die gegen das Recht weist (S. 16), und die oft eine Abänderung der Verfassungssätze bewirkende Interpretation, wie sie in Amerika häufig vorkommt, nur „ein Verletzen der Verfassung" (S. 19). Was die Verfassungsinterpretation anbelangt, ist darüber oben schon geredet worden, vgl. bes. S. 95. Was das Gewohnheitsrecht betrifft, so beruht seine ganze Ausführung darüber (Revision, S. 12—16) auf einer unklaren Vermengung von der positivistischen Gewohnheitsrechtstheorie, der amerikanischen Theorie von den usages of the constitution und den Lehren von der Konventionalregel von H a t s c h e k und R e d s l o b. Eine neue Theorie ist aus diesem Gemenge nicht entstanden.

Eine ähnliche Behandlungsweise des Problems findet sich in der normlogischen Rechtslehre, die in der Welt alles Rechts nur eine Welt von Sollenssätzen sieht und jedes dem Sollenden nicht Entsprechende als etwas der Seinswelt Angehörendes ansieht und aus der juristisch-theoretischen Betrachtung eliminiert. So sagt K e l s e n von den Rechtssätzen: „Die Nichtanwendung eines formell bestehenden Rechtssatzes oder die Anwendung eines formell nicht existenten durch die Staatsorgane ist ein tatsächliches Versagen der Rechtsordnung, das eben darum juristisch nicht konstruiert werden kann, weil alle juristische Konstruktion auf dem tatsächlichen Funktionieren der Rechtsordnung beruht, dieses Funktionieren zur Voraussetzung hat und niemals das tatsächliche Versagen des Rechtsapparates erklären soll. Ebenso versagt die juristische Konstruktion in allen den Fällen von Verfassungsbrüchen, wenn etwa der Monarch verfassungswidrige Regierungsakte setzt, die tatsächliche Wirkungen haben" (Hauptprobleme, S. 50). Und in seiner Allgemeinen Staatslehre sagt er: „Die als ‚Verfassungswandlung' bezeichnete Tatsache, daß sich die Handhabung der Verfassungsnormen allmählich und unmerklich dadurch ändert, daß den unverändert bleibenden Worten des Verfassungstextes ein anderer als der ursprüngliche Sinn beigelegt wird, oder daß sich eine zum Wortlaut und jedem möglichen Sinne der Verfassung im Widerspruch stehende Praxis bildet, ist kein den Verfassungsnormen spezifisches, sondern ein auf allen Rechtsgebieten zu beobachtendes Phänomen" (S. 254). Demnach ist das Problem der Verfassungswandlung ein Problem des tatsächlichen Versagens der normativen Rechtssätze (der positiven Rechtsordnung) überhaupt, es ist rein faktischer Natur, juristisch weder erfaßbar noch interessant.

— 145 —

Es verlohnt sich, in diesem Zusammenhang einen Blick auf die f r a n z ö s i s c h e Verfassungsrechtstheorie zu werfen. Denn aus ihrer allgemeinen Denkweise ist eine ähnliche Ansicht über unser Problem erwachsen, wie die oben geschilderten.

Es wirkt zunächst nicht unbefremdend, daß in der französischen verfassungsrechtlichen Literatur, die doch über so viele große Namen verfügt wie kaum ein anderes Land, das Problem der Verfassungswandlung so gut wie unbekannt ist. Große Werke verfassungsrechtlichen Inhalts wie die von E s m e i n (Eléménts de droit constitutionnel français et comparé, 8me édit. Paris 1928/9), D u g u i t (Traité de droit const., 2me édit. Paris 1923/5), B a r t h é l e m y (Traité élémentaire de droit const., Paris 1926), M o r e a u (Précis élémentaire de droit constitutionnel, 9me édit. Paris 1921), C a r r é de M a l b e r g (Contribution à la théorie générale de l'état, Paris 1920), P i e r r e (Traité de droit politique, 6me édit. Paris 1924), die neben den Fragen des positiven Verfassungsrechts und der Verfassungstheorie — im Gegensatz zu der anglo-amerikanischen Behandlungsweise des Verfassungsrechts — vielfach sehr weitgehend allgemeine staats- und rechtstheoretische Probleme behandeln, haben das Problem der Verfassungswandlung mit keiner Silbe erwähnt.

Es ist M. H a u r i o u allein, der das Problem bemerkt und angedeutet hat. Nach ihm bedeutet die ganze Problemlage der Verfassungswandlung ein „faussement de la constitution". Er führt dies folgendermaßen aus:

„On appelle faussement de la constitution les déformations que la pratique apporte au fonctionnement des institutions gouvernementales et aux rapports des pouvoirs publics. La pratique établit souvent des usages qui sont contraires au texte même de la constitution et qui posent la question de l'abolition de ces textes par le non-usage" (Précis de droit constituionnel, 2me édit. Paris 1929, p. 260). Als Beispiel nennt er, „chacun sait que le jeu de notre constitution a été considérablement faussé par les pratiques suivies surtout en ce qui concerne les pouvoirs du Président de la Republique dans ses rapports avec les chambres; son droit de dissolution de la Chambre des Députés, comme son droit de demander une nouvelle délibération d'une loi, sont comme tombés en désuétude" (Précis élémentaires de droit constitutionnel, 2me édit. Paris 1930,

p. 75). „Il convient de poser en principe, tant à cause de la rigidité de la constitution qu'à la raison du fait que notre droit n'admet pas l'abrogation des lois par le non-usage, que les faussements de la constitution sont des simples états de fait qui ne modifient pas l'état de droit" (Précis, p. 261). Denn „les dispositions d'une loi écrite ne peuvent être abrogées ni par le non-usage, ni par des usages contraires" (Précis élément., p. 75). Weiter führt er aus: „peut-être pourrait-on soutenir qu'un faussement de la constitution d'un pays donné qui se rapprocherait du droit commun constitutionnel devrait être vu avec faveur. Il y aurait donc une distinction à faire selon que la pratique suivie s'éloigne ou se rapproche du droit commun constitutionnel. Je me borne à poser la question sans la résoudre, la question du droit commun constitutionnel n'étant pas suffisamment mûre" (Précis, p. 261).

Ähnlich Benjamin A k z i n, La désuétude en droit constitutionnel, in Revue du droit public et de la Science politique 1928, der das Problem löst mit dem „principe de l'inéfficacité juridique de la désuétude des lois" (p. 18) und meint, daß es sich in solchen Fällen um nichts anderes handle als „de l'absence d'un autre organe compétent pour connaître et sanctionner l'excès de pouvoir commis" (p. 18).

Also entweder eine Ignorierung des Problems der Verfassungswandlung überhaupt oder die Reduzierung des Problems auf eine Frage von „simples états de f a i t qui ne modifient pas l'état de d r o i t".

Diese völlig unproblematische Haltung der französischen Verfassungsrechtstheorie erklärt sich aus folgenden zwei Gründen:

1. Die Problemlage der Verfassungswandlung ist hier von vornherein bestimmt durch die Eigenart der französischen Verfassung. Wir wissen, daß Frankreich keine Verfassung besitzt, sondern nur einzelne Verfassungsgesetze. Die drei lois constitutionnelles aus dem Jahre 1875, — von denen in Wahrheit nur eine als loi „constitutionnelle" erlassen wurde, nämlich die vom 16. Juli 1875 —, ein Notbau aus der Zeit der großen Verfassungskrise, ein bewußt provisorischer Kompromiß, ein modus vivendi, sind bis heute der ganze geschriebene Inhalt der französischen „Verfassung" geblieben. Diese Gesetze, aus einer „rédaction hâtive et imparfaite", in sich system- und methodenlos, „une oeuvre d'adversaires résignés et de partisans à demi découragés" (B a r t h é l e m y, Traité élément. p. 48), sind notwendigerweise, zumal als der ganze

— 147 —

Inhalt einer geschriebenen Verfassung gesehen, im höchsten Grade kurz und rudimentär. Sie enthalten, frei von jedem Dogma und jeder Theorie, — im Gegensatz zu den früheren Verfassungen —, nichts als das Allernotwendigste für eine Fixierung der Funktionen der obersten Regierungsorgane. Aber eben deshalb bedeuten sie, die seit 1884 nur noch aus 25 Artikeln bestehen, und die „etwas von der Geschmeidigkeit des englischen Gewohnheitsrechts gewinnen" (E. v. H i p p e l, Der französische Staat der Gegenwart, Breslau 1928, S. 13), „keine Fessel für die Entwicklung" (G m e l i n, Ausländ. Staatsrecht, S. 5) und nur hieraus erklärt sich das Geheimnis der überraschend langen Lebensdauer dieses bewußt fragmentarischen Übergangsproduktes.

Vgl. über den Grundcharakter der französischen Verfassungsgesetze und ihrer Vor- und Entstehungsgeschichte statt vieler E s m e i n (N é z a r d), Eléments de dr. const., II, p. 18 et s.; H a u r i o u, Précis, p. 326—31; B a r t h é l e m y, Traité élément., pp. 40—48; G m e l i n, Ausländisches Staatsrecht, 1925, S. 5 f.; v. H i p p e l, Der französische Staat der Gegenwart, S. 12 f.

Aus dieser außerordentlichen Kürze der Verfassung, die zugleich ihre Geschmeidigkeit und ihre Lebensdauer erklärt, erklärt sich auch die Außerachtlassung des Problems der Verfassungswandlung in der französischen Verfassungsrechtslehre. Handelt es sich bei der Verfassungswandlung um eine Infragestellung der geschriebenen Verfassungsrechtssätze durch die tatsächliche Verfassungspraxis, so kann das Problem deshalb hier keine besondere Beachtung finden, weil die geschriebenen Verfassungsrechtssätze, bei denen die Wandlung beobachtet werden soll, hier von einem allzu kleinen Umfang sind. Die theoretische Behandlung eines Problems ist bedingt durch dessen praktische Bedeutung: die außerordentliche Kürze und Bescheidenheit der französischen Verfassungsgesetze bewirkt aber eine Seltenheit der Verfassungswandlung.

2. Vor allem ist aber die ganze Haltung der französischen Verfassungsrechtslehre gegenüber dem Problem der Verfassungswandlung auf die a l l g e m e i n e R e c h t s a u f f a s s u n g zurückzuführen, die, wenigstens in der Publizistik, im großen ganzen als eine positivistische bezeichnet werden muß. Es hat in der Tat in Frankreich seit der großen Revolution ein Rechtspositivismus geherrscht, wie in kaum einem anderen Lande.

Dieser Positivismus ist aber kein dogmatischer, wie etwa der

der deutschen Vorkriegspublizistik oder der normlogischen Rechtsschule, der alles Recht dogmatisch auf die geschriebenen Rechtssätze zurückführt und beschränkt, die Quelle des geschriebenen Rechts als die alles Rechts überhaupt ansieht, aus diesen Prämissen jede methodische Konsequenz zieht und daher die Welt des Rechts lediglich in der der geschriebenen Paragraphen sieht und sich jede tiefere Einsicht in das Wesen des lebendigen Rechts versperrt, sondern der französische Positivismus besteht in der allgemeinen Rechtsauffassung, in dem tiefen Glauben an die Autorität des Gesetzes.

Es herrscht nämlich in Frankreich seit der großen Revolution ein unerschütterlicher Glaube an das Gesetz, an das Gesetz als die einzige Quelle des Rechts, an das Gesetz als den allmächtigen Willen des souveränen Volks, der der einzige rechtsschaffende Faktor ist und alles Recht umfaßt. Hat doch die Revolution von dem vorhergehenden Absolutismus den Souveränitätsbegriff übernommen und nur an die Stelle des Fürsten das Volk gesetzt[1]), und so proklamiert man jetzt mit derselben Entschiedenheit und demselben Pathos die Herrschaft des Volks durch seine Gesetze wie früher die absolutistische Doktrin die Autorität des Königs nach allen Richtungen zu verteidigen wußte. Die Buntheit der lokalen Gewohnheitsrechte (coutumes), die Unzuverlässigkeit der üblen Gerichtsentscheidungen trugen ihr Teil dazu bei, daß man in der Revolutionszeit jede Hoffnung auf eine Besserung des nationalen Staatszustandes in eine Verbesserung des Rechtssystems, in eine absolute Herrschaft der objektiven Gesetze hineinlegte. Unterstützt wurde dieses praktische Verlangen nach der Gesetzesherrschaft noch durch die doktrinäre Forderung der Gewaltenteilung Montesquieus, die durch die Revolution zwar zunächst dahin rezipiert wurde, daß man eine Trenunng hauptsächlich zwischen der verwaltenden und der richterlichen Autorität anstrebte (lois vom 16.—24. August 1790, tit. II, art. 13; Const. vom 3. Sept. 1791, tit. III, chap. V art. 3; loi vom 16. fruct. l'an III), die aber bald als eine Trennung zwischen der gesetzgebenden und der richterlichen Gewalt verlangt und verwirklicht wurde.[2]) Ein Blick auf die Verhandlungen in der Assemblée Nationale veranschaulicht, wie der

---

[1]) Vgl. Duguit, L'Etat, le droit et la loi positive, Paris 1913, p. 27 et s.

[2]) Vgl. Hauriou, Précis, p. 280.

— 149 —

Gedanke des Gesetzes, der Bedeutung der loi, damals im politischen Vordergrund stand. Wenn Robespierre schon gesagt hat: „dans un état qui a une constitution, une legislation, la jurisprudence des tribunaux n'est autre chose que la loi", so kommt der Sieg dieser absolutistisch-positivistischen Rechtsauffassung, der Auffassung vom Gesetz als der höchsten Autorität im Rechts- und Staatsleben, noch viel deutlicher zum Ausdruck in den praktischen Institutionen: im „Référé Législatif", durch das die Auslegung gewisser zweideutiger Gesetzesstellen der Legislatur allein vorbehalten wird,[1]) im Tribunal de cassation (der späteren Cour de Cassation), das zur Aufhebung jedes Urteils berufen ist, welches eine „contravention expresse au texte de la loi" enthält (Décret vom 27. nov.—1er déc. 1790), endlich in der Tatsache, daß hier noch bis heute ein Prüfungsrecht der Richter über die Gesetze auf ihre Verfassungsmäßigkeit nicht verwirklicht ist, obwohl ein rechtliches Hindernis (empêchement légal) zur Einführung dieses Rechts in keiner Weise besteht. Man kann in der Tat in dem Spruch „le droit c'est la loi écrite" (Liard, L'enseignement supérieur en France de 1789 á 1893, Paris 1894, p. 397) die allgemeine französische Rechtsauffassung sehen.

Vgl. hierüber Gény, Méthode d'interprétation, I, p. 77 et s.; Hauriou, Précis, p. 279 et s.; Ross, Theorie der Rechtsquellen, S. 34 ff.; Über die „suprématie de la loi" G. Renard, La valeur de la loi, Paris 1928, p. 60 et s.

Freilich ist diese positivistische Doktrin, die über hundert Jahre lang unumschränkt geherrscht hat — l'état de droit purement légal régna pendant plus d'un siècle (Hauriou, Précis, p. 280) —, nicht mehr dieselbe geblieben. Gegen Ende des vorigen Jahrhunderts hat sich eine Reaktion gegen sie in doppelter Weise bemerkbar gemacht: die historisch-soziologische Schule Saleilles' und die naturrechtliche Schule Génys haben sich immer mehr Bahn gebrochen und bedrohen ernstlich die Herrschaft der positivistischen Rechtsauffassung.[2])

Jedoch ist diese Reaktion im wesentlichen auf die Zivilisten beschränkt. Die Publizistik bleibt heute fast auf demselben Standpunkt wie vor der Jahrhundertwende. Der liebevolle Respekt vor den ge-

---

[1]) Vgl. Gény, Méthode d'interprétation et sources du droit privé positif, Paris 1919, I, p. 77—84.

[2]) Vgl. hierüber Ross, Rechtsquellen, S. 44 ff.; Hauriou, Précis, p. 280 et s.

— 150 —

schriebenen Gesetzen hat in keiner Weise nachgelassen. Das spricht sich z. B. schon darin aus, daß die Verfassung, gegen die in der Zeit nach dem Weltkriege so oft und heftig polemisiert wurde — ich nenne z. B. die Arbeiten von V i l l e y, Les vices de la Constitution française, Paris 1918, A. G u e r l e t, Le problème constitutionnel, Paris 1919, R o u x, La Constitution prochaine, Paris 1928 usw. —, seit einigen Jahren ihre Autorität völlig wieder gewann und daß seither in keinem der führenden verfassungsrechtlichen Werke mit irgend einem Ausdruck von Unzufriedenheit oder Mißachtung von der Verfassung gesprochen worden ist. So sagt z. B. J o s e p h - B a r t h é l e m y im Jahre 1926: „la constitution n'est pas parfaite. Cependant nous lui restons attachés et nous sommes adversaires de la révision" (Traité élément., p. 699).

Es mag dahingestellt sein, ob eine gesetzverherrlichende Rechtsauffassung sich praktisch dahin auswirken kann, daß das positive Recht wirklich immer fest befolgt wird und ein Problem wie das der Verfassungswandlung sich daher von selbst ausschaltet. Jedenfalls ist uns jetzt begreiflich, daß das Problem der Verfassungswandlung, eine Lehre von der Infragestellung des positiven Rechts, in einer Verfassungsrechtstheorie wie der französischen in hohem Maße ungern behandelt wird und daß es, falls es behandelt wird, auf eine Frage von einfachen, rechtlich uninteressanten Tatsachen, „une question des simples états de fait", reduziert wird.

Diese Behandlungsweise des Problems der Verfassungswandlung, die dem Problem jede juristische Bedeutung aberkennt und in ihm nichts als ein Phänomen der bloßen Faktizität sieht — wie wir bisher sahen —, bedeutet in Wirklichkeit einen Lösungsversuch des Problems durch eine Nicht-Lösung. Freilich ist der Ausgangspunkt der hier wiedergegebenen Lehren nicht derselbe: die französische Theorie beruht vorwiegend auf einer allgemeinen Rechtsauffassung, die positivistische (H i l d e s h e i m e r) wie die normlogische Theorie resultiert dagegen aus ihrer methodischen Abgrenzung. Aber das Resultat, zu dem die Theorien in gleicher Weise gelangen, ist für unsere Betrachtung völlig irrelevant. Ist man einmal der Ansicht, daß die Rechtsnormen und die Rechtswirklichkeit in einem stetigen unmittelbaren Zusammenhang stehen und daß die positive Jurisprudenz, die weder eine reine

— 151 —

Rechtsphilosophie noch eine reine Soziologie sein soll, an erster Stelle das lebendige Verhältnis beider zu erforschen und zu erfassen hat, so kann man sich diese Konstruktion, wie konsequent sie in ihrer Deduktion auch sein mag und wie bequem man damit einem schwierigen Problem aus dem Wege gehen kann, dennoch nicht zu eigen machen.

Verfassungswandlung als Verfassungsproblem.

I. Die Sonderstellung unseres Problems in der allgemeinen Rechtsquellentheorie.

Die verschiedenen Lösungsversuche des Problems der Verfassungswandlung, die wir oben nacheinander betrachtet haben: die Gewohnheitsrechtstheorie, die Lehre von den Konventionalregeln und die Deutung der Verfassungswandlung als Rechtsbruch, kranken alle — wie stark sie auch untereinander abweichen — an einem gleichen Fehler: nämlich an der Verkennung des Eigenwertes der Verfassung. Das beruht auf der Vorstellung, daß die Verfassung genau so wie alle anderen geschriebenen Rechtsnormen die gesetzliche Regelung einer Reihe bestimmter Rechtsverhältnisse sei und daß daher auf dem Gebiet des Verfassungsrechts genau so wie auf allen anderen Rechtsgebieten der Jurisprudenz jedes Problem mit den allgemeinen, hergebrachten, in ihrer Brauchbarkeit erprobten formal-juristischen Rechtsbegriffen ohne weiteres gelöst werden könne. Diese Vorstellung und die Unzulänglichkeit der auf ihr beruhenden Methode haben sich besonders klar gezeigt bei der Erklärung des Problems der Verfassungswandlung mit der Lehre vom Gewohnheitsrecht (s. S. 114 ff.). Selbst Hatschek, der diesen Fehler klar erkannt hat, ist von der Abhängigkeit von der überlieferten allgemeinen Rechtsvorstellung insofern nicht ganz befreit, als er seiner Unterscheidung von Rechtsregeln und Konventionalregeln durchaus alte hergebrachte Rechtsbegriffe zugrundelegt: er sagt z B., bei den Verfassungswandlungen handle es sich um bloße Konventionalregeln, und nicht um Recht, da sie „gegen höhere Gesetze verstoßen" (Konventionalregeln, S. 4). Das ist durchaus wieder die landläufige formalistische Denkweise der damaligen Publizistik. Die Ausschmückung mit einigen angelsächsischen Rechtsgedanken hat die alte unzulängliche Methode nicht brauchbarer gemacht. Und was die positivistische Theorie anbelangt, die das Problem mit dessen einfacher Leugnung

— 153 —

lösen will, so ist sie eigentlich der beste Beweis für die Unmöglichkeit der methodischen Erfassung des Problems durch die traditionelle Begriffskonstruktion. Da der Ausgangspunkt der Untersuchungen nicht richtig war, so konnten die konstruierten Lösungen, wenn sie auch im einzelnen manche Momente der Problemlage richtig erfassen und ihre Formeln auf manche Wandlungsfälle durchaus gut passen, nicht zum befriedigenden Ergebnis führen: was den Rechtscharakter der Verfassungswandlung anbetrifft, so besteht darüber eine völlig unversöhnliche Kontroverse: Recht, unterwertiges Recht, Rechtsbruch stehen einander gegenüber; was den Ursprung und das Wesen der Verfassungswandlung anbetrifft, so lassen uns die Theorien darüber völlig im Dunklen.

Aber das Problem der Verfassungswandlung erklärt sich auch nicht aus der „Unzulänglichkeit der Gesetze als Menschenwerk", oder aus der „Unzulänglichkeit der staatlichen Einrichtungen" oder der „menschlichen, zur Entwicklung treibenden und sich gegen die Fesseln des Formalismus sträubenden Natur" (T e z n e r, Konventionalregeln, S. 561) — mit der Auffindung eines „ewigen psychologischen Gesetzes" ist für ein verfassungsrechtstheoretisches Problem noch keine Lösung gegeben —, sondern das Problem hat seine letzte Wurzel in der Natur der Verfassung, es ist begründet in ihrer spezifischen Eigenschaft als r e c h t l i c h e r Regelung der s t a a t l i c h e n Lebenstotalität.

Die Eigentümlichkeit unseres Problems, und darin liegt hauptsächlich seine Schwierigkeit, besteht, mit einem Ausdruck H a t s c h e k s, in der „Werteinmaligkeit des staatsrechtlichen bedeutsamen Ereignisses". Und an der Verkennung dieses Werteinmaligen sind die bisherigen Lösungsversuche gescheitert. H a t s c h e k sagte: die herrschende Methode sei nur dort gut, wo die Gesetzgebung prompt funktioniert, sie versage aber für die Wertmessung des Werteinmaligen, welches das Staatsleben der rechtlichen Betrachtung aufgibt, welches bei Ausfüllung von echten Lücken des Staatsrechts rechtlich zu beurteilen ist, welches jeder Konventionalregel zugrundeliegt, welches Anlaß zur Bildung eines Rechtsbegriffs oder Rechtsinstituts gibt (Konventionalregeln, S. 55). Leider hat hier die richtige Erkenntnis der Unzulänglichkeit der „herrschenden Methode" eine schiefe Begriffsbestimmung des

— 154 —

Werteinmaligen selbst nicht verhindern können; es wurde eine an sich recht glückliche Fragestellung bald in eine falsche Richtung verschoben und somit mußte der neuen Lehre der letzte Erfolg versagt bleiben. Der Fehler dieser Lehre lag in der Vermengung des richtigen Gedankens des Werteinmaligen mit dem unglücklichen Begriff der Konventionalregel. Zumal machte sich auch hier der Gedanke der normativen Kraft des Faktischen immer geltend, ein Gedanke, der jeder Durchdenkung eines rechtstheoretischen Problems eine falsche Richtung weist und den Weg zur richtigen Erkenntnis des problematischen Gegenstandes frühzeitig abschneiden muß.

Das Werteinmalige im Verfassungsrecht, das mit den konstruktiven Begriffen der hergebrachten Formaljurisprudenz nicht erfaßt werden kann, ist eine natürliche Folgeerscheinung des eigentümlichen Verhältnisses von Staat und Verfassung. Es handelt sich dabei weder um eine Frage der Spannung von Sein und Sollen überhaupt, noch um die Unzulänglichkeit der geschriebenen Gesetze gegenüber der Lebensrealität in ihrer besonderen Anschaulichkeit auf dem Gebiete der Verfassung.

II. **Das Wesen der Verfassung als Gesetzeswerk und ihre Sonderstellung gegenüber anderen Rechtsgebieten.**

„Die Verfassung ist die Rechtsordnung des Staates, genauer des Lebens, in dem der Staat seine Lebenswirklichkeit hat" (S m e n d, Verfassung und Verfassungsrecht, S. 76). Das gilt in gleichem Maße von jedem Staat und von jeder Verfassung. Denn unabhängig von der theoretischen Auffassung von der Verfassung als einer Normierung des staatlichen Integrationsprozesses oder von der dogmatischen Identifizierung von Verfassung, Rechtsordnung und Staat,[1]) ist tatsächlich für jeden Staat in seiner geschriebenen Verfassung ein ideelles Sinnsystem gegeben, in dem sein legitimes Dasein normenmäßig statuiert ist und gemäß dem er sein aktuelles Dasein tatsächlich zu gestalten hat. Sie erfaßt ihn in seiner

---

[1]) Bezüglich der Auffassung von der Verfassung als Gesamtentscheidung und der Verfassungsrechtssätze als heterogener Relativierungen verweise ich auf meinen Aufsatz: Formalistischer und antiformalistischer Verfassungsbegriff.

— 155 —

vollen Totalität: denn das gesamte Rechts- und Sozialleben jedes Staates hat sinngemäß seiner geschriebenen Verfassung entsprechend sich zu verwirklichen und sich zu entwickeln. Diese ideelle Universalität (Umfassendheit) der Verfassung erklärt zugleich ihre juristische Geltungspriorität: ihre höhere Autorität in der gesamten Rechtsordnung und ihre unübersteigliche Bedeutung im politischen Staatsleben. Sie normiert die ganze Daseinsweise eines jeden Staates, sie verleiht der jeweiligen Staatsindividualität ihr spezifisches Gepräge.

Diese Eigenschaft der Verfassung als rechtlicher Regelung der staatlichen Lebenstotalität bewirkt eine Sonderstellung der Verfassung gegenüber den Rechtsnormen anderer Rechtsbereiche in dreifacher Weise.

1. *Die Unvollständigkeit der Verfassungsrechtssätze gegenüber der staatlichen Lebensnotwendigkeit und die Elastizität ihrer Normierung.* Ist es der Sinn der Verfassung, den Staat als Totalität zu erfassen, so ist die Idee einer vollständigen Regelung der bestehenden und möglichen Rechtsverhältnisse im Staat durch seine Verfassung in dreifacher Hinsicht zu verneinen: sie ist nicht die der Verfassung gestellte Aufgabe; sie ist technisch nicht möglich; nach ihr tendiert nicht die Verfassung (vgl. o. S. 49 ff.), vielmehr können die Verfassungen „ihren Gegenstand nur schematisch und nur in Einzelpunkten erfassen. Sie können und wollen (wenigstens der objektiven Intention nach) nur a n d e u t e n; sie tun das meist in althergebrachter Weise, in Gestalt von Rezeptionen" (S m e n d, aaO., S. 80). Es ist eine natürliche Notwendigkeit und keineswegs Mangelhaftigkeit oder Aporie, wenn die schematischen Verfassungsnormen in der staatlichen Rechtswirklichkeit sich als unzulänglich erweisen, die tausend Lebenserscheinungen der pulsierenden Staatsrealität erschöpfend und optimal rechtlich zu bewältigen und zu beherrschen.

Ferner muß sich die Verfassung nicht nur mit quantitativ Wenigem begnügen, sondern sie muß auch oft unklare, zweideutige, in ihrer Auslegung elastische Formulierungen in Kauf nehmen. Das ist eine unausweichliche Forderung der politischen Situation bei jeder Konstituierung einer Staatsverfassung. Sie muß vielfach Formeln finden, die allen widerstreitenden Forderungen, die bei der Verfassungsgesetzgebung gestellt werden, in gleichem Maße

— 156 —

genügen und die daher oft in mehrdeutigen Redewendungen die eigentlichen Streitpunkte unentschieden lassen. Solche dilatorischen Formeln, echte oder unechte Kompromisse, die ihrem Gegenstand in keiner Weise eine klare Rechtsregelung verschaffen, finden sich in jeder geschriebenen Verfassung.

Diese Unvollständigkeit und Elastizität bewirken, daß die Verfassungen nicht „den Anspruch ähnlich starr-heteronomer Geltung wie das Recht untergeordneter Verbände, das abstrakt viele Einzelfälle schematisieren muß", erheben können (S m e n d, aaO., S. 80). Sie unterscheiden sich von den anderen Rechtsnormen hinsichtlich der Intention nach einer vollständigen rechtlichen Beherrschung ihres normierten Gegenstandes einerseits, hinsichtlich des Anspruchs auf eine starr-heteronome Geltung jeder der in ihnen enthaltenen Normen andererseits.

2. *Der Selbstzweck des Staates in seiner Eigenschaft als Gegenstand der rechtlichen Regelung durch seine Verfassung.* Die Selbstzweckmäßigkeit des Staates, in der die Sonderstellung des Staates gegenüber anderen Verbänden und Rechtsinstituten sich begründet, ergibt sich aus dem Begriff des Staates. Es soll hier nicht versucht werden, den Begriff des Staates erst theoretisch zu gewinnen, auch nicht, auf die verschiedenen Staatszweckstheorien einzugehen, um daran die Natur des Staates näher zu bestimmen, endlich auch nicht, die einzelnen Kriterien aufzufinden, die den Staat von den übrigen Verbänden unterscheiden sollen, der Selbstzweck des Staates liegt vielmehr bereits in der Positivierung seiner Überindividualität, in der Konstituierung der Letzteinheit aus primären Einheiten und Mehrheiten, in seiner Garantielosigkeit und Unüberwachbarkeit durch eine außerhalb seiner existente Instanz. Diese Selbstzweckmäßigkeit des Staates gewinnt aber auch gegenüber seiner Verfassung Bedeutung. Ist es der Sinn der Verfassung, den Staat als Lebenstotalität zu erfassen, so ist damit auch ihr der Zweck immanent, der auf die Erhaltung des Staates und die Integrität seiner Wirkungskreise geht. Wenn J e l l i n e k gesagt hat, „in aller Staatstätigkeit ist ein Element, das die Erhaltung und Stärkung des Staates selbst bezweckt. Erhaltung und Förderung der eigenen Existenz und des eigenen Ansehens ist somit einer der Zwecke, die dem Staat gemäß seinen von unserem Zweckbewußtsein gebilligten Funktionen gesetzt sind. Dieser

— 157 —

Zweck ist der erste und nächste, seine Erfüllung innerhalb bestimmter Schranken die Bedingung gedeihlicher staatlicher Tätigkeit überhaupt" (Allgem. Staatsehre, S. 256), so ist die Erkenntnis dieses Zwecks der „Erhaltung und Stärkung", dieses Existenzwerts — der als dritter, gleichgeordneter Wert neben den Rechts- und Wohlfahrtswerten des Staates anzuerkennen ist, vgl. S m e n d, aaO., S. 83 —, für das rechte Verständnis von Verfassung und Verfassungsrecht unerläßlich.

Ist nämlich dem Staat sinngemäß die Aufgabe gestellt, sich zu erhalten und stärken, ist damit diese Selbsterhaltung einer der dem Staat zur Verwirklichung kategorisch aufgegebenen Werte, so ist sein Unterschied zu den übrigen Verbänden, die „im allgemeinen fakultative Mittel zu bestimmten einzelnen sachlichen Zwecken sind" (S m e n d, aaO., S. 85), leicht erkennbar: hier handelt es sich um Selbstzweck, dort nur um zweckbestimmte Institutionen. Damit ist aber zugleich auch die Sonderstellung des Verfassungsrechts zu den übrigen Rechtsbereichen überhaupt aufgezeigt. Denn im Verfassungsrecht ist der Selbsterhaltungswert des Staates — im Gegensatz zum Recht anderer Verbände — als regulatives Prinzip bei der rechtlichen Beurteilung unentbehrlich: wenn der Selbsterhaltungszweck dem Staat und seiner Verfassung kategorisch zur Realisierung aufgegeben ist, so kann etwas, was in Ansehung der Selbsterhaltung des Staates geschieht, formal-juristisch zwar manchmal zu den positiven Verfassungsnormen in klarem Widerspruch stehen, verfassungsrechtstheoretisch aber keineswegs rechtswidrig, d. h. verfassungswidrig sein.

3. Die Beschränkung der Verfassung hinsichtlich ihrer Wirksamkeit auf die ihr selbst immanenten Kräfte und Garantien. Wie der Staat sich im einzelnen von den anderen Verbänden unterscheidet, mag dahingestellt sein, das eine steht jedenfalls fest, daß „sein Bestand nicht, wie der der meisten anderen Verbände, durch eine außer ihm liegende Macht gewährleistet wird; er wird nicht durch einen außerhalb seines eigenen Gefüges liegenden Motor oder Richter im Gang erhalten, nicht durch eine heteronome Ursache oder Garantie getragen" (S m e n d, aaO., S. 84), sondern er verwirklicht sich gemäß seiner eigenen Wertgesetzlichkeit. Hieraus ergibt sich aber ein weiterer Unterschied der Verfassung als Gesetzeswerk gegenüber anderen Rechtsnormen: sind die anderen

— 158 —

Verbände in den meisten Fällen der bestehenden Rechtsordnung unterstellt und kann die Beobachtung der für sie aufgestellten rechtlichen Regelung durch eine außerhalb ihres Gefüges stehende Instanz erzwungen und ihre Nichtbeobachtung an den außerhalb dieser Regelung existenten Rechtsnormen beurteilt werden, so ist hingegen der Staat die „letztinstanzliche Ordnungsmacht" in diesem Rechtsleben selbst und eine Anhaltung des Staates zur Befolgung seiner Verfassung durch eine über ihm stehende Instanz und eine Reihe positiver, über den Verfassungsnormen existierender Rechtsnormen undenkbar. Daher kann die Verfassung, die rechtliche Regelung des Staates, keine Gewährleistung und Garantie des Staates sein, sondern sie kann „mehr nur Anregung und Schranke des in sich gravierenden, nicht heteronom zu gewährleistenden Verfassungslebens sein" (S m e n d, aaO., S. 85). Wenn es praktisch darauf hinauskommt, daß die obersten Staatsorgane in ihrem Funktionieren nicht durch eine irgendwie geschaffene Stelle überwacht und angehalten werden können — wer kontrolliert das Kontrollorgan? —, und daß die Verfassungsnormen keinen Richtungsmaßstab in irgend welchen über ihnen existenten Normen besitzen — „Im Gebiet des Verfassungsrechts fehlt es an einer Delegation zur Ausfüllung der Gesetzeslücken" (T e z n e r, Konventionalregeln, S. 562), empirische Feststellungen dieser Art finden sich noch häufig in der Literatur —, so liegt die letzte Ursache dieser Erscheinung in der Eigengesetzlichkeit der staatlichen Lebensverwirklichung und in der Eigenschaft der Verfassung als rechtlicher Regelung dieses staatlichen Lebens.

III. Das Wesen der Verfassungswandlung.

1. *Die Verfassungswandlung als das Ergebnis der Lebenswirklichkeit des Staates.* Mit der Aufzeigung der dreifachen Sonderstellung der Verfassung ist eine Grundlage gegeben, von der aus nicht nur das Problem der Verfassungswandlung selbst anders zu verstehen ist als es bisher verstanden wurde, sondern von der aus auch eine andere Lösung des Problems versucht werden kann, als sie bisher aufgestellt worden ist. Und damit wird auch eine neue Begriffsbestimmung des Werteinmaligen im Verfassungsrecht sich von selbst ergeben.

Der letzte Grund der Verfassungswandlung liegt zunächst in der Natur des Staates als Lebenswirklichkeit. Diese braucht nicht

— 159 —

erst durch eine irgendwie geartete Staatstheorie begründet zu werden — eine Berufung auf die Organologie, oder auf eine mechanistische Auffassung oder auf die Integrationslehre wird uns auf ein weiteres, noch schwierigeres Problem drängen, anstatt uns aus unserem bisherigen hinauszuführen —, der Bestand unserer Geschichte, der Verlauf unserer Kulturentwicklung, der Zusammenhang des Staates in dem allumfassenden Kultursystem sind naheliegende Beweise dafür. Gerade seit den letzten Jahrhunderten, wo die großen technischen Errungenschaften räumliche und zeitliche Verhältnisse gewaltig verschoben haben, wo die Kultur- und Wertanschauungen der Menschen in bei weitem größerer Rapidität sich wandeln als je zuvor (Religiosität, Staatsbegriff, Eigentumsrecht), ist eine statische Staatsauffassung, eine Auffassung vom Staat als einem festen, stetigen, ewig gleichbleibenden Gebilde nicht mehr möglich. Man mag irgend welche Gesetzmäßigkeit des Staates feststellen, man denke an das Gesetz für die Wandlung der Staatsform Macchiavellis, oder irgend welche Gesetze auch für die Weiterentwicklung des Staates logisch deduzieren, man denke an dasselbe Gesetz aber in umgekehrter Reihenfolge bei Schleiermacher, oder man mag aus rein praktischen Erfahrungen eine bescheidene Prognose wenigstens für gewisse staatliche Institutionen aufstellen, man denke an die berühmte Theorie von den vier Entwicklungsstufen des Parlamentarismus des Viscomte Combe de Lastarde; wie sie auch im einzelnen sein mögen, sie sind und bleiben lediglich Produkte individueller Spekulationen: ihre Richtigkeit hängt ab von der Bestätigung durch die Realität; daß aber der Staat in seiner Natur eine Lebenswirklichkeit, d. h. eine Realität im aktuellen Sein ist, das ist eine Erkenntnis kraft der Empirie.

Vgl. in diesem Zusammenhang z. B. Hegel, Rechtsphilosophie, Zusatz 176 zu § 298.

Diese Lebenswirklichkeit bedingt aber zugleich eine Wandlungsmöglichkeit und eine Wandlungsnotwendigkeit des Staates und seiner Institutionen: "growth and decay are the necessary conditions of the life of institutions as well of individual organisms" (Bryce, Americ. Commonw. I, p. 362). Die Lehre von der évolution créatrice Bergsons hat unsere Erkenntnis dieses Phänomens noch sehr erweitert und vertieft. Auch die Lehre von der „transformation de l'ordre social établi" Haurious ist für unsere Betrachtung recht wertvoll. Nach ihm liegen der „transformation" drei Kräfte zugrunde: „la vie et sa création de nouveauté, les passions de l'homme, le sentiment de la justice; ces trois forces réunies triomphent des forces de conservation plus ou moins lentement, plus ou moins brusquement. Tantôt il y a simple évolution, tantôt il y a révolution, mais toujours il y a changement" (Précis de droit const. p. 69 et s.).

Diese Wandlungsnotwendigkeit des Staates muß natürlich für seine Verfassung, die rechtliche Regelung seiner Daseinsweise, auch mitbestimmend sein: die Errungenschaften der Wissenschaft und Technik, die Überwindung der zeitlichen und räumlichen Distanzen, die dadurch hervorgerufenen Wandlungen in Kultur- und Wertanschaung, kurzum, der moderne Fortschritt der Menschheit stellt der Verfassung die immer zu lösende Aufgabe: die Verfassung als „expression d'un droit qui progresse sous l'impulsion de la volonté collective" (B o r g e a u d, Etablissement, p. 53) muß, obwohl aus starren, festgesetzten Normen bestehend, mit der fortschreitenden Lebensrealität des Staates Schritt halten.

Vgl. in diesem Zusammenhang auch D u g u i t, Les transformations du droit public, Paris 1913.

Dieser Forderung, die das staatliche Leben an seine Verfassung stellt, wird mit der Statuierung der Möglichkeit einer Verfassungsänderung nur unzulänglich genügt. Gesetzgebungstechnische und menschlich-psychologische Gründe wirken zusammen dahin, daß die Verfassungsänderung nur in höchst seltenen Fällen vorgenommen wird. Wir sehen das in der Praxis der Vereinigten Staaten, in Frankreich und im deutschen Kaiserreich. Man soll aber nicht etwa denken, daß das eine besondere Wirksamkeit der Verfassung, ihr stetiges Befolgtwerden und einen Beweis ihrer Fähigkeit, das staatliche Leben tatsächlich zu beherrschen, bedeuten solle, denn man kennt in Amerika die Praxis der Verfassungsinterpretation und der usages of the constitution, im deutschen Kaiserreich die Praxis der materiellen Verfassungsänderung und der Spezialgesetze, und in Frankreich, wo die schematischen Verfassungsnormen nicht mehr als 25 Artikel zählen, sind sogar manche darunter und zum Teil die wichtigsten obsolet geworden. Wo eine Verfassungsänderung nicht häufig vorkommt, da gibt es eben Verfassungswandlungen.

— 161 —

2. *Verfassungswandlung als das Ergebnis der dreifachen Sonderstellung der Verfassung gegenüber anderen Rechtsgebieten.* Nicht aber sind Verfassungswandlungen nur etwas vom Staat als Lebenswirklichkeit der Verfassung als seiner rechtlichen Regelung gewaltsam Aufgezwungenes, sondern sie sind zum Teil von der Verfassung selbst gewünscht, begünstigt. Dies geht zurück auf die Unvollständigkeit der Verfassungsnormen gegenüber den staatlichen Lebensaufgaben einerseits, auf die Elastizität ihrer Normierung andererseits. Denn „der Staat lebt natürlich nicht nur von den in seiner Verfassung geregelten Lebensmomenten: die Verfassung selbst muß zu ihrer Ergänzung, um überhaupt in politisches Leben umgesetzt zu werden, auf die Triebgrundlage dieses Lebens und die ganze sonstige Fülle sozialer Motivierungen rechnen. Aber auch die von ihr selbst geregelten Lebensfunktionen des Staates kann sie nicht vollständig erfassen: auch diese kommen, wie alles politische Leben, aus der Totalität der Einzelpersönlichkeit und wirken in jedem Augenblick zu der überpersönlichen Totalität des Staates zusammen. Eine solche Lebensfülle kann von wenigen, noch dazu recht schematischen Verfassungsartikeln nicht voll erfaßt und normiert, sondern nur angedeutet und angeregt werden" (S m e n d, aaO., S. 78). Also solange die normierten Institutionen in dem ihnen aufgegebenen Sinnzusammenhang ergänzt und erweitert werden, entspricht das vollkommen dem Sinn der Verfassung und der Staat lebt durchaus in der ihm in seiner Verfassung fixierten Daseinsweise und es liegt darin weder ein verfassungsrechtliches noch ein irgend wie juristisches Problem; anders aber, wenn diese „Ergänzungen und Erweiterungen" der Institutionen aus dem ihnen aufgegebenen Sinnzusammenhang hinausragen, wenn sie sich nicht mehr ganz dem in der Verfassung verkörperten System entsprechend entwickeln; dann sind sie reguläre Verfassungswandlungen, und zwar auch, wenn sie formal die Verfassungstexte gar nicht verletzen. Diese „Unvollständigkeit" der Verfassung gibt natürlich besonders häufig Gelegenheit zu Verfassungswandlungen: denn es ist klar, daß eine Abweichung von dem in der Verfassung aufgestellten System viel leichter dort zustande kommt, wo das System nur ideell vom Sinnzusammenhang getragen wird, als dort, wo feste, aufgezeichnete Rechtsnormen einzelne Seiten dieses Systems unzweideutig festlegen.

Die vielen nicht ganz unzweideutig gefaßten Normierungen,

— 162 —

die die Verfassungen aufzunehmen nicht umhin können, machen eine Verfassungsänderung recht wenig notwendig und sind zu Verfassungswandlungen zu führen in besonderem Grade geeignet. Jene elastische, ergänzende, von aller sonstigen Rechtsauslegung weit abweichende Verfassungsauslegung ist also vor allem die erste Folge der besonderen Beschaffenheit der Verfassungsnormen selbst. — Man vergleiche die Verfassungsnormen bezüglich der Exaktheit, Klarheit und Ausführlichkeit gegenüber dem in ihr normierten Gegenstand mit den Rechtsnormen anderer Rechtsgebiete! Ihre bewußte Handhabung in der Praxis, die verfassungswandelnde Verfassungsinterpretation, ist dann eben eine natürlich gegebene Erfüllungsweise der von der staatlichen Lebenswirklichkeit gestellten Verfassungsaufgabe. Wenn in der Tat jede Verfassung eine Art „Rechtsgefäß ist, in das, soweit es Umfang und Form erlaubt, jedes Zeitalter seinen Inhalt hineingibt" (v. Jagemann, Deutsche Reichsverfassung, S. 244), so kommt das vor allem daher, daß Umfang und Form es erlauben.

Der Selbstzweck des Staates, der ihn als Gegenstand rechtlicher Regelungen von anderen Rechtsgebilden unterscheidet, wirkt sich aus in der notwendigen Erfüllung der dem Staat als Lebenswirklichkeit gestellten Aufgaben, die oft den fixierten Normen der Verfassung nicht vollkommen entsprechen kann, und führt zu Verfassungswandlungen. Denn die Wirklichkeit des Staates „hängt von der Auswirkung aller politischen Lebenskräfte des Volksganzen ab" (Smend, aaO., S. 78), diese Auswirkung ist aber keine mathematisch genau berechenbare Größe, die von der Verfassung voll erfaßt und genau fixiert werden kann, und so machen sich in der staatlichen Lebensentwicklung Bedürfnisse und Notwendigkeiten geltend, die ganz anders beantwortet werden müssen als die Verfassung es vorgesehen hat. Denn obwohl die Verfassung gewisse Richtlinien für die in ihr normierten Materien genau vorgezeichnet hat, wird ihnen die Wirkung dennoch völlig versagt, sobald tatsächliche Lebensverhältnisse diese Materien betroffen, abgeändert haben. Das Versagen dieser Rechtsnormen beruht nicht auf der Unzulänglichkeit des Rechts gegenüber der Wirklichkeit, sondern auf der kategorischen Notwendigkeit der von der staatlichen Wirklichkeit gestellten Lebensaufgaben, auf der Selbstzwecknatur des Staates. Wo die Lebensnotwendigkeiten des Staates in Frage stehen, da sind die Normierungen einer rechtlichen

— 163 —

Regelung nur noch von sekundärem Wert; denn der Sinn der Verfassung ist doch die Erfassung des Staats als Lebenstotalität und nicht die Fixierung einzelner starre heteronome Geltung heischender Rechtssätze, und so muß eine Erfüllung dieser von der Notwendigkeit diktierten Aufgaben, trotz einzelner Abweichungen von den geschriebenen Rechtsnormen, „dem Sinn auch der Verfassung eher entsprechen als ein paragraphentreues, aber im Erfolge mangelhaftes Verfassungsleben" (S m e n d, aaO., S. 78).

Außerdem gibt es neben den Fällen, wo die tatsächliche staatliche Lebensentwicklung eine buchstabentreue Befolgung der Verfassungsnormen unzweckmäßig erscheinen läßt, auch solche Fälle, in denen die Normierung in der Verfassung von vornherein unglücklich gefaßt war, sei es, daß sie sich hinsichtlich der zu regelnden Materie nicht genügend bedacht hat, sei es, daß sie manche wesentlichen Momente und Fälle übersehen hat, wo eine Abweichung von den Normen dann um so natürlicher und erlaubter empfunden wird. Widerspricht die Sozialgesetzgebung in den Vereinigten Staaten der in ihrer Verfassung proklamierten Vertragsfreiheit, weil die Väter der Verfassung an die technische und industrielle Entwicklung der Nation nicht gedacht haben, so beruht die nicht ganz verfassungsmäßige Permanenz des deutschen Bundesrats einfach auf der Unterschätzung des Umfangs der von ihm zu erledigenden Geschäfte durch die Väter der Verfassung.

Endlich ist die Erkenntnis der Bedeutung der Letztinstanzlichkeit des Staates und daher der Selbstgarantie der Verfassung für das Problem der Verfassungswandlung von großer Wichtigkeit. Denn dank dem Mangel eines Organs, das die Lebenstätigkeit des Staates auf seine Übereinstimmung mit seiner Verfassung zu überwachen und anzuhalten hat, können Verfassungswandlungen weder verhindert, noch, wenn sie einmal eingetreten sind, wieder beseitigt oder korrigiert werden. Es beruht auf einer durchaus richtigen Beobachtung, wenn H a t s c h e k in der Betrachtung des Problems der Verfassungswandlung besonders auf die „Tätigkeit der obersten Staatsorgane und ihr Verhältnis zueinander" hinweist (Deut. und Preuß. Staatsrecht, I, S. 13). Und sachlich ist wohl dasselbe gemeint, wenn E. K a u f m a n n die Grenze des Staatsrechts darin sieht, daß der Staat keine übergeordnete Gemeinschaftsordnung habe, von der er Stütze für die wirkliche Geltung ableitet, so daß es

— 164 —

nach ihm hier besonders auf das „Zutrauen" ankommen muß (Wesen des Völkerrechts, S. 139 f.).

3. *Der Begriff des Werteinmaligen im Verfassungsrecht und die Deutung der Verfassungswandlung als Rechtsvorgang.* Mit der bisherigen Erörterung über die Verfassungswandlung als das Ergebnis der Sonderstellung der Verfassung gegenüber anderen Rechtsbereichen ist zugleich eine Begriffsbestimmung des Werteinmaligen im Verfassungsrecht gegeben: es ist etwas von den existenten Verfassungsnormen nicht Vorgesehenes; es ist etwas von der Wirklichkeit des Staatslebens Entwickeltes, als notwendig Herausgestelltes; es ist etwas von den üblichen Rechtsorganen nicht Überprüfbares und an den üblichen Rechtsnormen nicht Kontrollierbares.

Und hieraus ergibt sich zugleich eine rechtliche Betrachtung der Verfassungswandlung, die Lösung unseres gestellten Problems: ist das Werteinmalige im Verfassungsrecht etwas von der Staatswirklichkeit als notwendig Herausgestelltes und damit die Verfassungswandlung etwas verfassungsintentional Erlaubtes, so ist die Verfassungswandlung weder Verfassungsbruch, noch bloße Konventionalregel, sondern sie ist Recht. Sie ist Recht, obwohl sie mit dem Gesetzeswortlaut nicht in Übereinstimmung steht, sie ist Recht, obwohl sie mit den formal-juristischen Rechtsbegriffen und Konstruktionen nicht begriffen und erfaßt werden kann: ihr Rechtsgrund liegt in dem Werteinmaligen im Verfassungsrecht, in dem sogenannten politisch Notwendigen, in den Vitalitätsforderungen und -äußerungen des sich realisierenden, sich entwickelnden Staates.

Unserem Ergebnis nahegekommen ist R a d n i t z k y, der sowohl den Rechtscharakter der Verfassungswandlung, als auch ihren Unterschied vom Gewohnheitsrecht wie auch die Bedeutung der politischen Notwendigkeit als Schöpferin dieses Rechts erkannt hat. (Dispositives und mittelbar geltendes Recht, AöR XXI, 1907, S. 390 ff.). Aber seine Lehre beruht vorwiegend auf einer empirischen Erfassung, nicht auf einer verfassungstheoretischen Würdigung des Problems, und so kann seine Begriffsbestimmung des „dispositiven, mittelbar geltenden Rechts", daß „es sich ohne jeden Willensakt durch das bloße Nichtmehrzutreffen der Klausel rebus sic stantibus ändert (S. 407)", nicht als glücklich bezeichnet werden. — Überhaupt ist unser Problem empirisch leichter erfaßbar als juristisch, zumal formal-juristisch. Denn es war völlig zutreffend, wenn H ä n e l von Konzessionen sprach, die an die Forderungen und Nötigungen der praktischen Politik gemacht wurden und den Rahmen der Reichsverfassung

— 165 —

übersprangen (Studien, II/1, 1880, S. 61). Was aber später über das Problem gedacht und geschrieben wurde, das konnte aus der Vinkulierung der formaljuristischen Betrachtungsweise niemals an den letzten Kernpunkt des Problems herankommen. — Als Andeutung dieses Problems bei einem Nichtjuristen vgl. z. B. Fr. v. Gottl-Ottlilienfeld, Wirtschaft und Wissenschaft, Jena 1931, II, S. 978.

Geht die Verfassungswandlung auf das Werteinmalige im Verfassungsrecht zurück und ist sie daher von vornherein Recht, so gilt es jetzt einer Lehre entgegenzutreten, nach der die Verfassungswandlung kein Recht ist, sondern nur erst Recht werden kann. Bilfinger, der Vertreter der Lehre von der Verfassungswandlung in der neuen Staatsrechtslehre, erkennt zwar auch an, daß das durch Wandlung entstandene Recht und das Gewohnheitsrecht sich nicht decken (Reichssparkommissar, 1928, S. 18), er hält aber an dem „Gegensatz des nur faktischen Vorgangs zum rechtlichen Akt" fest und läßt nur eine „Möglichkeit des Übergangs tatsächlichen Verhaltens in Recht auf dem Gebiet des Verfassungswesens" zu (S. 18). Denn die „Wandlung, soweit sie geschriebenes Verfassungsrecht ändert, wird durch einen nicht rechtmäßigen Vorgang, durch ein Faktum bewirkt, das geradezu mit dem Wortlaut und der Absicht der Reichsverfassung nicht vereinbar sein kann" (Verfassungsumgehung, AöR, NF XI, 1926, S. 176). So meint er z. B. vom Reichssparkommissar: „Der Sparkommissar bleibt zunächst verfassungswidrig; wird ein verfassungswidriger Kommissar als notwendiges und rechtmäßiges Institut hingenommen so bedeutet dies insoweit eine Wandlung des Verfassungsrechts". Bei der Frage, wer „der Träger der opinio iuris et necessitatis bei der Verfassungswandlung" sei, meint er, „die Erfahrung scheint zu zeigen, daß der Konsens der Regierung und des Parlaments — gleichviel wie er sich äußert — einen wesentlichen Anhaltspunkt für die Feststellung der Wandlung bilden kann" (S. 18). Vor allem „festzuhalten ist der rein tatsächliche, niemals rechtliche Charakter des Wandlungsvorgangs; unerheblich ist hier für diese Unterscheidung die eingeschlagene Methode: z. B. der einfachen oder qualifizierten Gesetzgebung. Das verfassungswidrige Gesetz kann nur auf Grund der von ihm herbeigeführten oder begünstigten Wandlung faktisch Recht erzeugen oder zur Entstehung von Recht beitragen. Die Quelle des so entstandenen Rechts beruht auf der normativen Kraft des Faktischen und sie liegt insofern außerhalb des Rechts" (S. 18).

— 166 —

Hiernach muß streng unterschieden werden zwischen dem Verfassungswandlungsvorgang und der Verfassungswandlung selbst. Diese ist nur eine Folge von jenem: diese ist Recht einer besonderen Entstehungsquelle, jener ein tatsächliches juristisch unerfaßbares Geschehen. Dieser Vorgang — er kann ein Akt, ein Gesetz oder ein Institut sein — ist zunächst rein faktischer Natur, meistens rechtswidrig, aber er kann Recht erzeugen oder zur Entstehung von Recht beitragen: dann namentlich, wenn er nachträglich als notwendig und rechtmäßig hingenommen wird; mit anderen Worten: was zunächst kein Recht ist, das kann noch Recht werden. Diese Trennung von Wandlungsakt und Wandlungsfolge hat gedanklich etwas mit der allgemeinen Vorstellung vom Gewohnheitsrecht Gemeinsames: ist das Gewohnheitsrecht nicht eine einfache Gewohnheitsregel selbst, sondern eine von der Rechtsüberzeugung getragene Gewohnheitsregel, so ist ein aus „politischer Notwendigkeit" vorgenommener Akt selbst noch keine Verfassungswandlung, sondern er wird es erst durch die Anerkennung seiner politischen Notwendigkeit. Also nicht durch die politische Notwendigkeit selbst, sondern erst durch die Anerkennung dieser Notwendigkeit wird die Verfassung gewandelt. Und so ist die Voraussetzung des Gewohnheitsrechts, die sogenannte opinio iuris et necessitatis, auch die Voraussetzung der Verfassungswandlung geworden. Und der einzige Unterschied zwischen Gewohnheitsrecht und Verfassungswandlung besteht darin, daß die opinio — da die Übung beim Gewohnheitsrecht und das Geschehen bei der Verfassungswandlung beide gleich faktischer Natur sind —, einmal mit dem tatsächlichen Vorgang g l e i c h g e g e b e n ist, ein andermal erst zu ihm h i n z u t r i t t. Diese Theorie der Verfassungswandlung, nach der ein und dasselbe Faktum einmal Faktum bleibt und einmal zu Recht wird, bedeutet in Wirklichkeit etwa dasselbe wie wenn man sagt, der Mensch sei nicht in dem Augenblick tot, wo er gestorben ist, sondern erst dann, wenn er als leblos erkannt wird. Der Fehlschluß dieser Lehre beruht auf der Verkennung des rechtschaffenden Werteinmaligen und diese auf der Annahme der Lehre von der normativen Kraft des Faktischen. Denn die Bedeutung des Faktischen, d. h. die Bedeutung eben jedes wertindifferenten Faktums, muß die Bedeutung des spezifisch Werteinmaligen notwendig verschleiern.

— 167 —

IV. Die Doppelnatur des Verfassungswandlungsbegriffs.

1. Sie ergibt sich aus der Doppelnatur der Verfassung. Aus der doppelten Natur der Verfassung, einmal als einer Summe einzelner, positiver Gesetzesnormen, einmal als eines die Daseinsweise des Staates völlig umfassenden, bestimmenden Sinnsystems, das aber nur von schematischen andeutenden Sätzen ideell getragen wird, ergibt sich ein doppelter Begriff der Verfassungswandlung.

Einmal bedeutet es eine Verfassungswandlung, wenn die positiven Normen einer geschriebenen Verfassung mit dem tatsächlichen Verfassungszustand nicht mehr in Kongruenz stehen, wenn eine Differenz zwischen dem geschriebenen und dem tatsächlich geltenden Verfassungsrecht eintritt: Verfassungswandlung im formellen Sinne oder Buchstabenwandlung.

Sodann bedeutet es ebenfalls eine Verfassungswandlung, wenn sich in der staatlichen Lebensrealität Rechtsverhältnisse entwickeln, die zu dem in der Verfassung verkörperten — gleichviel ob normenmäßig fixierten oder nur sinngemäß involvierten — System im Widerspruch stehen: es kann ein Rechtsinstitut sein, das nicht ganz dem in der Verfassung angedeuteten System entspricht, es können tatsächliche Verhältnisse sein, die eine in den Verfassungsnormen bekundete Intention nicht zur Verwirklichung kommen lassen: gleichgültig, ob diese Realität zu bestimmten Verfassungsnormen in einem direkten Widerspruch steht, oder ob sie mit dem Verfassungswortlaut formal gar nicht in Berührung kommt: Verfassungswandlung im materiellen Sinne, System- oder Bedeutungswandlung.

Da die aufgezeigte Doppelnatur der Verfassung eine natürliche Gegebenheit ist, so wurde der Begriff der Verfassungswandlung auch stets in seinem doppelten Sinn verstanden und angewendet, ohne daß aber seine Doppelnatur selbst klar erkannt wurde. Die Vorkriegspublizistik, die die Verfassung vorwiegend von ihren formalen Seiten begriff, sah natürlich an erster Stelle nur die Problematik der Verfassungswandlung im formellen Sinne. Das prägt sich z. B. in den Redewendungen aus: daß die Verfassungswandlungen „gegen höhere Gesetze verstoßen" (H a t s c h e k, Konventionalregeln, S. 4), daß sie doch „mit dem Wortlaut und der Absicht der Verfassung nicht vereinbarlich" seien (J e l l i n e k, Ver-

— 168 —

fassungsänderung, S. 34). Aber ab und zu drang die Bedeutung der Verfassungswandlung im materiellen Sinne auch hier durch — ohne daß man aber ihres verfassungstheoretischen Gehalts ganz bewußt war —, so wurden z. B. die Kaiserliche Initiative und die Stellvertretung des Reichskanzlers durchaus als problematische Fälle empfunden. In der neueren Staatsrechtslehre, in der die formalistische Denkweise der Vorkriegsschule so gut wie ganz aufgegeben ist, gelangt die Bedeutung der Verfassungswandlung im materiellen Sinne auch immer mehr zur Erkenntnis: so sagt z. B. H e l f r i t z, „daß nicht nur geschriebene Sätze, sondern auch die Grundgedanken einer Staatsverfassung sich ändern können" (Allgemeines Staatsrecht, Berlin 1925, S. 86) und nach G i e s e bestehen die Wandlungen aus „stillschweigender Fortbildung des geschriebenen Verfassungsrechts, aber selbst ungeschrieben" (Änderung und Wandlung, S. 396) usw.: man sieht, wie der formalistische Ausgangspunkt immer mehr verlassen wird. — Aber die Wandlungen im formellen Sinne, sind sie doch das Hauptstück der bisherigen Lehre von der Verfassungswandlung, wurden auch hier als Verfassungswandlungen — ohne von den Wandlungen im materiellen Sinne unterschieden worden zu sein — weiter beibehalten.

Indessen ist eine Unterscheidung dieser beiden Wandlungsbegriffe von grundsätzlicher Bedeutung. Hat man das Wesen der Verfassung darin erkannt, daß sie die rechtliche Regelung des Staates als Lebenstotalität ist und nicht eine Summe einzelner heteronomer Gesetzesnormen einer einheitlichen Aufzeichnung bedeutet, so muß die Bedeutung der Verfassungswandlung in beiden Fällen eine verschiedene sein.

Ist das Wesen der Verfassung nicht in den einzelnen Paragraphen erschöpft, sind die geschriebenen Paragraphen mehr nur „Andeutung und Schranke" des in der Verfassung angedeuteten Sinnsystems, so bedeutet eine Verfassungswandlung im formellen Sinne nicht notwendig zugleich auch eine Verfassungswandlung im materiellen Sinne. Wir haben oben gesehen, daß nicht nur die Lebensfunktionen des Staates, auch selbst wenn sie in der Verfassung normiert sind, nicht vollständig von ihr erfaßt werden können, sondern daß auch oft unzulänglich gefaßte Normierungen selbst dazu führen, daß die Lebensentwicklung von ihnen abweicht. In diesem Fall ist es nicht nur keine Wandlung, sondern eher ein Zeichen der besonderen Wirksamkeit der Verfassung, wenn die in ihr

— 169 —

normierten Institutionen in dem ihnen aufgegebenen Sinnzusammenhang — bei aller formellen Abweichung von den geschriebenen Verfassungsparagraphen — durch die Wirklichkeit „ergänzt und erweitert" werden. Man wird z. B. doch niemals ernsthaft behaupten wollen, daß der Erwerb Elsaß-Lothringens und der Schutzgebiete durch das Deutsche Reich und der Eintritt der elsaß-lothringischen Abgeordneten in den Reichstag, obwohl hier eine Buchstabenwandlung zweifellos vorliegt, eine materielle Wandlung des Bismarckschen Verfassungsrechts bedeuten; auch die Befriedung des Reichstagsgebäudes und der Landtagsgebäude bedeutet in Wahrheit keine Wandlung der in der Weimarer Verfassung proklamierten Versammlungsfreiheit, ebenso wird in dem Erfordernis der Zustimmung des Reichstags zur Begnadigung eines vom Staatsgerichtshof Verurteilten keine dem System der Verfassung zuwiderlaufende Einschränkung des dem Reichspräsidenten eingeräumten Begnadigungsrechts zu sehen sein.

Demgegenüber ist eine Verfassungswandlung im materiellen Sinne nicht auch notwendig zugleich eine Wandlung im formellen Sinne. Das haben wir bei den Fällen der Verfassungswandlung durch eine formal die Verfassung nicht verletzende Verfassungspraxis bereits beobachtet. Aber auch die Verfassungswandlung durch die Interpretation der Verfassung bedeutet in gewissem Sinne eine Wandlung im materiellen Sinne, freilich ist dies nicht unzweifelhaft: denn in vielen Fällen handelt es sich dabei mehr um eine Anpassung gewisser untergeordneter Verfassungsnormen an die staatliche Lebensnotwendigkeit, als um eine Wandlung des in den Verfassungsnormen festgelegten Systems oder einer in ihnen angedeuteten Wertintention. Bedeutet z. B. der Interpretationswandel bei dem Abolitionsrecht des Großherzogs von Baden eigentlich keine schwerwiegende Verfassungswandlung im materiellen Sinne, so hat die Interpretationspraxis der Supreme Court der Vereinigten Staaten mit ihrer Lehre von den „implied powers" oft zu bedeutenden materiellen Wandlungen des Verfassungsrechts geführt.

2. *Über die materielle Verfassungswandlung insbesondere.*
Wird die Verfassungswandlung im materiellen Sinne darin gesehen, daß die staatliche Lebensrealität einer in der Verfassung verkörperten Wertintention — gleichviel ob sie in einzelnen Rechtssätzen fixiert ist oder nicht — nicht entspricht, legt man also bei

dieser Betrachtung das Hauptgewicht auf die Realisierung der in der Verfassung angedeuteten Tendenz, so wird selbst in der nicht ganz der Verfassungsintention entsprechenden Entwicklung (Verschiebung) der staatlichen Lebensverhältnisse, die also formal gesehen in keiner Weise ein Versagen des Funktionierens der Verfassungsnormen bedeuten muß, auch eine Verfassungswandlung zu sehen sein. Diese Betrachtungsweise möge an folgenden Beispielen veranschaulicht werden.

Der Art. 54 der Weimarer Verfassung, in dem die Grundlage des von ihr angestrebten parlamentarischen Regierungssystems festgelegt ist, enthält zwei Sätze: „Der Reichskanzler und die Reichsminister bedürfen zu ihrer Amtsführung des Vertrauens des Reichstags. Jeder von ihnen muß zurücktreten, wenn ihm der Reichstag durch ausdrücklichen Beschluß sein Vertrauen entzieht". Beide Sätze besagen also ein und dasselbe Prinzip: nämlich, daß die Regierung zu ihrer Amtsführung des Vertrauens des Reichstags bedarf; der erste Satz beschreibt seinen positiven Inhalt, der zweite seine negative Folgerung. Aber dieser ursprüngliche Sinn ist nicht zur Geltung gekommen. Die Parteienverhältnisse des heutigen deutschen Reichstags haben dahin geführt, daß „nicht der erste Satz, nach welchem die Regierung des Vertrauens des Reichstags bedarf, praktisch maßgebend ist, sondern der zweite Satz, nach welchem sie erst dann zurücktritt, wenn sie ein ausdrückliches Mißtrauensvotum erhalten hat" (S c h m i t t, Verfassungslehre, S. 343). So hat der Art. 54 einen ganz anderen Sinn bekommen als den, den ihm die Väter der Weimarer Verfassung beigelegt haben: das Vertrauen, von dem der Artikel spricht, bedeutet in Wahrheit nichts anderes als ein Nicht-Mißtrauen und dieses Nicht-Mißtrauen bedeutet in Wahrheit nichts anderes als ein Nicht-Zusammentreffen der einzelnen verschiedenen und heterogenen Parteien in der Ablehnung der bestehenden Regierung (vgl. S c h m i t t, aaO.).[1]

Im Art. 137 der Weimarer Verfassung ist das Prinzip der sogenannten Trennung von Staat und Kirche unzweideutig ausgesprochen worden: der Absatz I sagt: „Es besteht keine Staatskirche"; Absatz III: „Jede Religionsgesellschaft ordnet und verwaltet ihre

---

[1] Anders freilich U. S c h e u n e r, Über die verschiedenen Gestaltungen des parlamentarischen Regierungssystems, in AöR, NF, XIII, 1927, S. 209 ff., 337 ff.

— 171 —

Angelegenheiten selbständig innerhalb der Schranken des für alle geltenden Gesetzes"; Absatz IV: „Religionsgesellschaften erwerben die Rechtsfähigkeit nach den allgemeinen Vorschriften des bürgerlichen Rechts." Dafür spricht auch der Art. 138, in dem die Ablösung, d. i. eine (gegen Entschädigung erfolgende) Aufhebung der „auf Gesetz, Vertrag oder besonderen Rechtstiteln beruhenden Staatsleistungen an die Religionsgesellschaften" vorgesehen wird. Die politischen Verhältnisse aber, die damals in der Weimarer Nationalversammlung obwalteten, ließen dieses Prinzip nicht streng durchführen und die verfassungsgesetzliche Regelung des deutschen Staatskirchenrechts blieb bewußt ein dilatorisches Kompromiß: es wurde einerseits das Trennungsprinzip ausgesprochen und eingeleitet (angeregt): so Art. 137 I, III, IV, 138; andererseits die Erhaltung des status quo, d. h. der bis zur Umwälzung besonders bei der evangelischen Landeskirche herrschenden engen Verbindung von Staat und Kirche normenmäßig statuiert: so Art. 137 V: „Die Religionsgesellschaften bleiben Körperschaften des öffentlichen Rechts, soweit sie solche bisher waren"; Absatz VI: „Die Religionsgesellschaften, welche Körperschaften des öffentlichen Rechts sind, sind berechtigt, auf Grund der bürgerlichen Steuerlisten nach Maßgabe der landesrechtlichen Bestimmungen Steuern zu erheben"; Absatz VIII: „Soweit die Durchführung dieser Bestimmungen eine weitere Regelung erfordert, liegt diese der Landesgesetzgebung ob."

Diese verfassungsgesetzliche Regelung des deutschen Staatskirchenrechts in der Weimarer Verfassung, wie sie auch im einzelnen unklar und widerspruchsvoll ist, läßt jedenfalls die ihr zugrundeliegende Intention durchaus erkennen, die grundsätzlich nach einer radikalen Trennung von Staat und Kirche gerichtet ist: Art. 137, I, III, IV, und 138; die aber aus politischen Notwendigkeiten den bisherigen status quo, d. h. die Privilegierung des christlichen Glaubens, zunächst anerkennt: Art. 137, V, VI; und nach der die den Ländern eingeräumte Selbständigkeit in der Kirchenpolitik, Art. 137 VIII, nur ein Liquidationsstadium darstellt. Diese Intention ist aber in der politischen Wirklichkeit nicht zur Verwirklichung gekommen. Die Verbindung zwischen Staat und Kirche — in der Form von Staatsleistung und Kirchenhoheit — ist nach der Umwälzung nicht nur unbeseitigt geblieben, sondern sie ist geradezu gestiegen. Aus finanziellen Schwierigkeiten war den Ländern eine Abfindung der Kirche einfach nicht möglich und

— 172 —

man mußte an den Staatsleistungen weiter festhalten, andererseits konnten sich die Länder, da die Kirchen vollkommen auf die finanziellen Unterstützungen staatlicherseits angewiesen waren, die Duldung und Anerkennung weitgehender Aufsichtsbefugnisse von der Kirche erzwingen. So sind in den Bestimmungen des ausgedehnten staatlichen Mitwirkungs-, Bestätigungs-, Genehmigungs- und Einspruchsrechts, in den vom Staat übernommenen Pflichten zu finanziellen Leistungen und Unterstützungstätigkeiten in Steuer- und Verwaltungssachen — vgl. besonders die kirchenpolitische Gesetzgebung Preußens im Jahre 1924! — Rechtsverhältnisse entstanden, die das kirchenpolitische System der Weimarer Verfassung völlig als illusorisch erscheinen lassen.

Es ist hier nicht der Ort, auf das Problem näher einzugehen. Vgl. hierzu Ruck, Kirchenrecht, Berlin 1926, S. 16 ff., 19; Anschütz, Kommentar, Art. 137, 138 und die dort angegebene Literatur. Die allgemeine Doktrin (Schön, Anschütz u. v. a.) hält freilich daran fest, daß die „über die allgemeine Vereinsaufsicht hinausgehende Kirchenhoheit ein notwendiges Korrelat der den Kirchen staatlicherseits gewährten öffentlichrechtlich gehobenen Stellung" sei (Schön, Der Staat und die Religionsgesellschaften in der Gegenwart, Verwaltungsarchiv, XXIX, 1922, S. 20). Aber das ist nicht richtig. Die öffentlichrechtlich gehobene Stellung ist ein Privileg, die Kirchenhoheit ist aber alles andere als ein Privileg. Freilich kann man sagen, daß die Finanzaufsicht eine Ausstrahlung des staatlichen Steuersystems sei, aber die Kirchenhoheit ist nicht nur Finanzaufsicht. Vgl. die Gesetzgebung in kirchlichen Sachen Giese, Staat und Kirche im neuen Deutschland (JöR, XIII), 1925, S. 249 ff.

3. Das Verhältnis der beiden Arten der Verfassungswandlung. Daß die Verfassungswandlung im materiellen Sinne und die Verfassungswandlung im formellen Sinne selten zusammenfallen, liegt auf der Hand. Wir haben oben gesagt, daß eine Abweichung von dem in der Verfassung verankerten System viel leichter dort vonstatten geht, wo dies System nur ideell im Sinnzusammenhang getragen wird, als dort, wo es in festen Gesetzesnormen unzweideutig festgelegt ist. Hat man den Grund der seltenen Vornahme von Verfassungsänderungen darin gesehen, daß „man sich in der Regel scheut, an dem festen Bau des Textes der geschriebenen Verfassung zu rütteln, um nicht die Frage weiterer Verfassungsänderungen in Fluß zu bringen" (Helfritz, Allg. Staatsrecht, S. 86), so wird diese Scheu auch bei der Verfassungswandlung, falls sie eine normenmäßig statuierte Institution betrifft, von entscheidender Bedeutung sein.

Aber andererseits kann doch nicht gesagt werden, daß ein Zu-

— 173 —

sammenfall beider völlig unmöglich sei. Wir haben gesehen, daß durch das Obsolet-Werden des art. 5 des französischen Verfassungsgesetzes vom 25. Februar 1875 nicht nur ein Verfassungsrechtssatz außer Geltung gekommen ist (Wandlung im formellen Sinne), sondern daß damit auch eine Entwicklung der Rechtsstellung des französischen Präsidenten vollzogen ist, die dem in der Verfassungsgesetzgebung angestrebten System gänzlich widerstrebt (Wandlung im materiellen Sinne). Wollten die Verfassungsgesetzgeber von 1875, im Hinblick auf die in Aussicht gestellte Wiederherstellung der Monarchie, eine starke Präsidentenschaft schaffen, so hat sich in Wirklichkeit die Rechtsstellung dieser Präsidentenschaft zu einer Bedeutung entwickelt, die der eines „politischen Balljungen" gleichkommt.

4. *Normergänzende und systemwiderstrebende Verfassungswandlung.* Die hier versuchte Unterscheidung von Verfassungswandlung im formellen Sinne und Verfassungswandlung im materiellen Sinne hat aber noch eine weitere Konsequenz. Gibt es Verfassungswandlungen, die inhaltlich keine Wandlung der Verfassung sind — wenn die in der Verfassung normierten Institutionen entgegen den Buchstaben aber gemäß dem ihnen aufgegebenen Sinnzusammenhang „ergänzt oder erweitert" werden — und solche Verfassungswandlungen, die formal gesehen keine Wandlung der Verfassung, d. h. der geschriebenen Verfassungsrechtssätze darstellen — materielle Verfassungswandlungen, Artt. 54, 137 Weimarer Verfassung —, so entsteht jetzt die Frage, wie sind diese Erscheinungen verfassungstheoretisch zu beurteilen?

Für S m e n d, nach dem die Verfassung „jene elastische, ergänzende, von aller sonstigen Rechtsauslegung weit abweichende Verfassungsauslegung" nicht nur erlaubt, sondern sogar f o r d e r t (aaO., S. 79), ist es „der immanente und selbstverständliche Sinn der formulierten Verfassung, daß sie diese Elastizität hat und daß ihr System sich gegebenenfalls von selbst ergänzt und wandelt. So ist ein zusammenhängendes Verstehen des von ihr gewollten und geregelten Gegenstandes, des tatsächlichen Integrationssystems, aber auch ihrer eigenen objektiven Intention, nur möglich unter Einbeziehung dieser Elastizität, dieser Wandlungs- und Ergänzungsfähigkeit und der auf Grund davon sinngesetzlich vollzogenen und wirklich und normenergänzend gewordenen Wandlungen und Erweiterungen ihres Systems" (aaO., S. 79).

— 174 —

Diese Auffassung geht wohl etwas zu weit. Denn nicht nur „die Elastizität und Anpassungsfähigkeit des geschriebenen Normensystems an die Lebenswirklichkeit geht nicht soweit, daß der mit den einzelnen Bestimmungen eindeutig zu verbindende geisteswissenschaftliche Sinn möglicherweise in sein Gegenteil verkehrt wird" (L e i b h o l z, Wesen der Repräsentation, S. 106), sondern vor allem hat die Intention der Verfassung nach der Elastizität und Anpassungsfähigkeit begrifflich ihre Schranke, sie hat ihre Schranke an dem in ihr festgelegten Verfassungssystem. Gewiß bedeutet die Verfassung „die Rechtsordnung des staatlichen Lebens", gewiß erheben die Verfassungen keinen „Anspruch starr-heteronomer Geltung" und „entsprechen oft einzelne Abweichungen von den Verfassungsbuchstaben eher dem Sinn der Verfassung als ein paragraphentreues Verfassungsleben", aber die Verfassung bedeutet doch, soll sie irgend welche sachliche Bedeutung haben, die Rechtsordnung des Staates mit einer irgendwie gearteten bestimmten Wertintention, das System der staatlichen Daseinsweise von einem irgendwie gearteten bestimmten Werttypus. Denn die schematischen Verfassungsartikel, die einzelne Lebensmomente des Staates nur mehr andeuten als erfassen und normieren, bedeuten nicht n u r „Anregung", sondern eben auch „Schranke" des Verfassungslebens (aaO., S. 81). Denn wozu enthalten sonst die Verfassungen „zum guten Teil auch Rechtssätze, die gerade ausdrücklich als starr und unelastisch gegenüber jenen fließenden soziologischen Mächten gemeint sind" (aaO., S. 77)?

Näher besehen, ist in dieser Lehre vornehmlich an die Verfassungswandlung im formellen Sinne gedacht worden: an die Wandlungen als „Ergänzungen und Erweiterungen" des in der Verfassung verkörperten Sinnsystems. Und gegenüber diesen Wandlungen hat die Lehre ihren vollen Wahrheitsgehalt und bedeutet die glückliche Lösung des bisher viel diskutierten aber niemals verstandenen Problems der Verfassungswandlung. Soweit aber die Verfassungswandlungen im materiellen Sinne in Frage stehen, da erscheint die Lehre etwas zu elastisch gefaßt. Hat man bei der Stellvertretung des Reichskanzlers noch mit gewissem Recht sagen können, daß es sich hier um „eine immer von neuem, auch ohne Anhalt im formellen Rechtszustand sich durchsetzende Wahrung gewisser ursprünglicher Prinzipien des Reichsverfassungsrechts" handle (S m e n d, Stellvertretung des Reichskanzlers, S. 321), so kann man

— 175 —

doch wahrlich schwer annehmen, daß die geschwächte Rechtsstellung des französischen Präsidenten eine in dem in art. 5 des betreffenden Verfassungsgesetzes aufgegebenen Sinnzusammenhang vollzogene Wandlung sei, oder daß die Vertrauensfrage im deutschen Reichstag und die tatsächliche Verbindung von Staat und Kirche „normenergänzend gewordene Wandlungen und Erweiterungen" der Art. 54 und 137 darstellen und daß ohne ihre Einbeziehung die „eigene objektive Intention" der Weimarer Verfassung nicht recht verstanden werden könne.

Vielmehr müßte nach dem Vorhergehenden gesagt werden: es gibt Verfassungswandlungen, die von der Verfassung erlaubt und gefordert werden, das sind eben die Ergänzungen und Erweiterungen des in ihr ideell aufgegebenen Sinnsystems; und es gibt Verfassungswandlungen, die von der Verfassung zwar nicht gewollt und gewünscht sind, die aber von der Verfassung weder verhindert noch unterdrückt werden können: das sind Wandlungen des in ihr aufgestellten Sinnsystems oder mancher in dem System normierten Institutionen oder manifestierten Intentionen. All diese Wandlungen gehen aber ihre eigenen Wege, sie sind Konstellationen der praktischen Politik und des realen Staatslebens; sie sind namentlich nicht davon abhängig, ob die Rechtsnormen oder -institute, die die Wandlung erfahren, als starre oder elastische, d. h. als wandlungswiderstrebende oder wandlungsdisponierte gedacht sind. Die Erklärung der beiden Arten der Verfassungswandlung ist ein und dieselbe: sie sind begründet in dem Werteinmaligen des Verfassungsrechts; in der Unvollständigkeit der Verfassungsnormen gegenüber den staatlichen Lebensnotwendigkeiten und ihrer elastischen Normierung, in der Selbstzwecknatur des Staates, in der Selbstgarantie der Verfassung und der Unüberprüfbarkeit der obersten Staatsorgane.

V. Einige Grenzprobleme der Verfassungswandlung.

1. *Grenzen der Verfassungswandlung, insbesondere im Verfassungssystem.* Diese Betrachtung der Verfassungswandlung im materiellen Sinne führt uns zu einer weiteren Frage. Wir haben bisher gesehen, daß Verfassungswandlungen im formellen Sinne, wenn sie nicht zugleich Verfassungswandlungen im materiellen

— 176 —

Sinne bedeuten — nach der Aufzeigung der Doppelnatur der Verfassung —, verfassungstheoretisch unproblematisch sind: sie sind eben die von der Verfassung erlaubten und geforderten Ergänzungen und Erweiterungen des in ihr angedeuteten Sinnsystems. Bei der Verfassungswandlung im materiellen Sinne aber, wo der Gegensatz zwischen dem tatsächlichen Verfassungsrechtszustand und der in der Verfassung manifestierten Intention einmal festgestellt ist, entsteht die Frage nach der Grenze der Verfassungswandlung.

Der nächstliegende Gedanke bei dieser Fragestellung ist der an das in der Verfassung angedeutete System selbst. Aber mit dem Begriff der Verfassungswandlung im materiellen Sinne ist zugleich eine Verneinung der Grenze der Verfassungswandlung an dem System der Verfassung notwendig gegeben. Es mag richtig sein, daß in den Vereinigten Staaten bei all der nicht vollkommen der Verfassung entsprechenden Staatspraxis die „general principles" der Verfassung dennoch unverändert geblieben sind, etwa „limited Government, delegated powers, supremacy of federal law, protection of private rights etc." (vgl. Martin-George, American Government, p. 186), aber unsere bisherige Betrachtung zeigt doch, daß das Problem der Verfassungswandlung eben gerade darin seine Bedeutung hat, daß das System der Verfassung einer materiellen Wandlung nicht entraten kann. Es gilt eigentlich in besonderem Maße für die Verfassungswandlung im materiellen Sinne, was Bilfinger von der Verfassungswandlung schlechthin gesagt hat, daß sie sich „notwendig nicht an die Schranken des Verfassungssystems" halte (Reichssparkommissar, S. 18).

2. *Verfassungswandlung und Staatsform.* Sieht man in dem „Sytem der Verfassung" einen zu verschwommenen und nicht unzweideutigen Begriff und will durch ein sachliches Herausgreifen gewisser Materien aus dieser Inhaltsfülle unsere Fragestellung präzisieren, so wird der als erster ins Auge fallende Sachgehalt die Staatsform sein. Aber in Wirklichkeit ist der Begriff der Staatsform selbst in hohem Maße problematischer Natur und eine Lösung des Staatsformproblems liegt jetzt „ganz besonders im argen".[1]) Beruht die Dreiteilung in der antiken Staatslehre auf einer verhältnismäßig einfachen Denkweise, die die Gegebenheit des Staates naiv voraussetzt und seine Beherrschung

---

[1]) Smend, Verf. u. Verfassungsrecht, S. 110.

— 177 —

durch einen, wenige oder viele als das einzige und zulängliche Unterscheidungsmerkmal hinnimmt, so wird die Unzulänglichkeit dieser Einteilung seit R o u s s e a u, der mit Recht in dieser Unterscheidung nur eine Unterscheidung der R e g i e - r u n g s form sah (Contrat social, III chp. 3) immer mehr und jetzt ganz allgemein erkannt (vgl. H e g e l, Rechtsphilosophie, § 273). Während aber bei R o u s s e a u die Demokratie die einzige existente Staatsform war, knüpft sich die theoretische Behandlung des Problems von der Staatsform in den jüngsten Jahren im wesentlichen an den Gegensatz zwischen Demokratie und Parlamentarismus. Augenblicklich scheint in der politischen Entwicklung der verschiedenen Staaten Europas der Angelpunkt der Staatsformenlehre in dem Gegensatz zwischen Demokratie, Parlamentarismus und Diktatur zu liegen.

Das interessante Problem der Staatsform kann hier nur angedeutet werden. Vgl. zu der antiken Staatsformlehre M e h r i n g, Der Formalismus in der Lehre vom Staat, Stuttgart u. Tübingen 1883, S. 4, 74 ff.; siehe zu dem Problem überhaupt vor allem S m e n d, Verf. u. Verfassungsrecht, S. 110 ff. und: Die politische Gewalt im Verfassungsstaat und das Problem der Staatsform (Festschrift für W. K a h l), Tübingen 1923, S. 21 ff. — Über Änderung und Wandlung der Staatsform B l u n t s c h l i, Politik, Stuttgart 1876, S. 304 ff. — Die Bedeutung des Problems der Staatsform verneinen neuerdings Th. L i t t, Idee u. Wirklichkeit des Staates, Leipzig 1931, S. 26 f.; F. A. H e r m e n s, Demokratie und Kapitalismus, München u. Leipzig 1931. — Für die wirkliche Staatsform (Staats- und Sozialordnung, Rechts- und Gesellschaftsleben) sehe ich namentlich in den sogenannten Grundrechten gewisse Richtlinien und Schranken. Die Disqualifikation der Weimarer Grundrechte bei Carl S c h m i t t (Verfassungslehre, S. 32 ff., 118 f.) halte ich nicht für ganz begründet. Ist jede geschriebene Verfassung das Ergebnis einer vorhergehenden kulturell-politischen Entwicklung und hat damit sowohl die Intention, in der Gegenwart zu gelten, als auch die Tendenz, in die Zukunft zu wirken — als Beleg für diese handgreifliche Wahrheit sei genannt B o r g e a u d, Etablissement et révision, p. 48 et s., v. G e r b e r, Grundzüge des deutschen Staatsrechts, 3. Aufl., Leipzig 1880, S. 33 —, so haben auch „dilatorische Formelkompromisse" ihre Bedeutung und ihren Wert. Ist doch jeder Aufnahme eines Rechtssatzes in die Verfassung die Idee der Unverbrüchlichkeit, die Idee der höheren Geltung immanent (vgl. K. L ö w e n s t e i n, Erscheinungsformen, S. 305 Note 2 u. f.). An die Bedeutung der Formelkompromisse für das Zustandekommen einer Verfassung, d. h. für die Konstitution einer politischen Einheit, mag nur erinnert werden. Selbst wenn aus diesen Formelkompromissen tatsächlich ein „Wille des Gesetzes" nicht bestimmt werden kann und eine sachliche Entscheidung also nicht getroffen wird (S c h m i t t, aaO., S. 34), so wird doch ihre eine Bedeutung nicht zu bestreiten sein, daß nämlich „die verschiedenen Parteien und Prinzipien sich auf den Verfassungstext berufen können" (aaO., S. 34) und dieser Schutz der Minderheiten, sobald und soweit sie ihn aus der Verfassung herauszuinterpretieren imstande sind, liegt

— 178 —

doch sicherlich auch innerhalb der Absicht der Verfassung. Und bei den „leerlaufenden" Grundrechten halte ich ihre Bedeutung schon in ihrer bloßen Erwähnung in der Verfassung für gegeben: hat doch jede geschriebene Rechtsnorm grundsätzlich eine gewisse Geltungskraft (Motivationskraft).

Die Frage also, ob die Verfassungswandlung an der Staatsform ihre Grenze habe, kann deshalb nicht eindeutig beantwortet werden, weil es nicht feststeht, was unter Staatsform verstanden werden soll. Stellt man besonders auf die tatsächliche Regierungsform ab — die heute immer mehr in den theoretischen Vordergrund gerückt wird —, so wird hier wohl keine Grenze für Verfassungswandlungen sein. Denn in Frankreich ist der Parlamentarismus stärker Wirklichkeit geworden als die Verfassung von 1875 vorgesehen hatte, in Deutschland dagegen ein Parlamentarismus, wie er in der Weimarer Nationalversammlung konzipiert war, nicht zur Verwirklichung gekommen. Auch die Entwicklung des deutschen Kaiserreichs — man denke an die Kaiserliche Initiative und die tatsächlich herausgebildeten Reichsministerien — müßte wohl als eine Wandlung der Staatsform angesehen werden. Aber kann man deshalb sagen, daß die Staatsform für die Verfassungswandlung überhaupt nichts mehr bedeutet? Es beruht heute der Schwerpunkt der Staatsindividualität in der Tat mehr auf der tatsächlichen Regierungsweise als auf der immer mehr rein äußerlich werdenden Erscheinungsform — es gibt parlamentarische Monarchie und diktatorische Republik —, und die äußere Erscheinungsform hat immer mehr eine nur sekundäre Bedeutung; kann man aber deshalb sagen, daß ein Übergang von einer Monarchie zu einer Republik oder von einer Republik zu einer Monarchie bei allem formellen Bestehen der geschriebenen Verfassung auf dem Wege der Verfassungswandlung vor sich gehen könne? Dann gäbe es, da selbst eine s t a a t l i c h e Umwälzung auf dem Wege der dynamischen Wandlung vor sich gehen kann, keine Revolution mehr?

3. *Die Revolution als Grenzfall der Verfassungswandlung.* In der Tat bedeutet die Revolution — mag man sie selbst als eine Verfassungswandlung ansehen — einen Grenzfall der Verfassungswandlung. Das „Gewaltsame" an dieser Art Staatsumwälzung läßt die Grenze des Dynamischen und Elastischen, der Wandlungsfähigkeit der Verfassung erkennen. Es ist hier nicht unsere Aufgabe, die Revolution als R e c h t s problem näher zu untersuchen —, etwa die Frage nach dem „Recht auf die Revolution",

— 179 —

d. i. eine naturrechtliche Fragestellung; oder nach der Revolution als Rechtsaufhebungs- und Rechtsbegründungsgrund, das sind mehr rechtsphilosophische Fragen —, auch nicht die s o z i o l o - g i s c h e n Triebkräfte und ihre Auswirkung zur Revolution näher zu analysieren; sondern für uns wesentlich ist hier nur die Revolution als Phänomen, als Grenze der dynamischen Wandlung, nicht aber ihr Rechtsgrund oder -charakter oder ihre tieferliegenden soziologischen Triebkräfte.

Bedeuten die politischen Revolutionen im allgemeinen völlige Umwälzungen der bestehenden Staatsordnung, so heben sie doch in den meisten Fällen niemals die Rechtsordnung gänzlich auf. Sie zerstören selten den ganzen Rechtszustand des Staates, sie durchbrechen die Rechtskontinuität nur an einzelnen Punkten; in den häufigsten Fällen handelt es sich nur um eine zeitweilige Beschränkung oder Suspendierung einzelner Teile und Komponenten des staatlichen Herrschaftsverhältnisses. Andererseits ist wieder eine mehr oder weniger gewaltsame Umwälzung in den wesentlichen Teilen eines bestehenden Rechts- und Kultursystems, oft ohne als „Revolution" zu gelten, denkbar und vorgekommen. Die Aufhebung der Leibeigenschaft, die Gewährleistung der völligen Religionsfreiheit, die Aufhebung von Eigentum und Ehe sind für die Kontinuität eines Rechts- und Kultursystems von bei weitem größerer Bedeutung als die Ablösung eines lebenslänglichen Präsidenten durch einen Kaiser, oder eines Königs durch einen anderen.

Aber Verfassungswandlungen, wie wir bisher sahen, sind selten von solcher überragenden Tragweite; sie betreffen selten die Grundelemente des Rechts- und Kultursystems, selten auch die Staats- und die Regierungsform.

Das Problem der Revolution ist heute noch sehr ungeklärt. Durch die große Anzahl der gemachten Lösungsversuche, namentlich seit dem Kriege, sind wohl manche neue Gesichtspunkte gewonnen worden, aber noch keine befriedigende Beantwortung der gestellten Frage. Eine richtige Behandlung des Problems wird wohl vom Begriff des Rechts und des Staates auszugehen haben, die dann aus der Relation beider den Begriff der Revolution näher bestimmt. War die Revolution in der lehnsrechtlichen Welt als Rechtsvorgang empfunden und normiert und lag somit in einer völlig unproblematischen Sphäre — man denke an die positive Regelung des Widerstandsrechts in den zahlreichen Königsgesetzen —, so war der Grund dafür der, daß damals eine gewisse Einheit von Staat und Recht vorhanden war, in der jedes politische Faktum rechtlich konstruiert werden konnte und konstruiert wurde. Nach der Differenzierung, der Ver-

— 180 —

engung des rechtlichen Denkens ist natürlich eine solche Betrachtung nicht mehr möglich und die Revolution ein Problem geworden. Bei dieser Lage wird eine Behandlung des Revolutionsproblems als einfacher Gegebenheit ohne Einbeziehung von Staat und Recht schwerlich der Aufgabe beikommen können. Übrigens besteht eine merkwürdige Analogie zwischen der Revolution und der Diktatur: jene war früher eine geregelte Frage, heute ist sie ein Problem, diese früher eine ungeklärte Materie, heute beinahe ein Rechtsbegriff. Man könnte gewissermaßen sagen, daß früher eine Revolution von unten legalisiert war (Forderungen einer im Laufe der Zeiten veränderten Gesellschaft oder einzelner Gesellschaftsklassen an den Staat), während man heute eine Revolution von oben (Forderungen des Staates an die Gesellschaft oder Gesellschaftsklassen) zu legalisieren im Begriff ist. Vgl. im übrigen über das Problem Stier-Somlo, Reichs- und Landesstaatsrecht, I, S. 49; Binder, Philosophie des Rechts, S. 623 ff., und die hier angegebene Literatur; Ulrich, Gedanken zur Soziologie der Revolution, Breslau 1927; H. Herrfahrdt, Revolution und Rechtswissenschaft, Greifswald 1930.

4. *Verfassungswandlung als ein Problem des Bundesstaatsrechts.* Vielleicht ist aber die Verfassungswandlung überhaupt ein spezifisch bundesstaatliches Problem. Denn die Kompetenzverteilung und -verschiebung zwischen dem Bundes- und den Einzelstaaten haben die häufigsten Gelegenheiten zu Verfassungswandlungen gegeben: das deutsche Kaiserreich, die Vereinigten Staaten und die Schweizerische Eidgenossenschaft liefern uns hierfür die zahlreichsten Belege, und die praktischen Fälle, die Laband und Jellinek zu der theoretischen Frage der Verfassungswandlung geführt haben, sind zum großen Teil Fragen des Reichsstaatsrechts. Ob aber nun diese Wandlungen in der Regel nach einer Unitarisierung tendieren — "a political force has a natural tendency to expansion, a tendency which works even apart from the knowledge and intentions of those through whom it works" (Bryce, American Commonwealth, Vol. I, pp. 403 sqq.)[1] —, mag zunächst dahingestellt bleiben. Da aber die Verfassungswandlung einmal als das natürliche Ergebnis des eigentümlichen Verhältnisses von Staat und Verfassung erkannt ist, kann nicht davon die Rede sein, daß das Problem der Verfassungswandlung, mag es auch hier seine besondere Bedeutung haben, ausschließlich auf bundesstaatliche Verfassungen beschränkt sei.

Die neue von K. Löwenstein (Erscheinungsformen) gemachte Unterscheidung von Verfassungsüberschreitung und Verfassungsdurch-

---

[1]) Vgl. auch Meinecke, Weltbürgertum und Nationalstaat, 3. Aufl., Berlin 1915, S. 510 ff., 516, 517.

— 181 —

brechung betont in eindrücklicher Weise die Bedeutung der **Frage der Kompetenz** im Verfassungsrecht (s. S. 191 f., 219 ff., bes. 231 ff.) und bestätigt damit unsere These, daß die Verfassungswandlung im wesentlichen ein Problem des Bundesstaatsrechts sei. — Vgl. über das Problem der Verfassungswandlung in der Schweiz H. v. Frisch, Widersprüche in der Literatur und Praxis des Schweizerischen Staatsrechts, Zürich 1912; Fleiner, Fortbildung der schweizerischen Bundesverfassung (JöR, I), 1907, S. 408 ff.; Burckhardt, Kommentar der Schweizerischen Bundesverfassung, 2. Aufl., Bern 1914, Einltg., S. 7 ff.; Ruck, Verfassungsrecht und Verfassungsleben in der Schweiz, Berlin 1925.

5. *Die politischen Verfassungstheorien.* Unsere bisherige Betrachtung der Verfassungswandlung ist davon ausgegangen, daß das Problem, ein spezifisches Problem der Verfassungsrechtstheorie, nicht nach den „überlieferten streng rechtlichen Rechtsvorstellungen" (Bilfinger, Verfassungsfrage und Staatsgerichtshof, ZfPol. XX, 1930, S. 94) und mit den traditionellen formaljuristischen Begriffen untersucht und gelöst werden kann, und hat dabei insbesondere versucht, auf die Eigentümlichkeit des Verfassungsrechts hinzuweisen und diese besonders zu unterstreichen, damit stellt sie sich aber zugleich auch in Gegensatz zu den rein politischen oder im wesentlichen politischen Verfassungstheorien:

Nach Lassalle sind die in der Gesellschaft bestehenden tatsächlichen Machtverhältnisse eines Staates seine eigentliche Verfassung, — etwa: das gehorchende Heer und die Kanonen, der bei König und Hof einflußreiche Adel, die Herren Borsig und Egels seien die wirkliche preußische Verfassung —, im Gegensatz zu dem, was auf das Blatt Papier geschrieben wird, das aber der realen Lage der Dinge völlig gleichgültig ist (Über Verfassungswesen, Berlin 1862). Das bedeutet aber in Wahrheit eine Überschätzung der bestehenden Sozialverhältnisse und eine Unterschätzung der tatsächlichen Bedeutung der geschriebenen Verfassung. Es kann gewiß nicht behauptet werden — und das wäre auch eine Verkennung des Wesens der Verfassung —, daß die geschriebene Verfassung das ganze politische Dasein des Staates prompt und strikt festlegen und sicher und optimal beherrschen könne. Ihre gewollte Elastizität und notwendige Nachgiebigkeit sind bedingt durch die Natur ihres Gegenstandes, durch den Staat. Diese können vielleicht formaljuristisch als ein Versagen der Verfassung empfunden und aufgefaßt werden, aber sollte man deshalb

— 182 —

die geschriebene Verfassung lediglich als ein „Blatt Papier" ansehen und ihr jede Bedeutung aberkennen können? Bestreitet man jede Motivationskraft der Rechtsnormen, weil man sie nicht schwarz auf weiß nachweisen kann, — eine Denkweise, mit der der Wert des geschriebenen Rechts überhaupt in Abrede gestellt wird — und beachtet nur handgreifliche Erscheinungen, so würde man doch ebenso gut sagen können und müssen, daß das wirkliche Zivil- und Strafrecht eines Landes in nichts anderem bestehe als in den Gerichtsvollziehern und Gefängniswärtern!

Ganz abgesehen davon, daß die Verfassung als positives Recht nicht nur Norm, sondern auch W i r k l i c h k e i t bedeutet, vgl. hierüber S m e n d, Verf. u. Verfassungsrecht, S. 80 ff.

E. Kaufmann sieht in den „wirklichen maßgebenden soziologischen Kräften", namentlich in den Praktiken und Traditionen einer machtbewußten, parlamentarischen Körperschaft und in den großen gesellschaftlichen Organisationen der politischen Parteien, den „eigentlichen Schöpfer und Wandler des lebendigen Verfassungsrechts" (Regierungsbildung in Preußen und im Reiche, in der „Westmark" 1921, S. 207). Diese spezifisch real-politische Betrachtungsweise — die in gewissem Sinne an B a g e h o t erinnert, von dem D i c e y sagte, "who deals or means to deal mainly with political understandings or conventions and not with rules of law" (Introduction, p. 20) — wird aber dem rechtlichen Charakter der Verfassung nicht ganz gerecht. Ganz abgesehen davon, daß die Verfassung eine Reihe von als überstaatlich-allgemein gedachten Rechtsgrundsätzen und Minderheitsrechten aufstellt, die dann eigentlich nicht von Parlaments- und Parteienpraxis und ihrer Wandlung betroffen werden, sieht er in dem „lebendigen" Verfassungsrecht nur die von der Verfassung nicht zu verhindernden Wandlungen, nicht aber die von ihr gewollten und geforderten „Erweiterungen und Ergänzungen". Er sieht, daß das geschriebene Recht der realen Politik gegenüber sich als machtlos erweisen kann, übersieht aber, daß eine zeitweilige schlechte Verfassungspraxis noch keineswegs die völlige Wertlosigkeit der Verfassung beweist.

Beide Theorien, die hier nur kurz angedeutet werden können, sind deshalb abzulehnen, weil sie in ihrer Konsequenz der geschriebenen Verfassung jede wirkliche Bedeutung abstreiten müssen, und daß das nicht angängig ist, beweist die Geschichte, das Bestehen und die Entwicklung der geschriebenen Verfassung.

唐律通论

目 录

一　读唐律有四益说

二　唐律之与中国法制史

三　唐律之与现代法

四　唐律之与东亚诸国

五　唐律之与罗马法

六　礼教中心论

七　家族主义论

八　论尊君

九　论崇官

十　唐律狱讼制度特点

十一　论唐律之不罚未遂罪及其自首之制

十二　唐律无自卫说

十三　唐律中之新颖思想

十四　读唐律札记

一　读唐律有四益说

《唐律疏议》一书，世人但知其为一中国古代刑法典，视之如《宋刑统》《元典章》然，能以之与明清律等观者已希矣。而余则有意上书政府，定唐律为大学生必读之书，尤愿当世之士，能人人皆一取而读之，其理有四：

一、我国积弱者近百年，其原因固在于科学不发达，而尤病于政治太落后。而人民之政治程度如何，则又全视其守法之精神为断。我国之汉唐，普鲁士之建国，日本之明治维新，方其国势发扬之顷，盖无不有全国上下守法精神为之基础。我国人民法治观念之薄弱，已不止百年，如不能于今急有所更张，即据有全世界最多最新之武器及机械，军旅不能坚精，工业不能发达，而富强无从而致也。而现代之法律学，渊源于罗马法系者也。重权利，偏个人，务形式，其对于社会之影响，大可怀疑，西洋近代论法律哲学者，已久病之矣。唐律本于礼教，合乎道德，以社会为本位，以义务为原则，合乎挽近所谓公法观念者也。故读唐律可以培养合乎现代理想之法律观念，此其一。参下第六章。

二、不平等条约之成立，中国司法制度，实为列强口实。一九〇二年《中英续订通商条约》："中国深欲整顿本国律例，以期与各西国律例改同一律。……一俟中国律例情形……皆臻妥善，英国即允弃其治外法权。"浸淫渐久，国人亦遂自以为中国法典无系统、思想太顽固、刑罚惨酷、法官懵顸。殆皆将尽弃其所学矣。今之刑曹俊彦、法学师儒，侈谈罗马法、德国法、瑞士法、英美法，如数家珍，而了然于官当之制、减赎之法、容隐之属、科比之用者，有几人乎？不知中国历代立法，无不以唐律为宗。而唐律者：十二律隐括三典，其系统精严，无异优帝法典。其说难问答、论断深刻，不逊罗马诸贤。参下第十四章第一目。而笞杖不过二百，非有站笼夹棍之刑；流不过三千里，无充军烟瘴之制；役不过四年，无终身狱禁之说；死刑不出绞斩，不闻凌迟磔尸；缘坐限于父子，不闻族诛孥戮。此外朝廷岁取明法之士，州府员定法曹之官。徒囚盖皆经复审，大狱每取议三司。参下第十四章第二目及第十章。其制度之谨严精慎，实不逊近代最新学说。国人一般对中国法律之误解，一读唐律，当可恍然大悟。此其二。轻刑慎杀一节，唐律大胜明律。此亦余所以取唐而弃明也。

三、我国现行法制，多接受外国法，而于中国法源，未甚措意。以故实施有年，终未能尽适国情。如债权法不及"会"，物权法不言"老佃"，及"先买"，商法不言"铺底"。且土地登记未行，物权法之规定皆虚设，户籍登记未广，行为能力何从稽考？法院不遍设，宣告禁治产，皆属具文。江翊云语，见杨鸿烈《中国法律发达史》，页一千五十七。故求我国法治发达，其现有法典，或尚须有待于调整。一国之法律成就，绝不能由外铄而来，亦非可一蹴而就，各国之法制史，皆不鲜明例。且我国幅圆之广、宗族之众、习惯之殊、宗教之别，岂以一外国成法所能笼括？而唐律者，为制于中国者，千有余年，影响所及者，遍及东亚诸国，不仅达于边隅辽远已也。参下第二章及第四章。我国苟欲从事改良法典，必先于唐律，努力研究。此其三。

四、我国过去学风，皆重词章而忽经济，而欲习经济之学，必从典章制度入手。中国之典制，唐称尚矣。然两书诸志、六典、会要，及三通者，卷帙浩繁，从何入手？唐律者，诸法令格式之总汇精选也。"有违于令及格式者，皆断于律。"见《新唐书刑法志》。故言征人即及府兵之制，言漏口即知户籍之法，因贡举而明乎考铨之制，以博戏而知其习射之风。读此一书，唐代一切政治经济文化社会情形,历历在目,绝非一外国古代刑法典所可比拟也。此其四。

依上所述,读唐律,一举可得四益。然读古书者,贵会通其精神,而不拘泥乎文字;探求其思想,而不局囿于制度。此则存乎其人矣。

二　唐律之与中国法制史

　　唐律在全部中国法制史中，据最高之地位。实以其上集秦汉魏晋之大成，下立宋元明清之轨范。故历朝法典，无与比伦。兹分言之如下：

　　一、承先之唐律　中国自有史以来，论法之著者，首推李悝《法经》。其后汉有萧何"九章之律"。魏晋北齐，皆号明法。而此千余年来之法律思想制度，皆自唐而得一总汇。观唐律各律篇首之疏，对秦汉魏晋间各篇之增损因革，既叙述綦详，而律内各律之因袭于前代者，亦多可借他书考证。名例律之篇首疏不云乎？"远则皇王妙旨，近则萧贾遗文。沿波讨源，自枝穷叶。"自叙尤明。则秦汉魏晋之律虽无存，实已假唐律而存矣。唐律之承用汉律者，沈家本有《汉律摭遗》二十二卷，考证甚详。承用其他前代律者，尚待考证。

　　二、启后之唐律　唐律自《永徽疏》成后，遂为历代制律之准绳，其脉传之迹，较其所以集前代之大成者尤显。盖五代六十年，率皆沿用唐律：后梁之《大梁新定律令格式》、后周之《同光刑律统类》，其律皆仍唐之旧，后周之刑统，亦止"申画一规"，别无创作，后晋、后汉尤无论。宋初沿用后周刑统，见之史册。建隆四年，重定刑统，全部实为唐律。后虽以敕代律，而律实未见更改。故终宋之世，其律未尝离唐律范围。元初循用金律，而金律者多承于辽，辽律即唐律也。其后颁《至元新格式》，为目二十，其面目始稍变，而犹同于唐者九。其异者十一，大体在命名分章，至八议十恶官当之制，皆仍唐也。明律尤直承唐律。李善长等议律，谓"今制宜遵唐旧"。见《明志》。盖太祖尤倾心唐律，洪武元年，命儒臣四人，同刑官讲唐律,日进二十条也。明律初以六部为依归,名例居后;继又援用唐篇目。而最后修订,洪武二十二年。仍以六部为纲,而以旧律各目,分属其下。其内容十之七八,无改唐律。清律屡经修校,其篇目一同明律,而损益尤微。故明清两代之律,其形式固有异于唐,待详考其实,则唐律之规模,盖依然也。以上参陈顾远《中国法制史》,页三七 四。暨清末变法、民国制典,西洋法之影响遂著,然史地之环境不移,唐律之迹,终不至荡然无存,详见下章。耶士卡勒(Escara)有言:"从唐律起,中国的法理专门学问,和法律的准则与解释,方才开始发展。"又言:"中国司法制度的进化,起始于西历六百五十年,至一千九百一十年。经过一千二百六十年,都进步的很缓慢,并只有轻微的改订而已。"见杨鸿烈《中国法律发达史》,页三四三。持论虽非尽当,然其于唐律之所以启后开来,所见固甚明也。

综上所述,唐律在中国法制史上之价值,灼然甚明。盖研究中国法者,苟非专攻某一代以为长者。如不能尽取历代法典而详读之,唯有读唐律,可以知历代法制之常之正,而他律可略。不知唐律,但习明律清律,则仅见其变其偏而已。刘孚京沈刻《唐律义疏》叙:"盖自余释褐,备官刑部,寻绎律意,四十年于兹。至于义有所不了,文有所不明,考之群书,遍及故牍,犹未晓彻。及求诸唐律,而后因革之迹,变通之意,昭昭明矣。大抵明以来所变革,虽因世为轻重,要其经常,一当以唐律为正。"不知其渊源本末,未识其刑罚之中,尚无论焉。关于历代制法经过及法典内容,参阅程树德、朱方、陈顾远各家之《中国法制史》,杨鸿烈之《中国法律发达史》及黄秉心之《中国刑法史》。

三　唐律之与现代法

　　唐律之为后世法律准绳,迄于明清,略见上述。及清末鼎革之际,如宣统元年颁行之《大清现行刑律》,民国元年颁行之《暂行新刑律》,仍多取法唐律。渊源所自,亦理之常。然即国民政府统治下现行法律,在编制时未尝不锐意规摹西洋成法,然在刑法中,固未能全脱唐律范围。即在民法中,与唐律不谋而同之处,亦正不少。兹试就两法中略举数例如下:

　　甲、民法部分依民国十八年、十九年公布《民法》。

　　(一)期间　《民法》第一百二十条:以日定期间者,其始日不算入。此唐律所谓称日者以百刻也。《名例》五十五称日者以百刻条。第一百二十三条:每年为三百六十五日,乃唐律"称年者以三百六十日"同上条。之异词。

　　(二)定婚自由　《民法》第九百七十三条:男未满十七岁,女未满十五岁者,不得订定婚约。唐律"嫁娶违律……。男年十八以下,及在室之女。主婚独坐",《户婚》四十六嫁娶违律条。亦以幼年人订婚之权,付其尊亲属也。

　　(三)离婚　《民法》第一千零四十九条:夫妻两愿离婚者,得自由离婚。唐律:"夫妻不相安谐,而和离者不坐。"《户婚》四十一义绝离之条。

　　(四)七出　《民法》第一千零五十二条:夫妻得请求离婚……二、与人通奸者。……四、妻对于夫之直系尊亲属为虐待,……致不堪为共同生活者。……七、有不治之恶疾者。即唐律七出中二淫逸、三不事舅姑、七恶疾之遗意也。《户婚》四十妻无七出条。

　　(五)父权　《民法》第一千零八十五条:父母得于必要范围内惩戒其子女。唐律"违犯教令,依法决罚,邂逅致死者无罪"《斗讼》二十,殴詈祖父母条疏:"依法决罚",即当时必要之"范围"也。

（六）扶养　《民法》第一千一百一十四条:直系血亲相互间,互负扶养之义务。唐律:"子孙供养有阙者徒二年。"《斗讼》四十七子孙违犯教令条。即此条之所本也。

（七）家长　《民法》第一千一百二十三条,家置家长。唐律:凡是同居之内,必有尊长。《户婚》十三卑幼私辄用财疏。即家长之义。故脱户漏口,皆"家长"坐其罪也。《户婚》一脱户条。

乙、刑法部分依民国二十四年一月公布《刑法》。

（一）论刑从轻　《刑法》第二条:行为后法律有变更者,适用裁判时之法律。但裁判前之法律,有利于行为人者,适用最有利于行为人之法律。唐律:有官犯罪,无官事发,有荫犯罪,无荫事发,无荫犯罪,有荫事发,并从官荫之法。《名例》十六无官犯罪条。又:犯罪时未老疾,事发时老疾,依老疾论。……犯罪时幼小,事发时长大,依幼小论。《名例》三十一犯时未老疾条。并此条渊源所自也。

（二）重伤　《刑法》第十条:称重伤者谓左列伤害……云云。略同唐律:以佗物殴伤人内损吐血为"伤重"之义,《斗讼》十八九品以上殴伤重条疏。唯加重耳。

（三）过失　《刑法》第十四条:行为人虽非故意,但按其情节应注意,并能注意而不注意者为过矣。唐律称过失者谓耳目所不及,思虑所不到,《斗讼》三十八过失杀伤人条。颇足互相发明。

（四）老残废疾　《刑法》第十九条:未满十四岁人之行为不罚。十四岁以上未满十八岁人之行为,得减轻其刑。满八十岁人之行为,得减轻其刑。第十八条:心神丧失人之行为不罚。唐律:七十以上、十五以下及废疾,犯流罪以下收赎。八十以上、十岁以下及笃疾,除反逆杀人,盗及伤人皆勿论。九十以上、七岁以下,虽死罪不加刑。《名例》三十老小废疾条。

（五）从犯　《刑法》第三十条：帮助他人犯罪者为从犯。唐律：共犯罪者以造意为首。随从者减一等。《名例》四十二共犯罪造意为首条。

（六）没官　《刑法》第三十八条：右列之物收没之：一、违禁物，……三、因犯罪所得之物。唐律：彼此俱罪之赃，及犯禁之物没官。《名例》三十二，彼此俱罪之赃条。

（七）并合论罪　《刑法》第五十一条：数罪并罚，死刑及无期徒刑，执行其一。本唐律"二罪以上俱发，以重者论"之意也。《名例》四十五二罪从重条。

（八）法律竞合　《刑法》第五十五条：一行为而触犯数罪名，或犯一罪，而其方法或结果之行为，犯他罪名者，从一重处断，即唐律所谓"当条虽有罪名，所为重者自从重"也。《名例》四十九，本条别有制条。

（九）连续犯　《刑法》第五十六条：连续数行为而犯同一之罪名者，以一罪论。但得加重其刑至二分之一。略同唐律"频犯者累科倍论"之意。《名例》四十五，二罪从重条。

（十）自首　《刑法》第六十二条：对于未发觉之罪自首而受裁判者，减轻其刑。唐律：犯罪未发而自首者原其罪。《名例》三十七犯罪未发自首条。

（十一）加不至死　《刑法》第六十五条：无期徒刑，不得加重。此本唐律"加不至死"之义。《名例》五十六称加者就重条。

（十二）数满乃坐　《刑法》第七十二条：因刑之加重减轻，而有不满一日之时间，或不满一元之额数者不算。此唐律所谓"加者数满乃坐"也。同上条。

以上仅就《刑法总则编》举例，至《分则编》可与唐律比照条文，更仆难数，兹不备论。

就上所述，唐律在现行法典中，犹不失为轨范，灼然甚明。至实行法中，若大理院判例及解释、最高法院及司法院法律解释，其折中于唐律者，更往往可见。唐律之徽音遐采，其犹有继乎。

四　唐律之与东亚诸国

近世比较法学兴,而中国法系在世界各种法系中之价值日显。而中国法系之中心,固唐律也。故唐律在东方各国之影响,不可不述。兹分论之如下:

一、朝鲜　朝鲜法制,至高丽王建立国时(918)渐可详考。而其一代之制,大抵仿唐,刑法尤采唐律。盖即于此十二篇中,取其七十一条。虽简易未足资治,而唐律之基础于是定矣。至朝鲜建国(1392),李太祖采用《大明律》。明律遂为李朝四百余年之大法。即至光武九年(1905)修订《刑法大全》,亦仍系参酌《大明律》而成。明律之于唐律,异其面目而存其精神,则虽皆名离于唐而实亦不能去于唐也。

二、日本　日本律令之最古最著者,当推近江(668)、大宝(701)及养老(718)律令。三者皆直接脱胎唐律,其后弘仁(820)、贞观(869)、延喜(907)删定格式,举循唐旧。盖自天智天皇(668)至醍醐天皇(907)皆遵唐成制者矣。自幕府专政至明治维新,此数百年中,诸藩制法,皆以明律为本,如纪州藩《国律》、新发田藩《在中御条目》、熊本藩《御刑法草书》、弘前藩《御刑法牒》、名古屋藩《御定书》,其著者也。即至明治即位,其三年颁布新《律纲领》,六年之《改定律例》,亦仍无不以《大明律》为蓝本。则此时日本之私淑唐律,正与李朝时之朝鲜同也。

三、琉球　琉球自尚穆时(1786),始有法典,厥名《科律》。内容全用清律。盖律臣自称"《大清律》四百三十六门之中,所采用之科律,凡一百三条"。日本大藏省所编之《冲绳法制史》谓《科律》不过为《大清律》之拔萃缩写而已，殆不虚也。

四、安南　安南久属中国版图，后虽独立，制法仍宗中朝。而黎氏一朝典章(1428—1777)更复直绍有唐，其载诸"历朝宪章类志"者，皆可得而征也。自阮氏建国(1778)乃径以明清律为蓝本。自一九〇九沦为法属后，则并采用法国律矣。以上所述，大体据杨鸿烈《中国法律在东亚诸国之影响》。

中国法在东亚各国之影响，既如上述。而唐律者，又为中国法之中心。则不独以历史方法治中国法者，必读唐律，而以比较方法治中国法者，盖尤必读唐律也。

五　唐律之与罗马法

习西洋法者而读唐律，必盛感其与罗马法相似者多端。一、《唐律疏议》成于永徽四年，即公元六百五十三年。《罗马法典》(Corpus iuris civilis)成于五百三十至三十三年，较早者一百二十年。此两者成书时相去之未久也。二、唐律之制，奉诏于高宗，总成于长孙无忌。《罗马法典》之作，受命于优帝(Justinian)，督修于脱黎波尼央(Tribonian)，两朝学者，群预其盛。二者修制之迹相同也。三、唐律上集周秦魏晋之大成，下树宋元明清之圭臬。《罗马法典》上为王政共和及帝政三时代之总汇，下为注释学派、书院学派、历史学派及性法学派之先河，直至今日。则二者之承先启后同矣。四、唐律不独用于中华，其影响所逮，至于朝鲜日本安南琉球。罗马法起源义大利半岛，旁输德法英美，渐及全球。两者各成世界上一大"法系"，又相类也。五、《唐律疏议》既成，而典式大明，刑宪之司，不复执行殊异。罗马法律既具，而诸家学说之争讼，渐有指归。其统一之用，颇相类似。六、唐律、罗马法，同为一代巨典。然唐律以其集诸家之成，订律制疏，遂为历代法典之规范。《罗马法典》，固为一国之典章，然其精萃，乃在"学说汇纂"(Digesta)，因以启后来法学之发扬。二者又有殊途同归之致也。至两法内容，更不鲜类似之处。兹试举数例明之。

一、崇官　《名例律》八议，六曰议贵。谓职事官三品以上、散官二品以上及爵一品者，若犯死罪，皆先奏请议。流罪以下减一等。《名例》七、八议条。此个人以任某种职务而取得法律上特殊地位者也。罗马法，家父对其子孙之家父权（Potestas familias），本无例外，但其子为宫中顾问官、裁判官、知事、将军者，即本法律之作用，脱离家父权参陈允，《罗马法》，页三〇七。与上旨同矣。

二、幼小　《名例律》七岁以下，虽死罪不加刑。《名例》三十老小废疾条。罗马法亦以七岁以下男女为幼儿（infantes），而认为全无行为能力者也。陈书页五十。

三、孳息　《名例律》生产蕃息，皆同见赃。疏称"生产蕃息，本据应产之类，而有蕃息。若是兴生出举，而得利润，……既非孳生之物，不同蕃息之限"。《名例》三十三以赃入罪条。此与罗马法所称天然孳息及法定孳息（fructus naturale vel civile），同一区别。陈书页九六。

四、罚盗　《名例律》盗者倍备。疏云"盗者贪财既重，故令倍备，谓盗一尺征二尺之类"。《名例》三十三以赃入罪条。此罗马法所谓（buplum furti）者，自《十二表法》至《优帝法典》，凡非当场被捕之盗皆以物价二倍之金额科罚之也。陈书页二一七。

五、良贱　唐制民分良贱。凡反逆相坐，没为官奴婢。一免为官户，再免为杂户，三免为良民。《名例》四十七官户部曲条。私人所有，则为奴婢部曲。《户婚》十一放部曲为良条。罗马法亦分公共及私人奴隶（Servus）两者，陈书页五九。而奴隶之解放，更有第一级、第二级及第三级之解放自由人（libertini）陈书页七五。与唐制可参照也。

六、化外人　《名例律》化外人同类自相犯者，各依本俗法。异类相犯者，以法律论。《名例》四十八化外人相犯条。依罗马法，则凡非罗马市民（Cives）即为外国人（Peregrinus）不适用市民法（ius civile）而适用万民法（ius gentium）陈书页三四及八一。是唐律之规定，不强迫同类化外人之适用异类人法律，其所以怀远人者，较罗马法之规模为弘远矣。

七、定婚　依《户婚律》之制，男女定婚，有婚书，或聘财，悔者追其聘财。《户婚》二十六许嫁女报婚书条。此与罗马法所谓定婚时有赠物（arrhae），悔约者没收赠物，其意同也。陈书页二六二。

八、婚禁一　《户婚律》同姓为婚者，徒三年，并离之。《户婚》三十三同姓为婚条。此与罗马法血族（Cognatio）、宗族（Agnatio）之婚姻限制同意。

九、婚禁二　《户婚律》监临之官，不得娶所监临女为妾。《户婚》三十七监临娶所监临女条。罗马法，则凡为地方官者，不得与生于其地或居住于其地之女子结婚也。陈书页二六九。

十、婚禁三　《户婚律》奴婢杂户官户，不得与良人为婚。《户婚》四十二奴娶良人为妻条，四十三杂户不得娶良人条。罗马法，自由人与解放自由人，亦不得通婚也。陈书页二六九。

十一、离婚　《户婚律》夫妻不相和谐，可自和离。《户婚》四十一义绝离之条。依罗马法，当事人双方意思合致，无论何时，皆可以协议离婚（divortium）也。陈书页二八二。

十二、畜生　《厩库律》犬杀伤他人畜产者，犬主偿其减价，《厩库》十一犬伤杀畜产条。狂犬不杀，以故杀伤人者，以过失论。同律十二畜产抵踢啮人条。依罗马法则畜类反其本性，突然加害于他人者，则有（actio de Pauperie）之诉也。陈书页〇〇。

十三、夜盗　《贼盗律》夜无故入人家，主人登时杀者勿论，《贼盗》二十二夜无故入人家条。依罗马《十二表法》，夜间窃盗，杀者亦无罪也。陈书页二一七。

十四、父权　《斗讼律》祖父母父母故杀子孙者，徒二年半。《斗讼》二十八殴詈祖父母父母条。罗马之家父，对其子固有生杀之权，然滥杀其子者，仍不得免重罚。陈书页二九六。

十五、水利　《杂律》占固山野陂湖之利者，杖六十。《杂律》十七占山林陂湖利条。此即罗马法公用河川之义也。陈书页九一。

十六、宿藏物　《杂律》于他人地内,得宿藏物。合与地主中分。《杂律》五十九得宿藏物条。此与罗马法关于埋藏物(thesaurus)之规定无异。陈书页一〇九。

以上诸例,皆信手拈出,示其一端而已。若详加研讨,可增益至无量数。此就其同者言之也。世之有志者,若以唐律及罗马法典,详作比较,察其异同,论其得失,以成专书,必大有可观。若就其不同者言之,则唐律以礼教为中心,罗马法以权利为中心,此东西两大法系根本观念之分歧。其详当另论之。

六　礼教中心论

吾人于今日读唐律,其最使吾人值思者,即其以礼教为中心之法律观是也。夫以礼教为法律中心者,儒家之说也。中国法律思想史中,儒家之外,尚有法家在焉,不可不略论之。

儒家与法家之辨,论者众矣,皆病未得其要。以鄙见观之,其持说之异,全在礼与法之关系一端。礼与法同为社会生活一种准绳。其不同之处,礼无刑罚结果,法有刑罚结果是也。盖儒家之论法,以礼教为主,以法律为辅。孔子曰:道之以政,齐之以刑,民免而无耻。道之以德,齐之以礼,有耻且格。孟子曰:徒法不能以自行。唐律谓德礼为政教之本,刑罚为政教之用。《名例篇》首疏。其义尤显,此就法之"用"言之也。法既以礼为主,则法之所以为法,必折衷于礼。《大戴记》:礼者禁于将然之前,而法者禁于已然之后。《礼察篇》。即所谓"礼之所去,刑之所取,出礼则入刑"。《后汉书·陈宠传》。而刑为礼之"表"。《唐律释文》序语。易言之:法之所禁,必皆礼之所不容,而礼之所许,自必法之所不禁。故唐律监临之官,不得私役使所监临,唯有吉凶之礼,则可借使也。(《职制》五十三役使所监临条)。此就法之"质"言之也。法家之论法,则与此正反。其论法之"用",则法律高于一切,礼不足论。管子曰:法者天下之至道。《明法篇》。尹文子曰:万事皆归于一,百度皆准于法。《扬榷篇》。而韩非子谓礼者忠信之薄而乱之首矣。《解老篇》。其论法之"质",则法外无法,何待乎礼。故韩非子曰:法者编著之图籍,设之于官府,而布之于百姓者也。《难三篇》。管子曰:生法者君,守法者臣。《任法篇》。慎子曰:法虽不善,犹愈于无法。《群书治要》引。则更明言法律自有其内在之价值，而无须外求权威。则形式主义法律论之必然结果耳。关于法家学说，论者每指出公布、名实、客观、进化、平等、最高效率及无为而治七点。实则无为而治，不足称为法律观念。前四点在儒家之论法，又何尝不然。后二点则形式法律论之必然结果也。参陈顾远《中国法制史》页四二。唯以其全部理论，建立于形式主义之上，故其价值论终不免整个落空，遂流于所言无物。此其所以终不敌儒家之礼教法律论者欤。论法家学说之中斩者，有谓其受专制政体排压之故。其义未允。盖政治思想，受政治制度之影响则有之，受政治制度之限制者，未之闻也。

儒家之礼教观，自两汉以还，随经学之盛，而整个控制中国法律思想，历魏晋六朝，相沿不磨，至于唐而益显。说者或谓宋元明清之所以采用唐律者，皆为其"一准于礼"之故。《四库全书提要》卷二十。其说允否，姑不具论。然唐律之可以为礼教法律论之典型，则固可得而言也。盖不独三宥八议十恶之制，大祀不正寝、子孙别籍、亲丧生子、同姓为婚之罚，皆渊源于礼制。而律疏解律，则往往直取证于礼经矣。如言夫则称庙见未庙见及就婚三种之夫。《名例》六，十恶条，四曰恶逆。言父母丧则举以哭答使者，尽哀而问故之仪。同条七曰不孝。言老幼则称耄悼，《名例》三十老小废疾条。言婚则称聘则为妻，《户婚》二十六许嫁女报婚书条。言娶妻则称曰甲月庚。《户婚》二十八有妻更娶条。言发冢则称葬之谓藏。《贼盗》三十发冢条。其引礼证律之例，不胜枚举。不独此也。《职制律》：居期丧作乐，律虽无文，依礼不合无罪，从不应为重。《职制》三十匿父母夫丧条。《名例律》：老小笃疾殴父母，于律虽得勿论，准礼仍为不孝，上请听裁。《名例》三十老小废疾条。则虽法所不禁，仍可以其违"礼"而致罚也。唯其法之外尚有礼足征，故论罪出入，可以"轻重"相明。《名例》五十断罪无正条。律令无条，可以"不应为"科罪。《杂律》六十二不应得为条。在成文法制度下，而能超越乎形式之上如此，亦大可惊叹矣！

吾人今日已渐习于西洋法律观念者也。故有时反自视其固有之礼教法律观为特殊。而西洋法律观念者，以权利为中心之法律观也。不观夫罗马法"优司"(ius)一字乎？盖同时具"法律"及"权利"两义。而法律者所以确定权利、保护权利；权利者乃法律所确定所保护之利益。陈允《罗马法律》三十。遂为其当然之解释，而成为一般法律概念矣。夫以礼教为中心，故人与人之关系重，而社会为本位。以权利为中心，故人与物之关系重，而个人为本位。唐律者社会本位之法律也。参下第十三章第八目。故刑律为其重心，而行政法惩戒法次之。罗马法者个人本位之法律也。故债权法为其重心，而继承法诉讼法次之。以社会为本位，故虽道路行人，亦有追捕罪人之责；《唐律捕亡》四道路行人捕罪人条。以个人为本位，则虽强盗(rapina)伤害(iniuria)，亦不过造成被害者一种债权(Obligatio)而已。陈书页二一六。社会所重者公益也。故居丧生子，固无损于任何人，唯以其为礼教所非，故唐律定以徒一年之罪。《户婚》七居父母丧生子条。个人所重者财物也。故有浪费财产者(Prodigus)，虽对于国家社会无所损益，而为保护其继承人之财产，罗马法为之定保佐人(Curator)之制。陈书页三二九。进而言之。以社会为本位，则个人与个人之争，无足重轻，故其法律可以义理为依归，而不斤斤于条文。故中国论法，以简要为尚。长孙无忌《进律疏表》："捐彼凝脂，敦兹简要。"而比附可以断罪，经义可以折狱。以个人为本位，则个人与个人之争，锱铢未可相让，故其法律注重形式文字，丝毫不容苟且，故西洋法系全恃条文统制国家。以其意求统括，故有"法律空隙问题"之辩。明明为采伐葡萄起诉，而必以采伐"树木"为词，陈书页三六九。取旅舍信纸作遗嘱者，不知亲笔重写已经印就之地名，遂以无效宣告。德国联邦最高法院判例。然则礼教与权利观念之分，其所影响于法律制度、政治思想及社会心理者，顾不深且巨欤？

然而西洋法律制度者，今日已陷于末流者也。盖其法规典范，日益脱去是非公义之观念，而成为一种偶然意定之章则。其执法制法之人，已非有德有学之名贤大师，而多为一辈钻研微末之条文匠。人事之是非曲直，不复为一般人情公理所能判断，而有待乎少数法律匠之穿凿锻炼。故近数十年来，各国学者之言法律哲学者日众，盖亦知其病之所在而思有以济之者矣。或谓近年法律哲学思想之勃兴，为法律与道德，由脱离而渐归于结合之征。薛祀光引滂特语见《社会科学论丛》，一卷四号。然则我国以礼教为中心之法律观，其法律与道德，终始一体，未尝脱离者，对之亦可以欣然矣！我国自百年以还，以战争败北，失地赔款，已足痛心，而列强为继续其侵略，并强谓我国法律为野蛮为落伍，而逼其舍己从人，尤为不白之冤。逮习以为常，则我国学者，亦自信其言为然而不疑，遂有谓礼治观念乃文明幼稚之征，或言弃礼治而专法治，乃法律进化必然云云者，不亦更可怪耶？

七　家族主义论

唐律之法律思想，全为传统之礼教论所支配，已详上章。而我国之礼教论，以家族为中心者也。故无怪乎唐律中家族主义色彩之浓厚，胜于一切。其详可分下列数端言之。

一、缘坐　《贼盗律》：谋反及大逆者……父子年十六以上皆绞。十五以下及母女妻妾祖孙兄弟姊妹……并没官。伯叔父兄弟之子皆流三千里。《贼盗》一谋反大逆条。又：谋反上道者……妻子流二千里。同律四谋叛条。又：造畜蛊毒者同居家口流三千里。同律十五造畜蛊毒条。此皆无罪之人，以其与犯罪者有家族关系，遂致配流、没官或入死刑者也。

二、减赎　《名例律》：八议，一曰议亲，谓皇帝太皇太后皇太后皇后亲《名例》七，八议条。又应议者（三品以上官）期以上亲及孙；同律九，请章。又得请者（五品以上官）之祖父母父母兄弟姊妹妻子孙，犯流罪各减一等，听赎。同律十，减章。十一，赎章。此犯罪者以其与某种人有家族关系，而得减等科刑，及纳铜赎罪者也。

三、量刑　《贼盗律》：侄杀伯叔者斩。《贼盗》六谋杀期亲尊长条。谓之恶逆。《名例》六，十恶条。《斗讼律》：伯叔杀侄则徒三年。《斗讼》二十七殴兄弟姊妹条。又：弟殴兄者徒二年半，同上条。是为不睦；《名例》六，十恶条。兄殴弟虽伤无罪。参《斗讼》二十七殴兄姊弟妹条。又：妻殴夫徒一年。《斗讼》二十五妻殴詈夫条。夫殴妻无罪。同律二十四殴伤妻妾条。此同一犯罪行为，而以犯者与被害者有家族关系在，乃量其身分尊卑之不同，而定其刑罚轻重之不等者也。

四、定罪 《职制律》：府号官称犯祖父名，而冒荣居之，祖父母父母老疾无侍，委亲之官，……及冒哀求仕者徒一年。《职制》三十一府号官称犯名条。《户婚律》：居父母丧生子……徒一年，《户婚》七居父母丧生子条。又：祖父母父母犯死罪被囚禁而嫁娶者徒一年半。同律三十一父母囚禁嫁娶条。此皆本属平常之行为，唯以行为人之家族在某种状况下，而成为罪名者也。

五、破法 《名例律》：犯非十恶，而祖父母父母老疾应侍，家无期亲成丁者，死罪上请，流罪权留养亲。《名例》二十六犯死罪非十恶条。又：犯罪共亡，轻罪能捕重罪首者除其罪。惟缌麻以上亲不用此例，仍依告亲属法。同律三十八犯罪共亡条问答。又：同居大功以上亲，有罪相为隐。即漏露其事，及摘语消息亦不坐。同律四十六同居相为隐条。此依法应处之刑、应免之罪、应科之罪，皆以顾及犯者之家族，而破格不用者也。

观上所述，可知为尊重家族观念，罪可不诛、刑可不用，而王事可废。亲亲之义亦大矣。此外亲在子孙不得别籍，《户婚》六子孙不得别籍条。人民不得私入道，《户婚》五私入道条。及卖口分田《户婚》十四卖口分田条。无一非所以维护家族制度者。不独此也。《斗讼律》：祖父母父母为人殴击，子孙即殴击，非折伤勿论。《斗讼》三十四祖父母为人殴击条。《断狱律》：狱结竟，徒以上各呼囚及其家属，具告罪名。《断狱》二十二狱结竟取服辨条。《贼盗律》：杀人应死，会赦免罪，而死家有期以上亲者，移乡千里外为户。《贼盗》十八杀人移乡条。唐律之为家族主义设想者，真无微不至也。

至于家族主义之所以见重如此者，在中国政治哲学上，本自有其明确之理论。易曰：家正而天下定。《系词》。《大学》曰：欲治其国者，先齐其家。《孟子》曰：天下之本在国，国之本在家。即其说也。而此中实包涵两种意义。一、家族主义乃系一种方法，而非一种目的。盖"家"之价值，乃以"国"及"天下"之价值而存在。故亲亲之义虽重，而家族不为至上。因之二、家族观念，不妨害是非观念。故孝之"无违"者，以其事亲

"尽礼"。而事父母"几谏",必也劳而无怨。若其愆尤既成,则子为父隐,不闻从而为之辞。舜宁窃父遵海,不为瞽叟而罢皋陶。至于穷凶极恶,则"大义灭亲",不独春秋之所许,且为春秋之所命矣。

乃此家族主义者,至今大为世所诟病。意谓我民族性格,重视私德而轻视公德者,以家族观念之普遍与浓厚,使人民止知有家族,而不知有国家之故。是以欲养成民族之国家观念,必先打破其家族观念云云。此"有国无家"之说,为论甚新,又为近世极权国家之所力行,弥资号召。然详加思究,此中实内藏两种错误:一、家族主义,并非家族"至上"主义,故大义可以灭亲。是则家族与国家,根本未立于绝对冲突地位,此论证之错误。二、主张有国无家,即是欲使人之视父母如视路人,乃人类天性所不可能,此又认识上之错误。此说无足取耳。

八　论尊君

唐律中家族主义色彩之浓厚，略如上述，其次则当推尊君主义。《斗讼律》：告期亲尊长……虽得实，徒三年。……若告谋反叛逆者各不坐《斗讼》四十五告期亲尊长条。则家族主义不敌于尊君主义矣。唐律一部刑名，缘坐入死者，止有谋反逆一端《贼盗》一谋反大逆条。又以事涉宫廷而致死罪者，几及二十项。《卫禁》二阑入宫门条，三阑入逾阈为限条，五非应宿卫自代条，十四奉敕夜开宫殿门条，十五夜禁宫殿出入条，十六宿卫上番不到条。《职制》十二合和御药条，十三造御膳犯食禁条，十四御幸舟船条，十七监当主食有犯条，三十二指斥乘舆条。《贼盗》一谋犯大逆条，四谋叛条，二十四盗御宝条。《诈伪》一伪造皇帝宝条，三伪写宫殿门符条，六诈为制书条。宜乎说者谓唐律罚犯君之罪特严，有便于王朝，是以为历代人君所喜，而因之承用不绝也。然详究其实，则唐律中犯君各罪，大多追缘前代，历袭相传，非至于唐而特酷。而中国历代法律之所以重君者，其深意所在，亦无非以其为国家象征，盖所以定秩序正纲纪，而非特以神圣视君主个人也。英国最早号称民主政治，而始终用君主国体。无君主之国家，亦无不有元首，则亦无不有一种象征主义。孟子曰：民为贵，社稷次之，君为轻。中国政治哲学中，君主对国家之作用如何，至明显也。且即就唐律本身观之，亦似其对于君主之代表国家，或用其本身资格，亦颇有所轻重。如十恶之罪，《名例》六，十恶条。谋反（一）大逆（二）居于最首。而大不敬（六）在恶逆（四）不道（五）之后，则为祸国家者，重于祸君也。《职制律》，署置（一）贡举（二）出界（三）之罪居其先，而和合御药（十二）造御膳（十三）诸罪居其后，是事官先于侍君也。《斗讼律》，皇家袒免亲，亦为己之所亲时,则准尊卑服数为断,不在皇亲加例。《斗讼》十四皇家袒免以上亲条问答。是私人亲族身份,较皇亲身份为优越。不以国家为本位,而仅图"效忠一姓"者,其立法能如是乎?

依上述之义而读中国历代法典政书,凡有关君臣之说,皆可以此"君主为国家象征"之国家论为基础,而其深意乃可明。若但以君臣个人关系,或一朝一姓之观念求之,不独有负昔贤,且亦将不得其解。要知我国过去,贤哲志士,以国家民族为心,而视死生利禄如敝屣者,何可胜数,要皆不至于以"一姓忠仆"限其意志。然而终莫不以"忠事其君"表现之者,则中国之传统国家论有以致之耳。

然我国政治哲学之发达,及其政治制度之成熟,虽超越世界上任何国家,而独缺乏"国家论"之探讨者,有数因在。一、汉族文化,以礼教为夷夏之分,象形文字,益增强其统一性。是以无种族疆域之界,故昔哲皆以整个"天下"立说,而不作个别"国家"之比较。季札观乐,所论各国,皆属于一个文化,而蛮夷之邦不与焉。二、儒家学说,甚早即整个支配中国人民之国家观念。而宗教思想,从未能对之发生重大影响,因之亦无何政治势力。故中国从不识政教之争,而遂缺乏外国国家论发达之一主要动力。三、周秦以还,大一统之制遂成。虽不乏鼎足偏安之局,而无不以统一为念,故历史上亦从无帝权王权之辩。此又一与外国国家论环境不同之处。四、中国虽以君主立国体,而始终以德治为理论。民为邦本之义,历世不磨,"虽不乏淫威之主,但往往天下骚然,终莫能从其制。亦不乏酷法之吏,但往往受民控诉,终莫能弄其法"。陈顾远《中国法制史》页五九。因之中国虽不乏种种阶级事实,而终未养成任何特殊阶级意识,是以亦从无民权、自由、宪法等之要求。盖中国政治哲学之缺乏国家论者,以其历史环境,与欧西不同,故国家概念之"问题性",于中国不存在耳。

九　论崇官

唐律之科罪处刑，居官者与庶人不同。盖凡九品以上之官，苟非犯五流或死罪，其犯常罪者，皆可以免官抵罪，谓之"官当"。罪轻者则留官纳铜，谓之"收赎"。《名例》十一赎章，十七以官当徒条，二十二以官当徒不尽条。七品以上者，流罪以下皆减一等，谓之"减罪"《名例》十，减章。五品以上之官，犯非恶逆，虽坐绞斩，听自尽于家。《断狱》三十一断罪应绞而斩条。居官者即犯五流，虽配流如法，仍免居作之役《名例》十一，赎章。故在此官当减赎制度下，居官者犯罪，即使处死配流，然而不役身、不受杖。说者每谓唐律内容，特别优待官吏，多少不免阶级意味，殆就此言之也。

此"刑不上大夫"之义，时下论者，颇以落伍訾之。然此中实不乏至理。一、崇官慎刑，所以重名位以远货财也。孟子曰："或劳心或劳力。劳心者治人，劳力者治于人。治于人者食人，治人者食于人。"此治人者，即所谓统治阶级是也。今天下之物，人所欲者，唯名与利。又可称之为统治欲及所有欲。而社会组织，全恃制度，制度之立，在有统治阶级。乃国家之名位有限，社会之货利无穷。统治阶级而唯利是图，则将失其统治作用，而社会纷乱崩溃之日至矣。故中国政治哲学，最重义利之分，与君子小人之辨。而章服舆马仪仗之用，舍宅坟茔器物之制，参《杂律》十五舍宅车服器物条。皆所以崇扬名位，以抑裁货利吸诱之力，而此慎刑之典，最所以提高名位之作用而已。二、刑罚之用，在于惩儆。而人类之品质各殊，示罚亦自可异式。故救死而不暇治礼义者，匹夫匹妇也。宁死而不食嗟来之食者，重礼轻生之士也。愚民不感肌肤之凄，则不知悛，居官者岂必待鞭棰拷掠而后知非哉。参下第十三章第一目。三、天之生民，愚者众而贤者寡，才难之叹，理之必然。有治人之能而犯罪，苟非极凶大恶，必冀其知过而改悔。今若使与庶民同罪，被囹圄笞杖之辱，则其后将何以莅民？故刑不上大夫者，亦所以维持其威严，保全其自尊，而以观望其后效，盖亦国家惜才之意耳。且若其人果德行有亏，失居上之道，而不足为治民之士者，则所犯虽微，亦不免除名免官等处分。《名例》十八，十恶反逆缘坐条，十九奸盗略人受财条，二十府号官称条。苟怙恶不悛，犯而屡犯，则居位纵高，历官纵多，终至于官当已尽，等于庶民，陷于刑戮而后已。则惜才之制，并不致造成一特殊阶级也。

但居官者之名位既崇，则其所受之拘束亦愈严，而尤以限制其授受取与者为最甚。盖枉法受财者，十五匹即致死罪。《职制》四十八监主受财枉法条。不枉法受财，同上条。或事过而后受财，《职制》四十九有事先不许财条，皆以赃论罪，即无事而受所监临财物，《职制》五十受所监临财物条。或因使而受馈，《职制》五十一因使受送馈条。贷所监临财物，《职制》五十二贷所监临财物条。私役使所监临，《职制》五十三役使所监临条。受猪羊供馈，《职制》五十四监临受供馈条。率敛财物遗人，《职制》五十五率敛监临财物条。甚至家人受乞借贷，《职制》五十六监临家人乞借条。或去官而受旧属馈与，《职制》五十七去官受旧官属条。亦皆不免赃私之罚。其于义利之辨，亦可谓详慎之极矣。不独此也。官人犯罪，连署之官，节级科罪。《名例》四十，同职犯公坐条。即使同职有私，连判者不知其情，亦论"失"连坐。同上条。居官者责任之范围，如此其广也。《杂律》：不应给马而取者，坐赃论加二等。强取者加一等。主司给与者，各与同罪。《杂律》二十应给传送剩取条。虽被强而仍入罪。其官守之责，如此其重也。董绶经论唐律，特指出监守重科一节，《早稻田法学会志》第二号。得其义矣。

十　唐律狱讼制度特点

唐律狱讼制度：徒断于州，杖断于县，此地方之司法管辖范围也。京师徒刑以上归大理，其下由京师法曹参军事与诸司断之，此中央之司法管辖范围也。县申州，州申省(刑部)，此一般上诉程序也。凡鞫大狱，特诏刑部尚书御史中丞大理卿同案之，谓之三司使，此一种特别法庭也，邀车驾，挝登闻鼓，上议请裁，廷讯御审，此一种非常裁判也。此其大概也。然其中颇有数特点，深资吾人注意者，兹分述之如下：

一、徒以上罪皆经复审　《断狱律》云：杖罪以上县决之。徒以上县断定，送州复审。大理寺及京兆河南府断徒，申省复审。大理寺及诸断流以上，皆连写案状申省，即封案送，或案复申奏《断狱》十七应言上而不言条，疏文引狱官令。死罪因应行刑者，皆三复奏讫，然始下决。《断狱》二十九死囚复奏报决条疏。盖杖罪断于县，初审即可处决。徒以上必经复审。经县者申州，经大理或府者申省。流以上皆须申奏，而死罪则三复奏始决也。此复审之制，每为论者所忽。然实唐代司法制度中一重要关键，观下文自明。

二、司法与行政权不分　唐制，狱讼皆理于县。而县令之职，在"审察冤屈，躬亲狱讼，务知百姓之疾苦。诉讼之曲直，必尽其情理"。《唐六典》卷三十。此即所谓司法权行政权为同一官吏所掌握，而每为人所诟病者也。然依中国传统政治哲学，德礼与刑罚，同为政教设施之方。参上第六章礼教中心论。"管"与"教"不分，则其集中于一人，亦理之必然。不亲狱讼，何以切知百姓之疾苦乎？尤有进者：徒以上罪，不决于县而断于州府，而州府皆有专门司法幕僚。盖州有司户参军事及司法参军事。上中州各二人，下州一人。而府有户曹参军事及法曹参军事。人数同上。户曹司户参军掌判断人之诉竞，凡男女婚姻之合，必辨其族姓，以举其违；凡井田利害之宜，必止其争讼，以从其顺。法曹司法参军掌律令格式，鞫狱定刑，督捕盗贼；纠逖奸非之事，以究其情伪，而制其文法，《唐六典》卷三十。且隐然有民事刑事之分。参杨鸿烈《中国法律发达史》，页三七七。讲而刑部大理，尤为专门司法机关，更无论矣。而国家选士，每岁贡举，皆有"明法"一科。其试律令各十帖，试策共十条。律七条，令三条。全通为甲，通八以上为乙。自七以下为不第。《通典》卷十五。其标格之严，盖胜于明经秀才各科。此两科有甲乙丙丁四第，明法仅甲乙两第。夫司法及行政权混合之弊，在滥用权而不守法。今则法律实体，皆有成文法之规定。所谓律令格式。裁判之官，皆国家严格选任之专家。重案成立，皆经过两级或两级以上之复审。此司法制度，亦可谓审慎之至矣。而其最大保障，则在法官对其裁判所负之责任。司法制度，即审慎如此，而诉讼方式，又无形式文字之种种拘束。故唐律狱讼，虽无辩护之规定，不足认为严重欠缺也。

三、法官责任　《断狱律》：诸官司入人罪者，若入全罪，以全罪论。从轻入重，以所剩论。其出罪者各如之。即断罪失于入者，各减三等。失于出者，各减五等。《断狱》十九官司出入人罪条。盖法官裁判，故意违法者，皆随其所判轻重得罪。即以过失误判者，亦不能诿卸其责也。《断狱律》三十四条中，其规定法官鞫狱拷讯科刑种种责任者，不下三十条，详慎微密，无所不至。今日西洋法系之司法制度，号称司法独立，而法官对其裁判之不负责任，就习唐律者观之，不能无微憾也。关于法官淹禁不决之责任，唐律已略有规定《职制》二十一稽缓制书条。至宋渐成定制。（参陈顾远《中国法制史》页二四八）。今日观之，使人大惭。

四、集议请裁　唐律狱有所疑，法官执见不同者，得为异义请裁。参《断狱》三十四疑罪条。即按法无罪，依礼应罚者，亦可上请听裁。参《名例》三十老小废疾条问答。此乃以人类情理智慧之可恃,济法律成文字句之有穷。苟其运用得宜,则此之以行政补救司法,又何异于今之以立法补救司法？必谓其为有害于法律之安定性,吾不信也。

五、采用多方观点　唐制,鞫大狱用三司使,大理刑部之外,为御史台,此御史参与司法也。死罪大理断后,往往命刑部会同中书门下二省更议,此中书门下之参与司法也。天下冤而无告者,则给事中、中书舍人、侍御史鞫其事,分置朝堂,谓之三司受事。或断大狱,令中书舍人参酌之,谓之参酌院。以上参陈顾远《中国法制史》页一八〇。此固属于司法权之不统一。然申理冤滞,纠正刑部大理之弄法,此其利一。集合多方不同观点,以免限制于司法官专家眼光,以求适事理之当,此其利二。且唐律中行政法惩戒法规定甚夥,其公法性本重于私法性,原不可以现代司法观念绳之也。

六、狱讼必有结果　《断狱律》:拷囚不得过三度,数总不得过二百。杖罪以下,不得过所犯之数,拷满不承,取保放之。《断狱》九拷囚不得过三度条。又曰:拷囚限满不首,反拷告人。谓还准前人拷数,反拷告人。拷满不首,取保并放。《断狱》十拷囚限满不首条。又曰,疑罪各依所犯以赎论。《断狱》三十四疑罪条。盖事凡涉讼,被告原告,皆不免被拷之虞。免拷者罚铜。即乏闻见实证,苟事属疑似,皆可科罪判赎。故犯罪者既不易幸逃刑戮,告人者亦不敢妄事攀援。而人民不致有"健讼"之风矣。

十一　论唐律之不罚未遂罪及其自首之制

　　唐律无未遂罪界说，欲设之罚，皆特立刑名。考一部律中，凡有五例。一、《贼盗律》，"谋杀人者徒三年"。《贼盗》九谋杀人条。二、《卫禁律》，"化外人……私与禁兵器者绞，共为婚姻者流二千里，未入未成者减三等"。《卫禁》三十一越度缘边关塞条。三、《贼盗律》，"强盗不得财徒二年"。《贼盗》三十四强盗条，又窃盗不得财笞五十。（《贼盗》三十五窃盗条）。四、《贼盗律》，"略人拟为奴婢不得，又不伤人，以强盗不得财徒二年"。《贼盗》四十五略人略卖人条疏。五、《诈伪律》，"诈欺官私取财物不得，准盗论减二等"。《诈伪》十二诈欺官私取物条。此外未遂之罪皆无罚。此事乍观，似觉欠阙，详思所以，则亦"自首得原"之必然结果。《名例律》："犯罪人未发而首者原其罪，……其于人损伤，于物不可备偿者，不在自首之例。"《名例》三十七犯罪未发自首条。疏云："过而不改，斯成过矣。今能改过来首，其罪皆合得原。"推求律义，盖以刑因罪致，罪以事成，而其事之致刑，必状之不可平反。不然者，有发于心，乃形于事，事后知悔，反复原状。则一己之德行偶亏，他人之利害无故，执法者又何必操严刑峻罚以从其后乎？《名例律》："诸盗诈取人财物，而于财主首露者，与经官司自首同。"《名例》三十九盗诈取人财物条。又曰："诸公事失错自觉举者原其罪。……其断罪失错已行决者不用此律。"《名例》四十一公事失错条。《职制律》："诸有所请求者笞五十，主司许者与同坐。"《职制》四十五有所请求条。注称："主司不许，及请求者皆不坐。"《杂律》："诸亡失器物符印之类应坐者，皆听三十日求访，不得，然后决罪。若限内能自访得，及他人得者，免其罪。"《杂律》

五十八亡失符印求访条。夫主司不许而请求者不坐,他人得符印,而亡失者免其罪,是犯罪者必事之不可平复,至明且显。则罪之将犯而未遂者之无罚,盖尤灼然矣。虽然,律以正俗,刑以止杀,不有诛心之罚,奚作未犯之惩,则又何说?曰:此儒家礼治论之效也。详见上第六章。盖德礼为本,刑罪为用之说既成,则格心者礼教之事,治罪者刑名之事。罪既未成,无须施罚。而刑既限于罪之已成,于是状可复原者,许其首而自新,犯而未遂者,自可恕而不论耳。虽然,欲杀之心,不可无罚。夷夏关防,国事所重。盗者律之所深弃,盖男犯盗、女犯奸,虽八议不合减赎。《名例》十一赎章。略人诈伪两例,近盗尤者,故别立此不遂之罚五事云。

十二　唐律无自卫说

　　自卫之义，不见唐律。其一部刑名中，自卫之事凡三。一、《斗讼律》：诸斗殴杀人者绞，以刃及故杀人者斩。注称为人以兵刃逼己，因用兵刃拒而伤杀者，依斗法。《斗讼》五斗故杀用兵刃条。二、《诈伪律》：诸诈为官，及称官所遣而捕人者，流二千里。为人所犯害而诈称官捕及诈追摄人者，徒一年。《诈伪》十一诈称官所捕人条。三、《厩库律》：畜产欲抵啮人而杀伤者，不坐不偿，《厩库》九官私畜毁食官私物条。夫他人以兵刃见逼，己因用兵刃相拒，而犹杀人不免于死，重伤至于徒流，则律不用自卫之说明矣。故为避犯害而诈称官捕者，犹徒一年。必来相抵啮者之为畜产，始可拒伤而无罪。屡思其故，其所以如此者，殆以自卫之义，取证难而开斗竞乎？何以言之：自卫之义，用于斗竞杀伤之时为多。而争斗之起，必也其一逼人，一为见逼。然迨杀伤已成，而至于按问，则见逼者于理固直，而逼人者又孰肯自承乎？立一减罚之义，使两造互争而莫辨，不如不立此义之为愈。唐律特重现实，而不鹜空论，故不用也。唐律之现实，莫显于其法定假设。其详另见下文，兹不具论。下第十三章第十三目。且自卫之取证，纵使不难，然见逼者，若有所恃，必将挺身斗狠而无恐，是杀伤之事，将以自卫之义而益繁，则尤非定律者之所欲耳。然则此非为逼人者张目欤？曰：不然。止杀惩竞，律文别有周密之方。《斗讼律》：诸斗后下手理直者，减二等。《斗讼》九两相殴伤论如律条。此律之论曲直也。同律：斗以兵刃斫射人不著者杖一百，刃伤者徒二年。因斗而用兵刃杀，与故杀同，《斗讼》三兵刃斫射人，及五斗故杀用兵刃条。此律之防用兵刃也。《贼盗律》:夜无故入人家者,笞四十,主人登时杀者勿论,《贼盗》二十二夜无故入人家条。此防凶恶之入人家也。又曰:诸部内有一人为盗,里正笞五十,《贼盗》五十四部内容止盗者条。《捕亡律》:邻里被强盗及杀人,告而不救助者,杖一百。闻而不救助者,减一等。《捕亡》六邻里被强盗条。此禁凶之推及邻里者也。又曰:被人殴击折伤以上,若盗及强奸,虽傍人,皆得捕系,以送官司。《捕亡》三被殴击奸盗捕法条。又曰:追捕罪人,力不能制,告道路行人。其行人力能助之而不助者,杖八十。《捕亡》四道路行人捕罪人条。此惩凶之责达于路人者也。夫惩凶之责,达于路人,可谓谋集体安全之至者矣。不可但以其无自卫之说,而谓为奖凶残也。

十三　唐律中之新颖思想

以上数章,就唐律中各种主要观念,略有论述。读者或不免嗤为古董癖,而目之为傅会之说。然唐律中尚不乏种种思想,在今日观之,弥觉其新颖进步者。兹试论之如下:

一、感应主义　"感应主义者,以刑罚为感应犯罪人之工具。其轻重专以犯罪人感应力之如何以为准,即一方审查其犯罪之事实,一方更考察其犯罪之原因,合双方而验之,以定其所宜处之刑罚。唐律上之'官当'制度,……不失为感应主义。"朱方,《中国法制史》,页一五八。

二、目的主义　"目的主义,认刑罚为国家对于犯罪人所施之一种防御手段,以期保全社会及国家之安宁秩序与正义道德。故其用意不在为被害人报复,而在消灭犯罪。而'官当'之制,'赎刑'之制,皆含有目的主义存在。"朱方,同上。

三、人格主义　"人格主义,重在犯罪之人格,其所云'八议'、其所云'过失'皆为兼重人格主义之表现。"朱方,同上。

四、人道主义　"唐律刑名,虽有身体刑存在,如笞杖之类。然对于古代刑罚之惨酷无人道者,已努力废除。且死刑而外,次之即为自由刑,尤深合于人道主义及刑事政策。"朱方,同上。

五、优生思想　中国对于优生论之观念,发达甚早,男女同姓,其生不蕃之论,在春秋时已为人所注意。故《户婚律》规定同姓不得为婚,《户婚》三十二同姓为婚条。而同时极端取缔良贱相混:故官户杂户及奴,与良人婚者,皆有罚。《户婚》四十二奴婢良人为妻条,四十三杂户不得取良人条。奸非之罪，贱人犯良者，加重其罪。《杂律》二十二奸徒一年半条，二十六奴奸良人条。而良人不得养贱为子孙，《户婚》十养杂户为子孙条。亦不得愿嫁贱人。《户婚》十一放部曲为良条问答。七出之状，"无子"居首者，《户婚》四十妻无七出条。盖以妻在则不能更娶，《户婚》二十八有妻更娶条。纳妾不能得良家女，故以种族为重，而强其出妻耳。杀一家非死罪三人，支解人，及造畜蛊毒者，其妻子家人，皆缘坐配流，《贼盗》十二杀一家三人条，十五造畜蛊毒条。盖以犯者凶狠谬乱，不欲其种族传播华夏，意尤显然。

六、国防政策　唐时之中国，一尚武之国家也。府兵之制，于斯为盛。其国防政策之散见于律令者：《卫禁律》：私度关者徒一年，越度者加一等。《卫禁》二十五私度关条。又不应度关而给过所者徒一年。《卫禁》二十六不应度关条。又：越度缘边关塞徒二年。……私与化外人禁兵器者绞。《卫禁》三十一越度缘边关塞条。此关禁之严也。《厩库律》：牧畜死失及不充，一笞三十。《厩库》一牧畜产课不充条。验畜产不实，一笞四十。《厩库》二验畜产不实条。受官羸病畜产，养疗不如法，笞三十。《厩库》三受官羸病畜产条。此畜牧之重也。而"邮驿本备军速，其马所拟尤重"。《诈伪》十八诈乘驿马条疏。故《职制律》：增乘驿马，一匹徒一年。《职制》三十七增乘驿马条。乘驿马枉道，一里杖一百。《职制》三十八乘驿马枉道条。乘驿马赍私物，一斤杖六十。《职制》三十九乘驿马赍私物条。《诈伪律》：诈乘驿马，不问远近皆加役流也。《诈伪》十八诈乘驿马条。即非官马，而自杀牛马者，徒一年。《厩库》八故杀官私马牛条。而无罪杀奴者亦不过徒一年耳。《斗讼》二十主杀有罪奴婢条。）将马越度关者，减度人一等。《卫禁》二十六不应关条。而出关须请过所者，马以外尚不乏他畜也。同上条。畜产出关，必请过所，主不得自杀马牛，非国防政策中所谓统治经济者乎？而兴军征讨，有所稽废者，虽过失不减罪。擅与七乏军兴条。以弓射为戏，虽赌物亦无罪名。《杂律》十四博戏赌财物条。唐之崇兵重武，不亦尚乎！

七、警察思想　唐律中警察思想,甚为发达,《户婚律》:脱户者家长徒三年。《户婚》一脱户条。里正知情者同家长。《户婚》二里正不觉脱漏条。州县知情者从里正法。《户婚》三州县不觉脱漏条。此户籍警察也。《杂律》:于城内街巷,及人众中,无故走车马者,笞五十。《杂律》四城内街巷走车马条。船人行船笘船写漏不如法,船筏应回避不回避,笞五十。《杂律》三十九笘船不如法条。此交通警察也。《杂律》:营造舍宅……及坟茔,于令有违者,杖一百。《杂律》十五舍宅车服器物条。此营建警察也。又:不修堤防及修而失时,主司杖七十。《杂律》三十六失时不修堤防条。盗决堤防,杖一百。《杂律》三十七盗决堤防条。此水利警察也。又:医为人合药,误不如本方,虽不伤人,杖六十。《杂律》七医合药不如方条。穿垣出污秽,杖六十。《杂律》十六侵巷街阡陌条。《贼盗律》:脯肉有毒,曾经病人,不即焚,杖九十。《贼盗》十六以毒药药人条。此卫生警察也。《杂律》:深山迥泽,施机枪、作坑阱,不立标帜,笞四十。杂条六施机枪作坑阱条。时非烧田野,笞五十。《杂律》四十二非时烧田野条。《贼盗律》:山野之物,已加功力,辄取者,以盗论。《贼盗》四十四山野物已加功力条。此森林警察也。《杂律》:负贩之徒,共相表里,参合贵贱,惑乱外人,杖八十。《杂律》三十三卖买不和较固条。造器用之物及绢布,行滥短狭而卖者,杖六十。《杂律》三十器用绢布行滥条。私作斗斛秤度不平,在市执用者,杖五十。《杂律》三十二私作斗斛秤度条。此商业警察也。《贼盗律》:盗毁天尊像佛像,徒三年。《贼盗》二十九盗毁天尊佛像条。发冢者加役流,《贼盗》三十发冢条。此宗教警察也。《杂律》:于地内得古器,形制异常,而不送官者,坐赃论减三等。《杂律》五十九得宿藏物条。此古物警察也。余例尚繁,兹不缕举。

八、社会防罪制度　唐律之预防犯罪,利用社会组织一节,最足资吾人借镜。其规定人民于犯罪发生时,被动而有动作义务者:《捕亡律》:邻里被强盗,及杀人,告而不救助者,杖一百。《捕亡》六邻里被强盗条。又:

追捕罪人,力不能制,告道路行人,其行人力能助之而不助者,杖八十。《捕亡》四道路行人捕罪人条。其规定人民于犯罪发生时,有自动动作之义务者:《斗讼律》:强盗及杀人,贼发,被害之家及同伍,即告其主司。若家人同伍单弱,比伍为告。当告而不告,一日杖六十。《斗讼》五十九强盗杀人条。又:同伍保内,在家有犯,知而不纠者,死罪徒一年,流罪杖一百,徒罪杖七十。《斗讼》六十监临知犯法条。《杂律》:见火起,应告不告,应救不救,减失火罪二等。《杂律》四十五见火起不告救条。《捕亡律》:被人殴击折伤以上,若盗及强奸,虽傍人,皆得捕系,以送官司。《捕亡》三被殴击奸盗捕法条。《斗讼律》:知谋反及大逆者,密告随近官司。不告者绞。知谋大逆谋叛不告者,流二千里。知指斥乘舆,及妖言,不告者,各减本罪五等。《斗讼》三十九密告谋反大逆条。唐律中,社会本位、义务本位之基本观念,于此数条,最为显然。今世之攻击个人主义,而倡集体安全者,对之能无感乎?

九、公文处理 《职制律》:官文书,依令,小事五日程,中事十日程,大事二十日程。徒以上狱,案辨定须断者,三十日程。其通判及勾,经三人以下者,给一日程。经四人以上,给二日程。大事各加一日程。若有机速,不在此例。《职制》二十一稽缓制书条。官文书程限,可谓详明。《贼盗律》:废除文案者,依令,文案不须常留者,每三年一拣除。《贼盗》二十六盗制书条疏。则三年一清档案之制,唐时已通行矣。

十、公物管理 唐律最重公物,关于驿马各条,已详上文。上第六目。《杂律》:应乘官船,违限私载,若受寄,及寄之者,五十斤及一人,各笞五十。《杂律》三十八乘官船载衣粮条。此关于官船之规定也。《厩库律》:假请官物,事讫过十日不还者,笞三十。《厩库》十六假借官物不还条。监临主守以官物私自贷,若贷人,及贷之者,以盗论。同律十七监主贷官物条。以官物私自借,若借人,及借之者,笞五十。同律十八监主以官物借人条。明定主守爱护公物之责如此。《杂律》：不应给传送而强取，主司给与者，各与同罪。《杂律》二十应给传送剩取条。被强而与强者同罪，主守者之责重矣。

十一、移民政策　《户婚律》：卖口分田者，十亩笞十。《户婚》十四卖口分田条。而狭乡乐迁就宽者，许卖之。同上条疏。又：占田过限，于宽闲之处者不坐。《户婚》十五占田过限条。又：人居狭乡，乐迁就宽乡，去本居千里外，复三年。五百里外，复二年。三百里外，复一年。同律二十三应复除不给条疏。所谓"务从恳辟，应尽地利"，亦善于奖励移民矣。

十二、法律适用问题　《名例律》：化外人同类自相犯者，各依本俗法。异类相犯者，以法律论。《名例》四十八化外人相犯条。此关于国际法之规定也。参下第五章第六目。《擅兴律》：违犯军令，军还以后，在律有条者，依律断。无条者勿论。《擅兴》十一主将临阵先退条。此关于普通法与特别法之规定也。二者皆唐律中最优美之条文也。

十三、法定假设　唐律中各种规定，以其法定假设，立意最为新颖。如犯罪以造意为首，从者减一等。而家人共犯，则止坐尊长。共监临主守为犯，则监主为守，凡人为从。《名例》四十二共犯罪造意为首条。共犯罪而有逃亡，见获者称亡者为首，更无证徒，则决其从罪。《名例》四十四共犯罪有逃亡条。共殴伤人者，以下手重者为重罪。至死者，则随所因为重罪，其事不可分者，以后下手为重罪。不知先后轻重者，则以谋首及初斗者为重罪。《斗讼》七同谋不同谋殴伤人条。皆其类也。至"保辜"之制，依所伤之轻重，定期限之长短，以判犯人之责任。参《斗讼》九两相殴伤论如律条。则亦法定假设之一种，而较切于事实者也。

十四、标准化　《杂律》：斛斗秤度，每年八月，诣太府寺平校。不在京者，诣所在州县官校。并印署然后听用。《杂律》二十九校斛斗秤度条疏。又云：量，以北方秬黍中者，容一千二百为龠，十龠为合，十合为升，十升为斗，三斗为大斗一斗，十斗为斛。秤权衡，以秬黍中者百黍之重为铢，二十四铢为两，三两为大两一两，十六两为斤。度以秬黍中者一黍之广为分，十分为寸，十寸为尺，一尺二寸为大尺一尺，十尺为丈。同上。是不能不谓为科学标准也。

十四　读唐律札记

一、法律论断深刻　唐贤法律论断,至为深刻,于律疏问答中每见之。其精严警辟,不逊罗马诸大法家。例如(一)《名例律》:略和诱人、署置官过限、诈假官诸罪,赦书到后百日,见在不首,故蔽匿者,复罪如初。限内经问不承者,亦同蔽匿。《名例》三十五略和诱人条。又曰:会赦应改正征收,如增减年纪,主守私借畜产。经责簿账,而不改正征收者,各论如本犯律。《名例》三十六会赦改正征收条。问曰:"上条会赦,以百日为限,下文会赦,乃以责簿为期。若有上条赦后百日之内责簿账,隐而不通者,下条未经责簿账,经问不承,合得罪否?"答曰:"上条以罪重,故百日内经问不承,罪同蔽匿。限内虽责簿账,事终未发,纵不吐实,未得论罪。后条犯轻,赦后经责簿账不通,即得本罪。经年不经责簿账,据理亦未有辜,虽复经问不承,未合得罪。"同上条疏。(二)《名例律》,以赃致罪,频犯者累科倍论谓如受所监临,一日之中,二处受绢一十八匹,或三人共出一十八匹,同时送者。问曰:"脱有十人共行,资财同在一所,盗者一时将去,得同频犯以否?"答曰:"十人之财,一时俱取,虽复似非频犯,终是物主各别,元非一人之物,理与十处盗同。坐同频犯,赃合倍科。若物付一人专掌,失即专掌者陪。理同一人之财,不得将为频盗。"《名例》四十五,二罪从重条。(三)《户婚律》,有妻更娶者,徒一年,各离之。问曰:"有妇而更娶妇,后娶者虽合离异,未离之间,共夫内外亲戚相犯,得同妻法以否?"答曰:"一夫一妇,不刊之制。有妻更娶,本不成妻。详求理法,止同凡人之坐。"《户婚》二十八有妻更娶条。(四)《贼盗律》,问:"反逆人应缘坐,其妻妾据本法虽会赦犹离之正之,其继养子孙,依本法虽会赦合正之。准离之正之,即不在缘坐之限。反逆事彰之后,始诉离之正之。如此之类,并合放免以否?"答曰:"违法之辈,法须离正,离正之色即是凡人。离正不可为亲,须从本宗缘坐。"《贼盗》一谋反大逆条疏。(五)《贼盗律》,共盗者,若造意者不行,又不受分,即以行人专进止者为首。主遣部曲奴婢盗者,虽不取物,仍为首。问曰:"有人行盗,其主先不同谋,乃遣部曲奴婢,随他人为盗。……欲令部曲奴婢主作首以否?"答曰:"盗者首出元谋。若元谋不行,即以临时专进止为首。今奴婢之主。既非元谋,又非行色。但以处分奴婢,随盗求财,奴婢之此行,由主处分。今所问者,乃是他人元谋,主虽驱使家人,不可同于盗者。元谋既自有首,其主即为从论。"《贼盗》五十共盗并赃论条疏。(六)依《斗讼律》,殴皇家亲,殴佐职,殴长官父母,及殴亲长,皆重于殴凡人之罪。《斗讼》十四皇家袒免以上亲条,十一殴制使府主县令条,十三殴府主县令父母条,及二十四殴伤妻妾以下各条。问曰:"皇家袒免亲,或为佐职官,或为本属府主刺史县令之祖父母父母妻子,或是己之所亲。若有犯者,合递加以否?"答曰:"皇家亲属,为尊主之敬,故异余人,长官佐职,为敬所部。尊敬之处,理各不同。律无递加之文,法止各从重断。若己之亲,各准尊卑服数为罪,不在皇亲及本属加例。"《斗讼》十四皇家袒免以上亲条。以上数例,可见一斑,余不缕举。

　　二、轻刑慎杀　　唐律刑狱之制,最轻刑慎杀。盖杖不过二百,流不过三千里,役不过四年。《名例》二十九犯罪已发条。死刑不出绞斩,《名例》五死刑二条。又五品以上官,听其自尽于家,见《断狱》三十一断罪应绞而斩条。缘死限于父子。《贼盗》一谋反大逆条。且笞杖粗细有定制,背臀分受有成法。《断狱》十四决罚不如法条。捶人滥施大杖,及徒流稽留不送者,皆犯刑章。《断狱》十五监临以杖捶人条及二十四徒流送配稽留条。而秋分以前,立春以后,正月五月九月及十直日,即一日、八日、十四、十五、十八、二十三、二十四、二十八、二十

九、三十各日。皆不得决死刑。《断狱》二十八立春后不决死刑条。盖一岁之中，行刑之日，不及八十。明肃杀之威，存哀矜之厚。后之论律者，无不盛叹唐制最得刑罚之中，有自来矣。

三、重农事　中国一农业国家也。故唐律中亦不乏重农色彩。《名例律》：犯徒应役，而众无兼丁者，加杖免居作，《名例》二十七徒应役无兼丁条。即"矜其粮饷乏绝"也。《职制律》：之官限满不赴，一日笞十。代到不还减二等，《职制》六之官限满条。而其有田苗者，则听待收田讫发遣同上条疏。用意尤显。

四、思虑周密　唐律中表现其思虑周密精到之处甚多。如《厩库律》：应输课物，而辄费财货，诣所输处，市籴充者，杖一百，《厩库》二十六输课物费财市籴条。《贼盗律》：山野之物，已加功力，刈伐积聚，而辄取者各以盗论。《贼盗》四十四山野物已加功力条。《杂律》：参市谓人有所卖买，在旁高下其价，以相惑乱。而规自入者，杖八十。《杂律》三十三卖买不和较固条。此刑名之细密者也。《名例律》：居父母丧作乐为不孝。《名例》六，十恶条。疏谓"作乐者，自作遗人等"，《斗讼律》：祖父母父母为人殴击，子孙即殴击之，非折伤勿论。《斗讼》三十四祖父母为人殴击条。疏称"其有祖父母父母之尊长殴击祖父母父母，止可解救，不得殴之"。此解释之细密者也。

五、推原法意　律疏解释刑名，往往推原法意，最足启发。如《职制律》：乘驿马辄枉道，一里杖一百。问曰："假有人乘驿马，枉道五里，经过反复往来，便经十里，如此犯者从何科断？"答曰："律云枉道，本虑马劳，又恐行迟，于事稽废，既有往来之里，亦计十里科论。"《职制》三十八乘驿马枉道条。《斗讼律》：告小事虚，而狱官因其告，检得重事及事等者，若类其事则除其罪，离其事则依诬论。问曰："告人私有弩，狱官因告，乃检得甲。是类事以否？"答曰："称类者，谓其刑状难辨，原情非诬。所以得除其罪。然弩之与甲，虽同禁兵，论其形样、色类全别。事非疑似，元状是诬。如此之流，不得为类。"《斗讼》四十二告小事虚条。皆良例也。

六、不拘泥文字　唐律解释，既皆推原法意，故可不拘泥于文字。如《名例律》：犯不孝流者不得减赎。《名例》十一应议请减条。问："居丧嫁娶，合徒三年。或恐喝或强，各合加至流罪。得入不孝流以否？"答曰："恐喝及强，元非不孝，加至流坐，非是正刑。律责原情，据理不合。"同上条疏。又贼盗律：劫囚者流三千里，伤人者绞，杀人者皆斩。问："父祖子孙，见被囚禁，而欲劫取，乃误杀伤子孙，合何罪？"答曰："据律劫囚者流，伤人者绞，杀人者斩。据此律意，本为杀伤傍人。若有误杀伤被劫之囚，止得劫囚之坐。"《贼盗》十劫囚条。夫居丧嫁娶，本为不孝，《名例》六，十恶条，加至流罪而不为"不孝流"。明是杀伤人，而止科劫囚之罪，其潇洒出尘之致，使人神往。

七、比附论罪　唐律，出入罪可以轻重相明。《名例》五十断罪无正条。故相等者皆依类推断。《厩库律》：监临主守以官奴婢畜产私自借。疏称："其车船碾硙邸店之类，有私自借，若借人及借之者，亦计庸赁，各与借奴婢畜产同。律虽无文，所犯相类。《职制律》：监临之官借所监临及牛马驼骡驴，车船碾硙邸店，各计庸赁，以受所监临财物论。理与借畜产不殊。故附此条，准例为坐。"《厩库》十三，监主借官奴畜产条。《杂律》：监临主守，于所监守内奸者，加奸罪一等。居父母及夫丧，若道士女冠奸者各又加一等。妇女以凡奸论，《杂律》二十八监主于监守内奸条。疏称"女居父母丧，妇人居夫丧，及女冠尼奸者，并加奸罪二等，男子亦以凡奸论"也。同上条。其比附之妙者，如《斗讼律》，问："女君于妾，依礼无服，其有诬告，得减罪以否？"答曰："律云，殴伤妻者，减凡人二等。若妻殴伤杀妾，与夫殴伤杀妻同。又条，诬告期亲卑幼，减所诬罪二等。其妻虽非卑幼，义与期亲卑幼同。夫若诬告妻，须减所诬罪二等。妻诬告妾，亦与夫诬告妻同。"《斗讼》四十六告缌麻卑幼条疏。盖先指出妻之于妾，等于夫之于妻，继指出诬期亲卑幼减所诬罪二等,三指出妻同期亲卑幼,终遂断妻诬妾,亦合减所诬罪二等。层层设比,无懈可击也。

八、术语精密　唐律术语极精密,最足见法家头脑,如《厩库律》称私"驮""载"物,《厩库》四乘官畜私驮物条。盖谓驮者畜驮,载者车载。又分私自"贷"及私自"借"官物,《厩库》十七监主贷官物条及十八监主以官物借人条。盖贷指消费,借指使用。《擅兴律》释间谍,称"间谓往来,谍为觇候",《擅兴》九征讨告贼消息条。论私放征防人,则"还"谓还家,"离"称离镇。《擅兴》十二镇所放征人还条。《诈伪律》称"问案推"者,"无罪名谓之问,未有告言谓之案,已有告言谓之推"。《诈伪》七对制上书不以实条注。皆其佳例。又《名例律》"指斥乘舆,情理切害",旧律本作言理切害,今改为情《名例》六,十恶条疏。夫"情"者指斥之内容,"言"者指斥之方式。一字之差,出死入生,亦云尚矣。

九、文字美妙　唐律文字最美妙,盖律文简洁,注疏典雅。如《斗讼律》疏释过失,"谓耳目所不及,假有投砖瓦,及弹射,耳不闻人声,目不见人出,而致杀伤。其思虑所不到者,谓本是幽僻之所,其处不应有人。投瓦及石,误有杀伤。或共举重物,而力所不制。或共升高险而足蹉跌,或因击禽兽而误杀伤人者,如此之类,皆为过失"。《斗讼》三十八过失杀伤人条。《断狱律》释疑罪:"疑谓虚实之证等,是非之理均,或事涉疑似,傍无证见,或傍有闻证,事非疑似之类。"《断狱》三十四疑罪条。《卫禁律》称不觉及迷误不出宫殿,谓"营造之所,院宇或别,不觉众出。或迷误失道,错向别门,非故不出"。《卫禁》八宫殿作罢不出条。数语宛转如画。世称《拿破仑法典》为文学绝作。法律文字,不必尽为恶劣,中西之例正同也。

十、迭出问答　唐律中问答,辨难析疑,最足益人神智。而其层出不穷,尤觉缤纷满目。如《名例》三十七犯罪未发自首条解自首,问答不下四次。《名例》三十老小废疾条解收赎,三十八犯罪共亡条解捕共亡除罪,《贼盗》十五造畜蛊毒条解蛊毒缘坐,问答皆由再而三。其答而又问之例,举目皆是,无庸列举。

十一、注疏与律有出入　律注及疏,有时定刑较律为轻重。如《名例律》,以赃致罪,频犯者累科倍论。注称"即监临主司,因事受财,而同事共与,若一事频受,及于监守频盗者,累而不倍"。《名例》四十五,二罪从重条。《斗讼律》:五品以上,殴伤议贵,加凡斗伤二等,疏称"五品以上,殴伤议贵,或殴不伤,亦各加凡斗殴二等"。《斗讼》十六,九品以上殴议贵条。又曰:诬告人各反坐。注谓反坐致罪,准前人入罪法至死,即前人未决者,听减一等。而疏称"若诬人反逆,虽复未决,引虚不合减罪"。《斗讼》四十一诬告反坐条。皆较律为重者也。《卫禁律》:畜产唐突,守卫不备,入官门者杖一百。疏称"若入殿门,律更无文,亦同宫门之坐"。《卫禁》十七车驾行冲队条。然同律:阑入宫门徒二年,殿门徒二年半。同律二阑入宫门条。则较律为轻矣。

十二、文字取变化　唐律文字,取变化而不取划一。如《厩库律》言官物私自贷,则称"监临主守",《厩库》十七监主贷官物条。言私自借则称"监临主守之官"。同律十八监主以官物借人条。《斗讼律》,或称"殴本属府主",《斗讼》十三殴府主县令父母条。或称"皇家袒免亲而殴之"同律十四皇家袒免以上亲条。又设例或称"假有",或称"设有"同律十五流外官殴议贵条疏。《断狱律》,或称"妇人犯死罪,怀孕当决",《断狱》二十六妇人怀孕犯死罪条。或称"妇人怀孕犯罪应拷"。同律二十七拷决孕妇条。皆不一律。盖所谓"随文设语,更无别例"也。《名例》三十老小废疾条疏。

十三、引用文字参差　律疏引用前后文,每从简略,殊不似《断狱律》"具引正文"之旨。《断狱》十六断罪引律令格式条。如《名例》五十五称日者以百刻条疏称"断狱律云:七品以上,犯罪不拷,皆据众证定罪"云云,实则较本条《断狱》六,八议请减老小条。大为简略。《名例》五十一称乘舆车驾条疏称"依卫禁律，车驾行冲队者徒一年"，实即《卫禁律》之本文也。《卫禁》十七车驾行冲队条。而律文及注与疏，又统称为"律"。如《名例》十七以官当徒条疏"问曰，律云，若去官未叙亦准此"，所称律，实是律注。《名例》五十七称道士女冠条疏"贼盗律云，有所规求。而故杀期以下卑幼者绞"，所称律乃律疏之文也。《贼盗》六谋杀期亲尊长条疏。

十四、分卷无深意　唐律十二篇，先后次序，皆有取意，详各律篇首疏。唯其各律分卷，则无所取。如卷九与卷十，卷十二与卷十三，卷二十一与二十二，卷二十三与二十四，义尚相属，卷帙已分。殆纯以篇幅为断者也。

十五、间或陷于形式主义　《户婚律》，许嫁女，已报婚书，而辄悔者杖六十。虽无许婚之书，但受聘财亦是。聘财无多少之限，酒食者非。《户婚》二十六许嫁女报婚书条。疏称"聘财无多少之限，即受一尺以上，并不得悔。酒食者非，为供设亲宾，便是众人同费，所送虽多，不同聘财之限"。实则供设亲宾，许亲之约已信，何异聘财？而酒食财聘之分如此，唐律亦有时陷于形式主义矣。

十六、有两处矛盾　唐律一部书中，有两处似近矛盾。《职制律》云，在礼及诗，妻同卑幼。《职制》三十匿父母夫丧条。《斗讼律》亦称妻义同于幼，《斗讼》二十四殴伤妻妾条。及妻义与期亲卑幼同。同律四十六告缌麻卑幼条。而《贼盗律》乃称"妻服虽是期亲，不可同之卑幼"。《贼盗》四十七略卖期亲卑幼条。此其一也。《贼盗律》：奴婢部曲，法为主隐，其有私和不告，得罪并同子孙。《贼盗》十三祖父母夫为人所杀条。《斗讼律》则云"奴婢部曲非亲，不同子孙之例"。《斗讼》三十四祖父母为人殴击条。此其二也。此与奴婢被强盗杀伤，偶同良人之例不同。《贼盗》三十四强盗条。似未可以，"当条见义，亦无一定之理"解之也。《名例》十八，十恶返逆缘坐条疏。

十七、近人批评　近人对唐律作批评者,董绶经曾举其特色六点。一、化外人有犯,分同类异类,开国际适用先例。二、断罪无正条,设举重举轻,示断狱适用决事之方法。三、渎职之罪,于监临主守,特设重科。四、夫妇平等。五、于若干重条,人民负告密义务,为后世预防犯罪权舆。六、维持家庭团体。《早稻田法学会志》第二号页四七五至四八十。朱方在其《中国法制史》中,则称道其目的主义、人格主义、感应主义、人道主义及术语精密诸端。页一五八至一六一。其统论中国法者,巴系佛尔特(J. W. Bashford)列举十大特点。一、每种犯罪皆定有身体刑。二、科罚严厉,但执行时又可减宥。三、条理异常清晰,每一特别案情,可得确切判决。四、在本国区域内,有无上权力。五、司法管辖受地方自治政府限制。六、皇帝敕力,较地方规程为优越。七、缺少辩护规定。八、司法管辖特点,在诉讼程序的方法上。九、社会对犯罪须负责任。十、司法机关大弊,在司法权行政权为同一官吏所掌握(China pp. 274—283)。浅井虎夫谓要点有三。一、私法规定少而公法规定多。二、法典所规定者,未必即现行法。三、中国法多含道德分子。《中国法典编纂研草史》(陈重民注本)。王世杰则分为五点。一、道德与法律的界限,没有十分画清。二、法典范围虽宽,而法律存诸习惯者仍众。三、科比之制,相传未变。四、律外多例,而例每效高于律。五、法典律文,未必皆为现行法。《北京大学社会科学季刊》三卷一号。薛祀光称法律和道德非常接近,及刑罚非常繁重,为中国法系之两种特征。《中国法系的特征及其将来》(见《社会科学论丛》一卷四号)。黄秉心于保持纲常外,特指出:一、法官责任,二、亲属容隐,三、自首制,四、犯罪细别,五、保辜制,为中国法律特色,《中国刑法史》,页四一九至四二九。论清律者,《爱丁堡评论》(The Edinburgh Review)盛赞其规定近情理,条款简洁,意义显霍,文字平易(Vol ⅩⅥ,1820 p. 476)。论中国法系之将来者,韦格穆尔(J. H. Wigmore)谓:"中国法制,虽经朝代之变动更迭,仍巍然存在于一精力旺健之四万万人国家中。"(*Panorama of the Worlds Legal Systems*, vol. Ⅰ, p. 201)并志于此,以资参考。

《唐律通论》(台湾中华书局 1966 年第 2 版)

中国法制史论略

序

如果照事实地说明：写中国法制史，似乎确实是一件难事。二三十年来，出版问世的，一起不过五六本，而多半不合需要。它们一般的缺点，是略其所应详，而详其所可略。二三十万字、八九十万字的书：对于两汉的春秋折狱，魏晋间的肉刑之议，宋神宗时王安石、司马光等关于目首的论战，有的只是略略提起，有的简直连提起过都没有；但是它们却讨论到汉朝有没有"格"，元朝有没有"例"，和春秋时代有没有"律师"和"证人"的制度。它们详于田粮货币，而把官制官规忽略了。尤其是它们都缺乏系统性的整理和讨论，而大多只是一朝代一朝代、一件事一件事地平铺直叙，没有提纲挈领，没有指出重心。初学者读过之后，但觉万花扰眼，而没有得到一个成形体的印象。而且错误也非常之多：一生反对肉刑的孔融，和父子两代主张肉刑的陈群，硬被派成了同志；苏子由有句诗"读书万卷不读律"，因而竟有人说东坡"对于此道全是外行"①，却忘记了子由下面还有一句，是"致君尧舜终无术"！② 有人把 Machiavelli 写作 Michiavelli，因而译为"米奇维里"的；北魏常景议律，是在正始元年（504），有人把它提前到太和十九年（495）；太和五年（481），高闾所修的律，被人写在正平元年（451）高允的账上；明朝的六赃，和唐朝的六赃，中间大有分别，而谈者竟忽略过去；宋高宗绍兴十三年（1143）的《申明刑

---

① 实则东坡对于法律甚是内行。
② 此诗句出自苏轼《戏子由》，子由系指苏轼弟苏辙（字子由），作者此处将子由误为苏轼（字子瞻）。——编者注

统》,和太祖建隆四年(963)的《重定刑统》,明明是两部书,而被人当作了一部。诸如此类,不一而足。写中国法制史,真如是其难乎?

我自知学识浅陋,又兼目前在台湾不易找参考书,那里敢妄谈著作。只因为这一门学问之重要,和这一门书籍之缺乏,又经不起朋友的鼓励,乃大胆写成此一小书。不知能使读者对于我们过去的法制源流,遂稍知其大略否?对于如何鉴往以知来,也稍微多得一些理解否?

我这本小书里的叙述和论断,有许多地方,和别的书不同。我没有一一地举出来加以解说。因为对于研究法制史的,他们略翻原始材料,是非马上自明,无须我在此叨叨。对于不是研究法制史的,在一些琐碎的小问题上,打考据官司,来在他们面前啰嗦,我认为不需要也不应该。

书中一定不少粗心和误解的地方,希望读者多多指教我!

一九五一年四月二日

徐道隣识于台北

目　录

叙言

壹、春秋及战国
  一、古史材料缺乏
  二、战国的法家思想

贰、汉
  一、汉朝律令繁琐
  二、汉之春秋折狱
  三、汉世法学昌明

叁、魏晋及南朝
  一、魏
    1. 魏律
    2. 肉刑之议
  二、晋
    1. 晋律
    2. 张杜之注
  三、梁律
  四、陈律

肆、北朝及隋

一、北魏律

二、北齐律

三、北周律

四、隋律

伍、唐

一、唐律的编制

二、唐律中的"礼教法律观"

三、唐律之伦常立法

四、唐律中的社会观念

五、唐朝的司法制度

陆、五代

一、梁

二、唐

三、晋

四、汉

五、周

柒、宋

一、宋用唐律,"刑统"及"编敕"

二、宋代多明法之君

三、宋代两名案

  1. 安崇绪之狱

2. 阿云之狱

捌、辽金元

　一、辽

　二、金

　　1. 金人用唐律

　　2. 号称"小尧舜"的金世宗

　三、元

　　1.《大元通制》

　　2. 元朝法律的奇奇怪怪

　　3. 元人之种族观念

玖、明

　一、明之律例

　二、唐明律比较

　三、厂卫之患

拾、清

　一、清之律例

　二、清之考试与任官制度

　　1. 考试制度

　　2. 任官制度

　　3. 人才之城乡交流

附　历代律令名称考

一、"律令"
二、"律令格式"
三、"刑统"
四、"条格"
五、"律例"

叙　言

　　中国的法律制度，可分两个时期。光绪二十八年（1902），清室命沈家本、伍廷芳等，参照外国法律，改定律例，是中国法律欧化的一个新时期的开始。在这个时期以前，是中国固有法律制度的一个很悠长的时期。我们现在要叙述的，就是这个时期里的中国法律制度。

　　这个法律制度，若是从周秦说起，到了清末，前后不下两三千年。时间虽长，但是它有非常健全的发展，很灵活地适应了和控制了这个时期的社会。最可注意的，它和很多的其他文化系统不同，它始终维持了非常高度的纯一性（Homogeneity），它所受的异族文化的影响，可以说是微乎其微。所以在中国许多文化产物中，都有各种时期或朝代的特色，而中国的法律系统，是始终维持其一贯性的。

　　我在这本小书里叙述制度时，同时检讨其在思想上的依据，有时谈到思想，则先考究其在制度上的影响，不然，或为空虚之谈，或属偶然之事，治史学者所不取也。至于叙述的体裁，在各朝代中，择取其最重要及最具代表性之事实述之，如讲律书内容则取唐，讲辩狱则取宋，讲官制官规则取清，这样采取重点（"Schwerpunkt"）的方法，在写法制史，还是尝试。是否适当，仍待读者指教。

壹、春秋(770—404B.C.)及战国(403—221B.C.)

一、古史材料缺乏

凡是一个民族,经由原始社会,形成一个有组织的国家,必定有它的一套法律制度在发生作用。因之所有民族的原始法律,都有它们的共同和类似之点。关于原始法律的研究,是社会学、民族学、法律哲学的,而不是法律学的课题。有些治中国法制史的,每每喜欢从"法"字、"律"字的研究开始,而去在《易经》《说文》等书上去下功夫。这是以不适当的工具,从事于不必要的工作:作起来很勉强,结果并无价值①。

凡谈中国古法律的,必定谈到《书经》中的《吕刑》(吕侯是周穆王的司寇,作《吕刑》951 B.C.?)。《书经》是否为汉人伪造,姑且不论,即使我们认定《吕刑》是西周的文字,但是除了"五刑之属三千","大辟二百"等几个笼统的数目字,和"五辞""五刑""五罚""五过"等几个"五"字起头的名词以外,它并没有什么有关法律的内容②。但是因为自从汉魏以来,凡是讨论法律的人,在写文章的时候,总是欢喜用引它一两句,以饰词

---

① 譬如为研究孔子而考证到"孔"字的来源和涵义,这是研究"孔"字这个字,而不是研究"孔子"这个人。
② 我们看看罗马的十二铜表法(450 B.C.?),它们包涵着多么丰富的法律材料!

藻,因之遂享有大名。实则《吕刑》对于中国的法律思想和制度,事实上并没有发生过多大的影响。① 本来没有法律性的东西,怎么能发生法律上的作用呢? 此外还有春秋时郑国子产的《刑书》《左传》昭公六年 538 B.C.),晋国赵鞅的"刑鼎"(昭公二十九年 513 B.C.),也是法制史课本上常见的项目。② 但是除去举出来当时知识分子中有力人物(叔向,孔子)之不以为然,而间接地说明了当时一般风气之不看重成文法。③ 此外在法制法理方面,它们并没有供给我们任何一点具体的知识。

二、战国的法家思想

战国时的"法家"——《汉书·艺文志》所称的李悝、商鞅、申不害、慎到、韩非之外,后人又加上管子和尹文子——在中国思想史上,久矣夫不为正统派学者所推崇,而在最近三四十年来,却甚为时髦,在许多法制史书上,都占着重要的篇幅。但此中有好几个误解存在,我们不能不予以辨正。

一、所谓"法家",并不包括李悝。 李悝是魏文侯的老师,造的《法经》六篇(约 400 B.C.),后来商鞅传之于秦,萧何用之于汉,从此两千四百年的中国法律,再也脱离不了他的系统。称李悝为中国法律之祖,实在一点也不夸大。不过李悝的《法经》,除去一部分内容,寄生在后来的

---

① 后汉的陈宠,曾经一度打算根据《吕刑》的"三十"之数,删减当时的刑名(94 A.D.),但也不过只是一个数目字的问题罢了(见《后汉书·陈宠传》)。
② 杨鸿烈:《中国法律发达史》,页五一;陈顾远:《中国法制史》,页四二。
③ 希腊:都拉科(Draco)公布的法典,在 621 B.C.,索伦(Solon)的修改,在 594 B.C. 罗马派考察团到希腊学习法律,在 454 B.C.,公布十二表法,在 450 B.C.,都是看重成文法的例子。

法典中,它本身久已失传。① 所以后人所称的法家,李悝并不能被包括在内。而李悝对于中国法律的关系,也就并不代表法家对于中国法律的关系。此其一。

二、法家乃政治家而非法律家。 这些法家的著作,其全部的内容,无不是在说明如何取得国王的信任,如何把国家弄得安定富强,如何治国第一必须重用法律,而不是对一些实质的法律问题,②有若何深刻的探讨。他们是一群政治家、法律哲学家,而不是法律家;至少他们的书,是讲权术的政治学,间或略带一点法律哲学,而不是法律学。"法家"（Legists）并不就是"法律家"（Jurists）。③ 此其二。

三、法家理论,有许多与儒家相同。 法家特别注重法律,所以对于法律的讨论也比较多。有些学者,曾经举出好几点,认为是他们的特殊见解。实则儒家们的法律见解,有许多和他们是相同的。

（1）法宜公布。 《韩非子》:"法者编著之图籍,设之于官府,而布之于百姓者也。"《商君书》:"诸官吏及民有问'法令之所谓也'于主法令之吏,皆各以其'故所欲问之法令'明告之;故天下之吏民,无不知法者,吏明知民知法令也,故吏不敢以非遇民。"④然而这就是孟子所强调的"明其政刑"的"明"《公孙丑》。

（2）法重综合名实。 《韩非子》:"正名覆实,不罚而威……是非随

---

① 黄奭的"汉学堂丛书",收有李子《法经》六篇,全是以唐律改窜,有"天尊""佛像""道士""女冠"等名辞。我们所见的伪造的古书,未有幼稚得如此可笑者。
② 例如罗马法很早就讨论到"法律和公平""公法和私法""自然法""债权""婚姻""继承""诉讼程序"等问题。
③ 喜欢听弹钢琴的人,不一定就是会弹钢琴的人。就使他描写钢琴如何好听,也并不就是在讲说钢琴如何弹法。
④ 杨鸿烈:《中国法律发达史》,页八三;陈顾远:《中国法制史》,页四二。

名实,赏罚随是非。"①然而"正名"之重要,正是孔子所最强调的一点,而曾经明白地指出"名不正则……刑罚不中……则民无所措手足"《子路》。

(3) 法宜客观。 《韩非子》:"释法术而心治,尧不能正一国,去规矩而妄意度,奚仲不能成一轮。"《管子》:"为人君者,弃法而好行私,谓之乱。"②可是孟子也说过,"不以规矩,不能成方圆",和"遵先王之法而过者,未之有也"《离娄》。也都是说明了法律之不宜主观。

(4) 法宜进化。 《韩非子》:"治民无常,惟治为法,法与时转则治。"《商君》:"治世不一道,便国不法古。"③然而孔子号称圣之"时"者,"行夏之时,乘殷之辂,服商之冕"《卫灵公》,正说明他不是死守一个时代的成规。所以有时候他固然违众从礼,有时候他却肯舍礼从众《子罕》,儒家并不是不讲进化的。

此外还有人说到法家认为任法可以无为而治,如管子所说"法立而不用,刑设而不行"④;和法家认为法律有最高效率,如李斯所说"罪轻督深……民不敢犯"⑤。但这都是他们形容法律作用的夸大,而不是他们对于法律内容的主张,我们无须加以讨论。

但是法家对于法律的理论,有一点十分值得我们的注意,即法律的平等性是也。如《韩非子》"刑过不避大臣,赏善不避匹夫";《商君》"刑无等级,自卿相将军以至大夫庶人,有不从王令,犯国禁,乱上制者,罪死不赦";《管子》"君臣上下贵贱皆从法"⑥。这是法家和儒家讲法律最不相同的地方。从法律思想的进化观之,不能不说是比儒家法律观念高明的

――――――
① 杨鸿烈:《中国法律发达史》,页八五。
② 杨鸿烈:《中国法律发达史》,页八六;陈顾远:《中国法制史》,页四三。
③ 杨鸿烈:《中国法律发达史》,页八九;陈顾远:《中国法制史》,页四三。
④ 杨鸿烈:《中国法律发达史》,页八七。
⑤ 杨鸿烈:《中国法律发达史》,页八九。
⑥ 杨鸿烈:《中国法律发达史》,页八三;陈顾远:《中国法制史》,页四三。

一点。此外他们还说明法律应当一致:《韩非子》,"法莫如一而故";应当安定:《韩非子》,"执一以静,使名自命,令事自定";应当有高度的强制性:《商君》,"有敢剟定法令,损益一字以上,罪死不赦",《管子》,"宪法布,有不行宪者,谓之不从令,罪死不赦"①。也都比儒家们说的更为透澈。

四、法家和儒家的分野,在礼和法的关系。 我们详读法家各书,可以看出来,他们和儒家的真正分别,完全在他们对于"礼"和"法"二者的看法。原来法家之不是不注重礼,和儒家之不是不注重法,正是一样。管子说"礼义廉耻,国之四维"《牧民》,商君说"贤者更礼"《史记·商君传》。这是法家之说到"礼"。孔子说"刑罚不中,则民无所措手足"《子路》;又说"君子怀德,小人怀刑"《里仁》;又说"谨权量,审法度,修废官,四方之政行焉"《子张》。孟子说"上无道揆,下无法守,国之所存者幸也"《离娄》;又说"入则无法家拂士,国恒亡"《告子》。可见儒家更是常常谈到"法"。

但是把礼和法二者并列起来,而比较其对于国家的作用,则儒法两家的见解,大相径庭。儒家认为治国之道,应当以礼教为主,而以法律为辅,而法律的任务,只是来辅助礼教的。所以孔子说"道之以政,齐之以刑,民免而无耻;道之以德,齐之以礼,有耻且格"《为政》。孟子说"徒善不足以为政,徒法不能以自刑"《离娄》;又说"善政民畏之,善教民爱之,善政得民财,善教得民心"《尽心》。就是这个道理。唐律说"德礼为政教之本,刑罚为政教之用"《名例疏》,说得更为清楚。而法家则和此恰恰相反:他们认为要治国,最好莫过于用法律,用德礼是无用的。所以管子说"法者天下之至道"《明法》,尹文子说"万事皆归于一,百度皆准于法"《杨权》;韩非子说"治者用众而舍寡,故不务德而务法"《显学》,他甚至于说"礼者忠信之薄而乱之首也"《解老》,其持论的极端到何等程度! 至于谈到法律的

---

① 陈顾远:《中国法制史》,页四三。

实质,则两家的理论,相去更为辽远。儒家认为法之所以为法,就是因为它是德礼之辅。就是说:凡是法之所禁,一定是礼之所不容,凡是礼之所许,也一定是法之所不禁。所以《大戴礼》说"礼者禁于将然之前,法者禁于以然之后"《礼察》。后来汉人说"礼之所去,刑之所取,出礼则入刑"《后汉书陈宠传》;宋人说"刑为礼之表"《唐律释文》序,这都是以礼教说明法律的论调。而法家的理论,则认为法律本身即有其独立的、内在的价值(Intrinsic value),而不需要从别的价值方面来取得其存在的理由。他们说,"法"就是法,根本不须要问什么礼不礼。所以韩非子说"法者编著之图籍,设之于官府,而布之于百姓者也"《难三》;管子说"生法者君,守法者臣"《任法》,说得何等简捷了当。而慎子说"法虽不善,犹愈于无法"《群书治要》,更是一种最彻底的形式论(Formalistc Law Theory),和现在最摩登的形式论者的口吻,简直没有两样。

  五、法家后来"中断"的原因。 战国法家的成就,到了商鞅、李斯,先后相秦、吞噬诸侯、囊括四海,而达到了登峰造极的阶段。但秦虽强盛,不数十年而亡,商李二人,亦皆不得善终。汉兴之后,认为秦室之亡,亡于用法之弊,所以到了武帝,极力表彰六经,而罢黜百家,民间因之不敢也不再有人喜欢去学法家的理论。此其一。秦汉以后,中国长时间的成了统一的局面,再没有许多争强夺霸的诸侯。读书人虽不无战国法家的雄心,但是再没有游说诸侯的机会,因之也不敢再作法家的论调,所以也没有这一类型的著作。此其二。汉室推重儒家,固然因为儒家的理论,一部分颇合帝室的胃口。但是儒家的伦理和哲学,也实在是适合于匮乏经济下的中国农业社会,①所以能十分深入人心。而儒教的法律观,和法家的形式法律论是不能相容的。儒教得势,法家自然不能抬头。

―――――――

① 最近几年有不少社会学者,对这一点有很有价值的理论。

此其三。法家的法律理论,因为把法看得高出一切(Supremacy of Law),所以必然要走上形式主义的途径。而形式主义的法律论,是一个没有血肉的骨头架子,本身也说不过儒家的礼教法律论。此其四。虽然如此,但是法家的政治理论,毕竟有它的一部分真理存在,所以法家的精神,也一直继续不断地在影响着后世。我们举几个最显著的人物来说,三国的曹操、诸葛亮,宋朝的王安石,明朝的张居正,这全都是百分之百的法家。不过因为传统风气的关系,法家的名称不太好听,所以他们都不肯自承为法家罢了。但是我们却不可因此而忽略了这一个重要的事实。此其五。

贰、汉(206B.C.—220A.D.)

一、汉朝律令繁琐

李悝(fl 400 B.C.)①所造《法经》六篇——盗法,贼法,囚法,捕法,杂法,具法——据说是"集诸国刑典"而成的。② 后来商鞅传之相秦(359 B.C.)改"法"为"律",是为《秦律》。③ 到了汉朝,萧何为相(201 B.C.),捃摭秦法,加上户律,兴律,厩律三篇,是为"九章之律"④。及至到了武帝时代(140—87 B.C.),更非常迅速地发展。九章之外,又添了叔孙通的《傍章》十八篇,张汤的《延宫律》二十七篇,赵禹的《朝律》六篇,一起共六十篇,这是整个汉律的轮廓。⑤ 于是网禁周密,法令繁琐。《汉书·刑法志》说:"律令凡三百五十九章,大辟四百九条,千八百八十二事,死罪决事比,万(?)三千四百七十二事。文书盈于几阁,典者不能遍

---

① 章太炎(《检论》卷三)说他曾受业于子夏曾申。
② 《唐律疏议》。
③ 《唐六典注》。
④ 《唐律疏议》。
⑤ 这是根据《晋书·刑法志》说法。但是古书中引用汉律的,还提到"尉律""耐金律""上计律"等篇目,其为上述各律之一章乎,或自为单行律,皆不可考。参程树德:《九朝律考》,页一八。

睹。"①后来元帝（48 B.C.）、成帝（28 B.C.），一再下诏删减律令，可是当时的官吏，没有材具，不能因时建立明制，为一代之法，只举数事，敷衍应命而已。② 到了后汉，二百年间，据《魏书·刑罚志》说，律章亦无大增减。和帝永元六年（94 A.D.）中，廷尉陈宠一度建议平定律令，要把当时的死刑六百一十，耐罪千六百九十八，赎罪以下二千六百八十一，减削到大辟二百，耐罪、赎罪二千八百，以符《吕刑》中"五刑之属三千"之数。③ 可惜未及施行，而陈宠以他事获罪。后来就再没有人谈起了。

二、汉之春秋折狱

汉朝的法令，虽然发达，但同时以经义断狱，尤其以春秋决狱的风气，非常盛行。这里我想有下列三个原因。一、律令发展得太快，大家对于它们的认识，不够深刻和普遍，因之对于条文的引用和解释，都不熟练。二、汉室崇尚儒家的经术，而依儒家的见解，经书的权威（Prestige），根本高于法令。三、秦汉之际，儒家的学者本来众多。秦始皇焚书坑儒，只能使他们暂时敛迹，而民间习儒的，仍然不少。自然他们对于经义有所独长。至于《春秋》之特别见重，更属显然。孟子说，孔子作《春秋》而乱臣贼子惧；儒家不但认为《春秋》是孔门最高的学问，也认为是治国平天下最实用的工具。而《春秋》的三传，在汉朝最初发达的是

---

① 《魏书·刑罚志》说："于定国为廷尉（69 B.C.），集诸法律凡九百六十卷。大辟四百九十条，千八百二十二事，死罪决比，凡三千四百七十二条。诸断罪当用者，合二万六千二百七十二条。"
② 《汉书·刑法志》。
③ 《后汉书·陈宠传》。

《公羊》，而《公羊》最是喜欢从文字中，探求微言大义，而认定每项记载皆包含有褒贬赏罚的。再加上传《公羊》的董仲舒在汉朝的特别崇高的地位，和他对于政治和学术的深远的影响。我有时候想，汉朝之崇尚经术，是因为崇尚《春秋》，而汉朝之崇尚《春秋》，是因为董仲舒之以《公羊》折狱。即使不是如此，董仲舒春秋折狱之大有助于经学在汉朝之发展，是毫无疑问的。

《汉书·艺文志》载有《公羊董仲舒治狱十六篇》，后来或称《春秋断狱》《春秋决事》《春秋决狱》《春秋决事比》。《汉书·应劭传》说，"胶东相董仲舒老病致仕，朝廷每有政议，数遣廷尉张汤，亲至陋巷，问其得失。于是作春秋决狱二百三十二事，动以经对"。此书至宋时已经失传。现在把古书所记载的，摘录三则，以示大概：

时有疑狱曰：甲无子，拾道旁弃儿乙，养之以为子。及乙长，有罪杀人，以状语甲，甲藏匿乙。甲当何论？仲舒断曰：甲无子，振活养乙。虽非所生，谁与易之？《诗》云：螟蛉有子，螺蠃负之。《春秋》之义：父为子隐。甲宜匿乙，而不当坐。《通典》六十九。

甲父乙与丙争言相斗，丙以佩刀刺乙，甲即以杖击丙，误伤乙。甲当何论？或曰，殴父也。当枭首。论曰：臣愚以为父子至亲也；闻其斗，莫不有怵怅之心；扶杖而救之，非所欲诟父也。《春秋》之义：许止父病，进药于其父而卒。君子原心，赦而不诛。甲非律所谓"殴父"，不当坐。《御览》六百四十。

甲夫乙将船，会海风盛船没，溺流死亡不得葬。四月，甲母丙即嫁甲。欲皆何论？或曰，甲夫死未葬，法无许嫁，以私为人妻，当弃市。议曰：臣愚以为《春秋》之义：言夫人归于齐。言夫死无男，有更嫁之道也。妇人无专制擅恣之行，听从为顺。嫁之者归也。甲又尊者所嫁,无淫行之心,非私为人妻也。明于决事,皆无罪名,不当坐。同上。

以上是董仲舒春秋决狱的例子。还有文帝时,淮南王安造反(174 B. C.),胶西王端引据《春秋》:"臣毋将将而诛",说安应当伏法,安遂废死。① 景帝时,太后想立景帝之弟梁王为太子(153 B. C.),袁盎等说《春秋》以宋宣公死不立子为非,说服了太后,乃送梁王之国。昭帝时(82 B. C.),有人自称是武帝之子戾太子,朝野哄然,隽不疑谓《春秋》以卫辄之不纳蒯聩为是,立送诏狱。这三件案子,我认为对于《春秋》和经术在汉朝的地位,曾经发生了有决定性的影响。

程树德在他的《汉律考》中有《春秋决狱考》一卷,考证出的事实,有六十余条。研究汉律的,□之不能不特加注意。

三、汉世法学昌明

汉朝的律令繁琐,固不免为后人诟病,可是两汉时法律学的发达,我们却不能不为之大书特书。原来汉朝的风气,治律有家,都是子孙并世其业,聚徒讲述,往往都是好几百人。② 举其最著者为例,西汉时有南阳的杜周、杜延年父子,延年所传的,人称为小杜律,传流后世。有东海的于公、于定国父子,当时人称"张释之为廷尉,天下无冤民,于定国为廷尉,民自以无冤"。有泰山的郑弘、郑昌兄弟,皆以通法律名于时;东汉时

---

① 淮南王刘安在汉武帝时期(公元前122年)因谋反案发而自杀,详见《汉书·淮南衡山济北王传》,此处作者称淮南王于文帝时造反,系将刘安误为其父刘长。——编者注
② 见《南齐书·崔祖思传》。

有颍川的郭弘、郭躬、郭晊、郭镇、郭祯、郭禧、郭旻，家世习法，一家中为廷尉者七人。有沛国的陈咸、陈宠、陈忠，有河南的吴雄、吴䜣、吴恭，都是三代明法，而吴家且三代皆为廷尉。颍川钟皓，世善法律，教授门生千有余人，皓之曾孙钟繇、繇之子钟会，父子继业，闻名于时。[①] 程树德《汉律考》，搜辑两汉的法律家，凡得七十五人，[②] 汉代法学之盛，可以概见。而研究法学者既多，理论上自然不免就有了多少宗派。所以后来讲汉律的，有"叔孙宣、郭令卿、马融、郑玄诸儒章句十有余家，家数十万言，凡断罪所当由用者，合二万二千六百七十二条[③]，七百七十三万二千二百余言。言数益繁，览者益难"。到了魏明帝时（227?），下诏"但用郑氏章句，不得杂用余家"[④]。这和罗马时代提欧斗修第二及瓦楞廷第三东西两帝（Theodosius Ⅱ，Valentin Ⅲ）在纪元四二六年公布的解释法（Law of Citations）：一切古法的解释，各家学说有不同者，一律以五大家为准，五大家有不同者，一律以帕皮尼央（Papinianus ＋212 A. D.）为准，正是若合符节，不过只是早了二百年罢了。我们再看何休注《公羊》，郑康成注《周礼》，都曾经引用汉律来解经，而许慎注《说文》，并且引汉律来解字。当时学者喜欢谈法律的风气，也是颇有趣的。

汉代的法律学，有这样的发达，所以汉律的权威（Prestige），异常之高，而使汉律支配了整个中国法系的传统。在中国法制史上，两个有重要贡献的朝代，在制定法律时，一方面在修改前一代的法典，另一方面，则无不是在直接采摹汉律——晋与北魏，皆是如此。汉律对于我们法律的影响，一直到今天，我们若仔细推求，也还可以找出若干

[①] 以上参阅程树德：《九朝律考》，页二一三—二二七；陈顾远：《法制史》，页四六。
[②] 程树德，页二一三。
[③] 《晋书·刑法志》载此处应为"合二万六千二百七十二条"，当系作者笔误。——编者注
[④] 皆《晋书·刑法志》。

痕迹。①

汉律的文字,在六朝末年,尚有人引用过。到了唐代,即已完全佚失。② 宋末的王应麟(1223—96),作过《汉制考》,这是后人考证汉律之始。可惜继起无人,一直到了清末,研究汉律的学者,才比较多起来。沈家本的《汉律摭遗》二十二卷(寄簃丛书),程树德的《汉律考》八卷(《九朝律考》),都是非常有价值的著作。中国旧法律的刑名法度,现在有许多项目还可以很有把握的追溯到汉朝,都倚仗他们二人的功劳不少。

---

① 例如现在的自首减罪,就来源于汉律的"先自告除其罪";老幼减罪,来源于汉律的"年未满八岁,八十以上,非手杀人,他皆不坐"。
② 程树德:《汉律考》序。

叁、魏晋及南朝

一、魏（220—280）①

1　魏　律

曹魏称帝，最初还是承用汉律，所以明帝有"但用郑氏章句，不得杂用余家"之诏（227?）。但他即位不久，即下诏改定刑制，令陈群、刘劭等采汉律，为魏律十八篇。可是这十八篇的名称，现在已弄不清楚。据《唐六典注》的说法，魏律是在萧何的《九章律》外，增加劫掠、诈伪、毁亡、告劾、系讯、断狱、请求、惊事、偿赃等九篇。而《晋书·刑法志》所载的《魏律序略》，则在此篇之外，还举出刑名、兴擅、乏留、免坐等四篇，而说"凡所定增十三篇，就故五篇，合十八篇"。它又说"刑名"就是原来的"具律"，唯依"篇章之义，冠于律首"，"厩律"久成虚设，所以予以删除。那么《九章律》中余下的还有盗、贼、囚、捕、杂、户、兴等七篇，然则去掉那两篇，才能符合《序略》中"五篇"之说呢？但是无论如何，此十八篇之"于正

---

① 公元265年，魏元帝曹奂禅位于司马炎，曹魏政权正式灭亡，此处作者所称280年，实为西晋灭吴，统一中国的年份，后一节亦以次年（281年）为晋起始之年份，不再赘述。——编者注

律九篇为增,于傍章科合为省",则是一件很明显重要的事实。不过当时军国多事,用法深重,科网繁密,此新律并不能深满人意。且中叶以后,王室渐微,因之流传不远,所以才到了隋朝,魏律就已经失传了①。

2 肉刑之议

此外曹魏一代,有四议肉刑之事,值得我们一述。原来中国旧律,有刺面墨、戳鼻劓、断足剕、去势宫等惨酷的刑罚。直到汉朝,还有黥、劓、刖左右趾等三种"肉刑"。文帝时,淳于公坐法当刑,他的少女缇萦,上书天子,说死者不可复生,刑者不可复原,愿没入官婢,以赎父罪。文帝为她的孝思所动,下令除肉刑(167 B.C.):把黥面改作"髡钳",劓改作"笞三百",刖左趾"笞五百",刖右趾"弃市"②,一时号称仁政,为历代所称道。但是把刖右趾改作弃市,已是把活罪改成死罪,把刖左趾和劓改作笞五百和三百,又往往加笞未毕,受者已死。所以外有轻刑之名,实则反是加重。因之后来不断有人提议恢复肉刑。汉末献帝初年(196?),名儒大才,如崔实、郑玄(!)、陈纪等,都主张恢复肉刑,但是当时朝廷没有加以理会③。曹操当政时(208?),荀彧作尚书令,又曾博访百官,欲申前议,但是为孔融所反对而罢。及曹操为魏王(216),他是一向主张复肉刑的,于是令御史中丞陈群第一次,申其父纪论,而相国钟繇,亦赞成之。但奉常王脩,不同其议,重被搁置。及曹丕称帝(220),又议肉刑第二次,而详议未定,适值军事,所以又未实现。明帝时(227),太傅钟繇又上疏求复

---

① 程树德:《九朝律考》,页二二九。
②《汉书·刑法志》。
③《晋书·刑法志》。

肉刑,诏下其议第三次,司徒王朗甚不谓然,而议者百余人,多与朗同,帝以吴蜀未平,又寝。后来废帝正始年间(240),夏侯玄、李胜等又追议肉刑第四次,卒不能决。这是曹魏时四议肉刑的经过。后来西晋武帝(265)时的刘颂,东晋元帝(317)时的卫展、王导、庾亮(反对者:周𫖮、恒彝),安帝(397)时的桓玄、蔡廓(反对者:孔琳之),也都主张过恢复肉刑而未蒙采纳。① 最后到宋神宗时(1068),韩绛、曾布先后请复肉刑,也全都没有结果。② 肉刑之议,这大概是最后的一次了。

至于两派的理论:主张恢复肉刑的陈群,他说:"臣父纪以为汉除肉刑而增加笞,本兴仁恻,而死者更众,所谓名轻而实重者也。名轻则易犯,实重则伤民。……今以笞死之法,易不杀之刑,是重人肢体而轻人躯命也。"《魏志·陈群传》。刘颂说:"议者拘孝文之小仁,而轻违王圣之典刑……今死刑重,故非命者众,生刑轻,故罪不禁奸,所以然者,肉刑不用之所致也。"《晋书·刑法志》。而反对复肉刑的孔融,则认为"末世凌迟,风俗坏乱,政浇俗替,法害其民,故曰上失其道,民散久矣,而欲绳之以古刑,投之以残弃,非所谓与时消息也。"《后汉书·孔融传》。王朗说:"前世仁者,不忍肉刑之残酷,是以废而不用。不用以来,历年数百。今复行之,恐所减之文,未彰于万民之目,而肉刑之问,已宣于寇仇之耳。"《魏志·钟繇传》。可见恢复肉刑的主张,从司法观点言之,不能不认为有充分的理由。但从政治观点言之,则恢复肉刑,并不是减少犯罪的根本办法,如孔融所说,亦自成理;而废除已历数百年的肉刑,一旦予以恢复,则在心理上,将给与一般民众以极恶劣之印象,王朗之说,更是不易之论。后来历代屡议肉刑,而始终未能恢复者,大概这一点是最有力的理由。

---

① 以上各节,俱见《晋书·刑法志》。
②《宋史·刑法志》。

二、晋(281—419)

1 晋　律

晋自司马昭秉政魏室,在咸熙之初(264),①即议改定律令,命贾充等十四人任其事,其中郑冲、荀𫖮、羊祜、杜预、裴楷、荀煇等,都是一时俊彦。历时四年,到武帝司马炎泰始三年(267)表上,四年(268)班布,是为晋律:计刑名、法例、盗律、贼律、诈伪、请求、告劾、捕律、系讯、断狱、杂律、户律、擅兴、毁亡、卫宫、水火、厩律、关市、违制、诸侯,凡二十篇,②六百二十条,二万七千六百五十七言。比汉魏旧律,蠲其苛秽,存其清约,真一时杰作。故史称新律班于天下,百姓便之,盖当日已众论翕然矣。③

晋律不但本身简要得体,而同时又得着两个大法律家为之作注:明法掾张斐有《律解》二十卷,河南尹杜预有《律本》二十一卷,皆为世所宗,晋后的刘宋萧齐,都一直承用所谓《张杜律》。前后施用,凡二百三十七年,六朝诸律中,行世之久者,再没有超过晋律的了。

但张杜两家注释,不是没有异同。南齐永明七年(489),尚书删定郎王植之上表说:"晋律文辞简约,取断难释,张斐杜预,同注一章,而生杀永殊……臣集定张杜二注……取张注七百三十一条,杜注七百九十一条,或二家两释,于义乃备者又取一百七条,其注相同者取一百三条。集

---

① 程树德:《九朝律参》,页二六五。
② 晋律系根据汉《九章律》增定,故汉律篇目举备,非但就魏律修订也。此节据《晋书·刑法志》。
③ 程树德,页二六五—二七一。

为一书,凡一千五(?)百三十二条,为二十卷。"①

2　张杜之注

晋律在北宋时,似尚有传本,金元乱后,遂遭佚失②。但是张裴上《律解》的表(269?),《晋书·刑法志》上,抄录了一大段。此一伟大法律家的文字,因之尚有一部分能流传至今。现在把其中最重要的几句,摘录如下:

> 其知而犯之谓之故,意以为然谓之失,违忠欺上谓之谩,背信藏巧谓之诈,亏礼废节谓之不敬,两讼相趣为之斗,两和相害谓之戏,无变斩击谓之贼,不意误犯谓之过失,逆节绝理谓之不道,陵上僭贵谓之恶逆,将害未发谓之戕,唱首先意谓之道意,二人对议谓之谋,制众建计谓之率,不和谓之强,攻恶谓之略,三人谓之群,取非其物谓之盗,货财之利谓之赃。凡二十者,律义之较名也。
> 夫律者,当慎其变,审其理。若不承用诏书,无故失之刑,当从赎;谋反之同伍,实不知情,当从刑:此故失之变也。卑与尊斗皆为贼,斗之加兵刃水火中,不得为戏,戏之重也。向人室庐道径射,不得为过,失之禁也。都城人众中走马杀人,当为贼,贼之似也。过失似贼,戏似斗,斗而杀伤傍人又似误,盗伤缚守似强盗,呵人取财似受求,囚辞所连似告劾,诸勿听理似故纵,持质似恐猲:如此之比,皆为无常之格也。

---

① 据《南齐书·孔稚圭传》,见程树德,页二七七。
② 程树德,页二六五。

律有事状相似而罪名相涉者：如加威势下手取财为强盗，不自知亡为缚守，将中有恶言为恐猲，不以罪名呵为呵人，以罪名呵为受赇，劫名其财为持质，此八(?)者，以威势得财，而名殊者也。即不求目与为受求所监，求而后取为盗贼，输入呵受为留难，敛人财物积藏于官为擅赋，加殴击之为戮辱。诸如此类，皆为以威势得财，而罪相似者也。

夫刑者，司理之官。理者求情之机，机者心神之使。心感则情动于中而形于言，畅于四支，发于事业。是故奸人心愧而面赤，内怖而色夺。论罪者务本其心，审其情，精其事，近取诸身，远取诸物，然后乃可以正刑。仰手似乞，俯手似夺，捧手似谢，拟手似诉，供臂似目首，攘臂似格斗。矜庄似威，怡悦似福。喜恐忧欢，貌在声色。奸真猛弱，候在视息。出口有言，当为告；下手有禁，当为贼。喜子杀怒子，当为戏，怒子杀喜子，当为贼。诸如此类，自非至精，不能极其理也。

杜预的《上律令注解奏》中，也有一段：

法者，盖绳墨之断例，非穷理尽性之书也。故文约而例直，听省而禁简。例直易见，禁简难犯。易见则人知所避，难犯则几于刑厝。刑之本在于简直，故必审名分，审名分者必忍小理。①

这样精密深刻的法律文字，即是和同时的罗马几位大师相比，也可以说是无愧色已。

---

① 《晋书·杜预传》。

三、梁律(502—556)

刘宋(420—478)、萧齐(479—501),都是沿用晋律,没有去另立新制。到了梁武帝(502—549),欲议定律令,"得齐时旧郎济阳蔡法度,家传律学,云齐武时王植之集注张杜旧律,合为一书,其文殆灭,法度能言之,于是以为兼尚书删定郎,使损益植之旧本,以为梁律"①,凡二十篇。篇目次第,全和晋律一样,只是盗律改称"盗劫",贼律改称"贼叛",请赇改称"受赇",捕律改称"捕讨",删诸侯一篇,而在水火和厩律中间,增加"仓库"一篇而已。②凡定罪二千五百二十九条,是天监二年(503)完成的。

四、陈律(557—589)

陈氏承梁季丧乱,刑典疏阔,武帝思革其弊,即位之初(557),即使范泉、徐陵等参定律令,制律三十卷,其"篇目条纲,轻重简繁,一用梁法"③。程树德说:"陈时修律诸人,多非律家,不过摭拾旧注,恣其粉饰,故条文虽增于梁,而纲领则毫无出入,史称博而非要,盖确论也。"④

---

① 《隋书·刑法志》。
② 《隋书·刑法志》。
③ 《隋书·刑法志》。
④ 程树德,页三八八。

所以梁陈二律，实即晋律，其增损仅在文字之间。盖当时柄国诸臣，优于词章，而疏于掌故。蔡法度范泉之流，亦不过略有传习，而实不足当创制显庸之任。所以在《梁书》《陈书》里，蔡范二人均未获列传，大概就是这个缘故①。两律在《唐书》中尚有记载，《宋史》则不载，大概是在南宋时失夫的②。

---

① 程树德，页三六四。
② 程树德，页三六三。

肆、北朝及隋

一、北魏律（386—534）

东晋之末，海内分为南北。南朝的宋齐梁陈，尽文采风流之致，以清谈相尚，轻视名法，所以在法律上无所贡献，而使统治北方的拓跋氏，独擅一代法制典章之盛。并且后来经过北齐的递介，垂之隋唐，以后宋元明清，相继因袭。所以讲述中国法制史，北魏律实乃一非常重要的阶段。

原来拓跋氏乘五胡之乱，跨据中原，历代君主，都知道法律之重要：太祖、世祖、高宗、高祖、世宗、出帝，自天兴元年（398），至太昌元年（532），百余年间，其改定律令者，前后不下十余次。① 他们之看重法律何等明显。至其改定大概，见诸记载者，有世祖神䴥四年（431）崔浩所改定者，据说有三百九十条，正平元年（451）游雅胡方回高允等所改定者，三百七十条，高祖太和五年（481）自己刊定的，八百三十二章。② 至其篇目名称，从《唐律疏议》中可以考证出来的，有刑名、法例、官卫、建制、户

---

① 有称五次者，有称六次者，有称九次者，皆视其所取之规模大小而异。参看汪士铎：《南北朝刑法志》（见丘汉平：《历代刑法志》，页二九九—三〇五），程树德：《九朝律考》，页三九九；杨鸿烈：《中国法律发达史》，页二四五—六；陈顾远：《中国法制史》，页二〇二；陈寅恪：《隋唐制度渊源略论稿》，页七八—八一。

② 程树德，页四〇五—四一〇。

律、厩牧、擅兴、贼律、盗律、斗律、系讯、诈伪、杂律、捕亡、断狱等诸篇,其他就不得而详了。①

北魏法学甚盛,代有名家,如李冲、封琳、郑懿、李彪、崔挺、常景、孙绍等,②而有两个人尤特别须要提出,即世祖时的崔浩、高允。崔浩长于汉律,是一个不世出的大政治家,高允深通《公羊》决狱之学,据律平刑,三十余年,内外称平《高允传》。北魏律之大率承用汉律,不尽袭魏晋之制,应该归功于二人者不少。③

同时,北魏修律,还另外有一种重要意义,陈寅恪先生曾指出之。他说:"元魏刑律,实综汇中原士族仅传之汉学,及永嘉乱后河西流寓儒者所保持或发展之汉魏晋文化,并加以江左所承西晋以来之律学。此诚可谓集当日之大成者。若较南朝承用之晋律论之,大体似较汉律为进化,然江左士大夫多不屑研求刑律,故其学无大发展。且汉律学自亦有精湛之义旨,为江东所坠失者,而河西区域所保存汉以来之学术,别自发展,与北魏初期中原所遗留者亦稍不同,故北魏前后定律,能综合比较,取精用宏,所以成此伟业者,实有其广收博取之功,并非偶然所致也。"④

北魏修律之重要性既如此,而高祖孝文帝拓跋宏(471—499)这个人,更值得我们大书特书。他不但是以夏变夷的一个彻底汉化的外族人鲜卑,他废弃胡姓而自改姓元,他禁止他的同种人胡俗胡语,而他对于法律,尤其具有任何君主所未有的爱好。在他一个人的朝代之中,就曾经有四次议订法律之事。第一次在太和元年(477)九月,第二次在三年

---

① 后魏律唐时已佚,程树德,页四一〇。
② 程树德,页四〇九—四一〇。
③ 高允与ına方回共定律令,应该是正平元年(451)的事,而有人以太和五年(481)高闾修编的八百三十二章归之高允者,误矣。
④ 陈寅恪:《隋唐制度渊源略论稿》,页八一。

(479),到五年冬才完毕;第三次在十一年(487),第四次在十五年(491),次年班布。① 他每次议命律令,总是召集群臣,聚议一堂(太华殿、东明观),并且"润饰词旨,刊定轻重",多半都是自己动笔。② 太和四年(480),他"辜廷尉籍坊二狱,引见诸囚,轻者免之"③。二十年(496)二月八月,他四至华林园听讼,亲详囚徒。④ 可见他不但了解法律条文,并且还懂得审判案子。而且他改律的结果,"死刑止于三等,永绝门诛。慈祥恺恻,有逾文景。中叶以后,重禁止屠杀含孕,以为永制。仁及禽兽,迥非后世所及"⑤。后魏法律之见称后世,孝文帝的功劳,应不在小。

二、北齐律(550—577)

东晋之末,朝分南北,南以文章盛,北以法制盛。北魏之末,再分齐周,周虽灭齐,而齐之法制独传,这是我们不宜忽略的。

北齐的法律,最初是沿用东魏的《麟趾格》。《麟趾格》是在天平年间(534),高欢当政时,由封述删定,于兴平三年(541),高澄当政时颁布的。到了高洋称帝文宣(550),不久就命群臣议造"齐律",但是积年不成,到了第四代的武成帝,频加催督,到了河清三年(564),才告成功。这部齐律分十二篇,据《隋书·刑法志》所称,计为名例、禁卫、婚户、擅兴、违制、诈伪、斗讯、贼盗、捕断、毁损、厩牧、杂律。定罪凡九百四十九条。

---

① 文帝在名义上"听政",始于太和十五年。
②《李冲传》(见程树德,页四〇八)。
③ 汪士铎:《南北朝刑法志》(见丘汉平,页三〇一)。
④《孝文帝本纪》(见杨鸿烈,页二五一)。
⑤ 程树德,页四〇〇。

齐律的制订,若是从《麟趾格》算起,可以说是历时三十年,参与删定的,有崔暹、封述、封隆之、李洋、魏收、崔昂、封绘、辛术等好几十人。这样的精细慎重,所以"法令明审,科条简要",在当时已有定评。朝廷又敕仕门子弟常讲习之,所以当时齐人多晓法律。后来隋文帝承禅后周,不沿用周律,而多采后齐之制的,①可以说是善于取法。

北齐律在宋时已不见于著录。但是从现存的唐律中,是可以略窥梗概。譬如"唐律与齐律,篇目虽有分合,而沿其十二篇之旧。刑名虽有增损,而沿其五等之旧。十恶名称虽有歧出,而沿其重罪十条之旧。受罪枉法处绞刑,轻重亦与唐律同……齐律于是乎不亡矣"②。

北齐法律之能有这样的成就,程树德认为因为高氏是渤海蓨人,而渤海的封氏,世长律学:封隆之参订《麟趾格》,封绘议定律令,而齐律实出于封述之手,可说是祖宗家法,具有渊源,而制律的时间长、删定的人数众,也是一个原因。③

三、北周律(556—581)

北周的宇文氏,也是鲜卑人,其以夏变夷,也不下于北魏的拓跋,而尤其是醉心于上古周朝的时代。所以不但其军国词令、朝廷文告,都要用尚书体,而其官名仪制,一切皆以周礼为依归,即文字亦必求其相似。宇文泰相西魏时(535?),命河南赵肃为廷尉卿,撰定法律。肃积思累年,遂感心疾而死。乃命司宪大夫拓跋迪掌之,至周武帝保定三年(563)乃

---

① 并见《隋书·刑法志》。
② 程树德,页四六一○。
③ 程树德,页四六一、四六八。

就,谓之《大律》,凡二十五篇,为刑名、法例、祀享、朝会、婚姻、户禁、水火、兴缮、卫宫、市廛、斗竞、劫盗、贼叛、毁亡、违制、关津、诸侯、厩牧、杂犯、诈伪、请求、告言、逃亡、系讯、断狱。定罪一千五百三十七条。"比于齐律,烦而不当。"①

周律"以科刑之典,丽于《尚书》《周礼》之文,削足适履,左支右绌",真是"今古杂糅,礼律凌乱","陷于矫枉过正之失,乖夫适俗随时之义",隋氏代周,"一扫其迂谬之迹",②无怪周律至唐时之久已散失也。

四、隋律(581—618)

近代考证制度源流的学者,都认为唐朝许多重要和优良的制度,多半都是因袭隋代。③ 这句话对于法律,尤其适用。不过隋律有《开皇》《大业》二律之分,我们必须予以辨别。

隋文帝在开皇元年(581),即命高颖等更定新律,于十月中颁行。到了三年(583),认为"律尚严密,人多陷罪",又敕苏威牛弘等更定新律,定留唯五百条,凡十二卷,为名例、卫禁、职制、户婚、厩库、擅兴、盗贼、斗讼、诈伪、杂律、捕亡、断狱。自是"刑网简要,疏而不失",这就是后人所称的《开皇律》。

《开皇律》虽是以北齐律为蓝本,但是在刑罚制度上,它却作了一次革命性的人道化的改革。它废除了鞭刑、枭首及镮裂之法(开皇元年

---

① 见《隋书·刑法志》。又《唐六典》注:祀享作"祠享",关津作"关市",告言作"告劾",与此略异。
② 程树德,页四八一。
③ 陈寅恪:《隋唐制度渊源略论稿》。

[581]）；它删除了宫刑；①它废了孥戮相坐（开皇六年[586]）；它定了讯囚加杖不得过二百之制，②流役六年，改为五载，刑徒五岁，变从三祀，其余以轻代重，化死为生，条目甚多。唐以后一千多年来中国的刑罚制度，全是在隋初奠定其基础的。

文帝一生很和佛家思想接近，他生下来由尼姑带大的，他曾经（开皇二十年[600]）下诏：沙门道士坏佛像天尊者，以"恶逆"论，百姓以"不道"论③。因此有人认为隋律之把刑罚人道化，是受了佛家的影响。但是我们看文帝晚年，愈信佛法，用刑愈是严酷，后来唐朝的武后，及她的几个亲信也都是同样地佞佛和残忍。而隋文帝在北周从政多年，亲眼看见北周末年间重刑峻法之失去民心，而他即采用缓刑薄罚的手段来争取民众，这是见于史书的。所以我们与其说《开皇律》之轻刑，是文帝受了佛法的影响，不如说这是他在政治上从经验中得来的卓见，较为切实而合理。④

炀帝即位，说是《开皇律》禁网深密，于大业二年（606），敕牛弘等重修律令，三年（607）四月班行，凡十八篇，计名例、卫宫、违制、请求、户、婚、擅兴、告劾、贼、盗、斗、捕亡、仓库、厩牧、关市、杂、诈伪、断狱，共五百条。其五刑之中，降从轻典者二百余条，其枷杖决罚讯囚之制，并轻于旧。⑤ 程树德说《大业律》之于《开皇》，大抵增其篇目，仍其条项。隋末刑罚酷滥，本出于律令之外，唐初袭汉高入关约法之故智，因而废之，非必其律之果不善也。⑥

---

① 依贾彦、孔颖达之说。
② 见《隋书·刑法志》。
③ 即以"十恶"论罪之意，到了唐律，皆被删去了。
④《隋书·刑法志》。
⑤《隋书·刑法志》。
⑥ 程树德，页四九八。

唐高祖受禅，于武德元年(618)六月，废隋《大业律令》，又使裴寂、萧瑀等撰定律令，大略以开皇为准，于武德七年(624)上之。程树德根据隋唐两律的篇目、刑名、次序，认为"今所传唐律，即隋《开皇律》旧本"，因为"唐初修律诸人，本非律家，开皇定律，源出北齐，而齐律之美备，载在史笔，人无异词，执笔者不敢率为更改……仅择开皇律之苛峻者，从事修正，其他条项，一无更改"①云云。所言甚为合理。隋氏两律，都在宋朝散失，中国历代法律，现存之最古者，只有唐律了。

----

① 程树德，页四九七、九八〇。

伍、唐(618—907)

中国法律,到了唐朝,达到了最圆满的发展。过去秦汉魏晋的法律思想和制度,到此得一总汇,以后宋元明清的演变,从此得其准绳。后人说三代之后,管理之法式,未有逾于唐律者,①或者说古今之律,得其中者,唯有唐律,②诚非过誉。而中国法律,影响及于朝鲜、日本、琉球、安南等东亚诸国,卓然自成一中国法系者,亦自唐律始。③所以对于此最能代表中国法律系统的唐律,我们不能不比较详细的予以叙述。

一、唐律的编制

唐高祖(618—26)命裴寂等以《开皇律》为准,撰定律令,于武德七年(624)奏上,是为《武德律》。太宗即位后,命长孙无忌、房玄龄等更加厘改,定律五百条,分为十二卷(637?),是为《贞观律》。高宗永徽二年(651),长孙无忌、李勣等奏上新撰律十二卷,是为《永徽律》。三年(652)五月,以"律学未有定疏"广召解律人,条义疏奏闻,于是长孙无忌、李勣、于志宁、褚遂良等十九人,撰《律疏》三十卷,四年(653)十月,颁于天下。计分名例、卫禁、职制、户婚、厩库、擅兴、贼盗、斗讼、诈伪、

---

① 《刘孚京唐律疏议序》(见杨鸿烈:《中国法律发达史》,页三四四)。
② 沈家本:《汉律摭遗》,页一。
③ 参阅杨鸿烈:《中国法律在东亚诸国之影响》,及拙著《唐律通论》,页一七。

杂律、捕亡、断狱等十二篇,共三十卷。后人以疏文皆以"议曰"二字开始,误称之为《唐律疏议》。① 现传的《律疏》,其文字中之地名官号,曾经依照着开元(713—741)年间的制度窜改(Interpolation),以致有人认为此乃《开元律》,而非《永徽律》。实则这个说法,既缺乏充分的理由,也并没有任何重要的意义。②

二、唐律中的"礼教法律观"

唐律所代表的中国法律思想及制度,其第一个特点,即两汉以来整个控制中国政治思想的礼教法律观。

所谓礼教的法律观,即是认为法律的作用,在辅助礼教的不足,和法律的内容,是从礼教方面得其根据。③ 此种基本观念表现在制度方面的,有以下四点:

一、唐律中有许多罪名,专门是为保障礼教规律而设的。例如:

《职制》,大祀不预申期条:"诸大祀天地宗庙神州等为大祀,入散斋斋官尽理事如故,夜宿于家正寝,不宿正寝者,一宿笞五十无正寝者,于余斋房内宿者亦无罪,皆不得预秽恶之事。"

《户婚》,居父母丧生子条:"诸居父母丧生子者,谓在二十七月内而妊娠生子者,徒一年。"

《户婚》,父母囚禁嫁娶条:"诸祖父母父母被囚禁,而嫁娶者,死罪徒一年半,流罪减一等。若祖父母父母犯当死罪嫁娶者,徒一年半,流罪徒一年。"

---

① 参拙著《唐律中之中国法律和制度》(《大陆杂志》第五卷页二七)。
② 详拙著《开元律考》(《新法学》第一卷三期)。
③ 参上面法家理论一段及拙著《唐律通论》,页二八。

二、《律疏》解释律文,常常从《礼经》中取证。例如:

《名例》,十恶条:"四曰恶逆……""问……夫,据《礼》有等数不同,具为分析?答曰:夫者,据《礼》有三月庙见,有未庙见,或就婚等,三种之夫,并同夫法……其有克吉日及定婚夫等,唯不得违约改嫁,自余相犯,并同凡人.."

同上条,"七曰不孝……闻祖父母父母丧,匿不举哀……"疏:"依《礼》,闻亲丧,以哭答使者,尽哀而问故。父母之丧,创巨尤切,……今乃匿不举哀,或检择时日者并是。"

《户婚》,许嫁女报婚书条:"诸许嫁女,已报婚书……而辄悔者,杖六十;虽无许婚之书,但受聘财亦是。"疏:"婚礼先以聘财为信,故《礼》云,聘则为妻。虽无许婚之言,但受聘财亦是。即受一尺以上,并不得悔。"

三、礼教规则,可以补充法律之不足,而被拿来作条文来应用。例如:

《职制》,匿父母夫丧条,疏:"问居期丧作乐……,律条无文,合得何罪?答曰:《礼》云,大功将至辟琴瑟……身服期功,心忘宁戚……须加惩戒。律虽无文,不合无罪。从'不应为'之坐,期丧从重杖八十。"

《名例》,老小废疾条,疏:"问殴己父母不伤,若为科断?答曰:其殴父母,虽小及疾可矜,敢殴者仍为恶逆,或愚痴而犯,或情恶故为,于律虽得无论,准礼仍为不孝,老小重疾,上请听裁。"

四、最重要的,法律条文的引用及解释,可以不受严格的形式主义的拘束。唐律中本来已经有内容很富弹性的一项条文:

《杂律》,不应得为条:"诸不应得为而为之者谓律令无条,理不可为者,笞四十。事理重者杖八十。"疏:"临时处断,量情为罪。"

此外还有"轻重相明"的办法:

《名例》,断罪无正条:"诸断罪而无正条,其应出罪者,则举重以明轻,其应入罪者,则举轻以明重。"疏:"依《贼盗律》,夜无故入人家,主人登时杀者勿论,假有折伤,灼然不坐。此举重明轻之类。《贼盗律》,谋杀期亲尊长皆斩,无已杀已伤之文。如有杀伤者,举始谋是轻,尚得死罪,杀及谋而已伤是重,明从皆斩之坐。是举轻明重之类。"

再则有以多数条文,"比附论罪"之例。例如:

《斗讼》,告缌麻卑幼条,疏:"问女君于妾,依礼无服,其有诬告,得减罪以否? 答曰。律云,殴伤妻者,减凡人二等,若妻殴伤杀妾,与夫殴伤杀妻同①。又条,诬告期亲卑幼,减所诬罪二等②。其妻虽非卑幼,义与期亲卑幼同③。夫若诬告妻,须减所诬罪二等④。妻诬告妾,亦与夫告妻同⑤。"

有这样内容空泛的条文,和这样弹性的解释和引用的方法,再加上有特别案情,可以随时"上议请裁""廷讯""御审"等等,法律学家自然不会发觉有"法律空隙"("Rechtsluecten")的问题,社会上更不会感觉到司法制度有什么不敷应用的地方了。⑥

三、唐律之伦常立法

中国的礼教,是建立于"五伦"之上的,所以人与人的关系,在法律方

---

① 指出妻与妾的关系,等于夫与妻的关系。
② 指出诬告期亲卑幼减所诬二等。
③ 妻为夫之卑幼。
④ 夫诬告妻,减所诬二等。
⑤ 妻诬告妾应同此例。
⑥ 在礼教的法律观中,人与人的关系重,所以社会为本位,而刑法为中心,而行政法、官吏法次之,而可不斤斤于条文。在权利的法律观中(如罗马法系),人与物的关系重,所以个人为本位,而债权法为中心,而继承法诉讼法次之,而自然走向形式主义。详拙著《通论》,页三三。

面上,全受双方相对身份之支配。大体言之,可分以下数端。

一、君主的特别人格。 唐律五百零二条中,刑名最重的,莫过于谋反谋害国君:犯者不分首绞皆斩,父子年十六以上皆绞。《贼盗》,谋反大逆条。事涉皇帝而致死罪者,凡有十八条。例如阑入上阁内者绞,阑入殿内者绞,越殿垣者绞,非宿卫人冒名入殿内者绞,不承敕擅开宫殿门者绞,夜持仗入殿门者绞,宿卫人于御在所误拔刀子者绞,射箭至队仗辟仗内者绞,合和御药不如本方及封题误者医绞,造御膳犯贪禁者主食绞,造御幸舟船误不牢固工匠绞,监当主司误将杂药至御膳所者绞,指斥乘舆情理切害者绞,谋反大逆者斩,盗御宝者绞,伪造皇帝入宝者斩,伪写宫殿门符者绞,诈为制书及增减者绞。所以有人说,唐律之为后代君主所喜者,就是以其特别尊重皇帝的原故。

但是如若我们细读唐律,可以发现君主在唐律中有时是代表国家,有时是代表个人。例如"十恶"的次序,"谋反"谋犯国君和"大逆"毁宗庙山陵,在最前面,而"大不敬"乘舆服御物,指斥乘舆,对捍制使无人臣礼,则在"恶逆"谋杀祖父母父母、"不道"杀一家非死罪三人,支解人之后,可见前者是以国家为主,后者以皇帝个人为主。《职制律》中,"署置过限""贡举非其人""刺史县令私自出境"之罪在先,而"和合御药不如本方""造御舟船不牢固"之罪在后,可见服务国家之事,重于侍候皇帝之事。《斗讼律》:殴皇家袒免亲,若亦为己之所亲,则各准尊卑服数为罪,不在皇亲加例。可见私人亲属关系,重过皇亲与平民间的关系。所以"君主为国家象征"这个意识,在中国过去的国家论中,并不能说是完全不存在的。

二、官吏的特殊地位。 唐律判刑,居官者和平民不同。凡是九品以上之官,只要所犯的不是五流加役流,反逆缘坐流,子孙犯过失流,不孝流,会赦犹流和死罪,①都可以去官抵罪,谓之"官当":私罪,五品以上,一官当徒

---

① 虽十恶之罪,有的还是可以官当的。

二年,九品以上,一官当徒一年,公罪各加一年当。流罪比徒四年。其以官当徒者,罪轻不尽其官,留官收赎,官少不尽其罪,余罪收赎《名例》以官当徒条及以官当徒不尽条。七品以上之官,流罪以下,皆减一等,谓之"减罪"《名例》减章。五品以上之官,犯非恶逆,虽坐绞斩,亦听自尽于家《断狱》,断罪应绞而斩条。居官者虽是犯了五流而配流如法,也还是可以免居作之役《名例》,赎章。就是说,居官的犯了罪,纵是处死配流,也还是不役身、不受杖,而保全他一种光荣的身份。① 至于他们的舍宅、车服、器物,甚至祖先的坟茔石兽之类,都有一定制造的规定,来显著地(Conspicously)表示他们的品级《杂律》,舍宅车服器物条。唐律对于官吏在社会上的地位,确实是予以十分尊重的。

但是因此居官的人们,在一般作人的责任上,也比较平人为大。尤其在取与授受之间,显著地表示出法律对他们要求之严格。例如:

《职制》,监主受财枉法条,"监临主司受财枉法者:十五匹绞"。而平民窃盗,虽五十匹,也不过止是加役流而已《贼盗》,窃盗条。作监临主司而受财,就是不枉法,虽受有事人财,判断不为曲法,也要一尺杖九十……三十匹加役流监主受财枉法条。甚至于"有事先不许财,事过之后而受财者事若枉,准枉法论,事不枉者,以受所监临财物论"《职制》,有事先不许财条。

再看:

《职制》,受所监临财物条:"诸监临之官,受所监临财物者不因公事,而受监临内财物者,一尺笞四十,一匹加一等,五十匹流二千里。乞取者加一等非财主自与,而官人从乞者。强乞取者以威若力,强乞取者,准枉法论。"

《职制》,因使受送馈条:"诸官人因使,于使所受送馈,及乞取者,与监临同。"

---

① 日耳曼法,斩是光荣的死罪,绞是不光荣的死罪,与此可以对照。

《职制》，贷所监临财物条："诸贷所监临财物者，坐赃论。①若百日不还，以受所监临财物论。若贾买有剩利者官人于所部卖物及买物，计时估有剩利者，计利以乞取监临财物论。强市者笞五十。有剩利者，计利准枉法论。"

《职制》，役使所监临条："诸监临之官，私役使所监临，及借奴婢牛马驼骡驴车船碾硙邸店之类，各计庸赁，以受所监临财物论。"

《职制》，监临受供馈条："诸监临之官，受猪羊供馈，坐赃论。"

《职制》，率敛监临财物条："诸率敛所监临财物馈遗人者谓率人领物，或以身率人，虽不入己，以受所监临财物论。若自入者，同乞取法。"

《职制》，监临家人乞借条："诸监临之官，家人于所部，有受乞借贷，役使卖买有剩利之属，各减官人罪二等。官人知情，与同罪，不知情者，各减家人罪五等。"

《职制》，去官受旧官属条："诸去官而受旧官属前任所僚佐士庶旧所管部人馈与，若乞取借贷之属，各减在官时三等。其因官挟势，及豪强之人乞索者挟持形势，及乡间首望豪右之人，乞索财物者，坐赃论减一等。"

看上面出差即不能受礼物，部下的财物，即借用亦不许，家人敛索，主人不知情也要得罪，虽去官仍不能受部属的馈赠，法律之防闲官吏者，可谓周密极了。

再则作官吏的，对于国家的公物，更有特别爱护的责任。例如：

《职制》，增乘驿马条："诸增乘驿马者，一匹徒一年。"疏："给驿，三品以上四匹，四品以上三匹，五品以上二匹，余官一匹；数外剩取，是曰增乘。"

《职制》，乘驿马枉道条："增乘驿马辄枉道者，一里杖一百，五里加一

---

① 坐赃之罪，一尺笞二十，一匹加一等，罪止徒三年（《杂律》，坐赃条）。

等。经驿不换马者杖八十。"疏:"问,假有人乘驿马,枉道五里,经过反复,往来便经十里,如此犯者,如何处断?答曰:律云枉道,本虑马劳,又恐行迟,于事稽废,既有往来之里,亦计十里科论。"

《职制》,乘驿马赍私物条:"诸乘驿马赍私物谓非随身衣仗者,一斤杖六十,十斤加一等。罪止徒一年。"

《杂律》,乘官船载衣粮条:"诸应乘官船者,听载衣粮二百斤。违限私载,若受寄及寄之者若受人寄物,及寄物之人,五十斤及一人,各笞二十。一百斤及二人,各杖一百。每一百斤及二人,各加一等。"

《厩库》,假借官物不还条:"诸假请官物谓有吉凶应给威仪卤簿,或借帐幕毡褥之类,事讫过十日不还者,笞三十。十日加一等。"

《厩库》,监主贷官物条:"诸监临主守,以官物私自贷,若贷人,及贷之者,无文记,以盗论,有文记,准盗论。文记谓取抄署之类。虽无文案,或有名簿,或取抄及署领之类皆同。"

《厩库》,监主以官物借人条:"诸监临主守之官,以官物私自借,若借人,及借之者,笞五十,过十日,坐赃论减二等。"①

《杂律》,应给传送剩取条:"诸应给传送一品给马八匹,二品六匹,三品以下,各有等差,而限外剩取者,笞四十。若不应给而取者,加罪二等。强取者各加一等。主司给与者,各与同罪。强取而主司给与,亦与强者罪同。"

像上面最后一条的规定,虽是被人强迫,仍然不能免罪。作官吏的责任,不可谓不严格了。

三、亲属身份在法律上的重要作用。 这个可以分六项来讲。

1 缘坐。 《贼盗》,谋反大逆条:"诸谋反及大逆者……父子年十六以上皆绞,十五以下及母女妻妾祖孙兄弟姊妹并没官……伯叔父兄弟

---

① 上条"贷"指消费,本条"借"指使用。

之子皆流三千里。"谋叛条:"诸谋叛已上道者;妻子流二千里。若率众百人以上,父母妻子流三千里。"造畜蛊毒条:"诸造畜蛊毒谓造合成蛊,堪以害人者,及教令者绞。造畜者同居家口,虽不知情,皆流三千里。"这就是本来无罪之人,只因为和犯罪者有亲属关系,因之被连带到配流、没官,以至处死。

2 减赎。 皇帝袒免以上亲,太皇太后皇太后缌麻以上亲,皇后小功以上亲,犯死罪,皆条所坐及应议之状议者原情议罪,称定刑之律,而不正决之先奏请议,议定奏裁。流罪以下减一等《名例》,八议。皇太子妃大功以上亲,犯死罪者上请,流罪以下减一等。《名例》,请章。官爵得请者五品以上之祖父母兄弟姊妹妻子孙,犯流罪以下,各从减一等之例《名例》减章。官品得减者七品以上之祖父母父母妻子孙,犯流罪以下听赎。又以上四等人,犯流罪以下皆听赎《名例》,赎章。这就是本来犯罪之人,只因为和某种人有亲属关系,遂得减等科刑或纳铜赎罪①。

3 量刑。 依《贼律》谋杀期亲尊长条,侄杀伯叔父母姑者,皆合斩刑,谓之"恶逆"《名例》,十恶条而伯叔杀侄,则只合徒三年《斗讼》,殴兄弟姊妹条。弟殴兄者徒二年半同上条,谓之"不睦"《名例》,十恶条,兄殴弟虽伤无罪殴杀者徒三年,参殴兄姊妹条。妻殴夫者徒一年《斗讼》,妻殴夫条,夫殴妻,伤者减凡人二等,不伤无罪参同条。可见同一犯罪行为,唯以双方的亲属关系中之身份不同,而刑罚之轻重,就大不相同了。

4 定罪。 《职制》,府号官称犯名条:"诸府号官称犯祖父名父名'卫',不得于诸卫任官,祖名'安',不得任长安县职,而冒荣居之,祖父母父母老疾无侍,委亲之官者,徒一年。"和前面说过的居父母丧生子徒一年,祖

---

① 赎罪:死刑,铜一百二十斤,流刑,八十至一百斤,徒刑,二十至六十斤,杖刑,六至十斤,笞刑,一至五斤《名例》,笞刑至死刑条)。

父母父母犯罪囚禁而嫁娶者徒一年半,这都是本来很正常的行为,但因为其亲属中有某人在某种状况之下,而这些行为就成了罪名了。

5 破法。《名例》,犯死罪非十恶条:"诸犯死罪非十恶,而祖父母父母老疾应侍,家无期亲成丁者,上请,犯流罪者,权留养亲。"犯罪共亡条:"诸犯罪共亡,轻罪能捕重罪首者,除其罪。"但缌麻以上亲,犯罪共亡者,则不合告言,若捕亲属首者,但得减逃亡之坐,其本犯之罪不原,并且还须依伤杀及告亲属法治罪同条问答。同居相为隐条:"诸同居,若大功以上亲,及外祖父母外孙,若孙之妇,夫之兄弟,及兄弟妻,有罪相为隐。即漏露其事,及擿语消息,亦不坐。"疏:"假有铸钱及盗之类,事须掩摄追收。遂漏露其事,及擿语消息,谓报罪人所掩摄之事,令得隐避逃亡。"这都是本来应该执行的,或者应该免除的,和应该判决的罪名,但是因为犯者的亲属关系,而都"破格"不用了。

6 特制。《户婚》,子孙不得别籍条:"诸祖父母父母在,而子孙别籍异财者别生户籍,财产不同,徒三年。"《斗讼》,祖父母为人殴击条:"诸祖父母父母,为人所殴击,子孙即殴击之,非折伤者勿论。折伤者,减凡斗折伤三等。"《贼盗》,杀人移乡条:"诸杀人应死,会赦免者,移乡千里外。若死者家无期以上亲,或先相去千里外,不在移限。"这些都是特别为维护亲属关系而设的制度。而最后的一条,一方面既赦免犯罪者的死刑,另一方面又恐怕不能安慰被害者家属的报仇心理,而规定了这种强迫移民的办法,其顾虑的周详,真可说是无微不至。

四、唐律中的社会观念

唐律的基本观念,是一种礼教的法律观。礼教的目的,是维持社会的善良关系。所以唐律也表现出一种很发达的社会观念。这一点可以分作两方面来讲。第一，它有一套很完备的社会防罪制度，就是说，把防止犯罪的责任，一部分付托给社会本身。例如它规定人民于犯罪发生时，因被动而有动作的义务者：

《捕亡》，邻里被强盗条："诸邻里被强盗及杀人五家为邻，五邻为里，告而不救者杖一百，闻而不救者减一等。力势不能赴救者谓贼强人少，或老小羸弱，速告随近官司。若不告者，亦以不救助论。其官司不即救助者，徒一年。窃盗者各减二等。"

《捕亡》，道路行人捕罪人条："诸追捕罪人，而力不能制不能拘制，告路道行人，其行人力能助之而不助者，杖八十。势不得助者勿论。谓隔川谷垣篱堑栅之类，不可逾越过者。官有急事，及私家救疾赴哀，情事急速，亦各无罪。"

还有人民于犯罪发生时，有时不须被动，即自动的有动作的义务者，例如：

《斗讼》，强盗杀人条："诸强盗及杀人，贼发，被害之家及同伍同伍共相保伍者，即告其主司。若家人同伍单弱，比伍为告每伍家之外，即有比伍。当告而不告，一日杖六十。"

《斗讼》，监临知犯法条："同伍保内，在家有犯，知而不纠者，死罪徒一年，流罪杖一百，徒罪杖七十。其家唯有妇女及男年十五以下者，皆勿论。"

《杂律》，见火起不告救条："诸见火起，应告不告须告见在及邻近之人共救，应救不救，减失火罪二等。"①

《捕亡》，被殴击奸盗捕法条："诸被人殴击，折伤以上，若盗及强奸，虽傍人虽非被伤被盗被奸家人及所亲，皆得捕系以送官司。"

---

① 失火者笞五十。于官府廨院及仓库内失火者徒二年。故烧官府廨舍及私家舍宅若财物者徒三年(《杂律》，非时烧田野条，官府仓库失火条)。

《斗讼》,密告谋反大逆条:"诸知谋反及大逆者,密告随近官司,不告者绞。知谋大逆谋叛不告者流二千里。知指斥乘舆及妖言不告者,各减本罪五等。"

以上可见社会本身对于防止犯罪的各种责任。

第二,唐律中有很明显的警察意识,来保障各种公益。例如:

《户婚》,脱户条:"诸脱户者一户之内,尽脱漏,不附籍者,家长徒三年。""里正知情者,同家长法"里正不觉漏条;"州县知情者,从里正法"州县不觉脱漏条。

《杂律》,城内街巷走车马条:"诸于城内街巷,及人众中无故走车马者,无要速事故,笞五十。以故杀伤人者,减斗杀伤一等。若有公私要速而走者不坐。以故杀伤人者,以过失论。"

《杂律》,在市人众中惊动条:"诸在市及人众中,故相惊动令扰乱者,杖八十。以故杀伤人者,减故杀伤一等。"

《杂律》,笓船不如法条:"诸船人行船笓船,写漏笓船谓笓塞船缝,写漏谓写去漏水,安标宿止行船宿泊之所,须在浦岛之内,仍即安标,使来者候望,不如法,若船筏应回避而不回避者,笞五十。以故损失官私财物,坐赃论减五等。"

《杂律》,舍宅车服器物条:"诸营造舍宅车服器物,及坟茔石兽之属,于令有违者,杖一百。"疏:"舍宅者,营缮令,王公以下,凡有舍屋,不得施重拱藻井。车者,仪制令:一品青油纁,通幰虚偃。服者,一品衮冕,二品鷩冕。器物者,一品以下食器,不得用纯金纯玉。坟茔者,一品方九十步,坟高一丈八尺。石兽者,三品以上六,五品以上四。"

《杂律》,失时不修堤防条:"诸不修堤防,及修而失时者,主司杖七十。"

《杂律》,盗决堤防条:"诸盗决堤防者盗水以供私用,若为官检校虽供官用亦是,杖一百。若毁害人家,及漂失财物,赃重者坐赃论。以故杀伤人者,减斗杀伤罪一等。若通水入人家,致毁害者,亦如之。其故决堤防者非因盗水,或挟嫌隙,或恐水漂流自损之类,徒三年。"

《杂律》,医合药不如方条:"诸医为人合药,及题疏针刺,误不如本方,杀人者徒二年半。故不如本方,虽不伤人,杖六十。"

《杂律》,侵巷街阡陌条:"穿垣出秽污者穿穴垣墙,以出秽污之物于街巷,杖六十。出水者勿论。主司不禁与同罪。"

《贼盗》,以毒药药人条:"脯肉有毒,曾经病人,有余者速焚之,违者杖九十。若故与人食,并出卖,令人病者,徒一年。以故致死者绞。即人自食致死者,从过失杀人法盗而食者不坐,仍科不速焚之罪。"

《杂律》,施机枪作坑井条:"深山迥泽,及有猛兽犯暴之处,施机枪作坑井者,仍立标帜,不立者笞四十。"

《贼盗》,山野物已加功力条:"诸山野之物谓草木药石之类,已加功力或刈伐,或积聚,而辄取者各以盗论。"

《杂律》,卖买不和较固条:"诸卖买不和而较固取者较谓专略其利,固谓鄣固其市,及更出开闭,共限一价,谓卖物以贱为贵,买物以贵为贱,若参市谓负贩之徒,共相表里,参合贵贱,惑乱外人,而规自入者,杖八十。"

《杂律》,器用绢布行滥条:"诸造器用之物,及绢布之属,有行滥短狭行滥谓器用之物不牢不真,短狭谓绢匹不充四十尺,布端不满五十尺,幅阔不充一尺八寸之属,而卖者,各杖六十。"

《杂律》,私作斛斗秤度条:"诸私作斛斗秤度不平,而在市执用者,笞五十。因有增减者,计所增减准盗论。"

《杂律》,校斛斗秤度条疏:"校斛斗秤度,每年八月,诣太府寺平校,不在京者,诣所在州县官校,盖印署,然后听用。量,以北方秬黍中者,容一千二百为龠,十龠为合,十合为升,十升为斗,三斗为大斗一斗,十斗为斛。秤权衡,以秬黍中者百黍之重为铢,二十四铢为两,三两为大两一两,十六两为斤。度以秬黍中者一黍之广为分,十分为寸,十寸为尺,一尺二寸为大尺一尺,十尺为丈。"

《贼盗》,盗毁天尊佛像条:"诸盗毁天尊像佛像者徒三年。"

《贼盗》,发冢条:"诸发冢者加役流,已开棺椁者绞,发而未彻者徒三年。"

《杂律》,国忌作乐条:"诸国忌日废务日作乐者,杖一百,私忌减二等。"

《杂律》,得宿藏物条:"得古器谓得古器钟鼎之类形制异形制异于常者,而不送官者,准所得之器,坐赃论减三等。"

《卫禁》,私度关条:"诸私度关者无公文,徒一年。越度者谓关不由门律不由济而度者加一等。"

《卫禁》,不应度关条:"诸不应度关而给过所有征役番期及罪谴之类,不合辄给过所,若冒名请过所而度者,各徒一年,即以过所与人,及受而度者,亦准此。"

以上这二十几条条文,只是一些有代表性的选择,已可看出户籍警察、交通警察、营建警察、水利警察、卫生警察、山林警察、经济警察、宗教警察、古物警察、边界警察这些观念,在当时不但存在,并且是很发达的了。

五、唐朝的司法制度

唐律司法制度中,最值得我们注意的要点之一,即法官对于其断案之曲直,负有绝对之责任。唐律中,无罪之人被判罪,谓之"入罪";有罪之人被放纵，谓之"出罪"。其处罚的规定如下：

《断狱》，官司出入人罪条："诸官司入人罪者或虚立证据，或妄构异端，舍法用情，锻炼成罪，若入全罪，以全罪论。从轻入重，以所剩论。从笞杖入徒流，从徒流入死罪，亦以全罪论。其出罪者谓增减情状之徒，足以动事之类，从重出轻各如之。即断罪失于入者，各减三等。失于出者，各减五条。"

就是说，法官裁判，故意违法的，皆随其所判得罪；就是以过失而误判的，也要减等论罪，而不能诿谢其责任。

至于各级裁判机关之管辖权，则"徒断于州，杖断于县"，是一般地方上的管辖范围。徒刑以上归大理，其下由京师法曹参军事与诸司断之，是京城里的管辖范围。县申州，州申省刑部，是一般"复审"的程序。凡鞫大狱，特召刑事尚书、御史中丞、大理卿同案之，谓之"三司使"，是一种特别法庭。邀车驾，挝登闻鼓，上议请裁①，廷讯御审，是一种非常裁判。

《断狱》，应言上而不言条："杖罪以上县决之。徒以上，县断定，送州复审。大理寺及京兆河南府断徒，申省复审。大理寺及诸州断流以上，皆连写状申省。大理寺及京兆河南府，即封案送。若驾行幸，即准诸州例，案复理尽申奏。"《断狱》，死囚复奏报决条，疏："死罪囚，奏画已讫，应行刑者，皆三复奏讫，然始下决。即奏讫报下应行决者听三日乃行刑。"这就是说，杖罪以下断于县，一审即可执行。徒以上罪断于州，必定要经过一次的"复审"。流以上罪，必须经过"申奏"，而死罪必须"复奏"三次，和奏准了之后，再过三天，才能执行。

唐律刑狱之制，非常薄罚而慎杀。累犯笞杖，决之不得过二百。累犯流刑，流不过三千里。累犯流徒，役不过四年《名例》，犯罪已发条。死刑

---

① 狱□所疑，法官执见不同者，得为异议请裁（《断狱》，疑罪条）。按法无罪，依礼应罪者，可上请听载（《名例》，老小废疾条）。

不出绞斩,废除过去种种不人道的酷刑《名例》死刑二条。缘坐入死,限于父子,再无族诛之事《贼盗》,谋反大逆条。而其笞杖的粗细长短,有一定的限制。① 背、腿、臀分受,有明白的说明。② 捶人而滥施大杖,徒流应送配所而稽留不送者,都有严格的制裁《断狱》,监临以杖捶人条,徒流送配稽留条。而且秋分以前,立春以后,正月五月九月断屠月,一日、八日、十四日、十五日、十八日、二十三日、二十四日、二十八至三十日禁杀日,皆不得决死刑。一年之中,能杀人的,算起来一起还不到八十天。

　　唐朝对于狱讼之淹迟不决,也想过控制的办法。一般的规定:《职制》,稽缓制书条,"依令,小事五日程,中事十日程,大事二十日程。徒以上狱案,办定须断者三十日程。其通判及勾,经三人以下者,给一日程,经四人以上,给二日程,大事各加一日程,若有机速,不在此例"。后来宪宗元和四年(809),敕"刑部大理,没断罪囚,过为淹迟,足长奸幸。自今已后,大理寺检断,不得过二十日,刑部复下,不得过十日。如刑部复有异同,寺司重加不得过十五日,省司量复不得过七日。如有牒外州府节目,及于京城内勘,本推即日以报牒到后计日数。被勘司却报不得过五日。仍令刑部具遣牒及报牒月日。牒报都省及分察使,各准敕文勾举纠访"。穆宗长庆元年(821),牛僧孺奏:"天下刑狱,苦于淹滞,请立程限:大事,大理寺限三十五日详断毕,申刑部,限三十日闻奏。中事大理寺三十日,刑部二十五日。小事,大理寺二十五日,刑部二十日。一状所犯十人以上,所断罪二十件以上为大。所犯六人上,所断罪十件以上为中。所犯五人以下,所断罪十件以下为小。其或所抵罪状并所结刑名并同

---

① 杖皆节去节目,长三尺五寸。讯囚杖,大头径三分二厘,小头二分二厘。常行杖,大头二分七厘。小头一分七厘。笞杖,大头二分,小头一分五厘《断狱》,决罪不如法条)。
② 决笞者腿臀分受,决杖者背腿臀分受,笞以下愿背腿分受者听(同上注)。

者,则虽人数甚多,亦同一人之例,违者罪有差。"①

唐制徒以上罪,不断于县而断于州府者,因为州府都设有专门司法幕僚:州有司户参军事及司法参军事,上中州各二人,下州各一人;府有户曹参军事及法曹参军事,上中府二人,下府一人。户曹及司户参军,"掌判断人之诉竞,凡男女婚姻之合,必办其族姓,以举其违;凡井田利害之宜,必止其争讼,以从其顺"。法曹及司法参军,"掌律令格式,鞫狱定刑,督捕盗贼,纠逖奸非之事,以究其情伪,而制其文法"。《唐六典》卷三十。可见当时民事和刑事,不是完全没有分别的。

唐朝对于司法人才的选拔,也很注重。当时每岁的贡举,都有"明法"一科。考试的项目,是试律令各十帖,试策共十条律七条,令三条。全通为甲,通八以上为乙,自七以下为不第。《通典》卷十五。比起"明经""秀才"各科,都有甲乙丙丁四第者,可说是选拔的标准,更为严格。

以上所述,是唐朝法律制度的大概。至于实际上执行的情形,是否和制度的理想,能相去不远,这就要着整个的政治情形为断。大体说来,太宗(627—49)、代宗(762—79)、宪宗(806—24)②,都是宽仁恩恕之君,这时候的司法情形,都是为当时及后世所称道的。武后(684—705)最称滥刑,天下之人,为之侧足。玄宗(712—56)初尚宽仁,晚年屡兴大狱。懿宗(860—73)以后,无可称述者矣③。沈家本说,"法之善者,仍在有用法之人,苟非其人,徒法而已……大抵用法者得其人,法即严厉,亦能施其仁于法之中。用法者失其人,法即宽平,亦能逞其暴于法之外。此其

---

① 以上两敕,并见《唐书·刑法志》。
② 此处所标时段(806—24)包括唐宪宗(806—20)、唐穆宗(821—24)两任皇帝的在位时期。——编者注
③ 采《新唐书·刑法志》。

得失之故,实管乎宰治者之一心。为仁为暴,朕兆甚微。若空言立法,则方策具在,徒虚器耳"。《刑制总考》卷四,页三。这句话更说中了任何时,任何地,整个"法制"和"法治"的关键所在,更不限于唐朝一朝,或中国一国的法制史而已。

陆、五代(907—959)

唐朝末年，司法的制度虽然中衰，但是无害于《律疏》本身的完美，它确实是称得起"捐彼凝脂，敦兹简要，网罗训诂，研核丘坟，实三典之隐括，信百代之准绳"[①]。无怪乎唐亡之后，天下五易其主，而一代一代的差不多全都是捧着唐律作为他们的法典。

一、梁(907—922)

梁太祖朱温称帝之后，曾经修改过唐朝的法律，和焚毁过唐朝的法书。《旧五代史·刑法志》载，后唐庄宗同光元年，御史台奏"本唐朝法书，自朱温僭逆，删改事条，或重货财，轻入人命，或自徇枉过，滥加刑罚。今见在三司收贮刑书，并且伪廷删改者。兼伪廷先下诸道，进取本朝法书焚毁"云云，可见一般。又载高祖开平三年(909)，诏李燕萧顷等删定律令格式，四年(910)十二月，中书门下奏上新删定令三十卷，式二十卷，格一十卷，律并目录一十三卷，律疏三十卷，见《五代会要》卷九。《宋史·艺文志》有梁令三十卷，梁式二十卷，梁格十卷，而不言律及律疏。我想这大概是因为后梁所用的"律"和"律疏"，根本就有唐朝遗下来的原本，所以不予以重复的记载。前所云删改事条，当时大概皆以格敕行之，而

[①] 唐律，《进律疏表》。

不一定要对律和律疏,加以删改也。

二、唐(923—935)

后唐李存勖本来自认为是唐朝的中兴,所以称帝不久(同光元年923十二月),就敕定州节度使,把库藏的唐朝格式律令二百八十六卷,写副本进上。三年(925)二月,刑部尚书卢质①纂进"《同光刑律统类》一十三卷",这大概是唐律以外,一种适应当时需要的编纂。明宗天成元年(926),御史大夫李琪奏请"废伪梁之新格,行'本'朝之'旧'章"。同年,御史台刑部大理寺又奏,"开元朝与开成,隔越七帝,年代既深,法制多异。若将两朝格文并行,伏虑重叠舛误。开元格(737)多定条流公事,开成(838)关于刑狱,今欲且使开成格"见《五代会要》。明宗长兴四年(933)龙敏张鹏等又奉敕详定《大中刑法统类》,②所指大概就是唐宣宗大中五年(851)刘琢等编修的《大中刑法统类》。③ 凡此种种,都可见后唐一代,是完全继续承用唐朝的律令格式的。

三、晋(936—946)

后晋石敬塘之承用唐律,有两个明证。《五代会要》卷九说"天福三年(938)高祖,中书门下奏,伏睹天福元年(936)十一月敕,唐明宗(926—33)

---

① 此据《五代会要》。《旧五代史·刑法志》三年作二年,卢质作卢价。
② 见《册府元龟》六一三。
③《旧唐书·刑法志》作"大中刑法总要格后敕六十卷"。

朝，敕命法制，仰所在遵行，不得改易"，此其一。《五代史·刑法志》，开运三年(946)出帝十一月，左拾遗窦俨疏"臣伏睹《名例律》疏云，死刑者，古先哲王……"云云，所引用的，正是唐律疏的文字，此其二。

四、汉(947—950)

后汉刘知远的天下，前后不到四年(947—50)，始终没有脱离军事时期。史书上没有修订律令一类的记载，大概是因为当时也没有这一类的史实。

五、周(951—959)

后周郭威(951—59)在制法上，比较前四代都有贡献。《五代史·刑法志》说世宗柴荣显德四年(957)，中书门下奏："今朝廷之所行用者，律一十二卷，律疏三十卷，式二十卷，令三十卷，①《开成格》一十卷，《大中统类》一十二卷，后唐以来至汉末编三十二卷，及皇朝制敕等。律令则文辞古质，看览者难以详明，格敕则条目繁多，检阅者或有疑误……方属盛明之运，宜申画一之规。"于是命张湜、剧可元等编集刑书，五年(958)七月奏上，"其所编集者，用律为正。辞旨之有难解者，释以疏意；义理之有易了者，略其疏文；式令之有附近者次之，格敕之有废置者又次之。事有不

---

① 《旧唐书·刑法志》所载开元二十五年颁行的，正是律一十二卷，律疏三十卷，令三十卷，式二十卷。

便与该说未尽者,别立新条于本条之下。其有文理深古,虑人疑惑者,别以朱字训释。至于朝廷之禁令,州县之常科,各以类分,悉令编附。凡二十一卷。目之为《大周刑统》,欲请颁布天下,与律疏令式通行。其《刑法统类》、《开成格》、编敕等,采掇既尽,不在法司行使之限"。可见后周时,唐朝的"律疏"和"令"和"式",依旧的有效,另外则有一部《刑统》。而《刑统》也是以唐律的律文为主,不过对于疏文,则有增有减,另外则把一切格敕禁令常科,凡是有关的,一一编纂在一起。完成了一次大清理。只有这四种法书——《唐律疏》《唐令》《唐式》《大周刑统》——有效,此外则一切过去的格敕等等,一律不得引用。这个办法,不但是后来宋朝以"唐律""刑统"并用的先河,也间接地开启了明清两代把"律"和"例"混合编纂的办法。这一个研究到历代法令名称及编纂的问题,当于下面附录另行讨论。

柒、宋(960—1279)

一、宋用唐律,"刑统"及"编敕"

宋朝三百年间(960—1279),施用的成文法律,凡有三种。一是唐朝的律令格式,一是"刑统",一是历代的"编敕"。

宋之沿用唐律,明载于《宋史·刑法志》:"宋法制因唐律令格式;而随时损益,则有编敕。"王应麟《玉海》六十六载,仁宗天圣四年(1026),孙奭言,"诸科唯明法一科,律文及疏,未有印本,举人难得真本习读。诏杨安国赵希言等校勘,至七年(1029)十二月毕,镂板颁行"。所说的律,就是唐律,疏就是《律疏》。《玉海》又说,"孙奭言,准诏校定律文及疏。《律疏》与《刑统》不同。《本疏》因律生文,《刑统》参用后敕。虽尽引疏义,颇有增损。今校为定本,须依元疏为正。其《刑统》衍文者省,阙文者益。以遵用旧典,与《刑统》兼行"。可见宋朝施用的唐律,不但是包涵在《刑统》内的律,而是真正《唐律疏》的原本。天圣以前,在理论是如此,天圣以后,经过孙奭的订正,把《律疏》原来的面目全部恢复,事实上也是如此了。《宋史·职官志》也说:"凡断狱本于律。律所不该,以敕令格式定之。"事实原很明白。而有人说唐律在宋朝,实际上已不再使用,这是不对的。

关于《刑统》的编制,《玉海》六十六说:"国初用唐律令格式外,有后唐《同光刑律统类》《清泰编敕》《天福编敕》《周广顺类敕》《显德刑统》,皆参用焉。""太祖建隆三年(962),明法张自牧上封事,《驳刑》统不便者凡五条。诏下有司参议。""四年(963),工部尚书窦仪言,《周刑统》科条繁浩,或有未明,请别加详定。乃命仪与苏晓等同撰集。凡削出令式宣敕一百九条,增入制敕十五条,又录律内'余条准此'者凡四十四条,附于名例之次。并目录成三十卷。"原注:《刑统》凡三十一卷,二百十三门,律十二篇,五百二条。并疏令格式敕条一百七十三,起请条三十二。① 太宗端拱二年(989),诏赐宰臣《刑统》各一部,诏中外臣僚,常读律书。仁宗天圣七年(1029),孙奭奉诏校定《刑统》。② 《玉海》孝宗淳熙十一年(1184),令国子监重镂绍兴二年(1143),颁行的《申明刑统》三卷(系开宝元符年间"申明订正"刑统的,凡九十二条)。陈振孙《直斋书录解题》卷七,称赞《庆元条法事类》之便于检阅引用,而叹其"惜乎不并及《刑统》",皆间接地证明了《刑统》在有宋一代,是始终施行的。所以沈家本说,"《刑统》为有宋一代之法制,其后虽有编敕之时多,而终以《刑统》为本"③,这个说法是不错的。近来有人说,《刑统》在宋朝并不重要,这显然是和事实不符。

宋朝"编敕"的习惯,是摹仿后唐末帝清泰二年(935),及后晋高祖天福四年(939)的编敕。④ 太祖建隆二年(961)十月,初定编敕二十卷。四年(963),窦仪等奏上编敕四卷,与《刑统》并颁天下。⑤ 太宗朝有《太平兴国三年(978)编敕》十五卷,《淳化三年(991)编敕》二十五卷;真宗朝有《咸平元年(998)编敕》十二卷,是一次比较大的清理,"当时便其简易",后来又有《大中祥符六年(1013)编敕》三十卷。仁宗朝有《天圣七年(1029)编敕》,

---

① "禁约之科,刑名未备,臣等起请,总三十二条。"
② 《崇文总目》载有《开宝刑统》三十卷,这应该是开宝年间(968—75)的一种刊本,而不是另外一种刑统。
③ 《律令考》六,页三。
④ 并见《五代会要》。
⑤ 见《宋史·刑法志》。

"并诏下诸路阅视,听言其未便者;既而又诏:须一年无改易,然后镂板。至明道元年(1032)乃颁焉"《通考》。继之又有《庆庆七年(1047)编敕》十二卷,《嘉祐三年(1058)编敕》十二卷;神宗朝初有《熙宁(1068?)编敕》二十六卷。后来他坦白地说出,"律不足以周事情,凡律所不载者,一断以敕,乃更其目曰敕令格式,而律恒存乎敕之外"①。他又下了一个定义,他说:"禁于未然之谓敕,禁于已然之谓令,设于此以待彼之谓格,使彼效之之谓式。""于是自名例至断狱十二门,丽刑名轻重者皆为敕;自品官以下至断狱三十五门,约束禁止者皆为令,命官之等十有七,吏庶人之赏等七十有七皆为格,表奏帐籍关牒符檄之类,有体制模楷者皆为式。"②从此"敕令格式",遂代替了以前"编敕"的名称。神宗元丰七年(1084),哲宗元祐元年(1086),徽宗政和六年(1112),南渡以后,高宗绍兴元年(1131),③孝宗乾道八年(1172)、淳熙四年(1177),宁宗庆元四年(1198),理宗淳祐二年(1242),都有"敕令格式"的修编。淳祐十一年(1251),作第二次修编,是四百三十卷,这是宋朝最后的一次。度宗(1266)以后,遵而用之,无所更改矣。④

二、宋代多明法之君

宋朝一代的法治,值得特别提出的,是历任的帝王,大多数都知道以

---

① 见《宋史·刑法志》。这句"恒存乎敕之外"的意思,是说"律"不受每次修改敕令格式的影响,并不是说把"律"废掉不用,后人对此似乎常常误解。
② 《宋史·刑法志》。
③ 这一次的编纂,特别重要。李心传《建炎以来朝野杂记》说:"其后乾道淳熙庆元之际,率十余岁一修敕,然大概以《绍兴重修敕令格式》为准。"
④ 以上据《宋史·刑法志》及沈家本《律令考》卷六。

爱民为心，而不失其祖宗以忠厚为本的遗意。并且出了好几位对于法律很在行的皇帝。

开国的太祖赵匡胤(960—75)，最知道注意刑辟，而哀矜无辜，他常常亲录囚徒，专事钦恤。每年申敕官吏，检视囚狱，对于御史、大理的官属，选择得尤十分谨慎。太宗匡义(976—97)在这一方面，丝毫不让他的老兄。他也是喜欢自己平断狱讼，凡是祁寒盛暑，或雨雪稍愆，他都亲录系囚，多所原减。他尝说过"朕恨不能亲决四方冤狱"；又说，"朕于狱犴之寄，夙夜焦劳，虑有滞冤"；又说，"或云有司细故，帝王不当亲决，朕意则异乎是。若以尊极自居，则下情不能上达矣"。在雍熙元年(984)的王元吉案、端拱年间(988)的段重海案中，他都表现出来非常高明的断案的本事。仁宗祯(1023—63)用刑，也是非常谨慎。刑部尝荐详复官，帝记其姓名，曰，"是尝失入人罪，不得迁官者，乌可任法吏！"举者皆罚金。听断皆以忠厚为主，于赏罚无所私，尤不以贵近废法。他更善于接受言官的忠告。时近臣有罪，多不下吏劾实，不付有司议法。谏官王质言"情有轻重，理分故失，而一切出于圣断，前后差异，有伤政体，刑法之官安所用哉！请自今悉付有司正以法"，诏可。近臣间有干请，辄为言官所斥。谏官陈升之尝言"有司断狱，或事连权幸，多以中旨择之。请有缘中旨得释者，劾其干请之罪，以违制论"，诏许之。这都是很了不起的地方。

南渡后的高宗构(1127—62)，性情仁柔，用法宽厚。罪有过贷，而未有过杀。大理官属，率以儒臣用法平允者为之，而对待贪吏则非常严厉。孝宗玮(1163—89)更是一位明君，究心庶狱，每岁临轩虑囚，率先数日，令有司进款案批阅，然后决遣；法司更定律令，必亲为订正之。丞相赵雄上《淳熙条法事类》，帝读至收骡马舟船契书税，曰，"恐后世有算及舟车之议"。户令："户绝之家，许给其家三千贯，及二万贯者取旨。"帝曰："其家不幸而绝，及二万贯乃取之，是有心利其财也。"又捕亡律，"公人不获盗者罚金"。帝曰:"罚金而不加之罪,是使之受财纵盗也。"又监司知州无额上供者赏。帝曰:"上供既无额,是白取于民也。可赏以诱之乎?"并令削去之,其明审如此。他用刑未尝以私法,对于狱禁淹延,也多所匡正。

宋朝皇帝中之破坏法律的,应当首推文采风流的徽宗佶(1101—25)。他外事耳目之玩,内穷声色之欲,征发亡度,号令靡常。于是蔡京、王黼之属,得以诬上行私,变乱法制。崇宁五年(1106)诏曰:"出令制法,重轻予夺在上。比降特旨处分,而三省引用敕令,以为妨碍,沮抑不行。是以有司之常守,格人主之妻福。夫擅杀生之谓王,能利害之谓王,何格令之有?臣强之渐,不可不戒。自今应有特旨处分,间有利害,明具论奏,虚心以听。如或以常法沮格不行,以大不恭论。"明年,诏:"凡御笔断罪,不许诣尚书省陈诉,如违,并以违御笔论。"又定令:"凡应承受御笔官府,稽滞一时杖一百,一日徒二年,二日加一等,罪止流三千里,三日以大不恭论。"由是吏因缘为奸,用法巧文浸深,无复祖宗忠厚之志,穷极奢侈,以竭民力,而自速祸机。其次则宁宗扩(1195—1224)时,刑狱滋滥,天下病之。理宗昀(1225—64)起自民间,具知刑狱之弊。初即位,即诏天下恤刑;又亲制《审刑铭》,以警有位;每岁大暑,必临轩虑囚。可是他用刑虽厚,而"天下之狱,不胜其酷"。每岁冬夏,诏提刑至各郡决囚,提刑惮行,悉委倅贰,倅贰不行,复委幕属。所委之人,类皆肆行威福,以要馈遗。监司郡守,擅作威福:意欲所黥,则令其人当黥之由,意所欲杀,则令证其当死之罪。呼喝吏卒,严限日时,监勒招承,催促结款。而又擅置狱具,非法残民。甚至户婚词讼,亦皆收禁。有饮食不充,饥饿而死者,惧其发觉,先以病申,名曰"监医",实则已死;名曰"病死",实则杀之。至度宗禥(1265—74)时,虽累诏切责而禁止之,终莫能胜,而国亡矣①。大概这

---

① 以上并据《宋史·刑法志》。

个时候，朝廷已经失掉了实际上的一切控制力，一道一道的命令，再也不能发生任何作用了。

狱讼之淹迟，一向是治世之大患。宋朝对此也曾一再注意。太宗于太平兴国六年(918)下诏，"诸州大狱，长吏不亲决，胥吏旁缘为奸，逮捕佐证，滋蔓逾年而狱未具。自今长吏每日一虑囚，情得者即决之"。复制："听狱之限，大事四十日，中事二十日，小事十日，不他逮捕而易决者，毋过三日。"后又定令："决狱违限，准《官书稽程律》论，逾四十日则奏裁。事须证逮致稽缓者，所在以其事闻。"淳化初(990—)，置诸路提点刑狱司，凡管内州府，十日一报囚状，有疑狱未决，即驰传往视之。州县稽留不决、按谳不实，长吏则劾奏，佐史小吏许便宜按劾从事。凡大理寺决天下案牍，大事限二十五日，中事二十日，小事十日。审刑院详复，大事十五日，中事十日，小事五日。仁宗明道二年(1033)令，凡上具狱，大理寺详断，大事期三十日，小事第减十日，审刑院详议，又各减半。其不待期满而断者，谓之急按。凡集断急按，法官与议者并书姓名，议刑有失，则皆坐之。哲宗元祐二年(1087)，刑部大理寺定制，凡断狱奏狱，每二十缗以上为大事，十缗以上为中事，不满十缗为小事。大事以十二日，中事九日，小事四日为限。若在京八路，大事十日，中事五日，小事三日。台察及刑部举劾约法状并十日，三省枢密院再送各减半，有故量展，不得过五日。凡公案日限，大事以三十五日，中事二十五日，小事十日为限。在京八路，大事以三十日，中事半之，小事三之一。台察及刑部并三十日。每十日，断用七日，议用三日。孝宗时，为州县狱禁淹延，乾道八年(1172)诏，"徒以上罪，入禁三月者，提刑司类申刑部，置籍立限以督之"。其后又诏中书置禁奏取会籍，大臣按阅，以察刑事稽违，与夫不应问难而问难，不应会而会者。而到理宗时(1259?)，监察御史程元凤上奏："今罪无轻重，悉皆送狱。狱无大小，悉皆稽留。或以追索未齐而不问，或以供款未圆而不呈,或以书拟未当而不判。狱官视以为常,而不顾其迟,狱吏留以为利,而惟恐其速。奏案申牒,既下刑部;迟延岁月,方送理寺,理寺看详,亦复如之。寺回申部,部回申省,动涉岁月。省房又未遽为呈拟,亦有呈拟而疏驳者。疏驳岁月,又复如前。展转迟回,有一二年未报下者。可疑可矜,法当奏谳,矜而全之,乃反讶回。有矜贷之报下,而其人已毙于狱者;有犯者获贷,而干连病死不一者。岂不重可念哉。请自今诸路奏谳,即以所发月日申御史台,从台臣究省部法司之慢。"从之,而所司延滞,寻复如旧。① 可见狱讼之快决速决,真不是一件容易的事情!

三、宋代两名案

宋朝有两件出名的狱讼案子(cas celebres),值得在此一为介绍:一是太宗朝的安崇绪之狱,一是神宗朝的阿云之狱。从前者可以看出来一个案子的纯法律结论,如何被礼教观点所转移;从后者可以看出来当时法律施用的情形、疑狱讨论的方式,和政治斗争影响到司法范围的经过。

1 安崇绪之狱

太宗端拱元年(988),广安军民安崇绪录禁军。诉继母冯,尝与父知逸离。今来占夺父资产欲与己子。大理定崇诸讼母罪死。② 太宗疑之。判大理张佖固执前断。遂下台省集议。徐铉议曰:"伏详安崇绪辞理虽

---

① 以上据《宋史·刑法志》。
② 依唐律,《斗讼》,告祖父母父母绞条:"诸告祖父母,父母者绞。"

繁,今但当定其母冯与父曾离与不离。如已离,即须令冯归宗。如不曾离,即崇绪准法诉母处死。今详案内,不曾离异。其证有四。崇绪所执父书,只言遂州公论,后母冯自归本家,便为离异。固非事实。又知逸在京,阿冯却来知逸之家。数年后知逸方死,岂可并无论追遣斥? 其证一也。本军初勘,有族人安景泛证,云已曾离异,诸亲具知。及欲追寻诸亲,景泛便自引退。其证二也。知逸有三处庄田,冯却后来自占两处,小妻高占一处。高来取冯庄课,曾经论讼,高即自引退,不曾离。其证三也。本军曾收崇绪所生母蒲勘问:亦称不知离绝。其证四也。又自知逸入京之后,阿冯却归以来,凡经三度官司勘鞫,并无离异状况。不孝之刑,①教之大者。崇绪请依刑部大理之断处死。"右仆射李昉等四十三人议曰:"据法寺定断,以安崇绪论嫡母冯罪,便合处死,臣等深为不当。若以五母皆同,②即阿蒲虽贱,乃是安崇绪之亲母。崇绪本以田业为冯强占,亲母衣食不充,所以论诉。若从法寺断死:则知逸负何辜而绝嗣? 阿蒲处何地而托身? 臣等参详:田业并合归崇绪,冯亦合与蒲同居。终身供侍,不得有阙。冯不得擅自货易庄田。并本家亲族,亦不得来主崇绪家务。如是则男虽庶子,有父业可安;女虽出嫁,有本家可归。阿冯终身又不乏养。所有罪死,并准赦原。"诏从昉等议,铉佖各夺一月俸。③

上面徐铉所议,判断事实和引用法律,都是同样的明审和切实,可称无懈可击。然而李昉等的反面意见,虽然不免离开了纯法律的立场,却是反而比较更切合情理的,这显明地证实了固定的法律条文和有进化性

---

① 唐律,《名例》,十恶条:七曰不孝,谓告祖父母父母。
② 唐律,《名例》,称期亲祖父母条,"其嫡、继、慈母,若养者,与亲同"。嫡母谓父之元配,继母者父所再娶,慈母者,妾之无子者,妾子之无母者,父命为母子,是为慈母。养者谓无儿养同流之子者。合亲生母,是为五母。
③ 见《文献通考》卷一百七十。

的社会观念,二者间必然的脱节。

2 阿云之狱

在神宗熙宁(1068)以前,登州有一个叫阿云的女子,在她母服未除的时候,许聘给一个姓韦的。尚未过门。她嫌这位未婚夫相貌丑陋,趁了他睡在田舍中的时候,带了刀去杀他。可是斫了十几刀,还没有把他斫死,只斫断了他一个指头。官方找凶手不到,怀疑是阿云搞的,把她捉来讯问。将要用刑,她才说出实话。知登州许遵把这件案子申到大理寺。大理寺照"谋杀已伤"罪,判成绞刑。许遵反驳,认为应当承认阿云"自首"的事实,而予以减二等论罪。朝廷把案子交到刑部。刑部认为许遵的理由荒唐,而大理的判决为合法。不过朝廷很宽厚,特许阿云纳钱赎罪。后来许遵调到大理寺作判,御史台奏劾许遵,说他上次议法不当。许遵不服,说刑部的维持大理寺的判决,是阻塞了罪人自首之路,失了"罪疑唯轻"之义,请交到"两制"翰林学士和知制诰讨论。于是皇帝神宗命令翰林学士司马光、王安石二人同议①。二人意见不同,乃各自为奏。司马光支持刑部,王安石袒护许遵。皇帝是看重王安石的,于是采取他的意见,而于熙宁元年(1068)七月癸酉下诏:"谋杀已伤,按问欲举自首者,从谋杀减二等论。"可是很多人不服。御史中丞滕甫请再选官定议,御史钱颛并请罢免许遵。于是皇帝诏选翰林学士吕公著、韩维,知制诰钱公辅三人,重行审定。他们三人谓宜如安石所议,于是皇帝制曰可,而原来大理寺审刑院,和刑部里判原案的法官都获罪。可是法官齐恢、王师元、蔡冠卿等群起抗议,说吕公著等的议论不对。于是皇帝叫王安石和这几

---

① 王安石作翰林学士,是治平四年(1067)九月的事,神宗已继位了。

位法官反复论难,师元等始终坚持其说。皇帝不得已,采取了一个折中办法,于二年(1069)二月庚子下诏:"自今后谋杀人已伤自首,及按问欲举,并奏取敕裁。"而判部刘述丁讽,认为这一道诏书内容不完备,不予发表,把它原封退还中书。这时王安石已任参知政事,也上奏折说这一道诏书没有必要。他和唐介在皇帝面前,为这事争辩了许多次。最后皇帝还是听了安石的话,于二月甲寅①下诏:"自今谋杀人已死自首,及按问欲举,并以去年七月诏书从事。"而收还了庚子的诏书。可是判刑部刘述等始终反对,要求交到"两府"中书省和枢密院合议,中丞吕海、御史刘琦钱颛皆请如述所奏。皇帝认为"律文甚明,不须合议"。而曾公亮等皆以博尽同异,厌塞言者为无伤。乃以众议付枢密院:文彦博和吕公弼都主张不用自首,而陈升之和韩绛则附和安石。可巧富弼入相。皇帝令弼与安石议。弼劝安石接受大家的意见,安石不可。弼乃辞病不议,久而不决。到了八月中,皇帝下诏,"谋杀人自首,及按问欲举,并依今年二月甲寅敕施行",并诏开封府推官王尧臣劾刘述丁讽王师元以闻,述等皆贬。司马光又上奏争辩,皇帝不理。王安石的主张得胜之后,司勋员外郎崔台符举手加额,说"数百年误用刑名,今乃得正"。安石喜其附己,明年六月,擢大理卿。后来到了元丰八年(1085),哲宗继神宗即位,司马光再度为相,重申前议。十一月癸巳,皇帝下诏:"强盗按问欲举自首者,不用减等。"这一桩公案,于是又被扭转过来,距离熙宁元年七月的诏书,已是十七个年头了②。

现在再把这件案子的法律问题、有关条文和各方面的争执要点,略述如下。

---

① 距庚子十五日。
② 以上据《宋史·刑法志》,沈家本《律令考》及《寄簃文存》。

第一，阿云是在母服中许聘给姓韦的，那么他们二人之间，有没有夫妻关系的存在？如认其有，则依《贼盗律》谋杀期亲尊长条"诸谋杀……夫者皆斩"，阿云应处斩刑。如认其没有，则是凡人相杀，依同律谋杀人条，"诸谋杀人者徒三年，已伤者绞，已杀者斩"，应处绞刑。而一是十恶，一不是十恶，二者的分别尤大。至于母丧未除的影响，依《户婚律》居父母夫丧嫁娶条，"诸居父母及夫丧而嫁娶者徒三年……各离之"，且违律为婚，不但构成依法应离的条件，并且根本否定其夫妻关系之曾经存在。不过阿云虽已许聘，并未过门（"许嫁未行"），依《名例律》，十恶条，四曰恶逆句疏"定婚夫唯不得违约改嫁，相犯并同凡人"，当时只成立了一种不合法的契约关系，根本没有构成二人间的夫妻身份。而许遵当时强调"二人纳采之日，母服未除，应以凡人论"的，是否因为在宋朝，已经是把已婚未婚之夫，同作杀夫论罪？① 所以必须引用居丧嫁娶的条文，才能替阿云开脱？然而，纳采和嫁娶，显有不同，许遵把二者混为一谈，多少不免牵强。但是当时大家讨论这件案子时，对于这一点，都并没有多少争辩。

第二，阿云在"欲加讯掠"之时，方才吐实，这样算不算自首？《名例律》，犯罪未发自首条："犯罪未发而自首者原其罪……其知人欲告之而自首者，减罪二等坐之。"律疏加以扩充，说："及案问欲举，而自首陈，各得减罪二等坐之。"许遵说"被问即陈，应为按问"，因之主张为阿云减罪二等。实则"寻绎律意：'罪未发'是未告官司也；'案问欲举'，是官吏方兴此议，而罪人未拘执到官也；故得原其悔过之心，以自首原减。若阿云之事，吏方求盗勿得，是已告官司；疑云执而诘之乃吐实，是官吏已举，罪人已到官；未有悔过情形，按律本不成'首'。许遵删去'欲举'二字，谓被

---

① 照沈家本说法，在清朝是如此的。

问即按问……卤莽灭裂甚矣"①。但是仗着王安石的政治力量，许遵的理论，毕竟得胜，于是当时问狱的习惯，据《宋史》许遵传所说，"虽累问不承者，亦得为按问。或两人同为盗劫，吏先问左则'按问'在左，先问右则'按问'在右。狱之生死，在问之先后，而非盗之情。天下益厌其说"。

第三，唐律中的自首，不是没有限制的。《名例律》，犯罪未发自首条说："其于人损伤，不在自首之例。"律注说："因犯杀伤而自首者，得免所因之罪，仍从故杀伤法。本应过失者，听从本。"律疏说："假有因盗，故杀伤人，或过失杀伤财主而自首者，盗罪得免，故杀伤罪仍科；若过失杀伤，仍从过失本法。"那么于人已有损伤的阿云，纵使认其为自首的事实，而在法律上，是否还可以依法予以减免呢？在前面按问欲举的问题里，许遵的意见，本来站不住，可是被大家轻轻的放过；于是这一个遂成了本案中主要的，和争执最烈的问题了。

刑部的意见，认为根据上面的条文，和法司及刑部一向的成例，凡是谋杀已伤，从来不许首免。因为律注所称"因犯杀伤"，乃指"别因有犯，遂致杀伤"，至于谋杀，则"始谋专为杀人，即无所因之罪"。所以不承认阿云有自首的条件，而判她以谋杀已伤的绞刑。

许遵则认为阿云因为谋杀姓韦的，才把他伤害，所以"谋杀"是她伤害的"所因"之罪。她现在既已自首，则其判刑，应当从谋杀上减二等论。王安石是以全力支持许遵的。他说，杀伤的罪名不一，有因谋、有因斗、有因劫囚等等，这都是杀伤之"有所因"。《刑统》的意思，唯过失与斗，当从本法，其余杀伤，全都应该得免所因之罪。他说，"法寺刑部，以法得首免之谋杀，与法不得免之已伤，合为一事，其失律意甚明"云云。

司马光是支持刑部的传统解释的。他推原立法本意，谓犯杀伤而自

---

① 沈家本：《寄簃文存》四，页十七。

首,得免所因之罪者,"盖以于人损伤,既不在自首之列,而别因有犯,如为盗、劫囚、略卖人之类,本无杀伤之意,而致杀伤人,虑有司执之,并不许首,故申明因犯杀伤而自首者,得免所因之罪。然杀伤之事,自有二等:其处心积虑,巧诈百端,掩人不备,则谓之'谋',直情径行,略无顾虑,公然杀害,则谓之'故'。谋者重,故者轻。今因犯他罪,致杀伤人,他罪得首,杀伤不原。若从'谋'杀则太重,若从'斗'杀则太轻,故参酌其中,从'故'杀伤法。其直犯杀伤,更无他罪者,惟未伤可首,已伤不在首限。今许遵欲以谋与杀分为两事。按谋杀故杀,皆是杀人,若'谋'与'杀'为两事,则'故'与'杀'亦为两事也。彼平居谋虑,不为杀人,当有何罪而可首者?以此知谋字止因杀字生文,不得别为所因之罪。若以劫斗与谋,皆为所因之罪,从故杀伤法,则是斗杀自首,反得加罪一等也"。

　　上面这段争议,明明是司马温公一派有理,安石以怙势而胜,不足为训。至于"因"字的解释,沈家本说得好:"因者由也,谋之所由生也。所由必有事,世有无事而造谋者乎?阿云嫌夫貌陋,其事也因也。有嫌夫之心,而始造杀夫之谋,谋非所因,明甚。"①这个分析,比司马温公所说,更为明白透澈。当时如有人如此说出,我想对方很难提出有力的反驳。不过当时的争辩,主要的似乎还是一种政治上的角力赛,所以双方都是提出来非常广泛和复杂的论据(Arguments)。不然的话,传统方面只要从"按问欲举"四字上着眼,认定阿云的供词,是在按问"已"举之后,而不是在"未"举之先,这样岂不根本推翻了自首问题的先决条件?然而当时他们为什么不这样作,我实在不懂得。

---

① 沈家本:《文存》四,页廿二。

捌、辽金元

一、辽(916—1125)

辽人以契丹民族,崛起北方,统治华北,先后二百多年(916—1125)。这一朝代的法律,是以辽法治辽,汉法治汉的,而这个"汉法",就是在宋朝也施行的唐代遗留下来的律令,所以这也还是唐律的朝代。不过辽人以用武立国,擐甲者众,士鲜宁居,对于法律,自然没有什么贡献可言了。

《辽史·本纪》:太祖耶律阿保机神册六年(921),诏定法律,《刑法志》说,"乃诏大臣定治契丹及诸夷之法,汉人则断以律令。太宗时(926—46)治渤海人一依汉法,余无改焉",则唐律并且推行到女真族的金人。① 圣宗隆绪统和元年(983)四月,枢密院请诏北府司徒颇德译南京所进律文,从之",这个所指的当然就是唐律的律文。十二年(994)七月,诏"契丹人犯十恶者,依汉律"。可见除了十恶,契丹人和汉人,仍是适用不同的法律的。

兴宗宗真是一个好名和欢喜新花样的人,他命令耶律庶成和耶律德等修纂太祖以来法令,参以古制,其刑有死、流、杖及三等之徒,凡五百四

---

① 金人在唐中叶建渤海国。

十七条,于重熙五年(1036)四月颁行,称《新定条制》。这部法典,大概是对于契丹人和汉人同样施用的。所以后来道宗洪基咸雍六年(1070),"常以契丹汉人,风俗不同,国法不可异施,于是命惕隐苏、乙辛等更定《条制》,凡合于律令者具载之,其不合者别存之"。可惜他们的工作,不大高明,而且一再增修,后来到了一千多条,"条约既繁,典者不能遍习,愚民莫知所避,犯法者众,吏得因缘为奸"。于是道宗生气了,他在大安五年(1089)下诏:"比命有司,纂修刑法,然不能体明朕意,多作条目,以罔民于罪,朕甚不取。自今复用旧法,余悉除之。"这次所恢复的,应该不是《重熙条制》,而是原来的唐律。因为他曾经说明了"契丹汉人风俗不同",所以要修改——辽汉通用的?——《重熙条制》,而惕隐苏等的成绩不佳,所以索性施用原来的唐律,而"余悉除之",大概把《重熙条制》,也包括在内了。①

二、金(1115—1234)

1 金人用唐律

女真族的金人,其汉化程度,远超过了契丹族的辽人。所以他们的朝代,虽然比辽代短了一百年(1115—1234),而他们在法制上的作为,却要比辽人高明得多。

金人最初原无法律。他们的旧俗,"轻罪笞以柳葼,杀人及盗劫者,击其脑杀之,没其家赀,以十之四入官,其六赏主,并以家人为奴婢。

---

① 以上年月据《辽史》及沈家本《律令考》七,余多出自推论。

其亲属欲以马牛杂物赎者从之。或重罪,亦听自赎。然恐无辨于民,则剠刵以为别。其狱则掘地深广数丈为之"。太宗完颜晟(1123—34)虽承太祖阿骨打(1115—22)无变旧风之训,亦稍用辽宋法。熙宗亶天眷三年(1140),取河南地,乃诏其民,"约所用刑法,皆从律文",当然就是唐律。皇统初,诏诸臣以本朝旧制,兼采隋唐之制,参辽宋之法,类以成书,皇统五年(1145)七月颁行,名《皇统新制》,近千余条。海陵王亮正隆年间(1156—60),又为《续降制书》,"多任已志,伤于苛察",又与《皇统制》并行,是非淆乱,吏民不知所从。世宗雍即位(1161),初颁《军前权宜条理》,大定五年(1165),又颁《续行条理》,继而又命大理卿移剌慥,总中外明法者,校正《皇统》《正隆》之制,及《大定军前权宜条理》及《续行条理》,伦其轻重,删繁正失,凡校定千一百九十条,分为十二卷,是为《大定重修制条》。① 这是一代明主所完成的法典,可惜没有能遗传下来。

章宗珣明昌元年(1190)置"详定所",审定律令。五年(1194)正月,详定官以今制条,参酌时宜,准律令修定,取《刑统》疏文以释之,名曰《明昌律义》上之。宰臣请俟其他令文校定,然后颁行。于是又命尼庞古鉴、董师中等重修新律,泰和元年(1201)十二月,所修律成,凡十二篇,曰名例、卫禁、职制、户婚、厩库、擅兴、贼盗、斗讼、诈伪、杂律、捕亡、断狱,实唐律也。但加赎铜皆倍之,增徒至四年五年为七等,②削不宜于时者四十七条,增时用之制百四十九条,因而略有损益者二百八十二条,余百二十六条皆从其旧。又加以分其一为二,分其一为四者凡六条,凡五百六十三条,为三十卷,随注以明其事,疏义以释其疑,名曰《泰和律义》。这

---

① 颁行之年,《图书集成》作大定十七年(1177),《续文献通考》作十九年(1179),《金史本纪》作二十二年(1182)。
② 唐律徒刑一至三年凡五等。

一部《泰和律》,实际上就是唐律的一种修定本。此外同时奏上的,还有"律令"二十卷,"新定敕条"三卷,"六部格式"三十卷,这些法典,至今已一无存者,但是从它们的名称和编纂经过,我们可以看出来,金朝的文物典章,比起辽人来,要完备得多多了。

2　号称"小尧舜"的金世宗

并且金朝有一位非常了不起的皇帝,那就是金世宗雍(1161—89)。他对于政治法律,都有极高明的见解。大定四年(1164)。大兴民李十妇人杨仙奇,以乱言当斩。他说"愚民不识典法,有司亦未尝丁宁诰诫,岂可遽加极刑?",减死论。七年(1167),左藏库有盗,五人拷检诬伏。因为他认为有问题,才把事情平反,他说:"箠楚之下,何求不得,奈何鞫狱者不以情求之乎?"八年(1168),制品官犯赌博,听赎,再犯者杖之。他说:"杖者所以罪小人也。既为职官,当先廉耻,既无廉耻,故以小人之罚罚之。"又命决杖至百者,臀背分受如旧法,已而谓宰臣曰:"朕念罪人杖不分受,恐至深重,乃命复旧,今闻民间有不欲者,其令罢之!"十年(1170),河中府张锦自言复父仇,法当死,他说:"彼复父仇,又自言之,烈士也!以减死论。"十二年(1172),盗有发塚者,他说:"功臣坟墓,亦有盗发者,盖无告捕之赏,故人无所畏。自今告得实者,量与给赏。"如此之类,《金史》中记载的还多的狠。所以《刑法志》说他"或去律据经,或揆义制法,近世人君听断,言几于道,鲜有及之者"。当他在位之时,国人称他为"小尧舜",夷人入主中国,有如此令誉,也真可以自豪了。

三、元（1271—1368）

1 《大元通制》

元人最早是一个战斗的部落，根本说不上什么法律。太祖成吉思汗六年(1211)，从金朝降将郭宝玉的建议，颁《条画》五章，是为一代制法之始。后来疆土日扩，百司断理狱讼，都是循用金律。世祖忽必烈至元八年(1271)，始禁用金《泰和律》。二十七年(1920)，命何荣祖以公规、治民、御盗、理财等十事，辑为一书，名《至元新格》，二十八年(1291)刻板颁行，这是元朝第一部比较完备的法典。大德三年(1299)，又命何荣祖更命律令，而后来未及颁行。① 仁宗爱育黎拔力八达时(1312—20)，命右丞相阿散等，择开国以来法制事例，汇集折衷，以示所司。其大纲有三：一曰诏制，二曰条格，三曰断例；条格画一之法也；断例则因事立法，断一事而为一例者也；诏制则不依格例而裁之自上者也。延祐三年(1316)书成，敕枢密院、御史台、翰林、国史、集贤院诸臣，相与是正之，英宗硕德八剌至治三年(1323)，又命完颜纳丹、曹伯启等再加损益，名曰《大元通制》。② 凡诏制为条九十四条，格为条一千一百五十有一，断例为条七百一十有七，令类五百七十有七，共二千五百三十九条。其类二十有一：曰名例、卫禁、职制、祭令、学规、军律、户婚、食货、十恶、奸非、盗贼、诈端、诉讼、斗殴、

---

① 不过《元典章》中引载《大德律令》不少。
② 此据《新元史》立说，《旧元史》则谓《大元通制》乃就《风宪宏纲》而成。

杀伤、禁令、杂犯、捕亡、恤刑、平反、赎刑。①《旧元史·刑法志》叙录各种条文一千余条,分类及次序,一如上述,只以"赎刑"一类,附于"名例"之后,这些条文,无疑地是以《大元通制》为本的。此外现存有《元典章》前集及新集,不知何人著述,所载诏令,截至英宗至治二年(1322)。各门皆载有断例,沈家本认为也应当都是《通制》里的原文。② 不过和《旧元史·刑法志》所载,间有不合,大概二者之中,有的是经过了修改的。顺帝脱欢帖木耳至正六年(1346)四月,又把《大元通制》删修了一遍,名之曰《至正条格》,颁于天下。可是当年即有江州罗天麟、云南死可伐、湖广吴天保之乱,七年(1347)沿江盗起,八年(1348)方国珍起,十年(1350)刘福通徐寿辉起,海内鼎沸,天下大乱,这部条格,再无人遵守,也就不传了。

律书——《新格》《通制》《条格》——之外,仁宗(312—20)时还曾经以"格例条画,有关于风纪,类集成书",名之曰《风宪宏纲》。文宗图帖睦尔天历(1328)时,采辑本朝典故,准唐宋会要,著为《经世大典》,共十篇,凡八百卷。二书也全都没有流传。③

2 元朝法律的奇奇怪怪

《大元通制》,很早已经失传。我们现在根据《旧元史·刑法志》和《元典章》所载的条文,加以研究,可以看出来元律的精神,是不采古制以"成律断狱"的方法,而都是集取一时所行之事,制为条格,因之胥吏易为

---

① 此据《新元史》立说,《旧元史》则谓《大元通制》乃就《风宪宏纲》而成。
② 《律令考》八页六十。纪文达《四库全书总目》(八十三)说《元典章》和《通制》不是一部书,只据者条文的数目立说,似乎是肤浅一点。
③ 以上皆据新旧《元史》及沈家本《律令考》八。

奸弊。所以后来明太祖说"元时条格繁冗，其害不胜"①，这个道理是很显然的。我们试举出几项条文为例：

《奸非》："诸职官因谑部民妻，被其夫弃妻者，杖六十七，罢职，降二等杂职叙，记过。"

同上："诸婿诬妻父与女奸者，杖九十七，妻离之。"

《盗贼》："诸女在室丧，其父不能存，有祖父母而不之恤，因盗祖父母钱者，不坐。"

同上："诸夜发同舟橐中装取其财者，与窃盗真犯同论。"

同上："诸兄盗牛，胁其弟同宰杀者，弟不坐。"

《诈伪》："诸边臣辄以子婿，诈称招徕蛮獠，保充土官者，除名不叙，拘夺所受官。"

《斗殴》："诸弟虽听兄之仇，同谋剜其兄之眼，即以弟为首，各杖一百七，流远，而弟加远。"

《杀伤》："诸故杀无罪子孙，以诬赖仇人者，以故杀常人论。"

看上面这些例子，全都是把些实在的案子，在判决的主文上加上一个"诸"字，就算作抽象的法律条文，这实在是以制法开玩笑，并不只是立法技术的幼稚而已。元朝的笞杖制度，自世祖起，把以前的十下，一律改为七下，说是"天饶他一下，地饶他一下，我饶他一下"②，仿佛是意存宽厚，但是实际定刑，却把原来杖五十的改作杖五十七，原来杖一百的改作一百七，事实上这不是减了三下，而反是加了七下。又如"诸妻以残酷殴死其妾者，杖一百七，去衣受刑"《杀伤》，"诸娼女斗伤良人，辜限之外死者，杖九十七，单衣受刑"《斗殴》；仿佛上面的是使之羞耻，下面的是认其

----

① 《续通考》卷一三六下。
② 见王棠《知新录》引叶静斋《草木子》（沈家本《刑法分考》卷十四，页十六）。

原无羞耻。这也是一种奇怪的逻辑。还有些条文,如"诸受钱典雇妻妾者,禁,其夫妇同雇而不相离者,听"《户婚》;"诸弃妻改嫁,后夫亡,复纳以为妻者,离"《户婚》;都使人难以猜度其用意所在。不过元律中也有少数良好的规定,如《户婚》,"诸男女议婚,有以指腹割衿为定者禁之";《禁令》,"诸为子行孝,辄以割肝剀股埋儿之属为孝者,并禁止之";"诸毁伤体肤以行丐于市者,禁之",如此之类,也就算难得了。

3 元人之种族观念

总之,元人以武功立国,骋驰欧亚,席卷天下,因之有极强烈的种族优越感,尤其看不起文弱的汉人,那里谈得上接受汉化? 世祖至元十九年(1282),诏杀人者死,依蒙古人例,犯者没一女入仇家,无女者征银四锭。这乃是以夷变夏,不但不能比金人之以夏变夷,连治契丹人犯十恶者依汉律的辽人都不如。并且蒙古汉人间,种族界限,非常清楚:蒙古人居官犯法,都要选蒙古官来断之,行杖时亦然。蒙古人相犯有罪,大半都是从本"奥鲁"归断。元朝种族的阶级,有四种之多,最高阶级的是蒙古人。其次是"色目"人,成吉思汗平定西域时所收各种族皆属之。第三是"汉人",这是灭金时新得的臣属:包括契丹、高丽、女真、竹因歹、术里阔歹、竹温、竹亦歹、渤海等八种人(真的汉人反不在内)。第四是灭宋后所臣服的"南人"。汉人南人,虽可登仕板,但是皆不得作"正印官"。[①] 至元二年(1265),诏以蒙古人充各路达尔噶齐,汉人充总管,回回人为同知,南人不得预选,南人之被歧视如此。元朝又把人民的职业分作十等:

---

① 见《旧元史·百官志》。

一官,二吏,三僧,四道,五医,六工,七匠,八娼,九儒,十丐。[1] 儒不如娼,而农不如丐。这样子的用心糟跶中国人,八十多年(1280—1368),天下就被推翻,还应该说是太慢了呢!

---

[1] 一般皆如此说,吾友姚从吾谓此说似出自郑所南某书,而并未见元朝官书云。

玖、明(1368—1644)

一、明之律例

明太祖朱元璋深知道法律对于国家的重要性,又亲眼看见元朝条格的支离破碎,"使吏得为奸,民不得治",所以在吴元年(至正二十七年[1367]),平定武昌之后,就已经议定律令,令丞相李善长为"律令总裁官"总其事。李上言"历代之律,皆以汉《九章》为宗,至唐始集其成,今制宜遵唐旧",从之。十二月,书成,凡为令一百四十五条,律二百八十五条。又命大理卿周桢等训释其义,颁之郡县,名曰《律令直解》。洪武元年(1368),又命儒臣四人,同刑官讲唐律,日进二十条。六年(1373)冬,诏刑部尚书刘惟谦详定《大明律》,每奏一篇,命揭两庑,亲加裁酌。及成,翰林学士宋濂为表以进,里面说:"臣以洪武六年冬十一月受诏,明年二月书成。篇目一律于唐:曰卫禁、曰职制、曰户婚、曰厩库、曰擅兴、曰贼盗、曰斗讼、曰诈伪、曰杂律、曰捕亡、曰断狱、曰名律。采用旧律二百八十八条①,续律百二十八条②,旧令改律三十六条,因事制律三十一条,掇唐律以补遗百二十三条,合六百有六条。分为三十卷,或损或益,或仍

---

① 当即《律令直解》中之律,数字或有讹误。
② 大概系洪武元年以后皇帝的诏书之有关刑名者。

其旧，务合轻重之宜。"二十二年(1389)，刑部言，"比年条例增损不一，以至断狱失当，请编类颁行，俾中外知所遵守"。遂命翰林院同刑部官，取比年所增者，以类附入。这时中央的官制，早已经废除中书，政归六部，于是更定《大明律》，亦以六曹分类，而一千年来古律的面目，至此一变。这部新律，共三十卷，四百六十条，其篇目条数如下：

名例律一卷四十七条

吏律二卷

　　职制十五条　公式十八条

户律七卷

　　户役十五条　田宅十一条　婚姻十八条　仓库二十四条　课程十九条　钱债三条　市廛五条

礼律二卷

　　祭祀六条　仪制二十条

兵律五卷

　　宫卫十九条　军政二十条　关津七条　厩牧十一条　邮驿十八条

刑律十一卷

　　贼盗二十八条　人命二十条　斗殴二十二条　骂詈八条　诉讼十二条　受赃十一条　诈伪十二条　犯奸十条　杂犯十一条　捕亡八条　断狱二十九条

工律二卷

　　营造九条　河防四条

后来太孙先请更定了五条，后请更定了七十三条，自此遂成定本，这就是施行有明一代二百七十几年的《大明律》。

到了孝宗祐樘弘治五年(1492)，这时离开定律的时候，已经一百多年,鸿胪少卿李鐩请删定问刑条例,刑部尚书彭韶等议曰:"刑书所载有限,天下之情无穷,故有情轻罪重,亦有情重罪轻:往往取自上裁,斟酌损益,著为事例。盖此例行于在京法司者多,而行于在外者少,故在外问刑,多至轻重失宜。宜选属官,汇萃前后奏准事例,分类编集,会官裁定成编,通行内外,与《大明律》并用。应事例有定,情罪无遗。"①从之,十三年(1500)二月,三法司奉诏看详历年《问刑条例》,定经久可行者,条具奏请。帝以狱事至重,下诸司大臣同议之,议上二百九十七条,帝谪其中六条,命复议已,乃布行。这是"例"的第一次的编纂,也是律例并行的正式开始。世宗厚熜嘉靖二十八年(1549)顾应祥等议定,增至二百四十九条②,三十四年(1555),何鳌又增入九条③。神宗翊钧万历十三年(1585),刑部尚书舒化等奉命重加酌议,他在《重修问刑案例疏》中说:"法因事变,情以世殊,其中指《问刑条例》或有举其一而未尽其详,亦有宜于前而不宜于后。事本一类,乃分载于各条,罪本同科,或变文以异断。至若繁词冗义,未尽芟除,甲是乙非,未经画一。盖立例以辅律,贵依律以定例。律有重而难行,故例常从轻,不无过轻而失之纵;律有轻而易犯,故例常从重,不无过重而近于苛。如此之类……据文既有可訾,于律不无相碍。今臣等所议,必求经久可行,明白易晓,校勘多年,粗有端绪……除各例妥当相应照旧者,共一百九十一条,其应删应并应增改者共一百九十一条。乞容臣等仍将《大明律》逐款开列于前,各例附列于后,刊刻成书,颁布问刑衙门,永永遵守。"④这是《问刑条例》的一次大清

----

① 见杨鸿烈《中国法律发达史》(页七百五十五)引《明典汇》。
② 二百恐是三百之误。
③ 舒化《重修问刑条例疏》,说"《问刑条例》一书,先定于宏治十三年,重修于嘉靖二十九年,续增于嘉靖三十四年,共三百八十五条"。
④ 见《续通考》。

理。① 而且《问刑条例》，以前只是单本刊行，自此才纂为一书，正式刊附律文之后。虽然另外也还有单行本，恐怕就不如律例合刊本的通行了。

至于明朝"律"外之"例"，特别发达的缘因，甚为明显。因为明律是太祖亲手制定的法典，自认为所以斟酌损益之者，至纤至悉，是他一生得意之作。后来子孙焉敢妄议？洪武二十五年（1392），刑部言："律条与条例不同者宜更定。"太祖说："条例特一时权宜，定律不可改。"二十八年（1395）六月，他御奉天门昭谕群臣："后嗣止循《律》与《大诰》，不许用黥刺剕劓阉割之刑。臣下敢以请者，置重典。"九月，颁《皇明祖训条章》于中外，"后世有言更祖制者，以奸臣论"②。成祖棣（1404—24）诏法司问囚，一依《大明律》拟议。宪宗见深成化元年（1465），也令有司谳囚，一依正律。这样的更成了一代家法，所以历代相承，对于律文，并不敢稍议更改。但是"刑书所载有限，天下之事无穷"，乃是一个无情的事实，"于是因律起例，因例生例，例愈繁而弊愈无穷"矣。

二、唐明律比较

中国法律，自唐以后，五代及宋，以至辽金，全都是以唐律为宗。唯有元律以夷变夏，不肯受唐律的范围。然其支离破碎，终亦不能自成系统。明律最初完全规仿唐律，即篇目亦一无更改。洪武二十二年（1389）的更定，把六百零六条条文，减为四百六十条，又改以六部分篇，而唐律原来的面目，至此为之一变。虽然如此，明律中主要的制度和基本思想，

---

① 《明史·刑法志》，说"舒化等乃辑嘉靖三十四年以后诏令"云云，似乎说他们只是在增修，而没有强调他们删改（百分之五十！）的工作。
② 《明史·太祖纪》。

仍然丝毫脱离不了唐律的范围。不过明朝人喜欢自作聪明,在因袭唐律时,往往故为同异,因而率意更张,常常不免弄巧成拙。后来有人批评明律,说明律之更改唐律,常是轻其所轻,而重其所重,结果轻罪愈轻则易犯,重罪愈重则多冤。① 我们没有唐明两朝狱讼的正确统计,更缺乏两朝教育和经济的比较材料,对此论断,无从加以批评。但是我们若把唐明律拿在一起,一条一条的,相互对照,马上就可以发现明律不如唐律的地方,实在不少。清末薛允升先生云阶著有《唐明律合编》,沈家本先生子惇著有《明律目笺》,虽然都是在借明律来批评——沿袭明律的——清律,但是明律不如唐律的地方,自此都一一的被明白地指点出来。现在姑举几个比较重要的例子如下:

一、唐律,毁大祀神御之物者,以盗论《杂律》,弃毁神御之物条,盗大祀神御之物者,流二千五百里,《贼盗》,大祀神御物条。明律,毁神御物,改为徒二年,而盗神御物,则改为斩罪《礼律祭祀》,毁大祀丘坛条。同样两罪,一则减轻,一则加重,而相去悬殊如此。②

二、唐律,盗园林内草木者,徒二年半《贼盗》,盗园林内草木条。明律问刑条例,则比照大祀神御物处斩《刑律贼盗》,盗园林树木条,以树木而谓之神御物,其理难通,皆不学之故也。③

三、唐律,强盗,不得财,徒二年;一尺,徒二年;二匹加一等,十匹及伤人者绞,杀人者斩。其持仗者,虽不得财,流三千里,五匹绞,伤人者斩《贼盗》,强盗条。明律不分其持仗不持仗,伤人不伤人,"但得财"者,皆斩

---

① 这句话有毛病:因为我们可以用同样的逻辑,翻转过来说:重罪愈重则难犯,轻罪愈轻则无冤。
② 沈家本:《明律目笺》二,页十四。
③《目笺》三,页二。

《刑律贼盗》,强盗条。受害者仅止些微,到案者遽膺骈戮,情法相准,岂得为平?①

四、唐律无"骂人"罪,以其情轻也。明律增"骂人者,笞一十;互相骂者,各笞一十"《刑律骂詈》,骂人条。甚无谓也。②

五、唐律,祖父母父母为人所殴击,子孙即殴击之,非折伤者勿论;折伤者,减凡斗折伤三等;至死者,依本律《贼盗》,祖父母为人殴击条。至父母为人杀,则子孙不得报复,盖唐律不肯以杀人之权,付诸平民,孟子所谓"为士师则可以杀之"以意也。元律有"人杀死其父,子殴之死者不坐"一条,明律承用之,而分"勿论"及"杖六十"两条《刑律斗殴》,父祖被殴条。《周礼》,"朝士凡报仇雠者,书于士,杀无罪"。不报官而擅杀,安得无罪?而遽予勿论,是明律导人私自相杀也。③

六、唐有六赃,明亦有六赃。唐以"受财枉法""不枉法""受所监临""强盗""窃盗""坐赃"为六赃《杂律》,坐赃致罪条。明以"监守盗""常人盗""窃盗""枉法""不枉法""坐赃"为六赃,而无"强盗"及"受所监临"。然计赃之法,"监守"与"枉法"同,"常人"与"不枉法"同,同名为六等,实止四等,不若唐之六赃之确为六等也。唐无"常人盗",而"监主"加凡盗二等,别无计赃之法,故入六赃之内,此唐明之所以异也。④

七、唐律,官司出入人罪,失入者减三等,失出者减五等《断狱》,官司出入人罪条。明律同,但又加上"以吏典为首,首领官减吏典一等,佐贰官减首领一等,长官减佐贰一等"《刑律断狱》,官司出入人罪条。如是则失增徒一年至死者,唐律长官徒二年半,明律则佐贰以上,即已减尽无罪。增徒二

---

① 《目笺》三,页四。
② 《目笺》三,十六。
③ 《目笺》三,页十六。
④ 《目笺》三,页二十。

年半至死者,唐律如上,明律则首领以上已无罪。唐重明轻之悬殊如此,此就"从徒入死"论之也。但"从笞入杖"之法,则明律又与唐律全同:失增笞一十、二十、三十,至杖百者,其长官皆有应科之罪。乃其失增至死之法,则又如上之宽。① 两两相形,使人莫解。明律更改唐律,弄巧成拙者,此例最为显然。

三、厂卫之患

明律之不高明,固如上述,然明朝法治之最大污点,还是在它的几个"创制",即"廷杖""东西厂""锦衣卫""镇抚司"是也。《明史·刑法志》说:"是数者,杀人至惨,而不丽于法,踵而行之,至末造而极,举朝野命,一听之武夫宦竖之手,良可叹也。"而"太监会审"一项,更是历代司法中从来没有过的一个荒唐制度。

"廷杖"始于太祖(1368—98),永嘉侯朱亮祖父子皆鞭死,工部尚书夏祥毙于杖下,就是他立下的榜样。宣宗瞻基宣德三年(1428),枷徇御史严皑、方鼎、何杰,这是廷辱言官的开始。英宗祁镇正统时(1438—49),尚书刘中敷,侍郎吴玺、陈瑺,祭酒李时勉,都捱过棍子,而殿陛行杖,成了家常便饭。宪宗见濡成化十五年(1479),廷杖给事御史李俊王濬等五六人,每人二十。武宗厚照正德十四年(1519),廷杖舒芬、黄巩等一百四十六人,死者十一人。世宗厚熜嘉靖三年(1524),廷杖丰熙等一百三十四人,死者十六人。中年以后,刑法益峻,大臣常被笞责,"公卿之辱前此未

---

① 见沈家本《官司出入人罪唐明律比较说》(《文存》三,页二十三—六),此文论唐明律之优劣,异常精采,学者不可不读。

有",有的朝服予杖,天下为之骇然。四十余年间,杖杀朝士,倍蓰前代。神宗翊钧万历六年(1578),杖吴中行等五人,其后卢洪春、孟养浩、王德完等咸被杖,多者至一百。后帝益厌言者,疏多留中廷,杖寖不用。熹宗由校天启(1621—27)时,太监王礼乾重笞戚畹、李承恩,以悦魏忠贤,于是万燝、吴裕中毙于杖下,阁臣叶向高言:"数十年不行之敝政,三见于旬日,万万不可再行。"忠贤乃罢廷杖,而以所欲杀者,悉下"镇抚司",士大夫益无噍类矣。

"东厂"创于成祖(永乐)棣,是一个以太监领导的特务组织。因为他在北平作燕王时,刺探宫中事,多以建文帝左右为耳目。故即位后(1403),专倚宦官。后来立东厂于东安门北,令嬖暱者提督之,缉访谋逆、妖言、大奸恶等。不过这时他在他的第二个特务组织里,即"锦衣卫",有更多的亲信,所以"厂"的权力,有时敌不过"卫"。到了宪宗成化年间(1465—87),东厂之外,又添了一个"西厂",以汪直督之,所领缇骑,倍于东厂,自京师及天下,傍午侦事,虽王府不免。汪直用事六年,冤死者相属,"厂"势又远出"卫"上。后来听了大学士万安的话,取消了西厂。武宗正德年间(1506—21),宠信太监刘瑾,又恢复西厂。东厂太监邱聚、西厂太监谷大用,都是刘瑾的党羽,西厂争用事,遣逻卒,刺事四方。南康吴登显等戏竞渡龙舟,身死家籍。于是远州僻壤,见鲜衣怒马作京师语者,转相避匿。有司闻风,密行贿赂。无赖子乘机为奸,天下皆重足立。而锦衣卫的石文义,也是刘瑾的亲信,而厂卫的势力,来了一次合流。但是刘瑾还不满足,他又自己组织了两个"办事厂",自己领导,京师谓之"内行厂",虽东西两厂,皆在伺察中,而倍加酷烈。罪无轻重皆决杖,枷重至一百五十斤,不数日辄死。御史柴文显、汪澄以微罪至凌迟,官吏庶民非法死者数千。正德五年(1510),刘瑾被诛,西厂、内行厂都被取消,而东厂如故,张锐领之,与锦衣卫使钱宁,并恣罗织,厂卫之称,自此著也。世宗(嘉靖)(1522—65)驭宦官较严,他们不敢放肆,这时厂权不如卫。神宗万历(1573—1619)一代,刑罚较稀,厂卫狱中,至生青草。熹宗天启(1621—27)年间,宦官魏忠贤用事,自领东厂,用田尔耕作卫使、许显纯作镇抚司,专以酷虐钳中外,厂卫之毒,至此而极。厂中的隶役,都是从卫中调来,而以最轻黠猥巧者充之。役长曰"档头",帽上锐,衣青素,襒褶系小绦,白皮靴,专主伺察。其下"番子"数人为干事。每月旦,厂役数百人,制签庭中,分瞰官府。所作情报,送之至厂,名"打事件",至东华门,虽夤夜,投隙中以入,即屏人达至尊。以故事无大小,天子皆得闻之。家人米盐猥事,宫中或传为笑谑。上下惴惴,无不畏"打事件"者。庄烈帝(崇祯)由检(1628—44),虽诛魏忠贤,但其天性疑忌,更离不开特务,他以王德化掌东厂,以吴孟明掌锦衣——人虽不恶,而不敢违东厂意——镇抚梁清宏,乔可田朋比为恶。凡缙绅之间,必有数人往来踪迹,故常晏起早阖,毋敢偶语。旗校过门,如被大盗。官为囊橐,均分共利。京城中奸细,潜入佣夫贩子,阴为流贼,所遣无一举发。而高门富豪,踽踽无宁居,其徒黠者,恣行请托,稍拂其意,飞诬立构,摘竿牍片字,株连至数十人。这样子的恐怖政治,一直到明亡为止。

"锦衣卫"也是一个御用的特务组织。它"掌侍卫、缉捕、刑狱之事,恒以勋戚都督领之。盗贼奸宄,卫涂沟洫,密缉而时省之"《明史·职官志》。卫狱幽絷惨酷,为害最烈。太祖早年,屡兴大狱,都是它承办的,杀人甚多。晚年觉悟,在洪武二十年(1387),悉焚卫刑具,以示永不复用,以囚送刑部审理。二十六年(1393),更申明其禁,诏内外狱毋得上锦衣卫,大小咸经法司。成祖宠信纪纲,令治锦衣亲兵,复典诏狱,自此废洪武诏不用,而锦衣之威复炽。纪纲诛后,其徒稍戢。英宗正统时(1436—49),宦官王振用事,以马顺为指挥,流毒天下,枷李时勉,杀刘球,皆顺为之,而其势复张。代宗祁钰一朝(1451—56),锦衣稍为敛迹。英宗复辟

(1457—64),宠任指挥门达,缇骑四出,又立程督并,以获多为主。朝官杨瑄、李蕃、韩祺、李观、包瑛、张祚谏、李万钟等,银铛就逮,冤号道路者,不可胜记。而为祸益炽,朝野相顾,不能自保。孝宗祐樘弘治时(1488—1505),牟斌为指挥,曾维护李东阳,世宗嘉靖时(1522—65),初用王佐为指挥,曾治奸人刘东山,后用陆炳,也保全不少人命,这是锦衣卫中希有的几个好人。但是卫狱的惨酷森严,终明之世,未能改变,至于厂卫之间,则始终是相互勾结:厂在内窥夺意旨,卫在外访缉罗织,厂势强,则卫附之,厂势弱,则卫反气凌其上。锦衣陆炳之缉司礼太监李彬和东厂太监易广阴,皆置之死地,是因为陆炳得到内阁严嵩的同意,但是后来太监的权势,愈来愈重,内阁的力量,愈来愈轻,阁臣反比厂为之下,而卫使无不竞趋厂门,甘为役隶矣。

"镇抚司"职理狱讼,原属锦衣卫,至宪宗成化十四年(1478),颁给印信,许其自行上请,卫使勿得与闻。故镇抚职虽卑,而其权日重。武宗正德年间,刘瑾、钱宁用事(1506—10),专任镇抚司,文致冤狱,法纪大坏。世宗嘉靖(1522—66),事益多下镇抚,镇抚勾结内侍,故多能巧中上意,熹宗天启时(1621—25),许显纯为魏忠贤义子,任镇抚,拷杨涟、左光斗等,坐赃比较,立限严督之,两日为一限,输金不中程者受全刑。全刑者,曰械、曰镣、曰棍、曰拶、曰夹棍。五刑毕具,呼誉声沸,然血肉溃烂,宛转求死不可得。显纯叱咤自若。一夕,命诸囚分舍宿。于是狱卒曰,"今夕当有壁挺者",壁挺者,狱中言死也。明日涟死,光斗等次第皆锁颈拉死。每一人死,停数日,苇席裹尸出牢户,虫蛆腐体,狱中事秘,其家人或不知死日。庄烈帝禽戮逆党(1627),冤死家子弟望狱门稽颡哀号,为文以祭,帝闻之恻然。

"会审"者,太监会同法官,共同录囚之意。英宗正统六年(1441),命何文渊、王文二人审行在疑狱,敕同太监兴安、周忱、郭瑾。这是会审的开始。代宗景泰六年(1455),命太监王诚,会三法司审录在京刑狱。宪宗成化八年(1472),命司礼太监王高、少监宋文毅,往两京会审,十七年(1481),命太监怀恩同法司录囚,自此成为定例,每审录必以丙辛之岁。孝宗弘治九年(1496),不遣内官,十三年(1500),以给事中邱俊言,复命会审。凡大审,缘赍敕,张黄盖于大理寺。为三尺坛,中坐,三法司左右御史郎中以下捧牍立,唯诺趋走唯谨。三法司视成案有所出入轻重,俱视中官意,不敢忤也。成化时会审,有弟助兄斗,因殴杀人者,太监黄赐欲从末减。尚书陆瑜等持不可。赐曰:"同室斗者,尚被髮缨冠救之,况其兄乎?"瑜等不敢难,卒为屈法。万历三十四年(1606)大审,御史曹学程以建言久系,群臣请宥皆不听。刑部侍郎沈应,又署尚书事,合院寺之长,以书抵太监陈矩,请宽学程罪,然后会审。狱具,署名同奏。矩复密启,言学程母老可念。帝意解,释之。其事甚美,而监权之重如此。而内监之曾奉命会审者,死后则于墓寝画壁,南面坐,旁列法司堂上官及御史刑部郎,引囚鞠躬听命状,示后世为荣观焉。以前太祖之制,内官不得识字预政,备扫除之役而已。而成祖违之,卒贻子孙之患如此,君子惜焉。

总论明朝一代刑政,太祖(洪武)先严后宽,惠帝(建文)最称仁厚。仁宗(洪熙)、宣宗(宣德)、孝宗(弘治)、穆宗(隆庆),都还仁恕可称,宪宗(成化)虽多秕政,而尚知慎刑。至于用刑惨毒,莫过成祖(永乐);英宗(正统)败于王振,武宗(正德)祸于刘瑾;世宗(嘉靖)天性苛刻,神宗(万历)尤忌言者,熹宗(天启)昏乱,最称酷虐;庄烈(崇祯)锐心国事,而国法过严,人心已去,终亦无救于乱亡也。

拾、清(1644—1911)

一、清之律例

　　清朝的制度典章,大体都是因袭明朝的,在法律上更是如此。最初几年,是正式施用明律。顺治元年(1644),多尔衮入关,曾下令问刑衙门,一律用明律治罪。十月,世祖入京,即皇帝位,准刑部左侍郎党崇雅之奏,诏在外官吏,仍照明律施行。如有恣意轻重等弊,指参重处。二年(1645),命官修律,三年(1646)五月,《大清律》成。十三年(1656),复颁满文《大清律》。圣祖康熙九年(1670),命刑部尚书对喀纳校正律文。十八年(1679),谕刑部及九卿,正律之外,于所有条例,详加酌定,别自为书,名为《现行则例》。二十八年(1689),用盛昇之言,将《现行则例》,附入《大清律》条,张玉书等又于每篇正文后,增用"总注",疏解律义次第。世宗雍正元年(1723),命朱轼为律例馆总裁,修定律例,三年(1725)书成,五年(1727)颁布,这就是《大清律》的定本。其篇目及条文数目如下。

　　名例律四十六条
　　吏律
　　　　职制十四条　公式十四条
　　户律
　　　　户役十五条　田宅十一条　婚姻十七条　仓库二十三条　深

程八条　市廛五条

　礼律

　　　祭祀六条　仪制二十条

　兵律

　　　宫卫十六条　军政二十一条　斗律七条　厩牧十一条　邮驿十六条

　刑律

　　　贼盗二十八条　人命二十条　斗殴二十二条　骂詈八条　诉讼十二条　受赃十三条　诈伪十一条　犯奸十条　杂犯十一条　捕亡八条　断狱二十九条

　工律

　　　营造九条　河防四条

我们从这篇目录中，就可以看出来，清律完全是抄袭明律，不过对于原有条文，有的删减，有的归并，所以从四百六十条，减缩到四百三十六条。并对于明律的律文及律注，也颇有所增损改益。① 律后的"总注"，则是康熙时所造。自此以后，虽经历代屡次纂修，但只是续增附律之条例，对于律的正文，则始终未有一字之改易，这一点似乎也是学会了明朝的家法。

清律的"总注"，原无重要意义，所以在高宗乾隆五年（1740），芟除以后，就不再列入。至于律外之"例"，在康熙初年，仅有三百二十一条，末年增到一百一十五条②。雍正三年（1724），命群臣分别订定，分成三类：一曰"原例"，即累朝旧例，凡三百二十一条。二曰"增例"，乃康熙朝现行

---

① 魏律是学汉律的，晋律修改魏律时，知道直接参考汉律。明律是学唐律的，清律修改明律，则不知道直接参考唐律，真是今不如古了。

② 此数疑有误。

之例，凡二百九十条。三曰"钦定例"，即雍正时上谕及臣工条奏，凡二百有四条，总计八百十五条。自乾隆元年(1736)，刑部奏准三年修例一次；十一年(1746)，又议改五年一修，一朝之内，纂修凡八九次。也取消了"原例""增例"等名目。仁宗嘉庆(1796)以后，按期开馆修例，至穆宗同治(1862)间，例渐增至一千八百九十二条。盖后世议法诸臣，不明世轻世重之故，每届修例，仅将历奉谕旨及臣工条奏，节次编入，从未统合全书，逐条厘正。同治九年(1862)修例以后，时势多故，章程丛积，刑部惮其繁猥，不敢议修，群臣亦无言之者。一直到了德宗光绪二十八年(1902)，刑部才又开馆修例，于三十一年(1905)，奏准删除三百四十四条，这是清朝最后一次的修例了。

　　清季晚年，时局大变，世界思想潮流，输入中国，光绪二十八年(1902)，朝廷从袁世凯、刘坤一、张之洞之请，命沈家本、伍廷芳修定法律，兼取中西，并谕"将一切现行律例，按照通商交涉情形，参酌各国法律，妥为拟议，务期中外通行，有裨治理"。三十三年(1907)，沈家本等乃征集馆员，延聘东西各国博士律师等备顾问。于三十四年(1908)，编成《大清现行刑律草案》，分总则分则二论，凡三百八十九条。一时守旧派的学者如劳乃宣、陈宝琛等，和主张变法的沈家本董康等相互争议，辩论纷然。宣统元年(1909)，资政院仅将总则通过，而分则未能议决。而颁布年限已迫，二年(1910)十二月二十五日，①遂将通过的总则和未通过的分则，同时公布。这是中国第一部受了西洋法系影响的法典。然而才过一年，清室逊位，帝制告终，中国一步一步地走上西洋的民主和科学的道路。所以这一段事实，与其说中国固有法制史的结束，不如说是中国现代立法史的开始，较为正确。

---

① 杨幼炯：《近代中国立法史》，页六八。

清律的内容,和明律之不同者,真是微乎其微。但其所修正的地方,也倒确有道理,不像明律改唐律之故作解事。《清史稿·刑法志》举出数点:如"犯罪存留养亲,推及孀妇独子;若殴妻致死,并得准其承祀,恤孤厘且教孝也。犯死罪,有常赦所不原察,有祖父子孙阵亡,准其优免一次,劝忠也。枉法赃,有禄人八十两,无禄人及不枉法赃,有禄人一百二十两,俱实绞,严贪墨之诛也。衙蠹索诈,验赃加等治罪,惩胥役所以保良懦也。强盗分别法无可贷,情有可原,奸渠魁赦胁从之义也。复仇以国法得伸与否为断,杜凶残之路也。凡此诸端,或隐含古义,或矫正前失,皆良法也"。

至于有清一代之法治,《清史稿》说"圣祖(康熙)冲年践祚,与天下修养,六十余稔;宽恤之诏,岁不绝书。高宗(乾隆)运际昌明,一代法制,多所裁定。仁宗(嘉庆)以降,事多因循,未遑改作。综其终始,列朝刑政,虽不尽清明,然如明代之厂衙廷杖,专意戮辱士大夫,无有也。治狱者,虽不尽仁恕,然如汉唐之张汤、赵禹、周兴、来俊臣辈深文惨刻,无有也"。所说的固然是恭维的话,然事实上也倒是确乎如此。

二、清之考试与任官制度

中国固有法律中,最发达的是两部分,一是刑法,一是官吏法,刑法的目的,是在保障礼教所承认的价值(Value),官吏法的目的,是在保证刑法的善良地使用。刑法一部分,我们在唐律一章中,略予论述,现在在这里讲一讲官吏法。

中国的吏治（Bureaucracy），不能说是世界上最古的。① 但是具有悠久历史的吏治成规（Tradtion），和有系统性的吏治文献——如《周礼》《唐六典》——再没有比中国早的了。这是我们在人类文化史上光荣的一页。清朝的科举制度，据说曾经影响到英国和美国的人事行政制度。② 近代研究社会学历史学和人事行政的西洋学者，对我们过去在吏治上的经验和成就，还是有很多人在重视和研究③。

中国的吏治，自秦汉以来，即非常发达，经过了唐宋元明，到了清朝，在这一千余年的时期中，形成了非常有系统的制度的，最重要的，莫过于考试和任官。而这两种制度，到了清朝，不但是有充分的发达，并且是发达过分。种种不需要的复杂、无意义的区分，把原来简单明了的制度，弄得五花八门、系统纷乱。本来，繁文缛节，是任何一个繁荣的社会必有的附带现象。不过时代变迁，后来的人想加以研究时，不免要多费心血了。我现在把清朝的考试和任官制度，就其体系大纲和内容要点，简单扼要地予以叙述。其中复杂麻烦，而并不重要的细节——如考试任用，文官一套，武官一套；六部组织，在中央有一套，在东三省还有一套（五部）；各种职位，有满人缺蒙古缺汉人缺之分；等等——则一概省略，以求简明易晓。

1　考试制度

清朝的考试，通称"科举"，其考取者或授予以官职，或承认其资格。

---

① 古埃及有很发达的吏治制度，比中国早得多。
② 参看邓嗣禹《中国考试制度西传考》及方豪《西方考试制度果真受中国影响吗》《民主评论》四卷十五期）。
③ 如德之 Max Weber，英之 Toynbee，其最著者也。

这是从隋唐以来,经过宋元明三朝,一直在施行不废的制度,和过去中国人的生活思想,打成一片。所以"秀才""举人""状元""翰林"等等,是以前每个妇人孺子都能衡量分辨的身份。现在把各种考试,分别说明如下:

一、岁考科考。　各省"学政"(俗称"学台"),在各府及直隶州,设置试场(俗称"分棚考试"),每三年之中,分别举行一次岁考,和一次科考,考试各府州县学生;"岁考"的目的,在考取"童生"进学,和考察已经"进学"的"生员"之勤惰,"科考"的作用,则是次年"乡试"的一种预备考。

凡参加岁考的童生,必须是在当地有籍贯,三代身家清白,非倡优隶皂及贱役之家,①并不居父母丧者。由同考五人互结,并同县廪生一人认保,如有冒籍、冒姓、匿身、倩替、出身卑贱者,廪保同罪。先经一次"初试"("县考"),后经一次"复试"("府考"),然后才参加"院试"("岁考"或"科考")。每试三场,逐场淘汰。②各州县每次岁考所取的名额,依其人口多寡,由二十人至四十人不等。童生在岁考中被考取者,称为"附生"(正称"附学生员")俗语谓之"进学"。

已进学之附生,每逢岁考,除非已进学三十年,或年满七十者,必须参加。考得好者,升为"增生"(正称"增广生")或者"廪生"(正称"廪膳生"),不好者,由廪降增或降附,甚至于"扑责"或"黜为百姓"。廪生每年有"廪饩"银四两。廪生增生,皆有定额,每州县各由二十人至四十人不等。应"补廪"而无廪缺者,可以"候廪",应补增而无增缺者,仍居附生。廪、增、附同为"生员",俗称皆谓之"秀才"。

"科考"在每次乡试的前一年(寅戌己亥)举行,考取列一二等者,由学

---

① 理发者为贱役,修脚者否;抬轿者为贱役,挑水挑柴者否。
② 考场十分严密,入场先行搜检,四隅置役瞭望,考完出场,三十人开门一次,日落时出尽,不继烛。

政册送乡试,其余不准乡试。其未经科考的生员,得于乡试时,临时补考,谓之"录遗"。

秀才屡考乡试而不中者,或学行兼优,或食廪年深,学政可以之入贡,是一种补救办法,其详见下节。

秀才比一般平民,有高一等的身份。他戴九品的顶子,例免差徭。违犯了禁令,其情节轻者,地方官行文当地教官(教授学正教谕)责惩,重者先申请学政黜革其功名后,然后才能治罪。他们在堂上不用下跪,地方官不许打他们板子。中国政府过去一向抬高知识分子的身份,这是其中非常有效的一个方法。

二、贡生监生。 "监生"名义上是"国子监"(亦称"太学")的学生,"贡生"名义上是"贡"于国子监的生员。但是事实上后来都只是名称而已,和国子监没有任何实际关系了。

"贡生"有六种,岁、恩、拔、优、副、例。"岁贡"者,学政取各府州县廪生中之年资最深者,挨次升贡。府每岁贡一人,州三岁二人,县二岁一人。"恩贡"者,值国家有庆典,以本年岁贡之人作恩贡,而以其依次待贡者作岁贡。"拔贡"者,每十二年酉年一举,由学政于所考取之一二等生中,选文行俱优者,至京应朝考。每府二人,州县各一人。"优贡"者,学政于三年任满时,择"廪增"中之文行兼优者,送礼部考试,依省份大小,每省自一二名至五六名不等。但事实上因无录用之条,大多都不赴京报考。"副贡"者,乡试时之考取副榜者。"例贡"者,则为出资捐纳之功名,故"恩拔副岁优"谓之"五贡",由此出身者亦仍谓之"正途"①。拔贡每十二年一拔,优贡每三年每省只五六人,很受人重视,甚或在举人之上。

拔贡到京,由部奏请"朝考",取分三等。列名一二等者。于保和殿

---

① 但不为"科甲",科甲限于进士及举人。

复试,取录者或以"七品小京官",分部学习,或以"知县"分发各省试用。其余愿以"州判"用者,掣签分省试用。愿就教职者,即交吏部注册铨选。其朝考未取及殿试落第者,亦得赴吏部,呈请就"教谕"或"直隶州州判",听候铨选。优贡之授职,亦如拔贡,唯仅有朝考而无殿试,优者得以知县,侯三年后,掣签分省试用。嘉庆以后,五贡遇乡试之年,皆得具呈就职就教。

"监生"有四:恩、荫、优、例。"恩监"由八旗汉文官学生或圣贤后裔考取。"荫监"分恩荫、难荫二者。"恩荫"者文武大臣,俱送一子入监。"难荫"者,殉难臣工,得荫一子入监,不限品级。"优监"者,学政于任满时,选附生未补增廪之优者,报考入监。"例监"者,纳资而得之初步功名。依其纳资多寡,有得报考乡试者,有不得报考乡试者。监生身份,最初本与贡生相近而略逊,故"贡监"并称,而其考职授官之法,亦多相类。晚年例监为捐纳入官必由之路,"监生"即表示捐班出身,士林所不屑齿矣。①

"贡、监"仍可乡试,由国子监考录后,册送顺天乡试。其在籍者,则由学政科考后,册送各省乡试。但贡生多为屡赴乡试不中之人,率多无意进取;监生则以捐纳出身,更少有人下场了。

三、乡试。 "乡试"三年一次,逢子午卯酉年八月由皇帝选派"主考",至各省会举行。遇有国家庆典,例外举行者,谓之"恩科"。名额各省不一,最少的四十名(贵州),最多的九十六名(江西浙江)。另有副榜,名额为正榜五分之一。考取正榜者,谓之"举人",称为"科甲出身"。其名列第一者,俗称"解元"。取副榜者,谓之"副贡",已于上节说明。各省参加乡试者,由学政考送(科考),每一名额,大省准送八十人、中省六十

---

① 捐监之犯罪者,地方官可随时勾销其捐状而笞责之。

人、小省五十人。副榜一名，准送二十人。

凡中举者，得应次年之会试，应会试三次不中者，得具履历，加六品以上同乡京官之保证，申详吏部，听候"大挑"。大挑每六年举行一次，一等用"知县"，二等用"学正""教谕"。到吏部注册候选。

四、会试。"会试"于乡试之第二年辰戌丑未三月，在京由礼部举行。名额无定，每次依乡试"中式"人数，由皇帝临时定之，大率为三百数十名，最高者为雍正八年（1730）之四百六名，最低者为乾隆五十四年（1789）之九十六名。取中者，全部参加殿试，由皇帝亲定最优者之名次。其在会试时考取第一名者，俗称"会元"。

五、殿试。"殿试"于会试发榜四月十五日后十一日廿六日行之。五月一日发榜，谓之"传胪"。全部人员，分为三甲。一甲三名，二三甲无定数。一甲称"赐进士及第"，二甲称"赐进士出身"，三甲称"赐同进士出身"，皆"进士"也。俗亦统称"翰林"。此外一甲一至三名，亦称"状元""榜眼""探花"，二甲一名，亦称"传胪"，皆明清旧称也。乡试会试殿试，连取第一者，谓之连中三元，有清一代，乾隆四十六年之钱棨（江南）、嘉庆二十五年之陈继昌（广西），二人而已。

殿试之后，状元授"翰林院修撰"从六品"榜眼""探花"授"翰林院编修"正七品。二三甲以下，经"朝考"后，优者入翰林院"庶常馆"为学，是为"庶吉士"食七品俸。三年后，再经朝考，二甲授"编修"，三甲授"检讨"从七品。其余不入翰林者，则为六部"主事"正六品，或"即用知县"正七品。进士中之非庶吉士者，为六部之"额外主事"，亦有任国子监"学正""学录"并正八品，或府州县教职者。

以上参据《大清会典》《清史稿》及织田万《清国行政法》。详载考试一切条款者，有每三年一刊之《科场条例》及《学政全书》两种官书。

前清科举之制，其最大弱点，为其限于七百字之"八股文"，五言八韵之"试帖诗",形式僵化,内容空虚。所谓"诗赋只尚浮华,而全无实用,明经徒事记诵,而文义不通,习非所用,用非所习"①后人每谓清朝之维持八股,乃一种愚民政策,用心在斫丧人才。钱宾四先生说,"任何一个制度,很难说是由一二人所发明。八股在明朝已推行,未必用意刻毒。不过其目的虽在录求人才,而人才终为此消废。任何创制度的人,纵使存心公正善良,也可有偏弊、有流害"②。所说甚是公正。法国的工业教育,一向注重考试高级数学,费尧(Henri Fayol)大攻击之,说这是教师的懒惰,因为数学答案易定标准,卷子容易评判的缘故,③明清两代之用八股和试帖作考试科目,我认为可能也是这个道理。

科举之优点,在其为绝对公平的公开竞选。前清科场,不能说完全没有毛病,但从制度上看,则其所以防范杜禁之者,可以说实在尽了人间的能事。考生入场,先要收检夹带,后用"号军"看守。考卷写完之后,由"受卷所"以其不合格式者,马上剔出。合式者由"弥封所"黏纸遮盖考生姓名及坐位号数。再由"誊录所"把原来用墨笔写的卷子,用朱笔另行抄写,再由"对误所"校对清楚。所有参加试政的"内外帘官员"(提调监试为外帘,主考同考为内帘),上自主考,下至门房及洒扫夫役,全是临时选委。考官作弊被论斩、充军、革职者,其例甚夥。这样层层设防,唯一目的,就在保障公开竞争之真实。考试既如此认真,所以考试的内容,纵然不好,而真正人才之从科举中出来的还是不少。因为就是八股试帖,要作得好,也还是需要智慧和勤学的。所以以前科举的内容,固然消磨了许多人的许多光阴,可是科举的方法,仍旧选拔出来不少"文武干济英伟特达之才"。

---

① 《清史稿·选举志》三,页二。
② 钱穆:《中国历代政治得失》,页九八。
③ 参拙译费尧:《管理术》,页九六——一〇二。

科举的第二个优点,是把考试和任用,联锁起来。考试等第和官职品级的配合,上已略述。考进士的,前几名马上就进翰林,次一点的,三年之后,也就进去,如肯屈就知县,双月选五人,单月选四人,二三年中总可得官。举人要取得任官资格,须要等待六年一次的大挑,然取额较宽,照例二十中取十二人,一等三人以知县"试用",二等九人以学正教谕并正八品铨选。而用知县者,得"借"补府经历正八品、直隶州州同从六品、州判从七品、县丞正八品;用学正教谕者,得"借"补训导从八品,出路也就较宽了。

"尤其是进士翰林这一级,有一个好出身,保险将来作大官,而事情清闲,一面读书修学,一面获得许多政治知识,即使放到外省作主考,也是旅行各地,多识民间风俗,多认识朋友,如是多年,才正式当官任事,因之许多政治家学问家,都是从翰林里出来。"钱宾四一再称赞这一个政府故意栽培人才的好制度,①确是卓见。

科举还有第三个优点,就是国家控制了考试而可以不再去控制教育。中国古制,虽有政府办的学校,但后来考试制度发达,学校遂有名无实,而教育完全成了民间自治的事项。但是国家掌握着考试,考试要求什么,民间教育就会准备什么,间接地还是控制着了教育,实不失为一个执简驭繁的办法。西洋有些国家,政府只管考试而不管教育,和这个制度,倒颇有暗合之处。

2 任官制度

前清的官制官规,历年久远,变嬗繁多,可称五花八门,尽光怪陆离

---

① 钱穆:《政治得失》,页九七。

之致。晚年保举捐纳盛行，而吏规尽坏。然其强盛时间的优良制度，值得我们研究参考的，还是不少，兹略述之如下。

一、官制（组织）。　　前清官制最值得我们注意的，即其在一致性（Unifocmity）之中，充分地容忍个别化（Particularism）。譬如各部，在中央是吏户礼兵刑工六部，而在东三省则不设吏部；中央各部有尚书，东三省则只设侍郎。同为总督，有辖一省者_{直隶}，有辖二省者_{闽浙、两广}，有辖三省者_{两江}。各省份有总督巡抚并设者_{两江总督之下，有江苏安徽江西三巡抚}，有使总督兼任巡抚_{直隶四川}，有只设巡抚不设总督者_{山东、山西}。各省皆设布政使（"藩台"）一员，而江苏独设二员_{江宁、苏州}。各省皆设按察使（"臬台"），而新疆独以分巡道兼之。同为道员，有管辖全省者_{督粮道盐法道}，有限于一区者_{分守道分巡道}，即分守道及分巡道，又有兼职及不兼职者_{山西雁平分守道、直隶霸昌分巡道皆无兼职}，而兼职者，或兵备道，或河道，或驿传道，或茶马道，又皆因地建置，极不一致。各府例与首县同城_{如江宁、保定}，而亦有不同城者_{贵州思州府广西泗城府}。而各机关之内部组织，更多因地不同，如各省按察使皆设经历，而有四省不设_{皖湘甘贵}。其设知事者仅五省_{赣闽等}，设照磨者六省_{皖赣}，设检校者四省_{闽赣}，而设司狱者，则更因时因地，废置无恒。其他各道署、各盐政、各府之属官，更皆依各地情形，繁简不一。可见前清官制，非常注意适合地方性，而一地方之制度，其他地方绝不得轻易援例模仿。

二、品级。　　清朝官职的等级，分为九品，每品分正从，共十八级，兹以各级内外官职，择要举例如下。

　　　　京官　　　　　　　　　　　　外官

　　正一品　内阁大学士

　　从一品　各部尚书，都御史

　　正二品　各部侍郎　　　　　　　　总督

从二品	内阁学士	巡抚,布政使
正三品	副都御史,大理寺卿	按察使
从三品	光禄寺卿	盐运使
正四品	鸿胪寺卿	道员
从四品	侍读学士,侍讲学士	知府
正五品	各部郎中,六科给事中	直隶州知州,府同知
从五品	各部员外郎	知州
正六品	各部主事	府通判
从六品	翰林院修撰	布政使经历,州同
正七品	翰林院编修,大理寺评事	知县,府学教授
从七品	翰林院检讨,内阁中书	州判
正八品	国子监学正	府经历,县丞,学正,教谕
从八品	翰林院典簿	布政使照磨,训导
正九品	各部笔帖式	府同知,县主簿
从九品	刑部司狱	巡检,库大使
未入品	翰林院孔目	典史,仓大使

品级之作用有四。一、表示各职务之轻重,二、限定任职者之资格,三、表示各职务相互间之上下关系,四、作一切任职者升降转调之基础。

三、任期。 清朝官吏任职,几无不有一定之任期。如各省"学政",法定三年一任。边地及水土恶劣地方官员,分别以二年三年为一任,期满即升;各学教习国子监,三年期满,引见叙用,礼部"儒士",三年期满,以检校、典史选用。此皆明文规定者。此外所有内外官员,每三年考绩一次,以定升降。名义上说是考绩,事实上则充分富有任期之作用。职务没有任期,一方面任职者心理不安定,无法认真作事,另一方面,政府无法作合理的升降转调,以重用贤能和淘汰昏朽。"人事上没有合理的动态(Turnover),组织不能健全;职务不定任期,人事不能有合理的动态。"欧美学者最近一二十年研究人事行政所认为最基本的原则,中国吏制,在二三百年前,已经很认真地施行了。

四、升转原则。 前清各种官职,都有一定的升转程序。现任某职者,将来可以升任何职,某职出缺,应以曾任何职者升补,一切都有规矩。这是前清官制中最精采的一部分,例如内阁大学士,由尚书升任。各部尚书侍郎,以其他各部之尚书侍郎转补。总督以左都御史、侍郎、巡抚转补。巡抚以左副都御史、府尹、布政使非本省转补。布政使必以按察使升任。按察使以道员、运使升任。道员以郎中、知府升任。知府以员外郎、同知升任。郎中以员外郎、内阁侍读升任。直隶州知州以知州、知县升任。我们从这里看,前清官吏升迁,非常注意内升外转。所以京官之居高位者,一定有充分的地方经验,地方官之负重任者,一定相当地明了中枢政策。其中布政使必以按察使升任,本省布政使,不能升本省巡抚,各部侍郎不能升本部尚书,都是非常硬性的规定。

为贯澈上述的原则,清朝还试用过许多内外互调的方法。康熙中以翰林官外放道府的例子很多。乾隆中定科道①三年升转一次,这是内官外用的。外官内用的,有所谓"行取知县",是以贤良的知县,由大臣荐举,内升御史。但是这许多方法,都不太成功,全没有能够施行多久。

五、各种"缺"的特殊要求。 清朝官制,有许多员缺,或定有资格上的限制,或定有任用时的限制,大概上者是注意业务的特殊性,下者是注意地方的特殊性。

资格的限制,例如(1)正印官、京官、监察御史,限于正途出身捐纳及胥吏出身者否;(2)翰林院、詹事府、吏礼二部官员,限于科甲出身非进士举

---

① 科谓六科给事中,道谓十五道监察御史,合称"科道"。

人者否；(3) 布政使限于曾任按察使者；(4) 直隶、江南、浙江三省学政，限于翰詹侍读赞善以上人员；(5) 顺天及奉天两府尹府丞、京府京县，限于汉人；(6) 刑部司官，限于非汉军人。此外宗室缺、满州缺、蒙古缺等，其例尤多，兹不缕举。

至于各缺的任用限制，例如各道府州县等缺，依其任授的方法分为六种。"请旨缺"者，由皇帝选派，如冲烦疲难之道府是也。"拣授缺"者，由吏部选合格者二人，拟正陪引见，由皇帝拣选其中一人任之，如直隶之热河道是也。"题授缺"者，由督抚题奏任用，如直隶之通承道、清河道是也。"调授缺"者，督抚以同省官吏，奏准皇帝，相互对调，如甘肃之镇迪道、福建之莆田县是也。"留授缺"者，该缺本应部选，但因特别事故时，即由督抚遣员补授，如佐杂教职盐官之要缺是也。"部选缺"者，由吏部铨选之谓，其详见下。

各地方员缺，又有腹俸、边俸、及水土恶毒之分。"腹俸"一般地方之地方官，五年无过失，例得迁擢。"边俸"分"烟瘴"及"苗疆"或"同边俸"分"沿海"及"沿河"之地方官，三年期满"即升"；"水土恶毒"者，不俟三年"即升"。

六、任官。　清朝任官方法，可分五种，略述如下。

1　特简。由皇帝择人任使，不限资格，不拘员缺，无任何限制。可云最大之任使权。然有清十代皇帝，从来没有使用过一次。

2　开列。大员出缺时，由吏部（后为军机处）就合乎资格之人员，依补改调转升之次序，列名题奏请旨。"补"者，该员原任职务，因故离职，如回避、丁忧、终养、告病，现可复职者是也。"改"者，以同样职位，改迁其他机关，如五部尚书改吏部尚书是也。"调"者，以同样等级，改任不同职务，如宝泉局大使，由户部笔帖式调用是也。"转"者，在同一机关内，升任同等级而次序较高之职，如右侍郎转左侍郎、侍讲学士转侍读学士是也。"升"者，进级任用，如侍郎升尚书、巡抚升总督是也。开列之缺，多属一二三品大员，亦有道府要缺，如上述"请旨缺"者是也。

3 部选。京官司官以下，外官道府以下，除特定之缺，一律由吏部铨选。铨选者，以具有资格之人员，列名于册，俟有适合之职位出缺时（升降回避丁忧死亡等等），依其先后班次任之，同班有数人者，以掣签定之。而各种班次之规定，乃一非常繁杂之制度，如候选人有满员汉员之分，月份分单月双月或双单月不分，选缺分即选、正选、插选、并选、抵选、坐选等等，名目繁多，事例琐碎，非久主其事者不能明也。兹略举汉员铨选之班次，以示大概。一、不拘双单月，不入班次者（即在月选班次之先），为奉旨即用、裁汰别补原机关裁撤者、扣除别选已被选取而因故另选他人者、亲老改补近省、服满坐补原缺、指定某部某省人员。二、单月不入班次者，为回避别补原已选补为回避离职者、病痊坐补原缺。三、依原选月不入班次者，丁忧过班人员因父母丧漏选者。四、双单月皆有班次者，为学习进士殿试分六部学习者、散馆庶吉士入庶常馆三年后任职者、进士、举人、俸满边俸腹俸年满者、教职教职之达一定年限者、捐纳、明通（?）。五、双月班次（"大选"），为荫监以亲荫入国子监者、教习成安宫、景山学任教习者、肄业恩拔副贡入国子监者、议叙修实录，及编书有功人员、就职五贡于乡试年具呈就职?、考职贡监生于乡试年至吏部考试授职、役满书吏吏攒五年役满得实考任职。六、单月班次（"急选"），为行取知县调任御史、外转京官外放道府、服满守制满二十七月者、开复降职留任，三年无过开复；革职留任，四年无过开复、降补降级任用者、七品京官拔贡考优者授七品小京官、盐场期满等等，皆按班序选。

用人以班次签选之法，始于明之万历（1573—1619），以最需理智的事情，出之以毫无理智的办法，其欲为事为地择人也难矣。而主其事者，更未必全无弊病。然在承平之世，人多职少之时，此亦未尝非无办法中之一办法。而其各种班次及不入班次之班次，内中尤包涵许多年的人事行政经验，我们未可视为毫无意义而予以一笔抹杀也。

4　奏荐。京官之任用，除上述"开列"者外，多为奏荐，分拣授、推授二种。"拣授"者，由吏部拟正副二人，呈皇帝拣之，如国子监之满员"司业"、钦天监之"监正"是也。"推授"者亦如拣授，唯不限于二人，如国子监之汉员"司业"、钦监之"监副"是也，大概拣授重才干，推授重年资。至于各部司官以下官员，皆由本部堂官，择属官数人，保选吏部，由吏部引见，择取一人，形式略同推授，唯其本部堂官之选拔权较大耳。

5　题调。各地方官员之不归吏部铨选，皆由督抚选拔（故俗称为"内选""外补"），分题补及奏调二者。"题补"者，督抚自候补人员中，选定当任某缺，而题请任用之意。"奏调"者，拟以甲乙二人对调，奏准而后施行之意。至于在各督抚之下之候用人员，俗分即用班及候补班二者。"即用"者，皆新取进士，殿试后分发各省"即用"者是也，然一时未必有缺，故事实上仍在候补。故"候补班"分即用、尽先候补、候补班前、候补班前先、新海防、拔贡候补、优贡候补、大挑候补等等。而在清季末年，实际上补缺者，以专由捐纳而得之"新海防"为最迅捷，由保举或捐纳而得之"候补班前先"次之。由进士出身而得之"即用"反次之。则以督抚用人，理论上是为事择人，故可不受班次之严格限制（当然亦不能完全不顾）。甚至可以"署理"名义，使用资格不合之人；而各种"差缺"之名目繁多，如洋务局、厘捐局、学务处等等，随时可差委候补之人充任，更不受各种实缺之限制，此皆官制官规上之大漏洞，而不见之于铨选法例者也。

七、考绩。　清制三年考绩一次，考京官曰京察，考外官曰大计。逢计察之年，是月内外官均再停升补，俟考核具题命下后，再按班升补。

"京察"逢子午卯酉年举行。三品京堂，由吏部开具事实，具奏候旨（"列题"），四五品京堂，由特简王公大臣验看引见（"引见"），余官由吏部会大学士、都察院堂官、吏科给事中、京畿道监察御史，会同审核，具题奏请（"会核"）。考其四格，曰守政才年。"守"分"清""勤""平"；"政"分

"勤""平";"才"分"长""平";"年"分"青""壮""健";合并考核,列一等者为"称职",加级记名,引见备外用;列二等者为"勤职",列三等者为"供职"。考察其弱点,乾隆时称为八法,曰贪、酷、罢软无为、不谨、年老、有疾、浮躁、才力不及。嘉庆以后,"贪""酷"应随时参革,不待京察,故只余六法。"不谨"及"罢软无为"皆革职。"浮躁"降三级调用,"才力不及"降二级调用,"年老""有疾"者休致。而"不谨"及"浮躁"二者,必须详列事实。合受六法之处分者,皆于引见后黜降,谓之"劾"。

"大计"逢寅巳申亥举行,布按二使之治绩,由督抚移牒吏部,具题请裁("考题"),其余各官,由督抚以当升当降者,分列二册,送吏部会都察院、吏科、京畿道考察题复("会核")。成绩分"卓异"及"供职"二者,凡举卓异者,"务期无加派,无滥刑,无盗案,无钱粮亏欠、仓库亏空,民生得所,地方日有起色"。其考卓异者,赴京引见,记录"即升",常得不次擢用,徇情滥保者罪之。其依八法处分,与京察同。其不入举劾者,自知州知县以上,仍由督抚以守政才年四项,注考具册,咨吏部复定等次,缮册进呈。此外司道年终有密考,州县一年期满有甄别,皆随时考核之法,在察计之外者也。

京察之列一等者,京官限七分之一,笔帖式限八分之一。大计列卓异者,各省皆有定额,大约道府州县限十五分之一,余官限百三十分之一。内外各官,凡历俸未满者①、未及年限者②、革职留任者、钱粮未完者,皆不得膺上考。

八、回避。　清朝任官,有各种回避,规例甚繁。兹择其最要者列之。

---

① 内外官初任职皆为"试俸",分别满一年至五年后,始得"实授",自实授到任日起,始"论俸"。
② 如病痊复职,必逾半年,由他处转任,必逾一年。

甲、京官之亲属回避，有以下数者：

（1）祖孙父子伯叔兄弟，不得在同一官署任职。皆官卑者回避官高者。官等相同者，后任者回避先任者。唯子孙为堂官，父祖为司官时，父祖回避，否则皆子孙回避。

（2）母之父及兄弟，妻之父及兄弟、女婿、姊妹之子，亦不得在同官署任职，位卑者避位尊者。唯同为司官，则可不避。

（3）汉人之任京官者，上述关亲属之外，中表兄弟、儿女姻亲，司官应回避堂官。

乙、京官之员缺回避，有以下数者：

（1）户刑二部司官，回避本籍省份所属之清吏司。有例应回避之亲属，任布政使按察使以上官职者，亦回避其省份所属之清吏司。

（2）文职京官三品以上，外官按察使以上，不得任军机章京。

（3）三品京堂以上，外任督抚以上之子弟，不得选御史。

（4）各道御史，不得任其本籍省份之监察。

（5）营盐商者，或祖孙父子伯叔兄弟有营盐商者，不得任职户部。

丙、外官之亲属回避，有以下数者：

（1）地方官之部属，不得有（一）五服内之亲族，（二）父之姊妹之夫及其子，（三）母之父及兄弟、母之兄弟姊妹之子，（四）妻之祖父兄弟、妻之胞侄、妻之姊妹之夫，（五）女婿及其子、姊妹之子、孙女之壻，（六）师生（乡会试同考之房师）。

（2）任地方官员者，上自督抚，下至杂职，皆回避本籍、寄籍流寓他所，附其户籍者，及邻省五百里以内地方。唯巡抚可不避邻省，清末用岑春煊至广西剿匪，以其为广西人，故只能使之"署理"两广总督，此等例外，绝无而仅有者也。

丁、外官之员缺回避，有以下数者：

(1) 教授、学正、教谕、训导等教官,只能在本省任职,而须回避本府。

(2) 在直隶省任道府同知以上者,如在任地内有田庄土地者,应予回避。

(3) 汉军旗不得在直隶省任职,唯布政使按察使以上,不在此限。

(4) 督抚布按,与各省学政,有祖孙父子伯叔兄弟关系者,应奏明请示,应否回避。道府亦然,州县不避。

九、守制,致仕,告病,终养。 清制,汉人官员,凡丁父母忧(及承重孙丁祖父母忧)者,必解职回籍"守制",二十七个月后,以原官起用。明清以来,视为重典。洪杨时办团练之曾国藩、同治时任军机之李鸿藻,虽朝命夺忧再三,终不受也。此虽属中国伦理思想,但为年轻人开让仕路,其作用亦甚大。"致仕"无一定年限,乾隆时,京察之二三等留任官,年六十五岁以上者,皆引见,盖隐寓淘汰之意。"告病"例须验看出结,给假后回籍调治,道府以上,应否回籍,由吏部请旨决定。"终养"者,汉人官员,祖父母父母年七十以上,家无兄弟,或八十以上,虽有兄弟,皆许告归终养,终养后仍补原缺,盖亦防奸者以终养离现职,日后设法别谋美缺也。

十、保举及捐纳。 前清任官劣例,莫过于晚年之保举与捐纳。保举与一般之荐举不同。"荐举"者,大臣以其所知人才,荐之朝廷,如陶澍之荐林则徐、吴文镕之荐胡林翼、宗稷宸之荐左宗棠,皆为一时妙选。晚年之"保举",照例因修书、治河、缉盗、劝捐等,事毕上奏,一案辄保举多人,如山东河工,一保即五六百人,顺天赈捐一保一千三百余人,"耳未闻鼙鼓,足未履沙场,而谬称杀敌致果,身经百战,比比然也"。罔上营私,甚为劣政。"捐纳"者,纳钱捐官之谓,清初仅可捐空衔、封典、顶戴等虚荣,或贡生捐中书、增附捐教职,尚无伤大雅,晚年则京官郎中以下,外官道府以下之实缺，皆可以捐纳得之。甚至于"革职留任"之处分，"试俸"之限制，"引见验看"之规定，"回避"之拘束，亦皆无不可以捐纳豁免。一切良规，为之打破。有清一代官制，初甚谨严，乾嘉之际，尤称得体。晚年属于"洋务"及"实业"之差事，皆由督抚委员派充，而数百年关于地方实缺之规定，失其重要性，保举及捐纳盛行，而整个吏治瓦解矣。

3　人才之城乡交流

中国的农业社会，一向是安土重迁。不但一般人的心理如此，国家的制度也是如此。唐律，"非营求资财谓贸迁有无，远求利润，及学宦或负笈从师或弃儒求仕，而浮浪他所者，十日笞十，二十日加一等。即有官事，在他所事了，留住不还者，亦如之"《杂律》，浮浪他所条。这一个"人不离乡"的政策，在清朝的官制官规里，也非常明显。凡是参加科举，一定要在本籍投考；凡是作官的，一定要把父母留在原籍，不许"将亲之任"，顶多亲老可以要求改调近省，或辞职归乡终养。京官食俸十年以上许省墓，六年以上许省亲，五年以上许迁葬、送亲，或归娶，皆许居乡四个月。丁忧守制、年老致仕，一定必须回原籍。告病者亦须回乡调治，道府以上，呈准后方许在外调治。革职人员，皆限期回籍，违限及中途逗留者，本人及所在地方官，皆遭议处。

费孝通曾经分析过九百十五个清朝的贡生、举人和进士。他的统计，"他们百分之五二・五出自城市，百分之四一・一六出自乡村，其余百分之六・三四出自市镇。在鲁皖晋豫四省里，从乡下来的，比从城里来的还多。他们父亲已有功名的和父亲没有功名的比例：城方是六八比三二，乡方是六四比三六。这是说中国人才缺乏集中性的事实，也就是原来在乡间的，并不因为被科举选择出来之后，就脱离本乡。这和现代西洋社会不同。索洛金 Sorokin 教授说:'在西洋,一切升迁的途径,几于全部集中在都市以内。如果不先变做城里人,一个乡间的寒门子弟,已几乎完全不再有攀登的机会'——中国落叶归根的传统,为我们乡土社会保持着地方人才。这些人物即使跃登龙门,也并不忘本;不但不损蚀本乡的元力,送往外洋,而且对于根源的保卫和培养,时常看成一种责任。因之,常有一地有了一个成名的人物,所谓开了风气,接着会有相当长的时期,人才辈出的。循环作育,蔚为大观。人才不脱离草根,使中国文化能深入地方,也使人才的来源充沛浩阔"[①]。费孝通所说这一段,实在是一个非常重要的事实。而我们上面所指出前清官制官规中"人不离乡"的政策,对于人才的城乡交流,恐怕必定发生过很大的作用。

[①] 费孝通:《乡土重建》,页七十。

附　历代律令名称考

一、"律令"

我国法令的名称,在秦汉以前,是没有固定的标准的。有的称为"刑":如《左传》文十八年,"在九刑,不忘",昭六年,"夏有乱政,而作禹刑"。有的称为"法":如《左传》文六年,"行诸晋国,以为常法";《孟子》,"徒法不能以自行"。有的称为"典":《周礼·秋官》,"刑新国用轻典,刑平国用中典,刑乱国用重典"。有的称为"令":如《周礼·春官》,"内史执国法及国令之贰","御史掌万民之治令";《论语》,"不令而行"。而"律"字则很少见用。所以明朝邱濬(1420—95)说,"三代未有律之名"。沈家本引《管子》"周郑之礼移,则周律废矣"一语,谓未必然。① 但是《管子》著作的年代,是靠不住的。即认其为真,只此一处,也不足据而认为邱说之不当。

自商鞅相秦,改"法"为"律","律"字遂有一定的涵义,而"律令"二字,自秦汉以后,常被连用。《史记·萧相国世家》:"收秦丞相御史律令图书藏之";《贾谊传》,"诸律令所更定";《汉书·宣帝纪》,"四年诏:律令有可蠲除";等等,多至不可枚举。至于二者如何区分,则似乎是有两种说法。一种是说明后来的君主可以更改以前君主的法令的:《史记·杜

---

① 《律令考》一,页十四、二十。

周传》,"前主所是著为律,后主所是疏为令"①,这是后来学者经常引用的"定义"。但是这大概只是当时一句流行的成语,②对于律和令,并没有作具体的区分,③所以也不能说明任何律和令的内容和性质。但是如若我们细看汉朝"律"和"令"的内容:《九章律》外,有《越官律》《朝律》等;令有《任子令》《田令》《戍卒令》《水令》《功令》《养老令》《马复令》《禄秩令》《胎养令》《祀令》《祠令》④等,则里面似乎隐约的有一种内容的分别。《御览》六三八引《杜预律》序,"律以正罪名,令以存事制"⑤。这一个近乎以刑法和行政法作分别的解释,⑥是区分律令的第二种、比较技术性的,也比较正确的说法。

汉时律令之外,还有所谓"科",魏律十八篇,即系删除汉律以外的"傍章""科""令"而成;⑦有所谓"比",于定国曾上"死罪决比三千四百七十二条"。这是一种官吏判案的成例而非朝廷颁行的法令。这两种名称,魏晋以后,即不再被采用。

二、"律令格式"

自隋唐起,法律名称,有"律令格式"四种分别。唐律,《断狱》,断罪

---

① 《贾子·等齐篇》,"天子之言曰令",虽不是区分律令的涵义,但和此可以相互发明。
② 沈家本:《律令考》,页四。
③ 任何"后主"都是明目的"前主",所以任何今日的"令",也就是明日之"律"。
④ 沈家本:《律令考》二,页十八、十九。
⑤ 沈家本:《律令考》一,页三。
⑥ 杜预所讲的是晋律,但晋律是汉律的传统正宗。所以也未尝不可援用于秦汉魏晋的全部法律。
⑦ 《晋书·刑法志》,魏律序略:"科有特质,非监事,故分盗律为劫略律以入之。科有登闻道释,故分囚律为告劫律而八之。"

引律令格式条,"诸断罪,皆须具引律令格式正文,违者笞三十"。《旧唐书·刑法志》,高宗谓侍臣曰"律令格式,天下通规"。唐朝每次修订法令,差不多总是律令格式并称的。① 至于四者之别:《唐六典》刑部条说:"凡律以正刑定罪,令以设范立制,格以禁违止邪,式以轨物程事"。《新唐书·刑法志》说:"唐之刑书有四,曰律令格式。令者尊卑贵贱之等数,国家之制度也。格者,百官有司之所常行之事也。式者,其所常行之法也。凡邦国之政,必从事于此三者,其有所违,及反之为恶而入于罪戾者,一断以律。"这两种定义,都不甚确切,至少关于"格"的这一点,《新唐书》所说的,是和唐律里的制度不相符:唐律,《职制》,称律令式条,"诸称律令式不便于事者,皆须申尚书省,议定奏闻。若不申议辄奏改行者,徒二年"。这是只说到律令式而没有提到格。《杂律》,违令条,"诸违令者笞五十,别式者减一等"。这又是明白规定了违令别式的罪名,而没有把"格"提起。

这个问题,我们若从唐朝的有关记载上加以研究,可以明了大概。而"令"和"式"的问题,尤其比较简单。大概"令"所规定的事项,多半是偏于典章制度方面。就是杜预所说"令以存事制"的意思。其重要的部分,"律"中已另有规定。其余的都比较轻微,所以违令者不过笞四十就够了。据《唐六典》所载,开元四年(716)玄宗,姚崇宋璟等所刊定的,凡令二十有七,分为三十卷:计分官品分上下、三师三公寺省职员、寺监职员、卫府职员、东宫王府职员、州县镇戍岳渎关津职员、内外命妇职员、祠、户、选举、考课、宫卫、军防、衣服、仪制、卤簿分上下、公式分上下、田、赋役、仓库、厩牧、关市、医疾、狱官、营缮、丧葬、杂令;大凡一千五百四十有六

---

① 但是被修改的总是"格",而绝少是"律"。

条①。唐律中引用令文的，非常之多，差不多每隔几条就有。如《卫禁》，人兵度关妄度条，疏称"准令，兵马出关者，依本司连写敕符勘度；入关者，按部领兵将文帐检入"。《职制》，贡举非其人条，疏称"依令，诸州岁别贡人，若别敕令举，及国子诸馆年常送省者，为举人"。《户婚》，养子舍去条，疏引"户令，无子者听养同宗于昭穆相当者"。"式"所规定的，是各种程式体制之类，②其强制性更差，违者罪止笞四十。《旧唐书·刑法志》，说贞观时，"凡式三十有三篇，亦以尚书列曹，及秘书、太常、司农、光禄、太仆、太府、少府，及监门、宿卫、计账，名其篇目，为二十卷"。又说"永徽式十四卷，垂拱、神龙、开元式，并二十卷"。至于式的文字，唐律中亦不少引用。《职制》，增乘驿马条，疏引"驾部式：六品以下，前官散官卫官省司差使，急速者给马，使回及余使并给驴"。《厩库》，官马不调习条，疏引"太仆式：在牧，马二岁，即令调习，每一卫，配调习马人十人，分为五番上下。每年三月一日上，四月三十日下"。《库藏》主司搜检条，疏称"从库藏出，依式，五品以上，皆不合搜检"。《诈伪》，伪写官文书印条，疏谓"依式，周隋官亦听成荫"。《杂律》，违令条，疏称"礼部式：五品以上服紫，六品以下服朱"等等。唐朝"令"和"式"的内容，从这里可以略见一斑了。

"格"者，就我们根就各种史料的研究，是一种皇帝"敕"书的编纂。《旧唐书·刑法志》，载贞观时，"删武德贞观以来敕格三千余件，定留七百条，以为格十八卷，以尚书省诸曹为之目。其曹之常务，但留本司者，别为'留司格'一卷。盖编录当时制敕，永为法则，以为故事"。这是唐朝最初的编敕为格。到了高宗，更明明白白的规定，把格分成两部，"曹司

---

① 《六典》及《新唐书》作此数。《旧唐书》及《会要》作一千五百九十条。
② 《宋史·刑法志》："表奏、帐籍、关牒、符檄之数，有体制规楷者，皆为式。"

常务为'留司格',天下所共者为'散颁格'。其散颁格下州县,留司格但留本司行用焉"。

格是皇帝敕书的编集,而皇帝的敕书,事实上是可以更改一切律令的。(但是这一点,唐朝一代的君臣,都始终不肯明白说出。到了宋神宗,才说出"禁于未然之谓敕",而公然地以敕代律了。)所以唐朝许多皇帝尽量利用敕书,而避免修改律令。但是一代一代的敕书,前后堆积,必有许多参差矛盾的地方,所以他们又必须常常删定格敕。我们看《旧唐书刑法志》所载,太宗《贞观格》十八卷之后,有高宗的《永徽留司格》十八卷,《散颁格》七卷,武后的《垂拱留司格》六卷,《散颁格》三卷,睿宗的《太极格》十卷,玄宗的《开元前格》十卷,《开元后格》十卷。有了格敕的删定,就再没有修定律令之事了。到了玄宗开元十九年(731),裴光庭萧嵩等因为"格后制敕,行用之后,颇与格文相违,于事非便",于是又有"格后长行敕"的删撰。宪宗元和十三年(818)"格后敕"三十卷;文宗太和七年(833)的"格后敕"五十卷,都是仿效这个方法。宣宗大中五年(851),刘琢等编修"《大中刑法总要格后敕》六十卷,起贞观二年六月二日,至大中五年四月十三日,凡二百二十四年杂敕,都计六百四十六门,一千一百六十五条",这是唐朝对于敕书的最后一次大清理。

我们从上面所说的,可以看出,唐朝修定法律的手续,最初是修订律令,后来以删定"格"敕的方法,代替修"律",再后则以删撰"格后敕"的方法,代替编修新"格"。唐律自永徽年以后,只有到了武后时,才经过一次文字上的小小修改。① 此外二百五十年间,一字未经改易。② 这一件事

---

① 《唐会要》说,武后敕裴居道等删改格式,"其律惟改二十四条文有不便者,大抵依旧"。《旧唐书·刑法志》作"其律令唯改二十四条"。
② 在实体上,唐律不是没有被更改的地方,但是以"敕"行之,而《唐会要》及《唐书·刑法志》上,也一一都有记载。

实，我们与其归功与律疏写作的完美，不如说是各种"格"和"格后敕"作了保障它的安全的通气活门。

三、"刑统"

后周显德五年(958)的《大周刑统》，是把"律"，和有关的"格敕"，及"令"和"式"的一种混合编纂，实在是一种非常科学的编纂方法；虽然是和"律疏"及"令""式"，一并通行，实际上当然完全代替了这三种法书。宋朝建隆四年(963)的《重定刑统》，就是这一部《大周刑统》的改编，只是削去了令式宣敕一百九条，增入制敕十五条而已。然而宋朝实际上法制的演变，在"刑统"之外，后来逐渐转移到"编敕"上：凡"律"所不载者，一听之于"敕"，而时轻时重，遂无一定之归。神宗(1068—)以后，改称"编敕"为"敕令格式"，事实上是一样，不过名称上稍有不同而已。

四、"条格"

辽人元人，都是有心以夷变夏，所以也全不肯援用汉人名称，因之辽称"条制"(1036)，元称"新格"(1291)、"通制"(1323)、"条格"(1346)①：这都是要避免使用"律"字的意思。所以元朝这个"格"，和唐朝宋朝的"格"，全是两事，不可混为一谈也。唯有金人接受汉人文化，所以前颁《明昌律义》(1194)，后颁《泰和律义》(1201)，而且实际上

---

① 《元典章》恐怕是一部私人著作，有人说元不称"律"而称"典章"，认为是制度如此，大误。

根本就是唐律！

五、"律例"

  明朝最初在明律外，编"问刑条例"（1500），作用很像宋朝的"编敕"与律并行，后来和律文合刊（1585），则更像后周的"刑统"。清朝处处师学明朝，甚至于起先单行"现行则例"（1679），后来再律例合刊（1689），在这一个步骤上，也完全和明朝一样，真是有意思！至于存律变例，以求"宽严之用，因乎其时"，原来未尝不是善法，可是一经成了固定制度之后（1736—），主其事者，认为故常，而"修"例变成了"增"例，于是有了修例之"名"，而反失去了修例之"实"，真使人不能不兴"有治人，无治法"之叹了。

《中国法制史论略》（台湾正中书局 1976 年第 6 版）

中国法制史论集

目　次

序一 ………………………………………… 徐复观
序二 ………………………………………… 端木恺

中国法律制度

周室的仁政

王充论

唐律中的中国法律思想和制度

"自首"制在唐明清律中的演变

宋律佚文辑注

宋律中的审判制度

鞫谳分司考

宋朝的县级司法

翻异别勘考

中国唐宋时代的法律教育

宋朝的法律考试

宋朝刑事审判中的复核制

推勘考

宋朝的刑书

宋仁宗的书判拔萃十题

法学家苏东坡

东坡,常州,和扬州题诗案
明太祖与中国专制政治
宋濂与徐达之死

附录一
萧著《中国政治思想史》评介
影响价值观念的多种因素
论"防御机械"
谈《西厢》
论政治家与学人

附录二
大度山的风
宁静的大度山
道隣诗词二十首

徐道隣先生行述 …………………………………… 程沧波
痛定思痛忆道隣 …………………………………… 徐叶妙瑛

序 一

徐复观

此处所印行之道隣遗文,乃妙暎女士,纪念道隣之死,以略尽其夫妇间永无穷尽之情,及永无穷尽之恨;殆未足以概道隣之所学,亦未能德道隣之所著。然读者由此亦稍可窥其平生于万一。

道隣尝有志于事业,而其才又足以副之。然当未可直道而行之世,道隣辄欲直道而行;遇本未可与言之人,道隣常甘冒交浅言深之诮;于是屡试屡踬,殆亦势所必然。及憬然有觉,转身从事学问,则迷途已远。岁月蹉跎,掷少壮之宠华,入侵循之迟暮,此乃余与道隣所同悲,竭万年而终莫能挽。然道隣所蓄者甚厚,用力亦倍勤,又多得妙暎女士之鼓荡激励,其成就遂远越余而上之,此道隣平生不幸中之大幸,妙暎女士亦可以此自慰,且以此勉其遗孤,期他日能跨灶而卓然成立,则道隣在九泉下将亦无所憾。

余尝许道隣为序其文。而去岁本有在港相见之约,道隣因病未能来港,不数月竟客死于西雅图,此短文不足以补其歉疚。他日若能搜印道隣之全集,使后人能益知道隣之学之志,此乃余所期待不能自已者。

一九七四年八月二十于香港

补　记

　　此序写成寄给徐夫人后，九月九日得干靖献博士来信，知道他为道隣遗文所搜集的范围，远比徐夫人以前寄给我的目录为广，内容更丰富得多。靖献对道隣所表现的风义，反映出他的一颗纯洁渊厚的文学心灵，真可慰道隣于九泉，慰徐夫人及诸孤于无可奈何中的万一了。

七四、九、十五，补志

序 二

端木恺

徐道邻先生的遗著《中国法制史论集》付印前，徐夫人叶妙暎女士命我写一篇序。她总是因道邻先生和我都修习法律，而且他生前又对我情款特洽的关系。不错，我们非但都是修习法律的，并且都还一生为了法治不断地努力。离开大陆以后，他治学，我读律，仍然没有脱出法律的范围。分别在他的兴趣偏向于中国古代法制，我则局限于现行法令。他以其研究所得著为文章，有助于国故的整理与文化的传播，而我只不过写几张诉状换取公费而已。物质上的收获固然我远多于他，但在精神方面，他的贡献与酬报高出于我者便如天渊之不可以道理计了。不意妙暎女士却指定我为其遗著作序。

道邻先生和我论交足四十年，当他自欧洲学成回国，在一个偶然的机会中我们见面，一经介绍，立谈良久，同怀感伤便相倾倒。此后我们曾一度同事，而在南京、在重庆，住处又距离很近，但是直至大战结束前，却少有往来。值得一提的，乃是遇到困难，我们总在一块，互相依持。这不能不说是我们二人之间冥冥中有一份因缘存在。否则在道邻先生的朋友中学问才气高我倍蓰者不知凡几，交深迹密胜我倍蓰者又不知凡几，何以我们这两个性格迥异，交淡如水的人，反倒成为同声相应、同气相求的患难之交呢。四十年风雨同舟，一旦永诀，他又是落寞异邦，长眠海外，此情此景，尚复何言？抑又何可无言？既有妙暎女士之命，那我更不能不言了。

抗战末期道隣先生任行政院政务处长。胜利之后，我回上海不久，再去重庆，他正准备控告冯玉祥，我竭力劝阻无效。他将辞呈与诉状同时提出，前者批准，后者批驳，这是意料之中的事。道隣先生不是不知讼之不可得直，更不是不知时效、程序上的一个致命伤，是最易为检察官利用的武器。知其不可为而为，所以尽孝，不愿引起政治上可能的误会而不惜弃官，公私分明，利害不计，正是他为一般人不可及之处。那时，敬佩他的人偶亦可遇，批评讥笑之声则随处可闻。道隣先生默然承受，一无表示。在他，既已尽其在我，于心已安，得失毁誉，何动于衷。等我的事处理完毕，他便悄然地和我同机飞沪，暂度平静闲散的生活。

其实道隣先生寂寞一生，从未得意。八年抗战期间，他扬历中外，亦有献替，他的职务变动甚大，其性质每不相同，从表面上看起来，似乎也很活跃、很宣赫。但是没有一件事能使他久于其位，更说不上舒展他的抱负了。我相信，纵无控冯一案，他那个政务处长也是干不长的。当我们结伴在野，比邻而居，他以书报消遣，手不释卷。有一天同济大学校长丁月波（文渊）先生忽来约我去兼他们的法学院长。我答道"同济应保持其传统。由一个学英美法的人主持同济法学院，殊无意义，不如觅一位留德法学家比较适宜。"月波先生称是，遂改邀道隣先生。在同济他的言论风采，冠绝一时，但是我知道教书是违反他的志愿的。

民国三十六年四月，中央改组台湾行政长官公署为省政府，道隣先生因曾到过台湾，应邀出任秘书长。那年秋天是徐太夫人的七十大寿。七八月间我来台作客，道隣先生迎我于基隆港外。我由北而南，沿路游览，直达高雄。本还预备随同主席魏伯聪（道明）先生前往花莲，因南京来电，要我晋京一行，便提前结束台湾的旅程，乘机而归。行前，道隣先生托我筹办在上海为太夫人祝寿，我自是义不容辞。半个月后，道隣先生乘船回沪，却已辞掉秘书长的职务了。徐太夫人的寿庆，我原希望由台湾银行上海分行承担大部分的事务。经此变化，我便找中国纺织公司总经理束云章先生，约了几位"中纺"的友好相助。束云章先生是在他任中国银行西北区行经理时，由朱骝先(家骅)先生介绍给道隣先生和我认识而成为朋友的。束云章先生急公好义，古道热肠，那次他和我的确将徐太夫人的寿做得相当光采。事后，道隣先生将寿堂的照片和礼品(当然花篮除外)带回徐州奉献太夫人，并又补祝。我相信徐太夫人一定很高兴，但在道隣先生的心头不免另是一种滋味。

"行宪"后，道隣先生在江苏省政府任秘书长。不及一年，局势变化，追奉准入台，已身无分文，到机场接他的，只我一人。事实上也只有我知其行期。我见他提着简单的行李踽踽下机，回想他三年前初次来台为行政长官的上宾，再次来台则是新任省府秘书长，而这第三次来台，却成了一个困乏委顿的难民。往事历历，实不胜白云苍狗之感。

然而天资茂异，学力深厚，少年时代即以《敌乎友乎》一文传诵中外的道隣先生，究非常人，岂能无人注意？他自己又岂甘颓废消沉，无所作为？于是记者的访问、讲演的邀约，形成了一阵热闹，也增加了他不少的烦恼。其时正有一些朋友发起在香港出版一《自由人》三日刊，约他写稿，他不谈政治，专研学理，陆续介绍了"语意学"的大义，集成一书。他又和陈伯庄先生合办了一个《学术季刊》，旋又主持编译《读者文摘》，皆因经费不济，维持不久，但水准均高，享誉一时。这是他真正从事著述的开始。在台湾大学和东海大学执教，更加深了他对研究与写作的兴趣，显然他已决心在立言方面下工夫了。

道隣先生乘槎浮海，携眷赴美，从事宣扬中国文化，是受西雅图华盛顿大学之聘。他十多年来的成就，已为国内外学者所公认。但一年约满后，他便没有固定职业。迁往米昔根，六年之久，以短期讲演和兼任授课勉维生活。而他箪食瓢饮，奋斗不懈。那时情况，用他一九七〇年在芝加哥和我见面时告诉我的话来形容,真是"忍人所不能忍,受前所未尝受"。他的夫人妙暎女士本是台大法律系毕业,找到一个小事,工作之余,改修数学。她得了硕士,取得中学教员资格,在米昔根一所中学任教,极受欢迎。道隣先生赞她勇敢贤淑,他说有一个时期家庭完全是靠她维持。

一九七〇年夏季华盛顿大学终于再请道隣先生去任教,并且给他长期聘约。那当然是他所乐于接受的。他的夫人一时摆脱不了米昔根的职务,他一人先去西雅图,过了一年安定但寂寞的生活。等到他的夫人带着一子一女前往和他团聚时,他已用分期付款方法预先买了一座住宅。去年八月"教育部"邀请道隣先生回国,为他安排了一个游览讲演的节目。他怀念故国,扶病来台,飞行疲恭,已无力劳动。他先住旅馆,嗣又搬来我家。原期畅聚,藉故契阔,不意五日之中酬应不绝,他撑持不住,便提前返美。临别犹约于一年以内台北再见。十月间他来信说病已痊愈,即可上课。那知两个月后,在耶诞前夕,他竟与世长辞。在他有了华大长期聘约时,有了属于他自己的家时,有了可以多作学问工夫的良好环境时,他却突然逝去。说他死无遗憾,谁都不能相信。但是死在充满希望的圣诞歌声中,死在家人友好环侍中,也可算得幸运了。

道隣先生的夫人妙暎女士是同济大学时期醉心于他的弟子之一。东渡来台,在台湾大学他们续为师生,终成眷侣。妙暎女士聪慧果毅,对道隣先生帮助极大。他们二人的婚姻应该是道隣先生一生坎坷中最足安慰的事。今年暑假,我因事去美,八月初旬回国,特地绕到西雅图去看妙暎女士。她带着男女公子开车到机场接我送我,竭诚地招待我,表现得非常坚强理智。但从她的神态上可以看出她的一腔悲痛、满腹辛酸。她在西雅图两所中学为兼任教师,勉可生活。道隣先生的遗产,除了四壁图书和一幢款未付清的住宅外,无一长物。她却要一肩负起两个儿女由中学到大学的教育重担。如果她回密昔根,便立刻可有一个较好的位置,更优的待遇。但是她不愿在这个时候离开道邻先生埋首之所。她决心让男公子受最优良的教育,送他去哈佛或史丹福大学。母子研商的结果,先选择了史丹福,因为三藩市与西雅图间飞机一小时可达,呼应比较灵便。将来,她一定会送这位少君去东部完成他的学业的。她这样做岂止对得起道邻先生而已。

妙暎女士在安葬了道邻先生之后,就计划整理他的遗著。朋友们都热望其早日完成问世。她将这工作托付王靖献先生。王先生毕业于东海大学,留美取得哲学博士学位,现在华盛顿大学任教。他是年轻一辈中与道邻先生最接近的一位,去年他们二人便是结伴回国的。道邻先生常在我面前盛赞王先生的才学人品,认为他将来必大有成就,道邻先生一生从不轻易对人有所期许,王先生是很少的例外中之一。妙暎女士麻烦王先生编印道邻先生的遗著,确是选对了人。王先生也极尽责,很快地就将他有关中国法制史的文章搜集了二十篇,另有附录,藉以略示道邻先生的渊博以及他的文采。

时间是最冷酷无情的。道邻先生逝世的噩耗最初传来,朋友们惊相走告,泫然太息。现未期年,大家对他的怀念已经冲的很淡,快到遗忘的阶段了。他的著作出版后,他便会永远活在无论识与不识的读者的心里,不再受时间的淘汰了。

中国法律制度

引 言

中国的法律制度,可分两个时期。光绪二十八年(1902),清室命沈家本、伍廷芳等,参照外国法律,改定律例,是中国法律欧化的一个新时期的开始。在这个时期以前,是中国固有法律制度的一个很悠长的时期,我们现在要叙述的,就是这个时期里的中国法律制度。

这个法律制度,若是从周秦说起,到了清末,前后不下两三千年。时间虽长,但是它有非常健全的发展,很灵活的适应了和控制了这个时期的社会,最可注意的,它和很多的其他文化系统不同,它始终维持了非常高度的纯一性(Homogcucity),它所受的异族文化的影响,可以说是微不足道的。所以在中国许多文化产物中,都有各种时期或朝代的特色,而中国的法律系统是始终维持其一贯性的。

我们要研究中国固有的法律制度,两三千年的历史,从何处说起? 但是这里我们有一个简便的方法。就是就唐朝的法律制度加以研究。我们有两个理由要这样做:一、唐律是最能代表中国法律制度的;二、唐律是过去许多朝代中最好的法律制度。

中国法律,比较成了一个系统、有了一部成文法典,应当首推战国时李悝所制的《法经》六篇(约 400B.C.)。后来商鞅传之至秦(359B.C.),

改"法"为"律",是为秦律。萧何相汉,加上三篇,为"九章之律",是为汉律(201B.C.)。后来经过魏律(约227)、晋律(268)、北魏律(481?)、北齐律(564)、隋律(583),传之至唐,一脉相传的,都是这一个系统。

中国法律,到了唐代,发达到了最鼎盛的时期,以后就再没有多大的变化。五代及宋,完全是承用唐律。元朝时只有极少的更改。明律(1397)的内容,十之七八,全是唐律,清律(1646)更是因袭明律。唐朝以后的法律,条目间有增损,刑名偶有轻重,但其整个系统精神、基本观念,实在从来没有离开过唐律的轨道一步,所以中国过去的法律制度,唐律是最有代表性的。

中国过去的法典,现在还存在的。应当推唐律为最古。宋朝承用唐律,自己未制律。元律支离琐碎,不成系统。明律严刑峻法,轻其所轻,重其所重,结果是轻罪愈轻而易犯,重罪愈重而多冤。清律是步趋明律的。清末薛允升云阶先生著有《唐明律合编》,沈家本子惇先生著有《明律目笺》,都是一条一条地对照,明白地指出明(清)律不如唐律的地方。后来有人说,三代之后,管理之法式,未有逾于唐律者,[①]或者说,古今之律得其中者,唯有唐律。[②] 所以说,唐律是过去许多朝代中最好的法律制度。

唐律的编制

唐高祖(618—26)命裴寂等以《开皇律》为准,撰定律令,于武德七年

[①] 刘季京:《唐律疏议》序。
[②] 沈家本:《汉律摭遗》序。

(624)奏上，是为《武德律》。太宗即位后，命长孙无忌、房玄龄等更加厘改，定律五百条，分为十二卷(637?)，是为《贞观律》。高宗永徽二年(651)，长孙无忌、李勣等奏上新撰律十二卷，是为《永徽律》。三年(652)五月，以"律学未有定疏"，广召解律人，条义疏奏闻，于是长孙无忌、李勣、于志宁、褚遂良等十九人，撰《律疏》三十卷奏上，四年(653)十月，颁于天下，计分名例、卫禁、职制、户婚、厩库、擅兴、贼盗、斗讼、诈伪、杂律、捕亡、断狱等十二篇，共三十卷。后人以疏文皆以"议曰"二字开始，误称之为《唐律疏议》。① 现传的律疏，其文字中之地名官号及城门名称，曾经各依照着开元(713—41)年间的制度窜改(Interpolation)，以致有人认为此乃《开元律》，而非《永徽律》。实则这个说法，既缺乏充分的理，也没由有重要的意义。②

唐律中的礼教观念

唐律所代表的中国法律思想及制度，其第一个特点，即两汉以来整个控制中国政治思想的礼教法律观。

所谓礼教的法律观，即是认为法律的作用，在辅助礼教之不足。唐律说，"德礼为政教之本，刑罚为政教之用"，就是本于孔子"道之以政，齐之以刑，民免而无耻。道之以德，齐之以礼，有耻且格"的说法。而法律之所以为"法"(人民之所以应当遵守的)，也就是因为它是礼教的保障，法之所禁，必是礼之所不容，礼之所许，也一定是法之所不禁。所谓"礼

---

① 参阅拙著《唐律中之中国法律和制度》(《大陆杂志》第五卷第一期，页二七)。
② 详拙著《开元律考》(《新法学》第一卷三期)。

之所去,刑之所取,出礼则入刑"(《后汉》之《陈宠传》),就是这个道理。这种法律观,和春秋战国时法家所主张的以"法者天下之至道"(《管子》),或"法虽不善,犹愈于无法"(《慎子》)者,自然大相迳庭了。

这种基于礼教的法律观念,表现在制度方面的,有以下四点:

一　唐律中有许多罪名,专门是为保障礼教规律而设的。例如:

《职制》,大祀不预申期条:"诸大祀(天地宗庙神州等为大祀),入散斋(斋官画理事如故,夜宿于正寝),不宿正寝者,一宿笞五十(无正寝者,于余斋房内宿者亦无罪,皆不得预秽恶之事)。"

《户婚》,居父母丧生子条:"诸居父母丧生子者(谓在二十七月内而妊娠生子者),徒一年。"

《户婚》,父母囚禁嫁娶条:"诸祖父母父母被囚禁,而嫁娶者,死罪徒一年半,流罪减一等(若祖父母父母犯当死罪,嫁娶者徒一年半,流罪徒一年)。"

二　"律疏"解释律文,常常从《礼经》中取证。例如:

《名例》,十恶条:"四曰恶逆……""问……夫,据礼有等数不同,具为分析?答曰:夫者,据《礼》有三月庙见,有未庙见,或就婚等,三种之夫,并同夫法……其有克吉日及定婚夫等,难不得违约改嫁,自余相犯,并同凡人。"

同上条:"七曰不孝:闻祖父母父母丧,匿不举哀。"疏:"依《礼》,闻亲丧,以哭答使者,尽哀而问故。父母之丧,创钜尤切……今事匿不举哀,或检择时日者并是。"

《户婚》,许嫁女报婚书条:"诸许嫁女,已报婚书……而辄悔者,杖六十;虽无许婚之书,但受聘财亦是。"疏:"婚礼先以聘财为信,故《礼》云,聘则为妻,虽无许婚之言,但受聘财亦是。即受一尺以上,并不得悔。"

三　礼教规则,可以补充法律之不足,而被拿来作条文来应用。例如:

《职制》,匿父母夫丧条,疏:"问居期丧作乐……,律条无文,合得何罪?答曰:《礼》云,大功将至辟琴瑟……身服期功,心忘宁戚,……须加惩戒。律虽无文,不合无罪。从'不应为'之坐,期丧从重杖八十。"

《名例》,老小废疾条,疏:"问殴已父母不伤,若为科断?答曰:其殴父母,虽小及疾可矜,敢殴者仍为恶逆,或愚痴而犯,或情恶故为,于律虽得无论,准礼仍为不孝,老小重疾,上请听裁。"

四　最重要的,法律条文的引用及解释,可以不受严格的形式主义的拘束。唐律中本来已经有内容很富弹性的一项条文:

《杂律》,不应得为条:"诸不应得为而为之者(谓律令无条,理不可为者),笞四十。事理重者杖八十?"疏:"临时处断,量情为罪。"

而此外还有"轻重相明"的办法:

《名例》,断罪无正条:"诸断罪而无正条,其应出罪者,则举重以明轻,其应入罪者,则举轻以明重。"疏:"依《贼盗律》,夜无故入人家,主人登时杀者勿论,假有折伤,灼然不坐。此举重明轻之类。《贼盗律》,谋杀期亲尊长皆斩,无已杀已伤之文。如有杀伤者,举始谋是轻,而得死罪,杀及谋而已伤是重,明从皆斩之坐。是举轻明重之类。"

再则有以多数条文,"比附论罪"之例。例如:

《斗讼》,告缌麻卑幼条,疏:"问女君于妾,依礼无服,其有诬告,得减罪以否?答曰:律云,殴伤妻者,减凡人二等,若妻殴伤杀妾,与夫殴伤杀妻同。① 又条,诬告期亲卑幼,减所诬罪二等。② 其妻虽非卑幼,义与亲卑幼同。③ 夫若诬告妻,须减所诬罪二等。④ 妻诬告妾,亦与夫告

---

① 指出妻与妾的关系,等于夫与妻的关系。
② 指出诬告期亲卑幼减所诬二等。
③ 妻为夫之卑幼。
④ 夫诬告妻,减所诬二等。

妻同。①"

有这样内容空泛的条文,和这样弹性的解释和引用的方法,再加上有特别案情,可以随时"上议请裁""廷讯""御审"等等,法律学家自然不会发觉有"法律空隙"(Rechtsuecken)的问题,社会上更不会感觉到司法制度有什么不敷应用的地方了。②

唐律中的伦常制度

中国的礼教,是建立于"五伦"之上的,所以人与人的关系,在法律方面上,全受双方相对身份之支配。大体言之,可分以下数端:

一　君主的特别人格:唐律五百零一条中,刑名最重的,莫过于谋反(谋害国君):犯者不分首从皆斩,父子年十六以上皆绞(《贼盗》,谋反大逆条)。事涉皇帝而致死罪者,几乎有二十条。(例如阑入上阁内者绞,阑入殿内者绞,越殿垣者绞,非宿卫人冒名入殿内者绞,不承敕擅开宫殿门者绞,夜持仗入殿门者绞,宿卫人于御在所误拔刀子者绞,射箭至队仗内者绞,合和御药不如本方及封题误者医绞,造御膳犯食禁者主食绞,造御幸舟船不牢固者工匠绞,监当主司误将杂药至御所者绞,指斥乘舆情理切害者绞,谋反大逆者斩,盗御宝者绞,伪造皇帝八宝者斩,伪写宫殿门符者绞,诈为制书及增减者绞。)所以有人说,唐律之为后代君主所喜

---

① 妻诬告妾应同此例。
② 在礼教的法律观中,人与人的关系重,所以社会为本位,而刑法为中心,而行政法官吏法次之,而可以不斤斤于条文。在权利的法律观中(罗马法系),人与物的关系重,所以个人为本位,而债权法为中心,而继承法诉讼法次之,而自然走向形式主义。详拙著《唐律通论》,页三三。

者,就是以其特别尊重皇帝的原故。

但是如若我们细读唐律,可以发现君主在唐律中有时是代表国家,有时是代表个人。例如"十恶"的次序,"谋反"(谋犯国君)和"大逆"(毁宗庙山陵),在最前面,而"大不敬"(乘舆服御物、指斥乘舆、对捍制无人臣理),则在"恶逆"(谋杀杀祖父母父母)、"不道"(杀一家非罪三人、支解人)之后,可见前者是国家为主,后者以皇帝个人为主。《职制律》中,"署置过限""贡举非其人""刺吏县令私自出境"之罪在先,而"和合御药不如本方""造御舟船不牢固"之罪在后,可见服务国家之事,重于侍奉皇帝之事。《斗讼律》:殴皇家袒免亲,若亦为己之所亲,则各准尊卑服数为罪,不在皇亲加例。可见私人亲属关系,重过皇亲与平民间的关系。所以"君主为国家象征"这个意识,在中国过去的国家论中,并不能说是完全没有。

二 官吏的特殊地位:唐律判刑,居官者和平民不同,凡是九品以上之官,只要所犯的不是五流(加役流、反逆缘坐流、子孙犯过失流、不孝流、会赦犹流)和死罪,①都可以去官抵罪,谓之"官当":私罪,五品以上,一官当徒二年,九品以上,一官当徒一年,公罪各加一年当。流罪比徒四年。其以官当徒者,罪轻不尽其官,留官收赎,官少不尽其罪,余罪收赎(《名例》,以官当徒条,及以官当徒不尽条)。七品以上之官,流罪以下,皆减一等,谓之"减罪"(《名例》减章)。五品以上之官,犯非恶逆,虽坐绞斩,亦听自尽于家(《断狱》,断罪应绞而斩条)。居官者虽是犯了五流而配流如法,也还是可以免居作之役(《名例》,赎章)。就是说,居官的犯了罪,纵是处死刑成者配流,也还是不服劳役、不受拷打,而被保全他一种

---

① 虽十恶之罪,有的还是可以官当的。

光荣的身份①。至于他们的舍宅、车服、器物甚至祖先的坟茔石兽之类，都有一定制造的规定，来显著（Conspicously）地表示他们的品级身份（《杂律》，舍宅车服器物条）。唐律对于官吏在社会上的地位，确实是予以十分尊重的。

但是因此居官的人们，在一般作人的责任上，也比较平人为大。尤其在取与授受之间，显著的表示出法律对他们要求之严格。例如：

《职制》，监主受财枉法条："监临主司受财枉法者……十五匹绞。"而平民窃盗，虽五十匹，也不过止是加役流而已（《贼盗》，窃盗条）。作监临主司而受财虽是不枉法（虽受有事人财，判断不为曲法），也要一尺杖九十……三十匹加役流（监主受财枉法条）。甚至于"有事先不许财，事过之后而受财者，事若枉，准枉法论，事不枉者，以受所监临财物论"。（《职制》，有事先不许财条）。

再看：

《职制》，受所监临财物条："诸监临之官，受所监临财物者（不因公事而受监临内财物者），一尺笞四十，一匹加一等，五十匹流二千里。乞取者加一等（非财主自与而官人从乞者），强乞取者（若以威力强乞取者），准枉法论。"

《职制》，贷所监临财物条："诸贷所监临财物者，坐赃论。② 若百日不还，以受所监临财物论。若卖买有剩利者（官人于部卖物及买物，计时估剩利者），计利以乞取监临财物论。强市者笞五十。有剩利者，计利准枉法论。"

《职制》，役使所监临条："诸监临之官，私役使所监临，及借奴婢牛马

---

① 德国中古法中，斩是光荣的死罪，绞是不光荣的死罪，与此可以对照。
② 坐赃之罪，一尺笞二十，一匹加一等，罪止徒三年（《杂律》坐赃条）。

驼骡驴车船碾硙邸店之类,各计庸赁,以受所监临财物论。"

《职制》,监临受供馈条:"诸监临之官,受猪羊供馈,坐赃论。"

《职制》,率敛监临财物条:"诸率敛所监临财物馈遗人者(谓率人敛物或以身率人),虽不入己,以受所监临财物论(若自入者,同乞取法)。"

《职制》,监临家人乞借条:"诸监临之官,家人于所部,有受乞借贷,役使卖买有剩利之属,各减官人罪二等。官人知情,与同罪,不知情者,各减家人罪五等。"

《职制》,去官受旧官属条:"诸去官而受旧官属前任所僚士庶佐旧所管部人馈与,若乞取借贷之属,各减在官三等,其因官挟势,及豪强之人乞索者(扶持形势,及乡闾首望豪右之乞索财物者),坐赃论减一等。"

看上面出差的不能接受礼物;部下的财物,即借用亦不许;家人敛索,主人不知情也要得罪;虽去官仍不能受部属的馈赠;法律之所以防闲官吏者,可谓周密。

再则作官吏的,对于国家的公物,更有特别爱护的责任。例如:

《职制》,增乘驿马条:"诸增乘驿马者,一匹徒一年。"疏:"给驿,三品以上四匹,四品以上三匹,五品以上二匹,余官一匹……数外剩取,是曰'增乘'。"

《职制》,乘驿马枉道条:"诸乘驿马辄枉道者,一里杖一百,五里加一等。经驿不换马者杖八十。"疏:"问假有人乘驿马,枉道五里,经过反复,往来便经十里,如此犯者,如何处断?答曰:律云枉道,本虑马劳,又恐行迟,于事稽废,既有往来之里,亦计十里科论。"

《职制》,乘驿马赍私物条:"诸乘驿马赍私物(谓非随身衣仗者),一斤杖六十,十斤加一等。罪止徒一年。"

《杂律》,乘官船载衣粮条:"诸应乘官船者,听载衣粮二百斤。违限私载。若受寄及寄之者(若受人寄物,及寄物之人),五十斤及一人,各笞二十。一百斤及二人,各杖一百。每一百斤及二人,各加一等。"

《厩库》,假借官物不还条:"诸假请官物(谓有吉凶应给威仪卤簿,或借帐幕毡褥之类),事讫过十日不还者,笞三十。十日加一等。"

《厩库》,监主贷官物条:"诸监临主守,以官物私自贷,若贷人,及贷之者,无文记,以盗论,有文记,准盗论(文记谓取抄署之类,虽无文案,或有名簿,人或取抄及署领之类皆同)。"

《厩库》,监主以官物借人条:"诸监临主守之官,以官物私自借,若借人,及借之者,笞五十。过十日,坐赃论减二等。"①

《杂律》,应给传送剩取条:"诸应给传送(一品给马八匹,二品六匹,三品以下,各有等差),而限外剩取者,笞四十。若不应给而取者,加罪二等。强取者各加一等。主司给与者,各与同罪(强取而主司给与,亦与强者罪同)。"

像上面最后一条的规定,虽是被人强迫的而仍然不能免罪。作官吏的责任,不可谓不严格了。

三　亲属身份在法律上的重要作用:这个可以分六项来讲。

1 缘坐　《贼盗》,谋反大逆条:"谋反及大逆者……父子年十六以上皆绞,十五以下及母女妻妾祖孙兄弟姊妹并没官……伯叔父,兄弟之子皆流三千里。"谋叛条:"诸谋叛已上道者;妻子流二千里。若率众百人以上,父母妻子流三千里。"造畜蛊毒条:"诸造畜蛊毒(谓造合成蛊,堪以害人者),及教令者绞。造畜者同居家口,虽不知情,皆流三千里。"这就是本来无罪之人,只因为和犯罪者有亲属关系,因之被连带到配流、没官,以至处死。

2 减赎　皇帝袒免以上亲,太皇太后皇太后缌麻以上亲,皇后小功

---

① 上条"贷"指消费,本条"借"指使用。

以上亲,犯死罪,皆条所坐及应议之状(议者原情议罪,称定刑之律而不正决之),先奏请议,议定奏裁。流罪以下减一等(《名例》八议条)。皇太子妃大功以上亲,犯死罪者上请,流罪以下减一等(《名例》请章)。官爵得请者(五品以上)之祖父母父母兄弟姊妹妻子孙,犯流罪以下各从减一等之例(《名例》,减章)。官品减者七品以上之祖父母父母妻子孙,犯流罪以下听赎。又以上四等人,犯流罪以下皆听赎(《名例》,赎章)。这就是本来犯罪之人,只因为和某种人有亲属关系,遂得减等科刑或纳铜赎罪①。

3 量刑　依《贼盗律》谋杀期亲尊长条,侄杀伯叔父母姑者,皆合斩刑,谓之"恶逆"(《名例》十恶条)。而伯叔杀侄则只合徒三年(《斗讼》殴兄弟姊妹条),弟殴兄者徒二年半(同上条)谓之"不睦"(《名例》十恶)条,兄殴弟虽伤无罪(殴杀者徒三年,参殴兄弟姊妹条),妻殴夫者徒一年(《斗讼》妻殴夫条),夫殴妻,伤者减凡人二等,不伤无罪(参同条)。可见同一犯罪行为,唯以双方亲属关系中之身份不同,而刑罚之轻重,就大不相同了。

4 定罪　《职制》,府号官称犯名条:"诸府号官称犯祖父名(父名'卫',不得于诸卫任官,祖名'安',不得任长安县职),而冒荣居之,祖父母父母若疾无侍,委亲之官者,徒一年。"和前面说过的居父母丧生子徒一年,祖父母父母犯死罪因禁而嫁娶者徒一年半,这都是本来很正常的行为,但因为其亲属中有某人在某种状况之下,而这些行为就成了罪名了。

5 破法　《名例》,犯死罪非十恶条:"诸犯死罪非十恶,而祖父母父

---

① 赎罪、死刑,铜一百二十斤,流刑,八十至一百斤。徒刑二十至六十斤,杖刑六至十斤,笞刑一至五斤(《名例》,笞刑至死刑各条)

母老疾应侍,家无期亲成丁者,上请,犯流罪者,权留养亲。"犯罪共亡条:"诸犯罪共亡,轻罪能捕重罪首者,除其罪。"但缌麻以上亲,犯罪共亡者,则不合告言,若捕亲属首者,但得减逃亡之坐其本犯之罪不原;并且还须要依伤杀及告亲属法治罪(同条问答)。同居相为隐条:"诸同居,若大功以上亲,及外祖父母外孙,若孙之妇,夫之兄弟,及兄弟妻有罪相为隐。即漏露其事,及摘语消息,亦不坐。"疏:"假有铸钱及盗之类,事须掩摄追收。遂漏露其事,及摘语消息,谓报罪人所掩摄之事,令得隐避逃亡。"这都是本来应该执行的,或者应该免除的,和应该判决的罪名,但是因为犯者的亲属关系,而都"破格"不用了。

6 特制 《户婚》,子孙不得别籍条:诸祖父母父母在"而子孙别籍异财者(别生户籍,财产不同),徒三年"。《斗讼》,祖父母为人殴击条:"诸祖父母父母,为人所殴击,子孙即殴击之,非折伤者勿论。折伤者,减凡斗折伤三等。"《贼盗》,杀人移乡条:"诸杀人应死,会赦免者,移乡千里外。若死者家无期以上亲,或先相去千里外,不在移限。"这些都是特别为维护亲属关系而设的制度。而最后的一条,一方面既赦免犯罪者的死刑,另一方面又恐怕不能安慰被害者家属的报仇心理,而规定了这种强迫移民的办法。其顾虑的周详,真可说是无微不至。

唐律中的社会法制

唐律的基本观念,是一种礼教的法律观。礼教的目的,是维持社会的善良关系。所以唐律也表现出一种很发达的社会观念。这一点可以分作两方面来讲。

第一,它有一套很完备的社会防罪制度:就是说,把防止犯罪的责

任,一部分付托给社会本身。例如它规定人民于犯罪发生时,因被动而有行动的义务者:

《捕亡》,邻里被强盗条:"诸邻里被强盗及杀人(五家为邻,五邻为里),告而不救助者杖一百,闻而不救者减一等。力势不能赴救者(谓贼强人少,或老小羸弱),速告随近官司。若不告者,亦以不救助论。其官司不即救助者,徒一年。窃盗者各减二等。"

《捕亡》,道路行人捕罪人条:"诸追捕罪人,而力不能制不能拘制,告道路行人,其行人力能助之而不助者杖八十。势不得助者勿论。(谓隔川谷垣篱堑栅之类,不可逾越者。官有急事,及私家救疾赴哀,情事急速,亦各无罪)。"

还有人民于犯罪发生时,有时不须被动,即自动的有行动的义务者,例如:

《斗讼》,强盗杀人条:"诸强盗及杀人,贼发,被害之家及同伍(同伍共相保伍者),即告其主司。若家人同伍单弱,比伍为告(每伍家之外即有比伍)。当告而不告,一日杖六十。"

《斗讼》,监临知犯法条:"同伍保内,在家有犯,知而不纠者,死罪徒一年,流罪杖一百,徒罪杖七十。其家唯有妇女及男年十五以下者,皆勿论。"

《杂律》,见火起不告救条:"诸见火起,应告不告(须告见在及邻近之人共救),应救不救,减失火罪二等。"①

《捕亡》,被殴击奸盗捕法条:"诸被人殴击,折伤以上,若盗及强奸,虽傍人(虽非被伤被盗被奸家人及所亲),皆得捕系以送官司。"

《斗讼》,密告谋反大逆条:"诸知谋反及大逆者,密告随近官司,不告

---

① 失火者笞五十。于官府廨院及仓库内失火者徒二年。故烧官府廨舍及私家舍宅若财物者徒三年(《杂律》非时烧田野条,官府仓库失火条)。

者绞。知谋大逆谋叛不告者,流二千里。知指斥乘舆及妖言不告者,各减本罪五等。"

以上可见社会本身对于防止犯罪的各种责任。

第二,唐律中有很详细的警察制度,来保障各种公益。例如:

《户婚》,脱户条:"诸脱户者(一户之内尽脱漏不附籍者),家长徒三年。""里正知情者,同家长法。"(里正不觉脱漏条)"州县知情者,从里正法。"(州县不脱漏条)

《杂律》,城内街巷走车马条:"诸于城内街巷,及人众中,无故走车马者(无要速事故),笞五十。以故杀伤人者,减斗杀伤一等。若有公私要速而走者不坐。以故杀伤人者,以过失论。"

《杂律》,笡船不如法条:"诸船人行船,笡船写漏(笡船谓笡塞船缝,写漏谓写去漏水),安标宿止(行船宿泊之所,须在浦岛之内仍即安标),不如法,若船筏应回避而不回避者,笞五十。以故损失官私财物者,坐赃论减五等。"

《杂律》,舍宅车服器物条:"诸营造舍宅车服器物,及坟茔石兽之属,于令有违者,杖一百。"疏:"舍宅者营缮令:王公以下,凡有舍屋,不得施重拱藻井。车者,仪制令:一品青油纁,通幰虚偎。服者,一品衮冕,二品鷩冕。器物者,一品以下食器,不得用纯金纯玉,坟茔者,一品方九十步,坟高一丈八尺。石兽者,三品以上六,五品以上四。"

《杂律》,失时不修堤防条:"诸不修堤防,及修而失时者,主司杖七十。"

《杂律》,盗决堤防条:"诸盗决堤防者(盗水以供私用若为官检校,虽供官用亦是),杖一百。若毁害人家,及漂失财物,赃重者坐赃论。以故杀伤人者,减斗杀伤罪一等。若通水入人家,致毁害者,亦如之。其故决堤防者(非因盗水,或挟嫌隙,或恐水漂自损之类),徒三年。"

《杂律》，医合药不如方条："诸医为人合药，及题疏针刺，误不如本方，杀人者徒二年半。故不如本方，虽不伤人，杖六十。"

《杂律》，侵巷街阡陌条："穿垣出秽污者（穿穴垣墙，以出秽污之物于街巷），杖六十。出水者勿论。主司不禁与同罪。"

《贼盗》，以毒药药人条："脯肉有毒，曾经病人，有余者速焚之，违者杖九十。若故与人食，并出卖，令人病者，徒一年。以故致死者绞。即人自食致死者，从过失杀人法（盗而贪者不坐，仍科不焚速之罪）。"

《杂律》，施机枪作坑井条："深山迥泽，及有猛兽犯暴之处，施机枪作坑井者，仍立标帜，不立者笞四十。"

《贼盗》，山野物已加功力条："诸山野之物（谓草木药石之类），已加功力（或刈伐，或积聚），而辄取者，各以盗论。"

《杂律》，卖买不和较固条："诸卖买不和而较固取者较谓专略其利，固谓障固其市，及更出开闭，共限一价（谓卖物以贱为贵，买物以贵为贱），若参市（谓负贩之徒，共相表裏，参合贵贱，惑乱外人），而规自入者，杖八十。"

《杂律》，器用绢布行滥条："诸造器用之物，及绢布之属，有行滥短狭（行滥谓器用之物不牢不真，短狭谓绢匹不充四十尺，布端不满五十尺，幅阔不充一尺八寸之属）而卖者，各杖六十。"

《杂律》，私作斛斗秤度条："诸私作斛斗秤度不平，而在市执用者，笞五十。因有增减者，计所增减准盗论。"

《杂律》，校斛斗秤度条疏："校斛斗秤度，每年八月，诣太府寺平校，不在京者，诣所在州县官校，并印署，然后听用。量，以北方秬黍中者，容一千二百为龠，十龠为合，十合为升，十升为斗，三斗为大斗一斗，十斗为斛。秤权衡，以秬黍中者百黍之重为铢，二十四铢为两，三两为大两一两，十六两为斤。度以秬黍中者一黍之广为分，十分为寸，十寸为尺，一尺二寸为大尺一尺，十尺为丈。"

《贼盗》，盗毁天尊佛像条："诸盗毁天尊像佛像者徒三年。"

《贼盗》，发冢条："诸发冢者加役流，已开棺椁者绞，发而未彻者徒三年。"

《杂律》，国忌作乐条："诸国忌日废务日作乐者，杖一百，私忌减二等。"

《杂律》，得宿藏物条："得古器（谓得古器钟鼎之类）形制异（形制异于常者），而不送官者准所得之器，坐赃论减三等。"

《卫禁》，私度关条："诸私度关者（无公文），徒一年。越度者（谓关不由门，津不由济而度者）加一等。"

《卫禁》，不应度关条："诸不应度关而给'过所'（有征役番期及罪谴之类，不合辄给过所），若冒名请'过所'而度者，各徒一年，即以'过所'与人，及受而度者，亦准此。"

以上这二十几条条文，只是一些有代表性的选择，已可看出户籍警察、交通警察、营建警察、水利警察、卫生警察、山林警察、经济警察、宗教警察、古物警察、边界警察这些观念，在当时不但存在，并且是很发达的了。

唐律中的司法制度

唐律司法制度中，最值得我们注意的要点之一，即法官对于其断案之曲直，负有绝对之责任。唐律中，无罪之人被罪判，谓之"入罪"，有罪之人被放纵，谓之"出罪"。其处罚的规定如下：

《断狱》，官司出入人罪条："诸官司入人罪者（或虚立证据，或忘构异端,指法用情,锻炼成罪),若入全罪,以全罪论。从轻入重,以所剩论。从笞杖入徒流,从徒流入死罪,亦以全罪论。其出罪者(谓增减情状之徒,足以动事之类从重出轻),各如之。即断罪失于入者,各减三等。失于出者,各减五等。"

就是说,法官裁判,故意违法的,皆随其所判得罪;就是以过失而误判的,也要减等论罪,而不能诿谢其责任。

至于各级裁判机关之管辖权,则"徒断于州,杖断于县",是一般地方上的管辖范围。"徒刑以上归大理,其下由京师法曹参军事与诸司断之"是京城里的管辖范围。"县申州,州申省刑部"是一般"复审"的程序。凡鞫大狱,特召刑部尚书、御史中丞、大理卿同案之,谓之"三司使",是一种特别法庭。邀车驾,挝登闻鼓,上议请裁①,廷讯御审,是一种非常裁判。

《断狱》,应言上而不言条疏:"杖罪以上县决之。徒以上县断定,送州复审。大理寺及京兆河南府断徒,申省复审。大理寺及诸州断流以上,皆连写状申省。大理寺及京兆河南府,即封案送。若驾行幸,即准诸州例,案复理尽申奏。"《断狱》,死囚复奏报决条,疏:"死罪囚,奏画已讫,应行刑者,皆三复奏讫,然始下决,即奏讫报下应行决者,听三日乃行刑。"这就是说,杖罪以下断于县,一审即可执行。徒以上罪断于州,必定要经过一次的"复审"。流以上罪,必须经过"申奏",而死罪必须"复奏"三次,批准之后,再经过三天才能执行。

唐律刑狱之制,非常薄罚而慎杀。累犯笞杖,决之不得过二百,累犯流刑,流不过三千里。累犯流徒,役不过四年(《名例》,犯罪已发条)。死刑不出绞斩,废除了过去种种惨酷不人道的暴刑(《名例》,死二条)。缘

---

① 狱官所疑,法官执见不同者,得为异议讲裁(《断狱》,疑罪条)。按法无罪依礼应罚者,可上请听裁(《名例》,老小废疾条)。

坐入死限于父子,再无合门诛族之事(《贼盗》,谋反大逆条),而其笞杖的粗细长短,有一定的限制①。背、腿、臀分受,有明白的说明②。捶人而滥施大杖,徒流应送配所而稽留不送者,都有严格的制裁(《断狱》,监临以杖捶人条,徒流送配稽留条)。而且秋分以前,立春以后,正月五月九月(断屠月),一日、八日、十日、十五日、十八日、二十三日、二十四日、二十八日至三十日(禁杀日亦称十直日),皆不得决死刑。一年之中,能杀人的,前后算起来还不到八十天。

　　唐朝对于狱讼之淹迟不决,也想过控制的办法,一般的规定:《职制》,稽缓制书条:"依令,小事五日程,中事十日程,大事二十日程。徒以上狱案,辨定须断者三十日程。其通判及勾,经三人以下者,给一日程,经四人以上,给二日程,大事各加一日程,若有机速,不在此例。"后来宪宗元和四年(809),敕:"刑部大理,决断罪囚,过为淹迟,是长奸幸。自今已后,大理寺检断,不得过二十日,刑部复下,不得过十日。如刑部复有异同,寺司重加不得过十五日。省司量复不得过七日。如有牒外州府节目,及于京城内勘,本推即日以报牒到后计日数。被勘司却报,不得过五日。仍令刑部具造牒及报牒月日,牒报都省及分察使,各准敕文勾举纠访。"穆宗长庆元年(821),牛僧孺奏:"天下刑狱,苦于淹滞,请立程限,大事,大理寺限三十五日详断毕,申刑部,限三十日闻奏。中事,大理寺三十日,刑部二十五日。小事大理寺二十五日,刑部二十日。一状所犯十人以上,所断罪二十件以上为大。所犯六人以上,所断罪十件以上为中。所犯五人以下,所断罪十件以下为小。其或所抵罪状并所结刑名并同

---

① 杖皆节去节目,长三尺五寸,讯囚杖大头径三分二厘,小头二分二厘。常行杖,大头二分七厘,小头一分七厘。笞杖,大头二分,小头一分五厘(《断狱》,决罪不如法条)。
② 决笞者腿臀分受,决杖者背腿分受,笞以下愿背腿分受者听(同上条)。

者,则虽人数甚多,亦同一人之例,违者罪有差。"①

唐制徒以上罪,不断于县而断于州府者,因为州府都设有专门司法幕僚:州有"司户参军事"及"司法参军事",上中州各二人,下州各一人;府有"户曹参军事"及"法曹参军事",上中府二人,下府一人。户曹及司户参军,"掌判断人之诉竞,凡男女婚姻之合,必辨其族姓,以举其违;凡井田利害之宜,必止其争讼,以从其顺"。法曹及司法参军,"掌律令格式,鞫狱定刑,督捕盗贼,纠逖奸非之事,以究其情伪,而制其文法"(《唐六典》卷三十)。可见当时民事和刑事,不是完全没有分别的。

唐朝对于司法人才的选拔,也很注重。当时每岁的贡举,都有"明法"一科。考试的项目,是试律令各十帖,试策共十条(律七条,令三条)。全通为甲,通八以上为乙,自七以下为不第(《通典》卷十五)。比起"明经""秀才"各科,都有甲乙丙丁四第者,可说是选拔的标准,更为严格。

结　论

以上所述,是唐朝法律制度的大概。至于实际上执行的情形,是否和制度的理想,能相去不远,这就要看整个的政治情形为断。大体说来,太宗(627—649)、代宗(762—779)、宪宗(806—824),都是宽仁恩恕之君,这时候的司法情形,都是为当时及后世所称道的。武后(684—705)最称滥刑,天下之人,为之侧足。玄宗(712—756)初尚宽仁,晚年屡兴大狱。懿宗(860—873)以后,无可称述者矣。②沈家本说:"法之善者,仍

---

① 以上两敕,并见《旧唐书·刑法志》。
② 沈家本:《刑制总考》卷四,页三。

在有用法之人。苟外其人,徒法而已……大抵用法者得其大,法即严厉,亦能施其仁于法之中。用法者失其人,法即宽平,亦能逞其暴于法之外。此其得失之故,实凳乎宰治者之一心。为仁为暴,朕兆甚微。若空言立法,则方策具在,徒虚器耳。"①这句话正说中了任何时,任何地,整个"法制"和"法治"的关键所在,更不限于唐律,或中国一国的法制史而已了。

---

① 沈家本:《刑制总考》卷四,页三。

周室的仁政

孔子的哲学思想,以"仁"为中心,政治学说,以"周"为理想,本是儒门内的老生常谭。这两者虽然在逻辑上没有其必然的关联性,但是以"周室"代表"仁政",在中国人的论著中,两千多年来,似乎是一直如此。可是,最近一连出了两篇翻案的文章。

萧公权先生在他的《中国政治思想史》一九五四年版中,说"周政"有"法令滋彰"的倾向。因为"周礼六官,定制綦详。大司寇县法象魏,事近任法。观《礼记》《仪礼》所记之节文,诚有礼烦之感。读《尚书大诰》,统制多士、多方,《康诰》《酒诰》诸篇,更觉周人开国气象之中,肃杀之威,多于宽厚之德"。因之"周人殷民","以征服者压制亡国遗民之通例推之",则其"实行'刑新国,用重典'之政策",大有可能(页六三、六四。)

沈刚伯先生《法家的渊源、演变、及其影响》一文(《自由中国》第十七卷七期,一九五七年十月中),说:"周人是一个纪律严、赏罚明、效率高、武力强的民族;而用严刑峻法来部勒全民,使其过一种集团生活,便是姬周开国的大政方针。"(页一九八)

他的论证,大约可分为三点。

一、周公在《康诰》里,指示康叔治卫的方针,不外"敬明乃罚",在《酒诰》里,以死刑禁酒,更是"千古少有的酷刑"。康叔后来回中央做司寇,可知"卫自始便是用《康诰》《酒诰》的教训为施政标准"。

二、孔子说过:"夫晋国将守唐叔之所受法度,以经纬其民,卿大夫以序守之,民是以能尊其贵,贵是以能守其业。"可见"唐叔所受于周而行于晋的法度,该是何等的严密苛刻!"

三、《毛诗·唐风》仅十二首,却是忧怨之什,几达半数。季札一听,便叹其"思深哉!何忧之远也!""晋国强盛,而一般平民竟会思深忧远,则其身所受,非极权统治而何?"以上皆见页一九八。

萧沈二君之说,我皆未敢赞同。现在分几点来讨论。

一、研究古代实际的政治情形,第一应当注意的,自然还是正史。照《史记》的记载,周先的公刘和太王,都是"积德行义"之君,太王以不忍"杀人父子而君之",才迁国歧下。文王更是"笃仁,敬老慈少,礼下贤者",曾献洛西之地于纣,以请去炮烙之刑。国内"耕皆让畔,民俗皆让长",使前来争讼的虞芮之人,自惭而去。武王"修文王绪业",伐纣克商。"释箕子之囚,表商容之闾,散鹿台之财,发钜桥之粟。纵马于华山之阳,牧牛于桃林之野,振兵释旅,示天下不复用"。成王绌殷命、袭淮夷,"民和睦,颂声兴"。康王得召公毕公之辅,知王业之不易。"成康之际,天下安宁,刑错四十余年不用。"以上皆见《周本纪》。

文武成康,四代都是仁德之君,不但《史记》上的记载是如此,其他周秦两汉时代的书籍,所记载的似乎也莫不如此。《诗》《书》《论》《孟》,固不必说,此外如:

①《墨子》引《泰誓》上文王若日若月之言,以赞文王之兼爱天下之博大(《兼爱下》);称文王举闳夭泰颠于置罔之中(《尚贤上》);说武王染于太公周公,而为天下仁义显人之所必称(《所染》)。

②《庄子》称文王迎臧大人而授之政(《田子方》);

③《荀子》称文王载百里地而天下一(《仲尼》);武王以百里之地义立而王(王霸);禹汤文武为仁义之兵(《议兵》);

④《吕氏春秋》赞文王辞千里之地,以请去炮烙之刑(《顺民》);

⑤《淮南子》述武王之伐纣及周公之服四夷(皆见《泰族训》);

⑥《管子》称殷民举首而望文王,愿为文王臣(《形势解》),以及武王之有臣三千而一心(《法禁》);

⑦《晏子春秋》称文王修德而不以要利(《内篇问上》第二十三)。

这些书籍,对于周初的君王,无不是赞扬其仁德,甚至于偶而可能还有点过实之处,例如《淮南子》说成康二王,"继文武之业……非道不言,非义不行,言不苟出,行不苟为,择善而后从事"(《主术训》),但从来没有哪个人说过他们是刻薄寡恩。所以"周室"和"仁政"两词,在古人字汇中,几乎成了同义字。汉宣帝回答他太子之谏,说:"汉室自有制度……奈何纯任德教,用周政乎?"(《汉书·元帝纪》)。唐武后时,周矩上书,说"周用仁而昌,秦用刑而亡"(《新唐书·刑法志》),这些话,都很明显地说明了过去人对于周朝政治的一般看法。

二、要谈周室初期的政治,自然一切要看开国时的几位君臣。现在我们把文武周召四人,就古书中所记载的,观察一下。

① 文王是以"小心翼翼"(《大雅·文王之什·大明》)、"慈和"(祭公谋父语,《史记·周本记》),"惠和"(司马侯语,《左传·昭四年》)等见称的。他"视民如伤"(《孟子·离娄下》),当时人称"文王之民,无冻馁之老者"(《尽心上》)。所以伯夷和太公,这两位"天下之大老",先后闻而归之(《尽心上》)。他后来"三分天下有其二"(《论语·泰伯》),但仍然"帅殷之叛国以事纣"(《左传·襄三十一年》)。孔子对之,十分赞叹,说"周之德,其可谓至德也矣"(《泰伯》)。他曾告诉过武王说,他一生所服膺的,是"厚德广惠,忠信爱人……不为骄侈,不为靡泰,"(《汲冢周书·文傅解》)。在他死过了六百多年之后,人们还一直在说"文王之功,天下诵而歌舞之……文王之行,至今为法"(北宫文子语,《左传·襄三十一年》)。所为无论如何,文王应该不会是提倡严刑峻法的第一个人。

② 武王也是一个"有盛德"之人(《大雅·下武序》),他"缵太王王季

文之绪"(《中庸》),而"能广文王之声"(《大雅·文王有声序》),看他事父之道,就依文王之事王季,"帅而行之,不敢有加"(《礼记·文王世子》)。《周书·泰誓》里,记载他的许多话,如同"予小子夙夜只惧","吉人为善,惟日不足","天视自我民视,天听自我民听","百姓有过,在予一人","予克受,非予武,惟朕文考无罪;受克予,非朕文考有罪,惟予小子无良",他伐纣到了殷郊之时,袜系自解,他左释白羽,右释黄钺,勉自为系(《吕氏春秋》)不苟。克殷之后的许多善政,前面已经略述。践阼三天,太公授以丹书之训,他"惕若恐惧",退而为铭于各种器物及起居坐卧之处,以自警戒(《大戴礼·武王践阼》)。还镐之后,他"忧未定天之保安",彻夜不寐,和周公讲了许多戒慈恐惧之词(《史记·周本记》)。孟子曾以"至仁"许之"以至仁伐至不仁"(《尽心下》)。所以他也不像是一个提倡严刑峻法的人。

③ 周公无疑是周室初建时最重要的人物。他在武王病重的时候,曾经向太王王季文王祷告,愿以身代武王(《尚书·金縢》)。武王死后,他行天子之政七年,"一沐三握发,一饭三吐哺,起以待士,犹恐失天下之贤人"(《史记·鲁世家》)。成王长大,他反政成王,北面就群臣之位(《史记·周本纪》)。《尚书·无逸》记载他的话,有"乱罚无罪,杀无辜,怨有同,是丛于厥身"几句,这岂是主张严刑峻法的人所能说出来的?孔子对于周公,最为倾倒,曾有"久矣吾不复梦见周公!"之叹(《论语·述而》)。孔子是殷人之后,一生提倡仁心仁政之人。如若周公曾经用重典以压制亡国遗民,而孔子只为了要作"周之顺民"(萧君《思想史》,页五七,)就不惜故意对之诵扬如此,又何以为孔子!

④ 召公在周室的地位,是仅次于周公的。(乱臣十人,以周召为首。《尚书·秦誓》,孔氏传),他是文武成康的四朝元老。他曾以文王之教,治理南国,而风化大行,看《毛诗·召南》里的几首诗歌,真是太天盛世,

而《甘棠》三章，充分说明了他的遗爱在民，尤为千古美谈。只就此一端而论，他就不会是一个主张严刑峻法的人！

周朝开国时的四位君相，文武周召，都不会是主张严刑峻法的人，那么，周人严刑峻法之说，就非常缺少根据了。

三、现在再就萧沈两君提出来的论证，指出它们似乎不甚站得住的地方。

① 萧君据周礼之制，谓事近"任法"。据《礼记》《仪礼》所记，认为有"礼烦"之感。但周礼即不如何休所云，出于六国之季，但其非周公所定，而为孔孟之所未见，则可断言（皮锡瑞《三礼通论》），所以也就不足据为论证。《礼记》乃汉人著作，《仪礼》也有古文今文之辨，那么，两书的时代及真伪，也就有了问题。而且就是姑认二书为可靠的话，那么"礼烦"和"刑重"之间，也还有一大段的距离。（礼和刑之间，是否有一种互为消长的关系存在着，倒是一个十分值得研究的好题目。）

② 萧君在《尚书·大诰》《多士》《多方》诸篇中，感到"周人肃杀之威"。然而《大诰》是周公东征前声讨叛逆之文，《多士》是用以诰戒迁往成周的殷之顽民，《多方》是伐奄归来，安抚四方者，这些都是有所为而发之言，那么偶尔有两句话稍微严肃些，也很自然。虽然如此，这几篇里，也还有不少戒慎恐惧之词。例如《大诰》里"予惟小子，若涉渊水"，"知我国有疵"，"允蠢鳏寡"，"愍我民，若有疾"；《多士》里"非我小国，敢弋殷命"，"惟天明畏"；"明德恤祀"，"予一人惟所用德"；《多方》里"明德慎罚"，"惟圣罔念作狂，惟狂罔念作圣"，"克堪用德"等等，也未尝不可以说是慈祥恺悌之情，溢于言表。所以沈先生在尚书里为周人严刑峻法找证据时，也就没有把这三篇提起。

③《康诰》《酒诰》两篇，是萧沈二君全都提出过的论证。不过《酒诰》之作，是因为殷人有沉缅于酒的恶习，所以不得不用重刑以警之，如

同现在我们之用死刑来禁止制造或贩卖鸦片（《戡乱时期肃清烟毒条例》第五条）。然而其中也还一再提出"畏天"，"人无于水监，当于民监"，"勿庸杀之，姑惟教之"等等。如果《酒诰》所言，真是千古少有的酷刑，那么似乎不应该要等到今天才被人发觉——屈万里先生解释《酒诰》，认为要处死刑的是周人，殷人则得到宽恕。他根本认为周初所用的乃是一种"怀柔政策"；和萧沈两君见解，恰恰相反（见《周初的刑法思想》，载《民主评论》九卷十二期［一九五八年六月］）——至于《康诰》，里面更充满了"明德慎罚"，"若保赤子"，"无或刑人杀人"等语句。何可因此便断定康叔必然成为用重典的刑名专家！季札闻《邶》《鄘》《卫》之诗，说"美哉渊乎！忧而不困者也。吾闻卫康叔武公之德若是，是其卫风乎？"（《左传·襄二十九年》）季札曾经"先闻其善"若此，则康叔不像是以"用重典"的统治方针来作为他施政标准的人。

④ 孔子劝晋国应该守"唐叔之所受法度"（《左传·昭二十九年》），是主张用不成文法而反对用成文法的表示，并不足以证明这些法度之严密苛刻。季札一听唐风，便叹其"思深忧远"，然而他乃是从这里看出他们是陶唐氏之遗民，因为"非令德之后，谁能若是？"（《左传·襄二十九年》），那就未免和"极权统治"相差好远。而且《国风》里的诗章据说大都采自西周晚期，而晋之强盛，乃文公以后之事，那么中间还隔了一百四五十年。沈君所言，似乎犯了"时间颠倒"（anachronism）之病。

四、中国过去，喜欢作翻案文章的，代有其人。对先贤有贬词，甚至于开玩笑的，在周秦诸子中，也数见不鲜。例如《庄子》说伯夷叔齐到了岐阳，周公来与之"要盟"（《让王》）。《韩非子》说文王使用"间谍"以乱纣心（《内储说下》第三十一），周公称"官治必有赏罚"（《解老》）。《淮南子》讥文王舍伯邑考而立武王为"非制"，十五岁而生武王为"非法"（《氾论训》）。但从来没有人说过周人之用严刑峻法。

王充是一位目光如炬、辨虚证妄的大师。他曾经说过,武王伐纣之"兵不血刃",和成康"刑措四十余年"两种说法,都不免有言过其实之处(前者见《论衡·语增》,后者见《儒增》)。但他也未言周人之严刑峻法。如果周初真有严刑峻法之事,而《诗》《书》《左传》上有确实的佐证,那么这样重要的问题,他应该不会留着给后人去发现。

五、大凡后人对前人的翻案文章,能成立的,总出三种情形。

① 顾忌已失,于是敢言前人所不敢言。

② 从一种新的观点——就是说有了新的概念——来研究旧的问题。

③ 有新的证据发现。

而在萧沈两君所讨论的问题中,这三种情形,似乎都不存在也。

附注:

前文排印以后,偶翻梁任公《先秦政治思想史》民国十一年著,中有下面一段:"……儒家盛言文武周公以礼治国,衡诸往故,殆未必然……《书经》中《康诰》《酒诰》等篇言刑事綦详,可见其视之甚重……饮酒细故,而科死罪,倘所谓'刑乱国用重典'耶?"(页四九)。那么在萧沈二君之前,任公先生已有类似的表示。但不知萧沈二君,曾否注意及之耳。

道隣又记　一九五九·五·十五

王充论

在中国过去的思想家中,王充的评价,其上下是很悬殊的。爱好他的,说他不逊孟子荀卿;反对他的,说他是名教罪人。但是无论如何,他在思想史上的重要地位,是无人能否认的。尤其从现代学术的立场来看,中国过去的思想家,在思想方式上,在学术气息上,再没有人比他和现代人更为接近的了。说得夸张一点,简直可以说他是一千九百年前的一位"逻辑实证家",现在分几方面加以讨论如下。

一 王充的知识论

王充思想系统中最重要的一个因素,是他那一套非常健全的知识论。在他那个时候,一般人对于知识的看法,还是非常玄虚的。他们认为世界上有所谓"生而知之"的圣人。是"前知千岁,后知万世"的大预言家。《论衡》中《实知篇》说:

> 儒者论圣人,以为前知千岁,后知万世;有独见之明,独听之聪;事来自名,不学自知,不问自晓。

他们举出三个例子。

孔子将死,遗谶书曰:"不知何一男子,自谓秦始皇:上我之堂,踞我之床,颠倒我衣裳。至沙丘而亡。"后秦王兼并天下,号始皇,巡狩至鲁,观孔子宅。乃至沙丘,道病而崩。

又曰:"董仲舒,乱我书。"其后江都相董仲舒,论思春秋,造著传记。

又书曰:"亡秦者胡也。"其后二世胡亥,竟亡天下。(《实知篇》)①

而且这些神奇的说法,在当时视为知识准绳的经典里,并不是没有根据的。《论语·季氏》:"孔子曰:生而知之者上也;学而知之者次也;困而学之,又其次也。"《中庸》:"或生而知之,或学而知之,或困而知之,及其知之,一也。"这是讲"生而知之"的。《中庸》又说"至诚之道,可以前知",和"祸福将至,善,必先知之,不善,必先知之"。这是讲"先知"的。何况用蓍龟来卜筮吉凶,自商周以来,到了王充的时候,已经有了将近两千年的历史呢。

但是王充断然的否认当时这种说法。他说:"天地之间,含血之类,无性知者。"(《实知篇》)又说:"不学自知,不问自晓;古今行事,未之有也。"(同上)这是他否认"生而知之"的说法。至于他否认圣人之"先知",他在《知实篇》中,列举十六项证据。内中关于孔子者十三项:(1) 孔子问公叔文之子于公明贾;(2) 子贡告子禽孔子得闻其政的方法;(3) 孔子

---

① 关于孔子先知,当时还有一个更重要的传说如下:
　　春秋哀公十四年,西狩获麟。《夫子素案图录》说:孔子已经知道"庶姓刘季当代周"。因为"薪采者"(何休注:庶人采樵薪者),"庶人"燃火之意。"西狩获之"者,从东方亡于西也。东是代表"卯",西是代表"金",获包涵带"刀"之意(徐彦疏:言获者兵戈之文,是其有刀之义也)。孔子之所以要记载这一段事,就是要预言"汉姓卯金刀(刘),以兵得天下"(详《公羊传注疏·哀十四年》)。

疑颜渊窃食;(4)未能避匡人之围;(5)疑颜渊为已死;(6)遇阳虎于途;(7)使子路问津;(8)不知父茔之防;(9)不知雨甚墓崩;(10)入太庙每事问;(11)周流应聘,卒不见用;(12)不知龙与老子;(13)不知晏子聘鲁所行之礼。关于舜者一项:不知父与弟欲杀己。关于周公者二项:(1)为武王请命,不知天许己与否;(2)不知管叔将以殷畔。这十六项证据的提出,确实使对方不容易反驳。

这两项"翻案"的理论,在今天看来,本是极其自然的事,没有什么稀奇。但在王充的时候,却是"离经叛道",冒举世所不韪的大事呢。

根据王充的理论,人类知识之获得,靠着三种行为:一、学习;二、思考;三、经验。所谓学习,那就是"学"和"问"。他说:"知物由学问:学之乃知,不问不识。"又说:"智能之士,不学不成,不问不知。"又说:"不目见口问,不能尽知。"(同见《实知篇》)所谓思考,也就是推理。他说:"夫论不留精澄意,苟以外效,立事是非。信闻见于外,不诠订于内;是用耳目论,不以心意议也;是故是非者,不徒耳目,必开心意。"(《薄葬篇》)他说:圣人"揆端推类,原始见终。从间巷,论朝堂;由昭昭,察冥冥。"世间所谓"先知"之见,并不是有"达视洞听"的聪明,而只是"案兆察迹,推原事类"(同见《实知篇》),和"才智准况之工"(《知实篇》)。所谓经验,也就是实证。他最有力的两句话是:"事莫明于有效,论莫定于有证。"(《薄葬篇》)他主张论事不独"考之于心",而且要"效之于事"(《对作篇》)。因为论事而"违实不引效验,则虽甘义繁说,众不见信"(《知实篇》)。所以他自称为"实论者"(《感虚篇》);他把"知实"和"实知",取作他《论衡》中两篇主要文章的篇名;而"以实论之"四个字成了他在《论衡》中的口头禅。

"知"既要"实",那么天下就自然有许多"不可知"之事,这是和"难知"之事不同的。因为"难知"之事,学问所能及也。"不可知"之事,问之学之,"不能晓也",事之"'不可知'者,圣人亦不能知也"。而"天下事有

'不可知',犹结有不可解也"。所以"圣人知事,事无不可知(凡是可以知道的事,圣人没有不知道的)。事有'不可知',圣人不能知(但是遇到了'不可知'之事,圣人也不知道)。非圣人不能知,事有'不可知'(不是圣人知识欠缺,而是因为这些事情,根本属于'不可知'之类)。及其知之,用'不知'也(但是圣人知道这是些"不可知"之事,所以对之,也不算无所知)"。(以上并见《实知篇》)这一段对于知识的界限,认识得何等清楚,叙说得又何等明白透澈!①

二 精于推论和善于观察的王充

我们一旦认清了"推论"是人类获得知识的重要来源,那么我们就知道,正确的推论,一定是"以近及远","以今及古",和"以所见及所闻"。王充在他理论系统中一个重要的出发点,就是"以今之人民,知古之人民"。而他之所以要作这个推论者,则因为"人"也是"物",而人类在童年时所见的诸物,到他老时,还是一样的缘故。他说:

> 人生一世,寿至一百岁。生为十岁儿时,所见地上之物,生死改易者多。至于百岁,临且死时,所见诸物,与年十岁时所见,无以异也。
> 六畜长短,五谷大小,昆虫草木,金石珠玉,蛸蚬蠕动,跂行喙

---

① 同篇中又分别一种可以从推论中得到结论的事情,和一种从推论中得不到结论的事情,他说:"可知之事者,思虑所能见也。不可知之事,不学不问,不能知也","可知之事,惟精思之,虽大无难。不可知之事,厉心学问,虽小无易"。这和以上所讨论的,不是一件事。不过他也称之为"不可知"之事,未免含混了一些。这一点狠不像王充。

息,无有异者。

古之水火,今之水火也。使气有异,则古之水清火热,而今水浊火寒乎?

现在:

人物也,物亦物也。

所以:

以今之人民,知古之人民也。

不然:

人生长六七尺,大三四围。面有五色,寿至于百,万世不异。如以上世人民,侗长佼好,坚强老寿,下世反此;则天地初立,始为人时,长如防风之君,色如宋朝,寿如彭祖乎?从当今至千世之后,人可长如筴荚,色如嫫母,寿如朝生乎?(以上并见《齐世篇》)①

所以他后来又说:

古之水火,今之水火也。今之声色,后世之声色也。鸟兽草木,

---

① 这一段推论,我们可以用下列的一个方程式表出之:(人老时所见物=人童时所见物)∪人不变;人物;物不变∪人不变∪以今人知古人。

人民好恶,以今而见古,以此而知来。千岁之前,万世之后,无以异也(《实知篇》)。

因此他绝对不迷信古人比现在人高明。他说:

古人之才,今人之才也……使当今有孔子之师,则斯世学者,皆颜闵之徒也。使无孔子,则七十子之徒,今之儒生也(《问孔篇》)。

所以他也提出了"周不如汉"之说,他说汉之高祖光武,不下周之文武,而汉之文、武、宣、明、章五帝,却胜过周之成康宣王(《宣汉篇》)。我认为他可能真是有如此的想法,而不是为了取媚当时才如此说。(他自己也说:"非以身生汉世,可褒增颂美,以求媚称也。")

我们一旦认清了正确的知识需要切实的验证,那我们就知道重视一切现象的观察,而把握住这些观察到的事实,作为一切推论的依据。王充就这样子根据"人目所见,不过十里"的事实,否认颜渊和孔子能够从鲁国的太山上望到吴国阊门外的白马(《书虚篇》)。根据"千里不同风,百里不同雨"的事实,否认人们可以看见动怒的"天"之所在(《雷虚篇》)。王充对于自然界、生物界种种现象的细密观察,真是值得人佩服。例如他说:

一、"望远物者,动若不动,行若不行。何以验之?乘船江海之中,顺风而驱。近岸则行疾,远岸则行迟。船行一实也。或疾或迟,远近之视,使之然也。"(《说日篇》)

二、"虫之生也。必依温湿……何知虫以温湿生也?以蛊虫知之。谷干燥者虫不生,温湿饐餲,虫生不禁。藏宿麦之种,烈日干暴,投于燥气,则虫不生。如不干暴,闸喋之虫,生如云烟。以蛊闸喋准况众虫,温

湿所生明矣。"(《商虫篇》)

三、他说人之见"鬼"。常常在睡卧、病困,或狂痴的时候。而"卧、病,及狂三者,皆精气衰倦,目光反照,故皆独见人物之象焉"(《订鬼篇》)。

四、"人疾行汗出,对炉汗出,向日亦汗出,疾温病者亦汗出。四者异事而皆汗出,困同热等。"(《言毒篇》)

五、"人之所以能言语者,以有气力也。气力之盛,以能饮食也。饮食损减则气力衰,衰则声音嘶。因不能食,则口不能复言。夫死,困之甚,何能复言?"(《论死篇》)

一个喜欢观察的人,他的常识必然异常丰富。因之对于一切不合理的怪异传说,自然更不容易接受了。

三 王充的逻辑思考和"语意"意识

凡是正常的人类,没有不作思考的。而凡是思考,就不能不带有若干逻辑的成分。(任何人类语言,无不具有若干逻辑字[如"不","和","或者","如果"等是],此其所以和纯属生理反应所发出的声音[如打鼾,呻吟,哭,笑,呓语等是]不同的重要之点。)不过人和人的思考之间,在逻辑成分的程度上,确大有不同。正常人和精神病人之分,成年人和小孩子之分,精确的思考和糊里糊涂的观念之分,其分别就在这一点上。[1]

高度逻辑的思考,第一个特色,就是它高度的"一致性"

---

[1] 不过逻辑思考,只是人类思考中的一部分。此外,它受情绪(emotions)的支配,恐怕还要多些。所以一个能够写逻辑教科书的人,在他其他的思想和行为上,有时候狠不逻辑。

(consistency),换句话说,它不容忍在思想结构中有丝毫"矛盾"(contradiction)存在。而且这个"不矛盾",要经过无限度的"延长"(extrapolate);就是说,一个道理的前因后果,和它前因的前因,以及后果的后果,全部要前后一致,不相矛盾,这个道理才能算站得住,才能算是想得透澈(thinking through),而这些正是王充在《论衡》中所表现的最显著的特色。例如:

一、关于春秋二百四十二年之说,有的说上寿九十,中寿八十,下寿七十,孔子据中寿三世而作;有的说二百四十二年,人道浃,王道备。王充说:"夫据三世,则浃备之说非;言浃备之说为是,则据三世之论误。二者相伐而立其义:圣人之意何定哉?"(《正说篇》)

二、汤遭大旱,世称天之运气,非政所致。又称汤以五过祷于桑林,时立得雨。他说:"夫言运气,则桑林之说绌;称桑林,则运气之论消。世之说称者,竟当何由?"(《明雩篇》)

三、汉时流行一种忌讳,说人的姓氏有宫商角徵羽五音。以商音为姓的人,其大门不宜南向。王充说:"南方火也。使火气之祸,若火延燔径从南方来乎?则虽为北向门,犹之凶也。火气之祸,若夏日之热,四方洽浃乎,则天地之间,皆得其气。南向门家何以独凶?"(《诘术篇》)

四、世谓李斯杀韩非而后被车裂,商鞅欺公子卬而后受诛死,此贼贤欺交之报。那么韩非和公子卬二人,又以何过被害呢?如谓二人"有隐恶伏罪,人不闻见。天独知之,故受戮殃",那么"诸有罪之人,非贼贤即逆道。如贼贤则被所戮者何负?如逆道则被所逆之道何非?"(《祸虚篇》)这一个问题真是问得好!

五、人言"大人与天地合德,先天而天不违,后天而奉天时"。但是《洪范》又说:"急恒寒若,舒恒燠若。"那么,如《洪范》之言,天气随人易徙,当先天而天不违耳。何故复言后天而奉天时乎?后者,天已寒温于前,而人赏罚于后也。由此言之,人言与《尚书》不合(《寒温篇》)。

六、汉俗洗头裁衣,都要择吉。王充说:"夫衣与食,俱辅人体:食辅其内,衣卫其外。饮食不择日,制衣避忌日,岂以衣为于其身重哉?……如以加之于形为尊重,在身之物,莫大于冠,造冠无禁,裁衣有忌,是于尊者略,卑者详也!且夫沐去头垢,冠为首饰,浴除身垢,衣卫体寒。沐有忌,冠无讳,浴无吉凶,衣有利害。俱为一体,共为一身。或善或恶,所讳不均!"起宅盖屋也要择日,王充说:"夫屋覆人形,宅居人体,何害于岁月而必择之?如以障蔽人身者神恶之,则夫装车治船,著盖施帽,亦当择日!如以动地穿土神恶之:则夫凿沟耕园,亦宜择日!夫动土扰地神,地神能原人无有恶意,但欲居身自安,则神之圣心,必不忿怒,不忿怒,虽不择日,犹无祸也。如土地之神不能原人之意,苟恶人动扰之,则虽择日何益哉?"(《讥日篇》)

人的思考,一旦高度的逻辑化,就自然会发现和注意每个语言中的"语意问题"(semantical problems):字同而意义不同的、字不同而意义同的、用字不恰当的,这些都是正确思考的绊脚石。《论衡》中对于这些字义的辨别,最为出色。例如:

一、鲁缪公知庞扪是子不孝,子思不以奸闻,韩非子非之。王充说:"不孝之人,谓之'恶'可也,谓'奸'非也。奸人外善内恶……安肯著身为恶,以取弃殉之咎乎?庞扪是子可谓'不孝',不可谓'奸'。韩子谓之'奸',失'奸'之实矣。"(《非韩篇》)

二、孟子曰,有仁义而已,何必曰利?王充说:"夫利有二:有货财之利,有安吉之利。惠王曰:'何以利吾国'?安知不欲安吉之'利',而孟子径难以货财之'利'也?"(《刺孟篇》)

三、孟子说:"五百年必有王者兴,其间必有名世者。由周以来,七百余岁矣。以其数则过矣;以其时考之,则可矣。"王充问:"何谓'数'过,何谓'时'可乎?'数'则'时','时'则'数'矣。"还有"王者"和"名世",同

乎异乎?""如同,为再言之。如异,名世者谓何等也?"(同上)

四、子产说伯有是"强死"的,所以能为鬼。王充问:"何谓'强死'?谓伯有'未当死'而人杀之邪?将谓伯有'无罪'而人冤之也?"(《死伪篇》)

五、王充引孟子所说:"圣人百世之师也。伯夷柳下惠是也。"接着说:"夫伊尹伯夷柳下惠不及孔子,而孟子皆曰'圣人'者,'贤''圣'同类,可以共一称也。"又说:"宰予曰:'以予观夫子,贤于尧舜远矣。'孔子圣,宜曰'圣'于尧舜,而言'贤'者,'贤''圣'相出入,故其名称相贸易也。"(《知实篇》)

六、《尚书》在汉时存者二十九篇,人谓其"遗脱"。王充问:"七十一篇为炭灰,二十九篇独'遗'邪?"事实上恰恰相反,因为伏生老死,二十九篇独见。盖"'遗脱'者七十一篇,反谓二十九篇'遗脱'矣"(《正说篇》)。

七、世称伏羲作八卦,文王演为六十四。王充说:"伏羲'得'八卦,非'作'之;文王得'成'六十四,非'演'之。'演''作'之言,生于俗传。苟信一文,使夫真是,几灭不存。"(同上)

八、谶书云:"董仲舒,乱我书。"读之者或谓乱我书者,"烦乱"孔子之书也。或以为乱者"理"也,理孔子之书也。"共一乱字,理之与乱,相去甚远。"(《案书篇》)

在中国古书中,对于字义辨别的谨慎和细密,王充要首屈一指了。

语意思考的最重要的结果,是明白语言和文字的功用,第一是表达意思。也就是说:"使用语言和文字的目的,是要使对方明了我们所要表达的意见。"而为了达到这个"交通"(communication)的作用,清楚明白(clearity),当然就成了语言文字的第一个重要条件。关于这一点,古人中,谁也没有比王充了解得更为透澈。

一、王充著书,冀俗人观书而自觉,"故直露其文,集以俗语",因此他的书都是"形露易观"。因为他的目的,是要"言无不可晓,指无不可睹"。所以他说过:"何以为辩?喻深以浅!何以为智?喻难以易!"这两句话说得何等中肯!

王充明白文字和语言本是一样东西。他说:"夫文由言也……孰为辩者,故口言以明志。言恐灭遗,故著之文字。"又说:"出口为言,集札为文。"(《书解篇》)那么为什么说话时我们总希望别人了解而作文时就不怕艰深晦涩了呢?"文字与言同趋,何为犹当隐闭指意?"他说古书中的"文语,与俗不通"的缘故,是因为"经传之文,圣贤之语,古今言殊,四方谈异也。当言事时,非务难知,使指意闭隐也"。他提出一个证据:"秦始皇读韩非之书,叹曰:'犹独不得此人同时!'其文可晓,故其事可思。能深鸿优雅,须师乃学;投之于地,何叹之有!"再举一个眼前的例子:"狱当嫌辜,卿决疑事,浑沌难晓,与彼分明可知,孰为良吏?"所以他的宗旨,是"割破浑沌,解决乱丝,言无不可知,文无不可晓"(《案书篇》)。是"口则务在明言,笔则务在露文",是"笔著者欲其易晓而难为,不贵难知而易造。口论务解分而可听,不务深迂而难睹"。罗素说过:"清楚明白(clearity)是我最高的目标。我情愿作一个明明白白的叙述,使人事后证明其乖误错谬,而不愿说一些含混模糊的语句,使人对之能作若干深奥玄妙的解释,而赞叹其为伟大的思想。"(B. Russell, *Dictionary of Mind, Matter and Morals*, 1952, p. v.)也就是这个意思。①

二、文字既以浅显通俗为主,当然容易"不美好,于观不快"。但是"为文欲显白其为,安能令文而无谴毁"?因为"辩论是非,言不得巧"。

---

① 关于不求"简明",务求"深奥"这一点,苏东坡说过:"昔之儒者,求为圣人之道而无所得,于是务为不可知之文:庶几乎后世之我为'深知'也。后之儒者,见其难知,而不知其空虚无有,以为将有所造乎道者,而自耻其不能,则从而和之曰'然'。相欺以为高,相习以为深,而圣人之道日以远矣。"(《东坡文集》四,《中庸论上》)

这个也许就是白话和文言的不同之点。曾文正给吴南屏的一封信里说："古文之道，无施不可，但不宜说理耳。"（见书牍）可能也就是这个意思！①

三、文字既不须求美好工巧，那么也就不必求类前人。王充说："饰貌以强类者失形，调辞以务似者失情。百夫之子，不同父母，殊类而生，不必相似。各以所禀，自为佳好……谓文当与前合，是谓舜眉当复八采，禹目当复重瞳！"

四、尤其是要表达的意思多，就不能嫌文重词费，王充对于这一点，最具信心。他说："为世用者，百篇无害；不为用者，一章无补。如皆为用，则多者为上，少者为下……盖文多胜寡，财富愈贫……夫宅舍多，土地不得小；户口众，簿籍不得少……形大，衣不得褊；事众，文不得褊。事众文饶，水大鱼多。"这一点尤其难得，因为中国人作文，一直提倡用字简省，认为这是文字中一个重要的优点，所谓"要言不烦"，所谓"言简意赅"是也。但是事实上，这个观念并不正确。因为要言不烦，言简意赅者，乃是因为用字"恰当"之故，而不是因为用字"节省"之故。一个人说的话，可能话少而意思清楚，可能话多而意思反倒模糊。其关键全在其叙述有无条理，用字是否恰当。就是说，用字恰当，话虽少，意思表达的明白和完全。用字不恰当，话愈多愈是糊里糊涂。而且一个字有一个字的意义，如果恰当的运用，则用字愈多，表达的意义亦愈丰富、愈完全、愈明白清楚而不容两解、愈能达到说话的目的（以上一段所引《论衡》文字，除别有注明者外，皆出自《自纪篇》）。

然而这个道理，竟然有人不懂。宋朝的高似孙说，《论衡》的文章太

---

① 文字太工美了，还有一个大毛病，就是使人不再求思想上的上进。欧阳修说："文之为言，难工而可喜，易悦而自足，世之学者往往溺之。一有工焉，则曰'吾学足矣'。甚者至弃百事，不关于心，曰：'吾文士也，职于文而已'。"（《欧阳文忠公集》四七，《答吴充秀才书》）

"详","详则礼义莫能核而精,辞莫能肃而括,几于芜且杂矣"(见《通考·经籍考》四十一)。清末的李慈铭,说《论衡》"理浅词复",说它"不嫌俚直"(见刘盼遂《论衡集解》附录页六三九)。世界上真不乏不可理喻人也!

四　王充的心理学

由于喜欢观察和思考,王充成了一位了不起的心理学家。最能说明这个事实的,是《论衡》中《订鬼篇》的一段:

> 凡天地之间,有鬼,非人死精神为之也,皆人思念存想之所致也。致之何由?由于疾病。人病则忧惧,忧惧则"鬼"出。凡人不病,则不畏惧。故得病寝衽,畏惧"鬼"至。畏惧则存想,存想则目虚见。何以效之?《传》曰:伯乐学相马,顾玩即见,无非马者。宋之庖丁学解牛,三年不见生牛,所见皆死牛也。二者用精至矣,思念存想,自见异物也。人病见"鬼",犹伯乐之见"马",庖丁之见"牛"也。伯乐庖丁所见,非马与牛,则亦知夫病者所见非鬼也。病者困剧身体痛,则谓"鬼"持垂杖殴击之,若见"鬼"把椎锁缠立守其旁,病痛恐惧,妄见之也。初疾最惊,见"鬼"之来;疾困恐死,见"鬼"之怒;身自疾痛,见"鬼"之击。皆存想虚致,未必有其实也。

至于世人所作种种怪异传说,流传不绝者,他认为都是人类心理上几种毛病在作祟,那就是"好古""好怪"和"夸大"三者。

关于"好古",他说:"世儒学者,好信师而是古"(《问孔篇》),"述事者好高古而下今,贵所闻而贱所见。辨士则谈其久者,文人则著其远者。近有奇而辨不称,今有异而策不记……比喻之证,上则求虞夏,下则索殷周,秦汉之际,功奇行殊,犹以为后,又况当今在百代下,言事者目亲见之乎?"(《齐世篇》)又说:"俗好襃远称古,讲瑞则上世为美,论治则古王为贤。睹奇于今,终不信然。使尧舜更生,恐无圣名。"(《宣汉篇》)又说:"俗好珍古不贵今,不论善恶,而徒贵古。"(《案书篇》)本来,古老的传说,在人类信仰中,一直有高度性的权威。同时,寄托远古,因为没有对证,就可以随便增加若干奇异的成分在内,和无限制地夸大,这样都是提供满足人类心理上重要需要的好机会。何况中国儒家的传统学说,一直是在崇拜古代的呢?(这也许和中国祭祀祖先的古老风俗有关系,兹不具论。)

关于"好怪",他说"世好奇怪,古今同情",因此产生种种奇怪的传说,而"世间诚信,因以为然。圣人重疑,因不复定。世士浅论,因不复辨。儒生是古,因生其说"(《奇怪篇》)。又说:"世俗之性,好奇怪之说,悦虚妄之文。何则? 实事不能快意,而华虚惊耳动心也。是故才能之士,好谈论者,增益实事,为美盛之语;用笔墨者,造生空文,为虚妄之传。听者以为真然,说而不舍;觉者以为实事,传而不绝,不绝则文载竹帛之上,不舍则误入贤者之耳,至或南面称师,赋奸伪之说,典城佩紫,读虚妄之书。"(《对作篇》)何况"衰世好信鬼,愚人好求福"(《解除篇》),更是增加奇传怪说之流播的一个重要原因。

关于"夸大",他说:"夫为言不溢,则美不足称;为文不渥,则事不足褒。"所以"言'众'必以'千'数,言'少'则言'无一'"(并见《儒增篇》)。又说:"世俗所患,患言事增其实。著文垂辞,辞出溢其真;称美过其善,述恶没其罪。何则? 俗人好奇,不奇言不用也。故誉人不增其美,则闻者不快其意;毁人不益其恶,则听者不惬于心。闻一增以为十,见百益以为千。"(《艺增篇》)所以"言语之次,空生虚妄之美;功名之下,常有非实之加"(《书虚篇》)。"世俗褒称过实,毁败逾恶。"(《实知篇》)"经有褒称之文,世有空!加之言。"(《齐世篇》)而"纣之不善,不若是之甚",早已为孔子所叹。但是事实上,"天下之事,不可增损。考察前后,效验自列。自列,则是非之实,有所定矣"(《语增篇》)。王充崇尚实知的信心,真值得佩服。

用现代心理学来讲,人之好谈怪异,是想像力(imagination)在运作;好夸大,是各种情感(emotions)在膨胀。全都是自然的心理现象,本是老生常谭,不过在中国两千年来,切实把握住这些现象,而予以明白的分析和说明如此的,王充以外,还没有第二个人。

五　黜斥虚无的《论衡》

秦汉本都是迷信的朝代,到了武帝时,迷信之风,更弥漫天下。元封间,武帝东巡海上,"齐人之上疏言神怪奇方者以万数"(《汉书·郊祀志》)。照《汉书·艺文志》的记载,当时的书籍中,道家有三十七家九百九十三卷;阴阳有二十一家三百六十九卷;神仙有十家二百五卷;数术(包括天文、历谱、五行、箸龟、杂占、形法)有一百九家,二千五百二十八卷。这些满载怪异的文献,真是洋洋大观。到了光武,因为谶书曾经帮助他作皇帝,所以他"尤信谶言",甚至于用人行政,他都以谶书从事。因为"赤伏符"有句话:"王梁主卫作玄武",他就任命野王县(卫)的一个王梁作大司空(水土官,玄武水神)。又以谶文有"孙咸征狄"四个字,他就派平狄将军孙咸作了大司马(《后汉书·王梁传》,《景丹传》)。因之当时"士之赴趋时宜者,皆驰骋穿凿争谈之"而习为内学(谓图谶之书),"尚奇文,贵异数,不乏于时"(《后汉书·方术列传》)。一时的起风气如此,所以当时民间,都相信"人之疾病死亡,及更患被罪,戮辱欢笑,皆有所'犯';功移徙,祭祀丧葬,行作入官嫁娶,不择吉日,不避岁月,触鬼逢神,忌时相害,故发病生祸,维法入罪,至于死亡,殚家灭门,皆不重慎,犯触忌讳之所致也"(《辨祟篇》)。

在这个浓厚的迷信气氛之下,再加上著作家的好古好怪和夸大,无怪当时"众书失实",而"虚妄"之言,盈满天下。王充具有渊博的学问,丰富的常识,又长于严格逻辑的思考,和细微敏锐的观察,看着这种"是非不定,紫朱杂厕,瓦玉集糅"的情形,心何能忍?于是发愤写《论衡》一书。书近百篇,一言以蔽之:曰疾虚妄(《佚文篇》)。因为"虚妄之语不黜,则华文不见息。华文不放流,则实事不见用"。他希望这部书对于世人,能够"悟迷惑之心,使知虚实之分。虚实之分定,而后华伪之文灭。华伪之文灭,则纯诚之化,日以挚矣"(《对作篇》)。所以《论衡》所驳斥的,一条一条,仿佛都是些细微末节的问题,"过于凡近"而无关宏旨的"小辩",但是实际上它所追求的目的,却无时无刻不是在想改良教化,所谓"没华虚之文,存敦庞之朴。拨流失之风,反宓戏之俗"(《自纪篇》)。因为"贤圣之兴文也,起事不空为,因因不妄作。作有益于化,化有补于正"(《对作篇》)。《论衡》之作,确实是"志不在小"。

一、《论衡》驳斥虚妄的方法,最精采的是利用"常识"的一种。例如:

1. 关于"天雨谷"的传说,王充认为可能是因为"夷狄之地,生出此谷,夷狄不粒食。此谷生于草野之中,成熟垂委于地。遭疾风暴起吹扬,与之俱飞。风衰谷集,堕于中国。中国见之,谓之'天雨谷'"(《感虚篇》)。

2. 关于"蝗不入界"的传说,他说:"蝗之集于野,非能普博尽蔽地也。往往积聚多少有处。非所积之地,则盗跖所居;所少之野,则伯夷所处也。集地有多少,不能尽蔽覆也。夫集地有多少,则其过县有留去矣。多少不可以验善恶,有无安可以明贤不肖也。"(同上)

3. 关于邹衍呼天而五月降霜,他说:"北方至寒,凝冰坼土。燕在北边。邹衍时周之五月,正岁三月也。中州内正月二月,霜雪时降。北边至寒,三月下霜,未为变也。此殆北边三月尚寒,霜适自降。而衍适呼,与霜俱会。"(《变动篇》)

此外如说弘演不能自刳其腹,出其腹实,以内哀公之肝,因为"腹实出辄死,则手不能复把矣";禽息不能仆头碎首而死,"非首不可碎,人力不能自碎也"(并见《儒增篇》)。这一类用健全常识来订正过去荒谬传说的例子,在《论衡》中比比皆是。

二、其次最值得我们欣赏的,是《论衡》中对于许多事实和传说的心理解释。例如:

1. 古书中之常常说到"天",他说:"六经之文,圣人之语,动言'天'者,欲化无道惧愚者之言,非独吾意,亦'天'也。"(《谴告篇》)

2. 皋淘治狱,其罪疑者,令一角羊名觟䚦者触之,有罪则触,无罪则不触。他说可能是"觟䚦之性,徒能触人。皋陶欲神事助教,恶受罪者不厌服,因觟䚦触人则罪之。欲人畏之不犯,受罪之家没齿无怨言也"(《是应篇》)。

3. 尚父师师伐纣,过孟津,号其众曰"仓光"。仓光者水中之兽也,善覆人船,"尚父缘河有此异物,因以威众"(同上)。

4. 子产答赵景子,说伯有是强死的,所以为鬼。王充认为这是子产"因成事"立说,因为"伯有强死,则谓强死之人能为鬼。如有不强死为鬼者,则将云不强死之人能为鬼矣"(《死伪篇》)。

5. 关于当时流行的各种吉凶禁忌,他说:"凡人在世,不能不作事。

作事之后,不能不有吉凶。见吉则指以为前时择日之福,见凶则刺以为往者触忌之祸。或择日而得祸,触忌而获福,工伎射事者,欲遂其术,见祸忌而不言(择日之祸),闻福匿而不达(触忌之福)。积祸以惊不慎(触忌之祸),列福以勉畏时(择日之福)。故世人无愚智贤不肖,人君布衣,皆畏惧信向,不敢抵犯。"(《辨祟篇》)这种伪造统计数字的技巧,他揭发得真痛快。

6. 关于移徙和太岁的问题,他说:"人居不能不移徙,移徙不能不触岁,触岁不能不得不时死。工伎人,见今人之死,则归祸于往时之徙。俗心险危,死者不绝。故太岁之害,传世不灭。"(《难岁篇》)这和之上列一例,是一个样的逻辑。

7. 还有当时流行若干小忌讳,他说:"曲俗微小之讳,众多非一。咸劝人为善,使人重慎……世讳作豆酱恶闻雷……欲使人急作,不欲积家逾至春也。世讳厉刀井上,恐刀堕井中也……毋承屋檐而坐,恐瓦击人首也……毋以箸相受,为其不固也……诸言'毋'者,教人重慎,勉人为善。礼义之禁,未必吉凶之言也。"(《四讳篇》)这些也都观察得好。

8. 关于"祭则鬼享之"这一句话,他说这是因为"其修具谨洁,粢牲肥香,人临见之,意饮食之。推己意以况鬼神;鬼神有知,必享此祭。故曰:'鬼享之'"(《祀义篇》)。

三、王充的历史知识,十分丰富,所以他以历史纠正谬误的传说,尤为切实有力。例如:

1. 世称秦始皇焚书坑儒,他指出焚书在始皇三十四年,是为了淳于越之谏,坑儒在三十五年,是为了诸生为妖言,是两件事情。并不是"欲灭诗书,故坑杀其人"(《语增篇》)。

2. 世称姜嫄出野,履巨人迹而生弃,简狄行浴,吞鸟卵而生契。他说这二人皆帝喾之妃,"帝王之妃,何为适草野?何为浴于水?"(《奇怪篇》)。

3. 传言延陵季子出游,呼披裘而薪者拾遗金。他提出疑问:"季子未去吴乎？公子也。已去吴乎？延陵君也。公子与君：出有前后,车有附从,不能空行于途明矣。既不取耻金,何难使左右？而烦披裘者？"(《书虚篇》)

4. 吴君高说会稽本山名,夏禹巡狩"会计"于此山,因以命郡,故曰"会稽"。王充说:"巡狩考正法度,禹时吴为裸国,断发文身。考之无用,会计如何？"(同上)

5. 世传杞梁妻哭夫崩城。他说:"案杞梁从军死不归,其妇迎之。鲁君吊于途,妻不受吊。棺归于家,鲁君就吊,不言哭于城下。本从军死,从军死不在城中。妻向城哭,非其处也。"(《变动篇》)

四、他有时利用语意学的想法,来解释疑说。例如：

1. 世传禹母吞薏苡而生禹,故夏姓曰姒；卨母吞燕卵而生卨,故殷姓曰子；后稷母履大人迹而生后稷,故周姓曰姬。他说这可能是"见三家之姓,曰似氏子氏姬氏,则因依傍,空生怪说",所说"失道之意,还反其字也"(《奇怪篇》)。

2. 传说齐桓公负妇人而朝诸侯。他说:"周公居摄……负扆与南面而朝诸侯……负扆南面向坐,扆在后也。"那么"桓公朝诸侯之时,或南面坐,妇人立于后也"。世俗传云,则曰"负妇人于背"矣。他说这是"夔一足,宋丁公凿井得一人"一类的讹传。① 真是恰当再也没有(《书虚篇》)。

---

① 夔知音乐,当时人谓"调乐如夔,一足矣",世俗遂传言夔一足。宋丁公凿井,不复寄汲,计之,曰得一人之作,故曰"宋公凿井得一人",俗传宋公凿井,得一人于井中矣(《书虚篇》)。

六　后世对王充的批评

一、宿命论　王充虽然一生排斥迷信,但他死后却被人批评为一个宿命论者。明末的熊伯龙,是一个十分崇拜王充的人,就不满意他相信禄命之说(《集解》附录页六〇九)。清末的谭献,讥他笃信命运(附录页六二五);黄式三说他详言天命,不免遗误后人(页六三九)。萧公权先生也指出宿命论是《论衡》的最大特点(《中国政治思想史》页三四五)。

诚然,《论衡》一开始的十来篇,就讲"逢遇""命禄""气寿""幸偶"等等,仿佛命运观念,是他思想系统的中心。但是细加推详,我们就发现,他的宿命论,只是消极性的,而不是积极性的;是实知性的,而不是迷信性的。就是说,他相信一个人的死生寿夭,富贵贫贱,莫不有"命",而不是人力所能主宰。所谓"才高行厚,未必保其必富贵;智寡德薄,未可信其必贫贱"(《命禄篇》),也就是"死生有命,富贵在天"这一句老话。这固然和"人定胜天"的乐观哲学不相合——也许不免带有一点怨愤过激的情绪在内——但是凡属略有人生经验的人,谁又能说他这两句话说得不合事实!除此之外,他从不相信人的命运可以"预知",更不相信趋吉避凶的种种"解除"方法——这些正是他全力排斥的对象!——那么他也就不能算是一般所谓"相信命运"的人。这一点我们必须加以辨别。

还有,王充曾经把他的宿命论,推广应用到政治学上。他说:"世治非贤圣之功,衰乱非无道之致。国当衰乱,贤圣不能盛;时当治,恶人不能乱。世之治乱,在时不在政;国之安定,在数不在教。"这几话说得未免危言耸听,因此也受了不少的批评——如黄震(附录页六〇〇)、钱大昕(页六一七)、赵坦(页六二二)、黄式三(页六三〇)等等——但是他的理由,是"世之所以为乱者,不以贼盗众多,兵革并起,民弃礼义,负畔其上乎？若此者由谷食乏绝,不能忍饥寒。夫饥寒并至而能无为非者寡,然则温饱并至而能不为善者希……礼义之行,在谷足也。案谷成败,自有年岁。年岁水旱,五谷不成,非政所致,时数然也。必谓水旱政治所致,桀纣之时,无饥耗之灾……尧之洪水,汤之大旱,非政恶所致……然则国之乱亡,不在政之是非"（《治期篇》）。这个结论,诚然使人气短,但是对于一个科学未发达的农业社会而言,这又何尝不是千真万确的事实！

二、瑞应论　王充在《论衡》的"吉验""骨相""宣汉""恢国""验符"几篇中,说到许许多多瑞应奇异之事,和他平时反对迷信的态度,似乎不大一致。因此有人批评他前后自相悖舛（谢肇淛,附录页六〇三）；有人疑惑这几篇是别人伪作（见熊伯龙,页六〇八）；有人说这是敷衍当代的一种"顺世论"（刘盼遂,页六〇三）；有人说他事实上并不相信瑞应,因为他忠君爱国,尊重本朝,所以屡言祥瑞,为的是使后人知汉德隆盛,千古未有（熊伯龙,页六〇八）；有人说他另有深意：因为他曾经说过"灾异非天戒,亦非政所致。夫灾异非天戒,则祥瑞非天佑。灾异非政所致,则祥瑞亦非政所致矣"（熊伯龙,页六〇九）。萧公权先生也认为他征引符瑞以颂汉功德,"表面尊今,而隐寓卑古之实……以事实上不完美之两汉,上齐于理想中完美之三王……直无异取'黄金时代'之幻梦,一举而摧毁无余……则王充之思想,乃秦汉人士对于政治生活最严重之失望呼声"（《中国政治思想史》,页三五二）。

事实上,王充的瑞应论,有他自己的一套说法,与当时一般谈瑞应的不同。他认为瑞物之生,不一定限于盛世,衰世也生瑞物,"圣人生于衰世,衰世亦时有凤麟"。不过圣人才能够"遇"到瑞物,"圣王遇见圣物,犹吉命之人,逢吉祥之类也",而且"其实'相遇',非相为出也"（以上见《指瑞篇》）。所谓"瑞物不招而来,黯然谐合,若或使之"（《初禀篇》）。如谓

"诸瑞有知,'应吉'而至,误矣"(《指瑞篇》)。而且天地之间,有瑞应,也有妖祥,"瑞应妖祥,其实一也"(《订鬼篇》)。也就是"天地之间,常有吉凶。吉凶之物来至,自当与吉凶之人相逢遇矣"(《指瑞篇》)。同时,瑞物的种类,也非常不一致,"太平之瑞,犹圣王之相也……帝王圣相,前后不同,则得瑞古今不等……天下太平,瑞应各异,犹家富殖,物不同也"(《宣汉篇》)。也非常不易认识,因为"瑞应之出,殆无种类……上世所见凤皇麒麟,何知其非恒兽？今之所见鹊獐之属,安知非凤皇麒麟也？"(《讲瑞篇》)

所以王充的瑞应论,是一种颇为冷静(sober)的思想建构,和他其他排斥迷信的理论,并不一定冲突。而且学术思想,每个领域和部门的发展,本不一致。化学之祖的拉伐西爱曾经误认为每个酸素中都会有养气。我们放弃"以太"的观念,到现在才有几天？所以王充的瑞应论,也正不值得我们大惊小怪。

因之我们就无须乎怀疑"吉验"等篇之为"伪作",因为我们不应该太随便的提出这一类的假设。也不必认为王充本不信瑞应,只为了忠君爱国,才故意言之；或者他表面是"尊今",事实上却是在"卑古"。因为王充不像是这么样曲折复杂的人——他明白说过他不"褒增颂美,以求媚称"(《宣汉篇》),又说过他"无诽谤之辞,可以免罪"(《对作篇》),又曾经自诩"才高而不尚苟作,口辩而不好谈对"(《自纪篇》)。我也并不觉得他的思想是"最严重之失望",和"极度悲观的结论",因为一个极度悲观之人,还会"闭门潜思,户牖墙壁,各著刀笔"(《后汉书·王充传》),写二十多万字的书,以求"悟迷惑之心",孳"纯诚之化"乎(《对作篇》)？

三、儒道之辨 《论衡》书中,不少推重黄老的语句,因此颇被那些自命为正统派的儒家学者所讥——如黄震(附录页六〇〇)、谭宗浚(页六二七)、黄式三(页六三〇)等——萧公权也认他为魏晋老庄思想的开端者(《思想史》页三五二)。然而事实上,王充之推崇黄老,只限于谈到"天道"的时候,而并不是全盘接受。在《谴告篇》中,他曾经明白的讲过:"黄老之家,论说'天道',得其实矣。"在《自然篇》中谈到天地生万物的时候,他"试依道家论之"才提出"自然"和"无为"的理论,他称黄帝老子为"贤之纯者"(《自然篇》),而对孔子则一直称"圣"(如《辨祟篇》),称之为"道德之祖"(《本性篇》)——在王充的词汇中,"贤"和"圣"是有"小大"之差的(参《知实篇》)——所以把王充当作道家,似乎未得事理之平。

熊伯龙在这一点上,是一直为王充作辩护人的。他曾经把《论衡》中称孔引子的地方,作过仔细的统计:全书不下三百九十余次。所以他说:"八十三篇,何一非宗圣言者?"(附录页六一三)(王清作也说:"《论衡》一书,发明孔子之道者也。"页六一四)但因此就主张《问孔》《刺孟》两篇,必是别人伪作(页六〇八,六一一)——当然,这两篇是引起后人反对王充的主要原因,如黄震(附录页六〇〇)、王应麟(页六〇一)、陈骙文(页六三九)、《四库提要》(页六一六)、钱大昕(页六一七)、恽敬(页六一七)、章学诚(页六一八)、赵坦(页六二二)、谭献(页六二五)等等,比比皆是——也未免过于拘泥。在《问孔篇》的开始,王充明明说过:"圣人之言,不能尽解;说道陈义,不能辄形。不能辄形:宜问以发之;不能尽解,宜难以极之。"所以"苟有不晓解之问,追难孔子,何伤于义?诚有传圣业之知,伐孔子之说,何逆于理?"这种言论解放,不为古今人束缚,表现怀疑派哲学精神,恰恰符合王充的精神和态度,怎么要说是别人伪作?而且两篇中许多论辩,精辟谨严,是《论衡》中最好文章的一部分,"后世小儒",又怎么能够伪作得来?

四、孝与不孝 《后汉书》说王充少孤,"乡里称孝"。但是在《论衡》里,王充述说他的家世时,说:"世祖勇任气……岁凶,横道伤杀,怨仇众多。祖父泛生子二人,长曰蒙,少曰诵,诵即充父。祖世任气,至蒙诵滋甚。故蒙诵勇势凌人。"他又自作问答，说有人笑他"宗祖无淑懿之基"，他答以"母骊犊骍，无害牺牲；祖浊裔清，不妨奇人。鲧恶禹圣，叟顽舜神"（同见《自纪篇》）。就这几句话，得罪了唐宋以来许许多多道学中人。刘知几说他"厚辱其先，名教之罪人也"（附录页五九六）；王应麟本之说《论衡》非独"小疵"（页六〇一）；《四库提要》说他"述其祖父顽狠，傎亦甚焉"（页六一六），钱大昕说他"訾毁先人……殆小人而无忌惮者……充而称孝，谁则非孝"（页六一七）？杭世骏说"论衡之书虽奇，而不孝莫大……人之无良，一至于此"（页七二〇）。但我们细玩《论衡》词句，他只是不曾"为亲者讳"而已——这可能是因为他相信"天下之事，不可增损；考察前后，效验自列"（《语增篇》）之故——怎么能因此就骂他"不孝"？甚至于怀疑史书上所说"乡里称孝"这个事实？

　　五、历代褒贬比较　刘盼遂《论衡集解》里有"附录"一卷，搜集历代学者对于王充的批评一百余条，现在依照他们赞扬或反对的态度，制成一表。我们从这里可以看出：自汉至唐十二人，除了刘知几一人，全都是赞扬王充的。宋朝是反对王充的多，十五个人之中，就有十二个。到了明朝，王充又走好运，十三个之中有五个人赞扬他，四个人可能赞扬他，反对他的，只有一人。清朝对王充不利，二十六人中，十个人反对他，赞扬他的不过四人。到了近代，王充再转好运，十三个人中十个人赞扬他，反对他的一个也没有。此外，凡是攻击他的，无不是为了"问孔刺孟"和不隐瞒其祖先弱点两个原因，也就是完全站在道学家的名教立场上说话。我们一看历代各家对王充的态度，就可以看出道学派在各朝代的势力，和少数几个人不为时代风气所限的独立精神，这也是怪有趣的。

历任学者对《论衡》的批评（根据《论衡集解》附录）

时代	赞扬	中立或不详	反对	批评
后汉至六朝	谢夷吾			前世孟轲孙卿，近汉扬雄刘向司马迁不能过也
	蔡邕			
	王朗			
	虞翻			
	谢承			
	袁崧			
		贺道养		
	葛洪			冠伦大才
	范晔			
	刘勰			
唐			刘知几	名教罪人
	韩愈			后汉三贤
宋	杨文昌			士君子之先觉
			赞宁	
			王禹偁	
			吕南公	小辩惊俗
			刘章	《刺刺孟》
	洪适			
			黄震	持论过激失理之平正
			晁无咎	不及西京诸书远甚
			高似孙	乏精核而少肃括
			陈振孙	未足为奇（以上三家见《通考》）
			马端临	

续 表

时代	赞扬	中立或不详	反对	批评
			葛胜仲	诋訾孔子,岂足语圣人之趣
			王应麟	非独小疵
			陈骙文	桀犬吠尧
元		韩 性		或得或失
明		黄 瑜		
		谢涮肇		
			郎 瑛	王乃词胜理者
	沈云楫			斥吊诡而公平,开曲学而宏巨
	虞淳熙			帝王之衡天君之谓
		阎光表		
		刘光平		
		傅 岩		
		施 庄		
	熊伯龙			选节《论衡》为《无何集》
	黄敬渝			
	熊正笏			
	王清作			发明孔子之道
清			《四库提要》	与圣贤相轧,可谓悖矣。述祖父顽狠,慎亦甚焉
		王 谟		
	卢见曾			
			杭世骏	名教罪人
			钱大昕	小人而无忌惮者乎
			章学诚	王充与儒何仇乎

续　表

时代	赞扬	中立或不详	反对	批评
		黄丕烈		
	恽　敬			其气平,其思通,其义时归于反身
		孙星衍		
			张惠言	鄙冗
		王路		
			赵　坦	汉儒之愎戾者也
		平步青		
		陆心源		
		卢文弨		
	周广业			
			谭　献	所言辩而不中
	蒋光煦			
		朱学勤		
		朱骏声		有《论衡简端记》
			谭宗浚	踳驳谬误,不可枚举
			黄式三	遗误后人,不可不辩
		曹元忠		
			李慈铭	理浅词复
		朱士端		
		汪之昌		
近　代		傅增湘		
	刘师培			有《论衡校补》
		董　康		

续 表

时代	赞扬	中立或不详	反对	批评
	章炳麟			至今鲜有能逮者
	梁启超			汉代批评哲学第一奇书
	杨树达			
	黄 侃			东汉作者推断工充
	张宗祥			才智过人远矣
	孙人和			远知卓识，精深博雅
		唐 兰		
	莫伯骥			读王氏书跃然以起
	黄 晖			有《论衡校释》
	刘盼遂			有《论衡集解》，世界书局一九五八年版

唐律中的中国法律思想和制度

研究唐律有两个原因。第一,唐律是宋元明清四代法律的模范,是以后法律思想和法律制度的根源,所以研究唐律,比研究唐以后的法律重要。第二,我们在变法以前,所实施的《大清律》,是抄袭明律的。而明太祖是一个刻薄寡恩、主张严刑峻法的人。所以明律比唐律严酷得多。(明代改唐律,是轻其轻罪,重其重罪,结果是轻罪愈轻而易犯,重罪愈重而多冤。)清律中许许多多使我们现代国人看不惯的地方,都是唐律中所没有的。我们可以说,明清律是我们的坏法律,唐律是我们的好法律。清末薛允升先生有一部《唐明律合编》(徐东海刊行),就是用唐律作对照,借着明律来批评清律的,是一部好书,在此特别向大家推荐。

唐律的法典,就是《唐律疏议》。在唐朝的名字,实在只是律疏。宋朝是整个承用唐律的,所以在名字上加上一个唐字或者故唐两个字。但是后人何以称为疏议,本人曾经深思苦想,断定唐人的疏文,是以议曰两字起头(如同十三经的疏文用正义曰起头一样),而唐本一定只有议曰两个字,而不是疏议曰三个字。在重庆时,曾经写过一篇文章,当时许多前辈,都认为很有道理。后来到了上海,在图书馆里找到了敦煌的唐人抄本,果然完全是如此的。足见苦思十年,不如到图书馆多花两分钟翻一翻书的有用处。

我们现在所读的唐律疏,是永徽四年(公元653年)完成的。日本几个学者,发现书中有许多名称字眼,都是则天后及玄宗时的制度,因此他们说,我们现在所有的实在是《开元(713)律》,而不是《永徽律》。开元和永徽，相差不过五十年，而日本学者，如此所着重的，因为如果是《永徽律》，那么他们的《近江律》(668)、《大宝律》(701)都是晚辈，如果是《开元律》，近江大宝，它们不是叔叔辈，至少是哥哥辈了。本人对此曾经有所考证，因为律疏中有永徽年的进疏表，唐代史籍中很少提到开元修律一事，而其他所有修改法律的事实，虽微小的条文字句，史籍中不少记载。断定现有的律疏，文字上曾经过开元间的一种窜改（Interpolation）（罗马法中常有的现象）而不是一种修订（Revision）。本人曾写过一篇《开元律考》（登在《新法学杂志》第三期），本人认为这个问题应当算是已经解决了的。

但是日本人终究是唐律的功臣。不但日本学者，很多人都曾经和仍在作唐律的研究。最有意思的，是在雍正年间，中国已经没有人看到唐律。而当时日本恰巧有一部唐律，他们叫一个荻生观的校刊一番。荻生观于是托人带了一部抄本，拿到中国来向人请教。他找到了当时的刑部尚书励廷仪，励廷仪大为惊异，替他写了一篇序，说求之有年，得未曾有。后来乾隆年间修《四库全书》，收藏的《唐律疏议》，也许和这一部不无渊源。因为这一部日本抄本，根据的是元至正辛卯（1351）余氏刊本，后来中国所有的一切版本，没有一部不是根据这个元本刊刻的。谈到这里，我们不能不想到一一六〇年在波龙那的德国人 Werne（Irnerius）。他是一位教修辞学的教师，他无意中找到一本讲法律的旧书，他喜欢它的文字好，就拿它作修辞学的课本。后来他逐渐对它的内容感觉兴趣，而研究这一本书的人也逐渐的多。这就是当时二三百年没有人知道，而现在在思想上，统制全世界的《罗马法典》（Corpus Juris Civilis）。可是中国到底还是唐律的家乡，抗战那一年，商务印书馆印行《四部丛刊续编》，居然找到了一部真真确确的宋版的《唐律疏议》！

现在我开始作关于唐律的报告。我不打算，当然也不能对于唐律，作一个全部的介绍。我只想把唐律在法律思想上和在法律制度上的我所感觉到的几个特点,提出来和大家讨论。当然,它们不见得全部可以供我们参考,可是也不见得全不值得我们的参考。

一 礼教中心思想　谈到礼教和法律的关系,大家自然不免马上连想到法家的理论。时下讨论法家理论的学者,常常犯一个错误,就是他们往往引起一句《管子》,便说法家如何如何,再引一句《韩非子》或《商君书》,又说法家如何如何。实则一个法家的意见,不能代表整个法家的意见,如同一个山西人,不能代表全部山西人,正是一样。(符号逻辑上 $Ki+Kj$[Ki 的一切元素和 Kj 的一切元素的总合]和 $Ki \times Kj$[Ki 和 Kj 的一切共同元素的综积]的分别,就在这里。)法家所有的一切意见,并不就是所有一切法家的意见。这一点我们非先辨别清楚不可。

唐律所代表的法律思想,百分之百是两汉以后成为传统的儒家的法律思想,就是说,礼教的法律思想。所谓礼教的法律思想,包涵着两个意义:第一,法律的作用,是在辅助礼教的不足。孔子说:道之以政,齐之以行,民免而无耻,道之以德,齐之以礼,有耻且格。孟子说:徒法不能以自行,就是这个道理。所以唐律说,德礼为政教之本,刑罚为政教之用,更很清楚的说明了法律的辅助的作用。第二,法律的内容,是从礼教中取得其价值的。《大戴礼》说,礼者禁于将然之前,法者禁于已然之后,所谓出礼则入刑(《陈宠传》),就是这个道理。

这个礼教的法律观念和春秋法家的法律观念,在上述两点上,恰恰相反。法家认为法律高于一切,管子说"法者天下之至道",尹文子说"百度皆准于法",韩非子甚至于说"礼者忠信之薄而乱之首",可见法家是以法为主而不太去顾虑到礼的。所以法就有它内在的价值,韩非子说"法者编著之图籍,设之于官府,而布之于百姓者也",管子说"生法者君,守法者臣"。这正是彻底的形式主义。和十几年前维也纳的纯粹法学派

Reine Rechtslehre，完全是一样的。(纯粹法学派的大宗师开尔森 Hans Kelsen，近年到了英国，作的多是社会学方面的学问，和他从前专从抽象的思考来作学问的作风似乎有大大的改变了。)

我们这个礼教的法律观念，和现在西洋法律所代表的罗马法的法律观念，也大不相同。罗马法的法律观念，是保障权利的。拉丁文 ius 一个字，又作权利讲，又作法律讲，是最好的说明。本来就罗马时代来讲，甚么是权利？能到法官面前打赢官司而取得保障的就是权利。不能提起诉讼的就不是权利。所以法律和权利，实在是一而二，二而一，拉丁文的 ius，法文的 droit，德文的 Recht，都是这一点最好的说明。

法律是人类文化必有的现象，证之各种文化皆然。那么为甚么在中国就是重礼教，而在罗马就重了权利呢？这全是受社会生活情形的支配。中国在春秋和春秋以前，已经是安定的，大家守着他们的田地而世居的农业社会，所以安定社会共同生活的礼教特别受重视而发达。而罗马在共和时代，因为它半岛的地形，已经是很繁荣的海洋通商社会，埃及希腊突尼斯，经常有很多的商旅往来。不能保障权利，怎么能使商业发达？罗马法本来是以市民法（ius civile）为主，万民法（ius gentium）为辅，而后者是用以便利外国人的，可是后来市民法竟逐渐的被万民法所改变（这正是罗马法最进步的一个时期），我们不难体会到罗马法是怎样的受了商业社会的影响了。

礼教的法律观念，发生了几个极重要的结果。一、礼教是以人和人的关系为中心的，所以礼教法律是社会本位的法律。所以法律中刑律最重要（甚至于有时有人不免认为刑律就是法律）。而行政法、官吏法也特别发达。（权利法律为保障个人权利的，所以不免提倡了个人主义。所以罗马法中债权法成了中心，继承法、诉讼法次之，而刑法、行政法、官吏法等于没有。）这一点下面还要再讨论。二、礼教为主，法律为辅，所以养成一般人轻视法律，因而鄙薄诉讼的观念。我们中国一般社会，几个大都市除外，一直到现在，还是以对簿公庭为耻，这不能不说是一千多年来法律观念的影响。这一点值得我们大家特别注意。三、法律既是还要以礼教为根据，所以过去的司法，引用和解释条文，相当的灵活，而不受过度形式主义的拘束。《杂律》上说：

> 诸不应得为而为之者（谓律令无条，理不可为者），笞四十。事理重者，杖八十。

这是规定不须要引用具体条文的条文。《名例律》说：

> 断罪无正条，其应出罪者，则举重以明轻，其应入罪者，则举重以明重。（如夜无故入人家，主人登时杀者不坐，假有斩伤灼然不坐。谋杀尊亲皆斩，已杀已伤，更应从斩。）

这是轻重互明的方法。还有比附论罪的：

> 问女君诬告妾，如何减罪？答：律云，殴伤妻者，减凡人二等。若妻殴伤杀妾，与夫殴伤杀妻同。又条。诬告期亲卑幼，减所诬罪二等。其妻虽非卑幼，义与期亲卑幼同。夫若诬告妻，须减所诬罪二等。妻诬告妾，亦与夫诬告妻同。（《斗讼律》）

这里一、指出妻之于妾，等于夫之于妻；二、指出诬卑幼减所诬罪二等；三、指出妻同卑幼。这就是层层比附。还有邀车驾，挝登闻鼓。上议请裁，庭讯御审，凡是狱讼，总有一个着落。不至于老百姓感觉到法律有不能解决的问题。这种种对于国家司法的威信,不能说是没有帮助。(法官的灵活引用和解释,是以司法补救立法,集议听裁,是以行政补救立法,本人在以前著作中都表示过同情。现在看法改变了,本人也在主张彻底的分权制。)

在礼教法律观念中生长的人民,对于过于严格性的法律解释,和对于程序法的重要性,当然是格格不相入的。这一点在我们研究过唐律后,应该格外认识得清楚。

二　社会本位的性质　唐律以社会为本位,而维持社会秩序者,第一是礼教,所以许多礼教中重要的事,都受到了刑律的维护。譬如:

居父母丧生子,徒一年。(《户婚律》)

立嫡违法,徒一年。(依令,无嫡子及有罪疾,立嫡孙。无嫡孙,以次立嫡子同母弟。无母弟立庶子。无庶子立嫡孙同母弟。见《户婚律》)

有妻更娶妻者,徒一年。(《户婚律》)

以妻为妾,以婢为妻者,徒二年。(《户婚律》)

其例甚多,不胜枚举。

第二,唐律既以维持社会为其中心任务,自然在其制度中,有很具体的警察思想。举例如下:

脱户者,家长徒三年。里正知情者,同家长法,州县知情者,从里正法。(《户婚律》)

在城内街巷及人众中无故走车马者,笞五十。(《杂律》。公事要速及求医药并急追人者不坐。)

在市及人众中，故相惊动令扰乱者，杖八十。

船人行船，茹船写漏，安标宿止不如法，笞五十（《杂律》。茹船谓茹察船缝，写漏谓写去漏水，安标宿止谓行船宿泊之所，须在浦岛之内，仍即安标，使来者候望。）

营造舍宅车服器物，于令有违者，杖一百。（《杂律》）

不修堤防，及修而失时者，主司杖七十（《杂律》）。盗决堤防，杖一百（谓取水供用）。

医为人合药，误不如本方，虽不伤人，杖六十。

脯肉有毒，曾经病人，有余者速焚之，违者杖九十。

负贩之徒，共相表里，参合贵贱，惑乱外人，杖八十。

造器用之物及绢布之属，有行滥短狭而卖者，各杖六十。（行滥谓不牢不真，短狭谓绢不充四十尺，布不满五十尺，幅阔不充一尺八寸。）

校斛斗秤度不平，杖七十。私作斛斗秤度不平，而在市执用者，笞五十。

每年八月，诣太府寺或所在州县官税，并印署，然后听用。量以北方秬黍中者容一千二百为龠，十龠为合，十合为升，十升为斗，三斗为大斗一斗，十斗为斛。衡以秬黍中者，百黍之重为铢，二十四铢为两，三两为大两一两，十六两为斤。度以秬黍中者，一黍之广为分，十分为寸，十寸为尺，一尺二寸为大尺一尺，十尺为丈。

盗毁天尊像佛像，徒三年。（《贼盗》）

发冢者加役流。（《贼盗》）

于地内得古器，形制异常，而不送官者，坐赃论减三等。（《杂律》）

私度关者徒一年。越度者加一等。（《卫禁》：不由门为越）

不应度关而给过所者,徒一年。(《卫禁》)

看以上这些条文,可见户籍警察、交通警察、营建警察、水利警察、卫生警察、经济警察、宗教警察、古物警察、边界警察,这些观念不但存在,并且是很发达的了。

第三,社会本位的法律,有双层意义。从一方面讲,它把社会的公益,当作它所要保护的对象,上面举的几种礼教罪就是了,从另一方面讲,它把维护社会公益的责任,同时加诸社会自己本身。我以前曾把这种设施,叫作社会防罪制度。现在举几个例来说明:

邻里被强盗,及杀人,告而不救助者,杖一百。闻而不救者,减一等。力势不能赴救者,速告随近官司。若不告者,亦以不救助论。其官司不即救助者,徒一年。窃盗者各减二等。(《捕亡》,五家为邻,五邻为里)

追捕罪人,力不能制,告道路行人,其行人力能助之而不助者,杖八十。势不得助者,勿论。(《捕亡》,势不得助,谓隔川谷垣篱,或官有急事及私家救疾赴哀。)

强盗及杀人,罪发,被害及同伍,即告其主司,若家人同伍单弱,比伍为告,当告而不告,一日杖六十。(《斗讼》)

同伍保内在家有犯。知而不纠者,死罪徒一年,流罪杖一百,徒罪杖七十。(《斗讼》)

见火起,应告不告,应救不救,减失火罪二等。(《杂律》,谓须告见在及邻近之人共救。)

被人殴击折伤以上,若盗及强奸,虽傍人,皆得捕系,以送官司。(准用《捕亡》法捕亡)

> 知谋反及大逆者,密告随近官司,不告者便。知谋大逆谋叛不告者,流二千里。(《斗讼》)

上面这些条文,各位先生,也许以前没有读过。但是它们的内容,我想对于各位没有一条是陌生的。就是因为这些法律观念,从小说戏剧中,对于我们发生了深刻的影响。它们是不是坏的条文,坏法律?我们糊里糊涂地把它们一筐子全部丢出去,我实在觉得有点可惜。

三 官吏法的严格要求　唐律中官吏的地位,无疑地比平人为高。但是他们的责任也较平人为大。尤其在授受取与之间,特别详慎。现在举几个例:

> 监临主司受财枉法者,一匹杖一百,一匹加一等,十五匹绞。(《职制》,窃盗五十匹加役流)
> 受所监临财物,一尺笞四十,五十匹流二千里。乞取者加一等。强乞取者准枉法论。(《职制》)
> 官人因使于使所受送馈及乞取者,与监临同。(《职制》)
> 贷所监临财物者,坐赃论。卖买有剩利者,计利以乞取监临财物论。(《职制》)
> 监临之官,私役使所监临,及借奴婢牛马之类,以受所监临财物论。(《职制》)
> 监临之官,受猪羊供馈,坐赃论。(《职制》)
> 率敛所监临财物馈遗人者,虽不入己,以受所监临财物论。(《职制》)
> 监临之官家人,于所部有受乞借贷役使卖买有剩利之属,各减官人罪二等。官人知情,与同罪,不知情者,各减家人罪五等。

(《职制》)

去官而受旧官属士庶,若乞取借贷之属,各减在官时三等。(《职制》)

再则官吏方面,对于公物的爱护,有特别的责任。

增乘驿马,一匹徒一年。应乘驿驴而乘马者减一等。(《职制》)

乘驿马枉道者,一里杖一百,五里加一等,经驿不换马者,杖八十。

乘驿马赍私物(谓非随身衣仗者),一斤杖六十,十斤加一等。

乘官船,听载衣粮二百斤,违限私载,若受寄,及寄之者,五十斤及一人,各笞五十。(《杂律》)

假请官物,讫事过十日不还者,笞三十。(《厩库》,谓威仪卤簿帐幕毡褥之类。)

监临主守,以官物私自贷,若贷人,及贷之者,以盗论。(《厩库》)以官物私自借,若借人及借之者,笞五十。(贷谓消费,借指使用,官物谓衣服毡褥帷帐器玩之类。)

官吏们处理公事,有一定的限期。例如:

"官文书稽程,一日笞十,三日加一等。"(《职制》)依令,小事五日程,中事十日程,大事二十日程,徒以上狱案办定须断者,三十日程,其通判及勾,经三人以下者,给一日程,经四人以上,给二日程,大事各加一日程。若有军机急速,应了不了,亦准稽程法。

法官断狱,不能延滞过久,到宋朝以后,更有明确的规定。兹不赘述。

四 法官断狱负有责任 这是我们过去司法制度的特色。唐律的规定,是这样的:

> 官司入人罪者（或虚立证据，或妄构异端，舍法用情，锻炼成罪），若入全罪，以全罪论。从轻入重，以所剩论。其出罪者，亦各如之。即断罪失于入者，各减三等，失于出者，各减五等。(《断狱》)

这是裁判官绝对负责的制度，对于现在一般人的法律观念，到现在还是印象甚深的。现在再把唐朝的司法制度及程序，简单地说一说。

唐律："杖罪以上县决之，徒以上县断定，送州复审。大理寺及京兆河南府断徒，申省复审，大理寺及诸断流以上，皆连写案状申省，即封案送，或案复申奏。""死罪囚应行刑者，皆三复奏讫，然后下决。"就是说，杖罪断于县，初审即可执行。徒以上必经复审。经县者申州，流以上皆须申奏，死罪则三复奏始能处决。

唐制徒断于州，杖断于县的，因为州府都有专门司法人才。州有司户参军事和司法参军事（上中州二人，下州一人）。府有户曹参军事法曹参军事（人数同上）。户曹和司户参军"掌判断人之诉竞，凡男女婚姻之合，必辨其族姓，以举其违，凡井田利害之宜，必止其争讼，以从其顺"。法曹和司法参军"掌律令格式，鞫狱定刑，督捕盗贼，纠逖奸非之事，以究其情伪，而制其文法"。可见当时民事刑事，已经是分庭办理的了。

现在再把唐时拷讯的制度说一说。

> 应讯囚者，必先以情，审察辞理，反复考验，犹未能决，事须讯问者，立案同判，然后拷讯，违者杖六十。（立案取见在长官同判，然后拷讯。若赃状露验，理不可疑，虽不承引，即据状断之。）
>
> 拷囚不得过三度，数总不得过二百，杖罪以下，不得过所犯之数。拷满不承，取保放之。
>
> 拷囚限满不首，反拷告人。其被杀被盗及家人亲属告者，不反

拷。拷满不首,取保并放。

至于一种疑罪(谓虚实之证等,是非之理均,或事涉疑似,旁无证见,或傍有闻证。事非疑似之类。)则各依所闻,以赎论。也可以说是不失为一种没有办法中的办法。而所谓疑狱,是法官执见不同议律论情,各申异见。则听其各为异议,但议不得过三。然后听上级的裁夺。

五　自首制　本人十余年来,逢人便道,现行法把我们过去的自首制取消,我不知道好处在那里。唐律中的自首条文是这样的:

犯罪未发而自首者,原其罪。其轻罪虽发,因首重罪者,免其重罪。即因问所劾之事而别言余罪者,亦如之。即遣人代首,若于法得相容隐者,为首及相告言者,各听如罪人身自首法。其闻首告被追不赴者,不得原罪。即自首不实及不尽者,以不实不尽之罪罪之。至死者,听减一等。其知人欲告及亡叛而自首者,减罪二等坐之。即亡叛者虽不自首,能还归本所者亦同。其于人损伤,于物不可备偿,即事发逃亡,若越度关及奸,并私习天文者,并不在自首之列。

犯罪共亡,轻罪能捕重罪首,及轻重等获半以上首者,皆其罪。

盗诈取人财物,而于财主首露者,与经官司自首同,其余应是应坐之属,每过还主者,听减本罪三等坐之。即财主应坐者,减罪亦准此。

公事失错,自觉举者,应其罪。应连坐者,一人自觉举,赃人亦原之。其断罪失错已行决者,不用此律。

自首免罪的制度,在我们有一二千年的历史,本人认为是一个很好的制度。我们现行法,却把它的作用大为减轻,只算它除一佣减科罪刑的条件之一。所谓舍己从人,本人认为未免失当。

以上所说,拉杂不成片段。内容十分浅薄,耽误大家许多时间,非常抱歉,请各位先生,多多原谅和指教!

"自首"制在唐明清律中的演变

唐律五百零二条,被明律删去了一百四十六条。又把剩下的三百五十六条,归并成二百八十五条。加上新添的一百七十五条,一共四百六十条,这就是明律的全部。清律删弃明律的有十一条,归并到其他条文里的有十六条,一共省去二十七条。新加了两条,又另外把一条分成两条,所以清律共有四百三十六条。虽然经过两次删削,唐律在清律中继续生效的,还是有三百几十条。不过这些条文,在明清两代中,有的是在条文上被修改了的,有的是在文字上被修改了的。一经对照,即可了然。但是有若干条,其内容被修改,但是不明见于条文或文字上的。因之不细加研究,就不容易看出。唐律中关于自首的第三十七条,就是一个好例子。现在把它略予讨论如下。

这一条经过条文上修改的,有四点。(一)"其闻首告,被追不赴者,不得原罪"一句,在明清律里(明律第二十四条,清律第二十五条),都被删去。(二)不许自首的"私习天文者",在明律里还保留着,到了清律,就被删去。(三)犯奸不许自首的小注"奸谓犯良人",明清皆删。(四)在条文末了,明清律都加上"若强窃盗,诈欺取人财物……"一大段。

文字修改的,如同"原其罪",明清改作"免其罪"。"所劾之事",改作"被告之事","即"改作"若","亡叛"改作"逃叛","事发逃亡",改作"事发在逃","越度关",越上加了个"私"字等,也并不太多。

内容有大改变,而不是在条文文字上看得出来的,是"亡叛而自首者,减罪二等坐之"这一句。本来这里面的"亡"字,乃是指着《捕亡律》第四五七到四六四条里所说的八种亡人而言。(这八种人是从军征讨亡、防人道上亡、流徒囚亡、宿卫人在直亡、丁夫离匠在役亡、流浪他所、官私奴婢逃亡、在官逃亡。)这里面的"叛"字，是指着《贼盗律》第二五一条谋叛已行的人而言。唐律把这些罪看得较重，所以自首的人，不给他们全部免罪，而只给减罪二等。又因为这些人都是犯了"逃走"的罪，如果逃走了，知道后悔而又跑回来，到原处去上班服务，那么他们虽然没有办自首的手续，可是仍旧应当予以减罪的优待，所以条文接着下去说"即亡逃者，虽不自首，所归还本所者亦同"。疏议更加以补充，说"若本所移改，还归移改之所亦同"。这就是说，譬如有一个在地方甲守边的防人逃走，他那个防守单位被移调到地方乙去守防。他后来赶到地方乙去归队，就仍然得到减罪二等的优待。至于所谓"叛"，在唐律里(后来在明律里，也是如此)，并不是一种积极反对政府的行为——那个叫作"反"(唐律第二四八条)——而只是消极的想投奔另外一个国家，所谓"背国投伪"——事实上就是现在的"放弃国籍"而已。其中"始谋未行"的只是"谋"，"已上道"的——就是开始向国外逃走——才算"叛"。如是还未上道的人，纵然一度曾经打算过投奔外国，一经自首，仍得全部免罪。

　　明律把这一条里面所有的"亡"字，一律改成了"逃"字，看起来好像只是一种文字上的修改。但是唐律里的八条亡罪，明律只留下第四五九(流徒囚亡)一条(明律第三四一条，清律第三九零条)，而把其余七条，全部删减。因此这一句条文里"亡"罪的对象，实际上只剩下了八分之一。

　　可是到了清律，这一句条文的对象，又再度发生变化，而且变化的更大。清律照抄明律的条文，一字不改。但是在"逃叛而自首者，减罪二等坐之"一句里的"逃"字下面，加进去"如逃避山泽之类"，"叛"字下面，加进去"如叛去本国之类"一共十四个字的小注。从表面上看来，这仿佛只是一种文字上的解释。但是事实上这两句都是清律对于"谋叛"的罪的法律定义。因为清律第二五五条——跟明律一样——在"谋叛"两个字下面,加入"谓谋背本国,潜从他国"九个字的小注。最后一节——也和明律一样——有"若逃避山泽,不服追唤者,以谋叛未行论"一句。因之逃叛自首减罪二等这一句,在明律里还包括"流徒囚逃亡"(明律第二七八条)这种人,到了清朝,就不能再如此解释,而只是指着犯了谋叛罪的人而言了(不管是"初谋",或者"已行",一经自首,一律减罪二等)。

　　清律在一点上,在明律的出入,还算简单。可是到了关于事发逃走而又回来自首者的处理,其变化就复杂得多了。唐律第三十七条的末了一句"事发逃亡……不在自首之列",本来说得很明白是不能减罪的,但是如果逃亡者后来又跑回来自首,那么就和前面所说"亡叛"之人,回归本所自首的,究竟没有太大的不同,所以唐律在上项条文里"事发逃亡"四个字底下,加以小注说:"虽不得首所犯之罪,得减逃亡之坐。"疏议更加以说明:"假有盗罪合徒,事发逃走,已经数日,而自陈首;犯盗已发,虽首不原;逃走之罪,听减二等。"但是"逃走之罪"是怎么样算法呢?唐律第四六五"被囚禁拒捍走"条说:"私窃逃亡,以徒亡论。"小注说:"事发未囚而亡者亦同。"再看唐律第四五九"流徒囚役限内亡"条对于徒罪亡的处罚,是"一日笞四十,三日加一等(十九日合杖一百),五日加一等(五十九日合流之千里)"。那么如果一个人犯了徒一年的盗罪,事发逃走,半年后回来自首。原犯的盗罪,仍旧是徒一年,不能减等。可是逃走的罪,却变成三千里的流,虽然减二等论罪,还是不下于徒二年半。照唐律第四五,二罪从重条,"二罪以上俱发,以重者论",那么他就得服二年半的徒刑。如果他后悔得早,二十天就回来自首,那么他逃走之罪只是杖一百,减二等为杖八十。二罪俱发从重,他的处罚,仍旧不过是徒一年。

　　明律对于这个问题的处理,是完全跟着唐律走的。它只把"事发逃亡"改成了"事发在逃",把小注的"得减逃亡之坐"改成了"得减逃走之罪二等"。此外别无变动。但是明律把唐律里处理"逃亡之罪"的第四六五条删去,又没有在别的条文里另作交代。因之怎么样去"减逃走之罪二等",就成了一个没有答案的问题。

清律大概是看出来了明律里这一个漏洞,因之它在"事发逃走"之下,把明律的小注改成下面这个样子:

> 已被囚禁,越狱在逃者,虽不得首所犯之罪,但既出首,得减逃走之罪二等,正罪不减。若逃在未经到官之先者,本无加罪,仍得减本罪二等。

这样子一来,漏洞算是补上了。可是所有事发逃走之人,只要未经到官,不但不另外加罪,而且日后回来,不管中间隔去时间的久暂,无不随时可以自首而得到减罪二等的宽恕。所以事发逃走,在唐朝是罪上加罪,而在清朝则是有利无害。因之清律的作用不是在鼓励自首,而是在鼓励逃亡。我们很怀疑:这个会是清人当初修改这一段小注时的立法原意吗?

一九七一年十一月于西雅图望湖山馆

宋律佚文辑注

摘自《名公书判清明集》

有宋一代，三百余年（960—1279），一直没有编制法典，而是继续五代遗规；用唐律作基本法典，另外用"敕"随时来补充或修正的。（天圣七年[1029]，刑部侍郎夏竦请诏择能臣，详定刑书，"名之宋律"——《历代名臣奏议》，台北学生书局一九六四年影印永乐十四年[1416]本，总页二七七六——当时未被采纳，后来也就再没有人提起。）《宋史·刑法志》一说神宗（1048—1085）"以律不足以周事情，凡律所不载者，一断于敕"。页三，艺文本总页二三六八。这句话并不太正确。因为宋的名例敕有一条说："诸敕令者无例者从律。律无例及例不同者从敕。见《庆元条法事类》，日本古典研究会一九六八年影印静嘉堂文库藏本，总页四九八。也就是说：凡敕所不载者，一断于律。不过这一条敕文是哪一年颁行的，一时还待考证。

宋朝编纂敕文，前后不下十余次，可是至今已一无存者。因之现有的宋朝法律条文，主要的只保存在两部书内。一是《刑统》，台北文海书局一九六四年影印民七法制局刊本，里面有九条建隆年代（960—962）的"敕"，和二十九条"起请"（编纂刑统之臣僚们的建议）。一是《庆元条法事类》，日本影印本，见前注，这是宁宗庆元四年（1198）编成的一部比较完备的法典，可惜全书八十卷内，佚失了四十二卷。此外还有一部《名公书判清明集》日本古典研究会一九六四年影印宋刊本,是一部判决书选集,主要是福建区域有名法官的手笔,也是十分残缺不全。但是其中援引的法律条文,也还不下六七十条。虽只限于"分产""继绝""婚姻"等若干部门,但在我们法制史上,因为关于这些部门的材料之缺乏,仍然具有其无比的重要性。现在把这些条文摘录类集起来,依照《刑统》的次序,分载如下,并在必要时略加注解,提供海内外学者的参考。

入　道

引诱同居亲为僧道

诸引诱或抑立同居亲为童行僧道,规求财产者,杖一百,仍改正。赃重者,坐赃论。(《清明集》页二四四)

"童"谓道童,"行"谓行者(《庆元》页四六九)。依宋律,男年十九(女年十七)以上,方得出家为童行(同上页四七四)。"赃重"谓所规求之财产,价值在八匹一尺以上。"坐赃"者十匹徒一年,十匹加一等,罪止徒三年(唐律第三八九:坐赃致罪条)。

财　产

妇人财产夫为主

妇人财产,并同夫为主。(页二四八)

妻之装奁田产,为其夫所典卖者,不为违法。即妻自欲典卖,亦应由其夫出而立契。

身死财产应申官

敕:诸身死有财产者,〔其〕男女孤幼,〔而〕厢耆邻人,不申官抄籍者,杖八十。因致侵欺规隐者,加二等。(页一二四)

此事乃以保障孤幼产权之责任,加之厢耆邻人。

支用检校财产

敕:赖支用己检校财产者,论如擅支朝廷封桩钱物法:徒二年。(页一一一)

分　产

儿女分产

父母已亡、儿女分产,女合得男之半。(页一〇一)

上项规定,似只适用于"在室女",应参看下《户绝法》各条。

"陈归仁"分法

淳祐七年（1247）敕令所看详陈归仁分法：〔夫死〕妾存有子，拨田与妾膳养。其余田产物业，嫡庶诸子均分。（页三三）

妾死之后，所拨田仍归众分。

僧道还俗分产

诸僧道犯罪还俗，而本家已分者，止据父祖财产众分见在者均分。（页二四五）

众分见在者，如拨与祖母、母或父祖妾之膳养田是也。

妻财不分

妻家所得之财，不在分限。（页二四八）

妇人陪嫁产业，虽同夫为主，但夫与其兄弟分产时，不在众分之限。

诉分产不得过三年

分财产满三年而诉不平……不得受理。（页二三七）

别宅子

别宅子

诸别宅之子,其父死而无证据者,官司不许受理。(页一四三)

别宅子即私生子。"父子天性也,不可以强合,纵是其己之所出,而父不认,亦无可强之理。"(《判词》,页一四五)按,上项理论,未免与《春秋》"母子无绝义"之原则不符。

抱 养

养同宗子孙

令:诸无子孙,听养同宗昭穆相当者为子孙。(页二)

此即俗所称"过继"。

养子孙不凭除附

〔抱养子孙〕虽不除附,官司勘验得实,依除附法。(页八八)

"除附"者,"谓人家养同宗子,两户各有人户。甲户无子,养乙户之子以为子,则除乙户名籍,而附之于甲户,所谓之除附"。(《判词》,页八八)

养子孙有过得遣还

　　所养子孙,破荡家产,不能侍养,实有显过,官司审验得实,即听遣还。(页一二三)

也就是说,抱养子孙,一定要经过官府,才能够取销。

祖母母不得非理遣还

　　诸养子孙,而所养祖父父亡,其祖母母不得非理遣还。(页一五)

按,此一条极值得注意。

抱养异姓子

　　生前抱养〔异姓之子〕,年未三岁,正合条法。(页一四)
　　〔抱养异姓男为子孙者〕三岁已下,即从其姓,依亲子孙法。(页一五)
　　后世立法,有许立异姓三岁以下之条。(页一九)

此项规定,是"曲徇人情,使鳏夫寡妇,有所恃而生耳。初未尝令官

司于其人已死,其嗣已绝,而自为命继异姓者。"(《判词》,页一九)

抱养异姓子,不用除附之法,以"收养异姓三岁以下,法明许之,即从其姓,初不问所从来,何除之有?"(《判词》,页八八)

抱养异姓子,就是他后来长大不成材,也不能遣还,以其"依亲子孙法"也。

继　绝

立继命继

　　淳熙(1174—1189)指挥:立继者谓夫亡而妻在,其绝则其立也当从其妻。命继者谓夫妻俱亡,则其命也,当唯近亲尊长。(页六九)〔立继者〕夫亡妻在者,从其妻。(页一六、二〇、二四七)

夫亡妻在,其立继之权,似在死者父母之上。

　　令:其欲继绝,而得绝家近亲尊长命继者听之。(页二)
　　立继由族长。(页四九)

以上数条,皆对绝户夫妻俱亡时而言。

殇可立嗣

　　殇不得立嗣,初无此条。(页四三)

殇可立嗣,则择同宗昭穆相当者为户绝人命继时,范围扩大数倍。

立继承产

立继尽承父产

淳熙指挥:立继者谓夫亡而妻在,其绝则其立也当从其妻……立继者与子承父法同,当尽其产以与之。(页六九)

户绝法

命继分产

诸已绝之家,而立继绝子孙,谓近亲尊长命继者,于绝家财产,若只有在室诸女,即以全户四分之一给之。若又有归宗诸女,给五分之一。其在室并归宗女,即以所得四分依户绝法给之。止有归宗诸女,依户绝法外,即以其余减半给之,余没官。止有出嫁诸女者,即以全户三分为率,以二分与出嫁女均给,一分没官。若无在室归宗出嫁诸女,以全户三分给一,并至三千贯止。即及二万贯,增给二千贯。(页一三〇)

户令:诸已绝之家,立继绝子孙(谓近亲尊长命继者),于绝家财产,若止有在室诸女,即以全户四分之一给之。若又有归宗诸女,给五分之一。止有归宗诸女,依户绝法给外,即以其余减半给之,余没

官。止有出嫁诸女者，即以全户三分为率，以二分与出嫁诸女均给，余一分没官。（页七〇）

诸户绝而立继绝子孙，于绝户财产，若止有在室诸女，即以全户四分之一给之。（页三五）

诸已绝之家，而立继绝子孙，谓近亲尊长命继者，于绝家财产，若无在室归宗出嫁诸女，以全户三分给一分，余将没官。（页一六六）

淳熙指挥：命继者于诸无在室归宗诸女，止得家财三分之一。（页六九）

兹照上列规定，试为列表说明如下：

户绝之家	继子得	女得	没官
止有在室女	四分之一	四分之三	——
有在室并归宗女	五分之一	五分之四	
止有归宗女	四分之一	四分之一分半	四分之一半
止有出嫁女	与诸女均分三分之二	与继子等	三分之一
无在室归宗及出嫁女	三分之一	——	三分之二

又《宋史·刑法》，高宗志（1107—1162）读户令："户绝之家，许给其家三千贯，及二万贯取旨。"帝曰："其家不幸而绝，及二万贯，乃取旨，是有心利其财也。"今别去之。（艺文本，总页二三八三）

户绝财产母为主

诸户绝人有所生母，若祖母同居者，财产并听为主。（页七三）

诸户绝人有所生母同居者,财产并听为主。(页三四)

户绝财产给女

令:诸户绝财产,尽给在室诸女。(页三五)

此与前载儿女分产之规定不同。以既无男子承分,自合尽给诸女。

在室女依子承父法给半(余一半没官)。(页一一三)

"父母已亡,女合得男之半",见上"分产"同下。此条用其意,使女止承一半,其余没官。然显与上条"尽给在室诸女"之规定不合,也许是时代不同的原故。

遗 嘱

遗嘱限无承分人

诸财产无承分人,愿遗嘱与内外缌麻以上亲者,听自陈。官给公凭。(页二五二、三三三)

遗嘱之前提有二:一,立嘱者无承分人(无男女子孙,亦未立继);二,受赠与者以立嘱者之内外缌麻以上亲为限。外亲谓母家亲属。

遗嘱应经官印押

果有遗嘱,便合经官印押,出执为照。(页五八)

遗嘱之诉限十年

遗嘱满十年而诉者,不得受理。(页二三七)

田 宅

典卖田宅凭印契

典田宅者,皆为合同契,钱业主各取其一。(页二七三)
以印契不明诉者,以二十年为限。见下。诸典卖田宅,已印契,而诉亩步不同者,止以契内四至为定。其理年限者,以印契之日为始。或交业在印契日后者,以交业日为始。(页一七九)
典卖〔田宅〕日月,止凭印契。(页三八二)

勘合钱

绍兴十一年(1141)正月敕:人户典卖田宅,每百收勘合钱十文。

如愿以金银绢帛准折者,听从便,依在市实值定价。(页二〇六)

母在为契首

〔交易田宅〕母在则令其母为契首。兄弟未分析,则合令兄弟同母共成契。(页三二三)

交易田宅要离业

应交易田宅,并要离业。虽刻零典卖,亦不得自佃赁。(页一六〇)

此为妨止"冒充交易"而设,故"不曾交业,彼此违法"(《判词》。页一六一)

不得以债负准折

典卖田宅,以有利债负准折价钱者,业还主,钱不追。(页三二七)

此为妨止放高利贷以规谋他人田宅而设。起诉时效为三年,见下。

典质田宅问亲邻

诸典卖田宅,具帐开析、四邻所至,有本宗缌麻以上亲,及墓田相去百步内者,以帐取问。(页二〇二)

诸典卖田宅,四邻所至,有本宗缌麻以上亲者,以帐取问,有别户田隔间者非。其间隔古来沟河,及众户往来道路之类者,不为邻。(页三四四)

诸典卖田宅邻,四邻所至,有本宗缌麻以上亲,其墓田相去百步内者,以帐取问。(页三七一)

按,亲与邻,在宋初原为二事。《刑统》载旧敕:"应典卖倚当物业,先问房亲。房亲不要,次问四邻。四邻不要,他人并得交易。"(总页四三三)至南宋已合为一条。胡石璧(绍定五年[1232]进士),谓"应问亲邻者,止是问本宗有服纪亲之有邻至者。如有亲而无邻,与有邻而无亲,皆不在问限"。见于《庆元重修田令》,与嘉定十三年(1220)刑部颁降条册(《判词》,页三四四)盖经济愈发展,贸易愈为自由耳。

诉不问亲邻,时效为三年,见下。

典卖众分田宅

诸祖父母父母已亡,而典卖众分田宅,私辄费用者,准分法追还,令元典卖人还价。即典卖满十年者免追,止偿其价。过十年典卖人死,或已二十年,各不在论理之限。(页一九五)

典卖众分田宅,私辄费用者,准分法追还,令元典卖人还价。即典卖满十年者免追,止偿其价。过十年典卖人死,或已二十年,各不在论理之限。若墓田,虽在限外,听有分人理认,钱业各还主。典卖人已死,价钱不追。(页三七二)

寡妇典卖田宅

寡妇无子孙,(若子孙)年十六以下,并不许典卖田宅。(页二五二)

诸寡妇无子孙,擅典卖田宅者,杖一百,业还主。钱主保牙知情与同罪。(页三三三)

盗卖卑幼产业

卑幼产业,为尊长盗卖,许其不以年限陈乞。(页三一七)

盗典卖田业

盗典卖田业者,杖一百,赃重者准盗论,牙保知情与同罪。

重叠典卖田宅

诸以已田宅重叠典卖者,杖一百,牙保知情与同罪。(页三二八)

典主迁延占据

诸典卖田产,年限已满,业主与务限前收赎,而典主故作迁延占据者,杖一百。(页三五八)

依宋初规定,"所有论竞田宅婚姻债负之类,取十月一日以后,许官司受理,至正月三十日,住接词状,三月三十日以前断遣须举"(《刑统》页四三五),自十月三十日,至正月三十日,此四个月谓之"务限"。

理诉田宅时效

诸理诉田宅,而契要不明,过二十年,钱主或业主死者,官司不得受理。(页一六五、一七九、二三一)

契要不明,而钱主业主死者,不在受理。(页二二三)

诸典卖田宅,经二十年而诉典卖不明者,不得受理。……钱业主俱亡,亦不在论理之限。(页三一〇)

"此盖两条也,谓如果二十年,不得受理,以其久无词也。此一条也,而世人引法,并二者以为一(谓过二十年而钱业主死者),失法意矣。"(《判词》,页二三二)

甲明指挥:典产契头亡殁经三十年者,不许受理。

此即上引判词所云"世人并二者以为一"之例。三十年者,宋初制度如此,见《刑统》建隆三年(962)敕文。(页四三二)

诸典卖田宅满三年,而诉以应问邻而不问者,不得受理。(页三四五、三七二)

应交易田宅,过三年,而论有利债负准折,官司并不得受理。(页一六〇)

婚 姻

定婚不娶

诸定婚无故三年不成婚者,听离。(页四四三)

唐律严女家之悔婚,而未及男家之不娶。此一规定,补此缺憾。

违法成婚

诸违法成婚,谓尝为袒免以上亲之妻,未经二十年,虽会赦犹离。(页一六七)

此唐律第一八三条(为袒免妻嫁娶)也。唯二十年之时效,为宋律所加,甚为合理。

妻不能弃夫

妻无弃夫之条。(页四三三)

此谓不能"无故"弃夫也。否则"义绝"——如夫殴杀妻之祖父母父母等(唐律一八九)(妻无七出)条——之外，尚有"移乡"及"久出不归"，妻皆可去，见下条。

移乡及出外不归

己成婚而移乡编管，其妻愿离者听。其夫出外三年不归，亦听改嫁。(页四五四)

"移乡"者：唐律二六五(杀人移乡)条："杀人应死，会赦免，移乡千里外。""编管"者：命官犯重罪，当配隶，则于分州编管。(《宋史·刑法志》)

夫出外三年不归，妻得改嫁，亦唐律所无，甚为合理，盖亦经济发展之效也。

接脚夫

户令：寡妇无子孙，并同居无有分亲，召接脚夫者，前夫田宅经官籍记讫权给，计直不得过五千贯。其妇人愿归后夫家，及身死者，方依户绝法。(页九〇)

妇人无子改嫁，不能携前夫产归后夫也。

斗　讼

咆哮凌忽路州县官

敕：诸路州县官，而咆哮凌忽着，杖一百。（页一二四）

此本唐刑部格：州县职在监临百姓，尤资礼奉。其有谋杀及殴，并咆哮凌忽者，先决杖一百。若杀皆斩，不在赦原之限。（《刑统》，页七一二）

负　债

负债违契不偿

负债违契不偿，官为追理，罪止杖一百，并不留禁。（页四一四）

唐律三九八（负债违契不偿）条：罪止杖六十。

息不过本

（私债利息），积日虽多，不得过一倍。（页四〇八）

此本唐《杂令》条文。（《刑统》，页八七五）

交　易

违法交易

　　违法交易条：钱没官，业还主。（页三二五）
　　交易诸盗及重叠之类，钱主知情者，钱没官，自首及不知情者，理还。犯人偿不足，知情牙保均备。（页二六〇）

"备"即赔偿之意。

交钱限一百二十日

　　交易，钱止一百二十日为限。（页三四七）

一切交易，物价限一百二十日内交足，逾期未足，所有权仍属业主。

宋律中的审判制度

壹　宋律为中国传统法的最高峰

中国的传统法律,到了宋朝(960—1279),才发达到最高峰。其重要的原因有三:

一　中国的法典

在组织和内容上,从战国时起,经过秦汉魏晋南北朝(400 B. C.—608 A. D.),一千多年,一直演变。到了唐朝的《永徽律》(653),遂成了典型。后来唐朝虽亡(906),但是《永徽律疏》,除了后梁——这个只有十五年的朝代(907—922)——一度作过形式上的废除之外,接着后唐、后晋、后汉、后周和宋朝五个朝代,都是正式以之作为他们国家的基本法典。一个本来就相当成熟的法典,再经过六百多年的修正补充,自然益臻完善。①

---

① 五代及宋初,对于唐律的补充修正,一看《宋刑统》(台北文海一九六四年影印七年法制局刑本),即可了然。

二　宋朝的皇帝

懂法律和尊重法律的，比中国任何其他的朝代都多。北宋的太祖（960—975）、太宗（976—997）、真宗（998—1022）、仁宗（1022—1063）、神宗（1068—1085），南宋的高宗（1127—1162）、孝宗（1163—1189）、理宗（1225—1264）。这八位皇帝，在法律制度和司法制度上，都曾经有不少的贡献。① 有这么多皇帝不断地在上面督促，所以中国的法治，在过去许多朝代中，要推宋朝首屈一指。

三　宋朝的考试制度

不断地把法律当作一门重要的考试科目，进士要考、选人②要考、流外补选也要考。文官要考、武官要考，甚至国子监画学里的学生也要读律。正是"士初试官，皆习律令"③。再则宋的铨选制度，凡是科举中试的人，第一次派遣职务——术语谓之"入官"④——都是派到府县衙门作处理狱讼的幕职官⑤。所以有宋一代的名公巨卿，差不多个个都具有充分的法律知识和深切地了解民间疾苦和刑狱之弊。《宋史》说："宋取士

---

① 散见《宋史·本纪》及《刑法志》，当另为文详述之。
② 具有各种资格，可以参加吏部铨选而走进正式官吏组织的人们。
③《宋史》一九九《刑法志》一，页一（艺文本总页 2367）。
④《宋史》一五八《选举志》四，页一一（艺 799）。
⑤ 兹略举几位名人中进士后的第一个职务：
　范仲淹(989—1052)：广德军司理参军
　欧阳修(1007—1072)：西京推官
　司马光(1019—1086)：华州判官
　苏东坡(1037—1101)：大理评事、凤翔府判官
　黄山谷(1045—1105)：叶县县尉

兼习法令,故儒者以经术润饰吏事,举能其官。"①又说:"宋之中叶,文学法理,咸精其能。"②两句话所说的都是事实。

宋律在许多方面,都有良好的发展。其中最值得称道的,是它力求谨慎的审判制度。兹试就此范围,略为申述如下。

贰　从唐律沿袭下来的审判规定

一　分使管辖

唐律的规定,一切民事诉讼——"田宅婚姻债负"——县里都有权判决和执行。因为在唐朝,一切田宅户债务的制度,不是用"律",而是"令"来规定的。③ 而"违令"之罪,只是笞四十(唐律四四九"违令"条)。再照"狱官令"的规定,"杖罪以下县决定之"(唐律四八五"应言上而不言"条)。所以县政府是一切民事诉讼的最高审判机关。民事案件,不能上诉。但是如果县官因为贪污或糊涂而作了不公的裁判,当事者可以告县官。这是官吏法的作用,不是诉讼法的作用。刑事案件,县里的审判权,以杖罪为限,就是从笞一十到杖一百,凡十等。宋朝把笞杖刑大为减轻。笞一十到二十的,只打七下,三十到四十的,打八下,递加到杖一百的只打二十下,为最高的体刑。④

徒刑以上的案件,也都是由县里先作初步的断定,然后送到州里去

---

① 《宋史》三一九《欧阳修传》。
② 《宋史》三三〇《任颛等传》,页九。
③ 据《唐六典》,唐令凡二十有七,内有户令、田令、关市令、杂令等(台北,文海,一九六三年题印日抄卷六,页六五,总页134)民事规定。
④ 《刑统》一,页三四(总7—8)。

复审。如果州里的决定是徒罪,或者把流罪改成杖笞,或是准许犯人纳钱赎罪,州里就判决执行。① 如果断的是流罪或死罪,就得要申到大理寺去审核,再由大理寺转上刑部。② 流刑刑部可以决定,死刑则必须送到中书门下两省详复,然后送到皇帝那里去批准。到了执行的时候,还得要经过三次"复奏"的手续。③ 我们可以说,唐朝的审判机关分等。县里断杖罪;州里断徒罪;大理寺断流罪;死罪的判决权在皇帝一人手里。

二 务限

传统的中国,是一个农业经济的社会,所以唐律的规定,民事诉讼,只以农闲的季节为限。唐《杂令》有一条说:

> 诉田宅婚姻债负,起十月一日,至三月三十日检校,以外不合。若先有文案交相侵夺者,不在此例。④

宋初加以补充如下:

> 所有论竞田宅婚姻债负之类(债负谓法许征理者),取十月一日以后,许官司受理,至正月三十日,住接词状。三月三十日以前,断

---

① 狱官令:"徒以上,县断定送州复审讫,徒罪及流应决杖笞若应赎者,即决配征赎。"(唐律四八五条疏文引)
② 狱官令:"诸州断流以上……皆速写案状省。"(同上)
③ 《旧唐书》四三《职官志》二,页二五:"凡决死刑,皆于中书门下详复。"(艺889)——唐律:"死罪囚,谓奏画已讫,应行刑者,皆三复奏讫,然后下决(四九七死罪复奏始决条疏)。"在京城的死罪还得要经过五次的复奏:决前一日二日复奏,决日又三复奏,《旧唐书》五〇《刑法志》页八(艺1024)。
④ 《刑统》一三,页七(总435)。

遣须毕。如未毕,具停滞刑狱事由闻奏。如是交相侵夺,及诸般词讼,但不干田农人户者,所在官司,随时受理断遣,不拘月日之限。①

三 拷讯

中国的传统审判制度,一直十分着重犯罪的口供——术语曰"招""伏";但是有些凶恶硬汉,就是面对着十分齐全的人证物证,也硬不招认,自然不免引起法官光火,用刑拷打,逼他招认,因而也不免常有"屈打成招"的事情发生。但是就事论事,在唐宋时期的审判制度下,法官之判决犯人,并不是一定须要有口供的。唐律四七六(讯囚察辞理)条的后半段说的很明白:

> 诸应讯囚者……若赃状露验,理不可疑,虽不承引,即据状断之。

可惜这一项条文,被明律废除了(但是也并没有加进一条相反的条文,说判决一定需要口供)。所以中国过去六七百年的地方官,差不多没有一个人知道判案并不一定需要口供的这个事实。

用刑逼供——术语曰"拷讯"——固然是可以的,但是它有种种的先决和限制。唐律四七六条上半段说:

> 诸应讯囚者,必先以情审察辞理,反复参验,犹未能决,事须讯问者,立案同判,然后拷讯。违者杖六十。

---

① 《刑统》一三,页七(总435)。

什么是"审察辞理"？唐狱官令有一条说：

> 诸察狱之官，先备五听。案《周礼》云：以五声听狱讼，求人情。一曰辞听，观其出言，不直则烦。二曰听，观其颜色，不直则赧然。三曰气听，观其气息，不直则喘。四曰耳听，观其听聆，不直则惑。五曰目听，观其瞻视，不直则眊然。①

上面这一段，引的是《周礼·小司寇》郑康成的注，正是汉律学的正宗。所谓"立案同判"者，唐律四七六条的疏文说：

> 事须讯问者，取见在长官同判，然后拷讯。若充使推勘，及无官同判者，得自别拷。

可见当时用刑取供，不但要问刑官立案说明，同时还须要得到他长官的许可，和约请另外官员来一同讯问。宋太宗在雍熙二年(986)下令："诸州讯囚，不须众官共视，申长官得判乃讯囚。"②可见在此以前是必在"众官共视"之下，才可以刑讯的。但是根据《元典章》的若干记载，"众官共视"的要求，似乎一直被维持到整个元朝。③ 仁宗延祐三年(1317)的

---

① 《刑统》二九，页一二（总 1212）。
② 《宋史》一九九《刑法志》一，页一一（艺 2372）。
③ 至元三十一年(1294)，考城县尉李翘"不立案验，辄便加严刑"（《元典章》五四，页六［台北，文海·一九六四年影印光绪戊申(1908)刊本总页 728］）；大德六年(1302)开化县尉王译"三次约会军官……将人非法凌虐"（同上，页七［总 728］），大德七年(1303)，武岗县吏"约会军官，非理锻炼……虽无问正官招状……见各人署押案件可照"（同上，页十二［总 731］）；同年，庆远安抚司金事朱国桢请"判署长官，一同拷勘"（同上，页一三［总 732］）。这几件都是说明"案验同判"的好资料。

秋天，还有一条圣旨说：

> 有罪过的人，指证明白，不肯招合的人，除强盗外，问事的官母、首领官，圆聚着商量了，依着体例。合使什么杖子，打了多少杖数，明白立着札子圆押者！①

过去中国法官之使用刑讯，在理论上，似乎主要的以贼盗重案为限，至少在宋朝元朝是如此。建隆三年（962）十二月六日敕：

> 宜令诸道州府，指挥推司官吏，凡有贼盗刑狱，并须用心推鞫。勘问宿食行止月日去处，如无差互及未见为恶踪者，即须别设法取情，多方辩认，不得便行鞭拷。如是勘到宿食行止，与元通词疑异同，或即人证分明，及赃验见在，公然拒抗，不招情款者，方得依法拷掠，仍须先申本处长吏指挥。②

《元史·刑法志》说：

> 诸鞫问囚徒，重事须加拷讯者，长贰僚佐会议立案，然后行之。违者重加其罪。③

可是到了明朝，拷讯的范围就放宽多了。明律四二〇（故禁故勘平人）条后面头一条"例"说：

---

① 《元典章》四〇，页八（总555）。
② 《刑统》二九，页一五（总1018）。
③ 《元史》一〇三《刑法志》一，页一〇（艺1286）。

内外问刑衙门,一应该问死罪,并窃盗抢夺重犯,须用严刑拷讯。其余止用鞭朴常刑。①

于是死罪、窃盗、抢夺等重犯之外,其他罪行,也无不可施以刑讯(鞭朴),不过在理论上,不许用严刑——夹棍、拶指②——罢了。

唐代,问刑官对于若干人,有"回避"的规定。狱官令:

　　诸鞫狱官与被鞫人,有五服内亲及大功以上婚姻之家,其受业师,经为本部都督、史县令,及有仇嫌者,皆须听换推。经为府佐国,官,于府主亦同。③

刑讯有一定的限度,就是拷讯只许用杖——讯杖长三尺五寸,大头径三分二厘,小头二分二厘④——不许用任何其他的工具。而且"不得过三度,总数不得过二百。杖罪以下,不得过所犯之数。……若拷过三度,及杖外以他法拷掠者,杖一百。数过者,反坐所剩"唐律四七七(拷问不得过三度)条。所谓三度者,狱官令规定:

　　每讯相去二十日,若讯未毕,更移他司,仍须讯鞫,即通计前数,以充三度(唐律同上条疏引)。

---

① 《大明会典》一七一,页九(台北,文海,一九六四年影印明万历十五年[1587]本,总页2385)。
② 清制,在内诸法司,在外督抚按察使,许用夹棍拶指(《大清律例汇纂》,台北,文海,一九六四年影印同治十二年[1873]本,总页3511)。
③ 《刑统》二九,页一二(总1011)。
④ 《唐书》五六《刑法志》,页四(艺644)。

但是若被拷者棒疮未愈,虽过了二十日,仍不得再拷。否则"有疮病不待差而拷者,亦杖一百"(同上)。同时,在拷囚之时,只许一个人拷打,中间不许换人。①

四　移司别勘

照唐律的规定,法官在宣读徒宜罪由判决书时,只要被告表示不服,案子就自动的要人重审。唐律四九〇(狱结竟取服辩)条说:

> 诸狱结竟,徒以上,各呼囚及其家属,具告罪名。仍取囚服辩。如不服者,听其自理,更为审详。违者笞五十,死罪杖一百。

所说"更为审详",大概是另派法官或送附近另外一个机关去重行推问。当然重推不能是无限度的。唐长庆元年(821)十一月五日条敕说:

> 应犯诸罪,临决称冤,已经三度断结,不在重推限。自今以后,有此色,不问台及府县并外州县,但通计都经三度推勘,每度推官不同,囚徒皆有伏款,及经三度结断,更有论诉,一切不在重推问限。其中纵有进状敕下,如是已经三度结断者,亦请受敕处闻奏执论。若是告本官典受贿赂推勘不平,及有称冤事状,言讫便可立验者,即请与重推。如所告及称冤无理者,除本犯是死刑外,余罪请于本条

---

① 狱官令:"其拷囚及行罚者,皆不得中易人"(《刑统》二九,页一二[总 1011])。到了元朝(至元八年[1272]),出现了"五杖子换一个人"的办法——挨了三十七下之后,就有人于五日内因杖疮身死——《元典章》五四,页三[总 727])。后来明朝的太监们,就以"五杖易人"作为他们执行"廷杖"时的法定规矩(沈家本:《历代刑法考》一四,页一九)(台北,文海,一九六四年影印本,总页 164)。

外,更加一等科罪。如官典取受有实者,亦请于本罪外,加罪一等。如囚徒冤屈不虚者,其第三度推事官典,伏请本法外,再加一等贬责。其第二第一庭官典,亦请节级科处。①

到了后唐明宗天成三年(928)七月十一日的一条敕,又改作如下规定:

> 诸道州府,凡有推鞫囚狱,案成后,逐处委观察、防御、团练、军事判官,引所勘囚人,面前录问。如有异同,即移司别勘。若见本情,其前推官吏,量罪科责。如无异同,即于本案后,别连一状,云所录问囚人,与案款同。转上本处观察、团练、刺使。如有案牍未经录问过,不得便令详断。②

这就是说,徒流以上的案件,在各州县断结后,全都要在上级机关所派的判官面前,再录问一次。如囚人接受判决,即将原案转上级机关去核定。如囚人不服,判官就把案件移送另外一个机关③去重行推问。

叁 宋朝审判制度特点

一 京师法司分左右

大概为了贯彻"分司别勘"的原则,宋朝在他们的京城——开封

---

① 《刑统》二九,页一七(总1022)。
② 《刑统》二九,页一八(总1024)。
③ 例如附近的其他州县。

府——设置了"左右军巡判官"各二人，分掌京城争斗及推鞫之事。① 如果犯人对于一个军巡院的判决不服，判官就会自动的把案子移送到另一个军巡院去重审。《宋史·刑法志》记载着，太宗雍熙元年(984)，开封府一个寡妇，诬告她丈夫前妻之子王元吉要毒死她。先在右军巡审问，没有结果，就移到左军巡去重审，②就是这个制度的早期实例。这两个军巡院，各有自己的牢狱，和开封府司录参军的牢狱，鼎足而三。③

同时在开封府的府衙门本身里，设有"左右厅，置推官各一员"。显然也是要在犯人翻异时，左右厅的推官，可以"互送"重勘的意思。神宗元丰四年(1081)新官制实行之后，似乎这两位推官，就改成共同处理公事——术语谓之"通治"。④ 到了哲宗元祐六年(1091)，知开封府事王岩叟，因为"二人分左右厅，共治一事，多为异同，或累日不竟，吏疲于咨禀"，因之"创立逐官分治之法，自是著为令"⑤。《宋史·职官志》说："王岩叟言：左右厅推官公事词状，初无通治明文，请事系朝省，及奏请通治外，余虽据号分治"⑥。所谓"据号分治"，大概是各人对于挨着号码次序分派到的公事，各人自己单独负责处理之意。绍圣二年(1095)⑦，知开封府事钱勰说：

自祖宗以来，虽分左右厅，置推官各一员，近年止除推官。元祐

---

① 《宋史》一六六《职官志》六，页一五(艺 1914)。这种制度，当然也可能是从五代遗留下来的。但看钱勰(同上)和汪应辰《宋史》一六三《职官志》三，页三〇，艺 1876)"祖宗深意"的口气看来，似乎这是宋太祖的创作。
② 《宋史》一五三《刑法志》二，页二(艺 2379)。
③ "开封府司录司及左右军巡三院，囚逮猥多"，《宋史》一六五《职官志》五，页二(艺 1894)。
④ 《宋史》一六六《职官志》六，页一六(艺 1914)。
⑤ 《宋史》三四二五传，页五(艺 4210)。
⑥ 《宋史》一六六《职官志》六，页一六(艺 1914)。
⑦ 《宋史》一六六《职官志》六，页一六(艺 1914)。原作"六"年，显为"二"字之误。

中虽令分治,请依故事,分左右厅,各置推官一员,作两厅,共治职事。①②

大概元丰以后,"左右厅"的名称,久不见用,所以钱勰要求恢复这个名称,以便"分治"。至于他说的"共治职事"——他这里用字太不谨严了!——意思是说"让他们大家都来办公",而非使"二人共治一事"之谓。③

在体制上仅次于开封府的应天府——归德府——"判官推官,止设一员,其左右军巡,悉同开封"④。

南渡以后的临安府——杭州,因为是临时京城的关系,设置有左司理参军和右司理参军各一员。⑤ 司理参军的衙门,也可以称作"院"。⑥ 他们各有自己掌管的牢狱,和临安府衙门的牢狱,也是鼎足而三。⑦ 这正是在维持北宋时代开封三狱的体制。⑧

---

① 《宋史》一六六《职官志》六,页一六(艺1914)。
② 开封府本有判官和推官各二人。现在只谈推官,不提判官,大概为节省经费,判官常省而不设之故。
③ 因为他的目的,是分而不是合。
④ 《宋史》一六六《职官志》六,页一六(艺1914)——宋有四京:东京开封府,西京河南府(洛阳),南京应天府(归德),北京大名府(《宋史》八五《地理志》一)。但西京和北京,似乎没有设置左右军巡。
⑤ 《宋史》一六六《职官志》六,页一七(艺1915)。
⑥ 《庆元条法事类》,日本古典研究会一九六八影印静嘉堂藏本,总页533下面第十六行小注。
⑦ "临安府左右司理府院三狱"《宋史》二〇〇《刑法志》二,页一七(艺2384)。
⑧ 南宋处处想维持渡江以前的大国威风。例如为了保留在开封的许多"殿""阁"的名称,造了许多匾额,在同一个建筑物上,在举行不同的典礼时,临时换了挂上,《宋史》八五《地理志》一,页一二(艺1042)。

二　鞫谳分司

宋朝审判制度中，最特殊，也最值得我们注意的，是把"审"——推问事实——和"判"——依法断刑——划分开来，而交付两个不同的机关或官员去分别办理。①

关于这一点，高宗时代的汪应辰——绍兴十五年(1145)的状元，②在他绍兴二十六年(1156)作吏部右司郎中时上奏的一个札子里，③讲得最为透澈。他指出宋朝过去的制度，在京城的狱讼，是由开封府或御史台去审问，而由大理寺和刑部去判刑。这为的是"鞫之与谳之者，各司其局，初不相关。是非可否，可以相济，无偏听独任之失"。本来在唐朝，一切死刑的案件，都是要经过大理寺和刑部两个机关的先后审核，才能决定。④ 那原不过是格外谨慎之意。这一点在大理寺的组织沿革上，表现得最为明显。

本来大理寺的组织，在唐朝虽然也设有两员"少卿"，但是并没有职务上的区别⑤。而且到了宋初，还裁去了一员⑥。可是在元丰改制(1081)的时候，不但把"少卿"增为二人，而且指定"一以治狱，一以断刑"⑦。《宋史·职官志》说：元丰时代的大理寺里面，"凡职务分左右，天下奏劾命官将校，及大辟囚以下，以疑请谳者，隶左断刑。……若在京百

---

① 提出这一点来使我们注意的，是沈家本：《刑官考》下，页三〇（总页876），和日本学者宫崎市定：《北宋时代的法制》，《东京学报》，卷二四(1964)。
② 《宋史》三八七《汪传》，页四（艺4785）。
③ 全文见《历代名臣奏议》二一七，页九（台北，学生书局，一九六四年影印明永乐十四年[1416]本，总页2870）。
④ 《唐书》四八《百官志》三，页一八（艺572）。
⑤ 同上。
⑥ 《宋史》一六五《职官志》五，页一（艺1894）。
⑦ 全文见《历代名臣奏议》二一七，页九（台北，学生书局，一九六四年影印明永乐十四年[1416]本，总页2870）。

司事当推治,或特旨委勘,及系官之物应追究者,隶右治狱"①。而右治狱之下,又设有"左右推","主鞫勘诸处送下公事及定夺等"②后来在哲宗元祐元年(1086),一度把左右推并为一司,两年之后(1088),索性把整个右治狱取消了。可是过了七年——绍圣二年(1095)——"复置右治狱,置官属如元丰制,左右推事有翻异者互送。再有异者,朝廷委官审问,或送御史台治之"③。南渡以后,朝廷裁并了不少的机关,"唯大理寺不并"④。

这种鞫谳分司的制度,在大理寺和刑部之外,应当还在不少的机关内存在。至少我们有"检断官司"的一个实例。就是在神宗时(1068—1085),一个颖州万寿县令刘献臣判案子出了毛病,提刑司巡历到县,检点发觉,于是调来本州宛丘县令张尧夫和司法参军周琳去"检断",当时是牒请张尧夫"录问",周琳"检法"的。⑤

可惜这个制度,没有能够推行到一般地方机关。高宗时(1127—1162)有一个周林,他上疏说:

> 州郡之间,刑狱之地,尚有循习旧态,因仍故事,为民大害……狱司推鞫,法司检断,各有司存,所以防奸也。然而推鞫之吏,狱案未成,先与法吏议其曲折,若非款状显然,如法吏之意,则谓难以出

---

① 《宋史》一六五《职官志》五,页一(艺 1894)。
② 《宋史》一六五《职官志》五,页四(1895)。
③ 同上,页三(艺 1895),不过《刑法志》说:"绍圣三年,复置大理寺,右治狱大理御路昌衡请分大理寺丞。左右推,若有翻异,自左移右,再变即命官审问,或御史台推究。"《宋史》二〇一,页二十[艺 2398])为这里说的年份是错了(《哲宗纪》:绍圣二年(1095)七月丙辰,复置右治狱[《宋史》一八,页四(艺 23)])。但是其他资料可作参考。
④ 《宋史》一六五《职官志》五,页三(艺 1895)。
⑤ 《陈襄乞原免张尧夫状》,《历代名臣奏议》二一八,页十七(总 2886)。

手。故于结案之时不无高下迁就,非本情去处。臣愿严立法案:推司公事,未曾结案以前,不得辄与法司商议。重立赏格,许人告首。①

他说的"狱司""推鞫之吏",就是府、州、军、监里"掌讼狱勘鞫之事"的"司理参军"。"法司""法吏"就是"掌议法断刑"的"司法参军"。② 他这一个条谏,《宋史》里没有记载,大概当时没有被采纳吧。

三　励行复察

利用若干不同的机关,或一个机关里若干不同的官员,来处理同一个案子,以求反复详尽,以达至公;这本是中国司法制度的传统精神。而到了宋朝,更格外得到有力的发展。

1. 同僚复察　在同一个机关内,使不同的官员们,相互复察的,有以下各例:

a. 诸州　《宋史·刑法志》说:宋初"诸州狱,则录事参军与司法椽断之……自是……折狱蔽罪,皆有官以相复察"③,依《职官志》,录事参军"掌州院庶务,纠诸曹稽迟",司法参军"掌议法断刑",司理参军"掌讼狱鞫之事"。④ 也许就是为了达到这相互复察的目的,所以上面所引周林的鞫谳分司的建议,未被采用。

b. 大理寺　大理寺内部的工作分配办法,《宋史·刑法志》有下面

---

① 《陈襄乞原免张尧夫状》,《历代名臣奏议》二一八,页四(总2867)——唐建中二年(781)一条敕文,说法直官擅有与夺,殊乖典礼,《刑总》三十,页四,(总1034),情形相似,可参看。
② 《宋史》一六七《职官志》七,页二四(艺1930)。
③ 《宋史》一九九《刑法志》一,页七(艺2370)。
④ 《宋史》一六五《职官志》五,页一(艺1894)。

一段记载：

　　元丰六年(1083)，刑部言："旧详断官分公案讫，主判官论议改正，发详议官复议，有差失问难，则书于检尾，送断官改正，主判官审定，然后判成，自详断官归大理为评事，司直，议官为丞；所断按草，不由长贰，类多差忒。乃定制分评事、司直，与正为'断司'，丞与长贰为'议司'，凡断公按，正先详其当否，论定则签印注日，移议司复议，有辨难乃具议改正，长贰更加审定，然后判成录奏。"①

　　这里所叙述的，是大理寺内部工作分配的三个阶段。第一个阶段是北宋初期，大理寺本身不用职员，而选"京官"八人为"详断官"，幕府州县官二人为"法直官"或京官二人为"检法官"②。第二个阶段，就是元丰改制(1081)在寺里设"评事""司直"为详断官，"丞"为详议官。第三个阶段，就是元丰六年刑部建议以后的时期。大理寺办案的程序，先由评事、司直起草，这是第一步。再由正加以审核，这是第二步。从那里送到丞那里去复议——如丞有异议，则说明理由，并加具办法——这是第三步。然后送到少卿和卿那里去审定画行，这是第四步。

　　c. 刑部　关于刑部里的工作程序，宋初仍是适用唐建中二年(781)十一月十三日的一条敕文：

　　　　刑部法直，应复大理及诸州府狱案。据狱官令，长官以外，皆为佐职。法直是佐职以下官，但合据所复犯由，录出科条。至于引条判断，合在曹官。法直仍闻擅有与夺。因循日久，殊乖典礼，自今以后，不得更然，其诸司及外州府，并宜准此。③

----

①《宋史》二百一《刑法志》三，页十九(艺2398)。
②《宋史》一六五《职官志》五，页一(艺1894)。
③《刑统》三十，页四(艺1034)。

敕里所说刑部的"法直",新旧《唐书》皆不载,可能中唐后才设置的。宋初大理寺以州县官调充的法直官,不知道和这里所说的法直,有没有什么关系。

元丰四年(1081)的新官制,刑部设左右厅,"左以详复,右以叙雪"①。详复就是审核"诸路的大辟帐状",叙雪就是审核官吏们除名落职的罪名。②但是如果当事者对于一个厅的决定表示不服,照上面所引汪应辰札子的说法,似乎左右厅可以互送移审的。

这个同僚复察的精神,可惜没有能推行到县级的审判。本来在唐朝的时候,县政府里有"司法佐""司法"等专管狱讼的佐职。③可是到了宋朝,全被废除。④于是"平决狱讼"的责任,全部落在县令的头上。县里虽然有个"丞",但他掌的是山泽坑冶,有个"主簿",掌出纳官物,有个"尉",掌阅习弓手、戢奸禁暴,全不管狱讼之事。⑤

高宗时有一个刘行简,主张指定县丞兼治狱事。他上疏说:

> 臣窃惟治狱之官,号称难能。责任专一,俾得究心,犹不能保其不为奸吏所移,而况任之不专者乎?县狱是也。狱之初情,实在于县。自县而达之州,虽有异同,要之以县狱所鞫为祖,利害不轻。今所谓县令者,旦朝受牒诉,暮夜省按牍。牒诉之多,或至数百,少者不下数十。案牍之烦,堆几溢格。其间名为强敏者随事剖决,不至淹滞,已不可多得。倘复责其余力,足办狱事,讯鞫得情,吏不敢欺,

---

① 《陈襄乞原免张尧夫状》,《历代名臣奏议》二一八,页四,(总1034)。
② 《宋史》一六三《职官志》三,页二九(艺1876)。
③ 《唐书》四九下《百官志》,页十二(艺597)。《旧唐书》四四《职官志》二,页五五(艺927)。
④ 当然很可能在五代时已经如此。
⑤ 《宋史》一六七《职官志》七,页二五(艺1931)。

民不被害,诚恐百人之中,未必有一也。郡之狱事,则有两院治狱之官,若某当追、若某当讯、若某当被五木,率具检以禀。郡守曰可则行,至县则不然,令既不暇专察,佐官虽名通签,终以嫌疑不敢侵预。其追呼讯鞫,具名以禀,悉出吏手。故其事与州郡不同。臣恭惟陛下躬好生之德,视民如伤。宽诏屡下,未尝不以哀矜庶狱为言。如此利害,较然明白。而人莫敢以县邑专置狱官为请者,诚恐增员太多故也。臣愚见以谓县狱之事,宜专委丞,如州郡两院之官,日入治狱。凡追呼枷讯等事,丞先以禀令,然后得行,其余悉如旧制,则丞无侵预之嫌,令有同心之助,相为可否,其得必多。借使为丞者,未必皆能其事,不犹愈于付之黠吏之手乎? 伏望圣慈特赐详酌施行。①

他这一个奏折,说中了当时的和此后一千年中国司法制度中的最大弱点。可惜没有被采用,而以后也就再没有被人注意,真是千古遗憾!

2. 逐层复察　中国的狱讼,从来就是一定要经过许多屡次,才能完结。隋唐以来,照例是从县里开始,然后依着罪名的轻重,逐次递送到州、大理寺、刑部,而达于天子。② 这种逐层复察的传统精神,到了宋朝,不论在京内或京外,都有了显著的增加。兹分别说明如下:

a. 京内

i. 审刑院　宋初的制度,一切死罪是先由大理寺断决,然后由刑部复审(这是沿袭唐朝的制度)。但是太宗还怕"大理刑部吏,无文巧诋",

---

① 《历代名臣奏议》二一七,页六(总1868)。
② "天下奏按,必断于大理,详谳于刑部,然后上之中书,决之人主。"《宋史》二百一《刑法志》三,页八(艺2392)。

于淳化二年(991)八月,置审刑院于禁中,以枢密直学士李昌龄知院事。① 此外派京、朝官六员,作"详议官"。② "凡狱上奏,先通审刑院,印讫,付大理寺、刑部断复以闻,乃下审刑院详议申复裁决讫,以付中书省,当即下之,其未允者,宰相复以闻,始命论决,盖慎之至也。"③神宗元丰三年(1080)八月,曾经一度把审刑院的官员,归并到刑部里。到第二年新官制实施后,把整个机关的名义也取消了,而把它的职掌,全部归还刑部。④

ii. 纠察在京刑狱司　真宗大中祥符二年七月,⑤"置纠察刑狱司,纠察官二人,以两制⑥以上充。凡在京刑禁,徒以上即时以报。若理有未尽,或置淹恤,追复其案,详正而驳奏之,凡大辟皆录问"⑦。也是在元丰四年新官制实施的时候被取销,而以其职掌归之刑部。⑧ 哲宗元祐元年(1086)三月,三省⑨连合上一个折说:

> 旧制"纠察在京刑狱",以察违慢。自罢归刑部,无复申明纠察之制。请以御史台刑察兼领,其御史刑狱,令尚书右司纠察。⑩

---

① 《宋史》五《太宗纪》二,页二七(艺108)。
② 《宋史》一六三《职官志》三,页二七(艺1875)。
③ 《宋史》一九九《刑法志》一,页十二(艺2372)。
④ 《宋史》一六三《职官志》三,页二八(艺1875)。
⑤ 《宋史》七《真宗纪》二,页二一(艺1214)。
⑥ 两制指的是翰林学士和知制诰。
⑦ 《宋史》一六三《职官志》三,页二八(艺1875)。
⑧ 《宋史》二百一《刑法志》三,页十七(艺2397)。
⑨ 门下省、中书省、尚书省。
⑩ 同注《宋史》一六三《职官志》三,页二八(艺1875)、参看《宋史》二百一《刑法志》三,页十九(艺2389)。

审刑院和纠察司,元丰取销以后,就再没有恢复,元明之后,更无论矣。

b. 京外提点诸路刑狱司,宋初的地方狱讼,一直是由各州递转到大理寺刑部的。太宗淳化二年(991)五月,以(刑部)司门员外郎董循等十一人,分充诸路转运司提点刑狱。① 他们的任务,是"凡管内州府,十日一报囚帐。有疑狱未决,即驰传往视之。州县稽留不决、按谳不实,长吏则劾奏,佐史小吏许便宜按劾从事"②。到了四年(993)十月,③因为诸路提点刑狱司,"未尝有所平反",诏悉罢之,归其事转运司。④ 可是到了真宗景德四年(1007)七月,⑤又全部恢复。在神宗元丰改制时,它们也没有随同若干其他机关被淘汰。它们的职务是:

> 掌察所部之狱讼,而平其曲直。所至审问囚徒,详复案牍。凡禁系淹延而不决,盗窃逃窜而不获,皆劾以闻,及举刺官吏之事。⑥

提刑一职,在宋中叶,甚被看重,其地位差不多和馆阁台谏官相等。⑦ 他的僚属,有"检法官"和"干办官"等。

元朝初年,便置有提刑按察司四道,这就是宋朝提刑司的化身。至元二十八年(1291),改"提刑按察司"为"肃政廉访司",⑧于是他的

---

① 《宋史》五,《太宗纪》二,页十二(艺 108)及《通考》六一(台北,新兴,一九六四年影印本总页 558)。
② 《宋史》一九九《刑法志》一,页十二(艺 1875)。
③ 《宋史》七《真宗纪》二,页十六(艺 110)。
④ 《宋史》九九《刑法志》一,页十三(艺 2373)。
⑤ 《宋史》七《真宗纪》二,页十三(艺 130)。
⑥ 《通考》六一(总 558)。
⑦ 《宋史》一七〇《职官志》十,页十七(艺 1980)。
⑧ 至元二十九年圣旨:"各道提刑按察司,改为肃政廉访司,其所责任,与前不同。"(《元典章》六,页九[总 88])

行政作用,大于司法作用。可是到了明朝,又改回提刑按察司的名义——俗称"臬司"——清朝因之。遂成为明清两代各省里最高的司法官。

四 特别法庭

唐朝有两种特别法庭的组织。一是由中书省、门下省和御史台组成的"三司",专管"冤而无告"的案子。① 一是由刑部、大理寺,和御史台组成的"三司使",掌鞠大狱。② 到了宋朝则不然,他们不拘守某种固定的组成形式,而是由皇帝斟酌情形,随时指定某些机关或某些官员来处理各种特殊的案子。从神宗以来,皇帝指定的法官,官称为"制勘院",中书省——大概事先呈准皇帝——指定的法官,官称为"推勘院"。他们的任务,都是随着所办的案子而结束。③ 担任这种临时职务的,曾经有以下各种官员:

1. 尚书都官郎中　熙宁二年(1069),派沈衡鞠祖无择一案。
2. 崇文院校书　同年,派张载鞠苗振一案。
3. 御史台推直官　熙宁八年(1075)派蹇周辅劾治李逢一案。
4. 御史中丞、知谏院、御史　同年,派邓绾、范百禄、徐禧"杂治"——共同审问——宗室世居一案。④

至于所谓"疑狱"——讞有不能决——在唐朝只是准许审判机关的官员,"各申异见",不执行刑罚,而准犯人纳赎而已。⑤ 到了宋朝,则"下

---

① 《唐书》四八《百官志》二,页一(艺 564)。
② 同上四八《百官志》一,页十九(艺 550),这就是后来明朝"三法司"的前身。
③ 《宋史》二百《刑法志》二,页十四(艺 2385)——哲宗元祐(1086)时设置的"诉理所",是专为王安石的政敌申冤的(同上,页十七[艺 3287]),也可以归于这一类。
④ 以上四案,同见上注引处。
⑤ 唐律五百二(疑狱)条。

两制——翰林学士及知制诰——与大臣,若台谏——尚书省及御史台——杂议。就其事之大小,无常法。而有司运请论驳者,亦时有焉"①。所以端拱元年(988)安崇绪之狱,是交付台省杂议的。②熙宁三年(1070),讨论重赃并满轻赃法,是令审刑院和大理寺合议的。③元丰三年(1079),邵武军妇人谋杀亲夫和兴元府梁怀吉殴子致死两案,大理寺与刑部意见不一,是交给御史台审议的。④而最值得我们叙述的,是熙宁初的阿云之狱:

在熙宁元年(1068),登州一个叫阿云的女子,嫌未婚夫貌陋,趁他睡熟的时候,拿刀子杀他。可是十几刀,只砍下他一个指头。官方怀疑她,提来讯问,将要动刑,她就说出实话。知州许遵把案子申到大理寺。大理寺照"谋杀已伤"罪,判成绞刑。许遵反驳,认为应当承认阿云"自首"的事实,而予以减二等论罪。朝廷把案子交到刑部。刑部认为许遵的理由荒唐,而大理寺的判决为合法。不过朝廷很宽,特许阿云纳钱赎罪。后来许遵代理大理寺卿,御史台奏劾许遵,说他上次议法不当。许遵不服,说刑部维持大理寺的判决,是阻塞了罪人自首之路,失了"罪疑唯轻"之义,请交到"两制"讨论。神宗虽然没有同意,但仍然命令翰林学士司马光、王安石二人同议。二人意见不同,乃各自为奏。司马光支持刑部,王安石袒护许遵。神宗是看重王安石的,于是采取了他的意见,而于七月癸酉下诏:"谋杀已伤,按问欲举自首者,从谋杀减二等论。"可是很多人不服。御史中丞滕甫请再选官定议,御史钱𫖮并请罢免许遵。于是神宗诏选翰林学士吕公著、韩维,知制诰钱公辅三人,重行审定。他们三人

---

① 《宋史》两百一《刑法志》三,页一(艺2389)。
② 同上。
③ 同上,页五(艺2391)。
④ 同上,页六(艺2391)。

谓宜如安石所议,于是神宗制曰可,而原来大理寺审刑院,和刑部里判原案的法官都获罪。可是法官齐恢、王师元、蔡冠卿等群起抗议,说吕公著等的议论不对。于是神宗叫王安石和几位法官反复论难,师元等始终坚持其说。神宗不得已,采取了一个折中办法,于二年(1069)二月庚子下诏:"自今后谋杀人已伤自首,及按问欲举,并奏取敕裁。"而判部刘述丁讽,认为这一道诏书内容不完备,不予发表,把它原封退还中书。这时王安石已任参知政事,也上奏折说这一道诏书没有必要。他和唐介在神宗面前,为这事争辩了许多次。最后神宗还是听了王安石的话,于二月甲寅下诏:"自今谋杀人已死自首,及按问欲举,并以去年七月诏书从事。"而收还了庚子的诏书。可是刘述等始终反对,要求交到"两府"中书省和枢密院合议,中丞吕诲,御史刘琦钱顗皆请如述所奏。神宗认为"律文甚明,不须合议"。而曾公亮等皆以博尽同异,厌塞言者为无伤。乃以众议付枢密院,文彦博和吕公弼都主张不用自首,而陈升之和韩绛则附和安石。可巧富弼入相,皇帝令弼与安石议。弼劝安石接受大家的意见,安石不可。弼乃辞病不议,久而不决。到了八月中,神宗下诏,"谋杀人自首,及按问欲举,并依今年二月甲寅敕施行",并诏开封府推官王尧臣劾刘述、丁讽、王师元以闻,述等皆贬。司马光又上奏争辩,神宗不理。王安石的主张得胜之后,司勋员外郎崔台符举手加额,说"数百年误用刑名,今乃得正"。安石喜其附己,明年六月,擢大理卿。后来到了元丰八年(1085),哲宗继神宗即位,司马光再度为相,重申前议。十一月癸巳,哲宗诏:"强盗按问欲举自首者,不用减等。"这一桩公案,于是又被扭转过来,距离熙宁元年七月的诏书,已是十七个年头了。①

---

① 以上据《宋史》二百一《刑法志》三,页二(艺 2389),沈家本:《寄簃文存》四,页十五—二三(总 947—951)。关于该案的法律问题拙《国法略》(台北,正中,页四十二,总 73—79)。

这一桩小小的案子,竟然使"朝廷命两制两府定夺各一,敕出而复收者一,收而复出者一"①,而十七年后,以后敕更前敕者又一。其中前后反复,固然夹杂着不少政治党争的成分,但是一个纯法律问题——谋杀自首应否减等——经过朝廷这样热烈和广泛的讨论,不但在中国法制史上,即在任何国家的法制史上,也是十分稀有的事情。

整个的说来,宋朝——尤其是北宋——的司法制度,可以说是已经达到十分成熟的阶段。汪应辰说得好:

……国家累圣相授,民之犯于有司者,常恐不得其情。故特致详于听断之初。罚之施于有罪者,常恐未当于理,故复加察于赦宥之际,是以参酌古义,并建官师。上下相维,内外相制。所以防闲考核者,纤悉委曲,无所不至也。盖在京之狱,曰开封、曰御史,又置纠察司以纪其失。断其刑者曰大理、曰刑部,又置审刑院以决其平。鞫之与谳者,各司其局,初不相关。是非可否,有以相济,无偏听独任之失。此臣所谓特致详于听断之初也。至于赦令之行,其有罪者,或叙复、或内徙、或纵释之。其非辜者,则为之湔洗,内则命侍从馆阁之臣,置司详定,而昔之鞫与谳者,皆无预焉。外之益梓夔利,去朝廷远,则付之转运钤辖司,②而提点刑狱之官,亦无预焉。盖以狱讼之初,既更其手,苟非以持平强恕为心,则于有罪者,或疾恶之太甚,于非辜者,或遂非而不改。故分命他官,以尽至公。此臣所谓

---

① 司马光语,见《通考》一七〇(总 1476)。
② 例如元祐元年(1086)尚书省言:远方奏谳,待报淹系。如今川广福建荆南路,罪人情轻法重,当奏断者,申安抚或钤辖司酌情决断乃奏《宋史》二百一《刑法志》三,页八[艺2392])。

复加察于赦宥之际也……①

我们研究中国法制史的，读到他这一篇议论，实在足以自豪也。

一九七〇年八月于美国密歇根东兰辛

---

① 《历代名臣奏议》二一七，页九（总2870）。

鞫谳分司考

中国的司法制度,在唐朝奠定了良好基础之后,经过两宋三百多年,更得到积极的发展,而表现出十分辉煌的成就。就制度来讲,这一段时期,确实是举世无双。其中最值得称述的有两项:一是鞫谳分司,一是翻异移推。现在先就前者,略为考述。①

一 魏晋至唐之沿革

什么是鞫谳分司?就是刑事案件之裁判,审问案情的是一个人,决定刑罚的又是一个人(略似英美现行的陪审制度:陪审员决定疑犯是否犯罪而不能决定刑罚;法官决定刑罚而不能决定疑犯是否犯罪。)就是说,前者要有审评罪人的技术,后者要有法律条文的知识。汉朝不少大法律家,同时是有名的断狱官(如于定国、郭弘、陈宠等)——不像罗马的法学家,从来不涉身审问,这样子当然不会产生鞫谳分司的观念。此外有些大法学家,则只研究律令,而不注意刑狱(如马融、郑康成)——不像罗马的法学家,都是从诉讼实例中发展他们的学问——则根本和司法无关。当然也有以长于律令见称的专家,会常常被人为疑狱请教(如路温

---

① 作者年前在《东方杂志》复刊四卷四期(一九七〇年十月)发表过《宋律中之审判制度》一文,也谈到过这个问题。不过其中有不少错误,特在这里向读者请罪。

舒等)①,但这些事实,未能成为制度。

　　鞫谳分司的开始,大概是在汉朝,而作俑者应当是"律博士"。律博士本来是一种教官,最初建立,是在曹魏明帝的初年(227),其职掌是教授法律,②以训练地方上管理狱讼的官吏。晋朝(265)把律博士设置在廷尉的衙门里面,以后经过南北朝到隋朝(617),都是如此,当北齐(479—501)③把廷尉的衙门改称"大理寺"的时候,在律博士之外,又添设了"明法掾"二十四人,"明法"十人。这些人大概也都是谙习法令的专门人材。隋朝的大理寺里,没有设"明法掾",可是把"律博士"增加到八个人,"明法"增加到二十人。并且在尚书刑部曹——后来"刑部"的滥觞——也设置了"明法"若干人。④《隋书·刑法志》说,隋初"断决大狱,皆先牒明法,定其罪名,然后依断"⑤。那么"明法"的责任,似乎只是依照公文上所叙述的事实去拟定罪名,而不参预犯人的审问。

　　隋文帝开皇五年(585),有一个太监叫慕容天远的,控告都督田元冒请义仓,不知怎么样,被始平县的一位"律生"(大概是律博士的弟子)叫辅恩的,舞文弄法,反到把慕容天远判了罪。后来总算是把事情弄明白了。于是文帝大怒,他下诏说:

　　　　人命之重,悬在律文。刊定科条,俾令易晓。分官命职,恒选循吏。小大之狱,理无疑舛。而因袭往代,别置律官。报判之人,推其

---

① 关于以上几个汉朝人,请参看程树德:《九朝律考》(1926),一九六〇年重印本,页178及以下。
② 《三国志》,《魏书》二十一,《卫觊传》。
③ 北齐的存在时间应为公元550年至577年,此处应系作者笔误。——编者注
④ 以上根据沈家本(1840—1913):《刑官考》,页二一二九(台北,文海,一九六二年影印本沈寄簃先生佚书本,总页513)。
⑤ 《隋书》二五《刑法志》。

为首。杀生之柄,常委小人;刑罚所以未清,威福所以妄作,为政之失,莫大于斯。其大理"律博士",尚书刑部曹"明法",州县"律生",并可停废。①

这一道诏书里,有两点值得我们注意。(一)照"因袭往代,别置律官"两句话看,专门拟定罪名的"律官",在隋以前的几个朝代里,似乎全都曾经设置。(二)隋朝的"律官",在大理寺有"律博士",在刑部有"明法",在州县有"律生"。不过关于后两者的详情:他们是在什么朝代产生的?具有什么样的训练?怎么样任用?他们的职掌是怎么样规定的?我们一时还没有具体的资料。

《隋书·刑法志》又说:律官废除之后,"诸曹决事,皆令具写律文断之"。第二年(586),敕诸州:"长史以下,行参军以上,并令习律。集京之日,试其通不。"②这些"长史"以下,"行参军"以上的官员,可能就是以前只管审问犯人而不管拟定罪名的"诸曹"。于是魏晋以来的鞫谳分司的制度,到此中断。

唐朝的典章制度,大体上都是接受隋朝的。所以唐朝虽然设置了"律博士",但是把他安置在国子监的"律学"里面,而不是设在大理寺;③他担任的是一种"教职",而不再是一名"律官"。此外,唐朝的内外机关,也不再设置"明法"。《唐六典》卷之一规定各州"司法参军事"的职务,是

---

① 《隋书》二五《刑法志》。
② 同上。
③ 律博士被隋文帝废除以后,大概在炀帝时就恢复了,不过是设在大理寺的"律学"里而变成一种教职。《新唐书》四八《百官志》在律博士一条下面小注里说:"隋律学隶大理寺,博士八人。"但是这一页记载,《唐六典》和《旧唐书》里都没有。

"掌律令格式,鞫狱定刑"①。这是明明白白地说出,审问和判决,全是他一个人的事儿。

二 鞫谳分司在宋朝之复活

鞫谳分司在宋朝之复活,恐怕并不是有意复古,而是一项适应环境的措施。《文献通考》卷一六七在"司理"一条里说:

五代以来,诸州皆有马步狱,以牙校充"马步都虞侯",掌刑法,谓之"马步院"。宋太祖虑其任私,高下其手,开宝六年(973),始置诸州"司寇参军",以新进士及选人为之。后改为"司理",掌狱讼勘鞫之事,不兼他职。②

宋太祖打下天下之后,在建立制度方面,其进行是异常小心的。他多半是大体上承袭旧制,只在绝对必要的方面,略作改革,而逐渐地缓求改善。比如这里所谈的马步狱,本是五代军阀们在正式地方衙门——属于各州的"司法参军"——之外,特别设立的一种私人衙门。这样叠床架屋的组织,本应取消。但是太祖依然把它保留下来,只是削减其包括"刑"和"法"的权柄,教它只管"狱讼勘鞫",另外把司法参军的职掌,从"鞫狱断刑",削减为"议法断刑"。③ 于是"司理参军"和"司法参军"的职务,不但不重复冲突,而且是彼此相制相成,真是一个高妙的手法。而一个中断了三百八十多年的"鞫谳分司"的制度,于是复活。

---

① 《唐六典》三一(台北,文海,一九六二年影印本页 513)。《新唐书》四九下《百官志》"司法参军事掌鞫狱丽法……",跟这个是同样的意思。
② 《通考》一六七《职官》七(商务本 P. 572)。
③ 《宋史》一六七《职官志》七,页二四(艺 P. 1930)。

三 推 司

专门管审问刑事案子("鞫狱""推鞫""推勘")的官吏,宋朝官文书称之为"推司""狱官"或"狱吏"等。(检法议刑的为"法司""法吏"。)宋朝的司法制度里鞫狱的主管有三种:

1. 专管鞫狱的衙门:在京城有开封府、御史台,只管审问,而判刑则属之大理寺和刑部。① 在各州有(a)"州院",即录事参军的衙门。原先只管民事,后来也兼管刑事。重要的州,在宋朝都升作"府"。② 府的"录事参军",叫做"司录参军"。以京、朝官充"录事"或"司录"的,叫作"知录"或"知司录"。(b)"司理院",即五代时的"马步院",有时由"司户参军"兼理。(c)"当置司",即各州"判官"或"推官"的衙门。判官和推官同为八品职,不过判官次序在前。二者或并设或单设,职务完全一样。③

2. 在同一衙门内设有专管鞫狱的单位或职员:如大理寺在元丰改制(1080)以后,把只一员的"少卿"增为二员,分别主持"右治狱""左断刑"两厅。右治狱即专管推鞫之事。在元祐三年(1088)五月,右治狱一度废除之后,④朝廷在户部里添置"推勘""检法"官,治在京应干钱谷公

---

① 绍兴二十六年(1156)吏部郎中汪应辰奏:"在京之狱曰开封,曰御史台……断其刑者曰大理,曰刑部……鞫之与议之者,各司其局,初不相闻。"《历代名臣奏议》,卷二一八,页九(台北,学生,书局一九六四年影印本页 2870)。汪应辰(1128—1176),绍兴五年(1145)状元,宋史有传 387。
② 顾炎武《日知录》,"汉曰郡,唐曰州,州即郡也。建部之地乃曰府。至宋两大郡多升为府"。
③ 宫崎市定《宋元时代四法制之裁判机构》,认为当置司审问案件,不必理会司理院(《东方学报》,二十四(1954)P.138)。
④ 七年以后,在绍圣二年(1095)恢复(《宋史》一六五《职官志》五,页三[艺 1895])。

事。① 这个推勘官，显照是只管推鞫。②

3. 在有重要案件发生的时候，如官吏被控赃私，或罪犯翻供喊冤等，朝廷或地方上级机关特别差派官员到犯罪的地方去查办，往往设置临时衙门，官文书称之为"勘院"。根据《宋会要·刑法三》，勘狱，仁宗淳化三年(992)五月三十日的一道诏书，在这个时期以前，地方派员查案，都是同时派遣"勘、断二人"。诏书规定此后先只派遣"勘官"。到了"公案了当"，即案情审问明白，取供结束之后，再另外派员去"录问"③和"检法"。④

《历代名臣奏议》卷二一八，有神宗时陈襄一篇奏折，叙称颖川县令刘献臣断案子出了毛病，提刑司出巡过县，检点发觉，差官复勘之后，乃牒请宛丘县令张尧夫去"录问"，司法参军周琳去"检法"，⑤和上面所说淳化三年的规定，正相符合。

宋朝有资格审问刑事案子的人很多：御史、大理、提刑司（即"提点刑狱"）、知州、判官、推官、录事参军、司理参军、知县和任何被调派（"差遣"）去鞫狱的官员。但是最重要的还是各州的司理参军。他自开宝二年(973)开始设置时，就只管鞫狱，"不兼他职"⑥（宋朝的官吏，很少是不兼他职的）。南渡(1127)以后的规定，派充司理参军，一定要"试中刑法"或者曾经担任过这种职务的人。⑦ 宁宗嘉定年间(1208—1224)，申明

---

① 《宋会要》一六七，刑法三之六八 a。
② 鞫谳分司，主要是为刑事案件。这里为三谷公事也分设推法二司，值得研究。
③ 把犯人口供，由另外一人念给他听，问他有无异词，谓之"录问"，详拙著《宋代之县级司法》，《东方杂志》，一九七一年十月号。
④ 《宋会要》一六七，刑法三之五 b。
⑤ 《历代名臣奏议》，卷二一八，页七七（学生书局本 2886）。
⑥ 《宋史》一六七《职官志》七，二四(P.1930)。
⑦ 同上。

"年满六十,不许为狱官之令,仍不许恩科人注授"①,主要的对象,当然是司理参军。

鞫狱和"拷讯"——用刑取供,常常是不能分离的。因为刑讯容易引致屈打成招,所以宋律就发展出"翻异复推"的制度,以保障无辜的人民。关于拷讯,曾于"宋之县级司法"一文内讨论。关于翻异复推,以后再谈。

四 法 司

宋朝官文书所称的"法司",包括内外各种机关里的"检法"官,各州的"司法参军",和各县的"编录司"。宋朝的官吏法,极端尊重法司们的专家身份,因之制定了几项有关他们的特别规定:

1. 宋朝常常派武官"兼权"各种文官职务,但"职制令"有条一规定,武臣不得"兼权司法职务"②。

2. 宋室南渡以后的规定,司法参军必以"试中刑法"或"曾经人"充任。③

3. 光宗绍熙元年(1190)诏:"不曾铨试人④,不许注授司法。"⑤

4. 仁宗景祐三年(1036)规定,"法司人吏,失出入徒罪二人以上,及死罪二人以下,再犯,不差充法司"⑥。

宋高宗于绍兴十二年(1142),派大理寺丞叶廷珪为大理正,马上引

---

① 《宋史》一六七《职官志》七,页二五(P. 1931)。
② 《庆元条法事类》,卷四,职制(日本古典研究会一九六八年影印本 P. 24)。
③ 《宋史》一六七《职官志》七,二四(P. 1930)。
④ "铨试"就是由吏部主持的任官考试。
⑤ 《宋史》一六七《职官志》七,二四(P. 1930)。
⑥ 《宋会要》一六八,刑法四之七四。

起了臣僚们的反对。《宋会要·职官二四》有一条关于这件事的记载：

十二年六月二十六日，臣僚上言：近睹阙报，大理寺丞叶廷珪除大理正。廷珪前日为丞，乃治狱之丞。今日为正，实断刑之正。断刑残事，典治狱异。祖宗旧制，必以试中人为之。廷珪资历颇深，初无他过。徒以不闲三尺，于格有碍。诏别与差遣。①

皇帝已经发表的官员，地位也并不太高（从七品），而且是在原机关服务多年，担任性质相近的职务。而臣僚们竟然予以公开的反对，皇帝也不得不收回成命而另予改派。当时君臣之尊重法律制度如此，不容我们不表示钦佩。

法司的职务，是在推司把案情审问明白取了供状之后，把一切适用的条文，全部检出，决定采用某条，或者不决定，而把全部条文提供主官采择。理宗绍定元年（1228），平江府的学田，被一个叫陈焯的偷种多年。事情发觉之后，府里的法司，检出适用的各项条文如下：

法司检具条令：
律：诸盗耕公私田者。一亩以下笞三十，五亩加一等，过杖一伯，拾亩加一等，罪止徒一年半，荒田减一等，强者各加一等，苗子归官，主下条苗子准此。
律：诸妄认公私田，若盗贸卖者，一亩以下笞五十，五亩加一等，过杖一伯，拾亩加一等，罪止徒二年。
敕：诸盗耕种及贸易官田、泥田、沙田，逃田、退复田同官公田，

---

①《宋会要》一六八，职官二四之二二。

虽不籍系亦是,各论如律冒占官宅者、计所赁,坐赃论。罪止杖一伯。盗耕种官荒田沙田罪止准此,并许人告。

命:诸盗耕种及贸易官田、泥田、沙田、逃田、退复田同。若冒占官宅。欺隐税租赁直者。并追理积年。虽多至拾年止,贫乏不能全纳者,每年理二分。自首者免。虽应召人佃赁,仍给首者。

格:诸色人,告护盗耕种及贸易官田者,泥田、沙田、逃田、退复田同,准价给五分。

令:诸应备偿,而无应受之人者,理没官。

以上这一段,见于平江府府学的石刻。① 幸亏有它,我们才能够知道七百四十多年前之所谓"检法",大约是怎么样一回事儿。

五　两司责任问题

推法两司的职务,在理论上固然可以说是各不相干,但事实上究竟是在处理同一个案子,因之二者间的连带责任问题,当然并不单纯。《庆元条法事类》(1197)里,载有三项处理这个问题的规定如下:

1. 断狱敕:诸录事、司理、司法参军(原注:州无录事参军,而司户参军兼管狱事者同),于本司鞫狱、检法有不当者,与主典同为一罪。②

这个规定似乎是说,这三种参军,在他们自己衙门里,固然像是"长官",但是他们究竟都是知州的幕僚("幕职");一件案子的最后决定,还

---

① 《江苏金石志》第十一册,页三十二 b。
② 《庆元条法事类》,七三,检断(P. 498)。

是要知州来"答书"的。所以在连坐法上讲,把他们只看成一种"主典"。因为照唐宋律的规定(唐律第十[同职犯公坐]条),公平连坐,是以"长官""通判官""判官""主典",分四等论罪的。

2. 断狱令:诸州公事,应检法者,录事、司法参军连书。有妨嫌免者。俱应者免,别委官。①

这是说,检法虽由司法参军主管,但是必须另外一个人——录事参军或其他被指派的官——副署。以免司法参军因为单独行事,或致全无忌惮也。

3. 断狱令:诸事应检法者,其检法之司,唯得检出事状,不得辄言与夺。②

这一条最显明地指出检法业务的专门性和其机械性。可惜以上三项条文,皆不具年月,无从探究其发展经过。

《宋会要》里载有三项有关推法两司责任问题的纪录。以之互相比照,可以看出来这个问题的处理,先后颇有不同。

1. (仁宗景祐)三年(1036)四月九日,法寺奏断:泉州录事参军张寻失吴皓死罪,徒二年半。公事定断,合追一任,勒停。支使施收,罚铜三十斤,勒停。通判张大冲,二十斤,知州苏寿,十斤,各与监当。权司法吕乔卿,权南安主簿(?)准条去官。诏特冲替。③

这一项公罪连坐的处罚,是以张寻(主典)为首,施首(判官)为第二从,张大冲(通判官)为第三从,苏寿(长官)为第四从。吕乔卿是检法的官,南安主簿某人大概是录问的官。因为对于审问案情的经过,全不知

---

① 《庆元条法事类》,七三,检断(P.498)。
② 同上。
③ 《宋会要·刑法四》,断狱,页七三 a。

情,所以二人得到皇帝特予从轻的发落①。

2. 神宗熙宁二年(1068)九月七日诏:审刑院大理寺元签书检断苏州百姓张朝法官,并命御史台取勘奏闻,以张朝因堂兄张念六行抢,杀朝父死后走。却被朝提见打死张念六。审刑院大理寺用法,断朝犯十恶不睦当死奏案。而参知政事王安石引律奏:朝父为房兄所杀,则于法不得与之私和,则无缘责其不睦。合依条得加役流罪,会赦合原。上得是奏,乃诏依安石所议施行。其审刑院等法官,以用法不当,故有劾也②。

这一件纪录的是检法不当的一条实例。签书官就是院寺的主官,因为糊糊涂涂地划了行,所以要和"检"法及"断"刑的法官连带负责。王安石在这里的表现,不但证明了他充分的法律知识,同时也说明了他如何对于法律问题之不断注意。

3. (高宗绍兴)六年(1133)六月二十三日臣僚言:中军统领官张识,冒请逃亡军人米。刑寺元断公罪。待致朝廷疏问,却将盗米赃罪杖,断作赃罪流,显见前断不当。其刑部大理寺,事属失职。寺丞胥介、评事许绛、权刑部郎中刘藻,各特降一官。章谊元衮,各罚铜十斤。仍令李与权将元勘不当人吏,疾速根勘施行。续有旨:张识追毁出身,以文字除名、勒停、特送筠州编管③。

这里章谊、元衮二人,恐怕就是检法官。而张识者,应当就是那个"元勘不当"的人吏,所以得到那么严重的处分。

法司之检法,本来只是根据推司的审问纪录进行。如果因为推司有过失而跟着连带受罚,实在有点不公平。《宋会要·职官五》,三司推勘院有这样一段纪录:

---

① 《宋会要·刑法四》,断狱,页七五 a。
② 同上。
③ 《宋会要·刑法四》,断狱,页八〇 a。"编管"就是不刺面的流罪。

(宁宗庆元四[1198])九月十二日,臣僚言……刑狱如已经本路差官俱遍,犹翻异不已者,仰家属径往朝省陈诉……如委是究抑,即将前推勘失当官吏,并与照条坐罪。至于"检断""签书",及"录问"官,止据一时成款,初不知情,免与同罪。刑寺看详;……照得淳熙十一年(1184)十一月二十五日指挥:绍兴元年(1131)十二月三日两项指挥,检断录问之官,如辞状隐伏,无以验知者,不在一案推结之数。敕令所申明朝廷,乞将签书与检断录问,一体修立为法。经奉旨:依旧法施行。致有臣僚今来奏请。本寺照得:检断、录问、签书,不问有无当驳之情,并与推勘官一案同结,委是轻重不伦……今看详送敕令所参酌看详施行。①

这是有关推法二司连带负责的最重要的一项纪录。

可惜敕令所如何决定,《会要》里没有记载。不过我们可以相信它是会赞同大理寺的这一项主张的。

六 谳鞫分司精神之相承不坠

宋朝的鞫谳分司制度,自从太祖建立以来,历代相承不坠,高宗绍兴二十六年(1156)吏部郎中汪应辰的一篇奏折内说:

……国家累圣相授,民之犯于有司者,常恐不得其情,故特致详于聪断之初……。鞫之与谳之者,各司其局,初不相关。是非可否,有以相济,无偏听独任之失……。②

---

① 《宋会要·职官五》,三司推勘说,页五六—五八。
② 《历代名臣奏议》,卷二一七,页九(P.2870)。

足见这种精神,二百年来,一直没有被人忘记。

宫崎市定指出一个叫强至的人,任泗州司理参军时,曾经兼摄司法参军,他认为可能在仁宗时期,分司制度之实施,可能不太彻底。① 但是这也许是一项极短期的临时措施,恐怕也是极稀有的例外。

高宗时有一个周林,他上疏说:

> 州郡之间,刑狱之地,尚有循习旧态,因仍故事,民为大害……狱司推鞫,法司检断,各有司存,所以防奸也。然而推鞫之吏,狱案未成,先与法吏议其曲折,若非款状显然,如法吏之意,则谓难以出手。故于结案之时,不无高下迁就,非本情去处。臣愿严立法案,推司公事,未曾结案以前,不得辄与法司商议。重立赏格,许人告首。②

可见鞫谳分司的精神,可能一个时期被人忽略,但仍然有有眼光的人,大声疾呼,要求朝廷注意。

《宋会要·职制五》,三司推勘院:

> (宁宗)嘉泰元年(1201)正月十一日臣僚言:今日治狱之弊,推鞫之初,虽得其情,至穿(写?)款之际,则必先自揣摩斟酌之,以为案如某罪,当合某法,或笞或杖,或徒流与死刑之类。皆文致其辞,轻重其字,必欲以款之情,与法意合。彼议法者,亦惟视其成,而定其罪。纤毫锱铢,如出一手。乞行下诸路州军。所隶刑狱,应自今圆

---

① 宫崎市定,《东方学报》,二十四,P. 148。——此外还有一例:高宗绍兴六年(1136),德庆府录事参军吴廷宾同时兼司户和司法(《宋会要·刑法三》之七八 b)。
② 《历代名臣奏议》,卷二一八,页四(P. 2867)。

结案款。但据其所吐实辞,明白条具。然后听其议法者定罪。不得仍前传会牵合,稍有文饰。如有违戾,监司①按治施行。庶几情得其实,法当其罪。从之。②

这和上面周林的奏折所讨论的是同一问题。

宁宗嘉定五年(1212),信阳军的判官,照例是兼有司法参军的阶衔,但是事实上同时也兼管军巡院判官的职务。于是荆湖北路转运司上奏,说他"既自勘鞫,而又自检断,岂无妨嫌?"因之要求调整,于是朝廷在信阳军添置司户参军一员,使之兼录事参军,主管推鞫,同时把军巡院裁撤,使判官只有司法参军的兼职,专管议法。③ 因此我们可以相信,鞫谳分司的制度,是和有宋一代相终始的。

元人入主中原之后,宋朝优良的司法制度,大被破坏。他们取消了大理寺、取消了律学、取消了刑法考试、取消了鞫谳分司和翻异移推的制度。明朝把元人赶走,但是承袭了他们的专制政治。所以恢复一些旧有的制度,而最不彻底的就是司法。清朝在这一点上,也完全接受了明朝的衣钵。所以有关宋朝的优良司法传统,七百年来,知道的人不多。就是有人知道的,也不敢多讲。这一篇短文的内容,本是施行了三百多年的一代要政,而说起来颇有点觉像在谈稀罕古董,真使人不胜浩叹也。

一九七一年九月于西雅图之望湖山馆

---

① 监司指安抚司、转运司、提刑司等。
②《宋会要·职制五》之五九 a。
③ 同上,职制四八,幕职,页一四 b。

宋朝的县级司法

在中国的传统司法制度里,县衙门是很重要的一级。因为民间所有的民刑诉讼,全都是在这里开始,但它也是最脆弱的一环。因为有几项重要的司法原则,事实上是相互冲突的,因而严重地影响到县司法的健全发展。这种情形,可能是在宋朝——就司法制度说,这是中国法制史上的黄金时代——才逐渐形成的,以后则每况愈下。现在试予分项叙述如下。

壹 民事审判

过去有些学者,因为中国法典一向包括民事和刑事两部分,再则民间诉讼,不管民事或刑事,全都是到县太爷那里去告状,因而认为中国传统法律,没有民法和刑法之分。① 这是不对的。中国传统法中民刑之分,在诉讼法里表现得最为显露。

一 务 限

即起诉时间的限制。唐杂令有一条说:

---

① 到现在都还有人如此想。如宫崎市定,*The Administration of Justice during the Sung Dynasty*,1969,P. 7。

> 诉田宅婚姻债负,起十月一日,至三月三十日检校,以外不合。若先有文案交相侵夺者,不在此例。①

《宋刑统》为之作了进一步的说明如下:

> 所有论竞田宅婚姻债负之类(原注:债负谓法许征理者),取十月一日以后,许官司受理,至正月三十日,住接词状。三月三十日以前,断遣须毕。如未毕,具停滞刑狱事由闻奏。如是交相侵夺,及诸般词讼,但不干田农人户者,所在官司,随时受理断遣,不拘上件月日之限。②

《宋会要·刑法三》田讼载有高宗绍兴二年(1132)两浙转运司引的一条绍兴令说:

> 诸乡村以二月一日后为"入务"应诉田宅婚姻负债者毋受理。十月一日后为"务开"。③

转运司并说,不受理者,为的是"恐追人理对,妨废农业"。但是有些"形势豪右之家交易,故为拖延至务限,便引条文,又贪取一年租课"④。于是高宗下诏规定:

---

① 见《宋刑统》卷十三,页七(台北文海一九六四年影印本页总 435)。
② 同上。
③ 《宋会要·刑法三》之四六 a。
④ 同上。

应人户典过田产,如于入务限内,年限已满,备到元钱收赎,别无交互不明,并许收赎。如有词诉,亦许官司受理。①

孝宗隆兴元年(1163)更明饬州县:

应婚田之讼,有下户为豪强侵夺者,不以务限为拘。如违,许人户越诉。②

这些都是对着民事诉讼而言,刑事诉讼,是随时都可以提出的。因为务限的规定,只适用于民事也。

二　完整管辖权

宋朝的县衙门,和唐朝一样,对于刑事案件,只管到杖罪为止(对于流罪以上案件的处理,它只是执行一种预审)。但是对于民事案件:户婚、田宅、债负,县衙门是具有决定性的管辖权的。这是民刑诉讼不同的第二点。

三　上诉由当事人提出

宋朝的司法制度,当事人对刑事裁判,只要表示不服,这件案子,就自动地被移送到另一个或高一级的机关去复审,这样子可以重复到五次

---

① 《宋会要·刑法三》之四六 a。
② 同上,四八 b。

之多(关于"五权"制度,将于另一篇文章里讨论)。但是民事案件的上诉,就得由当事人自己提出。《宋会要·刑法三》诉讼有绍兴令一条:

> 诸(诣)州诉县理断事不当者,州委官定夺。若诣监司诉本州者,送邻州委官。诸受讼诉应取会与夺而辄送所讼官司者听越诉。①

这是有关民事上诉的一条条文,在唐宋法令中,是很少见的。

四 可禀承上级机关

县衙门在处理民事案件时,遇有疑难问题,可向上级机关请示。真宗大中祥符年间(1008—1010)咸平县民张赟妻卢氏和一个在张家作过养子的刘质迭次兴讼,"县闻于府,会(慎)从吉权知府事。命户曹参军吕楷就县推问"②,就是一个例子。刑事案件就不同了。《宋会要·刑法六》禁囚,徽宗宣和五年(1123)六月,刑部有一本奏折里说:"州县鞫狱,在法,不得具情节申监司,及不得听候指挥结断"③。民刑法之不同,这一点又是非常重要。

现存《名公书判清明集》(景定辛酉[1261])残本,内有一百三十一件判词,尽属民事,大多数是宋末几位有名的提刑司们的笔墨。④ 其中有的是本司的判决,有的是回答县衙门的请示,有的是回答转运司或提举

---

① 《宋会要·刑法三》之二六 a。
② 《宋会要·刑法四》,断狱,七〇 b。
③ 同上,刑法六,禁囚,六一 a。
④ 日本古典研究会有一九六四年影印本。

司的询问,可以略窥当时各机关公文往来的制度。可惜刑事案件的一部分,全都佚失,不能作相互比较。

五 户部终审

在民事审判程序里,终审机关是"以田务券责之理直民讼"的户部。① 它的左曹下面,设有三个"案"——大约相当现在的一个司——:一、户口案:掌……民间立户分财……典卖产业、陈告户绝、索取妻男之讼。二、农田案:掌……田讼务限……。三、检法案:掌凡本部检法之事。② 宁宗嘉定六年(1213)十月,户部报告皇帝,说他们设置了一个登记簿——"籍"——专门用以查考诸路监司并州郡承受部里交办而尚未办结的诉讼案子。③ 可见户部的司法行动,是相当积极的。

户部也注意到有关民事诉讼的立法。《宋会要·刑法三》田讼载有高宗绍兴五年(1135)闰十月和十三年(1143)六月户部的两项条谏,一是关于田宅诉讼的起诉时效,一是关于起诉人的年龄限制。④ 由此可见宋朝的司法制度,是把民事和刑事分别交给户部和刑部分开管理的。所以我们在宋朝有关狱讼的官文书里,常常看到"户刑两司""户刑部"等一类字样。⑤

把民事诉讼的终审权交付给户部,似乎是宋朝的一项新猷。因为在

---

① 《宋史》一六三,《职官志》三,十六。——宋人习惯:称民事诉讼为"讼",或"词讼";称刑事诉讼为"狱",或"公事"。"狱讼"则包括一切民刑官事而言。
② 同上。
③ 《宋会要·刑法》,诉讼,四一b。
④ 同上,四七b。
⑤ 例如《宋会要·刑法三》,诉讼,三八b,四一b;《庆元条法事类》卷二十九绍熙二年三月二十五日敕(日本古典研究会一九六八年影印本P.275)等。

唐朝文献中,我们还没有发现到类似的记载。而且就是有的话,在唐末几十年藩镇割据之下,也已经早就成为纸上的具文了。

贰　刑事审判

一　徒以上罪为预审

县官的刑事审判权,在汉朝是没有限制的。① 到了唐朝,就只以笞杖罪为限。② 宋朝沿袭了唐朝的制定。《庆元条法事类》卷七三,检断,载有有关的一项条文如下:

> 断狱令:诸犯罪,皆于事发之所推断。杖以下县决之。徒以上(原注:编配之类应比徒者同。余条缘推断录问称徒以上者准此)及应奏者,并追证勘结圆备,方得送州。若重罪已明,不碍检断,而本州非理驳退者,提点刑狱司觉察按治。③

但是宋朝对于笞杖罪的执行,实际上比名义上减轻了许多。《刑统》的规定是这样的:

笞杖(条文)　　决臀杖(执行)
笞二十,一十　　七下

---

① 沈家本:《刑官考》三(台北,文海一九六四年影印沈寄簃先生佚书本,页856),参洪迈:《容斋三笔》,卷十五,"秦汉重县令客"条。
② 唐狱官令:"杖罪以下县决之",见《唐律疏议》,四八五(应言上而不言)条。
③《庆元条法事类》,日本古典研究会一九六八年影印本,页499。

四十，三十	八下
五十	十下
杖六十	十三下
七十	十五下
八十	十七下
九十	十八下
一百	二十下①

照这样看来，宋朝县官所处理的罪犯，实际上都是些轻微的，类似违警法一类的过失——如同国忌作乐、无故走车马、博戏赌财物之类——而不是什么穷凶极恶的大罪，也就等于一家家长对于他的子弟打几下手心而已。至于比较严重的罪行，他的责任，只是把案情审问明白，然后把文件人犯全部解送到州（府）里去由他们决定如何处理。而他自己，则并没有作任何有决定性的行为。因之他在这一个阶段中的行动，在法律上应该负到哪一个程度的负任，自然成了问题。

关于县官对于徒以上罪应当负如何的责任，《宋会要》里有下列三项记载：

A. 仁宗宝元二年（1039）十二月二十五日，屯田郎中知阆州张保之言：县司解送公事，若犯死罪，只作徒以上；或本犯徒，却作死罪解送赴州。州司勘正，县司官吏、乞申明合与不合成故失入罪论。事下法寺众官看详：诸县申解公事，州与县解罪名差互不同者，县司官吏，依令文，更不问罪，或解徒以上，到州推勘，却止杖罪及平人，即从违制失定罪。如挟私故意增减，即以故入人罪论。从之。② 这里说得很清楚：县官解案

---

① 《刑统》一，三（P. 7—8）。
② 《宋会要·刑法四》，断狱，七四 b。

到州，对于案情的认定，如果和州里的不同，依当时通行的令文，他是不负任何责任的。现在大理寺（法寺）决议：县官把无罪人或杖罪当作徒以上罪解州，如果不是故意，就照"违判失错"定罪（唐律一一二［被制书施行违者］条：非故违而失错者杖一百）。反过来说，如果非故意而把重罪当轻罪送州，就不算过失。不过挟私故意增减罪名的县官，就是"故意出入人罪"的条文论罪（唐律四八七［官司出入人罪］条：官司入人罪者，若入全罪，以全罪论。从轻入重，以所剩论。其出罪各如之）。

B. 孝宗乾道九年（1173）十二月九日，臣僚言：狱贵初情。初情利害，实在县狱。今天辟之因，必先由本县勘鞫圆备，然后解州。州狱一成，奏案遂上，刑寺拟案，制之于法，则死者不可复生矣。窃见外郡大辟翻异，邻州邻路差官别勘，多至六七次，远至八九年，未尝不同县狱初勘失实。乞自今后，遇有重囚翻诉，委官根勘，见得当来县狱失实，将官吏并坐出入之罪。诏刑部看详，申尚书省。① 照这一条的记载看来，宝元二年县官坐罪的规定，经过了一百三十多年，到了乾道九年的时候，已经不大被人注意了，所以臣僚们才有重新规定县官坐罪的请求。《庆元条法事类》卷七三，推驳，载有断狱敕一条：

> 诸县以杖笞及无罪人作徒流罪，或以徒流罪作死罪送州者各杖一百。若以杖笞及无罪人作死罪送州者徒一年。其故增减情状者，各从出入法。②

这条敕文，也许就是上项臣僚请求的结果，可是才过了五六年：

---

① 《宋会要·刑法三》，勘狱，八八a。
② 《庆元条法事类》，P.510。

C. 淳熙六年(1179)六月,刑部言:昨乾道重修法,增立县以杖笞及无罪人作徒流罪,或以徒流罪作死罪送州者,杖一百。若以杖笞及无罪人作死罪送州者,科徒一年。缘县狱比之州狱刑禁事体不同,止合结解送州,故县不坐出入之罪。今欲依乾道重修法科罪,如系故增减情状,合从出入法施行。从之。①

这是刑部认为上项规定,对于县官的要求,未免过多。所以它强调县狱之比州狱,"事体不同",因为它只是"结解送州","故县不坐出入之罪"。因之刑部主张仍旧施行以前的"重修法",而不再使用后来"增立"的条文。就是只有在故意增减情状之下,才把县官按出入法论罪。其余非故意而把轻罪当作重罪,或把重罪当作轻罪解州者,概不问罪。也就是说,县官对于审问徒流以上罪名所负的责任,大体上又恢复了一百四十年前宝元二年(1039)所定的制度。

二 拷 讯

县官之审问徒流死罪,虽然只是一种预审的性质,但也得"勘结圆备,方得送州"。因之有时候就免不得要用刑取供,即所谓"拷讯"是也。依照唐宋律的规定,官法之判决犯人,本来并不是一定要口供的。唐律四七六(讯囚察辞理)条的后半段说得很明白:

> 诸应讯囚者……若赃状露验,理不可疑,虽不承引,即据状断之。

---

① 《宋会要·刑法三》,勘狱,八七 b。

不过在习惯上,法官总是要设法取得口供的。但是有一点我们必须特别注意,就是用刑取供,在唐宋时有许许多多的先决条件和限制,到后来都被忽略了。唐律四七六条上半段说:

> 诸应讯囚者,必先以情审察辞理,反复参验,犹未能决,事须讯问者,立案同判,然后拷讯。违者杖六十。

什么是"审察辞理"?唐狱官令有一条说:

> 诸察狱之官,先备五听。案《周礼》云:以五声听狱讼,求人情。一曰辞听:观其出言,不直则烦。二曰色听,观其颜色,不直则赧然。三曰气听,观其气息,不直则喘。四曰耳听,观其听聆,不直则惑。五曰目听,观其瞻视,不直则眊然。①

上面这一段,引的是《周礼·小司寇》郑康成的注,正是汉律学的正宗。
　　什么是"立案同判"?唐律四七六条的疏文说:

> 事须讯问者,取见在长官同判,然后拷讯。若充使推勘,及无官同判者,得自别拷。

可见当时用刑取供,不但要问刑官立案说明,同时还须要得到他长官的许可,和约请另外官员来一同讯问。宋太宗在雍熙二年(986)下令:"诸

---

①《刑统》二九,一二(P.1212)。

州讯囚,不须众官共视,申长官得判乃讯囚。"①可见在此以前是必在"众官共视"之下,才可以刑讯的。

再则拷讯的使用,主要的是以贼盗重案为限。太祖建隆三年(962)十二月六日敕:

> 宜令诸道州府,指挥推司官吏,凡有贼盗刑狱,并须用心推鞫。勘问宿食行止月日去处,如无差互及未见为恶踪绪,即须别设法取情,多方辩听,不得便行鞭拷。如是勘到宿食行止,与元通词疑异同,或即人证分明,及赃验见在,公然拒抗,不招情款者,方得依法拷掠,仍须先申本处长吏指挥。②

到了明朝,则差不多所有的罪行,没有不可以施用刑讯的了。③

在唐朝,问刑官对于若干人,有"回避"的规定。狱官令:

> 诸鞫狱官与被鞫人,有五服内亲及大功以上婚姻之家,其受业师,经为本部都督、史县令,及有仇嫌者,皆须听换推。经为府佐国,官,于府主亦同。④

刑讯有一定的限度,就是拷讯只许用杖——讯杖长三尺五寸,大头

---

① 《宋史》一九九《刑法志》一,一一(P. 2372)。
② 《刑统》二九,一五(P. 1018)。
③ 明律四二〇(故禁故勘平人)条后面头一条"例"说:"内外问刑衙门,一应该问死罪,并窃盗抢夺重犯,须用严刑拷讯。其余止用鞭朴常刑。"于是死罪、窃盗、抢夺等重犯之外,其他罪行,也无不可施以刑讯(鞭朴)。
④ 《刑统》二九,一二(P. 1011)。

径三分二厘,小头二分二厘①——不许用任何其他的工具。而且"不得过三度,总数不得过二百。杖罪以下,不得过所犯之数。……若拷过三度,及杖外以他法拷掠者,杖一百。数过者,反坐所剩"(唐律四七七[拷问不得过三度]条)。所谓三度者,狱官令规定:

> 每讯相去二十日,若讯未毕,更移他司,仍须拷鞫,即通计前数,以充三度(唐律同上条疏引)。

狱官令还有一条:

> 诸讯囚,非亲典主司,皆不得至囚所听闻消息。其拷囚及行罚者,皆不得中易人。②

这和后来元朝杖刑和明朝廷杖"五杖一易人"③的规矩相比,相去何啻天渊!

从上面所说的一切,我们可以看出来关于刑讯的滥用,唐朝人作了多么周密的防范。难怪在宋朝文献中,我们再也找不出多少改善的规定。《宋会要·刑法三》,勘狱:

> 真宗大中祥符五年(1012)十月二十五日诏……今后按鞫罪人,

---

① 《新唐书》五六,《刑法志》四(《艺文本》P.644)。
② 《刑统》二九,一二(P.1011)。
③ 元朝至元八年(1272),出现了"五杖子换一个人"的办法:挨了三十七下之后,就有人于五日内因杖疮身死(《元典章》五四,页三总[727])。后来明朝的太监们,就以"五杖易人"作为出们执行"廷杖"时的法定规矩(沈家本:《历代刑法考》一四,页一九一六四)。

不得妄加逼迫,致有冤诬。①

《宋会要》里有关刑讯的诏令,此外恐怕很难发现出什么别的来了。

三 录 问

对于滥施刑讯的防范,宋朝有一项加强的措施,就是把犯人的口供,由另外一人予以证实,即所谓"录问"是也。这个制度发展的经过,大约如下:

唐朝的狱官令中,有关于犯人口供的一条:

> 诸问囚皆判官亲问,辞定,令自书款。若不解书,主典依口写讫,对判官读示。②

可见唐人已把原始供词看得很重。到了后唐明宗的天成三年(928),有一道七月十一日的敕文说:

> 诸道州府,凡有推鞫囚狱,案成后,逐处委观察、防御、团练、军事判官,引所勘囚人,面前录问。如有异同,即移司别勘。若见本情,其前推官吏,量罪科责。如无异同,即于本案后,别连一状,云所录问囚人,与案款同。转上本处观察、团练、刺使。如有案牍未经录问过,不

---

① 《宋会要·刑法三》之五六 b。
② 《刑统》二九,一二(P. 1012)。

得便令详断。①

这是说，州府审问官事完毕之后，要等上级机关派判官来提出犯人，问他们是否承认他们的口供("录问")。如若他们承认("无异同")，案子的处理程序就继续进行。如若他们不承认——"有异同"，宋人谓之"翻异"，明清谓之"翻供"——这件案子就得送交另外一位官员或另外一个机关去重新审问。

宋朝继续沿用这个"录问"的制度，而予以更详密的规定，就是凡有徒以上的刑狱，在"推勘"（即包括刑讯的审问）完毕之后，必须经过"录问"，才能进行"检断"（检法断刑）。② 如果犯人在录问时翻异，就得在原地方另外派一个人重审，这个叫做"别推"。别推的供词，到了第二次录问时又被翻异，这时候就得把案子移送到另一个机关去重审，这个叫做"移推"。③ 宋初对于移推的次数没有限制，因之有时一件案子，经过六七次移推而还得不到结论。④（后来才发展出"五推"为限的规定。这一点将另外讨论。）

在录问官和推勘官之间，有回避"同年同科目及第"的规定。⑤

录问官的责任，不只是对证，在相当程度下，他也负有纠正推勘错误的责任。《庆元条法事类卷》七三，推驳：

---

① 《刑统》，二九，一八（P. 1024）。
② 真宗大中祥符五年(1012)诏："制勘官每狱具，则请官录问，得手状伏辨，乃议条决罪。如事有滥妄，许诣录问官陈诉，即选官复按。如勘官委实偏曲，即劾罪同奏。如录问官不为申举，许诣转运提刑司，即不得诣阙越诉。"（《宋会要·刑法三》,诉讼，十五 a）
③ 《宋会要·刑法三》，勘狱，"在法，诸录囚有翻异者，听别推然后移推"（页八四 b）。
④ 同上。
⑤ 同上，页五五 a。

断狱敕:诸置司鞫狱不尚,案有当驳之情,而录问官司不能驳正,致罪有出入者,减推司罪一等,即审问或本州录问者,减推司罪三等。①

《宋会要·刑法三》,勘狱,有下列一条,我们从中可以略窥当时录问的实况:

孝宗乾道六年(1170)三月二十六日,权刑部侍郎汪大猷言:窃见诸勘鞫公事,多是翻异别勘,录问官未尝诘问,终间冤,便耻责短状以出。后勘官见累勘不承,虑其翻诉不已,狱情一变,或坐失入之罪,故为脱免。乞特降指挥:自今录问官,过有翻异,当厅令罪人供具实情。却以前案并翻词,送后勘官参互推鞫。不得更于翻词之外,别生情节,增减罪名。其累勘不承者,依条选官审勘。从之。②

四 聚 录

宋朝的刑狱,推勘录问之后,最后还要对众宣判,叫做"聚录",这是很重要的一幕。《文献通考》卷一六七:

孝宗乾道四年(1168)五月,臣僚言:民命莫重于大辟。方锻炼

---

① 《庆元条法事类》,页 508——"置司"即"当置司"亦即各州推判官的衙门。"审问"可能是专指"重勘"——录问时有翻异因而重行推勘——的官事而言。"本州"指的是录事参军的衙门。
② 《宋会要·刑法三》,勘狱,页八五 a。

时,何可尽察。独在聚录之际,官吏聚于一堂,引囚而读示之。死生之分,决于顷刻。而狱吏惮于平反,摘纸疾读,离绝其文,嘈嗫其语,故为不可晓解之音。造次而毕,呼囚书字。茫然引去,指日听刑。人命所干,轻忽若此。臣窃照:聚录之法,有曰,人吏依句宣读,无得隐瞒。令囚自通重情,以合其款。此法意盖不止于只读成案而已。臣谓当稽参"自通重情以合其款"之文。于聚录时,委长贰点无干碍吏人,先附囚口,责状一通。复视狱案,果无差殊。然后亦点无干碍吏人,依句宣读。务要详明,令囚通流。庶几伏辜者无憾,冤枉者获伸。从之。①

这件条陈里所要求的,事实上能否全部办到,似乎不无问题。但是就制度论制度,我们不能不承认这是一项很成熟的立法。

叁 县司法组织

宋朝司法制度的弱点,用我们现代的眼光来看,主要在县衙门的组织在司法方面太薄弱。现在让我们把这一点仔细看一下。

宋朝的县官,官称是"县令",在比较重要的县份,照规定必须要具有"京官""朝官",或"幕职官"身份的人去做的,叫做"知县"②"平决狱讼"和"催理两院",是县官们最重要的两项任务。

在唐朝(618—906),县令之下,原设有"司法佐""司法"等帮助县官

---

① 《文献通考》,民二五商务本 P.1455。
② 《宋会要·职官四八》,县令,页二五 a。

处理狱讼的"佐职"。① 可是到了宋朝——可能已经在五代时期——这些司法佐职就被废除了。县衙门里的"官",除了"县令"或"知县"之外,虽然有"丞"(掌山泽坑冶)、"主簿"(掌出纳官物)、"尉"(掌阅习弓手,戢奸禁暴),②但是他们各人都自有他们繁重的任务,不能帮助县官审问官事。

但是一县的狱讼,总有相当的数目,绝非县官一个人所能负担。因之宋朝的县官,在处理狱讼方面,就不得不倚仗所谓"吏人""公人"③——后来被称为"胥吏""衙吏""书办"——没有"官"的身份的低级雇员。

宋朝的县衙门里,都有些什么样的"公吏人"?他们的职掌是什么?关于这些问题,我们在宋人文献中找不出有系统性的叙述。从现有的一些零碎资料兜起来看,似乎北宋初期,县里的"吏人",有"押司""录司""录事史""佐史"四种。④ 但是后面三种名称,以后很少出现。徽宗政和六年(1116),为近畿几县"狱空"(牢狱里一个长时期没有羁囚),颁赏县级人吏,有"职级""推司""典书""副典书""手分""狱子"等六种名称。⑤ 不知这个"推司"是否就是早期的"押司"?政和七年(1117)四月三日诏:"州县有刑繫处,推司狱子,最为急切。"⑥那么这个时期的县衙门,似乎应该都设有推司。

---

① 《旧唐书》四四,《职官志》二,页五五(《艺文本》,P. 927);《新唐书》四九下,《百官志》,十二(《艺文本》P. 597)。
② 《宋史》一六七,《职官志》七,页二五(P. 1931)。
③ 名例敕:"诸称公人者,谓衙前、专副、库称、掐子、杖直、狱子、兵级之类。称吏人者,谓职级至贴司,行案不行案人并同。称公吏者,谓公人吏人。"(《庆元条法事类》卷五十二,公吏,P. 495)
④ 《宋会要·职官四八》,县令,页二五 a。
⑤ 《宋会要·刑法四》,狱空,页八八 b。
⑥ 同上,刑法三,勘狱,页七〇 b。

渡江以后，南宋初期的官吏，是尽力紧缩的。可能有一个时期，各县没有设推司。李心传《建炎以来朝野杂记》乙集（嘉定九年[1216]卷十四，"诸县推法司"一条里，载有下列三道敕文：

1. 光宗绍熙元年（1190）：万户县以下，置刑案推吏两名，五千户县以下置一名，专一承勘公事。不许差出，及兼他案，与免诸般科敷事件……推行重禄。

2. 绍熙四年（1193）：县刑案人吏，承勘公事……须勒令请领重禄。

3. 宁宗庆元元年（1195）五月：诸县编录司亦行重禄……仍令主吏举有行止，不犯赃私罪小使三两人，就司习学。著为令。①

但是《杂记》最后说，"自（庆元元年）降旨及今，近二十年，未尝有行之者"。

这里所说的三敕一令，全文都收在《庆元条法事类》里。其令文一条，尤值得注意：

> 选试令：诸县典押、保举：典押保举有行止不曾犯赃私罪"手分""贴同"三两人，就编录司习学。遇编录司有阙县申州，州委官比试断案，取稍通者充。候及三年，检断无差失，升一等名次。（谓元系贴司，即升手分，元系手分，即升"上名"之类）若遇典押阙，即先补试中编录司人。②

我们从这里可以看出，当时的县衙门，大多设有"编录司"。司里的"小使"，有"上名""手分""贴司"三种阶级。而县里的"主吏"，有"典押两

---

① 《建炎以来朝野杂记》卷十四。
② 《庆元条法事类》卷七三，差补，P.493。

种"。"押"大概就是"押司","典"可能就是"典书"。

李心传的这一段笔记,是在宁宗嘉定七、八年间(1214—1215)写的。可是在嘉定十五年(1222)九月里,臣僚上奏,说到"民之犯罪,至于重辟,勘结自有限日。而近之作县者,委成于吏,枝蔓鬻美,动淹岁月"①。那么是不是前几年还没有设置的推吏,这时候已经设置了呢?还是李心传所说的"未尝有行之者"一句话,不合事实呢?

胡太初在《画帘绪论·治狱篇》里也说:

在法,勘鞫必长官亲临。今也令多惮烦,率令狱吏自行审问。但视成款佥署,便为一定。甚至有狱囚不得一见知县之面者。②

所以,南宋的县官,常常委托"推吏"(或"狱吏")来代审官事,应该不成问题。

在高宗时(1127—1162),有一位刘行简,曾经向朝廷建议,要教各县的县丞兼管治狱。《历代名臣奏议》卷二一七载有他的一篇奏折如下:

臣窃惟治狱之官,号称难能。责任专一,俾得究心,犹不能保其不为奸吏所移,而况任之不专者乎?县狱是也。狱之初情,实在于县。自县而达之州,虽有异同,要之以县狱所鞫为祖;利害不轻。今所谓县令者,旦朝受牒诉,暮夜省按牍。牒诉之多,或至数百,少者不下数十。案牍之烦,堆几溢格。其间名为强敏者随事剖决,不至淹滞,已不可多得。傥复责其余力,足办狱事,讯鞫得情,吏不敢欺,

---

① 《宋会要·刑法三》,勘狱,页八八 a。
② 见沈家本:《狱考》(佚书本 P.503)。

民不被害,诚恐百人之中,未必有一也。郡之狱事,则有两院治狱之官,若某当追、若某当讯、若某当被五木,率具检以禀。郡守曰可则行。至县则不然,令既不暇专察,佐官虽名通签,终以嫌疑不敢侵预。其追呼讯鞫,具名以禀,悉出吏手。故其事与州郡不同。臣恭惟升下躬好生之德,视民如伤。宽诏履下,未尝不以哀矜庶狱为言。如此利害,较然明白。而人莫敢以县邑专置狱官为请者,诚恐增员太多故也。臣愚见以谓县狱之事,宜专委丞,如州郡两院之官:日入治狱。凡追呼枷讯等事,丞先以禀令,然后得行。其余悉如旧制。则丞无侵预之嫌,令有同心之助,相为可否,其得必多。借使为丞者,未必能其事,不犹愈于付之黠吏之手乎?伏望圣慈特赐详酌施行。①

可惜这项建议,当时未被采纳。未采纳的理由,可能是因为自唐以来,县官被认为是"民之父母",因而必须"躬亲狱讼"。《唐六典》规定县令的职掌,所用的字眼,是:"抚字黎氓,审察冤屈,躬亲狱讼,务知百姓之疾苦。"②所以徽宗宣和二年(1120)有诏:

州县官不亲听囚,而使吏鞫讯者,徒二年。③

淳熙年间令县置推吏,二十年未尝有行之者,可能也是这种心理的作用。
　　中国的县官,在宋朝就很难做。岳珂《愧郯录》(嘉定甲戌[1214])卷九,"作邑之制"一条里说:

---

① 《历代名臣奏议》,台北,学生书局,一九六四年影印本 P. 1866。
② 《唐六典》卷三十,页四,台北,文海,一九六三年影印本(P. 518)。
③ 《通考》卷一六七,刑法六(P. 1435)。

为邑有催科抚字之责，有版帐民讼之冗。间有赋入实窄，凿空取办，郡邑不相通融，鲜不受督趣。故士大夫每视为难，徒以不得已而为之。①

嘉定七年(1214)七月四日，臣僚论县政的一篇奏折，更是慨乎言之：

……二十年来，海内浸有不可为之县：未赴者有偿债之忧，已赴者有镬汤之叹。臣知其故矣。敢略陈之。如零细窠名，或岁纳苗米，旧来就县纳者，今乃取之于州。如批支驿券或寄居祠奉，旧来就州支者，今乃移之于县。赦文蠲放之赋，复令承认。居户逃阁之数，不与豁除。酒课无米麹之助，令自那融。起纲无般脚之资，令自措置积年邑欠，前政已去，而尚须带纳。征亭商税，差官监收，而又令补解。官有修造，而欲献助，郡有迎送，而欲贴陪，以至一邑之内，有县官吏胥之请给，县兵递补之衣粮乃科以不可催之钱，畀以未尝有之米，此皆强其所无者。至如阖郡官属，诸司幕客，每于职事，皆有干涉。年例馈遗，但可增添嘱托夫马，惟当应副。上官到县排办之数多者或至千余缗。差人下县，需索之费，少者不下数十千。如此之类日甚一日。当此之际，强敏者无所用其力，才智者无所施其巧。不取于民，将焉取之。于是因讼事而科罚，其和数十千，施至于数百千。用岁额而豫借，其初一二年，旋至于五六年。科取竹木，多折价钱。已输税租，抑令重纳。推肌剥髓以苟目前。朝暮凛凛，但思脱去。岂复于爱人利物之事，少垂意哉。②

---

① 《愧郯录》，九，二。
② 《宋会要·职官四八》，县令，页二三—二五。

同时，作县官的，本身往往就是问题人物。《宋会要·职官四七》，知州府军监：

> 宁宗庆元元年(1195)十一月三日，右正言刘德秀言："……今小官之入仕……且以三十而仕，守阙历任，必须七八年，有举主三人，而后得所谓阙升者。又守阙历任六七年，求举主五人而后得所谓改官者，则盖几五十年矣。既已改官，然后作县。"①

这是说作县官的年纪太大。但是另一方面，《宋会要·职官四八》，县官：

> 宁宗嘉泰四年(1204)十月二十八日，臣僚言："……京官任子，皆自儿时奏补，多有虚增年数，冀速出仕。才更一任，凭借势力，干图荐举，二任即注知县而去。未尝更练，不习法令，轻狂妄作，无所不至。殊不知民社所寄，簿书之丛委狱讼之曲直、财计之登耗，虽巧心敏手处之，犹恐力不暇给。今乃以年少未更事之人，遽任剧繁，鲜不败事。"②

这是说有的又未免年纪太小。并且因为有不少县令，"多是选人，未曾阙升，或无举主，或昏缪无能，无所顾籍"③。因而只要能找到一些人，"稍通文学，粗谙民事，不至为民病"④。就觉着可以满意，说起来也够可

---

① 《宋会要·职官四七》，四七 a。
② 同上，职官四八，四七 a。
③ 同上，二二 b。
④ 同上，二二 a。

怜的了。

因此，我们就难怪当时对于地方官之处理狱讼，常常不满意。孝宗乾道三年(1167)十二月二日，臣僚言：

> 窃见近岁以来，大理狱多取决于大臣，州县狱多取于太守。狱官不循三尺，专以上官私喜怒为轻重。求民无冤，不可得矣。①

宁宗嘉定五年(1212)十二月十四日的一篇臣僚们的奏折，叙述当时州县刑狱之弊，说得更为详尽：

> 刑狱民之大命，州县之间，其弊有可言。如勘死囚，难得其情，或惮于详复之縻费，而径用奏裁。如该徒流法所不宥或畏于州郡之疏驳，而止从杖责。罪至死徒者法当录问。今不复差官，或出于私意而径从特判。狱有翻异者，法当别鞫，今被差之官，或重于根勘，而教令转款。寒暑必虑狱囚法也。今监司按行之时，多是诡为知在。遇夜不得行杖法也，今郡邑断遣之际或至灯下行刑。狱许破常平钱米，亦皆法也，今守令不以经意或从减克，或支不以时，遂至囚多瘦死。凡是数者，冤抑实多，乞行下诸路提刑司，严行观察，照见行条法或有违戾，罪在必刑，从之。②

综括一切来说，宋朝的司法制度，虽然是很成熟的，但是在县衙门这一级，却不太理想。因为审判法里推鞫、录问、检断的分权精神，在县令

---

① 《宋会要·刑法三》，八五 a。
② 《宋会要·刑法三》，八八 a。

躬亲狱讼的原则之下,在这里无法实施,此其一。县官审问徒以上罪,只是一种预审的性质,因之不免有时候马虎了一点。但是"狱贵初情,初情利害,实在县狱……外郡大群翻异,邻州邻路差官别勘,多至六七次,远至八九年,未尝不因县狱初勘失实"①,此其二。譬如看病,不管轻重缓急及一切疑难险症,一律都得到区公所的卫生室里排队挂号,请那位年青护士小姐去诊断治疗。然后由她根据个人判断,把她认为病情严重的人,分别转送到正式医院去重新检查诊断。这样子希望不耽误病人,怎么可能?第三个原因,是责任重,地位低,县官不好做,好县官不易得。这正是我们过去整个行政组织的致命伤。其影响所及,岂止司法而已哉!

肆　优良传统

纵然如此,宋朝毕竟是中国传统司法的黄金时代,所以还是有不少有关县司法的良好制度,值得我们后人的钦佩。兹略举数项如下。

一　民事审判部分

1. 断由　这是高宗治下的良政。《宋会要·刑法三》,诉讼:

(绍兴)二十二年(1152)五月七日,臣僚言:今后民户所讼,如有婚田差役之类,曾经结绝。官司须具情与法,叙述定夺因依,谓之

---

① 《宋会要·刑法三》,八七 b(十二月九日条)。

"断由",人给一本。如有翻异,仰缴所给断由于状首。不然,不受理。使官司得以参照批判,或依违移索,不失轻重。将来事符前断,即痛与惩治。上宣谕宰臣曰:自来应人户陈诉,自县结断不当,然后经州,由州经监司,以至经台,然后到省。今三吴人多是径至省。如此则朝廷多事。可依奏。①

(孝宗)乾道七年(1171)十二月十四日,臣僚言:民间词讼,多有翻论理断不当者,政缘所断官司,不曾出给断由,致使健讼之人,巧饰偏词,紊烦朝省。欲望行下监司州县:今后遇有理断,并仰出给断由。如违,官吏取旨行遣。从之。②

(光宗)绍熙元年(1190)六月十四日,臣僚言:州县遇民讼之结绝必给断由。非固为是文具。上以见听讼者之不苟简,下以使讼者之有所据,皆所以为无讼之道也。比年以来州县或有不肯出给断由之处,盖其听讼之际不能公平所以隐而不给。其被冤之人或经上司陈理则上司以谓无断由而不肯受理,如此则下不能伸其理,上不为雪其冤,则下民抑郁之情皆无所而诉也。乞诸路监司郡邑自今后人户应有争讼结绝仰当厅出给断由,付两争人收执,以为将来凭据。如元官司不肯出给断由,许令人户径诣上司陈理。其上司即不得以无断由不为受理,仍就状判索元处断由。如元官司不肯缴纳,即是显有情弊,自合追上承行人吏,重行断决。从之。③

(宁宗)庆元三年(1197)三月二十七日臣僚言:乞申严旧法,行下诸路:应讼事,照条限结绝,限三日内即与出给断由。如过限不

---

① 《宋会要·刑法三》,二八 a。
② 同上,三四 b。
③ 《宋会要·刑法三》,三七 a。

给,许人户陈诉。从之。①

这是四个皇帝维护一个制度的纪录。

2. 词诉当日结绝 《宋会要·刑法三》,诉讼:

（宁宗）嘉定五年(1212)九月二日臣僚言:窃照庆元令:"诸受理词诉,限当日结绝。若事须追证者,不得过五日,州郡十日,监司限半月。有故者除之。无故而违限者,听越诉。"今州县监司,理对民讼,久者至累年,近者亦几一岁。稽违程限,率以为常。乞戒饬监司州县:照应条法,应词诉稽程不为结绝者,即与次第受理。已结绝,即与出给断由。仍下户刑部:如受理词诉,即时出给告示。不受理者,亦于告示内,明具因依。庶使人户凭此,得经台省陈理,民情上达,冤枉获申。从之。②

3. 半年不决可上诉 《宋会要·刑法三》,诉讼:

（孝宗）乾道二年(1166)七月九日臣僚言:比来民讼,至有一事经涉岁月,而州县终无予决者。缘在法:县结绝不当,而后经州,州又不当,而后经监司。乞自今词诉,在州县半年以上不为结绝者,悉许监司受理。从之。③

---

① 《宋会要·刑法三》,七七 b。
② 同上,四一 a。
③ 《宋会要·刑法三》,三二 a。

二　刑事审判部分

1. 县尉许检验不许推鞫　《宋会要·职官三》,诉理所：

检验之官,州差司理参军,县差县尉,以次差丞、簿、监当。若皆阙则须县令自行；至于复验,乃于邻县差官。若百里之内无县,然后不得已而委之巡检。①

但是县尉不许推鞫。《宋会要·刑法三》,勘狱：

(真宗)大中祥符二年(1009)七月二十九日诏：大辟罪人,案牍已具,临刑而诉冤者,并令不干碍明干官吏复推。如本州官皆碍,则委转运提点刑狱司,就近差官。时光化军断曹兴,将刑称冤,复命县尉鞫治。刑部上言：县尉是元捕盗官,事正干碍。望颁制以防枉滥故也。②

《宋会要·职官五》,三司推勘说：

(孝宗)淳熙三年(1176)二月七日诏：自今县狱有尉司解到公事在禁,若令丞簿,全阙去处,即仰本县依条申州,于合差官内选差无干碍官权摄。其徒罪以上囚,令佐聚问无异,方得结解赴州。以大

---

① 《宋会要·职官三》,七七 b。
② 同上,刑法三,五五 b。

理评事张维言：县尉职在巡警，及其获盗解县禁系推鞫属之县令若捕盗官或暂权县自行鞫狱。既以元捕为当，又欲因以受赏，惟务狱成，而狱卒例是尉司弓手，往往迎合，逼令招承，故有是诏。①

2. 一年结绝 《宋会要·刑法三》，勘狱：

（高宗）绍兴八年（1138）六月八日，刑部言：今后诸路州县及推判官司，勘鞫公事，虽有缘故，若经一年之外不决者，并具因依，申本路提点刑狱司，备申刑部及御史台看详：有无冤滞，申取朝廷指挥施行。从之。②

3. 州县独立审判 《宋会要·刑法六》，禁囚：

（徽宗宣和）五年（1123）六月二十日，刑部言，检会臣僚上言：伏睹州县鞫狱，在法不得具情节、申监司。及不得听候指挥、结断。此盖朝廷欲使州县尽公据实，依法断遣，不得观望。且使狱刑无淹延之弊。而比年以来，诸路监司往往狭情偏见，每有公事，必使州县先具情节申禀，听候指挥，方得断遣，稍未如意，即再三问难，必快其欲而后已。臣愚欲乞特降睿旨，补完见行条法：应囚在禁，如监司指挥具情节，及令听候指挥结断者，州县不得承受。一面依条施行。如监司见得果有情弊，及情理未尽，即别行按劾。③

---

① 《宋会要·职官五》，四八 a。
② 同上，刑法三，七八 b。
③ 同上，刑法六，六一 a。

北宋皇帝,太宗、真宗、仁宗、神宗,四代祖孙,都是知道尊重法律和爱护法律的统治者。到了徽宗,在蔡京鼓惑之下,独裁任性、胆大胡为①,使宋朝的法治制度,大遭摧损。然而这时候仍然有这一类维护审判独立精神的奏折进呈,足见一个半世纪的优良传统,到底是扎下了相当深厚的根基,不至于崩溃。所以南渡之后,经过高宗孝宗两代的不断努力,这个传统,依然又继续健全发展,一直到元人渡江而止,实在不是偶然的。

一九七一年九月于西雅图华盛顿大学

---

① 他说过:出令制法,重轻予夺在上。比降特旨处分,而三省引用敕令,以为防碍,阻抑不行。是以有司之常守,格人主之威福。夫擅杀生之谓王,能利害之谓王,何格令之有!(《宋史》二百,《刑法志》二,页七[《艺文本》P.2382]。)

翻异别勘考

宋朝的刑事审判制度,有两项最高原则:一是"鞫谳分司",即法官不许自审自判;问案子的是一个人,判案子的又是一个人。一是"翻异别勘":犯人不需要自己上诉,只要在结案时翻供,或者在行刑前喊冤,官厅就要把案子重新从头问起。关于前者,作者已经略有论述①;现在再就后者试作探究②。

历史背景

因为犯人翻口供,就得把案子再从头审问,这是从唐朝以来就有的规定。唐律(653)第四九〇(狱结竟取服辩)条说:

> 诸狱结竟,徒以上,各呼囚及其家属,具告罪名。仍取囚服辩。如不服者,听其自理,更为审详。违者笞五十,死罪杖一百。③

---

① 拙著《鞫谳分司考》,载《东方杂志》复刊第五卷第五期(一九七一年十一月),页40—45。
② 主要参考资料:《宋会要辑稿》(上海,大东书局,二十五年影印本);《宋刑统》(台北,文海书局,一九七四年影印民七年法制局刊本);《庆元条法事类》(日本古典研究会一九六八年影印本)。
③ 商务本,册四,页八五。

"自理"就是要犯人自己说明他不服的理由。"更为审详"就是从新审问。不过这里并没有说明怎样从新审问的方法,也没有说明是不是须要另外改换一个问案子的人。

唐穆宗长庆元年(821)十一月五日,有一道敕文说:

> 应犯诸罪,临决称冤,已经三度断结,不在重推限。自今以后,有此色,不问台及府县并外州县,但通计都经三度推勘,每度推官不同,囚从皆有伏款,及经三度结断,更有论诉,一切不在重推问限。其中纵有进状敕下,如是已经三度结断者,亦请受敕处闻奏执论。若是告本官典受贿赂推勘不平,及有称冤事状,言讫便可立验者,即请与重推。如所告受称冤无理者,除本犯是死刑外,余罪请于本条外,更加一等科罪。如官典取受有实者,亦请于本罪外,加罪一等。如囚徒冤屈不虚者,其第三度推事官典,伏请本法外,更加一等贬责。其第二第一度官典,亦请节级科处。①

这里说明了"重推"制度里几项要点:(1)每次重推,必须换另外一位推官。(2)重推只限三次。(3)无理冤的犯人,加一级治罪。(4)称冤有理的,前后三位推官都分别论罪。

到了后唐明宗的天成三年(928),有一道七月十一日的敕文说:

> 诸道州府,凡有推鞫囚狱,案成后,逐处委观察、防御、团练、军事判官,引所勘囚人,面前录问。如有异同,即移司别勘。若见本情,其前推官吏,量罪科责。如无异同,即于本案后,别连一状,云所录问囚

---

① 《刑统》二九,页一七(总 P.1022)。

人,与案款同。转上本处观察、团练、刺使。如有案牍未经录问过,不得便令详断。①

这是说,州府审问官事完毕之后,要等上级机关派判官来提出犯人,问他们是否承认他们的口供("录问")。如若他们承认("无异同"),案子的处理程序就继续进行。如若他们不承认——"有异同",即宋人所称"翻异"——这件案子就得送交另外一位官员或另外一个机关去重新审问,这个就叫作"移司别勘"。

这个制度在当时是确实曾经施行过的。宋人郑克的《折狱龟鉴》卷二,《释冤下》,第一条说:

后唐孔循,以邦计贰职,权领夷门军府事。长垣县有四盗,巨富及贩。而捕系者乃四贫民也。盖都虞侯者,郭从韬之僚婿,与推吏狱典同谋,锻成此狱,法当弃市。循亲虑之,囚无一言。领过萧墙,而乃屡顾。因召问之。云,适以狱吏高其枷尾,故不得言。请退左右,细述其事。即令移于州狱,俾郡主簿鞫之。受掠者数十人,与四盗俱伏法,四贫民获雪,此盖和嶤所闻五代时事。②

这里所说的"都虞侯",就是当时掌刑法的"牙校",也以"马步院"见称,也就是后来宋朝"司理参军"的前身。③ "州狱"是州设的法院,"郡主簿"是它的主管。到了宋朝,"郡主簿"改称"录事参军",而"州狱"也改称

---

① 《刑统》二九,页一八(P. 1024)。
② 《守山阁丛书本》卷二,页一。
③ 《文献通考》六十三,《职官》十七,"司理"条(商务,民二五年本 P. 572)。

为"州院"①。

翻异别勘的发展经过

宋太祖建隆二年(962)九月里,有一道规定平反冤狱的诏书,内中提到"或因罪人翻异别勘雪活者,即复推官理为雪活"②。可见翻异别勘的制度,在宋朝一开始就在实施。

这个制度的详情,在起初是这样子的。

犯人的翻异——即否认已招的口供——看是在"录问"之前,或者是在"录问"之后。所谓"录问"③者,就是在审问结束,犯人画供之后,需要

---

① 《宋史》(1345)一六七,《职官》七,页二四(艺文本,P. 1930)。钱大昕(1728—1804)说,"州院之名,不见于宋史"(《潜研堂文集》十八,页七:托建炎官印条),未免疏略。
② 《宋会要·刑法四》,冤狱,页九三 a。
③ "录问"可能也叫做"聚录"。《文献通考》一六七,《刑》六:
　　(孝宗乾道四年[1168])五月,臣僚言:民命莫重于大辟:方锻炼时,何可尽察。独在聚录之际。官吏聚于一堂,引囚而读示之。死生之分,决于顷刻。而狱吏惮于平反,摘纸疾读,离绝其文,嘈囋其语,故为不可晓解之音,造次而异。呼囚书字,茫然引去,指日听刑。人命所干,轻忽若此。臣窃照聚录之法,有曰:"人吏依句宣读,无得隐瞒。令囚自通重情,以合其款。"此法意盖不止于只读成案而已。臣谓当稽参"自通重情,以合其款"之文,于聚录时,委长贰点无干碍吏人,先附囚口,责状一通。复视狱案,果无差殊。然后亦点无干碍吏人,依句宣读,务要详明。令囚通流,庶几伏辜者无憾,冤枉者获伸。从之。(商务本 P. 1455)又洪迈:《夷坚志》(1166—2)卷二十七,有"叶通判录囚"一条如下:
　　淳熙(1174)初,衡州有公吏三人,坐枉法罪。至司宪司檄衡山丞贵溪叶璟录问,皆承伏遂受诛,叶回县,便得心疾,遂以寻医解官归乡,自是朝夕呫嗫,若与人辩对。遇饮食杯酒,必令家人办具四方,造宿卧亦设四榻,否则被箠系索命偿,叶或稍醒则责之曰,汝辈皆称冤枉,当我录问时,何不翻异,况自有勘官,何预我事,虽不能答,然终不舍去,如是二年,一家不胜愁苦,一日颇苏,呼妻子告之曰,三囚已寻着元勘官,知道无预我事,要辞去,只觅盘缠三十贯,可使烧与之,妻子即如戒,仍备酒肉发遣,叶豁然无恙。后参选改京秩。知清江县,继通判鄞州,绍熙二年初故。(新兴书局本 P.3—88)。
　　这是有关"录问"制度的一页难得的资料。

在另外一位法官面前,承认他的供词。如果是在录问时翻供,案子就由本州或本府的另外一个法院去重新审问,在严格的术语里,这个叫做"别推",或"移司别推"。如果犯人翻异,在录问之后——多半是在临刑的时候——这就叫做"称冤"——犯人的家属也有"称冤"的权利——那就得由州府的上级机关——所谓"监司",即转运使、提刑使、安抚使、提举司等——指派其他州府的官员,前来重审,或提到其他州府的法院去重审。在术语里,这个叫做"别推",或者"差官别勘"。①

原来宋朝的刑审制度,对于徒流以上的罪刑,县衙门不过只作些调查、预审的工作(只有对于类似违警法的笞杖轻罪,县衙门才有决定性的裁判权)。②唯有在各州或各府(府即重要的州)的,才算是正式法院。而宋朝的建制,每一个州府里的法院,经常有三个到四个之多。那是(1)在州衙门本身里设立的,由本州的判官或推官主管的"当置司"。(2)设置在州衙门以外的,由录事参军主管的"州院"。(3)由司理参军主管的"司理院"。③(4)大州设有左右司理参军的,因之就有两个"司理院"。在设府的地方,"州院"叫做"府院",④"录事参军"叫做"司录参军","左右司理"叫做"左右军巡"。从现有的资料看来,一件案子到了州府——多半是由各县申报上来的,此外就是由当地百姓直接来控告的——州府多半是交到司理院或军巡院(大概先右后左)去作初审。⑤

---

① 《宋会要·刑法三》,勘狱,孝宗隆兴二年(1166)二月八日条:"……在法,诸录因有翻异者,听别推然后移推"(页84b)。
② 参拙著《宋朝的县级司法》,《东方杂志》五卷九期(一九七二年三月),页二〇—二一。
③ 参宫崎市定:《宋元时代的法制之裁判机构》,《东方学报》,二十四(1954)P.138。
④ 参《宋史》(1345)一六七,《职官》七,页二四(艺文本,P.1930)。
⑤ 如太宗太平兴国九年(984)的王元吉案(见下文),和孝宗淳熙五年(1178)的赵主簿妾案(洪迈:《夷坚志》十 P.315)。

但也有时候交给州院或府院去作初审的,①如若一个衙门得不到犯人的招供,就可以很方便的把案子送到另一个衙门去重审("别推")②,这个可能是一个州府要设三四个法院的主要原因。但是如果碰到太守老爷的高兴,他也未尝不可以自己坐堂审判。③ 但这个似乎不是常例。此外,不管是哪一个法院初审,犯人招服之后,照例都须要送到州府去过堂一次——术语谓之"引问"或"审问"。④ 等到犯人不翻供,然后才逐步申报上去。

《宋会要·刑法五》,亲决狱,有下面一条记载:

> (太宗)太平兴国九年(984)六月二十六日,开封府寡妇刘有奸状,恐事露,忧悸成疾。复惧其子陈告。遂令侍婢诉称其子王元吉置毒食中缺疾,但未死。事下右军巡按之,未得实状。移左军巡,推典受刘赂,治元吉,元吉自诬。相次刘以疾死。及本府引问元吉,始

---

① 如神宗熙五年(1072)杭州的夏沉香案(张邦基:《墨庄漫录》[ca. 1200]卷八第三条),和孝宗淳熙四年(1177)的宁六冤狱(洪迈:《夷坚志》卷三游节妇条 P. 288)。
② 前注所引夏沉香案,其移推的次序,是录事参军、司户参军,和司理参军三个衙门。
　　哲学绍圣二年(1095)八月十三日试大理卿路昌衡言,欲令本寺依据这数员分左右推左移右推右移左推,亦如开封府三院邻变为事,改道剔说,(○○职官等,大理条页十二 a)
③ 如光宗绍熙二年(1191)陈长三的案子(洪迈:《夷坚志》卷十五 P. 340)。
④ 下面所引王元吉案就是如此的。但是到了后来,可能因为初审时犯人既已招伏,就不再过堂面审。洪迈:《夷坚志》卷十五,向仲堪条说:
　　乐平向仲堪字元仲,绍兴十一年(1141)。通判洪州,府帅梁扬祖侍郎,峻于治盗,尝欲杀两人,委向审问。吏以成牍来,问盗所在。对曰,彼已伏罪,例不亲引,恐开其反复之端,但占位书名足矣。向曰,人命至重,安得不见而询之,赵不系谮于梁。梁召向责其生事,向曰,如帅司即日径诛之,何必审实,既付之狱,则当准式引问,若无罪而就死地,想仁人不忍为也。梁感悟,遂竟其问,果平人也,遂得释,后自他州赴调。宿留旅邸,一病濒于危殆,梦至殿宇间,闻主者云:向仲堪有治狱阴德,特延半纪,既觉,浸以安愈,诣天庆观启醮筵以谢再生,其青词自述云,顷既罹于重患,忽得梦于良宵,砚玉岭之无涯,恍觉真都之邃,续龟年而有永。亲闻帝语之祥,旋复贰处州,终于官,距梦时正六年也。(P. 340)
这是有关"引问"的一条难得的资料。

以实对。府中徒系数月不能决,又移司录司。尽捕两军巡元推胥更按问之,稍见诬构之迹。府中以追捕者众,列状引见。帝以元吉药母事状暧昧,令免死决徒。开封府将杖之,元吉大呼曰:"元吉苟受刑,府中官吏岂得了乎,须尽还元吉所用货赂。"府中不敢决,因问行赂之状。元吉历指之,遂具词款上言。元吉复令妻张,挝登闻鼓。帝览之,临轩顾问,悉见其冤状。亟令中使收捕元推官吏,送御史台再鞫之。至是狱具,引见推官张雍,左右军巡判官韩照裔、宋廷照,并夺一官勒停。左右军巡使殿直庞则、王业,并降充殿前承旨。又博州博平令杨处仁尝增改刘氏词状,亦追一官。医人陈上良诳称元吉尝用解毒药,曹司孙节受赂,并杖脊配沙门岛。司吏以依理推鞫等第统赏。又赐元吉妻张氏帛十匹。①

现在把这件案子的审判程序,简单地说明一下:开封府里一名刘寡妇(照后来的习惯,就要叫王寡妇),和人通奸。怕前妻生子王元吉告她,就教她的丫头到府里告王元吉谋害母亲(女人告状,可以派佣人出面)。府里把案子交到右军巡院,由判官宋廷照推问。王元吉不招,于是就移到左军巡院重审("别推")。判官韩昭裔受了刘氏的贿赂,把王元吉屈打成招。刘寡妇就在这个时候死了。等到王元吉到府里(当置司)过堂("引问"),他忽然翻起供来("翻异")。府里的推官张雍,推问了好几个月,问不出头绪来。于是知府把案子又移到"府院"去,教司录参军重审。到这里,过去的黑暗情形,逐渐地被发现出来。知府看问题复杂,就奏呈太宗请示。太宗改判王元吉徒罪。可是在要打板子的时候——宋朝的规矩,徒罪和流罪,都要打板子的——元吉大声喊冤("称冤")。于是知

---

① 《宋会要・刑法五》,页 3a。《宋史》二百,《刑法志》二(P. 2379)。

府再度向太宗请示。同时王元吉的老婆也在打登闻鼓告御状。因之太宗表演了一次御前亲审,不过他并没有任何决定,只是交给御史台去重审罢了("移推")。但是案情遂得大白,而所有贪污和糊涂的官员,都一一论罪。这是北宋初期"翻异""别推""引问""称冤""移推"等等制度实施情形的一则完整纪录。

《文献通考》一六七,《刑》六:

(太宗)淳化三年(992):令诸州决死刑,有号呼不服,及亲属称冤者,即以白长吏移司推鞠。①

前叙王元吉案,是犯人临刑称冤,衙门呈报皇帝,由皇帝下诏移司推鞠的。现在规定:凡是犯死罪称冤的,不须要呈报皇帝,就可以由各州府自动的依法移推。这是"移推"制度第一次的条文化。

《宋会要·刑法三》,勘狱:

(哲宗)元符元年(1098),六月四日,尚书省言:大理寺修立到:大辟或品官犯罪,已结案未录问,而罪人翻异,或其家属称冤者,听移司别勘。若已录问而翻异称冤者,申提刑司审察。事有不可委本州者,差官别勘。从之。②

这是宋朝地方司法权集中提刑司的开始。原来太宗在淳化二年(991),曾经在各路设置"提点刑狱"。四年(993)十月,罢归转运司。真

---

① 商务本 P. 145。
②《宋会要·刑法三》,页六八 b。

宗景德四年（1007），又全部恢复。他们渐渐成为各路的最高司法官。地位甚重要，差不多和馆阁台谏相等。① 到了这一年，朝廷就正式规定：翻异称冤在录问以前，由各州府移送本地方的其他法院重审（"移司别勘"）。如在录问以后，则由各州府申报提刑司。再由提刑司斟酌派员复审（"差官别勘"）。

《宋会要·刑法三》，勘狱：

> （高宗绍兴三十二年[1162]八月）二月十九日，枢密院检详刑房文字许枢言：在法，狱囚翻异，皆委监司差官别推。若犯徒流罪，已录问后，引断翻异，申提刑司审详。如情犯分明，则行下断遣。或大情疑虑，推勘未尽，即令别勘。然近者翻异，多系滑吏犯赃、奸民犯盗之类。未至引断，只于录问，便行翻异。使无辜之人，滥被追证。乞自今如有似此等类，即从前项引断翻异，申提刑司审详指挥施行。从之。②

这是关于赃盗案件的一种变通程序办法：一经翻异，就申请提刑司处理。

关于"别推"和"移推"，《庆元条法事类》（1202）里，载有下面几项规定：

> 断狱敕：诸勘鞫公事，妄作缘故，陈乞移推，及州县未结绝，非冤

---

① 关于提刑司的发展经过，参有拙著《宋朝的审判制度》，《东方杂志》四卷四期（一九七〇年十月）PP. 23—24。
②《刑法三》，页八四 a。

抑不公,而监司辄移者,各杖三十。①

这一条是防备各州县之逃避责任和各监司之滥用职权。还有:

> 断狱敕:诸罪人翻异或家属称冤,应申提点刑狱司差官别推而辄移属县者。徒二年若无出入减参等。②

这是防备各州府不申请移推,而交到自己管辖下的属县,以便操纵审判。还有:

> (孝宗)淳熙六年(1179)十月十五日,尚书省批下,敕令所申:濠州申明,今后翻异公事,令当职官予细照应,所翻情节,实碍重罪,即依条移司别推外,若所称冤翻异一项,不碍从重论决,或非应令离正理给财产之类者,即依重罪大情已明,二罪以上俱发以重者论,等者从一,不须移推决遣。刑部大理寺看详,除命官犯公罪重、私罪轻,及公私罪重、赃罪轻,若所翻虽系赃私轻罪,亦合移司别推外,余依本州所申。本所申审详,刑部看详前项事理已得允当。申省后,批依敕令所审详到事理施行。③

这是关于"移推"的一条补充规定:如果翻异的只是无关紧要的细节,州府方面就不必严格遵守"移推"的规定。

此外,《宋会要·刑法三》,勘狱:

---

① 《庆元条法事类》,卷七三,移囚,P.511。
② 同上。
③ 同上。

(孝宗淳熙)五年(1178)八月十三日,知平江府单夔言:词讼改送,止欲别议是非,使不失实而已。若前断之官,已经移替,自不妨复付之本处。于事既已无嫌,更得旧讼悉理,民无远赴之患。从之。①

这是对于"别推"的变通处理。同时可以看出来,到了南宋,所有别推的案子,不是由提刑司派员到本州去重勘,而是把案子送到另外州府去推问的。

犯人于录问后翻异,各州府就失掉了继续控制的能力,而必须把案子申报到提刑司去处理。但是如果犯人到了那里还是依旧不招,那就怎么办呢?关于这个,《宋会要·刑法三》,勘狱,有如下一条:

(孝宗乾道)四年(1168)正月二十一日,权刑部侍郎姜诜言:乞自今遇有翻异公事,先须本路提刑、转运、安抚司、遍行差官推勘。倘尚伸冤,却于邻路再差,勿复隔路。其已遍经邻路置勘,而又翻异者。今后勘官开具前后所招及翻异因依,申取朝廷指挥。从之。②

可见乾道以前,一路的监司官遍行差官之后,就要由隔路的监司派官,因为怕邻路的官员,可能有交结。北宋官制,防弊之慎,也真够劲儿!

还有,《宋会要·职官五》,三司推勘院,有一条说:

(宁宗庆元)四年(1198)九月十二日,臣僚言……州狱翻异,则

---

① 《宋会要·刑法三》,勘狱,页三五 b。
② 同上,页八五 a。

提刑司差官推勘。提刑司复翻异，则以次至转运、提举、安抚司。本路所差既遍，则又差邻路……。①

这是把后设的提举司也补认为"监司"的正式规定。

刑统的旧三推制

在北宋最初的二三十年间，翻异别勘，大概是没有次数上的限制。《宋会要·刑法三》，勘狱：

> （太宗淳化四年[993]）十一月十五日，知制诰柴成务言："应差官勘事，及诸州推鞫罪人。案成，差官录问。其大辟罪，别差职员监决。如录问翻变，或监决称冤，即别差官推勘。此诚重刑之至。然臣详酌，滋长弊幸。且人之犯罪，至重者死。数有翻变，或遇赦免，则奸计得成。纵不遇恩，止是一死。近见蓬州贾克明为杀人，前后禁系一年半，七次勘鞫，皆伏本罪，录问翻变。赖陛下英明，经赦不放，差转运副使蒋坚白、提点使臣董循再同推勘，方得处断。其如干连证逮，州县追禁，此又何辜。欲望今后朝廷转运司州府差官勘鞫，如伏罪分明，录问翻变，轻者委本州处别勘，重者转运司邻州遣官鞫勘。如三经推勘，伏罪如初，款辨分明。录问翻变，监决称冤者，并依法处断。事下大理寺详定，本司言：检会《刑统》唐长庆元年十一月十五日敕，应犯罪临决称冤，已经三度断结，不在重推之限。自今

---

① 《宋会要·职官五》，页五七 a。

以后有此色,不问台与府县及外州县,但通计都经三度推勘,每度推官不同,囚徒皆有伏款,及经三度断结,更有论诉,一切不在重推问之限。其中纵有进状敕下,如已经三度结断者,亦许执奏。如告本推官典受赂,推勘不平,及称冤事状,有据验者,即与重推。如所告及称冤无理者,除本犯死刑外,余罪于本条加一等。如官典取受有实者,亦于本罪外加罪一等。如囚徒冤屈不虚者,其第三度推事官典,本法外加等贬责,第二度第一度官典,节级科处。今详《刑统》内也有此条,承前官吏因循,不能申明,自今请[原空]成务起请施行。"从之。①

这一段纪录,说《刑统》的三推制,因为"前吏因循,不能申明",被人忽略了,所以像贾克明似的,一再别勘竟不下七次之多。现在由朝廷重予申明:不管是录问时"翻异",或者是临决时的"称冤",差官别勘,一律以三次为限。过了三次,就使仍旧翻异称冤,也不再予以重推。不过有两种例外。(一)告本推官典受贿的,(二)称冤事状有确证("据验")的,仍当"即予重推"。我们似乎可以把这个叫做有条件的三推制。

绍兴五年的新三推制

《刑统》的三推制,似乎是在北宋的一百六十多年间,一直在施行的。而在高宗绍兴五年,初次予以改动。《宋会要·刑法三》,勘狱,绍兴十一年(1141)六月十五日的一条里说:

---

① 《宋会要·刑法三》,页五一——五二。

臣僚言:伏见绍兴五年(1135),臣僚起请:诸鞫狱明白,而妄行翻异。虽罪至死者,三经别推,即令逐路提刑司申察缴奏,加本罪一等。仍著为令。至绍兴七年(1137)指挥:流罪以下,虽不缴奏,亦依此施行。①

这是把《刑统》的三推制予以绝对化:所有死刑流刑的案件,不管是否有官典受贿或称冤有据的情形,只要经过三次别推,就移到提刑司而结束(死罪由提刑司照例申奏,流罪加一等判刑)。可是宋朝的君臣,毕竟有他们慎刑守法的传统(徽宗蔡京是例外)。不到五六年,这个新三推制就被取消;请看前引《宋会要》里绍兴十一年(1411)那一条的全文如下:

　　十一年六月十五日,臣僚言:伏见绍兴五年臣僚起请:诸鞫狱明白,而妄行翻异,虽罪至死者,三经别推,即令逐路提刑司申察缴奏,加本罪一等,仍著为令。至绍兴七年指挥,流罪以下,虽不缴奏,亦依此施行。盖缘当时偶有奸民抵法,有司始为此请。然而其间,岂无冤滥。万一吏非其人,情未尽得,而概以此律论之,不无失入者矣。欲望除赃罪,自合依前项缴奏外,其余死罪流以下移推之法,悉依祖宗旧制。从之。②

取消的理由是:"万一吏非其人,情未尽得,不无失入"。因此规定,所有翻异案件,除非官典受贿,仍于三推之后由提刑司申奏外,此外死罪

---

① 《宋会要·刑法三》,页七九 b。
② 同上,页七九 b。

流罪,悉依"祖宗旧制"移推。所谓"旧制",应当就是前面所说的《刑统》的三推制。

绍兴三十年(1160)五月十三日,有一道诏文说:

> 今后外路翻异之囚,悉"依"祖宗条格施行,更不移送大理寺。先是有司建议外路之狱,三经翻异,在千里内者,移送棘寺。刑部侍郎张运言其非祖宗法,至是给舍看详,故有是命(以上《中兴会要》)。①

这条纪录说明,旧制恢复了二十年之后,曾经有人建议修改(不送提刑司而送大理寺),可是为刑部所反对。而审查("看详")刑部意见的给事中(属门下省)和舍人(属中书省)们,也都支持刑部的意见,因之作罢。

孝宗的五推制

《刑统》的三推制,名义上是限于三次,但是除非说官典受贿,则重推仍无止限。《宋会要·刑法三》,勘狱:

> (孝宗乾道)二年(1166),二月八日,以新知贵州姚孝资言:在法,诸录囚有翻异者,听别推然后移推,初无止限。至有一狱经六七推不得决者。证佐之人,追呼拘系,率被其毒。乞自今内外之狱,至三推未成者,其证佐人免行追呼,庶几无辜得免殒于非命。诏:今后

---

① 《宋会要·刑法三》,页八三 b。

> 承勘翻异公事,如经三推者,其紧切干证人,若干碍出入情节,方许追证,其余不得泛滥追呼。①

可见旧三推制,在当时之未能收效。不过自经姚孝资建议之后,无关紧要的证人们,可以不被追提作证了。

到了乾道七年(1171),孝宗开始推行他的五推制。《宋会要·刑法三》,勘狱:

> (乾道七年)十月四日诏:诸路见勘公事,内有五次以上翻异人,仰提刑司躬亲前去审具案闻奏。如仍前翻异,即根勘着实情节,取旨施行。内有合移送大理寺者,即差人管押赴阙。②

这项新制的特色,就是所有翻异案件,五次推勘以后,就由提刑司亲审结束。到了淳熙四年(1177),敕令所③作了更详细的补充规定如下:

> 四年十一月十九日,敕令所言:自今翻异公事,已经本路监司帅司或邻路监司差官,通及五次勘鞫,不移前勘,又行翻异者。后勘官中本路初差官提刑司,提刑躬亲置司,根勘着实情节。牒邻路提刑司,于近便州军差职官以上录问或审问。如依前翻异,即令本路提刑具前后案款,指定闻奏。若元系提刑案发,即从转运司长官指定闻奏,候到,下刑寺看详。如见得干连供证,事状明白,不移前勘,委

---

① 《宋会要·刑法三》,页八四 b。
② 同上,页八六 b。
③ "编修敕令所……掌裒集诏旨,纂类成书"。《宋史》一六二,《职官志》二(艺 P. 1850)。

是惧〔罪〕妄有翻异,申尚书省取旨断罪。若刑寺见得大情不圆。难以便行处断,须合别行委官,即令邻路未经差官监司,于近便州军差官别推。不得泛追干连人。从之。①

第二年又略有变更如下:

五年(1178)七月,右司员外郎曾逢言:如提刑躬亲置司根勘,依前翻异。不问系与不系提刑案发,并从本路转运指定闻奏。如转运司官系是两员,公共指定。从之。②

过了六年,又有补充。《宋会要·职官五》,三司推勘院,庆元四年(1198)九月十二日条有云:

在法,罪人翻异,或家属声冤,皆移司别推。已经五推,提刑亲勘,转运指定之后,复行翻异,已有淳熙十一年(1184)七月六日指挥:具录翻词闻奏,听候指挥施行。③

两年后,又有一项关于五推制的诏书:

淳熙十三年(1186)三月诏:翻异之狱,已经五推,依前翻异者,须管提刑躬亲鞫勘,不得委官代勘。案成,依条差官审录。如依前翻异,即仰本路转运取索前后案款,尽情参酌。指定所勘

---

① 《宋会要·职官五》,页四八 a。
② 同上,页四八 b。
③ 同上,页五七 a。

情节,是与不是实情。所翻词理,系与不系避罪妄行翻异。分明果决指定,不得称为疑虑。具诣实保明闻奏。刑寺据案拟断,申取朝廷指挥断遣施行。①

这就是说:五推之后,就到提刑司。仍有翻异,就由转运司作结论呈报皇帝。一面,大理寺也向朝廷贡献他的意见。

孝宗创立的这一个五推制,似乎在他孙子宁宗治下的初年,曾经一度被取消。《宋会要·职官五》,三司推勘说:

嘉定二年(1209),三月十九日,臣僚言:乞今后县解公事,或有情节未圆,不许将罪人往复押下。止许追承勘人吏,一案勘结。其州郡狱事,州勘不圆,申提刑司。即选择清强官吏,前去推鞫,责令必得其实。若更有翻异,即委自提刑司取索案牍看详,亲往审实予决。无待诸司邻郡差官,以为文具。从之。②

这一段文字,在轻描淡写之下,推翻了二百五十多年翻异别勘的传统制度。它的规定是:所有刑狱,凡是在州县衙门于结案时翻异的,不再需要本路监司差官别勘,马上就申请提刑派员复审。如果仍然翻异,即由提刑司亲往复审判决,不再麻烦其他监司和邻郡。

不过《宋会要》在同卷内又有下面这一段纪录:

(嘉定)十四年(1221)六月九日,知处州孔元忠言:在法囚禁未

---

① 《宋会要·职官五》,页四九a。
② 同上,页六一b。

伏则别推。若仍旧翻异，始则提刑司差官，继即转运司、提举司、安抚司或邻路监司差官，谓之五推。若使推勘官之来，照其翻异之词，一一与之究证，对辨得实，囚将何辞。或果冤枉，则与平反，亦何必至五推而不决。然今之被差勘鞫者，循袭为常。终一入院，惧其留滞推狱，示意于囚，使之供状略无异辞。至录问官之来，即使之翻异。故囚利其无所拷讯，所差官则谓得讫事便回。殊不知无罪于累者，终岁牵连，损财废业，彼实无辜。乞今后应被差鞫狱之官，须要照元翻款，一一对证得实，方始供状申圆。其官吏合支券食，则与挨日批支。即不许便听囚人伏罪，却令就录问翻异。如仍前灭裂，他时所经差勘之官，州点检申提刑司，提刑司申上，一并取旨责罚。从之。①

照这一段文字看来，五推制在嘉定十四年依照实行。那么是不是嘉定二年的改革，中途又被取消了呢？或者是一直没有能够顺利推行呢？可惜文献不足，我们无从臆断。

翻异别勘之一再改制，最初从多到少，是因为没有限制，容易"滋长弊幸"②；中间又从少到多，则是怕"吏非其人……不无失入"③，最后又再度从多到少则是因为不管制度如何好，日子一久，自然弊生。关于这一点，高宗绍兴九年（1139），就有人指出：

> 罪人易于翻异，多缘奸吏之所教令。每一移推，旋改情节。或自招伏，而令家属称冤。或故为不圆，以使监司疏驳。或沉溺递角，

---

① 《宋会要·职官五》，页六三 a。
② 《宋会要·刑法三》，页五一 a。
③ 同上，页七九 b。

以致奏案不到。迁延岁月,以待按发之官去任。或徒伴有死亡者,然后计嘱官司尽脱其罪。①

孝宗隆兴二年(1164)二月初一日,中书门下省言:

　　访闻广州县鞠狱,推吏受赃,往往指教罪人翻异移司别勘,累岁不决。使干连无辜之人,枉被刑禁,间有死亡,甚失朝廷好生〔钦〕恤之意。乞令本路提刑司常切觉察。如违戾去处,具当职官吏姓名按劾闻奏。从之。②

乾道九年(1173)闰正月二十六日,两浙东路提点刑狱郑兴裔言:

　　狱者所以合异同之词。差官置勘,正欲得其实情。今之勘官,往往视为常事,出入其罪,上下其手。及至翻异,则又别勘。或后勘驳正所犯,不至前勘之重。或前勘已得实情,而后勘却与出脱。虽在法有故出故入失出失入之罪,徒为文具。欲望明诏有司,俾之遵守。诏刑部检坐见行条法申严行下。③

　　这些都是批评别勘制的流弊。前面所引孔元忠语,推官每每示意囚犯,教他在问案时先招认,等到录问时再翻案。如此犯人可以免拷讯,勘官可以早回家。用意深长的五推制,到此成了犯人和推官大家方便的办法,可见如果"吏非其人",不管三推或五推,有限制或无限度,没有一个

---

① 《宋会要・职官五》,页七九 a。
② 同上,页八四 a。
③ 同上,页八七 a。

是真正的好办法。所谓"有治人，无治法"，荀子的这一句话，真千古名言也。

附录：宋律中的上诉程序

宋律中的翻异别勘制，就等于朝廷自动的代替人民申请上诉。但这并不是说人民自己没有上诉的权利和主动。相反的，只要人民真有冤枉，他的上诉权，并不因为判罪执行而消灭。不过上诉是有期限的。《宋会要·刑法三》，诉讼，有下列三项纪录：

一、（仁宗嘉祐）四年（1059）十月十二日诏：应今日以前，因过犯经断，有司引用刑法差误。后来为碍条贯：三年外不许理雪，致久负冤抑者，并仰经所在投状以闻。当议别委官司定夺改正。①

这是说，在这段时间里，法定上诉时效，本是三年。不过仁宗特予放宽一次。

二、（高宗绍兴）五年（1135）二月二十八日，尚书省言：勘会绍兴令文：事已经断而理诉者，一年内听乞别勘，法意盖谓元勘不当，负冤抑之人。近来命官诸色人，不论元勘当否，陈乞别勘。致奸赃之人，干请行赂，动终岁月，不能结绝。诏应命官诸色人陈乞别勘，在条限内者，行在令刑部，在外提刑司，先行责限，委不干碍官体究诣实。如委涉冤抑不当，即分明开具事状申尚书省，下所属依条别勘施行。②

上诉的时效，在这"绍兴令文"里缩短为一年了。

---

①《宋会要·职官五》，页一九 b。
② 同上，页七五 a。

三、(孝宗)乾道元年(1165)正月一日,大礼赦:应过犯经断人,依条限三年外不许雪诉,如元因有司违法勘断不当,实在五年内者,并经所属投状以闻。当议实责改正施行。①

这是一项配合大赦的临时措施,把上诉的时效,放宽为五年。过了大赦的有效时间(在本年内?),就仍旧恢复为三年。

关于上诉的程序,真宗咸平六年(1003)十一月十七日的一道诏书,规定的非常清楚:

> 诏曰:国家选择群材,明慎庶狱。列州县之职,属在审详。委漕运之臣,俾其听察。而诣阙越诉,顽猾亦多。不顾宪章,妄陈文状,泪行推鞫,颇有紊烦。特举诏条,用清刑辟,应论诉公事,不得蓦越,须先经本县勘问。该徒罪以上,送本州。杖罪以下,在县断遣。如不当,即经州论理。本州勘鞫,若县断不当,返送杖罪,并勘官吏情罪,依条施行。若本州区分不当,既经转运司陈状,专委官员,或躬亲往彼取勘,尽理施行。情理重者,备录申奏。仍于邻路差官鞫问断遣。若实有不当,干系官吏,一处勘讫结案,申转运使。流罪以下,先次决放。死罪及命官,具按闻奏。如转运使收接文状,拖延避事,不切定夺,致诣阙陈论,差官制勘,显有不当,即并勘转运司官吏。如公然妄兴论诉,玷渎官员,该徒罪以上者,逐处决讫禁〔进?〕奏取裁。其越诉状官司,不得与理。若论县许经州,论州经转运使,或论长吏及转运使、在京臣僚,并言机密事,并许诣鼓司登闻院进状。若夹带合经州县转运论诉事件,不得收接。若所进状内称已经官司断遣不平者,即别取事状,与所进状一处进内。其代写状人,不

---

①《宋会要·职官五》,页一二。

得增加词理，仍于状后著名。违者勘罪。州县录此诏，当厅悬挂，常切遵禀。①

到了仁宗景祐元年（1034），六月十五日：

中书门下言：检会条贯，诸色人诉论公事，称州军断遣不当，许于转运司理诉。转运不理，许于提点刑狱陈诉者，虑论色人方欲转运披理，却值出巡地远，难便披诉。自今如因提点刑狱巡到，诸般公事未经转运理断者，所诉事状，显有枉屈，即提点刑狱收接，牒送转运司。即不得收接常程公事。从之。②

这是把提刑司（"提点刑狱"）加入上诉系统里的规定。
神宗元丰五年（1082）五月四日诏：

诉讼不得理，应赴省诉者，先诣本曹。在京昔先所属寺监。次尚书省本曹，次御史台，次尚书都省，次登闻鼓院。六曹诸司寺监行遣不当，并诣尚书省。③

这是关于京城里上诉程序的规定。
孝宗隆兴二年（1164）正月五日：

三省言：人户讼诉，在法先经所属，次本州，次转运司，次提点刑

---

① 《宋会要·职官五》，页三一b。
② 同上，页一七b。
③ 同上，页一九b。

狱司，次尚书本部，次御史台，次尚书省。近来健讼之人，多不候官结绝，辄敢隔越陈诉，理合惩革。诏除许越诉事外，余并依条次第经由，仍令刑部遍牒行下。①

这是把内外上诉程序予以重申。

同年正月二十日：

> 臣僚言：伏睹刑部关牒，不许人户越诉，甚为至当。然州县监司，所受词讼，多有经涉岁月，不为结绝者。欲乞行下刑寺：将州县监司词诉分别轻重，立限结绝。如限满尚未与决，许人户次第陈诉。从之。②

这是上项规定的一项良好的补充。

最后，宁宗嘉定三年（1210）四月二十四日：

> 臣僚言：词诉之法，自本属州县，以至进状，其资次辽绝如此。今舍州而监司。等而上之，至于台省。乃有不候所由官司结绝，而直敢进状，或至伏阙。乞自今进状，如系台省未经结绝名伴，许令缴奏取旨，行下所送官司，催越从公结绝。如所断平允，即从断施行。如尚未尽，却行"一按追究"。即不得径行追会根勘，则纪纲正而刑罚清矣。从之。③

---

① 《宋会要·职官五》，页三一 a。
② 同上。
③ 同上，页四〇 a。

这项纪录,说明到了晚宋,仍然有不少的"越诉"的案子。臣僚们的建议是:凡是直接到皇帝前告御状的,除非是因为台省办事迟慢,才行下有关衙门催办,否则一律不予处理。

宋朝的刑事审判,除了"翻异别勘"外,断决以前,还有上级衙门的"驳正",断决以后,尚有监司衙门的"按发"[①]。所以上诉的实例,在宋朝文献中,实不多见。

一九七二年六月草于西雅图之望湖山庄

[①] 关于"驳正"和"按发",当另为文论之。

中国唐宋时代的法律教育

中国古代的法律学

中国过去的法律学(jurisprudence),在两汉时代(206 B.C.—A.D. 195),号称最盛。程树德(1877—1944)在他的《九朝律考》中,曾作如下的叙述:

> 秦焚诗书百家之言,法令以吏为师,汉代承之,此禁稍弛。南齐崔祖思谓汉来治律有家,子孙并世其业,聚徒讲授,至数百人。其可考者,《文苑英华》引沈约授蔡法度廷尉制,谓汉之律书,出于小杜,故当时有所谓小杜律,见《汉书·郭躬传》。《晋志》亦言汉时律令,错糅无常,后人生意,各为章句。叔孙宣、郭令卿、马融、郑玄诸儒章句,十有余家,家数十万言,凡断罪所当由用者,合二万六千二百七十二条、七百七十三万二千二百余言,言数益繁,览者益难,汉时律学之盛如此。马郑皆一代经学大儒,犹为律章句。文翁守蜀,选开敏有材者张叔等十余人,遣诣京师,学律令,是汉人之视律学,其重之也又如此。董卓之乱,海内鼎沸,律学浸微。于是卫觊有设律博士之请。据《魏志·卫觊传》,觊奏曰:"九章之律,自古所传,断定刑罪,其意微妙,百里长吏,皆宜知律,请置博士,转相教授",事遂施行。沿六朝隋唐,

讫于赵宋,代有此官,至元而废。自是士大夫始鲜知律,此亦古今得失之林也。徐天麟《东汉会要》有律学一门,惜有目无书。兹篇所辑,凡得七十五人,汉时五经并置博士,授受渊源,儒林传颇能言之,而治律之师承,则语焉不详。东汉中叶,郭吴陈三家,代以律学鸣,而郭氏出于小杜。①

关于东汉中叶的郭、吴、陈三大法律世家,程树德考证出来的有下列诸人:

郭弘　郭躬　郭晊　郭镇　郭祯　郭僖　郭旻

郭躬字仲孙,颍川阳翟人也。父弘,习小杜律。太守寇恂以弘为决曹掾,断狱至三十年,用法平,诸为弘所决者,退无怨情,郡内比之东海于公。年九十五卒。(《郭躬传》)

躬少传父业,讲授徒众,常数百人。家世掌法,务在宽平,乃条诸重文可从轻者四十一事,奏之,事皆施行,著于令。(同上)

中子晊,亦明法律,至南阳太守,政有名迹。(同上)

弟子镇字桓锺,少修家业,拜河南尹,转廷尉。(同上)

弟祯,亦以能法律,至廷尉。(同上)

镇弟子僖,少明习家业,兼好儒学。延熹中为廷尉。郭氏自弘后,数世皆传法律。(同上)

郭躬家掌法,务在宽平。(《东观汉记》)

郭躬为廷尉正迁廷尉,家世掌法,凡郭氏为廷尉者七人。(《艺

---

① 程树德:《九朝律考》(民十五年),北京,中华书局一九六三年重印本,页179。参阅沈家本:《设律博士议》,《寄簃文存》(1929)一,页37,台北,文海,一九六四年影印"沈寄簃先生佚书"本,总页897。

文类聚》四十九引华峤《后汉书》）

郭躬字仲孙，颍川人，辟公府以明法律，特预朝议。（《御览》六百四十引《续汉书》）

陈郭两族，流称武明之朝，决狱无冤，庆昌枝裔。（《南齐书》）

郭躬以律学通明，仍业司土。（《文苑英华》沈约授蔡法度廷尉制）

治律小杜。（《丹阳太守郭旻碑》）

郭旻字巨公，太尉禧之子，知郭氏世传小杜律。（惠栋《后汉书补注》）

吴雄 吴䜣 吴恭

顺帝时，廷尉河南吴雄季高，以明法律，断狱平，起自孤宦，致位司徒。子䜣、孙恭，三世廷尉，为法名家。（《郭躬传》）

河间吴雄以明法律，桓帝时自廷尉致位司徒。雄子䜣、孙恭，三世为廷尉，以法为名家。（《艺文类聚》四十九引华峤《后汉书·书钞五十三》，《御览》二百三十一引华书，均作桓帝，与范书异。）

吴雄以三世法家，继为理职。（《文苑英华》沈约授蔡法度廷尉）

陈咸 陈宠 陈忠

陈宠字昭公，沛国洨人也。曾祖父咸，成哀间以律令为尚书。平帝时，王莽辅政，多改汉制，咸心非之，即乞骸骨。收敛其家律令书文，皆壁藏之。咸性仁恕，常戒子孙曰：为人议法，当依于轻，虽有百金之利，慎无与人重比。（《陈宠传》）

宠明习家业，少为州郡吏，辟司徒鲍昱府。昱高其能，转为辞曹，为昱撰辞讼比七卷。奏上之，其后公府奉以为法。（同上）

忠字始伯，刘恺举忠明习法律，宜备机密。于是擢张尚书，使居三公曹。忠自以世典刑法，用心务在宽详。（同上）

陈宠曾祖父咸，任成哀间，以明律令为侍御史。（《东观汉记》）

陈咸字子威，为廷尉监，执狱多恩，议人常从轻比，多所全活，皆称其恩。（《御览》二百三十一引谢承《后汉书》）①

接着在魏晋南北朝，以法律见称者，代有其人。程树德在《九朝律考》里皆有叙述，兹不重赘。不过有两点我们必须在这里用力指出。一：北齐（550—577）渤海（后来的河北省河间府）的封家——封隆之、封绘②、封述——是中国法律史上最后的一个大法学世家。自此以后，遂成绝响③。二：隋朝的高颎，是隋律的制定者。宋仁宗时的张方平④，说他"以经世之才，议定科律……轻重之准，识者以为尽天下之平"⑤。隋律是唐律的模范，唐律是此后一千三百年中国法的基础。那么说高颎是对中国传统法最有贡献的一个人，他是可当之无愧的。可惜谈中国法制史的，到现在为止，一直很少有人提到他。

---

① 程树德，同书页185—187。
② 应为封子绘。——编者注
③ 同上，页393。
④ 仁宗得力的大臣，苏东坡有《乞加张方平恩礼札子》，在《奏议集》卷三（世界书局，《苏东坡全集本》，册下，页432）。
⑤ 见《历代名臣奏议》(1416)卷一一一，《法令》四（台北，学生书局，一九六四年影印本，总页2879）。

魏晋到唐宋的"律博士"

中国之设置"律博士",开始在魏明帝太和元年(A. D. 227)[①],接着在两晋南北朝,一直都有设置。其中经过,沈家本(1840—1913)在他的《设律博士议》一文中,叙述如下:

《魏书·卫觊传》,觊奏曰:"九章之律,自古所传,断定刑罪其意微妙,百里长吏,皆宜知律。刑法者国家之所贵重,而私议之所轻贱。狱吏者百姓之所县命,而选用之所卑下。王政之弊,未必不由此也。请置律博士,转相教授",事遂施行。《晋书·职官志》:廷尉主刑法狱讼,属官有正监评。并有律博士员。《宋书·百官志》:廷尉,律博士一人,《南齐书》同。《隋书·百官志》:廷尉卿。梁国初建曰大理,天监四年(505),置胄子律博士,位视员外郎,陈承梁皆循其制。胄子律博士,六百石。《魏书·官氏志》:律博士第六品中中。《隋书·百官志》:后齐大理寺律博士四人,明法掾二十四人。隋,律博士八人,明法二十人。《唐六典》:国子监,律学博士一人,从八品下,助教一人,从九品上,律学博士,掌教文武官八品已下及庶人子之为生者,以律令为专业。格式法例,亦兼习之。助教掌佐博士之职。注,《晋书·百官志》,廷尉官属有律博士员,东晋宋齐并同,梁天监四年,廷尉官属,置胄子律博士,位视员外郎第三班,陈律博士秩六百石,品第八。后魏初,律

[①] 据《三国志(ca. 280)·卫觊传》,他上奏是在明帝即位的那一年。《宋书·刑法志》说律博士是"魏武初建魏国置",恐怕不对。参看沈家本:《刑官考》(文海本 p857)。

博士第六品,太和二十二年(498)为第九品上。北齐,大理寺官属,有律博士八人,第九品上。隋大理寺官属,有律博士四人,正九品上,皇朝省置一人,移属国学。①

这二百多年里的律博士,一直都是大理寺的职员。他们的任务,是训练自己的替身。即卫觊所说的"转相接受"是也。但是因为他们是研究法律的专家,所以又时常负有决定狱讼刑罚——即采取适当的法律条文——的责任。《隋书》二五,《刑法志》,说:

开皇(581)中……。置律博士,弟子员。断决大狱,皆先牒明法,定其罪名,然后依断。五年(585),侍官慕容天远纠都督田元冒请义仓事实。而始平县律生辅恩舞文陷天远,遂更反坐。帝闻之,乃下诏曰:"人命之重,悬在律文。刊定科条,俾令易晓。分官命职,恒选循吏。小大之狱,理无疑舛。而因袭往代,别置律官,报判之人,推其为首。杀生之柄,常委小人。刑罚所以未清,威福所以妄作,为政之失,莫大于斯。其大理律博士、尚书刑部曹明法,州县律生,并可停废。"自是诸曹决事,皆令具写律文断之。六年(586)敕诸州长史已下,行参军已上,并令习律。集京之日,试其通不。②

诏书里说"因袭往代,别置律官":可见在隋以前若干时期,中国的审判制度,都是把审问案情(司理,辞曹),和判决罪刑(司法,决曹),分成两

---

① 《文存》,一,三七(p897)。
② 《隋书》(644),二五,《刑法志》。

个程序而交付给不同的官员去处理①。而隋朝的"律官"律博士就是其中之一。到了开皇五年(585),这个"鞫谳分司"的制度被停止②,律博士也就因之而废了。

但是律博士之停废,时间并不太长。《隋书》二十五,《刑法志》说:"大理寺不统署……律博士八人。"③如果隋朝的律博士,只有从开皇元年到五年的短期历史,《隋书》很可能就不提他了。再则《新唐书》四十八,《百官志》,在"律博士"一条下说:"隋律学隶大理寺,博士八人。"④而欧阳修这一项纪录,不但是《唐六典》和《旧唐书》所没有,而且和《隋书》所说"大理寺不统署"也不符合。然而他竟然独自立异如此,则他必定另有他的根据。《新唐书·百官志》接着又说:"律学……武德(618)初,隶国子监。"唐初制度,差不多无一不是因袭隋朝。可能隋朝的律学和在那里教授法律的八位律博士,在隋末是设置在国子监下面的。所以《隋书》说"大理寺不统署"。而欧阳公说隋律学隶大理寺,乃是根据隋朝早期的情形。

律学　唐朝的法律专门学校

唐朝在政府组织及行政制度方面,处处因袭隋朝。就是律学的隶属问题,也和隋朝一样,经过好几次的变迁。最初在太祖武德初年(618)设

---

① 可能在东汉就开始了。《后汉书·百官志》,太尉公的僚属有"辞曹",主辞讼事,有"决曹",主罪法事(艺文集解本 p1335)。可惜语焉不详。
② 参阅拙著《鞫谳分司考》,《东方杂志》五卷五期(一九七一年十一月),页 40—45。
③ 《隋书》二十五,《刑法志》。
④ 《新唐书》(1060)四八,《百官志》三(艺文本 p576)。

置时,它是隶属于国子监的。①（国子监设有六学,"律学"是其中之一。其他五学,是"国子""太学""四门""书学""算学"）但是不久就被废除了。到了太宗贞观六年(632),才经恢复。可是到了高宗显庆三年(658),它再度被废除,而把它的博士及以下人员,拨归大理寺。过了四年,那是龙朔二年(662),律学第三次复活,但是又回入国子监的系统,②而不到一年,它又再度划归大理寺(当时叫作"祥刑")③。在玄宗开元年代(713—729),律学似乎第三次划归国子监。因为在开元二十四年(736)左右④编制的《唐六典》,是把律学博士编列在国子监的官员里的。

至于律学博士的名额,《唐六典》和《旧唐书》都说是一员⑤,而《新唐书》说是三员,⑥可能这是开元以后的情形。他的品级是从八品下。他的职掌是"教八品以下⑦及庶人子为生者。律令为专业,兼习格式法例"。律学里另设有"助教"一人,他的品级,照《六典》和《旧唐书》是从九品上,照《新唐书》是从九品下。⑧

律学里的学生,早期是五十人。⑨ 在龙朔二年(662)减到二十人。元和(806—)初,东都(洛阳)置学生五人。⑩ 律学学生的年龄,限十八岁

---

① 《新唐书》四八,《百官志》三(艺文本 p576)。
② 同上。
③ 《唐六典》(376?)卷三,页十四(台北,文海书局,一九六二年影印本,p385)。
④ 《六典》里李林甫的官衔是兵部尚书。他是在开元二十四年(736)才得到这个任命的。
⑤ 《六典》,二一,十四(p385);《旧唐书》(945)九四,《职官志》三(艺文本 p914)。
⑥ 《新唐书》(1060)四八,《百官志》三(艺文本 p576)。
⑦ 同上。《旧唐书》作八品以上。"上"字显然是个错字——律学和书学同算学是唐朝第四等的"子弟学校":三品以上的子弟进国子监,五品以上的子弟进太学,七品以上的子弟进四门馆(《新唐书》同页)。
⑧ 国子学的博士是正五品上,助教是从六品上,都比律学里的先生们高三级。
⑨ 《旧唐书》,四四,《职官志》,三十(艺文本 p914)。
⑩ 《新唐书》四八,《百官志》三(艺文本 p576)。可是同书,四四,《选举志》一,说东都律馆学生是五十人(艺文本 p532)。可能这个数目字更可靠一些。

以上,二十五岁以下。① 在学六年"不堪贡者,罢归"②。

宋朝的"律学"

宋朝的初年(960—),只设有律博士,而没有设律学。到了神宗熙宁六年(1073),③才开始设置。《宋史·选举志》说:

> 律学:国初置博士,掌授法律。熙宁六年(1073),始即国子监设学,置教授四员。凡命官举人,皆得入学,各处一斋。举人须得命官二人保任,先入学听读,而后试补。习断按,则试按一道。每道叙列刑名五事或七事。习律令,则试大义五道,中格乃得给食。各以所习,月一公试、三私试,略如补试法,④凡朝廷有新颁条令,刑部即送学。其犯降舍殿试者,薄罚金以示辱,余用太学规矩,而命官听出宿。寻又置"学正"一员,有"明法"应格而守选者,特免试注官,使兼之,月奉视所授官。后以教授一员,兼管干本学规矩。仍从太学例,给晚食。元丰六年(1083)用国子司业朱服言,命官在学,如公试律义断案俱优,准吏部试法授官。⑤ 太学生能兼习律学,中公试第一,

---

① 《新唐书》四四,《选举志》一,页二(艺文本 p529)。
② 同上,页三(艺文本 p530)。国子监里其他诸馆的学生,年龄限十四岁以上,十九岁以下。要在学"九年"不堪贡,才被罢归。
③ 《文献通考》(ca. 1317),一六七,刑六,说这是熙宁七年(1074)的事(商务本 p1449),可能"七"字是"六"字之误。因为同书四二,学校三,也说律学是熙宁六年(1073)置(p397)。
④ "降敕差官"为公试,"学官自考"为私试,《宋史》(1345),一五七,《选举志》三,页十五(艺文本 p1783)。
⑤ 即所谓"试刑法官",详拙著《宋朝的法律考试》。

比私试第二等。政和间(1111—1117),诏博士学正,依大理寺官除授,不许用无出身人,及以恩例陈情。生徒犯罚者,依学规。仍犯不改,书其印历或补牒,参选则理为阙失。①

这里所说熙宁六年置"教授"四人,可能还不是"博士"。因为《宋史·职官志》叙国子监时,说"元丰官制行(1082),始置律学博士,正各一人"②。可是接着又说:"律博士二人,掌传授法律及校试之事"。可能这第二位博士是后来增加的。

宋朝律学里的学生,没有定员。③ 他们"需用古今刑书,即于所属索取。凡朝廷行颁条令,刑部画日关送"④。

关于律学和律博士,《宋史·本纪》里有三条记载。一:神宗熙宁六年四月乙亥,置律学。⑤ 二:哲宗绍圣二年(1095)四月丁亥,诏依元丰条置律学博士二员。⑥ 三:元符二年(1099)闰九月癸酉,置律学博士(?)员。⑦ 而从来没有说明哪一年曾经把律学停废。但是宋末的吴自牧,在《梦粱录》(1274)里写杭州太学情形,曾经仔细的叙说到"宗学"和"武学",而没有一个字讲到"律学"。⑧ 同时在南宋的文献里,我们也还没有发现关于"律学"的记载。可能自南渡起,宋朝就不再许置律学了(因之也再没有律博士)。沈家本在讨论律博士时,说"自元代不设此

---

① 《宋史》,一五七,《选举志》三,页十七(艺文本 p1784)。
② 《宋史》,一六五,《职官志》五(艺文本 p1900)。
③ 《宋史》,一五七,《选举志》三:"律学生无定员"(艺文本 p1776)。
④ 《通考》,四二,学校三。
⑤ 《宋史》,十五,《神宗纪》四(艺文本 p195)。
⑥ 《宋史》,十八,《哲宗纪》二(艺文本 p221)。
⑦ 同上(艺文本 p226)。
⑧ 《梦粱录》十五。

官"①。可能他没有注意到这一点。如果事实是如此,那么中国的律学和律博士,虽然有过九百年的历史,可是它们之成为历史上的陈述,也快近九百年了。

一九七二年八月于西雅图之望湖山庄

---

① 《文存》一,三七(p897)。

宋朝的法律考试

引　言

中国的考试制度,从唐朝起,[①]就有"明法"一科,专门用以选拔法律人才。到了宋朝——这是中国过去最讲究法律的一个朝代——法律考试,更进入鼎盛时期。这时候有"书判拔萃"、有"试判"、有"试身言书判"、有"明法"、有"新明法"、有"试刑法"、有"铨试"、有"呈试",各色各样,一直到宋室灭亡,法律考试,从未间断。现在试予分别叙述如下。

一　唐朝的明法科

唐朝的科举制度,由州县选拔的,名曰"乡贡"[②]。乡贡有十几种,

[①] 中国的科举制度,溯其渊源,固然可以上推到汉文帝十五年(165 B.C.)"使诸侯公卿郡守举孝廉及能直言极谏者"之诏。但是真正奠定科举制度的基础和轮廓的,还是唐朝。因为就是在隋制,天下举"秀才"的,还不到十人。而"进士"科要等到炀帝(605—616)时才开始,并且也只是一种尝试而已(《文献通考》,ca. 1317,二八,选举,民二五年商务影印本 P. 269 中)。

[②] 此外还有"馆学"(国子监的六学),和"制举"(天子自诏)。这是唐朝取士的"三科"(《新唐书》,1060,四四,《选举志》一,页一,艺文本,P. 529)。

"明法"是其中之一。①

乡贡的考生,"皆怀牒自列于州县"。经过了州县考试之后,合格的解到京城,到尚书省"疏名列到,结款通保及所居,始由户部集阅,而关于考功员外郎试之"②。

明法的考试科目,是"试律七条,令三条。全通为甲第,通八为乙第"③。只通七条,就不及格了。

太宗即位(627),曾经一度增设"律学进士"一科。考试项目是"加读经史一部"④。但是此后就不见再提起。

德宗贞元二年(786),诏"明经"习律以代《尔雅》。⑤ 这是法律在唐朝一度稍被重视的象征。但是终唐之世,朝野重视词章,"进士"的地位,一天比一天高,考进士的人,一天比一天多。玄宗天宝元年到十五年(745—756),十五年里,取了四百零六名"进士",而只取了四名"诸科"(明法在内)。⑥ 那就是说,诸科和进士的比例,百分之一还不到一点儿。

二　宋朝早期的"明法"科

到了五代的末期,考诸科的,比考进士的多上了好几倍。后汉一朝取进士八十四人,诸科四百九十八人。后周进士一百零四人,诸科六百

---

① 此外还有"秀才""明经""进士""明算"等等(《新唐书》,1060,四四,《选举志》一,页八,P. 532)。
② 同上,页三(P. 530)。
③ 页四 a(P. 530)。
④ 页五 a(P. 531)。
⑤ 页七 a(P. 532)。
⑥ 《通考》(ca. 1317)二九,选举二,有唐朝一代取士的统计(P. 276—280)。

五十九人。① 这是兵荒马乱的年头，读书人少的现象。

宋太祖得了天下之后(960)，最初几年，每年放考取了十来个进士。似乎到了开宝五年(972)，才第一次考取了"诸科"十七人。② 第二年(973)，太祖召见三百六十名落第的举子，重新予以考试，内中有五名"明法"得赐及第。③ 那么前一年考取的十七名"诸科"中，应当也有若干"明法"在内。

太宗(976—997)是一位儒法兼用的皇帝。照后来李巘(1180)的说法，他很有意使"经生明法，法吏通经"④。他曾经一度诏"学究"兼习律令，而废"明法"科。后复明法，而以三小经附。⑤ 大概这一段废而又复的过程很短，所以在《宋史》《文献通考》以及其他文献中，都没有提到。因之这是哪一年的事，一时很难确定。但是明法的恢复，可能是淳化元年(990)的事。因为《宋史·选举志》叙述这一年更定考试章程时说：

> 明法旧试六场。更定试七场。第一第二场试律，第三场试令，第四第五场试小经，第六场试令，第七场试律。仍于试律日杂问疏议六，经注四。⑥

这里所谓"小经"，就是《周礼》《论语》《孟子》《尔雅》和《孝经》。⑦ 所谓

---

① 《通考》，三十，选举三(P.282)。
② 《宋会要·选举一》，页二a——《通考》，三二，选举五，宋登科记总页，列进士十一人，漏列了"诸科"的人数(P.305上)。
③ 《宋史》(1345)，一五五，《选举志》一，页四a(艺，P.1748)，《宋会要·选举七》，一b。
④ 《通考》三二，选举五(P.303上)。
⑤ 同上。
⑥ 《宋史》一五五，四a(P.1748)。
⑦ 《诗》《礼记》《左传》为大经；《书》《易》《公》《穀》《仪礼》为中经。

"疏议""经注",也都是指着十三经而言。至于有关考试的其他规矩,《选举志》说:

> 礼部贡举,设……明法科。皆秋取解,各集礼部,春考试。合格及第者,列名放榜下尚书省。……①
>
> 凡明法,对律令四十条。兼经并同毛诗之制。各问经引试,通六为合格。仍抽卷问律。本科则否。……②
>
> 试纸,长官引署面给之。试中格者,第其甲乙……监官试官署名其上……并随解牒上之礼部。
>
> 有笃废疾者不得贡。贡不应法,及校试不以实者,监官试官停任。受赂则论以枉法,长官奏裁。③

宋朝科举制度,考取了功名之后,就有资格被派出去作官,术语叫作"入官"。各科入官的对象,优劣不同。明法入官,是"上"州"司判"(即各色"参军"),或者"紧"县的"簿尉"(即主簿和县尉)。④

宋初去五代不远,诸科一直不被人重视。⑤《宋史》中有传的人,除了靳怀德、许遵、崔台符等少数几人以外,很少有其他在神宗以前考中"明法"的人。⑥

---

① 《宋史》一五五,二 a(P. 1747)。
② 同上,页二 b(P. 1747)——"兼经"一句不详。
③ 页三 a(P. 1748)。
④ 同上一五八,《选举志》四,页十一 a(P. 1799)。宋朝的州,分雄、望、紧、上、中、下。县分畿、次畿、赤、次赤,和上、中、中下等等次。
⑤ 元祐(1086—)初,苏东坡说,"旧明法最为下科"《宋史》一五五,页十九 a,P. 1756)。
⑥ 靳怀德,《宋史》三〇九(P. 3954);许遵,《宋史》三三〇(P. 4182);崔台符,《宋史》三五五(P. 4448)。

三 神宗和高宗的"新明法"科

神宗(1068—1085)是宋朝提倡法律最力的一位皇帝。他信任王安石,变法图强,而变法的要项之一,就是改革科举制度。熙宁二年(1069),他召集大臣,热烈的讨论了一次,参加的有韩维、苏颂、赵抃,和王安石及苏东坡两位主角。① 四年(1071)二月丁巳,他毅然下诏,只保留了"进士"一科,而废除了所有其他"诸科"的科目。② 六年(1073)四月——二十六日前数日③——为了成全过去诸科的落第举子中不能改习进士的,他又设立了"新科明法"一种。所以宋朝在这个时期的考试制度,实际上只有"进士"和"明法"。

关于"新科明法"的设立和其考试内容,《通考》说:

> 既罢明经诸科,乃用其法(?),立新科明法,以待诸科之不能改试进士者,试以律令、《刑统》大义、断案,中格即取。惟尝应明经诸科试在熙宁五年(1072)前者得试。非此类有司不受。④

---

① 《通考》三一,选举四(P.293)。
② 《宋史》十五,《神宗纪》二,页四 b(P.192)。这是宋朝科举制度上一个大变化,杨树藩在他的《宋代贡举制度》一文里,没有提起,似乎过于简略(《宋史研究集》四,台北中华书局,一九六九年,P.239—273)。
③ 《宋会要·选举十四》,熙宁六年四月二十六日诏:"比许应明法举人,依法官条,试断案大义者听。"(页一 a)
④ 《通考》三一,选举四(P.293)。熙宁四年(1071)以后的考试,凡有说到"诸科"的——如熙宁六年三月丁卯(《宋史》十五,页八 b,P.194),元丰二年三月癸未(《宋史》十五,页二十一 b,P.201)——都是指着那些在熙宁五年以前曾经参加过"诸科"的举子。

新旧两科明法的不同，主要在考试内容方面。旧科考律令之外，要考小经、疏义和经注，而不考《刑统》大义和断案。新科则反过来要《考刑》统大义和断案而不考经书。这是因为在熙宁三年（1070），神宗新设立了用以考取法官（刑部和大理寺的法官）的"刑法科"，其考试的项目，也只是断案和律义两项而已。但是"刑法科"和"新明法"有两点分别。一、前者是一种临时考试，后者是定期考试。二、前者是吏部主办，后者是礼部主办。（关于"刑法科"，将在下面第五节里详细讨论。）

关于新科明法的考试细节，《宋史》和《通考》都没有记载。就是《宋会要》所记录的，也只有元丰二年（1079）三月十三日诏："今岁特奏名明法改应新科明法人，试大义三道"①，和同年七月十八日诏："应新科明法举人，试断案，许以律令敕自随"②两则而已。

为了大力鼓励士大夫习律，神宗保障了新明法科的入官捷径：凡是考中了新科明法的，"吏部即注（各州）司法（参军），叙名在进士及第人之上"③。此外，他于熙宁六年（1073）三月丁卯，诏"进士诸科及选人任子，并令试断案，律令大义，或时议，始出官"④。这样子的大力提倡，无怪当时的人，"务从朝廷之意，而改应新科者，十有七八"⑤，而"天下争诵法

---

① 《宋会要·选举十四》，一 b。
② 同上。
③ 这是元祐二年（1087）尚书省说的（《通考》，三一，选举四[P. 295 上]），同时，苏东坡和孔元仲也如此说过（《宋史》，一五五，《选举志》一，页十九 a[P. 1756]。《宋会要·选举二十四》，绍圣元年[1099]），御史蔡蹈言：元丰二年（1079）指挥："司法（参军）先注新科明法，次注明法人"（页十四 b）。
④ 《通考》三一，选举四（P. 294 上）。《宋史·神宗纪》说："诏进士诸科，并试明法注官"。这里"明法"两字用的不正确，容易使人误解。
⑤ 元祐八年（1093）四月二十二日礼部言（《宋会要·选举十四》，页三 a）。

令"①。所以考中新科明法的,在熙宁九年(1076),不过是三十九人,到了元丰二年(1079),就增加到了一百四十六人。②

哲宗继位神宗(1086),司马光当政,他是一向反对法律考试的,他说:"何必置明法一科?"③可是新科明法,仍然照旧举行。只是当时朝政,极力尊崇经术。元祐三年(1088)乃规定明法科恢复兼考经书:

> 三年闰十二月二十三日诏:五路不习进士新人,今后令应新科明法,许习《刑统》。仍于《易》《诗》《书》《春秋》《周礼》《礼记》内,各专一经,兼《论语》《孝经》。发解及省试,分为三场。第一场试《刑统》义五道,第二场试本经义五道,第三场《论语》《孝经》义各二道。以三场通定高下。④

不过新明法科,本是准备自然淘汰的一种临时措施。⑤ 可能为的是使制度明朗化,徽宗崇宁元年(1102),仍予以正式取消,而把它的解省名额归之礼部。⑥

宋室南渡之后,高宗建炎二年(1128),正月八日,大理少卿吴璆说:"神宗熙丰年间,将旧科明法念诵无用之科,改为新科明法。今来此学寝

---

① 这是元祐初年苏辙的话(《通考》三八,选举十一,P. 361 下)。《宋史·选举志》说是司谏苏轼,(《宋史》一五八,页十七,P. 1802),那是不对的。东坡从来没有做过司谏。子由做右司谏。在元祐元年(1086),《宋史》三三九,本传(P. 4296)。
② 元丰二年(1079)三月二十二日,御试编采官李承元等言(《宋会要·选举十四》,一 b)。
③《通考》,三一,选举四(P. 295 上)。
④《宋会要·选举十四》,二 a。
⑤ 正如同绍圣四年(1097)四月二十三日,御史蔡蹈所说:"今经二十年,旧人为新科者,十销八九"(《宋会要·选举二十四》,十四 b)。
⑥《宋会要·选举十四》,绍圣十六年(1046)二月三十日,礼部言(页四 b);《通考》三二,选举五(P. 303 上)。

废,法官阙人,乞复明法之科,诸进士曾得解贡人就试"①。《宋史·选举志》说:"建炎三年(1129),复明法新科,进士预荐者听试"②。所谓进士预荐者,就是在各州考取得解——等于明清两代的"举人"——而在礼部试没有考中的人。这和当初设立新明法,用以补救落第的诸科举子,用意颇为相近。不过建炎二、三年恢复的新科明法,不知道为了什么原因,要耽阁了十一二年才真正举行。《通考》说:

绍兴十一年间(1114),始就诸路秋试,每五人解一名,省试七人取一名,皆不兼经。明年御试御药院,请分为第二等。第一等本科及第、第二等本科出身。十四年(1144)七月,言者以为滥,请解省试各递增二人(解试七人取一、省试九人取一)。所试断案刑名通粗以十分为率。断案及五分,《刑统》义文理俱通者为合格。无则阙之。仍自后举兼经。十六年(1146)二月遂罢之,迄今不复置矣。③

照这里所说,罢新科明法,是十六年二月的事。《宋会要》也说十六年二月三十日,"礼部言:见今日有人许试刑法,其新科明法,欲自后举废罢"④。但是照《宋史·高宗纪》的记载,罢明法新科,是十五年(1145)闰

---

① 《宋会要·选举十四》,四 a。通考三二,选举五(P. 303 上)。
② 《宋史》一五七,页十七 b(P. 1784)。
③ 《通考》三二(P. 303)上,但是根据《宋会要·选举十四》,页四 a,礼部建议分等,是绍兴十一年七月四日的事。那么通考里的绍兴"十一年",可能是"十年"之误。还有,通考里附有一条附注,可资补充如下:
新科明法,始就诸道秋试每各五人解一,省试十取其一。御药院又拟恩例第一等赐本科及第,第二等本科出身。后三岁,议者谓得解人取应,更不兼经,白身得官,反易于有官试法,乃诏自今断案刑名通粗以十分为率,断及五分,《刑统》义文理全通为合格。及虽全通,而断案不及分数者勿取。仍自后举兼经。
④ 《宋会要·选举十四》,四 b。

十月己卯日事。① 同时《宋史·选举志》也说"十五年,罢明法科,以其额归进士"②。两说都很具体,未知孰是。

考过新科明法而在《宋史》中有传的,有陈规和王衣二人。③

四　书判拔萃科及其他

宋初的法律考试,有"书判拔萃"科,有"试判",有"试身言书判",都是渊源于唐朝的"铨选四格"——所谓"身言书判"——而其作用各不相同。现在先把唐朝这个制度说明一下。

唐朝的科举制度,凡是在礼部考中了进士的人们,必须再在吏部试中"身言书判"——身要体貌丰伟,言要言辞辩正,书要楷法遒美,判要文理优长④——才能够派充官职。韩愈在吏部参加这种考试,三次失败,中了进士十年,仍然是老百姓一个。还有人二十年作不到官的。⑤ 可见这在当时颇是一道难关。

而所谓"拔萃"者,《宋会要·选举十》:

> 太祖建隆三年(962)八月二十三日诏曰:书判拔萃,历代设科。顷属乱离,遂从停罢。将期得士,特举旧章。宜令尚书吏(部)条奏以闻。九月十六日,有司上言:准《选举志》及《通典》,选人有格未

---

① 《宋史》三十,页九 b(P.329)。
② 同上,一五七,页十八 a(P.1784)。
③ 同上,三七七,页四 b 及二十 b(P.4671,4679)。
④ 《新唐书》,四五,《选举志》一,一 b(P.535 上)。
⑤ 《通考》,二九,选举二(P.280 下)。

至，而能试判三条者，谓之拔萃。应者各取本州府本司文解，如常选举人例。①

可见太祖心目中所想象的，是五代时期成全"选人"的一种补救办法，而不是唐朝选拔官员的一种例行考试。因为事关"选人"，而选人是宋朝人事制度里一大问题，现在再把选人的意义，简单地叙述一下。

宋朝的任官制度，内外大臣，由皇帝亲自选择任命的不算，京城和地方上的高级官员，都是由中书省派充，术语谓之"堂除"（例如京城里的大理正、诸寺监丞②，地方上比较重要的知州和通判③）。此外低一点儿的文武官职，都是由吏部就那些成千成万的候差人中选派，这个在术语中叫作"部选"。

宋朝吏部之选派官员，分四个部门办理。文职京官归"尚书左选"（旧审官东院）；武职京官归"尚书右选"（旧审官西院）；地方文官——自初仕至州县幕职——归"侍郎左选"（旧流内铨），地方武官归"侍郎右选"（旧三班院）。④ 宋朝官文书里，常常把"京官选人"并称，⑤就是专指着那些在尚书左选和侍郎左选候差的人们而言。也就是说，宋朝的所谓"选人"，并不是所有那些在吏部候差的人——这是唐朝"选人"的含义⑥——而只是那些在侍郎左选的范围内候差的人。⑦

---

① 《宋会要·选举十》，一 a。
② 同上，二十四，九 a；《宋史》一，《太祖纪》，十二 a(P.74)。
③ 《宋会要·职官八》，六 a。例如高宗绍兴七年(1137)的规定，知州军堂除一百九处，吏部六十处；通判堂除十二处，吏部六十一处（同上，选举二十三，十五 a）。
④ 《宋会要·选举二十三》，七 b。
⑤ 如元丰元年(1078)九月二十八日诏（同上，选举二十四，十二 b）。
⑥ 《历代职官表》(1706)，一九六五上海中华书局本，"历代官制概述"，页十九。
⑦ E A. Kracke, Jr, *Crvil Service in Early Sung China*, 1953, p. 79 & N. 12 对此不无误解。

宋朝的选人，包括很多身份不同的人。有黄衣选人（大概是贵族子弟）、白衣选人，①有有"出身"的、有没有"出身"的，②有作过官的、有没有作过官的，③有进京到部候差的、有在外留在家中候差的。④ 虽然同是选人，但是到了参选注官时，就随着各人的身份而有不同的处理。

从神宗元丰二年（1079）起，选人们在吏部——侍郎左选——都注有名籍。⑤ 他们分七个阶级，要经过三任六考——原则上三年一任，一年一考，但可以缩短——才能参加选注。他们平常无事可作，但都有俸可拿，虽然是很薄，而且各地方多少不一。⑥ 不过人数太多，⑦而缺额有限，⑧在部里常常有"四百余人，无阙可注"⑨。实在没有什么苗头。无怪有人说："凡在吏部待选者，无非孤寒寡援之人。"⑩（京官则不然，往往人少缺多。）⑪

---

① 《宋会要·职官八》，一 a，太平兴国（981）五月条。
② 同上，选举二十四，二一 a，绍兴九年（1139）十一月八日条——宋朝考中进士的人，除了最前几名，马上派官，其余都要到部"候选"。当然不想去作官，就不必去就选，如神宗时代的刘安石——他反对王安石的新政——就是一个（《宋史》三四五，本传，P. 4340）。
③ 所谓"到部官，到部人"。同上，选举二十三，十四 a，绍兴二年（1132）七月二日条。
④ 同上，二十四，二十六 a，乾道九年（1173）九月四日条。
⑤ 同上，页十三 a，元丰二年（1079）十二月廿四日条。到了徽宗政和三年（1113），选人名籍有四百册（同上，页十五 b 十月十八日条）。
⑥ 同上，职官十一，七八 b。熙宁四年（1071）九月二十二日条。
⑦ 元丰三年（1080）："天下选人，名在吏部者且万人"（同上，选举二十四，十三 a，正月五日条）。
⑧ 哲宗元祐二年（1087），选人改官，岁以百人为额（《宋会要·选举二十四》，页十三 b，二月十六日条），《宋史》，十七，《哲宗纪》，七（P. 213）。孝宗隆兴元年（1163），减到八十人（《宋会要·选举二十四》，二二 b，四月五日条）。
⑨ 《宋会要·选举二十四》，十九 a，绍兴二年（1132）十月二十三日条，二十九年（1159）六月八日，在部七百余员，榜示不及三百（页二一 b）。
⑩ 同上，选举二十三，十九 a，乾道八年（1172）五月二十八条。
⑪ 孝宗淳熙十六年（1189）八月九日，吏部言：尚左现阙四百余，参选者二十五员；尚右现阙八百余员，参选者三十六员（同上，职官八，四四 b）。

现在再回头谈"拔萃科"。《宋史·太祖纪》：

建隆三年(962)，八月乙未诏：注司法参军，皆以律疏"试判"。诏尚书吏部举"书判拔萃"科。①

照这一条看来，"试判"和"拔萃"，明明是两件事了。但是《宋会要·选举二十四》：

太祖建隆三年八月诏：吏部流内铨选人，并试判三道，只于正律及疏内出判题。定为上中下三等。②

这又好像是一件事了。二书各有详略，未知孰是。但是无论如何，《宋会要·选举十》说：

乾德元年(963)闰十月八日，召翰林学士中书舍人，内殿复吏部试中应拔萃：田可封、豫迈、宋白、谭利用。帝临轩观之。试毕称旨，以利用为左拾遗，白为著作佐郎。各赐袭衣犀带，可封迈并授敕县尉。③

这大概是宋朝第一次举行"拔萃"考试吧。《宋史·太祖纪》：

开宝六年(973)，八月丁酉……泗州推官侯济坐"试判"假手，

---

① 《宋史》一，十三 a(P.74)。
② 页九 a。
③ 页一 a。《宋史·太祖纪》没有这一项纪录。

杖,除名。①

这个"泗州推官"只是这位选人的阶级,并不是实际职务。他在考试时找"枪手"代考,被发现而挨了板子。这是"选人试判"最早的一项纪录。

《宋会要·选举二十四》:

> 太宗太平兴国二年(977)十二月,诏曰:流内铨常选人所试判,自来不较臧否并判下者。自今选人所试判三道,定为四等。二道全通,一道稍次,而文翰俱优者,为上等。一道全通,二道稍次,或二道通,一道全不通,而文翰稍精者,为中等。一道通及稍次,二道全不通,或三道全次,而文翰无取者,为中下等。三道全不通而文翰纰缪者,为下等。判上者即与超一资注拟。如入职事官即不超资与加一阶。判中者,即依资注拟。判中下者注同类官。黄衣人即除一资。如初入令录内,降一资注拟。至下州下县不降。判下及全不对者落下。殿一年,候殿满日赴集。凡两经试判皆中下者,拟同类官。②

而《通考》三八:

> 太宗太平兴国元年(976),先是选人试判三道考为三等。二道全通,一道稍次,而文翰俱优为上。一道全通,二道稍次,而文稍堪为中。三道全次而文翰纰缪,为下。判上者职事官加一阶,州县官

---

① 《宋史》三,三 b(P. 86)。
② 《宋会要·选举二十四》,九 b。

超一资。判中依资。判下入同类。惟黄衣人降一资。至是诏增为四等,以三道全次文翰无取者为中下,依旧格判下之制。以三道全不通而文翰纰缪者为下,殿一选。①

两项记载,在年份上固然有一年之差,但在规定的细节上,倒恰好可以彼此补充。《宋史·选举志》叙说端拱年间(988—)的考试制度说:"登科之人,纳朱胶绫纸之值,赴吏部南曹,试判三道,谓之'关试'。"②这时的"试判",显然是唐朝"身言书判"的一种简单化身。

据《宋会要》的记载,真宗一朝,有景德四年(1007)的"拔萃"科,大中祥符六年(1013)的"试判",天禧三年(1019)的"试身言书判",乾兴元年(1022)四月,试"身言书判"六十五人。③ 不管名称如何,考试时所采用的,似乎应该都是太宗留下来的试判三道,四等取人的办法。

仁宗天圣元年(1023)九月,把四等取人的办法,放宽为五等取人。④ 三年(1025)二月,取身言书判选人五十四人。⑤ 六年(1028)三月,取身言书判选人八十二人。⑥ 七年(1029),置书判拔萃科。《宋会要·选举十》说:

七年(1029)闰二月二十三日诏置书判拔萃:应选人非流外者,如实负材业,不曾犯赃,及私罪情轻者,并许投状,乞应上件科目。仍先录所业判词三十,并上流内铨,委判铨官省详。如词理优长者,具名闻奏。当

---

① 《通考》三八,P. 358 上。
② 《宋史》,一五五,六 b(P. 1749)。
③ 《宋会要·选举十》,一 a。
④ 同上,选举二十四,十 b。
⑤ 同上,选举十,二 a。
⑥ 同上。

降朝旨召赴阙,差官试判十道,以二千字以上为合格。即御试。①

同年十月,流内铨建议,判词分三等闻奏。诏"应历官三考以上,方许投状"②。所以仁宗的"拔萃",既不是五代时成全落第举子的补救办法,也不是真宗时注官前的"身言书判",而是从现任官中拔擢优秀人材的一种特别考试。据《宋会要》的记载,这种考试,在天圣八年(1030)正月二十六日举行过一次。流内铨取中了余靖等二十四人。③ 五月二十五日,命唐肃、梅询、偓胥等考试拔萃余靖等二十五(?)人于秘阁。六月二十三日,帝御崇政殿亲试,取中余靖尹洙二人南。④ 南宋曾敏求(1118—1175)的《独醒杂志》里有下面一段记载:

> 天圣八年,应书判拔萃科者凡八人。仁宗皇帝御崇殿试之。中选者六人:余襄公、尹师鲁、毛子仁、李悖裕,其二则失其姓名。问题十通。一问:戊不学孙吴,丁诘之。曰:愿方略如何尔。二问:丙为令长无治声。丁言其非百里才。壬曰:君子不器,岂以小大为异哉。三问:私有甲弩,乃首云止稍一张。重轻不同,若为科处?四问:丁出,见癸缧系于路,解左骖赎之。归,不谢而入。癸请绝。五问:甲与乙隔水将战,有司请逮其未半济而击之。甲曰:不可。及阵,甲大败。或让之,甲不服。六问:应受复除而不给,不应受而给者,及其小徭役者,各当何罪?七问:乙用牛衅钟,牵过堂下。甲见其觳觫,以羊易之。或谓之曰:见牛不见羊。八问:官物有印封,不请所由官

---

① 《宋会要·选举十》,二 a;《宋史》九,《仁宗纪》二:七年二月壬子,置书判拔萃科(页十 b,P. 153)。
② 《宋会要·选举十》,二至三。
③ 《宋会要·选举十》,三 a。
④ 同上。

司，而主典擅开者，合当何罪？九问：庚请复乡饮酒之礼。辛曰：古礼不相沿袭。庚曰：澄源则流清。十问：死罪囚家无周亲。上请，敕许充侍。若逢恩赦，合免死否？时襄公除将作监丞，知海阳县。师鲁武胜军掌书记，知河阳县。子仁镇东军推官，知宣城县。惇裕大理寺丞，知华亭县。皆以民事试之也。①

这十道题目，在南宋时，已被人看作古董，一字不漏地纪录下来，是怪有意思的。不过说八人取六人，而且只有四人姓名，显然是传闻失实。

拔萃科第二次举行，在天圣九年（1031）五月，殿试取中了李惇裕、毛询、张孝孙、吴感等四人（连前次余靖、尹洙一共六人。曾敏求误为同榜）。到了景祐元年（1034）二月四日，诏"书判拔萃科，今后更不复置"。六月四日，诏"应书判拔萃人，更不御试"。十七日，翰林侍读学士李仲容等试到书判拔萃科江休复等七人，诏取四人，落三人。② 这就是仁宗朝拔萃科的最后一次。

试声言书判选人，在天圣九年（1031）二月，又举行了一次，取中了三十人。③ 此后及英宗一朝，就再没有举行，《宋史·选举志》说："后议者以身言书判为无益，乃罢。"④大概是有根据的。

神宗熙宁元年（1068）十一月——经过了三十七个年头——在配合南郊大赦及群臣进秩之下，朝廷派铨司调查年资悠久的"职官令录"，差

---

① 知不足斋本，一，页六。参拙著《宋仁宗的书判拔萃十题》，《大学杂志》61期（六二、一周 P. 4546）。
② 以上并见《宋会要·选举十》，三 b——《宋史》十，《仁宗纪》三：景祐元年二月乙未，罢书判拔萃科（页五 b, P. 158）。
③《宋会要·选举十》，三 a。
④《宋史》，一五八，十二 a(P. 1799)。

官与判铨同共试验身言书判。① 三年(1070)五月,又"依身言书判人例",举"淹废"选人三十七人,分五等。② 这两次的"身言书判",已经变成了一种恩典式的措施,而不复是例行的注官手续了。

熙宁四年(1071)十月二日,中书门下两省言:

>……铨曹合注官选人,自来例须试判三道。因循积弊,遂成虚文……今欲……应得替,会守选幕职州县官,并许逐年春秋,于流内铨投状乞试;或断公案二道,或律令大义,各听取便……应约束事件,并依"试法官条约"指挥……今后合注官人,更不试判……③

熙宁六年(1073),三月丁卯,诏进士诸科及选人任子,并令试断案、律令大义,或时议,始出官。④ 到了这个时候,"试断案,律令大义"——和唐朝的"身言书判",及太宗时的"试判三道"一样——又为要作官的进士们添上了一道难关。(此后发展情形,将于下面"进士试律义"一节内再详。)

至于所谓"试断案律义",实际上就是熙宁三年(1070)三月颁布的"试法官条约"的内容。我们马上就予以讨论。

---

① 《宋会要·选举十》,四 a。
② 《宋会要·选举十》,四 a。
③ 《宋会要·选举十三》,十四。宋史一五八,选举志:熙宁四年,定铨选之制,守选者自是不复试判(页十三 b,P.1800)。
④ 《通考》,三一,选举四(P.294 上)。

五　试刑法科

"试刑法"是宋朝法律考试中最悠久最重要的一种。《庆元条法事类》(1202),卷十五,选试令,有一条:

诸承务郎以上,及承直郎以下(未入官人,及特奏名人令注官者,并见任官同。)每岁听于尚书吏部乞试刑法(并于未锁院前投状。在外者预于所在官司投状申部。)其历任曾犯私罪徒,或入己赃,失入死罪,并停留未经任者,不在乞试之限。①

这是宋末规定试刑法的正式条文。《通考》说:"试刑法者,亦自(神宗)熙丰间(1068—1078)始。"②这句话不对。因为从太宗真宗起,就有试刑法。到了熙丰年间,已经将近百年了。《宋会要·选举十三》:

太宗雍熙三年(986)九月十八日,诏曰:夫刑法者,理国之准绳,御世之衔勒。重轻无失,则四时之风雨弗迷。出入有差,则兆人之手足何措。念食禄居官之士,皆亲民决狱之人。苟金科有味于详明,则丹笔岂为于裁处。用表哀矜之意,宜行激劝之文。应朝臣、京官,及幕职、州县官等,今后并须习读法。庶资从政之方,以副恤刑之意。其知州、通判,及幕职、州县官等,秩满至京。当令于法书内

---

① 《庆元条法事类》(1202),日本,古典研究会,一九六八年影印本,P.211。
② 《通考》,三一,选举五(P.302)。

试问。如全不知者,量加殿罚。①

这就是说,朝官、京官②、幕职、州县官等,都要学习法律。各处的知州、通判、幕职和州县官,秩满到京,都要经过一番考试。如果一无所知,就要受相当的处分。过了三年:

> 端拱二年(989)九月二十九日诏:应朝臣亭官,如有明于格法者,即许于阁门上表,当议明试。如或试中,即送刑部大理寺只应。三年明无遗阙,即与转官。③

这是说,京朝官有自信对于法律在行的,可以自动请求考试。一旦考取,就派到刑部大理寺服务。三年之后,有缺补缺,无缺转官。因为这是一种自动请求的考试——不是定期例行考试——所以也叫做"投状乞试""乞试法律""乞试法官"。因为考取后到"刑"部或"法"寺——大理寺两个字的叫法——服务,所以也叫做"试刑法官""试刑法""试法官",或者减称"试刑名""试法"等等。别的考试,考中了只取到资格,不一定派官。就是候选派了阙,往往两三个人等一个阙,一等又是若干年。试刑法则不然,一旦考取,马上派差使。三年之后,一定得实缺。这是"试刑法"最引人的一点。

真宗咸平二年(999)三月,诏审刑院举详议官,自今宜令大理寺试断

---

① 《通考》,三一,选举五,页十一 a。
② "常参官曰朝官,秘书郎而下未尝参者曰京官。"《宋史》,一五八,《选举志》四,页六(P. 1796)。
③ 《宋会要·选举十三》,页十一 a。

案三十道。取引法详明,操履无玷者充任。① 这是司法官"试断案"的开始。六年(1003)十二月诏:

> 自今有乞试法律者,依元敕问律义十道外,更试断徒已上公案十道。并于大理寺选断讨旧条律稍繁重轻难等者,拆去元断刑名法状罪由,令本人自新别断。若与元断并同,即得为通。如十道全通者,具状奏闻,乞于刑狱要重处任使。六通已上者,亦奏加奖擢。五通已下,更不以闻。②

"律义"和"断案",两样都要考,大概是从这一年开始,而从此也就成为有宋一代"试刑法"的内容。同时,这种考试,也就往往被称为"试断案"了。过了两年,断案的要求略为降低。《宋会要·职官十五》:

> 景德二年(1005)三月诏:自今乞试人试律义十道,合格外,更试断案三道。两道通者,奏取进止。③

大中祥符元年(1008),有考刑法官的一段记录如下:

> 八月知审刑院朱选:举太子中允彭愈、光禄寺丞张有则。又知审刑院事刘国忠举大理寺丞阎允恭,堪充详议官。诏刑部尚书温仲

---

① 《宋会要·职官十五》,页三二 a。
② 《宋会要·职官十五》,页三三 a。关于到大理寺检取成案的约束,后来又有景德二年(1005)五月(同上,页三四 a),和大中祥符六年(1013)六月(页三五 a)的两道诏书。规定的一次比一次严密,一次比一次妥善。
③ 同上,页三三 b。

舒、给事中张秉,同考试。既而太子詹事权判刑部慎从吉,暨省寺众官,复视仲舒等所试通粗不同。而仲舒又引礼部侍郎魏庠等前试大理寺丞裴常、前武昌军节度推官慎锴、前荆南观察推官崔育材,所定通粗为比。诏令百官集议。吏部侍郎张齐贤等议:裴常慎锴亦不中程,诏夺其官。彭愈亦罢。①

这一次考试,实在可以说是够严格的了。

仁宗天圣元年(1023)三月规定:选人求试充法官,自今并令御史台考试,仍令审刑院大理寺知判官内论差一员,与断官员,赴御史台共同考试②。这是御史台主持试刑法的开始。

天圣六年(1028)诏:"自请试律者,须五考,有举官乃听。试律三道,疏二道,又断中小狱二道通者为中格。"③这是加强对求试者年资上的要求。十年(1032)二月,又稍微放宽了一些:"选人求试律者,须任三考以上。"并且规定:"试中律义人,并注大州俸多处司法、录事。"④景祐三年(1036)六月规定:"选人试律注官后,不得第二度乞试律。"⑤大概不少人想借此速得美缺。(后来康定元年[1040],又重申"选人乞试律断案,只许一次试"。)⑥

景祐四年(1037)六月十二日,审刑院御史台又奏准了下一项更改:

---

① 《宋会要·职官十五》,页三三 a。关于到大理寺检取成案的约束,后来又有景德二年(1005)五月(同上,页三四 a),和大中祥符六年(1013)六月(页三五 a)的两道诏书。规定的一次比一次严密,一次比一次妥善。
② 《宋会要·职官十五》,页三八 a。
③ 《通考》,三八,选举十一(P.359 上)。
④ 《宋会要·选举十三》,十一 b。
⑤ 同上,页十二 a。
⑥ 同上。

今后应试法选人，明法出身，即试律义六道，以通疏议两道者为合格。别科出身，即依旧考试外，仍并试断大案二道，中小案一道。如中小案内得一道粗者，即为中格。①

这是对有和没有"明法"出身的选人，作不同的规定。明法出身的选人，只考六通律义就够了。一般选人，仍然要考律义十道，断案三道。（后来神宗时代，很多新科明法及第人，都在当年秋天参加试刑法。熙宁十年[1077]四月规定，"除考第一等人，依例推恩外，其余更不推恩"，以示限制。）②

嘉祐四年(1059)七月，把随时可以自动要求的试刑法，改成一年两次的定期考试："选人乞试律断案，如三月后投状，即八月引试。九月后投状，即来年二月引试。"③

以上所说的，约略地指示出"试刑法"在北宋初期的情形。到了神宗即位(1068)以后，这个制度又大为发展。

神宗熙宁元年(1068)十二月十二日诏：

自今被举试刑部法寺官者，流内铨收阙，便注正官。如就试人不中，别与差遣。并以后来到铨名次资序注拟。④

这说明当时有不少州县正官，被大官推举——不是自动"乞试"——进京来考刑法官的。为了不使地方无主，所以马上派人补阙。（后来熙

---

① 《宋会要·选举十三》，页十二 a。
② 同上。
③ 页十二 b。
④ 页十三 a。

宁七年[1074]八月规定：知县县令，不许赴刑法试；①元丰三年[1080]五月十一日规定：见任外官，不许试刑法。② 都是为了加强地方行政上的安定。）

熙宁三年(1070)三月二十五日诏：

> 京朝官，选人，历官二年以上，无赃罪，许试刑名。委两制刑法寺主判官。诸路监司奏举历任有举主二人亦听。就试日试断狱一道，刑名十事至十五事为一场。五场止。又问刑统大义五道。断狱通八分已上，不失重罪。合格分三等。第一等：选人改，京朝官进一官，并补审刑大理刑部官。第二等：选人免循一资，京朝官减二年磨勘。第三等：选人免选，京朝官减一年磨勘。法官阙，亦听补，考试关防，如试诸科法。③

这就是后来艳称的"熙宁刑法六场格式"④，"试刑法"第一次比较完整的立法，京朝官和选人，可以自动乞试。地方官可以经过两位长官的推举而就试。考试改由两制（翰林学士和中书舍人）和刑部及大理寺主持（御史台退出了），共分六场。五场考断案——刑名十事至十五事为一场，后来四年(1071)十月，减为"每道不得过七件刑名"⑤；六年(1073)三月，又改为"七件以上，十件以下"⑥——一场律义。合格分三等。最要紧的是，考中的不一定要到刑部大理寺作法官，而普遍的有一定升迁的

---

① 页十七 a（八月十八日条）。
② 页二十 b。
③《宋会要·选举十三》，页十三。
④《宋会要·职官二十四》，二六 a，隆兴二年(1164)二月八日条。
⑤ 同上，选举十三，十四 b。
⑥ 同上，页十六 a。

规矩。就是去作法官,后来也大有出路。说起来这实在是一个升官的捷径。(《宋史·神宗纪》,说"熙宁三年三月丙辰,立试刑法"①;和通考所云"试刑法自熙丰间始"②,显然都是根据这一个文件说的。)

跟着"试刑法"而来的,就是"诸科"的停废(熙宁四年[1071]二月),和"新科明法"的设置(六年[1073]四月)。③ 而"试刑法"适用的范围,也一年一年地在扩大。熙宁七年(1074)五月,"京朝官选人,未满两考,及非见任者,虽无举主,并许试刑法"④。八年(1075)四月二十五日诏:"自今试刑法官,不及两考者,并许就试"⑤。同年五月,竟把一直只考"流内"官的"试刑法",扩充适用到"流外"的"人吏"身上。⑥《宋会要·选举十三》:

> 八年(1075)五月十五日诏:"诸发运提举司及州学人吏(衙前同),不曾犯徒刑及赃罪,如通晓法律,许三年一次试判案……于当年八月内差官锁院……通试五场。每场试案一道,约七件已上十件已下刑名……所断及八分已上,重罪不失为合格。如合格人多,即别引一场,比试《刑统》大义五道。不取文采,止以通义理为上……每场不得过三人……限次年二月一日已前到京于刑部投状。其在京诸司人吏,许经中书投状……取十人为额。"⑦

---

① 《宋史》,十五,一 b(P. 191)。
② 《通考》三一,选举五(P. 302 下)。
③ 都已经在前面叙述过。
④ 《宋会要·选举十三》,十六 b。
⑤ 页十七 a。
⑥ 称"公人"者,谓衙前,专副,库称,杖直,拽子,兵级之类;称"吏人者",谓职级至贴司,行案不行案人并同。《庆元条法事类》,卷五十二(P. 495 下)。
⑦ 《宋会要·选举十三》,十七。参《庆元条法事类》,卷五十二,选试令第一条(P. 493 下)。

九年(1076)正月十七日规定:"中书主事已下,三年一次,许典试刑法官同试刑法"①,这又把本来考"候差"京官的考试,适用到若干"现任"京官的身上。

元丰元年(1078)五月二日,诏试中刑法官,分五等升迁。②(熙宁三年[1070]的规定分三等。)四年(1081)五月二日,又恢复为三等,但二等分上下,三等分上中下,实际上是六等。③

五年(1082)十二月规定长官奉举试刑法人的限制:尚书刑部官、大理寺长贰,岁各十人。侍从、三省、六曹、御史、开封府推判官,及各监司,各七人。④

八年(1085)九月二十九日,朝廷批准了刑部制定的《考试刑法官等断案粗分三等条约》。这是一套考卷评分细则,内中对"通""粗""体式""刑名""差误""不当"等术语,一一都给以法定定义,十分细致。⑤ 这是神宗朝代关于"试刑法"的最后一个比较重要的文件。

哲宗即位(1086),宣仁太后垂帘,司马光当政,这是儒家思想占上风的一段时期。"试刑法"的制度,也就跟着一年一年地萎缩。

元祐三年(1088)三月,把自从庆历四年(1059)一年两度的"试刑法",改为一年一度(只是一次春试)。八月,罢吏试断刑法。⑥

绍圣二年(1095)二月,没有举主的选人,不许试刑法。⑦(熙宁七年[1074]的规定,虽无举主,并许试刑法。)

---

① 《宋会要·选举十三》,十九 a。
② 二十 b。
③ 《宋会要·选举十三》,二十 b。
④ 二一 a。
⑤ 《宋会要·选举十三》,二二 b(条文后附元祐三年(1088)正月修正本)。
⑥ 二三 b(参《宋史》十七,《哲宗纪》,十 b。P.214)。
⑦ 二四 a。

元符二年（1099）十二月，刑部把选试法整个地修正一次。主要的是把"试刑法"划归刑部主办（过去是由两制、刑部、法寺合办）。把合格等第分为四等，每等各分上下，实际上是八等。（元丰四年[1081]五月的规定，一等不分，二等分上下，三等分上中下，实际上是六等。）①但是考试的内容，仍旧是断案及《刑统》大义两项。②

　　徽宗（1101—1125）初年，一度想恢复神宗的作风——所以他第二个年号叫做"崇宁"，"宁"就代表"熙宁"——他于崇宁三年（1104），恢复了神宗时"出官人许兼试刑法"的规定，恢复了"在任就试法"（畿三百或五百里内，虽不许差出廷官，亦许就试）；③并且把元符三年（1100）刑部修正的选试法取消，而恢复了熙宁三年（1070）三月二十五日规定的考试办法（"试断案者，亦依熙宁式"）。④

　　但是经过元祐一段的崇儒弃法，"试刑法"大失其吸引力。宣和三年（1121）五月二十五日的诏书说："近年以来，试中刑法人绝少。"⑤因此大理寺的宋伯友奉命把考试的标准降低（断案成绩五分的，原为第三等下，改为第三等上）。⑥可见到了七年（1125）五月十九日，臣僚们还是说："比来法官之选寖轻。试法虽存，而试者日益鲜少。"⑦比起当年神宗时代"天下争诵法令"的光景，真使人不胜今昔之感。

　　南渡（1127）之后不久，高宗就于绍兴元年（1131）恢复了"试刑法"的

----

① 《宋会要·选举十三》，二一 a。
② 二四—二五。
③ 二五 b（以上两个办法，过去不详）。
④ 二五 b。
⑤ 二六 a。
⑥ 二六 b。
⑦ 同上。

制度①。不过合格等第,是采用了宣和三年(1121)三等七级的规定(一二等分上下,三等分上中下)。而考试断案,不用大理寺已断的成案,而是"降敕别差试官二员,专撰刑法问题,号为'假案'"②。并且不再由刑部主办,而是由吏部于每年春秋"铨试"时——"铨试"详下第七节——附带举行。③ 四年(1134)规定,每三年在各路举行"类试"——在地方举行的中央考试——的时候,也差刑法官二员校试。④

绍兴五年(1135)闰二月二十六日,因为有人反对人把试中刑法的李洪、李志升官,高宗对宰相赵鼎说:"刑名之学,其废久矣。不有以崇奖之,使人竞习,则其学将绝,谁复继之?"⑤像他这样明白说出要提倡法律的皇帝,史书上还不多呢。

《宋史选举志》说:

> 后议者谓与得解人取应,更不兼经,白身得官,反易于有官试法。乃命所试断案,刑名全通及粗通,以十分为率;断及五分,《刑统》义文理全通为合格。及虽全通,而断案不及分数者,勿取。仍自后举兼经。⑥

---

① 《宋史》一五七,十七 b(P. 1784)。《通考》三二,选举五,说是绍圣三年(1133)。但是《宋会要》,选举十三,有绍兴二年(1132)二月六日"权住引试法官"的一道诏书(页二七 a),那么还是元年的对。
② 《通考》,三二,选举五(P. 302 下)。
③ 《宋会要·选举十三》,二八 a,绍兴十三年(1143)八月二十四日条,及同书,选举二十四,十九 b,绍兴三年(1133)三月六日条。
④ 《通考》三二(P. 303 上),参《宋会要·选举十三》,二八 b,绍兴二十五(1155)四月九日条。
⑤ 《宋会要·选举十三》,二七 b(《宋史》,一五七,十八 a P. 1784),《通考》三二,选举五(P. 303 上)。
⑥ 《宋史》,一五七,十八 a(P. 1784)。

可惜我们查考不出来这是哪一年的事情。

《宋会要·选举二十二》：

孝宗淳熙元年(1174)六月九日诏：考试刑法官一员，于郎官卿监内差。点检试卷官三员，于在京职事官内差。依绍兴二年(1132)七月指挥施行。知开州吴宗旦奏，试大法官，常附铨试。故事差大理少卿，或刑部官一员充考试。正丞评事共三员，充考校。比年以来，止差丞一员，充考试。评事三员充考校。所出题目，语言太繁，使人迷惑，铺引错谬。乞自今依旧差少卿或郎官一员充考试，正丞评事共三员充考校。（但曾任左断刑官，虽在别部他寺监，亦乞通差。）所出题目，限以千字。直问法意，毋事诡谲。故有是命。①

《通考》三二，选举五：

淳熙七年(1180)，秘书郎李巘言。汉世仪、律令同藏于理官，而决疑狱者必传以古义。祖宗朝，诏学究兼习律令，而废明法科。后复明法，而以三小经附，盖欲使经生明法，法吏通经。今所试止于断案律义。断案稍通，律义虽不成文，亦得中选。故法官罕能知书。谓宜使习大法者，兼习经义，参考优劣，以定去留。上曰：古之儒者，以经术决狱。若用俗吏，必流于刻。宜如所奏。乃诏自今第一第二第三场试断案，每场各三道。第四场试大经义一道，小经义二道。第五场试《刑统》律义五道。明年。诏断案三场，每场止试一道，每道刑名十件，与经义通取。四十分已上为合格。经义定去留，律义

---

① 《宋会要·选举二十二》，一a。

定高下。①

过去试刑法，从真宗咸平六年起(1003)，一百七十多年，一直只是考断案和律义两项，现在要加考经义一门，并且是决定"去留"的项目，宋朝道学家之逐渐得势，从这里就可以看出来一点儿了。

淳熙十年(1183)十二月规定："刑部在役与投名人吏，每遇铨试，并合附试刑法。合格者并超一等迁补。"②这是重施元丰八年(1085)五月的办法。

淳熙七年(1180)试刑法兼试经义的制度，到了宁宗庆元二年(1197)二月丁亥，一度被取消。③ 三年之后——庆元五年(1199)四月甲午——又予恢复。④ 嘉泰三年(1203)五月二日，臣僚言：

> 国家文武二科之外，曰制科、曰宏词、曰教官。应者不常，间亦阙而不取。至若科目有可为速化之资，争趋竞进，初不深责其实。已而倏入函去，又若甚略其用。而未免于取以空名者，今之试刑法是也。左右平之置，自汉以来，号为紧官。所以议狱而详刑，责任至不轻也。以是待文学法理之士，而精其选焉。今而岁必有试，虽立为通粗否之五等，以定考校。而通多粗少者取之，粗多否多者亦取之，焉在其为选之精也。既而入寺，一阅狱案，茫如烟海，始从寺官之先进者而问津焉。迨其习熟，汲汲外补。视棘寺如传舍，以法律

---

① 《通考》三二，选举五，P. 33 上。
② 《宋会要·职官十五》，二六 b。
③ 《宋史》，三九，《宁宗纪》，四 a(P. 417)。《选举志》说是三年(一五七，十八 b，P. 1784)，大概是个错字。
④ 《宋史》，三九，十 a(P. 420)。

为假涂。今日易秩,则明日请邑以行矣。旧制任是官者率六七年。官宿其业,则知所尽心矣。欲乞将试中刑法人,入为评事,已用举主改秩,必实历二考,方许注县。及作县满三考,又入为评事。更出迭入,略亦相当。评事之员,不至取具临时。在位者亦安于所职,而无苟且之心。循名责实,不为无捕。从之。①

内中"以法律为假涂"一句,值得我们注意。

嘉定二年(1209),试经义的问题,又生变化。《通考》三二,选举五:

嘉定二年,臣僚上言:棘寺官属,颇难其人。狱案来上,致多差舛。其原在于习法之不精,试法之不详也。自昔设科,本以六场引试,内断案五场,各以刑名八件,计四十通。律义一场,计十通。断案以试其法令,律义以试其文理。自后有欲便其所习,始增经义一场,而止试五场,律义又居其一,断案止三场而已。殊失设科之初意。金科玉条,琐密繁碎,自非终日研究,未易精熟。乃牵于程文,以移其功。考试主文,类多文士,轻视法家,惟以经义定去留,其弊一也。法科之设,正欲深明宪章,习熟法令:察举明比附之精微,识比折出入之错综。酌情法于数字之内,决是非于片言之闲。政和绍兴,案题字不过五七百,多不满千。比年不求题意之精密,专务繁冗以困人。敷衍支离,动辄二千字,自朝至于日中昃,仅能誊写题目,岂暇深究法意。其弊二也。进士考官,凡有出身,皆可充选。刑法考官,不过在朝曾中法科丞评数人,由是请托之风盛,换易之弊兴,其弊三也。臣以为宜罢去经义,仍分六场,以五场断案,一场律义为

---

①《宋会要·职官二十四》,四二 b。

定。所问法题,稍简其字数,而求精于法。试官各供五六题,纳监试或主文,临期点定。如是则谳议得人矣。从之。六年(1213)议者云,今止试《刑统》,是尽废义理,而专以法律为事。杂流进纳之人皆得就,又可径除职事官,非所以重科目清班缀也。请复试经义一场,以《尚书》语《孟》题各一篇,与《刑统》大义通为五场。所出经题,不必拘刑名伦类,以防预造。杂流入赀人,毋得收试。①

经义固然是恢复了,但是现在改变以断案定去留,经义为高下。② 把三十三年前——淳熙七年(1180)——规矩,恰好颠倒一下。

嘉定八年(1215),九月甲申,罢四川法科议。③ 十一年(1218)五月壬辰,申严试法官七等之制。④ 这都是宁宗朝注意刑法科的表示。

到了理宗(1225),试刑法又经过一次比较澈底的整顿。《宋史·选举志》说:

> 理宗淳祐三年(1343),令刑部措置关防:其考试则选差大理丞正,历任中外有声望者,不许止用新科评事,未经作县之人。逮其试中,又当仿省试中书复试之法,质以疑狱,观其谳笔明允,始与差除。时所立等第,文法俱通者为上,径除评事。文法粗通者为次,与检法。不通者驳放。⑤

---

① 《通考》三二,选举五,P. 303 中。
② 《宋史》,一五七,十七 b(P. 1785)。
③ 同上,三九,《宁宗纪》三,十三 b(P. 422)。
④ 同上,四十,《宁宗纪》四,三 b(P. 424)。大概就是一二等分上中下的制度。
⑤ 同上,一五七,十九 b(P. 1785)。

继此的措施,还有,如《宋史·选举志》所说:

> 度宗咸淳元年(1265),申严选试之法。凡引试刑法官命题,一如绍兴式。八年(1272)以试法科者少,特命考试命题,务在简严,毋用长语。有过而愿试者,照见行条法。除私罪应徒,或入己赃,失入死罪,并停替外,余犯轻罪者,与放行收试。或已经三试终场之人,已历三考,赴部参注,命本部考核元试,果有所批分数,不须举状,与注外郡刑法狱官差使一次。庶可激厉诱掖。格法;试法科者,批及八分,方在取放之数。咸淳末,有仅及二分以上者。亦特取一名,授提刑司检法官。宽以劝之也。①

这时候,忽必烈建都北京(1264),蒙古兵马已到长江。而南宋朝廷,还能够注意到法官的考试如此,也就算难得了。

《宋史》中有传的人,考中过刑法科的不太多。蔡洸、莫濛(两魁法科)、沈作宾,②都是高宗孝宗时人(1129—1189),赵与懽③、赵与权④,是宁宗(1195—1224)时人。

六 进士试律义

唐朝考试的分科,"进士"本来是取文学人材的(考试时以诗赋为

---

① 《宋史》,一五七,页二十(P. 1785)。
② 《宋史》,三九〇,九 b,十(P. 4822),十四 b(P. 4824)。
③ 同上,四一三,十 b(P. 5043)。
④ 同上,二四七,十 a(P. 3270)。

主)。但是不久就凌驾其他诸科之上,而最为人所贵重。中唐以后,"进士"为所有读书人的第一目标。到了宋朝,依然如此。

太祖太宗兄弟,都是知道提倡法律的皇帝。太宗太平兴国八年(983)规定,进士和诸科,都要试"律义"十道。① 这是进士试律义的第一次实施。第二年,进士恢复"帖经",而不要试律,从此进士试律之制,一下子就停顿了九十年。

神宗熙宁六年(1073)七月二十五日诏:

> 今后科场,除三人及第依旧外,余并试律令大义断案,据等第高下注官。②

过了两年,熙宁八年(1075)七月二十三日,中书门下言:

> 据专切编修熙宁政录练亨甫状。检会熙宁六年七月二十五日诏:"今后科场,除三人及第依旧外,余并令试律大义断案。据等第高下注官。"看详立法之意,盖为先时官吏,多不晓习刑法。决狱治讼,唯胥吏为听。所以令于入仕之初,试律令大义断案,入等然后注官。此诚良法。然其间独不令三人就试,于义未安。切缘进士第一名及第,便入上州签判。第二第三名便入两使职官。通与一州之事,比之判司簿尉,事任不侔,于晓习刑法,岂所宜缓。兼前日官吏,

---

① 据《宋会要·选举十三》,十八 b,熙宁八年(1075)七月二十三日条引。《通考》,三一,选举四:"六年,诏进诸科及选人任子,并令试断案,律令大义,或时议,始出官"(P. 294)。《宋史》一五五,《选举志》一:"诏进士自第三人以下试法(页十七 b,P. 1755)。"同书,十五,《神宗纪》,"六年三月丁卯,诏进诸科,并试明法注官(P. 194)。"但是熙宁六年(1073)三月没有丁卯日,七月二十五日是丁卯。所以三月是七月之误。

② 《宋史》,一五五,《选举志》一,五 b(P. 1749)。

有讲习刑名,众皆指为俗吏。虽昨来试中法官,恩例甚厚,而初应者少。今若独优高科之人,不令就试,则人以不试法为荣,以试法为辱。滋失劝诱士人学法之意。欲乞今后进士及第,自第一名已下,并令试律令大义并断案。所贵编入圣政,使后世无以复议。①

神宗当日下诏:

今后进士及第,自第一名以下,并试律令大义、断案,据等第注官。②

不过这项法律考试,只是注官的条件,等于太宗时的"关试",而不是取得进士的条件。

元丰二年(1079)五月二十八日诏:

进士诸科新及第人,免试刑法。③

诏里没有"自今"二字,可能这是只适用于这一年的临时措施。

四年(1081)正月十二日规定:

进士试本经、《论语》《孟子》大义、论策之外,加律义一道,省试二道。④

这一个步骤,真是再彻底没有了。凡是考进士科的,不但到京在礼部"省试"时,要考律义两道,就是在本州府考乡试时(即后来的"举人"),就得要考律义一道。也就是说,这是要天下所有读书人都要读律。宋朝一代提倡法律的措施,这是最有力的一项。

可惜这项有力的措施,寿命只有八年。《宋史·选举志》说,哲宗元

---

① 《宋会要·选举十三》,十八 b。《通考》三一,选举四(P. 294 上)。
② 同上,选举二,十一 a。
③ 《宋会要·选举志十三》,页十一 b。
④ 《通考》三一,选举三,四七 a;《宋史》十六,《神宗纪》三;四年,正月庚子,诏进士加律义(P. 204)。

祐四年(1089),四月"罢试律义"①,所指的应当就是这项规定。元祐初年,处处在推翻神宗的"新政",这项变更,自不出人意外。

后来徽宗恢复神宗新政,"试律义"自然也是其项目之一。《宋会要·选举十三》:

> 崇宁元年(1102)八月十六日,臣僚言:乞检会元丰进士试论日兼试律义之文,参酌行之。诏依,仍俟后次科场举行。②

《宋史·选举志》:

> 崇宁五年(1106)令……内外私科试(即国子监及各地方州县学)试论日仍添律义。③

南渡以后,不再见进士律义的讨论,大概是作罢了。南宋人物不像北宋人物之有法律修养,④这个制度上的变化,应当也是其主要原因之一。

七　铨试、呈试及其他

一、铨试　"铨试"在唐朝的术语中,是指着吏部的"四程"——身言

---

① 《宋史》,一五五,十九 b(P. 1756)。
② 《宋会要·选举十三》,二五 a。
③ 《宋史》,一五七,十 b(P. 1780)。
④ 《宋史》,三一九,《欧阳修等传》赞说:"宋之中叶,文学法理,咸精其能"(页二十二 a P. 4070),意味着南宋人物之不谙法律。

书判——而言:所谓始集而"试",观其书判,已试而"铨""察其身言"是也。① 在北宋时代,铨试就是吏部考核选人的定期考试。《宋史·选举志》说,仁宗时代(1023—1063),凡选人年二十五以上,遇郊,限半年赴"铨试"。习辞业者,试论,试诗赋。习经业者,兼试律,十而通五为中格。② 这是早期的制度。神宗熙宁四年(1071),定"铨选"之制:凡守选者,岁以二月八月试断案二道,或律令大义五,或〔时?〕议三道。后来增试经义,而不复"试判"。③

南渡以后,据《宋史·选举志》说,高宗于绍兴二年(1132)复文臣铨试,"以经义、诗赋、时议、断案、律义为五场"④。可惜未及其他详节。

在孝宗(1163—1194)的立法下,"铨试"变成了任子出官的限制办法。这是他的"创制"。淳熙十五年(1188)六月,给事中郑侨上奏说:

> 仰惟陛下创法立制,犁然当于人心,可以万世通行而无弊者,文臣出官"铨试",武臣出官"呈试"是也。⑤

现在把"出官"和"任子"的意义,补述一下。宋朝的"任子"制,也是从唐朝沿袭下来的。凡是高级官员,在遇到朝廷庆贺或个人退休时,都可以请求皇帝赏给他们子弟一个官儿身份,在吏部登记。这就是"任子"。到了二十五岁时,他们就有资格实际上派出来担任职务,这就叫作

---

① 《新唐书》四五,《选举志》二,一 b(P. 535)。
② 《宋史》一五八,《选举志》四,十二 a(P. 1799)。
③ 《宋史》,一五八,页十三 b(P. 1800)。《通考》三一,选举四:"熙宁六年,诏进士诸科及选人任子,并令试断案律令大义或时议始,出官"(P. 294 上),所指应是同一事实。
④ 《宋史》,一五八,页二二 b(P. 1804)。
⑤ 《宋会要·选举二六》,一六 a。十二年(1185)十二月十二日,臣僚们就说过这是"近世之至良法"(同上,页十五 a)。

"出官"①——中了进士后派官,叫做"入官"——苏辙说:神宗熙宁时,"患官吏不习律令,欲诱之读法,乃减任子出官年数,令试法,通者遂得注官"②。《通考》三四,选举七所说"荫补人……年及二十,许自言而试断案律义及议,应格即许注官,优等亦赐出身"③,大概就是这一件事。

宋朝是一个最鼓励人作官的一个朝代。作官的人,一天比一天多,所谓"任子"也就跟着不住地上涨。到了孝宗隆兴元年(1163)时,臣僚说:"三岁大比,所取进士,不过数百人。三岁一部,以父兄任官者,乃至数千人。"④这真是不得了。于是孝宗下诏:

> 臣僚任子,见遵祖宗法令,理难遽改。可今吏部取铨选之法,自今初官,不许用恩例免铨试呈试,并候一任回,方许收使。虽宰执亦不许用恩例陈乞回授初官免试。⑤

后来称为"创制"者,应当就是指着这一个文件说的。

"铨试"的规矩,照淳熙三年(1176)三月太学录黄维之的奏折说,是有"经义、诗赋、时议,和律义及断案"五项,前三者谓之"程文",后二者谓之"刑法"。五者似乎不用全考:"程文两场而试一场者亦听,律义断案亦如之"。因此当时"任子之不学者,悉试断案,……律义;……则不习焉"⑥。而断案是比较容易作弊的,因此当时重新规定:

铨试无出身人,"程文"以经义、诗赋,(原有"时议"二字,应删去)为

---

① 参阅《宋史》一五九,《选举志》五,五至十五(P. 1810—15)。
② 同上,一五八,页十七 a(P. 1802)。
③ P. 325 中。
④ 《宋会要·选举二六》,一 b,二月五日条。
⑤ 同上。
⑥ 同上,页九 b。

去留"时议次之"。"刊法"以律义为去留,断案次之,断案一场虽有分数,而经义、诗赋、议律(应改为"律义"二字)三场俱不中程度,及分数最少,并行黜落。其合格者,参选日,召保职官之员,批书印纸,令吏部复试,依太学帘试诸生法。①

所以后来嘉定四年(1211)六月,臣僚言:"自立法以来,其习时议与不习者,从其所愿。因此铨闱专以本经律义为定。"②

光宗绍熙二年(1191)二月十四日诏:

> 自三年(1192)以后,任子不试律义者,无得独试断案。如已试律义而复愿试断案者听。惟不得以断案辄当律义之数。③

这是淳熙三年(1176)三月诏书的重申,也就是特别着重律义。所谓"铨试之设,政欲取能文晓法之人出仕"也。④

铨试最初是每年春秋二试,十分取七。⑤ 到了孝宗隆兴(1165)时代,每年止一试,十分以半为合格。⑥ 宁宗庆元三年(1197)规定,改为三人取一。⑦

文臣铨试,本来是"试中者始得放行参选"⑧。孝宗乾道七年(1171)

---

① 《宋会要·选举二六》,页九 b。
② 《宋会要·选举二六》,页二五 b,六月二十八日条。
③ 同上,页十九 a。
④ 同上,页二四 b。开禧二年(1206)二月二十五日条。
⑤ 孝宗隆兴二年五月二十六日,中书门下言(同上,页二 b)。
⑥ 同上,页二二 b:"孝宗隆兴之诏,铨试十人而取五(四年二月三日条)。"
⑦ 同上,页二一 a,十月五日条。吴自牧《梦粱录》(1274)卷二,有描写铨闱一条,可参阅(学海类编本,卷二,页四)。
⑧ 《宋会要·选举二六》,九 a,三年二月十一日条。

九月二十四日诏:"文臣铨试不中,年四十,选出官。"① 这是体贴老年任子的措施,淳熙三年(1176)二月十一日,予以取消了:"已试不中,虽已年及,亦不与放行,须候再试。"② 但是三年之后——淳熙六年(1779)四月——和武臣的"呈试"一样,又予以恢复。③ 光宗绍熙三年(1192),根据吏部侍郎谢深甫的建议,又稍微的加了一点限制如下:

> 铨试不中,年及四十人,许注残零阙……到部日,令本选郎官,就长贰听写律一条以授之,俾之解释律意。不问文采,止直说数语,如定夺公事之辞。或愿试省题诗、小赋、小经义者亦听。但义理稍通,便与参注。如或不通,许再到部。④

条件固然十分通融。但是当时朝廷之看重法律,还是值得我们欣赏。

二、呈试　相当于文臣出官的"铨试",武臣子弟出官的考试,叫做"呈试"。通过呈试之后,他们才能够在侍郎右选(旧三班院)参加选注。仁宗庆历四年(1044)六月,诏三班院:"自今使臣⑤参班,止令读律写家状。"⑥ 参班就是参选。写字只要写自己三代履历,读律只要念不要讲解。要求真不能算高。但是要读律而不是读经,倒是宋朝政治的特色。

神宗元丰元年(1078)十二月,颁行《大小使臣呈试弓马艺业出官试

---

① 《宋会要·选举二六》,页六 b,三年二月十一日条。
② 《宋会要·选举二六》,页九 a。
③ 参下"呈试"节。
④ 《宋会要·选举二六》,十九 b。
⑤ "训武郎,修武郎,阁门只候为大使臣:从义郎至承信郎为小使臣"(《庆元条法事类》,卷四 P.17)。
⑥ 《宋会要·选举二五》,八 b。

格》。考试项目有七种,律令义就是其中之一。(其他六种,是步射、射亲、马射、马上武艺、孙吴大义、时务边防策。)①元丰四年(1081),这个项目被取消②。

孝宗淳熙五年(1178)八月诏:"呈试添断案一场,书判一场,各听以所长求是。"③六年(1179)正月诏:"呈试第二等第三等弓力人,并令添断案一场,仍止试一道,问目少立条件,比文臣铨试题一半。"④

宁宗嘉定十四年(1221)九月十日,明堂赦:"使臣校尉,陈乞酬赏,令行当官铨量、读律、试写书札百字以上,方许差注。"⑤

《宋史·职官志》还说:"武臣试换文资,愿依法官条试断案《刑统》大义者听。"⑥

宋朝对于武臣读律的要求,是一直当作家法处理的。

三、宗子　神宗熙宁十年(1077),立宗子试法:非祖免以外,例许应举。国子监及礼部,皆别试别取。十人取五。试者虽多,解毋过五十人。⑦

徽宗崇宁初(1102),疏属年二十五,以经义律义试礼部,合格分二等,附进士榜,与"三班奉职"。文优者奏裁。其不能试,及试而粗者,读律于礼部。推恩与"三班借职",勿著为令。⑧ 这个"读律于礼部"的规

---

① 《宋会要·选举二五》,页十一a,十二月二十三日条。《宋史》,一五七,《选举志》三,二六a(P.1788)。
② 《宋史》,一五七,二六a:"四年,罢试律义"。
③ 《宋会要·选举二六》,十一a。
④ 同上。
⑤ 同上,选举二五,三二a。
⑥ 《宋史》一六九,二二b(P.1962)。
⑦ 《通考》三一,选举四(P.294上)。
⑧ 《宋史》,一五七,《选举志》三,二十b(P.1785)。"三班奉职",和"三班借职",都是低级武官官称。

定,怪有意思。

四、流外　唐宋人事制度,没有品级的官吏,谓之流外。《宋史·选举志》:五省、御史台、九寺、三监、金吾寺、四方馆职掌(即流外官),每岁遣近臣与铨曹,就尚书省同试律三道。中者补正名,理劳考。①

五、吏人　太宗端拱二年(989)诏禁吏人应举②。但是到了真宗朝代,这个禁令就取消了。试百司吏人,问律及疏。吏部考试百司人,岁以二十人为额。③

六、画学　宋朝的国子监,设有"画学"(不过废置无常)。④ 学生分士流及杂流二种。士流兼习一大经,或一小经。杂流则诵小经,或读律。⑤ 画人要读律,宋朝真是把法律看得重要啊。

结　论

总结以上所说,宋朝之利用各种制度,提倡法律,可以说是前所未有。不过中国社会,自两汉以来,儒家"德礼为主,政刑为辅"的价值观念,深入人心,法律一直不能抢先。所以唐朝国子监的六学,"律学"是一个第四等的学校,而宋朝"诸科"考试中,"明法"最是下科。就是在神宗大力推进法律考试的时候,就有监察御史陈师锡上书反对。他说:

---

① 《宋史》,一五九,十五 b(P. 1815)。
② 《通考》三十,选举三(P. 285 中)。
③ 《通考》,三五,选举八(P. 333 上);《宋史》一五九,十六 a(P. 1815)。
④ 《宋史》一五七,《选举志》三,一 b(P. 1776)。
⑤ 同上,页三三 b(P. 1792)。

>　　陛下方大阐学校,用经术训迪士类,不应以刑名之学乱之。夫道德本也,刑名末也。教之大本,人犹趋末,况教之以末乎。望追寝其制,使得悉意本业。①

神宗死后,司马光很快的就有他极力反对习律的奏折:《通考》三一,选举四:

>　　左仆射司马光言:取士之道,当先德行,后文学。就文学言之,经术又当先于词采。神宗罢赋诗及诸科,专用经义论策,此乃复先王令典,百世不易之法。但王安石不当以一家私学,欲盖掩先儒,令天下学官讲解。及科场程试,同己者取,异己者黜。使圣人坦明之言,转陷于奇僻。先王中正之道,流入于异端。若己论果是,先儒果非,何患学者不弃彼而从此。何必以利害诱胁如此其急也。至于律令敕式,皆当官者所须,何必置明法一科,使为士者豫习之。夫礼之所去,刑之所取。为士者果能知道义,自与法律冥合。若其不知,但日诵徒流绞斩之书,习锻炼文致之事。为士已成刻薄,从政岂有循良。非所以长育人材,敦厚风俗也。②

学习法律,使人"为士已成刻薄,从长岂有循良"? 中国后来法律学之不能发达,这种传统成见的作用,恐怕是最有力的一个因素。

一九七二年九月于西雅图

---

① 上书事见李焘《续资治通鉴长编》卷三四一,元丰六年(1083)十二月壬申条。文字内容见《宋史》三四六,本传,四 a(P. 4350)。
② 《通考》三一,选举四(P. 295 上)。

宋朝刑事审判中的复核制

宋朝的刑事审判制度,实在可以说是"防闲考核,纤悉委曲,无所不至"[1];在犯人未招供以前,有所谓"鞫谳分司制"。就是把问案子的人,和定罪名的人分开,以免"偏听独任之失"[2]。在犯人已招供之后,有所谓"翻异别勘制"。只要犯人翻供,或其家属称冤,不需要任何上诉手续,案子就马上由另外一个法庭重新审问。关于此二者,笔者已经略有论述。[3] 除此以外,在案子尚未结束以前,或者已经结束之后,还有所谓"驳正""推正""举驳""驳勘""按发""奏劾"等等制度,随时在监督考核,而在必要时予以复审。现在就把这种复核制度再略予探究如下:

壹 驳正、推正和辩明

一、驳正 宋律中的所谓"驳正",照《庆元条法事类》(1202)的规定来加以分析,似乎可以分成下列四种情形。

---

[1] 汪应辰(1128—1176)语,见《历代名臣奏议》(1416),卷二一七,(台北,学生书局,一九六四年影印本),页2870。
[2] 同上。
[3] 拙著《鞫谳分司考》,见《东方杂志》复刊五卷五期(一九七一年十一月),《翻异别勘考》,见六卷二期(一九七二年八月)。

1. "诸置司①鞫狱不当,案有当驳之情,而录问官司②不能驳正,致罪有出入者,减推司罪一等……本州录问者,减推司罪三等。"③

反之,如果录问官吏,能够予以驳正,则依其所驳正的罪名,和驳正者的身份,各得如下的奖赏:

驳正	赏格(命官)	(吏人)
死罪一人	减磨勘二年	转一资
死罪二人	转一官	转二资
死罪三人	奏裁	转三资
徒流罪	七人比死罪一人	七人比死罪一人④

死罪案件,虽然经过提刑司"举驳"⑤,但是如果"不议大情",则驳正赏格和没有经过举驳的一样。其举驳时"虽议大情",而止作疑似,或因疑似举驳,及翻异称冤而驳正者,则二人照一人计算,止一人者,命官"免试",吏人"指射优轻差遣一次"⑥。

2. 录问已毕,在行刑前到州府衙门过堂"审问"(亦称"引问")⑦的时候,这位"审问官"当驳不驳,则得到"减推司罪三等"的处罚。⑧ 至于那些依法驳正的,是否有赏,《条法事类》里没有说明。但照道理推测,似乎应该和"录问"的官的赏格一样。

---

① "置司"是指州府衙门的"当置司"(州府的判官和推官)而言,但其他州级法院(如州院、司理院等),当然同样处理。
② 犯人招供结案,由别州派员来对口供,谓之"录问",详拙著《别勘考》页20。
③ 《庆元条法事类》(1202),日本一九六四年影印本,页508,"诸置司鞫狱不当条"。
④ 同上,页509,赏格条。
⑤ 提刑司批驳州府的案件,似乎都叫做"举驳"。参阅张邦基(南宋人)《墨庄漫录》(Ca. 1200),卷八,夏沉香条。
⑥ 《条法事类》,页508,人人死罪举驳者条。
⑦ 参《别勘考》页21。
⑧ 《条法事类》,页508,诸置司鞫谳狱不赏格条。

3. 死刑案件被举驳,不议大情,当职官(即知州、通判和幕职官)在"定夺"(即"核准")时,能予以驳正者,其赏格和上面所说,"录问"官,"审问"官一样,"即一人减磨勘二年"①。

4. 死罪案件,未给举驳,而当职官能以议状驳正者,比照非当职官推赏奏裁。②

以上这些规定,只涉及录问官、审问官、当职官,而没有提到检法官。太祖建隆二年(961)九月的一道诏书曾经规定"若检法官……举驳别勘,因此驳议从死得生,即理为'雪活'"③。大概这一项规定,后来不适用了。而其理由,是因为鞫谳分司制度之逐步严格化,检法官只许照书面上的口供,提供法律条文,而不许过问审讯时情节的缘故。④

二、推正 《庆元条法事类》里所谓"推正",全都指着那些经过"别推"而得到纠正的官事而言。⑤ 所谓"别推"者,就是在州级法院里,犯人不肯招供,或者已经招供,但是在"录问"时又翻了供,于是法院就得把案子送到另外一个州级法院去重新审问之谓(术语亦称"移司别推")。⑥

"推正"也是有赏格的。但是因为凡是"别推",都是已经发现了有问题的案子——"驳正"则是在尚未显著时去发现问题——所以(推正)的赏格,照《条法事类》的规定来看,只是"驳正"赏格的五分之一:

推正	赏格(官)	(吏人)
死罪一人	升半年名次	——
死罪三人	免试	——

---

① 《条法事类》,人人死罪举驳条。
② 同上,人人死罪当职官能以议状驳正条。
③ 《宋会要·刑法四》,93a。
④ 详拙著《分司考》,页44。
⑤ 《条法事类》,页508:"或因别推而能推正者"。
⑥ 详拙著《别勘考》。

死罪五人以上　　减磨勘二年　　转一资①

"驳正"和"推正",是一切冤狱最早的补救机会,所以宋朝十分鼓励一切司法官吏之注意"推驳"。为了证明官吏有"推驳"的功劳,以便得到奖赏,《条法事类》里载有下列两种保证书的法定格式:

一、保明推正驳正入人死罪酬赏状

某处

　　据某处勘到:某人系死罪,某官姓名推正或驳正,准令格云云,合具保明者。
　　右将元勘案款,看详得,某处于某年月日,勘到某人招犯禁事结案,及检断某罪。(具引元用敕律及指定绞斩之类,未经检断者不具)经历某官姓名,见得推鞫或检断不当,如何驳正或推正,某某人已如何结正及检断。(亦具敕律及所断刑名,或无罪,亦具之。其所驳元不议大情或作疑似,或因翻异称冤,而别推推正,或定夺驳正者准此。)入罪官吏姓名,取到伏罪状,已如何施行讫。检准令格,该某酬赏。保明并是诣实。其元勘及检断并推驳一宗公案等,实封随纳。谨具申
　　尚书吏部伏候
　　指挥。
　　年月　　日依常式
　　推驳正三人以上奏裁并当职官以议状驳正应比类奏裁者仿此

---

① 《条法事类》,页509,赏格条。

开具余依奏状式。①

二、保明推正县解死罪酬赏状

某州

　　据某县解到某人系死罪,某官姓名推正,系杖笞或无罪。检准令格云云,合具保明者。
　　右将元勘案款看详得某县于某年月日解到某人招犯某事,准条该某罪。(其引敕律及指定绞斩之类),寻送某院,据某官姓名再行推勘得,某人前来罪款,不是诣实,已行结正(节略犯状),断遣。(亦具敕律及所断刑名,或无罪,亦具之。)取到元解不当官吏姓名姓名伏罪状,如何施行讫,即非本院已结正,未录问间,翻异称冤后推正,检准令格,该某酬赏。保明并是诣实。其元勘一宗案款等实封随纳,谨具申
　　尚书吏部,伏候
　　指挥。
　　年月　　日依常式②

现在举一个实例,说明上述推驳制度。《宋会要·刑法四》,断狱:

---

① 《条法事类》,页510上。
② 同上,页510下。这是州级法院应用的格式。因为死罪案件,在县里不能正式结案;囚犯虽有口供,但不经过"录问"的手续。所以这里只有"推正",而没有"驳正"。

仁宗景祐三年（1036）八月十五日，知蘄州虞部員外郎王蒙正責洪州別駕，坐故入林宗言死罪，合追三官勒停，特有是命。判官尹奉天、司理參軍劉渙，并坐隨順；奉天追兩任官，渙曾有議狀，免追官。監酒借職崔克明將酸黃酒入己，特免除名，追官勒停。通判張士宗隨順蒙正，虛妄申奏，追見任官。黃州通判潘衢，不依指揮再勘林宗言翻訴事，罰銅三十斤，特勒停。權蘄州水主簿鄭照搜求宗言事，罰銅九斤。蘄春知縣蘇諲，錄問不當，罰銅十斤，并特沖替。宗言將官麻入己，罰銅八斤，特勒停。殿直皇甫振借銀與蒙正，合罰銅七斤。錄事參軍尹化南、司法參軍胡撰，不駁公案，各罰銅五斤。轉運使蔣當、吳遵路，以勾當發運勞績免勘，優與知州。提刑徐越、趙日宣，為勾提到蒙正，待免勘。越近便知州，日宣近從便合入差遣。①

这件公事的案情，大概是这样的：

犯人林宗言，和一个崔克明，同是蘄州管仓库的小官。两个人一个私占官麻，一个私盗官酒。不幸事发。可巧知州王蒙正和林宗言有旧怨，就起心借机会把他陷入死罪。他向殿直皇甫振借贷银两，收买党羽。派水主簿郑照搜求林宗言的劣迹。他吩咐手下的法官，一定要把林宗言问成死罪。司理参军刘涣虽然没有反抗，但是曾经对案子表示疑问。而判官尹奉天却照了王蒙正的意思，逼出了林宗言的口供。在录问的时候，虽然林宗言一度翻供，可是两位录问官，一个是黄州通判潘衢，一个是蕲春知县苏谊，并没有依法予以重审。结果司法参军胡撰，就依供判刑，录事参军尹化南，照例签署，全案由王蒙正画行，通判张士宗附署，申到提刑司和转运司。而这两个监司衙门，没有一个发现林宗言的冤枉。

① 《宋会要·刑法四》，页73b。

这一桩冤狱，《会要》里没有叙明，是怎样得到平反。不过照样子看来，应该是经过大理寺和刑部的例行疏驳。因为如果是经过御史台或登闻鼓，《会要》里应该特予叙明的。无论如何，案内有关官员的各项处分，差不多全都符合宋律的规定。现在试予一一说明如下：

1. 林宗言私占官麻，犯的是加凡盗二等的"监守自盗"（唐律第二八三条）。现在罚铜八斤，就是折杖八十，也就是本来合杖六十的起码窃盗罪。监守犯盗，本该除名（唐律第十八条）。但是赃物太轻，所以特别从宽，只予以"勒停"（勒令停职）的处分。

2. 崔克明侵占的酸黄酒，可能价值比官麻高些。追官就是"以官当徒"，看样子他是应该判徒刑的。本来也应该除名，但也从宽发落，只予"勒停"。

3. 王蒙正故入人死罪，本合死刑，因为故入罪尚未执行，所以从死罪上减一等，判为流罪（唐律第四八七条）。以官当流，所以合追三，并予勒停。不过朝廷也是从宽发落，只把他贬为洪州别驾。

4. 尹奉天算是王蒙正的从犯，比正犯减一等论罪（唐律第四十二条）。本应徒罪三年，从宽发落，所以止追两任官，可能是当徒二年。

5. 刘涣对于林宗言的案子，"曾有议状"，所以免予处分。

6. 张士宗是蕲州通判。通判虽然名义上是知州的副手，但是事实上他是有监察知州的责任。追两任官，不勒停，就等于后来的革职留任。

7. 潘衢是从黄州调来作录问的。林宗言翻诉，他不依法请求别推，应当比推司（尹奉天）减一等论罪。罚铜三十斤，就等于一年半的徒刑，并且特予勒停。

8. 苏谭大概是和潘衢一起在录问的。他也是应驳不驳。但因为和尹奉天是同州的官员，所以判罪比推司减三等，罚铜十斤（比杖一百）。

9. 皇甫振借银子给王蒙正作坏事，罚铜七斤，等于杖七十，大概是依照"不应得为(唐律第四百五十条)"判罪的。

10. 录事参军尹化南和司法参军胡揆，都罚铜五斤(等于笞五十)，这可能是照断狱敕"录事司法参军，于本司鞫狱检法有不当者，与主典同为一罪"①判的罪名，照唐律第四十条：主典照长官减三等；第四八七条，连坐官不知同职有私，以失论又减三等。所以这两个人的罪名如此之轻。

11. 转运使蒋吴二人，和提刑司徐赵二人，都是犯了当驳不驳的罪名。但是因为都曾经立过功劳，所以免予"推勘"(就是不把他们当作犯人过堂审讯的意思)。但是他们仍然都丢掉了现职：三个人(蒋、吴、徐)贬作知州。一个人(赵)另候差遣。这四位监司大人的处罚，说起来也实在是够重的了。

三、辩明　"驳正""推正"的对象，大多数是审讯完毕，并且经过录问的案件。但是在这个阶段以前，宋律中对于若干"冤滥"或"疑讼"的案件，还有所谓"辩明"的一种制度。《庆元条法事类》载有下列断狱敕一条：

> 诸州县禁囚有冤滥若疑讼，而监司州县当职官吏刑狱官司能辩明裁法者，俟结断讫，州限五日保明申提点刑狱司复实开奏，候岁终仍类奏。如系提点刑狱司能辩明者即报转运司，本司准此奏。②

这是在鼓励全国衙门里的大小司法官吏，注意他们所有听到的一切冤滥疑狱，随时帮忙研究，想出破案的办法。虽然这些不是他们自己承

---

① 《条法事类》，页 508 上。
② 《条法事类》，页 508 下。

办的案件,但是随时随地,他们都有立功得赏的机会。不过《宋会要》里似乎还没有关于"辩明"给赏的记录。那么不是这项办法颁行的时期太晚,就是实际上没有十分发生作用的缘故。

贰 举驳和驳勘

一、举驳 宋朝自太宗淳化二年(991)以后,各路皆设有提点刑狱——简称提刑司——是一路里最高的司法官,"掌察所部之狱讼,而平其曲直"[1],"凡管内州府,十日一报囚帐"[2]。所以各州府的案件,到了提刑司那里,提刑司认为有问题的,随时可以指出缺点,交还本州府,或者移送另外一个州府去重新审问。这个就叫做"举驳"。

南宋人张邦基的《墨庄漫录》卷八有下面一条:

> (神宗)熙宁五年(1072),杭州民裴氏妾夏沉香,浣衣井旁;裴之嫡子献,误堕井而死,其妻诉于州,必以谓沉香挤之而堕也。州委录参杜子方、司户陈珪、司理戚秉道,三易狱皆同,沉香从杖一百断放。时陈睦任本路提刑,举驳不当,劾三掾皆罢。州委秀州倅张济掬勘,许其狱具,即以才荐,竟论沉香死。故东坡送三掾诗云,杀人无验终不快,此恨终身恐难了。其后睦还京师,久之未有所授,闻庙师邢生,颇从仙人游,能知休咎,乃往见之,叩以来事,邢拒之弗答,而语所亲曰:其知沉香何?睦闻之,悚惧汗下,废食者累日。释氏所云冤

---

[1]《文献通考》(Ca. 1317),卷六十一(上海,民三十五年影印本,页558)。
[2]《宋史》(1315),《刑法志》二,页12(艺文本页2372)。

怼终不免,可不戒哉。①

这就是"举驳"的一项实例。《庆元条法事类》卷七三,推驳,有下列断狱敕一条:

诸官司举驳入人死罪不当者杖一百。②

这一条规定倒是可以适用在陈睦身上的,即杖一百的罪名。叮惜当时没有人提出。(在法律上讲,入人死罪的犯官,是当时的知州。因为通判张济,也不过是依着知州的意旨去办理的,然而知州还是在想讨好提刑。所以断狱敕杖一百的刑罚,未免太轻了一些。而因果论就把陈睦当作正犯了。)

张邦基记载的这一段小故事,有好几点值得我们重视。一、这是犯人不肯招供因而经过两次"别推"的一项实例。二、上级机关的举驳,不一定是从重罪改为轻罪,因为这是从轻罪改成重罪的。三、这项冤狱,当时人知道的应当不少——东坡的诗③就够得上全国性的传播——然而毕竟未得平反。四、冤死的虽然只是一个老百姓的丫头,但因此也成了一个不朽的人物。其中固然有若干文学崇拜如迷信神鬼的因素在内,但是同时也说明了中国人把人命官事看得是多么重(所谓"人命关天")。

宋朝的行政制度,在各州府之上,有各路的安抚使、转运使,和各种提举司,都和提刑司一样,统称为"监司"。各州府的狱讼案件,照例要按期申报各监司。而这许多监司衙门,全都是各州县的监督机关,而随时可以"举驳"。洪迈,《夷坚志卷》二十八,载有下面一段故事:

---

① 张邦基:《墨庄漫录》,卷八,页1。
② 《庆元条法事类》卷七三,页508。
③ 东坡送三掾诗见王元浩,《苏文忠公诗编注集成》(1819),卷十,页十八(台北,学生书局,一九六七年影印本,总页2008)。

王元懋巨恶

泉州人王元懋，少时只役僧寺其师教以南番诸国书，尽能晓习。尝随海舶，诣占城，国土嘉其兼通番汉书，延为馆客，仍嫁以女，留十年而归，所蓄橐具百万缗，而贪利之心愈炽。遂主舶舡贸易，其富不赀，留丞相诸葛侍郎皆与为姻家。淳熙五年(1178)使行钱吴大作纲首，凡火长之属，而图帐者三十八人。同舟泛，一去十载。以十五年(1188)七月还，以惠州罗浮山南，获息利十倍。其徒林五王儿者，遽与悖心，戕吴大以下二十一人。唯宋六者常诵《金刚经》，肩背中刀坠水，身把柁尾，哀鸣求生，王儿持刀断其指，复坠水，如有物承其足，冥冥不知昼夜。如此七八日，抵潮阳界，上岸求乞。凶徒易以小舡回泉州，至水澳泊岸，元懋梦吴大等诉冤，明日人报所乘舶遭水，人货俱失其半。懋疑而往迎，置酒法石寺，酒半，谓二凶曰："船若遭水则毫发无余，何故得存一半？"凶实告其过。且曰："今货物沉香，真珠脑麝，价值数千万，倘或发露，尽当没官，却为可惜。"懋沈吟良久，亦利其物，乃言提举张逊，新到任，未谙事体，但计嘱都史吴敏辈可也。懋即以家资厚赂之，曰张君用分数抽解外，而中分其赢。九月初夜，宋六叩其家门，其父臻臻唾骂之曰："汝不幸非命，无可奈何，勿用恼我。"对曰："儿不曾死。"于是启扉泣道变故。臻曰："未可使人知。"迨旦。走诣王儿处，问我子何故溺水。王儿怒曰："各自争性命，我岂得知？"遂密报林五与同恶四人潜窜，臻父子投状于张下之南安县。县宰施宣教。为推吏所绐，以船漏损人，谓非篙稍之过，既已逃亡。在法亡者为首，将寝不治，但申诸司。安抚使马会叔判云，王元懋知情杀人，包赃入己，改送晋江县鞫勘。当日移囚二推吏皆见吴大徒侣十余鬼，愤色上冲，拥之入水中即死。县宰赵师硕，躬阅案牍，悉力审听，捕懋下狱。缘王儿诸凶佚去，未能竟。而诸凶到九座山,值冤魂执搏于林中,仙游弓手获之,得以结正,奏请于朝。舡使南安宰皆罢,吴敏等黥配,王儿林五剐于市,他皆极法。元懋时为从义郎,隶重华宫只应,坐停官,羁管兴化军。居数月放还,欲兼程亟归,至上田岭,见吴大领鬼遮路曰:"先吾于汝,汝不主张,今冥司须要汝来。"懋叩首哀恳,吴引手触其心。轿夫悉聆其言,至家一夕,呕血而死。①

这一段记录说明四点:一、王元懋是参加国营海上贸易的一个商人。闹出了人命官事,冤主到提举(船舶?)司张逊那里去告他。可见打人命官事不一定要到县衙门去递状。二、提举司把案子交给南安县去办,大概是本着"犯罪皆于事发之所推断"②的原则来处理的。三、南安县本来打算把案子搁下去的。但是在申报到各监司时,乃由安抚使发现了毛病。这说明州县申报案子,各监司确实可以负起纠正冤狱的重任。不过一件人命案子,要靠管军事的安抚司来纠正,未免使主管刑狱的提刑司,大丢面子。四、安抚司把案子改送晋江县鞫勘,即我们时常提起的所谓"推移"制度。

关于监司之监督州县狱讼,《宋会要·刑法三》,有下面一段纪录:

(徽宗政和)八年(1118),闰九月十四日,臣僚言:伏睹州县听讼,其间或有冤滥,即诣监司申诉。而监司多不即为根治,但以取索公案看详为名,久不结绝。或只送下本处,或不为受理,致无所控告。自来非无法禁。盖官吏玩习,恬不介意。虽廉访使者,许摭实

---

① 洪迈:《夷坚志》(1166—82)卷二十八,页6(新兴书局影印本 p. 390)。
② 断狱令,见《庆元条法事类》卷七三(p. 499)。

以闻，而讼牒难以悉陈，上渎天听。臣愚欲乞诏有司立法：诸路监司，有能改正州郡所断不当，总其实数，岁终考校，以为殿最。庶几诉讼获申，以副陛下爱民之意。诏：臣僚所言，切中今日监司之弊，可措置立法行下。①

这是一项非常有意义的立法。

二、驳勘　在宋朝，流刑以上的案子，都要由各州府经过提刑司呈报到大理寺和刑部（宋术语简称"刑寺"）②去审核。流刑案件，刑部可以决定。死刑则须送经中书门下两省详复，再送皇帝批准。如果大理寺或刑部认为有问题，它们可以呈准皇帝予以批驳，令其重审（这就是宋术语所谓"驳勘"③——也有时叫做"疏驳"）。驳勘不是没有条件的。《宋会要·职官五》：

> （孝宗）淳熙二年（1175）三月二十二日，诏刑部大理寺，自今驳勘案状，从本部长贰并大理少卿仔细看详，如见得委是不圆，有碍大情，出入重刑，方许依条申奏驳勘。如大情不碍，止是小节不圆，即据所犯定断，不得一概泛乞别勘。仍令诸路州军监司，将合申奏狱案文字须管具情犯一切圆备，方得申奏。若大情有碍，却致刑寺驳勘，具当职官姓名申尚书省。④

不但如此，刑部和大理寺之间，也并不是永远一致的。刑部有时驳

---

① 《宋会要·刑法三》，23a。
② 如《宋会要·职官五》，50a，淳熙七年（1180）五月十五日条。
③ 同上，47a，三月二十二日条。职官五，50b，淳熙八年1181七月十四日条。
④ 《宋会要·职官五》。

难大理寺的意见,而大理寺也不断地作有力的反驳。《宋会要·刑法四》,有下面一项实例:

(徽宗)宣和三年(1121)十二月十五日,臣僚言:伏见大理寺断袁州百姓李彦聪,令人力何大打杨聪致死公事。其大理寺以元勘官作威力断罪可悯,寺正丞评并无论难。因少卿聂宇看详驳难,称是李彦聪止合杖罪定断。其寺丞与评事,亦从而改作杖罪。案上刑部,看详疏难,称大理寺不将李彦聪作威力使令殴系致死,断罪未当,欲令改作斩罪。其寺正评事议论反复,少卿聂宇执守前断,供报省部。本部遂申朝廷,称大理寺所断刑名未当,已疑难不改。若再问,必又依前固执,枉有留滞。伏乞特赐详酌。既而大理寺检到元丰断例,刑部方始依前断杖罪施行。访闻寺正评事,其初皆以聂宇之言为非。兼刑部驳难,及申朝廷详酌,则以斩罪为是,杖罪为非。若聂宇依随刑部改断,则刑部以驳正论功,聂宇失出之罪,将何所逃?直至寻出元丰断例,刑部方始释然无疑。使李彦聪者偶得保其首领,则杖者为是,斩者乃非矣。伏望圣慈取付三省,辨正是非,明正出入之罪。兼详看法寺案周懿文高宿尤无执守,其议李彦聪案,遂持两端。望并赐黜责执行。诏高宿降一官,周懿文罚铜十斤。①

这件案子,袁州的法官,大理寺的寺正和干事,以及刑部的官员,全都是认为该判死罪的。只有大理少卿聂宇一个人力主杖罪。幸亏他在档案里找到了元丰旧例,才保住了犯人的脑袋。看大理寺和刑部的反复

---

① 《宋会要·刑法四》,78b。但仁宗天圣八年1030五月二十二日,"知则奏劾所都官吏!"(刑法三,175)不过以后则常用"按发"两字头。

辩难,臣僚们的力主正义,并要求黜责首鼠两端的大理寺里的法官。可见宋朝的司法行政,就是在一个独裁者徽宗的治下,仍然能保持其优良的历史传统。使人不胜故国乔木之思也。

叁　按发、奏劾和其他

以上两节所说,都是一件刑事案子,在没有执行以前的各种复核制度。但是宋律中复核的范围,要比这个广泛得多。因为在中国传统法里,审判是诉讼法和行政法的双重对象。一件冤狱,从诉讼法的观点上看,固然要予以平反。同时造成这件冤狱的法官,不管是作弊或无能,他是永远逃避不了他的行政责任的。所以在宋朝,不但是从冤狱里发现赃官,而每每从赃官身上发现冤狱。

一、按发　宋朝各路的"监司"官,对于所属各州府的官吏,各州府的长官,对于所属各县的官吏,全都负有监督考核的责任。上级长官如果发现所属官吏有断狱失当的行为,他们随时都可以追究翻案,这个在术语上叫做"按发"。(前面所述的"举驳",是以狱讼为主体,这里的"按发",则以官吏为主体。)也就是说,宋朝的老百姓,在赃官手上,受了冤枉,自己不敢申诉,而上级机关在复核时也没有纠正。但是经过了若干时期,这位赃官的劣迹一旦发现,这件案子还是可以得到平反。

《宋会要》里有关于按发的规定五条如下:

1.(太宗太平兴国五年[980])闰三月二十四日诏:应命官犯徒以上罪,去官事发者,宜令逐处追寻勘鞫,以其状闻。①

---

① 《宋会要·刑法三》,39a。

2. （高宗绍兴五年[1135]）十月九日，刑部言：监司按发公事，应推鞫，不得送廨宇所在州军……其诸州军发劾属吏，即无不许送本州取勘条法。①

3. （孝宗乾道四年[1168]）六月十四日，臣僚言：窃见监司郡守按发所部，或有止据一时访闻，便具申奏，致降指挥，先决收罢。后来勘结，止系公罪，于法不至差替冲替追官勒停。其被按之官，情埋可悯。欲望特降睿旨：如有似此滥扰按发之状，并依旧与本等差遣。从之。②

4. 五年（1169）正月二十八日，臣僚言：窃见监司郡守发摘官吏，必先委官体究。体究有罪，则继以鞫勘。若云无罪，则置而不问，所系亦甚重矣。比来体究官，或迎合上官，或阿蔽党与，或力报怨仇，或委胥吏。逮至鞫勘，则体究之事如此，鞫勘之实如彼。纷错无据，莫可考证。乞自今凡体究不实者，并令案后收坐。从之。③

5. 六年（1170）四月十九日，权刑部侍郎汪大猷言：勘会昨降指挥，今后监司按发官吏，不得送置司州军根勘。今来诸路，多不遵守。其承勘州军，被受不同，旅行申审，文移注复，遂成稽滞。乞将元降指挥申严行下，从之。④

这里第五条（四月十九日）就是前面第二条（绍兴五年）的重申。

《宋会要·刑法三》，有府监督县，提刑司监督府的一项实例：

（高宗绍兴）六年（1136）十一月十八日，广南东路提刑司言：德庆府根勘封州县令林廷辉在任不法，上下受嘱，故作违慢。本司推

---

① 《宋会要·刑法三》，75b。
② 同上，58a。
③ 同上。
④ 《宋会要·刑法三》，85b。

勘,计八十八次,①经七个月,未见申到结绝。其本府官吏,系在朝散大夫权知军府文彦博、右朝奉郎权通判陈泳、左从政郎录事参军兼司户司法吴廷宾。诏各降一官。②

二、奏劾　宋朝的州县官,除了受各路监司的经常监督之外,在京的御史老爷们,也是可以随时参劾他们的。唐朝的官制,设有监察御史十五人,"巡按州县狱讼"③。宋初的御史,"仍多出任风宪之职"④。到了仁宗嘉祐七年(1062),"大正官名:以言事官为殿中侍御史,六察官为监察御史,掌吏户礼兵刑工之事。在京百司,而察其谬误"⑤。大概因为这时候,已经在各路设有提刑司,所以就不需要再派御史们到各处去按察。神宗元丰三年(1080)四月,用李定的建议,"以刑案察提点刑狱"⑥。因之各地方的狱讼,依旧在监察御史们的监督之下。不过中国传统官制,御史官阶是较低的(监察御史在唐是正八品,在宋是从七品),对于比他官阶高的地方官,不能命令指挥,只能报告皇上派人处理,所以在术语上叫做"奏劾"。

神宗熙宁五年(1072)十一月,权监察御史里行张商英奏劾博州官吏失入人死罪,同时说枢密院检详官党庇亲戚。⑦ 因之引起了王安石和文彦博的不和,成了政治上的一个小风波。但这正是监察御史纠正地方狱

---

① "八十八次"可能是"十八次"之误。
②《宋会要·刑法三》,78a。——关于"按发",可再参页 22b,政和八年闰九月十四日条及页 79a,绍兴九年八月三日"监司轻于按发"条。
③《新唐书》(1060)四八,《百官志》,页五(艺文本 566)。
④《宋会要·职官十七》,31a。
⑤ 同上。
⑥ 同上,页 9b。
⑦ 李焘:《续资治通鉴长编》(1174)卷二百四十,页 10a。

讼的一项实例。

三、"纠察" 在真宗大中祥符二年(1009)到神宗元丰四年(1081)的七十年里,开封府还有一个"纠察在京刑狱司",专门注意京城的狱讼。① 大中祥符九年(1072),慎从吉作开封府,纵容他的两个儿子,收纳贿赂、包揽词讼,事发之后,逮捕了一百多人,大小官员,贬谪了九个,就是由纠察刑狱司举发的。②

四、中书"刑房" 宋朝的中书省,设有吏户礼兵刑工各"房",分掌诸部的文书,各房里的都录事,宋初时叫做"堂后官"。③ 王安石作宰相时,曾经规定,"刑房能驳审刑(院)、大理(寺)、刑部断后逮法得当者,一事迁一官。故刑房吏日取旧案,吹毛以求其失"④。元丰元年(1072)正月,刑房堂后官周清——王安石一手提拔起来的一位小人——就这样从故纸堆里掀起一场大风波:所谓"相州之狱",事情是这样的:

"初,韩琦判相州(这是神宗治平四年[1067]的事),有三人为劫,为邻里所逐而散。既而为魁者谓其徒曰:'自今劫人有救者,先杀之'。众诺。他日又劫一家,执其老姥,榜捶求货。邻人不忍其号呼,来语贼曰:'此姥更无他货,可惜榜死'。其徒(他的名字叫冯言)即刺杀之。左司皆处三人死"⑤。

谁想到五年之后,周清忽然要替冯言喊冤。他说:"新法:凡杀人虽已死,其为从者被执,虽经拷掠,若能先引服,皆从按问欲举律减一等。

---

① 《宋史》(1345),一六三,《职官志》三,二八(艺文本1875)。
② 案情详《宋会要·刑法四》,75a。
③ 见李心传(1166—1234):《建炎以来朝野杂记》:元丰五年(1082),除堂后官之名,门下中书两省,置录事而已。参《通考》,三五,选举八(p.333)。
④ 《续通鉴长编》二八七,13。
⑤ 《续通鉴长编》二八七,13。

今盗魁既令其徒云:'有救者,先杀之',则魁当为首。其徒用魁言杀救者则为从。又至狱先引服当减等,而相州杀之。刑部不驳,皆为失入人死罪。"

事下大理,大理"以为魁言'有救者先杀之',谓执兵仗来斗也。今邻人以好言劝之,非救也。其徒自出己意,手杀人,不可为从。相州断是"。清执前议再驳,复下刑部新官定。刑部以清驳为是,大理不服。

于是前任相州司法参军的潘开,和前任相州判官的陈安民,先后来到京城打关节。安民有一个外甥文及甫,正作大理评事。他是文彦博的儿子,吴充的女婿,因之事情就牵涉到这两位大员。[1] 过了几天,大坏人蔡确——《宋史·奸臣传》里第一号人物——奉命和御史台同审此案。[2] 事情就愈来愈糟,大理寺的两位鲜断官窦苹、周孝恭被枷缚暴于日中,五十七天。[3] 因之陈安民怯刑曲服,到了六月里,案子结束,御史中丞邓润甫、监察御史上官均,都因此贬谪。[4] 宰相吴充辞职待罪,幸而赦免。但牵连得罪者,有数十人之多。[5] 而大坏人蔡确、小坏人周清,却从此步步青云,为一世大患。追根揭底,其原因不过是五年前根本没有任何冤枉的一桩旧案而已。

五、牢执　宰执大臣,为百僚之首,自然也有权纠正狱讼之失。神宗熙宁二年(1069),苏州一个百姓叫张朝的,打死堂兄张念六。审刑院和大理寺都断他犯十恶(不睦)当死。那时候王安石正作参知政事,他说张念六打死张朝的父亲,是张朝不得私和的仇人,怎么能断张朝为"不

---

[1] 《续通鉴长编》二八七,13。
[2] 同上,二八七,20。
[3] 二八九,1。
[4] 二八八,7。
[5] 二八九,5。

睦"？张朝所犯的，只是加役流，并且是经过大赦，应合免罪。结果就照安石所议论罪，而审刑院和大理寺的法官被劾。① 这种宰执参预断刑之例，在其他的朝代，实不多见也。

一九七三年三月二十日于西雅图

---

① 《宋会要·刑法四》，75a。

推勘考

宋朝的法律制度,最精采的部分,是刑事审判,而刑事审判中的各种制度,最精采的是"推勘"。

所谓推勘者,就是牵涉有官员在内的特种刑事审判——"推"谓推囚,"勘"谓勘官①——这样的案子,可以分成两种:一是官员本身犯了罪嫌,朝廷派员专案审讯。二是官员处理狱讼不当——这个又可以分成两种:一是犯人"翻异"②,二是长官"按发"③——而上级衙门派员重审。因此原先审判案子的官员,也就成了审讯的对象。宋朝的刑事审判,翻异别勘是其基本制度之一。而推勘制则是使翻异别勘发生效能的最大保障。因此说推勘制是宋朝司法制度的基本之基本,似乎并不夸大。

一 御史台

北宋初期,"群臣犯法,体大者多下御史台狱"④。因之有些犯人翻异的案子,因为有受贿的官员牵涉在内,也就交给御史台去审判。太宗太平兴国九年(984),刘寡妇诬告晚子王元吉一案,就是最后由御史台予

---

① 《宋会要·刑法三》,68a,四月二十四日条。
② 参拙著《翻异别勘考》,《东方杂志》复刊六卷二期(一九七二年八月)20—28。
③ 参拙著《宋朝刑事审判中的复核制度》,《东方杂志》七卷一期(一九七三年七月)。
④ 《宋史》二百,《刑法志》二,14(艺文本 p. 2385)。

以平复的。①

照《宋史·职官志》的说法，御吏台最初设有"推置官"一人，"专治狱事"，下面设有四位"推置"。到了真宗咸平中(998—1003)，则设有"推勘官"十员。等到神宗元丰新官制施行时(五年，1082)，"推置等官悉罢"②。《宋会要·职官五》说："太宗淳化元年(990)五月，诏御史台置推勘官二十员，分谳天下大狱。候三年满无遗旷，或虽有责罚，如所犯情轻，及案节小不圆者，亦特与转官。如二年愿替，即与近便差遣"③。这一段足以补《宋史》的遗漏。《会要》又说：

> (淳化)四年(993)，五月二十九日，诏御史台：应有刑狱公事，御史台中丞以下，躬亲点检推鞫。不得信任所司，致有冤滥。④

这是有关北宋初期御史台司法工作的一项重要纪录。似乎当时御史台的司法工作，颇不在少。但是到了仁宗皇佑五年(1053)九月二十二日，侍御史皇母湜的一篇奏章里说道：

> 伏睹祖宗朝，有中外臣僚公事发露，多送御史台推勘。当时群臣颇有疑惧。自承平既久，此制渐隳。官吏犯法，罕有置御史台者。⑤

---

① 《宋史》二百，《刑法志》二，页 2(p. 2379)。
② 《宋史》一六四，《职官志》四,4(p. 1881)。
③ 《宋会要·职官五》,47a。
④ 同上，刑法三,50b。
⑤ 同上,64b。可见监察御史监仍监督地方司法，熙宁五年(1172)十一月丁卯，太子中允构监察御史果行张育英，以前言博洲官吏失入贼不满军贼二人死罪，贬为光禄寺丞监荆南路。

大概在这一段期间，御史台的司法功能，逐渐的在减低。（不过它的监察功能，一直是十分强壮。）所以到了元丰新官制实施，"推置等官悉罢"。而到了宁宗嘉定年间（1208），甚至于把"检法官"和"主簿"两个阙，也都不再填补了。①

虽然如此，御史台在宋朝司法系统里，一直维持着它崇高的地位。譬如在上诉的八审程序中，它属于第六审（即本县、本州、转运司、提刑司、尚书本曹、御史台、尚书都省、登闻鼓院）②。《宋会要·刑法三》：

> 孝宗隆兴二年（1164）八月二十三日，臣僚言：伏见御史台讼牒，日不下数十纸，皆由州县断遣不当，使有理者不获伸，无辜者反被害，遂经省部以至赴台。乞令御中台择其甚者，具事因元断官吏姓名奏劾，取旨行遣。从之。③

可见到了南宋的早期，御史台的司法工作，又变得相当繁重。再则官吏犯法，在原则上，御史台始终是法定的审判机关。所以，官员犯法，有人告到皇帝，皇帝多半是交给御史台去查办的——所谓"诏狱"。神宗元丰二年（1079）七月里苏东坡的"乌台诗案"，就是送御史台根勘，而权御史中丞李定，就是两个审判官之一（其他一人是知谏院张璪）。④ 就是到了南宋，高宗时的王时雍之狱、赵子崧之狱、苗傅王世雍之狱等等，也都是御史台承办的。⑤

---

① 《宋史》一六四，《职官志》四，4（p.1881）。
② 详拙著《别勘考》，27。
③ 《宋会要·刑法三》，31b。
④ 王文诰：《苏文忠公诗编注集成》（1819），总案卷十九，页3—8（台北，学生书局，一九六七年影印本 pp.777—788）。
⑤ 《宋史》二百，《刑法志》二，页18—19（2387—88）。

不过御史台并不是唯一的"官吏法庭"。官吏犯法,皇帝要派任何人审问都可以。仁宗庆历五年(1045),欧阳修被人诬告帷薄不修——说他和他的外甥女有暧昧——是由三司户部判官苏安世治狱,他"白修无罪,以此名闻天下"①,尤其是由御史检举的案子,有时候为了避免嫌疑,就派御史以外的官员去推勘。真宗咸平九年(1016),纠察刑狱赵稹检举开封知府慎从吉纵容子弟受贿,干涉刑狱,"稹方知杂(即知杂御史),请不以付台"②,就是这个理由。后来治平四年(1067)三月,御史蒋之奇诬告欧阳修和他的儿媳妇通奸,神宗批付中书问状。③ 也可以算是避免御史台的一个例子。还有,《宋会要·刑法三》:

熙宁二年(1069)闰十一月二十二日,命崇文院校书张载劾苗振事……于是吕公著与程颢等皆言"载贤者不当使鞫狱"。上(神宗)曰:"鞫狱岂贤者不可为之?弗许。"④

这一段不大被人注意的插曲,颇能够使我们对于宋朝理学先生们的头脑,有更多一分的了解。

二 有关"制勘"的种种规定

《宋史·刑法志》说:"神宗(1068)以来,凡一时承诏置推者,谓之制

---

① 刘次庄撰《仁寿县君苏氏墓志铭》(《江苏金石志》卷十,页 8)。James T. C. Liu, *Ou-yang Hsiu*, (Stanford, 1967) pp. 65 - 67。
② 《宋会要·刑法四》,71;参刑法三,57b。
③ 李焘:《续资治通监长编》,二百九,页 5(台北,世界书局,一九六一年影印本)。《宋史》三四三,《蒋之奇传》(p. 4322)。James T. C. Liu, *oip. ct*, pp. 79 - 81。
④ 《宋会要·刑法三》,65b。

勘院。事出中书,则曰推勘院,狱已乃罢"①。这两句话都不正确。一、制勘的名称,并不始于神宗。二、推勘的名称,也不限于中书。现在先说前者。

制勘的名称,至少在太宗时,已经很习惯。《宋会要·刑法三》:"雍熙三年(986)九月二十三日,著作郎刘芳言,朝廷差出制勘使臣,自来只于本州附递。窃恐漏泄狱情,今后望许直发递。从之"②。即其例也。此外再列举几项太宗朝关于制勘的规定如下:

一、抽差司狱　雍熙四年(987)八月八日将作监丞辛著言:今后差使臣制勘公事,望令于所勘事州军邻近处,据名抽差司狱(推司,狱子)。从之。③

二、朝辞具因依　端拱二年(989)二月十八日诏:今后应宣敕差出勘事使臣,朝辞日,具所勘公事因依。回日具招对情罪事节进呈。④

三、不容嘱求泄事　淳化三年(992)五月十九日,御史台言:欲乞今后应约束制官勘一行人等,不得容有嘱求,及到州府,无泄事情。如违,并许逐处官吏举觉。从之。⑤

四、不得指射空闲舍屋　四年(994)七月三日,淮南路提点刑狱尹玘言:今后制勘使臣,乞不指射州县踏逐条官空闲舍屋充制勘院。从之。⑥

五、回避乡里　至道元年(995)十一月二十九日诏:自今不得差京

---

① 《宋史》二百,14a(p.2385)。
② 《宋会要·刑法三》,49a。
③ 同上。
④ 同上。
⑤ 50a。
⑥ 51a。

朝官往本乡里制勘勾当公事……御史台亦依此指挥。①

真宗朝有下列三项：

一、不得升殿取旨 咸平二年（999）四月八日诏：自今御史京朝官使臣，受诏推劾，不得求升殿取旨，及诣中书禀命。②（这是防备问官奉迎朝廷意旨，而不据实勘鞫。这是一项十分贤明的规定。）

二、三班选差 四月十四日，帝谓宰臣曰：所差京朝官推勘公事，承命之后，多闻称疾。此有所规避也。张齐贤等曰：朝廷比选儒臣，冀明理道。使之鞫狱，殊未尽心。案文多所不圆，疏驳更劳推复。动罹枉挠，实起怨咨。若不塞其弊源，恐有伤于和气。欲望于三班中选定谙会推鞫刑名者十人，以备差使。从之。③（三班者，是横班、东班、西班，乃皇帝左右的小武官。派他们来推勘公事，实在不是一个高明的办法。幸亏这一条规定，实际上没有十分施用。）

三、不许于御史台差推司 天禧二年（1018）七月八日诏：应制勘公事，不得据例于御史台差推司。④（这大概是要制勘官独立行使职权的意思。）

仁宗庆历四年（1042）十二月诏："今后臣僚上殿，不得因进呈公事（刑狱），辄乞恩泽。"⑤这是因为太常博士王翼西京勘公事回，赐绯章服，知谏院余靖表示不妥而颁行的。同时余靖又说真宗"敦尚仁爱，勘事之官，惟能雪活人命，乃得叙为劳绩。至今著于甲令"。他并提起仁宗自己说过"朕不欲因勘事与人恩泽"的话。⑥ 这一段故事，很值得我们赞赏。

---

① 《宋会要·刑法三》，52b。
② 53b。
③ 53b。
④ 59a。
⑤ 63a。
⑥ 同上。

（后来神宗元丰五年[1082]十二月七日，宇文昌龄自鄜州制勘回，进对，赐绯章服。① 未免有违祖训了。）

《宋会要》于神宗熙宁九年(1076)下，有"秦州制勘院收絷熙河路官员人数不少"②一条。足见制勘官到了办事的地方，都要设院，而且可以收絷犯人。

徽宗宣和七年(1125)六月规定："诸差官被旨推鞫追究公事（下所属，及御史台差官就推官），无故稽违，而不奏劾者，杖一百。"③这似乎是《宋会要》里有关制勘的最后一条规定。

现在再谈"推勘"名称之不限于中书。

太宗端拱元年(988)十二月二十七日，兖州判官刘昌言"窃见外州府推勘刑狱"云云。④

淳化二年(991)四月十一日诏："……并转运司差官推勘。"⑤

这是神宗以前"推勘"不限于中书之例。

徽宗宣和二年(1120)九月二十三日诏："诸路监司郡守，奉旨推勘公事。"⑥

高宗绍兴六年(1136)七月八日，右司谏王缙言："窃见诸处推勘奸赃之吏。"⑦

这是神宗以后推勘不限于中书之例。实在说起来，照《宋会要》的纪录看，两宋推勘公事，事出中书之例，是少而又少的。

---

① 《宋会要·刑法三》，67b。
② 66a。
③ 72b。
④ 49b。
⑤ 50a。
⑥ 71a。
⑦ 同上。

三 主管推勘的各路监司

宋朝州县狱讼之推勘，属于各路监司，最初是转运使。

转运使在唐玄宗开元二十六年(738)最初设置时，本是专管漕运的，到了宋朝，同时兼理民政，而成了本路各州府的正式长官(监司)。① 所以北宋初期，地方刑讼案件，需要派员推勘时，都是由转运使差派。②

太宗淳化二年(991)五月，在各路转运使之下，设置了一个提点刑狱——简称提刑司——专管狱讼案件。由淳化四年(993)到真宗景德四年(1007)的十四个年头，一度中断。③ 等到真宗大中祥符九年(1016)，它开始和转运使并提（"诸路转运、提点刑狱"），而号称"两司"④。

从此提刑司的地位，日见重要——它事实上已经成为一路里最高的司法长官——仁宗宝元二年(1035)五月一日的一道公文里，说到"转运或提刑司"⑤。在司法职权上，他显然取得了和转运使同等的地位。

哲宗元符元年(1098)六月四日，朝廷规定：翻异称冤的案件，凡是经过"录问"的，都要由提刑司审察，也就是说，从此地方上所有需要推勘的

---

① 关于转运使的说明，在《宋史》里是找不到的。最好的简单叙述，是上海中华书局1965年本，《历代职官表》(1780)的"历代职官简释"，页199。

② 例如《宋会要·刑法三》，太宗淳化三年(991)四月一日条(49b)，三年(992)七月三十日条(50b)。实在这个时候，各路转运司下，已经设有提点刑狱，在办理这一类的事情。但是在公文上，还没有正式出现。

③ 参阅拙著《宋律中的审判制度》，《东方杂志》四卷四期（一九七〇年十月），P24。

④ 例如《宋会要》，真宗大中祥符九年(1016)六月二十二日条(刑法三,58a)，八月二十八日条(同上)；天禧元年(1017)正月十四日条(58b)；二年(1018)三月二十三日条(59a)。这里的转运和提刑两司，也正是后来明清两代藩臬两司的先河。

⑤ 《宋会要·刑法三》，62a。

案件，一律是由提刑司主办。只有到犯人在提刑司仍行翻异时，才轮到转运司去处理。①

高宗绍兴元年（1131）四月十九日，朝廷颁行了下列一项"指挥"：

> 今后监司郡守按发官吏合行推勘者，如系本州按发，须申提刑司差别州官。本路按发，须申朝廷差邻路官，前来推勘。②

这就是说：提刑司推勘"按发"的事件，以本路里州郡所按发者为限。如是经由本路监司按发者，就得申请朝廷另外从邻路派人，这样可以使一路里的同僚们不致有彼此袒护和顾忌的情形。

宋朝各路的监司官，除了提刑司、转运司以外，还有安抚司。③ 从孝宗乾道六年（1170）起，又加上了一位提举司。④ 一个个都有推勘狱讼的权利和义务。要这么许多不同任务的机关，一同参加刑审，这正是宋朝政府组织里分权的精神啊。（各机关不能专擅以致滥用职权，朝廷易于控制。）

四　有关推勘的种种规定

推勘和制勘间的重要分别，只是在形式上：制勘是用皇帝名义交下

---

① 同上，85a，孝宗乾道四年（1168）正月二十一日条。
② 同上，职官五，54a；季宗绍熙元年（1190）十月十七日条；参同年四月二十九日条（53b）。
③ 《宋会要·刑法三》，孝宗乾道四年（1168）正月二十一日条（85a）。参拙著《宋朝刑事审判中的复核制度》中所叙王元懋案。
④ 《宋会要·刑法三》，乾道六年（1170）三月二十六日条（85b）。

的案件,推勘则是刑狱有翻异时法定的程序。制勘常常因为查究官员的不法行为,因而追究到他们经办的刑狱;推勘则因为犯人翻异而牵涉到官员们的不法。关于制勘,太宗、真宗、仁宗、徽宗四朝,有十余项防弊的规定,已详前面第二节。现在再谈有关推勘的若干细则。

照《宋会要》的记载,真宗咸平元年(998)三月,大理寺曾经制定一种《推勘条式》颁行内外。① 大中祥符五年(1012)八月二十九日的一道诏书,还提到过这一项法规。② 可是以后就不再见提起,大概很早就失传了。所以后来关于推勘制度,不断有零星的规定颁行。现在试予采辑分析如下。

一、置院　宋朝早期的推勘,似乎多半都设立临时法庭——术语谓之"置院"或"置司"——《宋会要·刑法三》:

> 仁宗天圣四年(1026)六月二十三日,中书门下言:据安州奏,转运司差荆南府节度推官徐起到州置院,取勘本州官吏,为不觉察参军崔道升衷私逃走归乡事。凡推勘公事,须事理稍大,或钱谷刑狱,或事干两词,须要对定勾追干证者,即合特置院推勘。今详安州公事,情理显然,于理不须差官置院。兼检会今年闰五月八日敕命,条贯分明,欲申明告谕。从之。③

文中"事理稍大……即合特置院推勘"一段,大概就是闰五月八日敕命的内容。

---

① 《宋会要·刑法三》,53a,三月二十日条。
② 56b。
③ 60b。

《会要》又记载：

> 神宗元丰五年（1082）十二月十七日，奉议郎王钦臣言：诸路监司，被制书鞫事，所降指挥，有"差官取勘"者，有"取勘闻奏"者，一例差官。伏缘诏旨，自有区别。伏望申明：自今朝旨称"取勘"者，监司自勘。委勘处或邻近通判录问检断。如干系者众，须当置司，乃得"差官"。从之。①

这一条纪录，说明了"差官取勘"和"取勘闻奏"的分别。苏东坡元丰四年（1081）七月二十一日《谢放罪表》内，有"去年十二月十五日，准淮南转运司牒：奉圣旨差官取勘，臣前任徐州日，不觉察百姓李铎郭进等谋反事。至今年七月二日，复准转运司牒：坐准尚书刑部牒，奉圣旨，苏轼送刑部尚书，更不取勘"②一段。我们从这里可以看到当时差官取勘公文的大约形式。

二、监勘　推勘和制勘一样，有时还另外派出一位官员来"监勘"。监制勘的多半是宦官。例如前面提到的大中祥符九年（1016）的慎从吉案，除了派殿中侍御史王奇、三司户部判官著作郎直史馆梁固去鞫治之外，还派了"中使谭元吉监之"③。监推勘的，常常是监司地位的一位官员。例如仁宗嘉祐五年（1060）三月，派江浙等路提点铸钱公事沈扶赴邵武军推勘院监勘曾均打杀阿黄公事④是也。

三、人事规定　凡是要推勘的，当然都是比较有问题的案件，那

---

① 《宋会要·刑法三》，67b。
② 王文诰：《苏诗集成》，总案21。
③ 《宋会要·刑法四》，71b。
④ 刑法三，65a。

么派谁去推鞫的，当然要选择具备优良条件的人物。宋律在这个问题的处理上，最是详慎仔细，试看下列各项规定：

1. 清强不干碍人　太宗淳化二年(991)四月一日诏诸路转运使：今后差官勘事，并于幕职州县内，拣选清强官一员，仍于本州别选清强不干碍监当京朝官或监押幕职一员同推，务要尽公，以绝枉曲。①

2. 转运使亲自差人　淳化三年(992)七月十六日诏：访闻诸州事应刑狱公事，若是州府受情，须至经转运司论讼，其间须富豪形势之辈，却于转运司请求司吏拣选州县将欲任满之人推勘。令逐路转运司：今后并须使副亲自差强干能勘事人，不得更似日前，致有违越。②

3. 不合差勘人　淳化五年(994)三月二十一日黄御河催运叶仿言：河北转运使李若拙先差荆州散参军廉文式往通利军勘公事，近七十日，尚未了当。文式元是犯事人，若拙不合抽差。乞令逐路转运司：今后更不得差散参军文学长史司马别驾，并配衙前人等，勘鞫公事。诏文式见勘公事，令转运司疾速别差官替访，送枢密院与记姓名。③

4. 回避同年同科　真宗景德二年(1005)九月诏：应差推勘录问官，除同年同科同及第，依元敕回避外，其同年不同科目者，不得更有辞避。④

5. 不用元捕盗官　大中祥符二年(1009)七月二十九日诏：大辟罪人，案牍已具，临刑而诉冤者，并令不干碍明干官吏复推。如本州官皆碍，则委转运提点刑狱司，就近差官。时光化军断曹兴，将刑称冤，复命县尉鞫治，刑部上言：县尉是元捕盗官，事正干碍，望颁制以防枉滥

① 《宋会要·刑法四》,49b。
② 50b。
③ 52a。
④ 55a。

故也。①

6. 须曾经历任人　高宗绍兴十二年(1142)二月二十三日,臣僚言:比者诸路推究翻异公事,或朝廷委之鞫勘,多于闲慢可差出之官,例皆初官荫补子弟,及新第进士,于法令实未暇习。其势必委之于其下:老胥猾吏,得以轻重其手。欲乞行下诸路逐司,应有勘鞫公事,并须择曾经历任人,庶几奸吏无所措手。②

7. 选差京朝官　绍兴二十七年(1157)十一月六日诏:今后遇有勘鞫公事,并于京朝官曾经任人内,选差谙晓刑狱及有材干之人。如缺京朝官,即从提刑司于一路选差。提刑司妨碍,即于转运司。以臣僚言,所差选人,侥幸升改,顾望出入,狱失其平。乞选差京朝官,庶几事体稍重。不为威势摇夺故也。③

8. 致仕选人　孝宗乾道六年(1170)二月十八日,浙东提刑程大昌言:自今审问重勘公事,于选人致仕已及一考以上内,有谙晓刑狱及有材干之人,与京官通行选差。从之。④

四、期限规定　狱讼之事,除了要法官公平能干以外,最重要的,是办事迅速,不要拖延耽搁。宋律最能抓住这一要点。例如哲宗元祐二年(1087)定制:公事日限,大事以三十五日,中事二十五日,小事十日为限。在京八路,大事以三十日,中事半之,小事三之一。台察及刑部并三十日。每十日:断用七日,议用三日。⑤ 不过关于推勘的期限,要到南宋,才有更详密的规定如下:

――――――

① 《宋会要·刑法四》,55b。
② 80a。
③ 82b。
④ 85b。
⑤ 《宋史》,一九九,《刑法志》一,21(p.2377)。

1. 孝宗淳熙七年(1180)五月十四日诏:诸路州军,将应承受到疏驳再勘狱案,须管遵依鞫狱条限。如承受取会不圆情节,亦不得过会问条限。自今如有违滞去处,仰本路开具当职官吏姓名,申尚书省取旨,重作施行。仍令刑寺长贰、诸路提刑、诸州官臣,将上件指挥,刻版榜置之厅事,常切遵守。① 诏中所说"鞫狱条限",不知是否前面提到元祐二年的规定。"会问条限",尤其重要。可惜一时还没有发现出来。

2. 光宗绍熙二年(1191)八月二十日,刑部侍郎马大同言:乞应差推勘官,并须选清强详练之人,不容作推避。从所差监司,专人押发,限五日内起离。仍令所属州县,将一行官吏,依条合得券食,挨日批支。应有供须之属,无令阙误,然后可以责其留心推勘。如罪因止一名,限以半月,三名以上,限以一月,方许出院。有所追会,不在此限。违者以违制论,许本路监司按治。期限既定,大约计之,每推自其被差,以至出院,亦须两月之期,而后讫事。② ——这里对于推勘期限,首次作消极的限制。即不到半月或一月,不许出院。普通问案子,都是怕耽搁,所以唯恐其慢。这里则因为是外来的官员,怕他归心如箭,办事马虎,所以唯恐其决。真是有意思。

3. 绍熙五年(1194)九月十四月明堂赦:鞫狱差官,自有起发条限。近来被差官,往往推避迁延。今后应监司州军,差官推勘公事,须管督责照条限,疾速起发,不得推避。如有稽滞,仰所差官司按劾。③

4. 宁宗嘉定十七年(1224)二月十一日,臣僚言:窃见所在置推鞫勘重囚差择官吏,设棘防闲,可谓严密。所差之官,奉檄入院,所宜稽貌胥占阅实审克。顾乃具文引问,教令翻异。况顽囚贪生畏死,类多抵讕。

---

① 《宋会要·职官五》,50a。
② 55a。
③ 56a。

教之使翻，彼胡为而不翻乎。乞令刑部遍符诸路监司，自以始所差勘官，须管依条限起发前去，勿容迁延规避，务在尽心推鞫，究见本情，不得教令翻异。如违并行按劾，狱成奏上。即令勘官出院。仍约束州郡排办勘院，无致灭裂券食计日之给，俾一行官吏，安意肆志，以竟狱事。从之。①

五、其他规定 宋朝对于推勘制的立法，其审慎细密，是非常惊人的。兹依其年月先后，条列如下：

1. **不得状外勘事** 太宗端拱元年（988）十二月二十七日，兖州判官刘昌言：窃见外州府推勘刑狱，多于禁人本状之外，根勘他罪。欲乞今后，除事该劫盗杀人，须至根勘外，其余刑狱，并不得状外勘事。从之。②

2. **具由置簿** 淳化二年（991）四月十四日诏：应差官制勘，并转运司差官推勘，及省寺公案不圆合行取勘等事，敕下之日，先具事由，送大理寺，仰本寺置簿抄上。候勘到公案下寺断遣了日勾凿。内有延迟过违日限者，便仰举行勘责。③

3. **不得置会迎待** 真宗至道三年（997）四月二十七日，审刑院言：并州推官罗伯英起请：乞今后授宣敕及转运司差官推勘公事，所到推勘处州府，不得置延会迎待，及到推勘院相见。看详：并得允当。从之。④

4. **训练狱卒** 大中祥符五年（1012）四月二日诏：遣官差鞫公事，所差推鞫狱卒，如经七次无法司驳难，递迁一级。如未有阙，即令守阙。⑤

5. **不追千里外子女** 七年（1014）正月十七日诏："推勘公事，干连女子当为证者，千里之外，勿追摄，移牒所在区断。"时鼎州判官孙赴受财

---

① 《宋会要·职官五》，63b。
② 《宋会要·刑法三》，49b。
③ 50a。
④ 53a。
⑤ 56b。

坐罪,转运使牒郓州追其妻证,三子皆幼,帝悯之,故有是诏。①

6. 不决讫不得移任　同年四月十二日诏:"诸路差官推勘刑狱,已追劾而受敕移官者,俟决讫方得赴任。"先是金部员外郎梁象言:外州推劾,有方行追鞠,或当结案次,以勘官受命移官者,皆避事牒本州而去。洎再差官,复有追扰。淹延刑禁,漏泄狱情,乞行条约。故有是诏。②

7. 不得拖延待赦　天禧四年(1020)五月一日,太常少卿直馆陈靖言:窃见逐路转运提刑司,差推勘公事,并支口食。其间官典,辄或取舍不公,以俯近赦宥,因循勘结,不务专研。乞今后应差勘官勘正前来公事,其余官典,并须取勘罪愆。诏逐路转运劝农司,今后应勘鞠公事,并选差清干官,如或卤莽,及拖延俟赦,仰具元由,别差官勘结。元勘官吏情罪以闻。③

8. 推勘不得乞赏　徽宗宣和二年(1120)十二月六日,臣僚言:推勘事毕,不得辄具官吏有劳,乞行推赏。如违者取旨黜责。从之。④

9. 指差司狱　高宗绍兴二十九年(1159)二月二十四日诏:今后诸路应被差推勘官,指定所属州郡司狱姓名,径申元差官司,即时行下所属发遣,无得巧作规免。以刑部侍郎黄祖舜言:被差之官指名申所属差司狱等人,多为挟州郡之势,巧作推避及至别项指差,类皆庸懦之吏,对翻异之囚,不得推诘得情故也。⑤

10. 差官申部　三十二年(1162)八月二十八日,大理寺丞蔡况言:乞自今监司差鞠狱之官,仰于当日具姓名申刑部。若在法当避,即别具

---

① 《宋会要·刑法三》,57a。
② 同上。
③ 59b。
④ 71b。
⑤ 83a。

改差之官。中闻倘有稽违,许刑部究察之。①

11. 就院申发　孝宗乾道九年(1173)十二月一日,臣僚言:窃见诸路帅臣监司差官置院,推勘大辟赃吏,有合具案奏闻者,勘官往往止俟结录毕,即时出院,将带人吏归元处。旋写奏案。窃虑有暗受出脱变换情节者,乞自今勘推大辟赃吏,合具案奏闻者,须就院申发。敢最违戾,当重作行遣。从之。②

12. 监司亲选　淳熙六年(1179)六月一日,大理少卿梁摠言:近来狱多翻异,有至类推经涉数年者。州郡厌于供须,干连困于追逮。望申严置推差官之令,必监司亲自依法选差。其乾道七年行下知州选差指挥,乞更不施行。仍令大理寺左断刑:自今狱案,如置推鞫狱官,罪有出入合收坐者,若所差违法,并监司贴说取旨。从之。③

13. 不得滥拘干连人　九年(1182)九月十三月,明堂赦:刑狱翻异,自有条法,不得于词外推鞫。其干连人虽有罪,而于出入翻异称冤情节元不相干者,录讫先断。近来州郡,恐勘官到来,临期勾追迟缓,却将干证人尽行拘系,破家失业,或至死亡。可并令释放,著家知在。如违,许被拘留人经监司陈诉。④

五　"一案推结"法

推勘刑事案件,不管是因为犯人当时翻异,或者是因为贪官案后事

---

① 《宋会要·刑法三》,83b。
② 87b。
③ 《宋会要·职官五》,49b。
④ 50b。

发,最合理想的审判,当然是把所有参加过这件案子的官吏佐证,全都聚合在一起,当庭对质。这个办法,在宋人术语里,叫作"一案推结"(或"一按追究")。①

这个制度,在理论上,固然是再好没有。但是要付诸实施,却不免困难重重。例如元勘官司,有"住居在江浙,而守官在福建,其事发却在湖广。亦有干连数十人者,必欲一一取责,方得圆结,遂致经隔数年,纷纷无已"②。宋人解决这个问题,是一步一步进行的。

一、高宗绍兴元年(1131)十二月三日指挥:"检断录问之官,如辞状隐伏,无以验知者,不在一案推结之数。"③这是因为检法官、录问官,都是根据文书办事,和推鞫无直接关系。辞状隐伏,无以验知情节,难以教他们负责。(参拙著《鞫献分司考》）④

二、绍兴九年(1139)有一项指挥,内容有似"诸鞫狱,前推及录问官吏有不当者,仍合一案推结"之类。这是根据下面二十八年刑部奏的推论。

三、二十八年(1158)五月七日刑部言:今后应中外翻异驳勘,及别推公事,若前勘有不当,依条合一案推结者,其官吏未有替移事故,即依绍兴九年指挥施行。如委有替移事故,难以追究者,候供证尽实,先次结案,其不当官吏,虽遇恩去官,仍取伏办。依条施行合一案推结者,其检断签书录问官包括在内。除无"勿原"指挥外,依指挥:虽遇赦,去官,亦合取责伏办。从之。⑤

这里规定,如果,"供证尽实",就可以"先决结案"。那些已经离任的

---

① 《宋会要·刑法三》,40a,嘉定三年(1210)四月二十四日条。
② 86a,乾道六年(1170)六月三日条。
③ 《宋会要·职官五》,56—58 庆元四年九月十二日条。
④ 《东方杂志》,五卷五期,p44。
⑤ 《宋会要·刑法三》,83a。

不当官吏,不妨在结案后,另行追究。

四、《庆元条法事类》(1202)卷七三,出入罪,断狱令:

> 诸鞫狱,若前推及录问官吏有不当者,一案推结,入死罪者,检断签书官吏准此。入流以下罪而已替移事故,即将犯人先次结断,其不当官吏,并于案后收坐,虽遇恩,亦取伏办。签书官吏遇恩依去官法,即大情已正,而小节不圆,或虽有不同,而刑名决罚不异者,并免。①

这就是后来所称的"乾道法"(1165—1173)。其中"案后收坐"的办法,也就是绍兴二十八年所定"先次结案"的另一面。不过是把原来的"指挥"改为"令"文行之罢了。

五、《宋会要·刑法三》:

> 孝宗乾道六年(1170)六月三日,权刑部侍郎汪大猷言:大理寺拟断案后收坐者不一,其间多有去官及经恩赦者,缘法有具事因申寺之文。故有司不敢祖已,必候元勘官司取责逐官脚色犯由申寺,方敢结绝。缘法有住居江浙,而守官在福建,其事发却在湖广,亦有干连数十人者,必欲一一取责,方得圆结,逐致经隔数年,纷纷无已。今乞将案后收坐,除不该赦,及非自首去官之人,及虽该赦亦合候结案取旨伏办,自依本法外,其他所犯,令元勘官司于结案之后,开具干连名衔定断,兼所具事因。即是犯由既真,案已到则,所犯轻重,亦可概见,不必一一取责。诏刑部看详申尚书省。已而刑部看详:

---

① 《条法事类》,57。《宋会要·职官五》,49。

乞于断狱令"命官将校犯罪自首遇恩去官开具事因"令文下，添入"若因事干连者，元勘官司于正犯人结案后，限五日取于连官名衔，声说所犯因依，随案供申，如不见得名衔，即具因依，及所犯处地分月日申刑部"。从之。①

这是"乾道法"的补充规定。

六、《宋会要·职官五》：

淳熙五年(1178)十月九日，敕令所：鞫狱绍兴旧法，拘以一案推结。正恐鞫狱之官，推勘不得其实，故有不当者，一案坐之。乾道法又恐替移事故，却致淹延，故将犯人先次结断。不当官吏，案后收坐。仍取伏办。今欲参酌绍兴乾道法意，以取适中之制：将鞫狱前推及录问官吏，有不当者，如已替移事，元犯系死罪，遵依绍兴旧法一案推结外，余罪遵依乾道旧法施行。从之。因刑部言，命官有陈诉前勘道不当，乞改正过名，照绍兴乾道法各有不同，是以令所看详上之。②

故这是规定绍兴法(一案推结)和乾道法(案后收坐)的适用问题：死罪用绍兴法，其他刑名用乾道法。

七、同书有宁宗庆元四年(1198)一项记载，对于"一案推结"的讨论，十分详尽。现在抄录如下：

---

① 《宋会要·刑法三》，86a。
② 《宋会要·职官五》，49a。

四年九月十二日臣僚言：比年以来，推勘之法未尽，是致多有冤滥。推原其故，则法有所谓一案推结者，实病之也。谓如前勘官吏，或有失实，于法须并行追勘。关涉人数既多，追逮繁扰。彼冤者既不能得直，而后勘官吏，已与前勘官吏自相争讼。故后勘官吏，悉皆视成于前勘。及至州狱翻异，则提刑司差官推勘。提刑司复翻异，则以次至转运提举、安抚司。本路所差既遍，则又差邻路。关涉之人愈多，则愈难一案推结。臣以为今宜令州县诸司：推勘大辟，各不得过百日。如所差官迁延不行，或诸司迁延不差，各与坐罪。庶几不致淹延刑狱。如已经本路差官俱遍，犹翻异不已者，仰家属径经朝省陈诉，结立愿加一等之罪，追人赴天狱推勘。如二广、四川，去朝廷既远，亦结加一等罪，赴经略司及制置司陈诉。其经略司制置司申朝省取旨，差官于邻路追摄根勘。如或妄诉，即坐以所加立之罪。如委是冤抑，即将前推勘失当官吏，并与照条坐罪。至于检断签书及录问官，止据一时成款，初不知情，免与同罪。如此则人知一案推结之法必行，而检断签书录问之官，既不与罪，则关涉亦省，而民冤得以自直。诏令刑寺看详闻奏。刑寺看详：若将犯人已经本路差官俱遍，犹翻异者，便许家属经朝省陈诉愿加一等之罪，追人赴天狱推勘。如二广、四川，许经经略制置司陈诉朝廷取旨差官邻路根勘。照得在法罪人翻异，或家属声冤，皆移司别推。已经五推，提刑亲勘，转运指定之后，复行翻异，已有淳熙十一年七月六日指挥：具录翻词闻奏，听候指挥施行外，所是乞将检断签书录问，止据一时成款，初不知情，免与同罪一节，照得淳熙十一年十一月二十五日指挥、绍兴元年十二月三日两项指挥：检断录问之官，如辞状隐伏，无以验知者，不在一案推结之数。缘敕令所参修条法之时，申明朝廷，乞将签书与检断录问，一体修立为法。续奉旨依旧法施行，致有臣僚今来奏请。本寺照得:检断录问签书,不问有无当驳之情,并与推勘官一案推结,委是轻重不伦。今来臣僚奏请,即与敕令所前来申请颇同。今看详:送敕令所参酌看详施行。①

八、同书有下列一条:

庆元六年(1200)五月六日,都省言:雨泽稍愆,见行祈祷,照得淳熙十四年、淳熙四年,曾降指挥:审勘翻异之狱,从宜结断。今来又及八年,尚虑翻异并驳勘公事稍多,淹延刑禁。诏诸路提刑:自今降指挥到日,疾速躬亲同本州守臣,比照昨来所降指挥,将翻异及驳勘之狱,详情审勘。如有未尽,或事涉可疑,与从轻结断。其失当官吏,特免"一案推结"一次。②

免予"一案推结",在这里变成了一项求雨的措施了。

六 结 论

推勘制的用意,在平反冤狱。但其缺点,则拖时太久、牵连人太多。例如仁宗天圣二年(1024)刘宁打折母手一案,前后推勘,拖延了五年之久③。嘉祐五年(1060),曾均打杀阿黄一案,在禁在狱,病患到家身死

---

① 《宋会要·职官五》,56—58。
② 58b。
③ 60a,十一月六日条。

者,乃至一十八人。① 高宗绍兴六年(1136)七月,右司谏王缙说,当时"诸处推勘奸赃之吏,干连追禁,有至一二百人者"②。而那一年"见勘命官公事",不下二百二十四件之多。③

绍兴六年,各路未结绝公事,有二百八十九件,当时已嫌其多。④ 但是我们要知道,一七七二年,在维茨拉(Wetzlar)的德国最高法院(Reichskammergericht),未办结的积案,是一万六千件。不但如此,在一七六七年,约瑟夫二世指派了一个二十四人的调查法庭,到维茨拉去查办这个高等法院的法官。前后四年之久,只逮捕了三位贵族法官,而这二十四位调查官——即"制勘官"——彼此大闹意见,以致这个调查法庭,结果不了了之。⑤ 这样子的现象,在宋朝是很难想像的。那就是因为我们有优良的推勘制度的缘故。

一九七三年五月于西雅图华盛顿大学

---

① 《宋会要·职官五》,64b,三月二十四日条。
② 77a,七月八日条。
③ 同上,八月一条。
④ 77b(十一月七日条)。
⑤ Albert Bielschowsky, *The Life of Goethe*. (tr. William Cooper), New York (Putman), 1905, pp. 153-54.

宋朝的刑书

一　宋用唐律

中国的法律传统，自从秦始皇统一中国之后，每次改朝换代，新朝廷都要颁布一套新法典。汉魏晋和南北朝以至隋唐，无不如此，虽然在实际的内容上，未必有很大的差异——秦汉之交，算是改变最大的了。但是萧何依然"捃摭秦法，取其宜于时者"①。至于唐律之因袭隋（开皇）律，其改变更是微乎其微。② 但是在形式和名称上，总要完成一次颁布新律的手续，与民众一新耳目。

不过在宋朝接替后周的时候（960），这个传统的重要举动，竟没有举行。宋朝所奉行的，也就是后周也一直在奉行的，乃是唐朝的全部法典。在宋朝一切官文书里，凡是提到"律"的，就是指着《唐律疏议》中的律文而言。这其间包涵着有若干历史因素，似乎应当予以解说一下。

第一需要说明的就是唐律在后梁时（907—922），曾经一度被宣布废除。照《旧五代史·刑法志》的记载，梁太祖（朱温）在开平四年（910）曾经颁布过《大梁新定格式律令》一百三卷。③ 其中的《律疏》三十卷，显然

---

① 《汉书》，(A. D. 九〇)《刑法志》。
② 程树德：《隋律考序》，《九朝律考》(1926)，北京，一九六三影印本，页四二五。
③ 《旧五代史》(974)，《刑法志》。

是《唐律疏议》三十卷的化身。不过经过一次易容的手术，总算是一部新法典。

不但如此，朱温还曾经命令全国各道，搜取唐朝的法令典章，全部予以焚毁。所以到了后唐庄宗同光元年(923)，只有定州的敕库，还保存有唐朝的格式律令二百八十六卷，完整无缺。①（沙陀人李克用自认是唐朝的忠臣，一直拒绝承认朱温的统治。定州是在李克用管辖之下的。李克用就是后唐庄宗李存勖的父亲。）

李存勖之建立后唐(923)，自认是恢复唐朝的，所以也全部恢复了唐朝的律令格式。他并且于同光二年(924)，颁布了一部《同光刑律统类》十三卷。原来唐朝在宣宗大中七年(853)时，曾经颁布过一部《大中刑律统类》十二卷——据说有一千二百五十条，分为一百二十一门。② 这是《唐律疏议》于永徽四年(653)颁布后，第二次"刑律统类"的颁行了。

后梁的天下已经很短了，但是也还支持了十六年(907—922)，后唐则只有十三年(923—935)，接着是后晋(石敬瑭)的十一年(936—946)、后汉(刘知远)的四年(947—950)，这两个朝代的寿命，都太短促了。同时有后唐奉行唐律的成例在先，所以他们也都不另颁新律，而照样地继续承用唐朝的律令格式。（当然，他们对于法律，不是全无更改，不过只是用敕书的方式来施行而已。）

这样子，一直到了后周第二代皇帝世宗(柴荣)的显德四年(957)，朝廷才又注意到法典的编制。那一年的五月中，中书门下奏：

---

① 《旧五代史·刑法志》。
② 这一部《大中刑律统类》（十二卷），是一位张戣编的，也有时被称为《大中刑法统类》，因之很容易和一部由刘琢编的《大中刑法总要格后敕》（六十卷）——这部书也同样的有时被称为《大中刑法统类》——相混淆。刘琢的书有二千一百六十五条，分为六百四十六门，参阅沈家本：《律令考》四，一四——一六（沈寄簃先生佚书，北京，民一八，台北文海，一九六四年影印本，页四一〇——四一一）。

窃以律令之书,政理之本;经圣贤之损益,为古今之章程;历代以来谓之彝典。今朝廷之所行用者一十二卷,律疏三十卷。式二十卷,令三十卷,《开成格》一十卷,《大中统类》一十二卷。后唐以来,至汉末编敕,三十二卷,及皇朝制敕等:折狱定刑,无出于此。律令则文辞古质,看览者难以详明;格敕则条目繁多,检阅者或有疑误。加之边远之地,贪猾之徒,缘此为奸,寖以成弊。方属盛明之运,宜申画一之规。所冀民不陷刑,吏知所守。臣等商量,望准圣旨施行。①

朝廷于是派侍御史知杂事张湜、太子右庶子剧可久等十一人"编集刑书",又派兵部尚书张昭等十人"参详旨要,更加损益"。最后派宰相范质、王溥二人,"据文评议"。这一次编纂的成果,就是显德五年(958)七月颁行的《大周刑统》二十一卷。② 这时距《同光刑律统类》的颁行,又是三十四个年头了。

《大周刑统》的编制,和以前的"刑律统类"有一点不同:就是它想成为一部具有统括性、唯一性的有效法典。范质在他进《刑统》的奏折里说:

……其所编集者,用律为正。辞旨之有难解者,释以疏意。义理之有易了者,略其疏文。式令之有附近者次之,格敕之有废置者又次之。事有不便,与该说未尽者,别立新条于本条之下。其有文理深古,虑人疑惑者,别以朱字训释。至于朝廷之禁令、州县之常

---

① 《旧五代史·刑法志》。
② 同上。

科,各以类分,悉令编附。所冀发函展卷,纲目无遗;究本讨原,刑政咸在。其所编集,敕成一部。别有目录,凡二十一卷;刑名之要,尽统于兹。目之为《大周刑统》。欲请颁行天下,兴律疏令式通行。其《刑法统类》《开成格》《编敕》等,采掇既尽,不在法司行使之限。①

因此他请求把这一部《刑统》,"颁行天下"。与"律疏""令""式"同行。其《刑法统类》《开成格编敕》等,"采掇既尽,不在法司使之限"。这就是说,所有当时还存在的法令,只有唐朝的"律疏""令",和"式"三种,继续有效,此外所有其他各朝代的"格"和"编敕"——因为这些"格敕"里面的有重要性的,已经采掇纳入《刑统》里面——一律失效,而以前的各种《刑法统类》,因为和《大周刑统》性质重复,现在也都失了时效,所以也全部作废。

照宋度宗咸淳九年(1273)起居舍人高斯得②一篇奏折的说法。《大周刑统》的编制,范质的功劳最大。他说:

……范质感异人之言,③及至为相,力以省刑为任。今之刑统,其所删定,宽严适中。本朝用之,刑清民服,国寿箕翼,质有力焉。④

《大周刑统》,是《宋刑统》的前身,和隋《开皇律》是唐律的前身一样。所以我们研究宋律,应该想到范质,如同研究唐律不要忘了高颎。⑤ 正

---

① 《旧五代史·刑法志》。
② 《宋史》(1345)四〇九,《高斯得传》(艺文本,页五〇〇一)。
③ 范质自言"有善相者,谓我异日位宰辅"(《宋史》,二四九,《范质传》,3(三二八八)。
④ 见《历代名臣奏议》(1416),二一七,(台北,学生书局,一九六四影印本,页二八七三)。
⑤ 隋律的编制,是高颎主持的(见《隋书·刑法志》,宋朝的张方平(1007—1091)说:"隋高颎以经世之才,议定科律,议者以为尽天下之平"(见《历代名臣奏议》,二一一,3 页二七八九)。《宋史》三一八,《张方平传》(页四〇四九)。

是同一个道理。

二 《宋刑统》

关于宋初立法，尤其是《刑统》的编制经过，《宋史》《宋会要辑稿》《续资治通鉴长编》，都没有像王应麟(1223—1296)在《玉海》里叙述的详尽，《玉海》卷六十六：

> 国初用唐律令格式外，有后唐《同光刑律统类》，《清泰编敕》，《天福编敕》，周《广顺类敕》，《显德刑统》，皆参用焉。建隆四年(963)二月五日，工部尚书判大理寺窦仪言：《周刑统》科条繁浩，或有未明，请别详定。乃命仪与权大理少卿苏晓等同撰集，凡削出令式宣敕一百九条，增入制敕十五条。又录律内，"余条准此"者凡四十四条，附于名例之次，并目录成三十卷。取旧削去格令宣敕，及后来续降要用者一百六十条，(按《宋志》及《通考》当作六条十字衍)为编敕四卷，其厘革一司一务一州一县之类不在焉。至八月二日上之。诏并模印颁行一本。
>
> 建隆四年(963)七月巳卯(即乾德元年十月方改元)工部尚书判大理寺窦仪进《建隆重定刑统》三十卷编敕四卷。诏付大理寺刻板摹印，颁行天下。仪表云：臣与大理少卿苏晓、王莫珣、丞张希逊等，同考详旧二十一卷，今并目录增为三十一卷。旧疏议节略，今悉备文。字难识者，音于本字之下。义似难晓，并例具别条者，悉注引于其处。有今昔寝异，轻重难同，禁约之科，刑名未备。臣等起请总三十二条，其格令宣敕削出，及后来至今续降要用者，凡一百六条，今

别编分为四卷,名曰《新编敕》。(《刑统》)几三十一卷二百十三门,律十二篇、五百二条,并疏令式敕条一百七十七,起请三十二。先是建隆三年(962)十二月,乡贡明法张自牧尝上封事,驳《刑统》之不便者凡五条。诏下有司参议而厘正之。诏仪等撰集。端拱二年(989)十月,诏赐宰臣《刑统》各一部。诏中外臣僚常读律书。天圣七年(1026),学士孙奭奉诏校定《刑统》,作《律文音义》一卷。天圣四年(1029)十一月辛亥,诏国子监摹印律文并疏颁行。①

这里所提到的窦仪的"表",现存的《宋刑统》《宋史》《宋会要》,和《文献通考》,全都没有收载。幸亏还保存在《历代名臣奏议》里面。现在把它全文抄录如下:

臣闻虞帝聪明,始恤刑而御物。汉高豁达,先约法以临人。盖此丹书,辅于皇极。礼之失则刑之得,作于凉而弊于贪。百王之损益相因,四海之准绳斯在。如御勒之持逸驾,犹郭郭之城群居。有国有家,其来尚矣。伏惟皇帝陛下宝图攸属,骏命是膺,象日之明,流祥光于有截。继天而王,垂洪复于无疆。乃圣乃神,克明克类。河图八卦,惟上德以潜符。洛书九章,谅至仁而默感。哀矜在念,钦恤为怀。纲欲自密而疏,文务从微而显。乃诏执事,明启刑书,俾自我朝弥隆大典。贵体时之宽简,使率上以遵行。国有常科,史无敢侮。伏以《刑统》前朝创始,群彦规为,贯彼旧章。采缀已从于撮要,属兹新造,发挥愈合于执中。臣与朝议大夫尚书屯田郎中、权大理少卿柱国臣苏晓、朝议大夫大理正臣奚屿、朝议大夫大理柱国臣张

---

① 《玉海》,六十六。

帝逊等，恭承制旨，同罄考详。刑部大理法直官陈光乂冯叔向等，俱效检寻，庶无遗漏。凤宵不怠，缀补俄成。旧二十一卷，今并目录增为三十一卷。旧疏议节略，今悉备文。削出式令宣敕一百九条，别编或归本。卷又编入后来制敕一十五条，各从门类。又录出一部律内，"余条准此"①四十四条附名例后。字稍难识者，音于本字之下。义似难晓者，并例具别条者，悉注引于共处。又虑混杂律义，本注并加释曰二字以别之。务令检讨之司，晓然易达。其有今昔浸异，轻重难同或则禁约之科，刑名未备，臣等起请总三十二条。其格令宣敕削出及后来至今续降要用者凡一百六条，今别编分为四卷，名曰《新编敕》。凡厘革一司一务一州一县之类，非干大例者，不在此数。草定之初，寻送中书门下请加裁酌，盖以平章。今则可否之间，上系宸鉴。将来若许颁下，请与式令及新编敕兼行。其律并疏本书所在依旧收掌，所有《大周刑统》二十一卷今后不行。臣等幸偶文明，谬参宪法。金科奥妙，此亏洞达之能。丹笔重轻，徒窃讨论之寄。将尘睿览，唯俟严诛。

正如这篇表里所说，《宋刑统》和《周刑统》最大的不同，是《周刑统》里面唐律原有的"疏"文，有不少被删节掉了（范质表所谓"义理之有易了者，略其疏文"）。到了《宋刑统》，又把这些删略的疏文，全都恢复过来（窦仪表所谓"旧疏议节略，令悉备文"）。所以《宋刑统》实际包涵《唐律疏议》的全部文字在内，不过只把永徽四年（653）长孙无忌等的一篇《进律疏表》省去而已。

《宋刑统》曾经在中原失传了好几百年。元明清三代的有名学者，好像

---

① 《历代名臣奏议》，二十，（页二七七四）。

没有一个看见过这部书,一直到了前清末年(1908),沈家本打听出宁波范家的天一阁藏有一部"乌丝栏"的钞本,派人前往重抄一遍,①民国七年,北京法制局把它重新刊行。于是这一部重要法典,再度得于世人相见。②

不过这部书的原抄本,经过咸丰辛酉(1861)的兵火,已有残缺。且其中包括两唐晋汉周宋六个朝代的令敕,和宋臣的"起请"等等,其性质颇有不同。兹试予略作说明如下。

一 分 门

《宋刑统》三十一卷,其头一卷只是目录。其正文三十卷,除了第一到第三卷的条文起讫,和唐律略有不同外,其余二十七卷的内容,和《唐律疏议》完全一样。沈家本说《宋刑统》里的律比唐律多两条,③是因为他没有一条一条的去对照过的缘故,真乃智者千虑之一失。不过《刑统》在每卷之内,另作门类的划分。例如唐律正文第一卷是名例律一至七条:笞刑五、杖刑五、徒刑五、流刑三、死刑二、十恶、八议。《刑统》正文第一卷则只列前六条,而把它们分成"伍刑""十恶"两门。唐律第七卷卫禁律十八条,《刑统》也是这十八条,但把它们分成了九门。因之唐律的五

---

① 沈家本:《重刻明律序》(《明律集解附例》[1610],北京法律馆一九〇八重刻,台北成文书局一九六九影印本,页七)。
② 现有台北文海出版社一九六四年影印本行世。
③《寄簃文存》八一十,(页一〇〇〇)。这是因为沈先生没有注意到唐律原来也是五百零二条的原故。至于世人每每误认唐律为五百条者,都是被《唐律疏议》的"总目录"所误。总目录有两个错误:一、第二十二卷斗讼律里,"殴缌麻兄弟"一条之下,还有"殴兄妹者徒二年半"条。但是这一卷的"分目"里漏列了这一条的题目,因之斗讼律明明是六十条,而总目录列为五十九条。二、职制律三卷,一共是五十九条——二十三加十九加十七——总目录却硬加成五十八条,以便和其他各律共加成五百条之数。不知唐人常常提到的"五百条",只是一个概括的总数而已。

百零二条，在《刑统》里被分成了二百一十三门。我想当初《大中刑律统类》之分为一百二十一门，其情形很可能大致相仿。

二　唐朝的令格和式

唐朝的法规，是分为律令格式四种的。① 唐律的条文，既然已经全部归纳到《刑统》里，其他三种法规，也还有不少条文保存在内。据我初步的统计，《刑统》现保存有唐令四十六条、唐格十二条、唐式九条。其排列的次序，大概是沿袭以前各种《刑律统类》的成例。

三　历代敕文

《刑统》里有唐朝高宗到宣宗十个皇帝的敕文五十一条、后唐的敕文十三条、后晋一条、后汉四条、后周十四条，这些大概都是《周刑统》里原有的。宋朝建隆的敕文，至少五条，可能十条（因为文字残缺，年月不详）。应该就是窦仪表里所说"又编入后来科敕一十五条"的大部分也。

四　余条准此四十四条

窦仪《奏进刑统表》里说："又录出一部律内'余条准此'四十四条，列名例后。"见书中卷六百二十一至二十五（页二二七一二三六）。

---

① 这四种法规的定义颇为混淆不明，不佞略有阐释，请参阅拙著《中国法制史论略》（台北，正中，一九六四年），页一三七一一四〇。

五 "释曰"

窦仪又说:"字稍难识者……义似难晓者悉注引于其处……并加'释曰'二字以别之。"如二,4:"周亲具在假宁令后"(页三三);三,1:"节级犹等级也"(页八八)皆是。可惜这类释文不够多。

六 "起请"

窦仪说书中有"臣等起请"三十二条。这是窦仪他们编纂《刑统》时向朝廷的建议。在书中都是低三格排印的。全书现只有二十九条,比原来缺少了三条,还算不多。

七 疏议后的"议"

《刑统》里的疏议,大部分和《唐律疏议》本的文字相同。间或有三两个字的出入,不是唐宋避讳不同,就是虚字的省用,全属无关弘旨。只是在《名例律》里,从"称反坐正之"到"称道士女冠"五条之内,在许多地方,疏议之后,《刑统》本又增加有"议……"云云一小段或一大段不等。例如"称反坐正之"条,《疏议》文到"死者止绞而已"为止。《刑统》本则多出"议,反坐,罪之,坐之,与同罪,流以下止是杂犯,不在除免加役流之例。若至绞,即依例除名"二十四个字(六,一五,页二一三)。(称日者)条里:"称众者二人以上"的,《疏议》到"一人同二人之法"为止。《刑统》本则又多出"议,奴婢诸条,虽不同良人,应充支证,亦同良人例"十九个字(六,十七,页二二〇)。这样增加的"议",共有二十条。窦仪《进刑统表》里,对于这些增文,没有提起。可能当时的流行的《疏议》本就是如此。应该是在律疏颁行后不知道什么时候加进去的。然其为唐人文字,要无可疑。研究唐律者,对于这二十条增文,应该特加注意。

三 有关《刑统》的几项记载

一 新旧《刑统》

《宋会要辑稿》职官五十六,有下列一条:

> (太祖乾德)二年(964)二月七日,尚书刑部言:准旧《刑统》晋天福六年(941)敕准长定格特敕,停任及削官人及曾经徒流不以官当者,经恩后本官选数赴集,况除名罪重于停任,及不以官当者,自令望准长定格。长定格经恩后并年限满依所降资品理选数候合格日赴集。又准乾德元年(963),敕书、诸除名人合叙理准格敕处分者,当部自前出给雪牒,皆坐前勅。昨据大理寺送到新《刑统》编敕,并无上件敕文。本寺言详定之时,检详上件敕文引长定格,该系铨选公事,又别无刑名,不在编集之数。伏缘当司元敕先经兵火散失,旧《刑统》又废不行。敕书又云准格敕处分,欲望许于旧刑统内写录敕格施行。从之。①

---

① 这一条显然是乾德二年(964)的文字。《宋会要辑稿》误列为建隆二年(961),兹改正。

这里所说的"新《刑统》",当然就是建隆四年(963)七月颁行的《重详定刑统》——也常被称为《建隆刑统》,而所谓"旧《刑统》",就是在这个时期以前仍旧有效的《大周刑统》——也常被称为《显德刑统》。因为这正是新旧交替的一刹那,所以有此新旧之称。在研究法制史者的眼光看来,这真是一件十分难得的文件。

二　夏竦请修"宋律"

《宋刑统》之编纂,虽然有以前四个朝代的成例可援,但是还不免有人主张重新编制一部"宋律"。仁宗时的刑部侍郎夏竦,在天圣七年(1029)和明道二年(1033)之间就这样主张过。《历代名臣奏议》卷二百十:

> 竦又议刑书状曰:臣闻先王象震耀而行杀戮,法五材而用法辟,刑书之设有自来矣。虞舜定五流之罪,皋陶制三尺之法,禹刑兴于有夏,汤刑作于商世,吕命陈三千之属,李悝创六篇之制,卫鞅之行变法,酂侯之约九章,汉景之定箠令,应劭之习驳议,陈群之著魏法,贾充之刊晋律,陈氏则徐陵之因损,元魏则伯泉之校复,后周则拓跋之详定,隋室则高颎之评议,李唐损益其科,多所厘革,皆以恢张宪纲,表正堤防,欲奸吏尽绝于析言,齐民不忧于误陷。盖念刑难复续,死不更生,狱成两造,律正五刑,款辨既周,杳不可变。哲王所以惟恤,良臣所以疚心;但棘木无夜哭之鬼,则四海受蓼萧之惠。国家号令天下;条宪咸达,法家之文或未评定,律令格式之科,《刑统》编敕之条,棼类相维,矛盾不同。奸吏有市法之门,丹笔有误书之罪。由是或刑因势放,狱以贿迁,稍开科条,多从比附。或因循宦路,不

习宪章，但记不应得为之条，以决下民故失之罪。贫则从重，富则从轻，以是而观，刑多出入。况乡间嚣讼始自县廷，而琴堂颇开于刑书，报罪致乖于准的，未契皇朝好生之化，有辜陛下恤刑之德。诚宜聚刑宪之书，求谳议之士，诏择能臣，督其详定。疑者正之，二者一之，阙者备之，繁者省之，轻者加之，重者减之。总制书禁止之事，会《刑统》起请之条，及格式律令聚为一书。罪必定刑，料无虚设，明分条目，同其差异，命工缮写，重加考复，名之宋律。遍下州县，令开卷无可疑之罪，结狱绝舞文之路，为皇家画一之法，垂万代不刊之典。惟圣作则，兆民赖之。故《书》曰：惟刑惟法：其审克之。《礼》曰：悉其聪明，致其忠爱以尽之。《易》曰：君子以明慎用刑而不留狱，其是之谓矣。①

他这一项建议，显然没有被仁宗采纳。

三　翟昭应之《金科正义》

《宋会要辑稿》，刑法二：

> （仁宗）庆历二年（1042）正月二十八日杭州言，知仁和县太子中舍翟昭应，将《刑统》律疏正本改为《金科正义》，镂板印卖。诏转运司鞫罪毁其板。②

----

① 《历代名臣奏议》，二百十，5（页二七七六）。夏竦在《宋史》二八三有传（页三六六四）。
② 《宋会要辑稿》，刑法二，二四 a。

可惜我们不知道这件官事是怎样判的罪。照我们现代的眼光看来，这也实在算不了什么严重的罪行。不过从另一方面看，这件事也并没有任何积极的意义。充其量不是图名，就是图利罢了。

四　曾布删驳《刑统》

李焘《续资治通监长编》卷二百十四，载《元祐实录》：

> （神宗熙宁）四年（1071）五月二日庚申：检正中书户房公事曾布言：近言《刑统》名义理，多所未安，乞加刊定。朝旨令臣看详。今条析《刑统》疏议，繁长鄙俚，及今所不行可以删除外，所驳疏议乖谬舛错，凡百事为三卷上之。诏布看详《刑统》，如有未便，续具条析以闻。①

不过此后也就没有下文。

四　《刑统赋》

《刑统》颁行之后，不知过了多少时候，有一位律学博士傅霖，"以其不便记诵，乃韵而赋之，并自为注"。元祐中（1086—1093），东原郗氏，为之韵释，其乡人王亮又为增注。然于霖所自注，竟削去之。② 这部书在

---

① 见页二十小注。曾布在《宋史》四七一《奸臣传》18（页五六六二）。
②《四库全书总目》（见孙祖基前引书，页三五）。

宋朝并没有太被人提起,可是在金元两朝,大受重视,作过各种注解的,据各家的考证,计有下列各人:

著者	书名	时代	考证者
李祐之	删注《刑统赋》	金	钱大昕《补元史艺文志》
程仁寿	《刑统赋》直解	至治(1322—1323)	四库总目
同上	《刑统赋》或问	同上	同上
练道	《刑统赋》四言纂注	至元(1335—1340)	同上
尹忠	《刑统赋》精要	同上	同上
张汝楫	《刑统赋》略注	至正(1341—1367)	同上
孟奎	粗解《刑统赋》	元	沈家本
失名	《刑统赋》解	同上	同上
沈仲纬	《刑统赋》疏	顺帝时人	同上

以上所举十种《刑统赋》,其中七种已经佚失,今世所传,只有三本:1. 郄氏韵释王氏增注本;2. 孟奎粗解本;3. 沈仲纬赋疏本①。沈仲纬本"于原赋逐句为之疏解,并引《唐律疏议》以证明之。疏之后为直解,语较简质。直解之后为通例,则引元代断例及案牍以相印证,视韵释、增注、粗解三家为详明"②。

至于金元人之何以对于《刑统赋》如此有兴趣,其理由似乎并不太难推寻。大家都知道,金人之统治中原,一直是使用中国旧法的。③而元朝呢?他们固然也颁行过《至元新格》(1290),《大元通制》(1328),《至治

---

① 皆在枕碧楼丛书内。
② 沈家本:《〈刑统赋疏〉跋》(《文存》七,8,页九九○);宜并参阅《〈刑统赋〉解跋》(七,6,页九八九七)、《粗解〈刑统赋〉跋》(七,7,页九九○)及《书〈刑统赋〉解韵释后》(八,12,页一○○一)各篇。
③ 净拙著《法制史论略》,八二。

条格》(1396)等几部法典,①但这些都是"取一时所行事例,编为条格而已,不比附旧律"②。事实上,法官判罪,依然要参考宋律。也就是说,宋律仍然以民间的习惯法的姿态生效。③ 不过在异族统治之下,汉人怎敢明目张胆地在旧朝代的法典上写作? 而恰好有《刑统赋》这篇文章在那里,从名目上看来,好像似一篇文艺作品。因之为之作注,不致于犯朝廷之忌。同时传播法律知识,又有很切实的实际作用。沈仲纬之引用元代断例及案牍以相印证,就是这些作者用心的最好说明。《刑统赋》之有九部金元人的注解,这个理由,应该是说得通的。④

五 宋朝的编敕

用当朝皇帝的"敕"——通常也称为"诏"——来修正补充祖先遗留下来的老律老令,本是一种自然的事实的逻辑。自古以来,无不皆然。不过就权威的理论言之,一直是"律优于敕"的。因为律是百世不磨的永久法典,敕不过是一种临时的例外的措施而已。所以唐人的术语,总以"律令格式"为言。若就刑罚言之,则违律者可至徒流绞斩,而违敕者最多不过徒二年而已(唐律被制书施行违者条)。

《宋史·刑法志》说:"宋法制因唐律令格式,而随时损益,则有编

---

① 同上,页八五。
② 柯绍忞:《新元史·刑法志》(见邱汉平:《历代刑法志》,民二七,台北三民书局一九六六年影印本,页四五一)。
③ 李则芬:《汉家思想冲突对元代政治的影响》:"有元一代,始终没有正式颁布过律令。"《东方杂志》,复刊七卷三期,(一九七三年九月,页四八)。
④ 过去人(缪荃孙、沈家本、孙祖基)每每提起元人之看重《刑统赋》,但都没有提出理由来。

敕。"①大概早期的理论，"敕"的权威，还是次于"律"的。到了神宗(1168—1184)，他认为"律不足以周事情，凡律所不载者，一断以敕，乃更其目曰'敕令格式'，而律恒存乎敕之外……于是凡入笞杖徒流死，自名列以下至断狱，十有二门，丽刑名轻重者，皆为敕"②。这是"敕"之正式的取得了"律"的地位。

不过神宗这里所说"凡律所不载者，一断以敕"，仍然意味着敕只能补充律而不能变更律的意思。但这只是一句客气话，不可看得过于认真。因为事实上，二者间的关系，已经变为敕优于律了。《庆元条法事类》卷七三载有名例敕一条如下：

诸敕令无例者从律。律无例及例不同者从敕令。③

这就是说，只有敕所不载的，才断以律。此外，不但律所不载的要从敕，就是律有所载，而和敕不同的，也要从敕。

不过我们要在这里说明，宋朝所谓"敕"，并不是皇帝一道"手谕"就行。唐宋的成法，皇帝的诏书，必须经过门下省的封驳，宰相的副署——术语谓之"书敕"，才能生效。太祖乾德二年(964)范质等三相皆罢，太祖任赵普为相，但无人书敕。幸亏窦仪建议，皇弟作开封府尹，有"平章政事"的衔位，就由他书敕，才完成手续。④至于门下省之封驳诏书，知制诰之纳还词头——拒绝起草任命状——例子繁多，不胜枚举。《庆元条法事类》十六载有职制敕一条：

---

①《宋史》一九九，2(页二三六七)。
②同上。
③《庆元条法事类》(1202)，日本，古典研究会一九六八影印本，页四九八。
④《宋史》一六一，《职官志》一，九(页一八三六)

诸事应立法而辄画旨创立：以违制论。即诏敕不经三省，官司受而施行者，罪亦如之"徒二年"①。

现在举一个律敕不同要从敕的例子如下，《名例律》"犯罪未发自首"条说：

诸犯罪未发而自首者原其罪……其知人欲告（及按问欲举），而自首者减罪二等坐之……其于人损伤……不在自首之列。

因之，谋杀已伤，当然不在自首减等之列。神宗时，王安石袒护许遵，主张放宽自首范围，以鼓励罪人自首。许多人不同意。但是神宗是信任王安石的，于是于熙宁元年（1068）七月癸酉下诏："谋杀已伤，案问欲举，自首从谋杀减二等论。"这不是以敕变律吗？到了元丰八年（1085），哲宗继位，司马光当政。他当年是反对王安石的，于是这年十一月癸巳，皇帝下诏："强盗按问欲举自首者，不用减等。"②把十七年前放宽的自首范围，又收缩了一部分。这是以后敕变前敕的一个实例。

从上面这个例子看来，历朝的敕书，时有歧异，所以照理必须按时清理一下。事实上，从初唐起，就经常有编敕的规矩。不过最初他们都称之为"格"，如刘仁轨编的《永徽留本司格》(677)，裴居道编的《垂拱格》

---

① 《庆元条法事类》一六P二二四。不过后来蔡京鼓励徽宗（1101—1125）用"御笔""手诏"，变乱旧章（见《宋史》一九九，《刑法志》一，四页二三六八），这个良好制度，受了打击不少。南宋的宁宗，于绍熙三年（1192）十月，罢免朱熹的侍讲职务，就是以"墨敕"专行，没有经过三省。（见王德毅：《李焘父子年谱》，台北，一九六三年版，页一一九）。

② 详拙著《法制史论略》，页七三—七五。

(685)是也。后来很少再编"格",而简称之为"格后敕",如玄宗开元十九年(731)的《格后长行敕》,宪宗的《元和格后敕》是也。自宣宗以后,又改称"格后敕"为"杂敕",如《大中已后杂敕》,《大中后杂敕》是也。五代以后,才改称为"编敕":如后唐废帝的《清泰编敕》(935),后晋的《天福编敕》(939),后周的《续编敕》(951),宋太祖的《建隆编敕》(963)是也。所以唐宋之间的所谓"格""格后敕""杂敕""编敕",名称有四,其实一也。

一　历朝编敕

根据《宋史·刑法志》和《艺文志》的记载,两宋各朝的编敕,至少有下列各种:

太祖	《建隆编敕》四卷(一百六条)	窦仪	建隆四年(963)
太宗	《太平兴国编敕》十五卷?		太平兴国三年(978)六月
	《淳化编敕》三十卷	苏易简	淳化五年(994)八月
真宗	《咸平编敕》十二卷(二百八十六条)	柴成务	(998—1003)
	《大中祥符编敕》四十卷(一千三百七十四条)	陈彭年	(1008—1016)
仁宗	《天圣编敕》十二卷(视祥符损百有余条)	吕夷简	明道元年(1032)
	《庆历编敕》十二卷《总例》一卷(较前增五百条)	贾昌朝	庆历七年(1047)五月
	《嘉佑编敕》十八卷《总例》一卷(一千八百三十四条)	韩琦	嘉佑七年(1062)
	《端拱以来宣敕札子》六十卷	韩琦	(1062?)
神宗	《熙宁详定编敕》二十五卷	王安石	(1068—1077)

续 表

	《元丰敕令式》七十二卷	崔台符	(1078—1085)
	《元丰编敕令格式》并《敕书德音申明》八十卷	崔台符	(1078—1085)
哲宗	《元符敕令格式》一百三十四卷	章惇	(1098—1100)
徽宗	《政和重修敕令格式》五百四十八册	何执中	(1011—1017)
	《政和敕令式》九百三卷	王韶	(1011—1017)
高宗	《绍兴重修敕令格式》一百二十五卷	张守珪	绍兴元年(1131)
	《××××格式》五十四卷	秦桧	绍兴十年(1140)
孝宗	《乾道重修敕令格式》一百二十卷	虞允文	乾道八年(1172)正月
	《淳熙重修敕令格式》及《随敕申明》二百四十六卷(删改乾道九百余条)	蔡洸	(1174—1189)
宁宗	《庆元重修敕令格式》及《随敕申明》二百五十六卷	京镗(?)	庆元三年(1197)
理宗	《淳祐敕令格式》	敕令所	淳祐二年(1242)
	《重修淳祐敕令格式》四百三十卷(用前书修改百四十条并入四百条,增入五十条删除十七条)		淳祐十一年(1251),这是宋朝最后一次的编敕。①

以上二十二种《编敕》,早已全部失传,只留下这些名目,可以看出当时人编制法典之不惮烦而已。《宋史·刑法志》说:孝宗淳熙时,"以《淳熙敕令格式》散漫,用法之际,官不暇遍阅,吏因得容奸,令敕令所分门编类为一书,名曰《淳熙条法事类》,前此法令之未有也"②。《艺文志》载有下列三目:

---

① 《法制史论略》,页一四〇。
② 参阅孙祖基同书,页三六——四九。

孝宗	《淳熙条法事类》	敕令所	淳熙四年(1177)七月
宁宗	《庆元条法事类》八十卷		嘉泰二年(1202)
理宗	《淳祐条法事类》四百三十一卷	郑清之	淳祐十一年(1251)

现在《庆元条法事类》尚有残本十七卷行世（日本古典研究会影印）。这是研究宋律最值得宝贵的一本书。

二 分司编敕

上节所叙的《编敕》，都是一般性、全国性的，主要刑法性质的法规。此外还有中央和地方大小衙门专用的、行政法性质的法令集，名目尤为繁多。我们现在根据现有资料，试予分析条列：

一 省院编敕

书名	编者	年月
《中书省官制事目格》一百二十卷		绍圣(1094—1097)
《尚书省官制事目参照卷》六十七册		同上
《门下省官制事目格并参照旧文净条厘析总目目录》七十二册		同上
《枢密院条》二十册？《详》三十册		元祐(1086—1093)
《三司删定编敕》		咸平二年(999)七月
《三司条约》一百卷		庆历(1041—1048)
《三司式》四百卷	陈绎熙	熙宁(1068—1077)
《学士院等处敕式令》?《看详》十二卷	张诚一	同上
《御书院敕式令》二卷		同上

续表

书名	编者	年月
《贡举医局龙图章天宝义阁寺敕令仪（格?）式》及《看详》四百十一卷		元丰(1078—1085)
《六曹条贯》及《看详》三千六百九十四册		元祐(1086—1093)
《六曹敕令格式》一千卷		同上
《六曹格子》十册		绍圣(1094—1097)
《沿革制置敕》三卷	盛度	真宗(998—1022)
《一司一务敕》十卷	吕夷简	仁宗(1023—1063)

二　吏部法规

书名	编者	年月
《审官院编敕》十五卷（四百七十六条）	王珪	嘉祐七年(1062)
《审官东院编敕》二卷		熙宁七年(1074)
《新修审官西院条贯》十卷又《总例》一卷	沈立	熙宁(1068—1075)
《新修尚书吏部式》三卷	曾伉	元丰(1078—1085)
《元丰新修吏部敕令》十五卷	同上	同上
《新修吏部式》二卷	吕惠卿	同上
《吏部四选敕令格式》一部		元祐(1085—1093)
《绍兴重修吏部敕令格式并通用格式》一百二卷	朱胜非	绍兴(1031—1062)
《绍兴参附尚书吏部敕令格式》七十卷	陈康伯	同上
《淳熙重修吏部左选敕令申明》三百卷	龚茂良	淳熙(1174—1189)
《淳熙吏部条法总类》四十卷	敕令所	淳熙二年(1175)
《开禧重修吏部七司敕令格式申明》三百二十三卷		开禧元年(1205)
《嘉定编修吏部条法总类》五十卷		嘉定(1208—1224)

续 表

书名	编者	年月
《百司考选格敕》五卷		天圣(1023)前
《八路差官敕》		熙宁(1068—1077)
《新编续降并叙法条贯》一卷		同上
《嘉定编修百司吏职补授法》一百三十三卷		嘉定六年(1213)
《百司选考格敕》五卷		不详
《铨曹格敕》十四卷		不详
《嘉佑禄令》十卷	吴奎	嘉佑(1056—1063)
《熙宁新定皇亲禄令》十卷		熙宁(1068—1077)
《皇亲禄令并厘条敕令》三百四十卷		元丰(1078—1085)
《政和禄令格等》三百二十册		政和(1111—1117)
《熙宁历任仪式》一卷		熙宁(1068—1077)

三　户部及司农寺法规

书名	编者	年月
《景德农田编敕》五卷	丁谓	景德二年(1005)
《司农寺敕》一卷又《式》一卷		熙宁(1068—1077)
《元丰司农敕令式》十七卷	蔡确	元丰(1078—1085)
《元丰户部敕令式》一部		
《熙宁常平敕》二卷(七十条分门)		熙宁五年(1072)
《熙宁常平敕》二卷	曾布	熙宁七年(1074)
《绍兴重修常平免役敕令格式》五十四卷	秦桧	绍兴(1131—1162)
《熙宁开封府界保甲敕》五卷《申明》一卷	许将	熙宁(1068—1077)
《熙宁五诰义勇保甲敕》五卷《总例》一卷	张诚一	同上

续表

书名	编者	年月
《转运司编敕》三十卷	陈彭年	大中(1008—1016)
《直达纲运法》并《看详》一百三十册	张勋	政和(1111—1117)
《都提举市易司敕令》并《厘正看详》二十卷《公式》二卷	吴雍	元丰(1078—1085)
《元祐诸司市务敕令格式》二百六册		元祐
《江湖淮浙盐敕令赏格》六卷	李承之	元丰
《编类诸路茶盐令格式目录》一卷		不详

四　礼部及宗正寺法规

书名	编者	年月
《礼房条例》十三卷并《目录》十九册	李承之	熙宁八年(1075)
《熙宁新编大宗正司敕》八卷		熙宁(1068—1077)
《大宗正司敕令格式申明及目录》八十一卷		绍兴(1031—1062)
《大宗正司条》六卷	张稚圭	不详
《宗祀大礼敕令格式》一部		政和(1111—1117)
《明堂敕令格式》一千二百六册		宣和(1119—1126)
《神霄宫使司法令》一部	薛昂	同上
《五服敕》一卷	刘筠	天圣五年(1027)
《五服相犯法纂》五卷	程龟年	不详
《九族五服图制》一卷		不详
《熙宁葬式》五十五卷	张叙	熙宁(1068—1077)
《宗室及外臣葬敕令式》九十二卷		元丰(1078—1085)
《熙宁新定孝赠式》十五卷	章惇	熙宁(1068—1077)

书名	编者	年月
《熙宁新定节式》二卷	同上	同上
《熙宁新定时服式》六卷	同上	同上
《入国条贯》二卷	张大中	同上
《接送高丽敕令格式》一部		宣和(1119—1126)
《奉使高丽敕令格式》一部		同上

五　学校法规

书名	编者	年月
《元丰新修国子监太学小学元新格》十卷又《令》十三卷	李定	元丰(1079)
《国子监支费令式》一卷	朱服	熙宁(1068—1077)
《国子监敕令格式》十九卷	陆佃	同上
《国子监太学辟痈并小学敕令格式申明一时指挥目录看详》一百六十八册		大观(1107—1110)
《宗子大小学敕令格式》十五册	李图南	政和(1111—1117)
《庆历编敕律学武学敕式》二卷	贾昌朝	庆历(1041—1048)
《绍兴续修律学敕令格式看详并净条》十二册		绍圣(1094—1097)
《政和重修国子监律学敕令格式》一百卷	孟昌龄	政和(1111—1117)
《武学敕令格式》一卷		元丰(1078—1085)
《绍圣续修武学敕令格式看详并净条》十八册		绍圣(1094—1097)
《崇宁国子监算学敕令格式并对修看详》一部		崇宁(1102—1106)
《崇宁国子监算学敕令格式》一部		同上
《崇宁改修法度》十卷	沈锡	同上

续表

书名	编者	年月
《崇宁学制》一卷(徽宗学校新法)		
《政和新修学法》一百三十卷	郑居中	政和(1111—1117)
《学制书》一百三十卷	同上	同上
《诸路州县学法》一部		大观(1107—1110)
《政和续编诸路州县学敕令格式》十八卷	蔡京	政和(1111—1117)

六　贡举法规

书名	编者	年月
《礼部考试进士敕》一卷	晁回	不详
《贡举条例》十二卷		至和二年(1055)
《熙宁贡举敕》二卷	范镗	熙宁(1068—1077)
《政和新修乡试贡士敕令格式》一百五十九卷	向时中	政和(1111—1117)
《政和新修贡士敕令格式》五十一卷	同上	同上
《绍兴重修贡举敕令格式》二十四卷		绍兴(1131—1162)

七　兵部法规

书名	编者	年月
《嘉祐驿令》三卷	吴奎	嘉祐(1056—1063)
《官马俸马草料式》九卷		熙宁(1068—1077)
《马递铺特支式》二卷		同上
《熙宁详定军马敕》五卷	吴充	同上

续　表

书名	编者	年月
《熙宁详定诸军直禄令》二卷		同上
《熙宁将官敕》一卷		同上
《群牧司编(敕?)》一卷	王海	熙宁十年(1077)
《元丰将官敕》十二卷	蔡确	元丰(1078—1085)
《诸军班直禄令》二卷		不详

八　刑部法规

书名	编者	年月
《熙宁详定尚书刑部敕》一卷	范镗	熙宁(1068—1077)
《熙宁法寺断例》十二卷		同上
《明堂赦条》一卷		元丰(1078—1085)

九　工部法规

书名	编者	年月
《将作监式》五卷	曾肇	熙宁(1068—1077)

十　杂项法规

书名	编者	年月
《在京诸司库务条式》一百三十卷	王珪	哲宗(1086—1100)
《绍兴重修六曹四监库务通用敕令》		绍兴(1131—1162)
《支赐式》十二卷		不详

续　表

书名	编者	年月
《支赐式》二十卷		熙宁(1068—1077)
《随酒式》	陈绎熙	同上
《熙宁新修女道士给赐式》一卷		同上
《熙宁新定诸色人厨料式》一卷	沈括	同上
《元丰新定在人从敕式》三卷	沈希颜	元丰(1078—1085)
《大观新修内东门司应章禁申请给敕令格式》一部		大观(1107—1110)
《大观告格》一卷		同上

十一　地方编敕

书名	编者	年月
《重修开封府熙宁编(敕?)》十卷	王安礼	熙宁(1068—1077)
《绍兴重修在京通用敕令格式申明》五十六卷		绍兴(1031—1062)
《八路敕》一卷	蒲宗孟	熙宁(1068—1077)
《诸路州县敕令格式并一时指挥》十三册		绍圣(1094—1097)
《两浙福建路敕令格式》一部		宣和(1119—1126)
《县法》十卷	吕惠卿	熙宁(1068—1077)

　　以上所记各书一百二十四种,现在遗留下来的只是些名目而已。①但从它们的书目、卷数、册数看来,两宋立法的规模,依然是值得后人景仰的。

---

①《宋史》一九九,《刑法志》一,6(页二三六九)。

六　宋人法律著述

中国过去的朝代,官家所藏前朝及本朝的法典和法律书,要算宋朝为第一。《宋史·艺文志》"刑书"类所记载的,有书二百二十一部、七千九百五十五卷。① 除去各种《编敕》,已详上节外,兹再以其中私人著作,列表如下:

卢纡	《刑法要录》十卷	
黄克升	《五刑纂要录》三卷	
同上	《刑法纂要》十二卷	
同上	《断狱立成》三卷	
黄懋	《刑法要例》八卷	
张员	《法鉴》八卷	
田晋	《章程体要》二卷	
王行先	《令律守鉴》二卷	
张履冰	《法例六脏图》二卷	
张伾	《判格》三卷	唐人
赵绰	《律鉴》一卷	

---

① 兹以唐宋明清四朝《艺文志》里的"刑书"统计,列表如下:

朝代	部数	卷数
唐	六一	一、〇〇四
宋	二二一	七、九五五
明	四六	五〇九
清(《四库总目》)	二	七〇
清(《清史稿》)	十八	二七五

续　表

同上	《法要》一卷	
同上	《外台秘要》一卷	
同上	《宪问》十卷	
元绛	《谳狱集》十三卷	天圣(1023—1031)
刘次庄	《青囊本旨论》一卷	熙宁(1068—1077)
王晋	《使范》一卷	
曾旼	《刑名断例》三卷	
李元弼	《作邑自箴》三卷	徽宗时人(1101—1125)《丛书集成》
郑克	《折狱龟鉴》三卷	绍兴(1131—1152)同上
和凝	《疑狱集》三卷	五代(907—959)同上
王皞	《续疑狱集》四卷	同上
赵仝	《疑狱集》三卷	同上
郑至道	《论俗篇》一卷	
赵绪	《金科易览》一卷	
刘高夫	《金科玉律总括诗》三卷	
同上	《金科玉律》一卷	
同上	《金科类要》一卷	
王日休	《养贤录》三十二卷	

此外王应麟《玉海》,《四库总目》,沈家本《律令考》,孙祖基《中国历代法家著述考》,尚收有其他宋人法律著作书目,兹再据以补列如下:

李兴权	《绍兴士师龟鉴》五册(十门,三百事)	绍兴三年(1133)九月
李康侯	《广律判辞》十一卷	
钱熙	《措刑论》《律心》四卷	淳化(990—994)

续　表

佚名	《刑统纲要》	
彭伊刚	《谕俗续编》	
王键	《刑书释名》一卷	《丛书集成》
杨渊	《续刑统赋》一卷	
刘筠	《刑法叙略》一卷	咸平(998—1003)同上
同上	《治狱须知》一卷	
桂万荣	《棠阴比事》一卷	端平元年(1234)
佚名	《名公书判清明集》十七卷	现有日本影印宋残本户婚一百十七条
宋慈	《洗冤录》	淳祐丁未(1247)
张去华	《大政要录》三卷	真宗(998—1022)
朋九万	《东坡乌台诗案》	《丛书集成》
赵升	《朝野类要》	同上
杨亿	《历代铨政要略》	
佚名	《州县提纲》	同上
胡太初	《画帘诸论》	同上
佚名	《贡学叙略》	同上
吕本中	《官箴》	同上
吕祖谦	《历代制度详说》(1137—1181)	《续金华丛书》
真德秀	《西山政训》(1178—1235)	《丛书集成》
程俱	《麟台故事》	同上
周必大	《玉堂杂记》	同上
郑伯廉	《太平经国之书》	同上

　　以上所引书目，共六十六种，现存者只有十五种。其中《名公书判清明集》最为有用。可惜残缺太多，只余户婚门一百十七条。战前上海周越然藏有明残本，谓较宋残本多出三分之二，希望这本书能早日问世。

宋仁宗的书判拔萃十题

南宋人曾敏行(1118—1175),在他的《独醒杂志》卷二里,有关于"书判拔萃"的一段记载如下:

天圣八年,应书判拔萃科者凡八人,仁宗皇帝御崇政殿试之。中选者六人:余襄公、尹师鲁、毛子仁、李惇裕,其二则失其姓名。问题十通。一问:戊不学孙吴。丁诘之。曰:顾方略如何尔。二问:丙为令长无治声。丁言其非百里才。壬曰:君子不器,岂以小大为异哉。三问:私有甲弩,乃首云止稍一张。重轻不同,若为科处。四问:丁出,见癸缧系于路,解左骖赎之。归,不谢而入。癸请绝。五问:甲与乙隔水将战。有司请逮其未半济而击之。甲曰:不可。及阵,甲大败。或让之,甲不服。六问:应受复除而不给,不应受而给者,及其小徭役者,各当何罪。七问:乙用牛䢅钟,牵过堂下。甲见其觳觫,以羊易之。或谓之曰:见牛不见羊。八问:官物有印封,不请所由官司,而主典擅开者,合当何罪?九问:庚请复乡饮酒之礼。辛曰:古礼不相沿袭。庚曰:澄源则流清。十问:死罪囚,家无周亲,上请,敕许充侍。若逢恩赦,合免死否?时襄公除将作监丞知海阳县,师鲁武胜军掌书记知河阳县,子仁镇东军推官知宣城县,惇裕大理寺丞知华亭县。皆以民事试之也。①

---

① 知不足斋本,卷二,页六。

仁宗天圣八年(1030),离开曾敏行,不下百十来年,这些题目,已经成了古董,费他一字一字的抄录下来,足见当时文献保存之不易。

但是他关于中考人的记载,虽然只是四个名字,已经有若干地方不正确。

《宋会要·选举十》,关于八年拔萃科的纪录,有下列两条:

一、八年正月二十六日,流内铨言。看详到书判拔萃分三甲余靖等二十四人。诏两制重详定等第以闻。

二、五月二十五日,命龙图阁待制唐肃、梅询,直集贤院胥偃,考试拔萃余靖等二十五人于秘阁。殿中侍御史王嘉言、直集贤院柳植封弥誊。六月二十三日,帝御崇政殿试应书判拔萃选人。宣州司理参军余靖考入第四等,为将作监丞知县。安德军节度推官知邵武军光泽县尹洙考入第五等,循一资近地知县。①

那么天圣八年考取的,事实上只有余靖尹洙两个人,不是六个人。

到了第二年天圣九年(1031),又举行了第二次书判拔萃考试。《宋会要》:

一、九年……四月二十五日,命翰林学士盛度、知制诰郑向、直集贤院胥偃,同试应书判拔萃科于秘阁。五月九日,帝御崇政殿试应书判拔萃科及武举人,设幄南庑,命座内出科题十泊敕问。召资政殿学士晏殊、翰林学士宋绶为考校官。翰林学士章得象、知制诰石中立为编排官,侍御史王轸为封弥官。集贤校理王湜、钱延年,为

---

① 《宋会要·选举十》之三。

对读官,申后上所试卷,召宰臣偏阅,赐茶,久之。

十三日诏:应书判拔萃科入第四等,前颍州司理参军李惇裕为大理寺丞,知秀州华亭县;洪州新建县主簿毛询为镇东军节度推官,家便知县;颍州汝阴县主簿张孝孙为忠武军节度推官,家地知县。第五等湖州归安县主簿吴感为江州军事推官。不入等魏京、李宗,罢之。①

那么这一次的殿试,是在六个人之中取了四个人,而其中的李惇裕毛询,并不是和余靖尹洙同榜。

仁宗殿试拔萃科,只有这两次,一共取了六个人。所以曾敏行"中选者六人"一句话,若就总数言之,倒是对的。而他"应科八人……中选六人"之说,可能是九年六人殿试,四人中选的讹传。甚至于这十道题目,都可能是九年出的。(《会要》说:"出科题十"。)

至于所考取的,都是四五等的人材,这倒是宋初的作风一直如此。因为那时候考试,一二等照例是不取的。考取三等的,就是天大的希罕事。(东坡考制举中三等。在他前面的,只有吴育一个人。)②

也许有人要问,既是《会要》里有详细记载,曾敏行为什么不去查一查呢?那是因为依照宋朝的法令,《会要》和《实录》是不许在民间流传的。《庆元条法事类》(1202)卷十七有下列一条:

杂敕诸雕印御书、本朝会要,及言时政边机文书者,杖八十。并许人告。即传写国史实录者,罪亦如之。③

---

① 《宋会要·选举十》之三。
② 见《宋史》东坡本传。
③ 日本影印本 P. 二四四。

研究历史问题，有时候我们后人比古人侥幸得多，这就是一个好例子。

至于那十道题目本身，笔者可以答出八条半来：

一、不学孙吴　见《汉书》五五，《霍去病传》，戊指霍，丁指武帝。

二、非百里才　见《三国志·蜀书七·庞统传》。丙指庞统，丁指鲁肃。但不知壬指何人，见何书。

三、私有甲弩　见唐律，《名例》，犯罪未发自首条，答案是"首稍之罪得免，甲弩之罪合科"。

四、缧系于路　见《史记》六二，《管晏列传》。丁指晏婴，癸指越石父。

五、隔水将战　见《左传》僖公二十二年。甲指宋襄公，乙指楚人。

六、应收复除　见唐律《户婚》，应复除不给条。答案：徒二年；小徭役，笞五十。

七、用牛衅钟　见《孟子梁惠王上》。甲指梁惠王，乙指牵牛人，"或"即孟子。

八、官物有印封　见唐律，《厩库》，官物有印封条。管案：杖六十。

九、复乡饮酒　不知见何书。

十、死罪囚家无周亲　见唐律，《名例》，犯死罪非十恶条。答案："律无不免之例，即是会赦合原"。

原题第九条、第二条的出处，尚乞海内高明指示。

一九七二年九月，于西雅图华盛顿大学

法学家苏东坡

作诗是中国传统文人的积习。但是只要是诗,就难免有被人断章取义,以讹传讹,因致被人完全误解的危险。

苏东坡有一句诗,是"读书万卷不读律"。在最近四十年来,在中国,在日本,在西洋,到处被人引用,作为中国士大夫反对研究法律的证据。事实上和东坡所要说的话,其相佐正不知有几千万里。

不错,东坡是作过这么一句诗的。但是请看这首诗的题目,和诗的全文:①

戏子由

宛丘先生长如丘,宛丘学舍小如舟,常时低头诵经史,忽然欠伸屋打头,斜风吹帷雨注面,

先生不愧傍人羞,任从饱死笑方朔,肯为雨立求秦优,眼前勃溪何足道,处置六凿须天游,

读书万卷不读律,致君尧舜知无术,劝农冠盖闹如云,送老盐虀甘似蜜,门前万事不挂眼,

头虽长低气不屈,余杭别驾无功劳,画堂五丈容旗旄,重楼跨空雨声远,屋多人小风骚骚,

平生所惭今不耻,坐对疲氓更鞭箠,道逢阳虎呼与言,心知其非

---

① 《东坡前集》三(世界书局一九六九年"全集"本,上、页六四)。

口诺唯,居高忘下真何益,

　　气节消缩今无几,文章小技安足程,先生别驾旧齐名,如今衰老俱无用,付与时人分重轻。

这首诗是东坡在神宗熙宁五年(1072)上半年里作的①(东坡是年三十七岁,子由三十四岁)。他这时才到杭州通判的任上不久,美丽的湖山,旖旎的风光,使他在心情愉快之下,忽然想起了他的老弟来。子由这时在陈州作学官,已经三年,很不得意。他于是顺笔作诗一首,用开玩笑的口吻,寄给他一点温情的安慰。子由是一个身体高大的人,偏偏在陈州的宿舍却是特别的低矮。所以东坡笑他"忽然欠伸屋打头"。子由是一向反对念法律的,偏偏碰上了一位决心用法律来改良政治的神宗皇帝,自然不会得到重用,而无以发展抱负。所以东坡说他"读书万卷不读律,致君尧舜知无术"。完全是针对子由当时个人的情形而言,既不是说明他自己的学术立场,也不是叙述他对世人的一般观察。子由当时曾有和诗一首,颇流露出他倦游的情绪。诗是这样的:②

次韵子瞻见寄

　　我将西归老故丘,长江欲济无行舟,宦游已如马受轭,衰病拟学龟藏头,三年学舍百不与,

　　糜费廪粟常惭羞,矫时自信力不足,从政敢谓学已优,开门却扫谁与语,画梦时作钧天游,

　　自从四方多法律,深山更深逃无术,众人奔走我独闲,何异端居

---

① 子由和的这一首诗,收在他自己编的《乐城集》卷四,列在欧阳文忠公挽词之前。欧阳修是在熙宁五年闰七月去世的,而东坡则是于四年十一月,才到杭州。
② 《乐城集》四(中华书局四部备要本页六四)。

割蜂蜜,怀安已久心自知,

弹劾未至理先屈,余杭军府百事劳,经年未见持千旄,贾生作传无封事,屈平忧世多离骚,

烦刑弊法非公耻,怒马奔车忌鞭箠,藐藐何自听谆谆,谔谔未必贤唯唯,求田问舍古所非,

荒畦弊宅今余几,出从王事当有程,去须膰肉妩无名,扫除百忧唯有酒,未退聊取身心轻。

再说我们怎么知道子由是反对念法律的呢?我们有三个证据。一、子由留下的著作有《乐城集》《续集》《三集》等,共八十四卷,卷帙可称不少,可是内中没有任何涉及法律问题的文字。二、就是东坡在这一首诗里对他的嘲笑。三、我们有子由自己的亲笔口供:[①]

新作南门一首

于公决狱多阴功,自知有子当三公,高作里门车马通,定国精明有父风,饮酒一石耳目聪,

汉家宰相仍侯封,左右中兴始且终,我家读书自我翁,耻言法律羞兵戎,中年出入黄门中,

智巧不足称愚忠,虽云寡过亦无功,不忮不求心粗空,举世知我惟天工,恃此知不累儿童,

作门不庳亦不隆,陋巷正与颜生同,势家笑唾傥见容。

这首诗收在《乐城三集》,那么是子由在徽宗崇宁四年(1105)以后的

[①]《乐城三集》三(页六九六)。

作品。他这时至少已有六十六岁,而仍然以"耻言法律"自傲。可见东坡之笑他"不读律",一点也不冤枉他。但是他所说"我家读书!"云云,如若意思也把东坡也包括在内,则未免与事实不符,而对东坡的学问,也抹杀了不少。因为东坡是相当喜欢谈法律,而很懂得法律的。我现在摘录出他集子中九篇文字,并略予铨释如下。

一　上文侍中论强盗赏钱书

轼再拜。轼备员偏州,民事甚简。但风俗武悍,恃好强劫。加以比岁荐饥,椎剽之奸,殆无虚日。自轼至此明立购赏,随获随给,人用竞劝,盗亦敛迹。准法获强盗一人至死者,给五十千,流以下半之。近有旨,灾伤之岁皆降一等。既降一等,则当复减半。自流以下,得十二千五百而已。凡获一贼,告与捕者,率常不下四五人。不胜则为盗所害。幸而胜,则凡为盗者举仇之,其难如此。而使四五人者,分十二千五百,以捐其躯命,可乎?朝廷所以深恶强盗者,为其志不善,张而不已,可以驯致胜广之资也。由此言之,五十千岂足道哉。夫灾伤之岁,尤宜急于盗贼。今岁之民,上户皆阙食。冬春之交,恐必有流亡之忧。若又纵盗而不捕,则郡县之忧,非不肖所能任也。欲具以闻上,而人微言轻,恐不见省。向见报,明公所言。无不立从。东武之民,虽非所部,明公以天下为度,必不闻也,故敢以告。比来士大夫,好轻议旧法,皆未习事之人,知其一不知其二者也。常窃怪司农寺所行文书,措置郡县事,多出于本寺官吏一时之意,遂与制敕并行。近者令诸郡守,根究衙前重难,应缘此毁弃官文书者,皆科违制,且不用赦降原免。考其前后,初不被旨。谨案。律文毁弃官文书重害者,徒一年。今科违制,即是增损旧律令也。不用赦降原免,即是冲改新制书也。岂有增损旧律令冲改新制书,而天子不知,三公不与,有司得专之者?今监司郡县,皆恬然受而行之,莫敢辨,此轼之所深不识也。昔袁绍不肯迎天子,以谓若迎天子以自近,则每事表闻,从之则权轻,不从则拒命,非计之善也。夫不请而行,袁绍之所难也,而况守职奉上者乎?今圣人在上,朝廷清明,虽万无此虞。司农所行,意其出于偶然。或已尝被旨而失于开坐,皆不可知。但不请而行,其渐不可开耳。轼愚蠢无状,孤危之迹,日以岌岌。风蒙明公奖与过分,窃怀忧国之心,聊复一发于左右。犹幸明公密之,无重其罪戾也。①

信里有"东武之民"一语,可知东坡这封信是熙宁八年(1075)在密州(今山东诸城)写的。文彦博这时以"守司徒兼侍中河东节度使"判河阳。信中有三点值得注意。

1. 因为地方有灾伤,朝廷下诏减刑,照理说是一种恩典。但是事实上也就减低了捕盗的犒赏,而得到了纵盗的结果,与地方反为不利。没有切实地方行政经验的人,如何能看到这一点?东坡把这一点明白指出,值得后人喝采!

2. 信里说"比来士大夫,好轻议旧法,皆未习事之人,知其一不知其二者也"。从这几句话中,可以看出东坡之自认对于法律有深刻的认识。

3. 他指出司农寺之"增损律令""冲改制书",完全是以法律条文作依据的。不是对于法律内行的人,如何办得到?不过中国过去的习惯,

---

① 《前集》九(上、三五九)。

向不直接引用法律原条文,一般人不易了解。现在逐项说明如下:

信中所说"律文毁弃官文书重害者徒一年",并不是宋律的原文,而是两项条文的合并使用。《刑统》第四三八(杂律弃毁制书官文书)条:"诸弃毁……官文书者,准盗论"。第二七三(贼盗,盗制书)条:"诸盗……官文书者杖一百,重害文书加一等"。杖一百加一等就是徒一年。东坡这种引用条文的方法,在宋朝的一般习惯是如此。

信中所说"建制",指的是《刑统》第一一二(职制,被制书施行违者)条:"诸被制书,有所施行,而违者,徒二年"。依照《刑统》的规定,毁弃重要官文书,应该徒一年,而司农寺规定为徒二年,所以东坡说这是"增损律令"。

一项罪行之是否在朝廷的一般赦降之下得到原免,依法是应该在"律"内,或者用皇帝的"敕"来规定的。现在司农寺自动地作了"不用赦降原免"的规定,自然是"冲改制书"了。

二 乞医疗病囚状

元丰二年正月　日。尚书祠部员外郎直史馆权知徐州军州事苏轼状奏。右臣闻汉宣帝地节四年,诏曰,令甲死者不可生,刑者不可息,此先帝之所重而吏未称。今系者或以掠辜,若饥寒瘐死狱中,何用心逆人道也。朕甚痛之。其令郡国岁上系囚以掠笞,若瘐死者,所坐名县爵里,丞相御史课殿最以闻,此汉之盛时,宣帝之善政也。朝廷重惜人命,哀矜庶狱,可谓至矣。囚以掠笞死者,法甚重,惟病死者无法。官吏上下,莫有任其责者。苟以时言上,检视无他故,虽累百人不坐,其饮食失时,药不当病而死者,何可胜数?若本罪应死,犹不足深哀。其以轻罪系而死者,与杀之何异?积其冤痛,足以感伤阴阳之和,是以治平四年十二月二十四日手诏曰:"狱者民命之所系也。比闻有司岁考天下之奏。而瘐死者甚多。窃惧乎狱吏与犯法者旁缘为奸,检视或有不明,使吾元元横罹其害,良可悯焉。《书》不云乎,与其杀不辜,宁失不经。其具为今后诸处军巡州司理院所禁罪人,一岁内在狱病死及两人者,推司狱子,并从杖六十科罪。每增一名,加罪一等,至杖一百止。如系五县以上州,每院岁死及三人,开封府府司军巡院岁死及七人,即依上项死两人法科罪。加等亦如之。典狱之官,推狱经两犯即坐。本官,仍从违制失入。其县狱亦依上条,若三万户以上,即依五县以上州军条。其有养疗不依条贯者。自依本法。仍仰开封府及诸路提点刑狱。每至岁终,会聚死者之数以闻。委中书门下点检,或死者过多,官吏虽已行罚,当议更加黜责。"行之未及数年,而中外臣僚,争言其不便。至熙宁四年,十月二日中书札子:详定编敕所状,令众官参详:狱囚不因病死,及不给医药饮食,以至非理惨虐。或谋害致死,自有逐一条贯。及至捕伤格斗,实缘病死。则非狱官之罪,况有不幸遭遇瘴疫,死者或众。而使狱官滥被黜罚,未为允当。今请只行旧条外,其上件狱囚病死条贯,更不行用。奉圣旨依所申。臣窃惟治平四年十二月二十四日手诏,乃陛下好生之德,达同汉宣,方当推之无穷。而郡县俗吏,不能深晓圣意。因其小不通,颇为驳议。有司不能修其缺、通其碍,乃举而废之,岂不过甚矣哉?臣愚以谓狱囚病死,使狱官坐之,诚为未安。何者,狱囚死生,非人所能必。责吏以其所不能必,吏且惧罪,多方以求免。囚中有疾,则责保门留,不复疗治。苟无亲属,与虽有而在远者,其捐瘠致死者,必甚在狱。臣谨按周礼,医师,岁终,则稽其医事以制其食。十全为上,十失一次之,十失二次之,十失三次之,十失四为下。臣愚欲乞军巡院及天下州司理院,各选差衙前一名,医人一名,每县各选差曹司一名,医人一名,专掌医疗病囚,不得更充他役,以一周年为界。量本州县囚系多少,立定佣钱,以免役宽剩钱,或坊场钱充。仍于三分中,先给其一,俟界满比较。除罪人拒捕及斗致死者不计数外,每十人失一以上为上等。失二为中等,失三为下等,失四以上为下下。上等全支,中等支二分,下等不支,下下科罪。自杖六十至杖一百止,仍不分首从。其上中等医人界满,愿再管司者听,人给历子,以书等第,若医博士助教有关,由比较累岁等第最优者补充。如此则人人用心,若疗治其家人,缘此得活者必众,且人命至重,朝廷所甚惜。而宽剩役钱与坊场钱所在山积,其费甚微,而可以全活无辜之人,至不可胜数。感人心,合天意,无善于此者矣。独有一弊,若死者稍众,则所差衙前曹司医人与狱子同情。使囚诈称疾病,以张人数。臣以谓此法责罚不及狱官县令,则狱官县令,无缘肯与此等同情欺罔。欲乞每有病囚,舍狱官县令具保明以申州,委监医官及本辖干系官吏觉察,如诈称病,狱官县令皆科杖六十,分故失,为公私罪。伏望朝廷详酌,早赐施行。谨录奏闻。伏候敕旨。①

这篇文字,又十分明显地表现出东坡是一位十分内行的司法官。看他批评一般"郡县俗吏……因其小不通,辄为驳议",和在上的"有司不能修其缺、通其碍,乃举而废之",真是慨乎言之!

---

① 《奏议集》二(下,四一九)。元丰二年是一○七九;地节四年是前六六;熙宁四年是一○七一。

治平四年(1067)手诏,规定"典狱之官,推狱两犯即坐,本官仍从违制失入"。意思是说:病囚死在狱中,超过了年定限额,在发生了一次的时候,有关官吏,虽然犯了罪行,但只是予以纪录在案,并不执行。如果发生两次,那么"推司"(问案子的法官)和"狱子"(管牢狱的卒子),就要被判杖六十到一百的罪名。而其所属长官(本官),就要按"违制失入"的规定论罪。

"违制"者,我们在前面已经说明,照《刑统》一一二条的规定,犯的是二年的徒罪。"失入"者,就是非故意的把没有罪的人判为有罪。照《刑统》四八七(断狱,官司出入人罪)条"断罪失于入者,各减三等",那么就是杖一百的刑罚了。(作官的有"以官当罪"的办法,并不是真的挨扳子。)

手诏中又规定"养疗不依条贯者,自依本法",是指当时有关养疗病囚的其他许多法令而言。① 文章的末尾,说"分故失为公私罪"。这是唐宋律一贯的立法精神。作官的犯了法,如是故意的即成心作弊——就算私罪,不是故意的——犯了公事上的错误就算公罪。同等的刑名,私罪的后果,比公罪严重得多。

三 与朱鄂州书

轼启。近递中奉书必达,此日春寒,起居何似。昨日武昌寄居

---

① 《庆元条法事类》卷七十四,有十条关于病囚的敕令(日本一九六八德印本页五一二),很值得参看。

王殿直天麟见过，偶说一事，闻之酸辛，为食不下，念非吾康叔之贤，莫足告语，故专遣此人。俗人区区，了眼前事，救过不暇，岂有余力及此度外事乎？天麟言岳鄂间田野小人，例只养二男一女，过此辄杀之，尤讳养女，以故民间少女多鳏夫。初生辄以冷水浸杀，其父母亦不忍。率常闭目背面，以手按之水盆中，咿嘤良久乃死，有神山乡百姓石揆者，连杀两子，去岁夏中，其妻一产四子，楚毒不可堪忍，母子皆斃，报应如此，而愚人不知创艾。天鳞每闻其侧近有此辄驰救之，量与衣服饮食，全活者非一，既旬日，有无子息，人欲乞其子者，辄亦不肯，以此知其父子之爱，天性故在，特牵于习俗耳。闻鄂人有秦光亨者，今已及第，为安州司法。方其在母也，其舅陈遵梦一小儿挽其衣，若有所诉。比两夕辄见之，其状甚急。遵独念其姊有娠将产，而意不乐多子，岂其应是乎？驰往省之。则儿已在水盆中矣，救之得免。鄂人户知之准律，故杀子孙，徒二年。此长吏所得按举，愿公明以告诸邑令佐，使召诸保正，告以法律，谕以祸福约以必行，使归转以相语，仍录条粉壁晓示，且立赏召人告官。赏钱，以犯人及邻保家财充。若客户则及其地主。妇人怀孕，经涉岁月，邻保地主，无不知者。若后杀之，其势足相举觉，容而不告，使出赏固宜，若依律行遣数人此风便革。公更使令佐各以至意，诱谕地主豪户。若实贫甚不能举子者，薄有以周之。人非木石，亦必乐从，但得初生数日不杀，后虽劝之使杀，亦不肯矣。自今以往，缘公而得活者，岂可胜计哉。佛言杀生之罪，以杀胎卵为最重。六畜犹尔，而况于人。俗谓小儿病为无辜，此真可谓无辜矣。悼耄死人犹不死，况无罪而杀之乎？公能生之于万死中，其阴德十倍于雪活壮夫也。昔王濬为巴郡太守，巴人生子皆不举，濬严其科条、宽其徭役，所活数千人。及后伐吴，所活者皆堪为兵。其父母戒之曰，王府君生汝，汝必死之。古之循吏如此类者非一。居今之世,而有古循吏之风者,非公而谁?此事特未知耳,轼向在密州遇饥年,民多弃子,因盘量劝诱,米得出剩数百石,别储之。专以收养弃儿,月给六斗,比基年,养者与儿,皆有父母之爱,遂不失所,所活亦数百人。此等事在公如反手耳。恃深契,故不自外。不罪不罪。此外惟为民自重,不宣。轼再拜。①

这封信是东坡在黄州写的,那么当不出元丰三至七(1080—1084)这几年。朱鄂州者,名寿昌,字康叔,是一位有名的孝子。他曾辞官不作,走遍天下,找他七岁时失散的母亲。找了五十年,终于找到②。信中所言"准律,故杀子孙徒二年",指的是《刑统》第三二九(斗讼,殴詈父母祖父母)条:"子孙违犯教令,而祖父母父母殴杀者,徒一年半……。故杀者加一等。"律疏说:"非违犯教令,而故杀者,徒二年。"《东坡志林》有一条说:"近闻黄州小民贫者,生子多不举。……闻之不忍。会故人朱寿昌康叔守鄂州,轼以书遗之。乃立赏罚,以变此风。"③那么这一封信,是发生了作用的。

四　缴李定词头奏状

元祐元年五月十八日。朝奉郎试中书舍人苏轼同范百禄状奏。今月十八日。准本省刑房送到词头一道。奉圣旨,李定备位侍从,

---

① 《前集》三十(上、三七三)。
② 东坡曾有诗贺之,见《集注分类东坡诗卷》二十二。
③ 《经进东坡文集事略》四十六《与朱鄂州书》引。

终不言母为谁氏,强颜匿志,冒荣自欺。落龙图阁直学士,守本官分司南京,许于扬州居住者,右臣等看详李定所犯。若初无人言,即止是身负大恶,今既言者如此,朝廷勘会得实,而使无母不孝之人,犹得以通议大夫分司南京。即是朝廷,亦许如此等类,得据高位,伤败风教,为害不浅。兼勘会定,乞侍养时,父年八十九岁,于礼自不当从定。若不乞必致人言,获罪不轻,岂可便将侍养折当心丧。考之礼法,须合勒令追服所有告命。臣等未敢撰词,谨录奏闻,伏候敕旨。

贴黄准律,诸父母丧匿不举哀者,流二千里。今定所犯,非独匿而不举,又因人言,遂不认其所生。若举轻明重,即定所坐,难议于流。二千里已下定断。①

《刑统》第一二〇(职制,匿父母夫丧)条:"诸闻父母夫之丧,匿不举哀者,流二千里。"第五〇(名例,断罪无正条)条:"诸断罪而无正条,其应出罪者,则举重以明轻,其应入罪者,则举轻以明重。"东坡所引,就是这两条。"贴黄"者,宋时,奏状札子,有意所未尽,揭其要旨,以黄纸别书于后,谓之贴黄。②

五　论每事降诏约束状

元祐元年九月　日,翰林学士朝奉郎知制诰苏轼状奏。右臣闻

---

①《奏议集》三(下,四二七)。
②《中文大字典》引石林燕语(页一三八〇六)。

之孔子曰:天何言哉,四时行焉,百物生焉,天何言哉。天子法天恭己,正南面、守法度、信赏罚而天下治,三代令王莫不由此。若天下大事,安危所系,心之精微,法令有不能尽,则天子乃言。在三代为训诰誓命,自汉以下为制诏,皆所以鼓舞天下,不轻用也。若每行事、立法之外,必以王言随而丁宁之,则是朝廷自轻其法,以为不丁宁则未必行也。言既屡出,虽复丁宁亦不信。今者十科之举,乃朝廷政令之一耳。况已立法,或不如所举,举主从贡举非其人律,犯正入己赃,举主减三等坐之,若受贿徇私罪名重者自从重。虽见为执政亦降官示罚,臣谓立法不为不重。若以为未足,又从而降诏,则是诏不胜降矣。臣请略举今年朝廷所行荐举之法,凡有七事,举转运提刑一也,举馆职二也,举通判三也,举学官四也,举重法县令五也,举经明行修六也,与十科为七,七事轻重略等,若十科当降诏,则六事不可不降,今后一事一诏,则亵慢王言,莫甚于此。若但取谏官之意,或降或否,则其义安在?臣愿戒敕执政,但守法度,信赏罚,重惜王言,以待大事而发,则天下耸然,敢不敬应,所有前件降诏,臣不敢撰。谨录奏闻,伏候敕旨。①

状中所说"十科之举",是司马光在哲宗元祐元年(1086)七月里建议设立的。十科的名目,是(一) 行义纯固,可为师表;(二) 节操方正,可备献约;(三) 智勇过人,可备将帅;(四) 公正聪明,可备监司;(五) 经术精通,可备讲读;(六) 学问赅博,可备顾问;(七) 文章典丽,可备著述;(八) 善听狱讼,尽公得实;(九) 善治财赋,公私俱便;(十) 练习法令,能断疑

---

① 《奏议集》三(下、四三二)。

狱。① 所言"贡举非其人律",指的是《刑统》第九二(职制,贡举非其人)条:"诸贡举非其人,一人徒一年,二人加一等,罪止徒三年。"所言"正犯入已赃"者,"赃"是指着"受财枉法""不枉法""受所监临""强盗""窃盗""坐赃"六种赃罪而言。② "正犯"者,是正式犯了规定这六种赃罪的条文,而不是犯了"以赃论""准赃论"等"杂犯"罪行。③ "入已"者,是犯者把赃款上了自己的荷包,而不是"入官"。一定要这三个前提都存在,举主才连带判刑(照着被举者的罪名减三等论罪)。

六 上吕相公书

某昨日面论邢薆事。愚意本谓邢鼻是平人,邢薆妄意其为盗杀之。若用,犯时不知,勿论法,深恐今后欲杀人者,皆因其疑似而杀,但云我意汝是盗,即免矣。公言此,自是谋杀。若不勘出此情,安用勘司?某归而念公言,既心服矣。然念近者,西京奏秦课儿于大醉不省记中行杀,南贵就缚,至醒取众证为定,作"可悯"奏。已得旨贷命,而门下别取旨断死,窃闻舆议,亦恐贷之启奸,若杀人者得以醉免,为害大矣,某始者亦以为然,固已书过录黄甫用,公昨日之言,思之,若今后实醉不醒而杀,其情可悯可以原贷,若托醉而杀,自是谋杀。有勘司在。邢薆犯时不知,秦课儿醉不省记,皆有可悯之科。而邢薆臀杖编管,秦课儿决杀,似轻重相远,情有未安,人命至重。

---

① 《经进东坡文集事略》卷三十一引(四部丛刊缩印本页一九四一)。
② 参阅《刑统》第三八九(杂律、坐赃致罪)条疏。
③ 参阅《庆元条法事类》卷七三(页七九八)。

若公以为然,文字尚在尚书省,可追改也。①

这个吕相公,大概是吕公著——不大可能是吕大防——写信的时间,应不出东坡第一次作学士的几年(元祐元年至三年:1086—1088)。信中所说"犯时不知"——德国刑法学里所谓"Irrtum",和"醉不省记"——德国刑法学里所谓"Zurechnungfahig Keit"——都是现代刑法学里的重要学题,而在唐宋法典里都还没有经过正式规定的,但是东坡已经对之表示如此的关心,他对于法律学之有高度修养,在我们所采录的几篇文字中,这一封信是最有力的说明。

七 奏为法外刺配罪人待罪状

元祐四年八月 日,龙图阁学士朝奉郎知杭州苏轼状奏。右臣自入境以来,访闻两浙诸郡,近年民间例织轻疏,糊药紬绢,以备送纳。和买夏税官吏,欲行拣择,而奸猾人户及揽纳人,递相扇和,不纳好绢,致使官吏无由拣择。期限既迫,不免受纳,岁岁如此,习以成风,故京师官吏军人,但请两浙衣赐,皆不堪好。上京纲运,岁有估剥,日以滋多。去年估剥,至九十余贯。元纳专典,枷锁鞭挞。典卖竭产,有不能偿,姑息之弊,一至于此。臣自到郡,欲渐革此弊,即指挥受纳官吏,稍行拣择。至七月二十七日,有百姓二百余人,于受纳场前,大叫数声,官吏军民,并皆辟易,遂相率入州衙。诣臣喧诉。

---

①《续集》十一(下、四二七)。

臣以理喻遣,方稍引去。臣知此数百人,必非齐同发意,当有凶奸之人,为首纠率,密行草探,当日据受纳官仁和县丞陈皓状申,有人户颜巽男、颜章、颜益纳和买绢五匹,并是轻疏糊药,丈尺短少,以此拣退。其逐人却将专典钳撮及与揽纳人等数百人。对监官高声叫唤,奔走前去,臣即时差人捉到颜章、颜益二人,枷送右司理院禁勘,只至明日,人户一时送纳好绢,更无一人敢行喧闹,续据右司理院勘到颜章、颜益,招为本家,有和买紬绢共三十七匹,章等为见递年例,只是将轻疏糊药紬绢纳官。今年本州为纲运估剥数多,以此指挥要纳好绢,章等既请和买官钱每匹一贯,不合将低价收买昌化县轻疏糊药短绢纳官,其颜章又不合与兄颜益商量,若或拣退,即须打撮专拣,扇摇众户,叫唤投州,吓胁官吏,令只依递年受纳不堪紬绢,寻将买到轻疏糊药短绢五匹,付拣子家人翁诚纳官,寻被翁诚复本官拣退。章等既见众户亦有似此轻疏短绢多被拣退,寻拑撮翁诚叫屈颜益在后,用手推翁诚,令颜章钳去投州,即便走出三门前,叫屈二声,跳出栏干,将两手抬起,唤众户扇摇叫唤,称一时投州去来。众户约二百余人,因此亦一时叫唤,相随投州衙喧诉,臣寻体访得颜章、颜益系第一等豪户颜巽之子,颜先充书手,因受赃虚消税赋,刺配本州牢城,寻即用幸计构胥吏医人托患放停,又为诈将产业重叠,当出官盐刺配滁州牢城,依前托患放停归乡,父子奸凶,众所畏恶。下狱之日,闾里称快。谨按颜益、颜章,以匹夫之微,令行于众,举手一呼,数百人从之,欲以众多之势,胁制官吏,必欲今后常纳恶绢,不容臣等少革前弊,情理巨蠹,实难含忍。本州既以依法决讫,臣独判云:颜章、颜益家传凶狡、气盖乡间,故能奋臂一呼,从者数百,欲以摇动长吏,胁制监官,蠹害之深,难从常法,已刺配本州牢城去讫,仍以散行晓示乡村城郭人户,今后更不得织造轻疏糊药紬绢,以备纳官,庶几明年全革此弊,伏望朝廷详酌,备录臣此状。下本路转运司,遍行约束晓示,所贵今后京师及本路官吏军人,皆得堪好衣赐,及元纳专副,不至破家陪填,所有臣法外刺配颜章、颜益二人,亦乞重行朝典。谨录奏闻,伏候敕旨。

　　贴黄。勘会本州去年发和买夏税物帛计一十四纲,今来只估剥到四纲,已及九千余贯。乞下左藏库,方见估剥数目浩大。①

这一个文件,不但充分地透露出东坡在行政上的敢作敢为,同时也证明了他对于司法权的运用,有熟练的手腕。颜氏弟兄,虽然是犯了税法罚则,而由司理院依法予以行政处分。但是东坡却因为他们鼓励暴动,威胁地方的安宁,就"便宜从事"的"法外"予以刺配。同时认为自己的行动,超出一般地方官的权限,接着就向朝廷认错请罪。但是这确是一时权宜之计,朝廷那有不免罪之理。这样爽快利落的行动,不是自认为对于法律的制度和精神,有充分认识的人,谁敢去作? 他在《杭州谢放罪表》中,有"法吏网密,盖出于近年;守臣权轻,无甚于今日"②两句话。就是在今天,凡是有经验和肯负责的地方长官,读了也不免同声一叹也。

八　论仓法札子

元祐七年七月二十七日,龙图阁学士左朝奉郎知扬州苏轼札子

---

①《奏议集》六(下、四六五)——元祐四年是一〇八九。
②《前集》二十六(上、三三一)。

奏。臣窃谓仓法者一时权宜指挥，天下之所骇，古今之所无，圣代之猛政也。自陛下即位，首宽此法，但其间有要剧之司，胥吏仰重禄为生者，朝廷不欲遽夺其请受，故且因循至今，盖不得已而存留，非谓此猛政可恃以为治也。自有刑罚已来，皆称罪立法，譬之权衡轻重相报。未有百姓造铢两之罪，而人主报以钧石之刑也。今仓法不满百钱入徒，满十贯刺配沙门岛，岂非以钧石报铢两乎？大道报应不可欺罔，当非社稷之利。凡为臣子，皆当为陛下重惜此事，岂可以小小利害而轻为之哉？臣窃见仓法已罢者，如转运提刑司人吏之类，近日稍稍复行，若监司得人，胥吏谁敢作过。若不得人，虽行军令，作过愈甚。今执政不留意于选择监司，而独行仓法，是谓此法可恃以为治也耶？今者又令真扬楚泗转般仓斛子行仓法。纲运败坏，执政终不肯选择一强明发运使，以办集其事。但信仓部小吏，妄有陈情。便行仓法，臣所未喻也。今来所奏只是申明《元祐编敕》，不过岁捐转运司违法所收粮纲税钱一万贯，而能六百万石上供斛斗，不大失陷，又能全活六路纲梢数千，牵驾兵士数万人，免陷深刑而押纲人员使臣数百人保全身计。以至商贾通行，京师富庶。事理明甚，无可疑者。但恐执政不乐，臣以疏外辄议已行之政，必须却送户部，或却令本路监司相度，多方沮难，决无行理。臣材术短浅，老病日侵，常恐大恩不报，衔恨入地，故贪及未死之间，时进瞽言。但可以上益圣德，下济苍生者，臣虽以此得罪万死无悔。若陛下以臣言为是，即乞将此札子留中省览，待发德音，主张施行，若以臣言为妄，即乞并以札子降出议臣之罪。取进止。①

---

① 《奏议集》十一（下、五四七）——元祐七年是一〇九二。

这一篇札子里所说仓法，照《宋史·刑法志》所载，是"丐取不满百钱徒一年，每百钱加一等，千钱流二千里，每平钱加一等，罪止流三千里。满十千为首者配沙门岛"①。真是一种"猛于虎"的苛政。难怪东坡之极力反对。札子末说："如以臣为是，即乞将此札子留中省览。"正是《尚书君陈篇》里的"尔有嘉谟嘉猷，则入告尔后于内，尔乃顺之于外，曰，斯谟斯猷，惟我后之德"。韩愈说这是大臣宰相之事。② 东坡真可当之无愧。

九　乞改居丧婚娶条状

元祐八年三月　日，端明殿学士兼翰林侍读学士左朝奉郎守礼部尚书苏轼状奏。臣伏见元祐五年秋，颁条贯诸民庶之家，祖父母父母老疾，谓于法应赎者。无人供侍子孙居丧者，听尊长自陈，验实婚娶。右臣伏以人子居父母丧，不得嫁娶，人伦之正，王道之本也，孟子论礼色之轻重，不以所重徇所轻。丧三年为二十五月，使嫁娶有二十五月之迟，此色之轻者也。释丧而婚，会邻于禽犊，此礼之重者也。先王之政，亦有适时从宜者矣。然不立居丧嫁娶之法者，所害大也。近世始立，女居父母，及夫丧而贫乏不能自存，并听百日外嫁娶之法，既已害礼伤教矣。然犹或可以从权而冒行者，以女弱不能自立，恐有流落不虞之患也。今又使男子为之，此何义也哉？男年至于可娶，虽无兼侍，亦足以养父母矣。今使之释丧而婚会，是值

---

①《宋史》一九九《刑法志》一（艺文本，页二三七五）。
②《争臣论》。

使民以色废礼耳,岂不过甚矣哉?《春秋》《礼经》记礼之变,必曰自某人始,使秉直笔者书曰:男子居父母丧得娶妻,自元祐始,岂不为当世之病乎?臣谨按,此法本因邛州官吏妄有起请,当时法官有失考论,便为立,法臣备位秩宗,前日又因迩英进读,论及此事,不敢不奏,伏望圣慈特降指挥,削去上上条,稍正体俗,谨录奏闻,伏候敕旨。①

《刑统》第一七九(户婚,居父母夫丧嫁娶)条规定:"诸居父母之丧,两嫁娶者,徒三年……各离之。"元祐五年(1090)的条贯,虽然对于一般老百姓(没有官绅身份的),在某种特殊情形之下,稍稍的予以放宽,而东坡仍然极力反对如此,可见当时读书人的保守观念如何之重。但是对于贫乏不能自存的女人,他不但不反对她们改嫁,而且不反对在丧服中结婚。那么他比程伊川(1033—1107)"饿死事小,失节事大"的教条——伊川认为一个年轻无子,夫家和娘家都穷,而自己无力为生的寡妇,也不许改嫁!②——又开明了多少!

东坡有给王荆公的一封信,称赞秦少游,说他"明练法律"③。倘若东坡自己是一个"耻言法律"的人,他能说这种话不?

---

① 《奏议集》十三(下、五六七)——元祐八年是一〇九三。
② 《近思录》卷六。
③ 《续集》十一(下、三五一)。

东坡,常州,和扬州题诗案

东坡一生好作诗,随处吟咏,因而有人就在他的诗上挑眼,而加以陷害的,前后至少有三次。第一次是在神宗元丰三年(1079),他已经为了《湖州到任表》下狱,又有人说他七年前在杭州作的《山村五绝》,是诽谤朝廷,因而请处以极刑,他几乎送了命。第二次是在哲宗元祐六年(1091),御史贾易告他"山寺归来闻好语"一句诗,是听说神宗晏驾,"闻讣而喜"。虽然经过他的答辩,幸得平安无事,但是他也感觉到环境恶劣而请求离朝。第三次是在绍圣元年(1094),他才到定州的任上,御史大夫提起他的旧诗,说他不敬。① 朝廷下诏"落两职,追一官,谪守岭南小郡"(英州)。我们在这里要研究的,是中间那一件案子。②

关于元祐六年(1091)题诗案的经过,有东坡自己的一篇答辩书,说得很详细。

但是子由于建中靖国元年(1101)为东坡写的墓志铭,关于这句诗的故事,是这样说的:

> ……公之自汝移常也,授命于宋,会神考晏驾,哭于宋,而南至扬州,常人为公买田书至,公喜作诗,有"闻好语"之句。言者妄谓公

---

① 曾普信:《苏东坡传》,一九六一年,页一三七。
② 《东坡奏议集》卷九(世界书局苏东坡全集本下页五一七),又见《东坡续集》九(世界本,上二八四)。札子中所说的"南京",指的是现在的河南归德府。

闻讳而喜,乞加深谴。然诗刻石有诗曰,朝廷知言者之妄,皆逐之。①

因之诗中所说的"闻好语",有两种不同的解释了。东坡说是因为听见老百姓讴歌新继位的小皇帝,子由说是因为听说常州的田庄置妥。那么我们到底应该相信谁的话呢?

按道理说,解释一句诗的含义,没有不应当尊重作者本人的意见的。不过子由是一位富于正义感而说话异常负责的君子人物——所谓"鲠亮功直"②——他一生崇拜他老兄东坡,胜过任何人。二人诗札往还,四十余年,如同一日。而元祐诗谤案,是东坡一生中一件大事,辩谤札子又是东坡的一篇得意文章。写墓志铭,更是预备传之千秋万世,不是可以随便马马虎虎的。而子由硬是撇开他老兄向皇帝报告的理由不管,而另外提出常州置田的一段故事。这中间必定有他的道理。

东坡和常州,有一段不解之缘,又对他一生不利,元祐八年(1093)五月,台官黄庆基告东坡五项罪状,常州买田,就是其中之一。东坡的答辩如下:

辨题诗札子

元祐六年八月初八日,翰林学士承旨左朝奉郎知制诰兼侍读苏轼札子奏。臣今月七日,见臣弟辙与臣言赵君锡贾易,言臣于元丰八年五月一日题诗扬州僧寺,有欣幸先帝上仙之意,臣今省忆此时,自有因依合具陈述。臣于是岁三月六日,在南京闻先帝遗诏举衰挂

---

① 墓志铭见《全集》上,三五——汝州在今河南临汝,"宋"大概也指的是归德。
② 淳熙四年(276)吏部尚书赵碹札子(《栾城集》,四部丛刊本,谥议页二)。

服,当迤迤往常州,是时新经大变,臣子之心,孰不忧惧,至五月初间,因往扬州竹西寺,见百姓父老十数人,相与道旁语笑,其间一人,以两手加额云:见说好个少帝官家。其言虽鄙俗不典,然臣实喜闻百姓讴歌吾君之子,出于至诚。又是时,臣初得请归耕常州,盖将老焉,而淮浙间所在丰熟,因作诗云:此生已觉都无事,今岁仍逢大有年,山寺归来闻好语,野花啼鸟亦欣然。盖喜闻此语,故窃记之于诗,书之当途僧舍壁上。臣若稍有不善之意,岂敢复题壁上以示人乎?又时去先帝上仙已及两月,决非山寺归来始闻之语,事理明白,无人不知,而君锡等辄敢挟情公然诬罔,伏乞付外施行,稍正国法。所贵今后臣子不为仇人无故加以恶逆之罪,取进止。

奏状

元祐六年八月八日,翰林学士承旨左朝奉郎知制诰兼侍读苏轼状奏准尚书省札子。苏轼元丰八年五月一日于扬州僧寺留题诗一首。八月八日三省同奉圣旨,令苏轼具留题因依,实封闻奏。右臣所有前件诗留题因依。臣已于今日早具札子奏闻讫。乞检会降付三省施行,谨录奏闻。伏候敕旨。①

东坡晋授(黄州)团练副使,是元丰二年(1079)十二月二十九日的事。他于第二年(1080)正月,离开了住了一百天的诏狱,前往黄州——现在湖北的黄冈县——于二月一日到达。一直到七年(1084)四月才离开。一个斗志凌云的人,骤经打击——他这时四十四岁。五年的窜逐生活使他意兴阑珊,对仕途灰心。因之不断的求田问舍,想作一个乡下人,

---

① 《奏议集》九(下、五七〇)。

了此一生,也正是人情之常。他最初本想在武昌置田,但是没有成功。他在给陈季常的好几封信中,有一封提起:

庆基所言,臣强买常州宜兴县姓曹人田地八年州县方与计还。此事元系臣任团练副使日罪废之中。托亲识,投状依条买得姓曹人一契田地,后来姓曹人却来臣处昏赖争夺,臣即时牒本路转运司,令依公尽理根勘,仍更具状申尚书省。后来转运司差官勘得姓曹人招服非理昏赖,依法决讫,其田依旧合是臣为主,牒臣照会。臣悯见小民无知,意在得财,臣既备位侍,从不欲与之计较曲直,故于招服断遣之后,却许姓曹人将元价收赎,仍亦申尚书省及牒本路施行。今庆基乃言是本县断遣本人。显是诬罔,今来公案见在户部,可以取索案验。

近因往螺师店看田……所看田乃不甚佳,且罢之。①

又一封信里说:

……示谕武昌田,曲尽利害,非老成人,吾岂得闻此。②

还有一封信说:

示谕武昌一策:不劳营为,坐减半费,此真上策也。然某所虑:又恐好事君子,便加粉饰,云擅去安置所,而居于别路。传闻京师,

---

① 《续集》五(下、一四七)。
② 同上(下、一四八)。

非细事也。虽复往来无常,然多言何所不至。若大儒之后,恩旨稍宽,或可图此,更希为深虑之,仍且密之为上。①

这次托陈季常不成功,他又改托杨元素。《东坡续集》中给杨的八封信中,有三封是关于置田的事。

第三函:　　　　　下一五七。
承令弟见访,岸下无泊处,又苦风匆匆别去。至今不足示谕田事,方忧见罪,乃蒙留念,如此感幸不可言,某都不知彼中事,但公意所可,无不便者。军屯之东三百石者,便为下状甚佳,李教授之兄又云:官务相近,有一庄大佳,此彭寺丞见报,亦闲与问看,今日章质夫之子过此,已托于舟中载二百千省上纳,到乞与留下。果蒙公见念,令有归老之资,异日公为苍生复起,当却为公葺治田园,以报今日之赐,也适新旧守到发冗,甚不一一。②

第四函:　　　　　下一五八。
示谕秀才唐君许为留,念兼令干人久远干之,幸甚幸甚,某未能去。此间更无人可以往干,必须至奉烦唐君也,未尝相识便蒙开许,必以元素之故也。深欲作书为谢,适陈甚非久别附问且乞道区区。天觉彭寺丞皆蒙书示,亦未及奉启,敢乞致下悃。③

第八函:　　　　　下一五八。
承示谕定;襄胡家田,公与唐彦议之,必无遗策,小子坐享成熟,知幸知幸,近答唐君书,并和红字韵诗,必皆达矣。胡田先佃

---

① 《续集》五(下,一四九)。
② 同上(下、一四九)。
③ 同上(下、一五七)。

后买,所谓抱桥深浴,把缆放舡也呵呵,凡事既不免干渎左右,乞一面裁之,不须问某也。尚有二百千省,若须使乞示喻,求便附去,见陈季常慥云,京师见任郎中其孚之子,欲卖荆南头湖庄子,去府五六十里,有米五百来石,厥直六百千,先只要二百来千,余可迤逦,还不知信否。又见乐宣德言,此田甚好,但税稍重,告为问看,彭寺丞之流,近日更不敢托他也,浼乱尊听,负荆不了也。①

不过我们不知道杨元素此时替东坡看的田,是否仍在武昌,抑或已在常州。但是无论如何,这一次的努力,显然也没有得到结论。

接着东坡是在常州买田成功了,从下面几封信里,我们看得出他是如何的开心。

  答范蜀公:
  ……但囊中只有数百千,已命儿子持往荆诸买一小庄子矣。②
  答贾耘老:
  仆已买田阳羡,当告圣主哀怜余生,许于此安置。幸而许者,遂筑室于荆溪之上而老矣。仆当闭户不出,公当扁舟过我也。③
  与滕达道:
  ……近在扬州入一文字,乞常州住,如向所面议。若未有报,至南都当再一入也。④
  与潘彦明:

---

① 《续集》五(下、一五八)。
② 同上(下、一五八)。
③ 同上(下、一四六)。
④ 续集六(下、一六九),阳羡即现在的江苏宜兴,在宋属常州。

……已买得宜兴一小庄,且乞居彼,遂为常人矣。①

这几封信里所说的,可能就是后来发生纠葛的曹姓的田地。不过成交是在什么时候,因为这些信札都失掉了年月,我们一时尚无从认定。

不过我们知道,东坡调往汝州(今河南临汝),是在元丰七年的四月。他当月里离开黄州,逛了一趟庐山,七月里过金陵(今南京),年底到泗州(今江苏宿迁),第二年正月四日,这是他一篇出名的文章。全文如下:

乞常州居住表一首

臣轼言。臣闻圣人之行法也,如雷霆之震草木,威怒虽甚,而归于欲其生;人主之罪人也,如父母之遣子孙,鞭挞虽严,而不忍致之死。臣漂流弃物,枯槁余生,泣血书词,呼天请命,愿回日月之照,一明葵藿之心。此言朝闻,夕死无憾。臣轼诚惶诚恐,顿首顿首。臣昔者尝对便殿,亲闻德音,似蒙圣知,不在人后,而狂狷妄发。上负忍私。既有司皆以为可诛,虽明主不得而独赦,一从吏议,坐废五年。积忧薰心,惊齿发之先变,抱恨刻骨,伤皮肉之仅有。近者蒙恩,量移汝州,伏读训词,有人材实难,弗忍终弃之语,岂独知免于缧绁,亦将有望于桑榆。但未死亡,终见天日,岂敢复以迟暮为叹,更生侥觊之心,但以禄廪久空,衣食不继,累重道远不免舟行,自离黄州,风涛惊恐。举家重病,一子丧亡。今虽已至泗州,而赀用罄竭。去汝尚远,难于陆行,无屋可居,无田可食。二十余口,不知所归,饥寒之忧,近在朝夕。与其强颜忍耻,干求于众人,不若归命投诚,控

---

① 续集四(下、一一〇)。

告于君父。臣有薄田在常州宜兴县，粗给饘粥。欲望圣慈许于常州居住，又恐罪戾至重。未可听从便安，辄叙微劳，庶蒙恩贷，臣先任徐州日，以河水浸城，几至沦陷。臣日夜守捍，偶获安全，曾蒙朝廷降敕奖谕。又尝迤用沂州百姓程棐，令购捕离党，致获谋反妖贼李铎、郭进等一十七人，亦蒙圣恩保明放罪，皆臣子之常分，无涓埃之可言。冒昧自陈，出于穷迫，庶几因缘侥幸，功过相除，稍出羁囚，得从所便，重念臣受性刚褊，赋命奇穷，既获罪于天，又无助于下，怨仇交积，罪恶横生，群言或起于爱憎，孤忠遂陷于疑似。中虽无愧，不敢自明。向非人主，独赐保全，则臣之微生，岂有今日。伏惟皇帝陛下，圣神天纵，文武生知，得天下之英才，已全三乐，跻斯民于仁寿，不弃一夫，勃然中兴，可谓尽善，而臣抱百年之永叹，悼一饱之无时。贫病交攻，死生莫保，虽凫雁飞集，何足计于朝廷，而犬马盖帷，犹有求于君父，敢祈仁圣，少赐矜怜。臣见一面，前去至南京以来，德候朝旨，干冒天威臣无任。①

表里既然说"臣有薄田……"，那么是在八年（1085）正月四日以前，他那一块田是已经购置妥当的了。但是照子由写的墓志铭里所说，"他南至扬州，常人为公买田书至，公喜作诗"。而东坡之路过扬州，照他辩题诗札子说，是在八年五月。那么这个矛盾，又当如何去解释呢？

根据东坡上面给范、王、贾、潘诸人信札的口气，宜兴的田庄，是在调往汝州以前置妥的，似乎不容置疑。不过很可能是在他离开黄州的前后——七月四月——卖主忽然无理取闹起来，打起官司。幸亏转运司明白，勘得姓曹人无赖，依法打了板子，而仍旧把田判归东坡。东坡于八年

---

①《前集》，二十五（上、三二〇）。

五月中,在扬州的竹西寺里随喜,忽然得到常州朋友关于打赢了这件官司的报导,他一时兴高,觉着野花啼鸟都在欣然,因之拿起笔来,在壁上题诗一首。似乎比在小皇帝即位两月之后,忽然在路上听见老百姓的讴歌,喜得他在僧寺题诗,更为合乎人情一些。我们之所以作这样的揣测有两个理由。一是因为哲宗那时是刚刚满七岁的一个孩子——他生于熙宁九年十二月(1077),即位于元丰八年三月(1085)——是没有什么天资颖异、出类拔萃的表现可言,值得老百姓以手加额,二是因为子由是一个古板人,如果没有把事情搞得十分清楚,似乎绝对不会对于他一生崇拜的老兄,作这一个比较不利的叙述。不过这也只是我们生于九百年后的人一种合理的怀疑而已,绝不敢因此断然判定东坡说谎。①

东坡希望居住常州的请求,虽然马上得到了神宗的许可。可惜等到他到达常州,住下来还不到五个月——元丰八年五月——就被朝廷调往登州(山东)。又不久就内调到京作礼部郎官,再几个月(元祐元年1086),改充天子侍从,升翰林学士。他就在这个时候,把常州这块庄田,让"姓曹人将元价收赎"了。

但是东坡和常州的缘分,并不到此为止,十五年后,元符三年(1100)五月,即位不久的徽宗,下命结束了东坡在海外七年的放逐生活——他那时"食无肉,病无药,居无室,出无友,冬无炭,夏无寒泉"②,盆窘枯寂,"殆非人世"③——把他转移到廉州,不久就恢复他朝奉郎的身份,许他随便在哪里自由居住。他于第二年,建中靖国元年(1001)年初,度岭北归。马上又想起当年一度住过的常州,准备到那里去终老。不过在旅途的中间,经不起子由来信苦劝,他又改变了计划,决定到许昌去居住。关

---

① 不过他老先生"想当然耳"的作风,我们是领教过的。
②《答程天侔》(《续集》七,下二一八)。
③《与郑嘉会》(同上)。

于其中经过情形,我们可以从下列几封书札中,略窥便概。

答钱济明:
已到虔州,二月十间方离此。此行决往常州居住,不知郡中有屋可得以典买者否?如无可居,即欲往舒州真州皆可。如闻常州东门外,有裴氏宅出卖,虔守霍子侔大夫言,告公令一干事人与问,当若果可居,为问其有几何。度力所及,即径往议之,俟至金陵,当别遣人咨禀也。若遂此事,与公杖履往还,乐此余年,践衷词中始愿也。①

又:居常之计,本久定矣。为子由书来,苦劝归许。以此胸中殊未定,待面议决之。所示孙君宅子,甚感其厚意,且为多谢。②

与胡仁修:
……某本欲居常,得舍弟书,促多许下甚力。今已决计溯汴至陈留,陆行归许矣。③

与程德孺:
某此行本欲居淮浙间。近得子由书,苦劝来颍昌相聚,不忍违之,已决从此计泝汴至陈留出陆也。④

与王幼安(住在许昌的一位朋友):
某初欲就食宜兴。今得子由书,苦劝归许昌,已决意从之矣。舟已至庐山下,不久当获造谒。⑤

---

① 《续集》七(下、二二六)——舒州现在是安徽安庆,真州就是扬州。
② 同上(下、二三一)。
③ 同上(下、二二九)。
④ 同上(下、二三〇)。
⑤ 同上(下、二三二)。

此君并答应借房子给东坡住。东坡给他的另外一封信里说：

……许暂假大第，幸甚幸甚。非所敢望也。得托庇遍庑，谨不敢薰污，稍定居，当求数亩荒隙，结茅而老焉。若未即填沟壑，及见伯仲功成而归，为乡里房舍客，伏腊相劳问，何乐如之……①

谁知道当东坡于五月中抵达扬州之后，到金山见到了他的表弟程德孺，经过一番讨论，马上推翻了原计划，而仍旧决计卜居常州。他给子由的信这样说：

子由弟，得黄师是遣人赍来四月二十二日书，喜知近日安胜兄，在真州与一家亦健，行计南北，居几变矣，遭值如此，可叹可笑，兄已决计从弟之言向居颍昌行有日矣，适值程德孺过金山，往会之，并一二亲故皆在坐，颇闻北方事，有决不可往颍昌近地居者。事皆可信人所报，大抵相忘安排攻击者，北行渐近，决不静尔，今已决计居常州，借得一孙家宅极佳。浙人相喜，决不失所也，更留真十数日，便渡江往常。逾年行役，且此休息，恨不得老境兄弟相聚。此天也，吾其如天何？亦不知天果于兄弟终不相聚乎？士君子作事，但只于省力处行，此行不遂相聚非本意，甚省力避害也。候到定叠一两月，方遣迈去注官，迨去般家，过则不离左右也。葬地弟请一面果决八郎妇可用吾无不用也，更破十缗买地，何如留作葬事，千万莫徇俗也，林子中病伤寒十余日便卒，所获几何，遗恨无穷，哀哉。兄万一有稍起之命，便具所苦，疾状力辞之，与迨过闭户治田养性而已，千万勿

---

① 《续集》七（下、二三二）。

相念,今托师是致此书。①

大概就在这个时候,他的瘴疾发作了。扶病到了常州,于六月中上表请老,再拖过了一个多月,终于七月二十八日,死在常州。和在他以前死的韩琦、欧阳修、王安石一样,都是享年六十六岁。②

一九七〇年圣诞节试作于西雅图

---

① 《续集》七(下、二三三)。
② 王明清:《挥尘录》(乾道二年,1116),第四十条。

明太祖与中国专制政治

中国政治制度中的君主专制,到了明朝,才真正恶化。汉唐盛世,固不必论;就是在宋朝初年,敕书要宰相签署的,虽皇帝也不能代笔。臣下立功该升迁的,皇帝虽然不喜欢他,仍只好照办。① 到了明朝的皇帝,才真正能"为所欲为","独制于天下而无所制"②。

明朝专制之恶化,主要在太祖时期。而在其过程中,有废除宰相制度、频兴大狱、任情生杀三方面,可以分开来叙述。

一 宰相制度的废除

中国政府组织,自秦(前 246)至明初(1368),一直是施行宰相制度的。宰相(亦称"丞相""相国")的职权,本来是很大的。他"承天子助理万机"③,"海内无不统焉"④确实有点"副天子"的意思。⑤ 照《汉官仪》的说法:

---

① 《宋史》二五六《赵普传》(艺文本页三三五五—三三五九)。
② 《史记》八七《李斯传》。
③ 《汉书》十九上《百官公卿表》。
④ 《通典》二一(台北新兴影印本页一一九)。
⑤ 钱穆:《国史大纲》,一九五六年台北版,页一○三。

> 丞相进，天子御座为起，在舆为下。有疾，法驾至第问，得戮二千石。①

汉文帝时（前162—前155），宰相是申屠嘉，他要斩文帝的宠臣太中大夫（比二千石）邓通，多亏文帝再三说情，才得活命。景帝二年（前155），他又要斩内史（二千石）晁错，景帝故意说谎搪塞，才把他挡住。他深悔当初没有"先斩后奏"②。这都足以证明汉初宰相确有"专戮"之权。

可是才过了一百多年，有野心的皇帝们，就一个一个地逐步削弱相权。

汉哀帝（在位：前6—前1）是一个有作为的皇帝，他看见成帝时代（前22—前7），"禄去王室，权柄外移"（外戚王凤、王根专权），他"欲强主威，以则（法）武（帝）宣（帝）"③。他在元寿二年（前1）五月，"正三公官，分职"④，他把"丞相"更名为"大司徒"，恢复"大司马"的印绶官属，"位在司徒上"，再把"御史大夫"更名为"大司空"⑤。于是原来单独一个人的宰相，现在变成一起三个人的"三公"，原来"海内无不统焉"的"副天子"，现在变成一位第二名的大臣了。⑥

光武中兴，表面上继续施行三公制度，而实际上把一切要政，托付给替他传递文书的"尚书令"，以加强控制。

"尚书令"是"少府卿"的一名属官。他掌"选署及奏下尚书曹文书众

---

① 《通典》二二（页一三一）。
② 《史记》九六及《汉书》四二《申屠嘉传》。
③ 《汉书》十一《哀帝记》。
④ 同上。
⑤ 《汉书》十九上《百官公卿表》。
⑥ 《通考》说"后汉废丞相及御史大夫，而以三公综理众务"（卷四，页四四九），是把这件事退后了二十五年。

事",秩只千石,比起其他公卿,是一名小官,所以有时候被派出去作县令。① 而现在却侵占了宰相(万石)的职权,无怪仲长统(179—220)很不满意地说:

> 光武皇帝,愠数世之失权,忿强臣之窃命,矫枉过直,政不任下。虽置三公,事归台阁(谓尚书也)。自此以来,三公之职,备员而已②。

于是尚书令渐渐地变成宰相,他部下的组织,也逐渐地充实(由四个"曹"逐步扩充到六个"曹")。到了北齐(550—577),改名"都省",所属六曹,改名"尚书"(吏部、殿中、祠部、五兵、都官、度支)③,这就是隋唐的"尚书省"的前身。

而在这中间一段时期,魏晋(220—419)都在重用"中书令",使之掌管机要④。梁(502—554)和后魏(385—534),则尤重"门下省",多以"侍中"(门下省长官)辅政。⑤ 到了隋文帝(581—603),"废三公府寮,令中书令与侍中知政事,遂为宰相之职"⑥。于是掌诏敕的"中书省"、掌封驳的"门下省",和"事无不总"的"尚书省",⑦正式地分掌宰相的职权,而奠定了唐宋两朝中央政府的组织形式。

---

① 《通考》五引《容斋随笔》(页四六四)。
② 《后汉书》七九《仲长统传》。
③ 《通典》二二(页一二九)。
④ 同上。
⑤ 《通典》二一(页一二○)。
⑥ 《旧唐书》四三《职官志》二(页八九四)。
⑦ 《隋书》二六《百官志》(页三八五)。

唐代的尚书省,虽然说是有"总领百官,仪刑端揆"的职权,[1]但是皇帝所亲信的,倒是中书省和门下省的长官。所以《通典》说:"大唐侍中中书令,是真宰相"[2]。(其实这个情形,在隋朝已是如此。)[3]

"三公"变为"三省",其中有重要的一点,需要特别指出。即宰相更名为大司徒后,虽然只是三公之一,而且还是老二,而其职权又实际上为尚书令所侵占,但是在理论上和名义上,他仍然是唯一的"宰相"。到了隋唐的三省制度成立,一个完整的相权,平白地被分裂开来而交付给三个机关,而且这三个机关的首长,全是"宰相",于是作宰相的同时至少有四个人(尚书左右仆射、中书令、侍中)。不久之后,三省的副首长(尚书左右丞、中书侍郎、门下侍郎),和许多其他官吏(如六部尚书侍郎、秘书监之类)也都以"参知政事""平章政事"等等许多名义来参预朝政,而且也都算是正式的宰相。在睿宗景云元年(710),宰相同时竟有十七个人之多。[4] 在这么庞大的一个"宰相委员会"里面,谁还是真正的"宰相"?

三省之制,到了宋朝,依然是被维持着。不过这时的中书省,被搬入禁中,而和执掌兵权的枢密院对持文武二柄,号称"二府",[5]其内部组织,又逐步扩充,到了哲宗元祐年间(1086),设立的有十一个房(吏房、户房、礼房、兵房、刑房、工房、开拆房、班簿房、制敕库房、催驱房、点检房),[6]其地位之重要,显然的超越在尚书省之上了。

从神宗起,宋室似乎在逐渐提高相权。在元丰(1080)新官制里,三省全不设长官,而以尚书左仆射兼门下侍郎,尚书右仆射兼中书侍郎,这

---

[1]《旧唐书》四三《职官志》(页八七七)。
[2]《通典》卷二二(页一一〇)。
[3]《通典》:"隋有内史(中书令)纳言(侍中),为真宰相。"(同上)
[4]《通考》四九(页四五一)。
[5]《通考》五八(页五二三)。
[6]《通考》五一(页四六三)。

就是用两个人来兼统三省(王珪、蔡确)。到了南宋孝宗乾道八年(1172),就索性"改尚书左右仆射为左右丞相,删去三省长官虚称,道揆之名遂定"①。于是在汉惠帝时施行过十一年的左右丞相制度(前189—前178),被搁置了一千三百五十年之后,至此复活,而连续施行了五百九十年的三省制度,到此完结。

但是这里有重要的一点不同,即宰相的地位,虽然现在表面上似乎提高了不少,但其实际的职权,比起汉唐来仍是被减削了很多:(一)武事任枢密院,于是宰相没有兵权。(二)设置了三司(户部司、盐铁司、度支使司),于是财务亦非宰相所得预。(三)"审官院""三班院"考课百官,宰相的用人权,也就所余无几了。②

元人入主中国之后,在政治组织上,曾作过一番用心的设计。忽必烈(世祖)于至元六年(1269),命许衡等定官制。"衡历考古今分并统属之序,去其权摄增置冗长侧置者"③,七年(1270)上之。于是中枢的政权,又集中于宰相。

许衡等制定的宰相制度,很接近前汉。它既不要唐宋的三省,也不要后汉魏晋的三公。它接受宋朝权集中书省的事实,把中书令当作宰相,另设左右丞相各一人以副之(三人皆正一品)。把中书省当作宰相府,而以原属尚书省的六部尚书改隶之。把原来的尚书省当作理财机关,而三复三废之后,终予废除。门下省则根本不设。④ 在世祖至元十年(1273)、成宗大德十一年(1037)、仁宗延祐三年(1316)的时候,中书令

---

① 《宋史》一六一《职官志》(页一八三二)。
② 关于这三点,参钱穆:《国史大纲》,页三九三。
③ 《续通考》五一(页三二五二)。
④ 《历代职官表》(商务丛书集成本,页七九)。

都是由太子兼领，①从武宗(1308—1311)起，不再设中书令，只设左右丞相，并且大大地提高了他们的权力。至大元年(1308)有这样一道诏文：

  中书政本也。军国之务，大小由之……今特命塔斯布哈为右丞相，哥他特布济克为左丞相，统百官，平庶政，便者举行，弊者革去。大小机务并听中书省区处。诸王贵戚，不得阻挠。近侍官属及内外诸司，事不由中书议者，毋得隔越奏闻。

后来又下诏说：

  已降敕书，今诸人勿干中书之政。他日或有乘朕遗忘，持内降文记及传旨至中书者，其执之以来，朕将加罪。

到了文宗至顺元年(1330)，还有一道敕说：

  累朝旧分官属，并由中书拟奏。②

可见元朝先后几代皇帝，都知道尊重相权。

明朝最初十几年，是继续施行元朝宰相制度的。《大明会典》说：

  国初(即吴元年[1364])建官，初置中书省，设左右丞相等民，其属有四部，分治钱谷、礼仪、刑名、营造之务。洪武元年(1368)，置吏

---

① 《历代职官表》，页七九。
② 以上三敕，皆见《续通考》五二(页三二六五)。

户礼兵刑工六部,秩正三品,设尚书侍郎等官,仍属中书省。十三年(1380),革中书省,罢丞相,乃升六部为正二品衙门。①

洪武十三年(1380)正月,废除中书省时,太祖这样说:

> 自古三公论道,六卿分职,不闻设立丞相。自秦始置丞相,不旋踵而亡。汉唐虽有贤相,然其中多小人,专权乱政。今罢丞相,设五府六部、都察院、通政司、大理寺等衙门,分理天下庶务,事皆朝廷统之。②

有了十几年直接统治的经验之后,太祖愈觉得宰相制度之不宜恢复。他在二十八年(1395)颁布的《皇明祖训》里,头一条就诰诫"以后嗣君,无得设置丞相"③。并且规定:

> 敢有奏请设立丞相者,文武群臣,即时劾奏,本身凌迟,全家处斩。④

他所以如此激烈地反对宰相制度,可能因为单是宰相这个名称,就足以构成对皇室的威胁。魏、晋、宋、齐、梁、陈的开国,不都是先以宰相的名义来侵夺政权,接着就正式篡位的吗?马端临在讨论到这个问题时,曾经说:

---

① 《大明会典》卷二(文海影印本,页六三)。
② 谷应泰:《明史记事本末》一(三民本,页一二八)。
③ 《明会要》二九(中华本,页四六五)。
④ 王琼:《双溪杂记》(商务今献汇言影印本,页九)。

高官极品,不以处辅佐之臣,而又存其名字,使乱臣贼子,递相承袭,以为窃取大物之渐,非所以昭德塞违,明示百官也。①

太祖很可能是看见过马端临这段议论,而受了他的影响。

无论如何,他这一个措施,把中国一千六百多年的宰相制度,确实给铲除了。虽然成祖(1403)以后的内阁大学士,清朝雍正(1713)以后的军机大臣,有些地方,在表面上颇像以前的宰相,但是他们的实际职权和威望,哪里能够和以前的宰相作比较? 黄梨洲说得好:

有明之无善治,自高皇帝罢丞相始也……宰相既罢,天子更无与为礼者矣。遂谓百官之职,所以事我。能事我者我贤之,不能事我者我否之。设官之意既讹,尚能得作君之意乎? 入阁办事者,职在批答,犹内府之书记也。其事既轻,而批答之意,又必自内授之,而后拟之,可谓有宰相之实乎?②

这是一个历史家、一个政论家的眼光和意见。但是从一个皇帝、一个独裁者的立场来看,则又大不相同。乾隆皇帝(1736—1795)在1781年,有这样一段话:

昔程子云:天下之治乱系宰相,此止可就彼时朝政阘冗者而言。若以国家治乱专倚宰相,则为之君者,不几如木偶疏缀乎? 且用宰相者,非人君其谁为之? 使为人君者,深居高处,以天下之治乱,付

---

① 《通考》九(页四五〇)。
② 《明夷待访录·置相篇》。

之宰相，大不可也。使为宰相者，居然以天下之治乱为己任，目无其君，此尤大不可也。①

这位清朝皇帝的理论，真是那位明朝皇帝的措施的最好注脚。无论如何，一个无限制的君主独裁，就这样的建立起来，成了明清五百四十年的政治基础。而一向有健全发展，在全世界领先的中国政治，自明朝起，也就开始严重的僵化，因而在世界文化发展的过程中，一年比一年落后起来了。

二 杀人廷杖和特务

杀人最多的皇帝，查遍古今中外的历史，恐怕要推明太祖了。我们分几方面来叙述。

（一）杀功臣

建立朝代的君主，诛杀开国功臣，主要是汉高祖（前206）以前的事情。后来汉光武（25）、唐太宗（616）、宋太祖（960），都知道怎样保全功臣。可是到了明太祖，大量而有系统地诛杀功臣，使猜忌残忍的汉高祖，都不免相形见绌。

太祖在洪武三年（1370），大封功臣，一榜封了三十六个公侯。在这三十六个人之中，论诛和"赐死"的有十四个：

　　八　年（1375）二月　　　廖永忠（赐死）
　　十三年（1380）九月　　　朱亮祖（鞭死）

---

① 见乾隆四十六年四月《东华录》。

十七年(1384)　　　　　胡美(赐死)

二十三年(1390)四月　　李善长　陆仲亨　唐胜宗　费聚　赵庸
　　　　　　　　　　　郑遇春　黄彬　陆聚(皆"坐胡案诛")

二十五年(1392)一月　　周德兴(诛)

二十七年(1394)十一月　傅友德(赐死)

二十八年(1395)二月　　冯胜(赐死)

谪戍"道卒"和中毒死的有五个:

八　年(1375)四月　　　刘基(毒死)①

十二年(1379)　　　　　汪广洋(贬死)

十七年(1384)　　　　　李文忠(被谴卒)

十八年(1385)一月　　　徐达(毒死?)②

二十年(1387)三月　　　常茂(被谴卒)

除了战死的曹良臣(五年[1372]六月)之外,能够在洪武二十三年以前(1390)善终的有以下十四人:

四　年(1371)　　　　　华高(四月)

七　年(1374)　　　　　华云龙(六月,召还道卒)

十　年(1377)　　　　　邓愈(十一月)

十二年(1379)　　　　　韩政(二月)　顾时(十一月)　吴桢

十四年(1381)　　　　　吴良(十一月)　陈德(十一月)

十五年(1382)　　　　　康铎(七月)　杨璟(八月)　梅思祖

十七年(1384)　　　　　郭兴(十一月)

十九年(1386)　　　　　王志(八月)

---

① 刘基中毒后,"间以白上,上不省也"。(《明史记事本末》,页一二七)。
② 详拙著《宋濂和徐达之死》(《东方杂志》复刊一卷四期,一九六七年十月)。

二十二年(1389)　　　　俞道源(三月)

这就是说,在二十三年(1390)为"胡案"一次斩杀八个功臣之后,只有汤和一个人,得到善终(二十八年,[1395]八月)。而三十六个功臣里,活过太祖(1398)的,只有耿炳文一个人。所以在建文帝抵抗永乐时(1399),就由他统兵挂帅。因而在永乐成事后他就被抄家,而不得不自杀了(永乐二年,[1404]十月)。①

(二) 杀大臣

在太祖之下,做过宰相的,先后只有四个人:徐达、李善长、汪广洋、胡惟庸。这四个人没有一个得到好死(胡惟庸"伏诛",在洪武十三年[1380];徐达、李善长、汪广洋三人之死,见上表)。

宰相废除之后,朝中的大官,只有六部尚书和都御史,所谓"七卿"是也。这样的人,被太祖诛杀的有十一个:

十四年(1381)十月　　　　工部尚书薛祥(杖死)
十六年(1383)十二月　　　刑部尚书开济
十八年(1385)三月　　　　户部尚书郭桓
　　　　　　　三月　　　　刑部尚书王惠迪
　　　　　　　三月　　　　工部尚书李正德
　　　　　　　四月　　　　吏部尚书余熂
　　　　　　　四月　　　　吏部尚书赵瑁
二十五年(1392)　九月　　 工部尚书秦逵(自杀)

---

① 耿炳文自杀见《明史》六《成祖纪》(页八七)。——以上叙述,是根据《明史》一○五《功臣表》(页一一八一)中洪武三年(1370)所封的三十六名功臣而言。他以后又继续封了二十八个功臣。若把这六十四人合并统计,则被诛和赐死的二十八人,贬死毒死的五人,战死的六人,削爵者一人,善终者二十一人。其中死于十七年(1384)以前者十三人,三十年(1397)以前者九人。活过太祖的也只是三人而已(耿炳文、郭英、张铨)。

二十六年(1393)　二月　　吏部尚书詹徽

二十八年(1395)　九月　　右都御史曹铭

三十年(1397)　　七月　　左都御史杨靖(赐死)①

（三）杀言官

杀害言官，一向是中国君主所忌。②《明史》一三九所叙钱唐等十位言官，竟有一半被太祖杀害：

　　茹太素　李仕鲁("使武士捽搏之，立死阶下")

　　叶伯巨　郑士利　王朴

（四）杀文人

《明史·文苑传》(卷二八五及二八六)所载文人，被太祖杀害的有十三人：

　　苏伯衡　郭奎　戴良　傅恕　王彝　张孟兼　高启(腰斩)　张羽　徐贲　王行　孙蕡　赵介　王蒙

被充军的有八人：

　　危素　乌斯道　张宣　杨基　唐肃　黎贞　王绂　沈度③

而所谓"吴中四杰"——高启、杨基、张羽、徐贲——没有一个逃出他的毒手④。

另外还有所谓"文字疑狱"，就是因为在庆贺表中用了"法""则""生""坤"等字(音同"发""贼""僧""髡")，遭了当过和尚和作过贼的太祖之忌

---

①《明史》一一一，《七卿表》(页一二七九)。

②宋徽宗被虏于金，尚遣使臣告高宗，勿杀言官(钱穆：《国史大纲》，页三八三)。

③赵翼说死事者九人，被谪者三人(《札记》三二)，是说少了。前者他漏了戴良、王彝、王行、赵介四人；后者他漏了危素、唐肃、黎贞、王绂、沈度五人。

④明朝苏州(吴中)的文风最高，所以文人中死于太祖之手者，也是苏州人最多。同时，明朝写野史的，苏州人占一大半，因之太祖的恶行，得以传之后世者，主要的也是靠着这些苏州人。

而被杀的许多学官，①从洪武十七年（1374）开始，一直到了二十九年（1396）颁布了《庆贺谢恩表笺成式》，才告停止。②

（五）杀官吏

太祖对待地方官吏尤为严酷。据当时的记载：

> 守令赃至六十两以上者枭首示众，仍剥皮实草。府州县衙之左，特立一庙以祀土地，为剥皮之场，名曰"皮场庙"。官府公坐旁，各悬一剥皮实草之袋，使之触目惊心。③

洪武九年（1376），官吏谪笞以上，谪屯凤阳者万余人。④ 十八年（1385），诏尽逮天下官吏之为民害者赴京师筑城。⑤ 解缙上疏说：

---

① 关于林元亮、赵伯宁等十多件"文字狱"，参看徐祯卿《朝野异闻》，黄溥闲《中今古录》，赵翼《廿二史札记》三二及吴晗《朱元璋传》（上海1952本页二一七）。但尚应补入苏伯衡"坐表笺误下吏死"一案（《明史》二八五本传），徐一夔"光天之下"一案（柴萼《梵天庐丛录》抄明人笔记，上海有正民十四年，页二七），及卢熊为州印"衮"字磨损类"衮"请改铸一案（叶盛《水东日记摘抄》卷二）。

② 《太祖实录》二四六（页三五七七）。但是在此以前，已经有好几次正式颁布：

六年（1373）九月，命中书录柳公权代柳公绰谢恩表和韩愈贺雨二表为天下式（《实录》八五，页一五一一）。

八年（1375）命中书定"奏封式"，帝自序颁示中外（《明史》一三九《茹太素传》，页一五五〇）。

十二年（1379）八月，定案牍减繁式，颁示诸司（《实录》一二六，页二〇一〇）。

《梵天庐》引明人笔记说徐一夔之后，太祖应礼臣之请，自书应讳文字四百余，颁布天下，赵翼也说"帝乃自为之，播天下"可能不太确实。不然，何以到了二十九年，仍须再颁"表笺成式"呢？

③ 赵翼引《草木子》《札记》卷三三，页六九八）。

④ 《明史》一三九《韩宜可传》（页一五四七）。

⑤ 《明史》二九六《忠义传》朱煦（页三二六五）。

陛下无几时不变之法，无一日无过之人……出吏部者，无贤否之分，入刑部者，无枉直之判。①

陆容的《菽园杂记》，也有一段说：

僧慧眰，年八十余。尝云：洪武间秀才做官，吃多少辛苦，受多少惊怕，与朝廷出多少心力。到头来小有过犯，轻则充军，重则刑戮，善终者十二三耳。②

（六）杀隐士

无怪当时读书人，不敢出来做官。太祖却说这是"奸贪无福小人，故行诽谤，皆说朝廷官难做"③，因而在十八年（1385）的《大诰》里规定：

率土之滨，莫非王臣。寰中士大夫，不为君用，是自外其教者；诛其身而没其家，不为之过。④

因此贵溪儒士夏伯启叔侄二人，苏州儒者姚叔闵、王谔，皆被枭首抄家⑤。中国人一向尊重隐士，朝野皆然（从《后汉书》起，历代史书，大多有《隐逸传》）。他现在把隐士当作罪人诛戮，倒是开中国历史上的破天荒。无怪陶宗仪在洪武四年（1371）和六年（1373），两次被征，都

---

① 《明史》一四七《解缙传》（页一六〇八）。
② 商务影印今献汇言本，页十七。
③ 《大诰》：奸贪诽谤条（吴晗，页二〇七）。
④ 吴晗，页二〇七。
⑤ 沈家本：《寄簃遗书》，文海影印本，页八二九及九九三。

却聘不出,可是到了"晚岁,有司聘为教官",虽"非其志",也只好乖乖地出来。①

（七）大狱

最厉害的还是几件大狱。

1. 洪武十五年(1382)的"空印案",当时地方官派人到中央缴纳钱粮,照例是带加盖印信的空白文书(空印)备临时填写改正之用。至此太祖认为其中有弊,大兴诛杀,"诸长吏死,佐贰榜百戍边"②。

2. 十八年(1385)的郭桓案,为了户部侍郎郭桓作弊,连累了中央各部及全国的地方官。"六部侍郎以下皆死,……官吏系死者数万人。核赃所寄借,遍天下之民,中之人家,大抵皆破"③。

3. 二十三年(1390)的胡案,胡惟庸被诛,是在洪武十三年(1380)。可是十年之后,忽然说是发现余党。太祖杀性大发,一口气斩了八位开国功臣,而"词所连及,坐诛者三万余人"④⑤。

4. 二十六年(1393)的蓝玉案,据太祖手诏的自供,"蓝贼为乱谋泄,族诛者万五千人"⑥。

这样子累千累万地屠杀臣民,在中国历史上,确是空前绝后的,当时在朝者的恐怖生活,有如下的记载：

---

① 《明史》二八五本传(页三一四三)。
② 《明史》九四《刑法志》二(页一〇二〇)。
③ 同上。
④ 《明史》三〇八《胡惟庸》(页三〇一六)。
⑤ 《大诰》里有一段叙述溧阳一名皂隶叫潘富的,唆使官长贪赃事发,有人帮忙,逃到许多地方,后来还抵抗官兵。结果诛戮崇德县二百余家,沿途一百七户,一共数百人(沈家本《遗书》,页八三〇)。不看此案经过,不能了解当时大狱,何以会动辄诛连成千成万的人。
⑥ 《明史》一三二《蓝玉传》(页一四九六)。

……京官每旦入朝，必与妻子诀。及暮无事，则相庆，以为又活一日。①

还有一段：

太祖视朝，若举带当胸，则是日诛戮盖寡。若按而下之，则倾朝无人色矣。中涓常以此察其喜怒云。②

太祖之嗜杀，到了洪武二十三年（1390），达到最高峰。为了十年前一桩旧案，他一口气杀了八个开国功臣和三万多人。而李善长以一个七十七岁的老头儿，侍候了他三十九年，不但本人在法场处斩，而全家妻女弟侄七十余人，也同时杀戮。③ 太祖此时也是六十二岁的人，照理应该比较慈悲些了，而反更加残酷如此。因之有人相信他的杀人狂，是一种病态性的，倒是一个合理的推测。

《明史（九五）·刑法志》说，廷杖和卫狱，是太祖的创制。但是廷杖实在并不是太祖的发明：汉光武、隋文帝、唐玄宗，都在殿廷上打过人，④不过他们都能接受臣下的谏诤而停止，不像太祖之不断使用而成了明朝一代的家法。

太祖的使用廷杖，有记载的如下：

刑部主事茹太素：受廷杖，镣足治事洪武八年（1375）《明史》一三九本传，页一五五〇）

---

① 赵翼：《札记》三一（页六八一）。
② 吴晗，页一九三；《梵天庐丛录》卷一，页二一。
③《明史》一二七本传（页一四四八）。
④ 沈家本：《遗书》，页一六四。

永嘉侯朱亮祖父子：鞭死十三年(1380)(《明史》九二《刑法志》)

工部尚书薛祥：毙杖下十四年(1381)(同上)

大理寺卿李仕鲁：武士捽搏之，立死阶下十四年(1381)(《明史》一三九本传，页一五五一)

员外郎张来硕：碎肉死(刘辰，《国初事迹》)①

参议李饮冰：割乳死(同上)

廷杖的执行："五杖易一人，……喊声动地，闻者股慄"②。受刑者"露股受杖，头面触地，地尘满口中，受杖者多死。"③不但如此，而官吏打屁股，内外仿效，竟然成了全国通行的制度。叶伯巨九年(1376)上疏说："今之为士者……以鞭笞捶楚为寻常之辱"④，解缙也说："今内外百司，捶楚属官，甚于奴隶。"⑤在"刑不上大夫"的原则之下，一向被维持着的士大夫的体面，到此扫地无遗了⑥。

锦衣卫是太祖一向使用的特务组织(至洪武十三年，1382——始改用此名)。太祖之用特务，有如下一段故事：

> 钱宰……编孟子节文，罗朝吟诗："四鼓冬冬起著衣，午门朝见尚嫌迟。何时得遂田园乐，睡到人间饭熟时！"次日，帝谓"我并不嫌，何不改忧字"？⑦

---

① 吴晗(页二〇三)。

② 沈家本，页一六四。

③ 《魏叔子集》，钱穆引(《国史大纲》，页四七七)。

④ 《明史》一三九本传(页一五五二)。

⑤ 《明史》一四七本传(页一六一〇)。

⑥ 沈家本说太祖的廷杖，是"偶一为之"(《遗书》，页一六三)，未免过分的为他开脱。

⑦ 叶盛：《水东日记摘抄》二(吴晗页二二七)。

这个特务机关,也可以拘捕和审讯犯人,而锦衣卫狱之"幽絷惨酷,实无甚于此者"①,总算太祖后来明白了,二十年(1387)下令悉焚锦衣卫刑具,以囚送刑部审理。二十六年(1393),再申明其禁,"诏内外狱毋得上锦衣卫,大小咸经法司"②。不幸他的子孙不肖,永乐以后,东厂、西厂、中厂、镇抚司等太监领导的特务机关,叠出不穷,愈来愈霸道,愈来愈黑暗,与有明一代相终始。③ 这固然不是太祖始料所及,但是"始作俑者"的责任,他是无法逃卸的。

三 任情生杀的君主司法

中国的传统法律,固然从来没有想到"分权"制,但是根据法律条文的合法裁判,在理论上,就是代表国家最高权威的皇帝,也应当予以尊重的。所以在汉文帝时(三年[前177]),有人在桥下惊了御驾,廷尉奏当罚金,文帝嫌太轻,想加重他的刑罚,但是张释之说:"法者天子所与天下公共也。今法如此,而更重之,是法不信于民也。"于是文帝只好作罢。④(过了760年,柳庄又用这两句话来劝说隋文帝[518—603],但是这个文帝不同那个文帝,他不但不从,而柳庄因此"忤旨"。《隋书》六六,《柳庄传》九[艺文本页七七三]。)

中国在唐以前的法典,久已失传。但是单就现存的唐律(永徽四年[653])来说,除了死罪在执行以前,要照例"三复奏"之外,法官自己不能作主,而需要向皇帝请示的"奏裁""上请"),只有下列十项:

---

① 《明史》九五《刑法志》三(页一〇二九)。
② 同上。
③ 关于厂卫之患,《明史·刑法志》所载已详,不须别求考证。
④ 《史记》一〇二《张释之传》。

（一）八议犯死罪《名例》　　　　（二）死罪应侍无成了《名例》
（三）八十岁以上十岁以下犯死罪《名例》　（四）持仗误入上合《卫禁》
（五）迷误不出宫殿《卫禁》　　　（六）言议干涉乘舆《职制》
（七）律令不便于事《职制》　　　（八）误告谋反非诬《斗讼》
（九）匿名告反逆《斗讼》　　　　（十）诉不得理《斗讼》

这里面除了（七）和（十）两项，其余八项，都是供给皇帝施恩的机会，并不是有疑难不易处理的问题在内。① 换句话说，除此十项之外，一切刑名案件，全由法官依律定罪，皇帝是不应当过问的。② 至于在大灾害之年，皇帝有时"亲录囚徒"，那也只是表示他的谨慎和关心的形式行为——和天子临轩亲"试"进士一样——并不是真正干涉司法。

可是到了明太祖就不然了。他在位三十年，不但不断地变更法律（"无几时不变之法"解缙）③——他放弃了中国一千六百年（从李悝前

---

① "天下疑狱谳，大理寺不能决，尚书省众议之，录可为法者，送秘书省奏报。"《新唐书》五六《刑法志》，页六四四）并不是疑狱要请示皇帝。
② 唐太宗令"冤滥大故，当奏闻者，则关于仆射"（《通典》二二，页一三一），就是他能过问的也不过问。
③ 太祖立法的成绩，其重要者，有以下几项：
　(1) 平武昌(1361)，议律令。
　(2) 吴元年(1364)，令李善长议律。
　(3) 吴二年(1365)，颁《律令直解》。
　(4) 洪武五年(1372)，定宦官禁令，亲属容隐律。
　(5) 六年(1373)，颁《律令宪纲》。
　(6) 七年(1374)，颁《大明律》（依唐律形式）。
　(7) 九年(1376)，厘正律十三条。
　(8) 十六年(1383)，定诈伪律。
　(9) 十八年(1385)，颁《大诰》。
　(10) 十九年(1386)，颁《大诰续编》《三编》。
　(11) 二十二年(1389)，颁《大明律例》（依六部职掌）。
　(12) 二十八年(1395)，颁《皇明祖训》。
　(13) 三十年(1397)，颁《大明律诰》。

400到宋末1275)的传统形式(名例、贼盗、斗讼等等),而改以六部的职掌来编纂刑律(二十三年,1389)——他并且常常亲自审判司法案件。①《明史刑法志》里记载的,有他的十几项判例。其中少数是他接受臣下的建议,而大多数是他自己所作的决定。不过没有一件不是在说明他是怎样恻隐慈惠的一位仁德天子。②

但是如果我们把《刑法志》以外的材料,和若干私人记载的事实,拼凑起来观察,则在我们面前出现的,是一位猜忌残忍、喜怒无常而杀人成性的暴虐魔王。

关于他之任情诛杀,有如下数列:

1. "唐肃初以失朝免官归乡里,太祖怜其才,再召入,尝命侍膳,食讫,供箸致敬。太祖问曰:'此何礼也?'对曰:'臣少习俗礼。'太祖怒曰:

---

① 叶伯巨(九年,1387),上疏有云"用刑之际,多裁自上衷"(《明史》一三九本传);《刑法志》二:十四年(1391)以前,"重案多亲鞫,不委法司",太祖二十八年(1395)手诏说:"朕自起兵自今,四十余年,亲理天下庶务"(《实录》二三九)。
② 《刑法志》所载太祖亲判,有以下十四项:
  (1) 不用"夷三族"之律。
  (2) 不罚为父伸冤之"越诉"。
  (3) 赦为见行贿的父亲。
  (4) 不许儿子为殴死孕妇的父亲替死。
  (5) 已宥之罪,不许再论。
  (6) 不许用例废律(以上志一)。
  (7) 诬谄不枭首。
  (8) 诬告谋反抵罪。
  (9) 不理"儒者"告讦。
  (10) 使龙江吏终丧。
  (11) 赦节妇子张杰。
  (12) 释彭兴民以慰其父。
  (13) 不鞫为夫申冤之妻妾。
  (14) 释真州反民连坐母子(以上志二)。

'俗礼可施诸天子乎?'罪坐不敬,谪戍濠州。"①

2. "宋濂字景濂,洪武中以文学承宠渥最久。后以老致仕。每值万寿节,则来京贺上与宴,恩数尤洽。一日,登文楼,楼峻,陟级踬焉。上曰:'先生老矣!明年可无来。'濂稽首谢。至明年万寿节前数日,上曰:'宋先生其来乎!'盖忘前语也。久之不至。曰:'其阻风乎?'使使视之江口。不至,曰:'其有疾乎?'使使视之家,濂方与乡人家会饮赋诗。上闻大怒,命即其家斩之。已而入宫上膳,孝慈命左右置蔬膳于侧。上问后何为食素?曰:'闻宋先生今日赐死,故为蔬食,以资冥福。'上感悟,遽起,命驾前双马弛赦之,曰'不及罪死'。会前使阻风钱塘江,稍得延缓,后使至,则已绑至市矣。宣诏得免。"②

3. "狱有疑囚,太祖曰杀之,太子争不可。御史大夫袁凯侍,太祖顾谓凯曰:'朕欲刑之,而东宫欲释之,孰是?'凯顿首进曰:'陛下欲杀之,法之正也;太子欲宥之,心之仁也。'太祖怒,以为凯持两端,下之狱。凯三日不食,太祖使人婉劝,已而宥之。每临朝见凯,辄曰:'是持两端者。'"③

4. "太祖尝下诏,免江南诸郡税,秋复税之。正言周衡进曰:'陛下有诏,已蠲秋税,天下幸甚。今复征之,是示天下以不信也。'太祖曰:'然。'未几,衡告归省假。衡,无锡人,去京畿甚近,与太祖刻六日复朝参,衡至七日始入朝。太祖怒曰:'朕不信于天下,汝不信于天子'——遂命弃市。"④

5. "吴兴富民沈秀者,助筑都城三之一,又请犒军,帝怒曰:'匹夫犒天子军,乱民也,宜诛。'(高皇)后曰:'妾闻法者诛不法也,非以诛不祥。

---

① 《梵天庐》,一,页一四,《明史》二八五本传但言"六年(1373)谪佃濠梁卒",而不说明原因,显然是"为尊者讳"。
② 王鏊:《守溪长语》。关于此一极饶兴趣的故事,详拙著《宋濂和徐达之死》。
③ 《梵天庐》,一,页二四——参阅《明史》二八五本传(页三一四四)及吴晗,页二〇九。
④ 《庐天梵》,页二八。

民富敌国,民自不祥。不祥之民,天将灾之。陛下何诛焉?'乃释秀戍云南。"①

6. "太祖诛蓝玉,籍其家。只字往来,皆连罪。孙蕡与玉题一画,故杀之。临刑口占云:'鼍鼓三声近,西山日又斜。黄泉无客舍,今夜宿谁家?'太祖问监杀指挥,蕡死时何语? 以此诗对。太祖怒曰:'有此好诗,何不早奏?'竟杀指挥。"②

7. "李(应作曾)秉正犯罪免归,鬻其四岁女为资。太祖命腐之,以为不父者戒。"③

另外有些判例,虽然不合法律手续,但乍看起来,仿佛还合人情。《刑法志》所载的十几项之外,还有以下数例:

8. "苏人范文从,仲淹之嫡派也。洪武中,拜御史,忤旨下狱论死。太祖视狱案所书姓名籍贯,遽呼问曰:'汝非范文正后人乎?'对曰:'臣仲淹十二世孙也。'太祖默然,即命左右取帛五方来,御笔大书'先天下之忧而忧,后天下之乐而乐'二句赐之。面谕:'免汝五次死。'人感太祖之仁,而叹贤者遗泽之远。"④

9. "洪武间有兄弟二人,以其伯兄坐法当死,各自缚为当刑者,哀诉于午门,愿代兄死……上戒行刑者,第试其人,如有难色则杀之,无难色则舍之,二人皆延颈待刀,遂止不杀其身。上大嗟异之,特赦其兄。命未下,御史大夫陈宁以为不宜以是得赦,卒杀其兄。"⑤

---

① 《明史》一一三《高皇后传》(页一三一五)。
② 《梵天庐》,页二六。杀指挥一事,可能不太确实,因为孙蕡被斩时,正充军辽东(《明史》二一五本传,页三一四六)。梁亿《尊闻录》也记载此事(商务今献汇言本页十四),但未言杀指挥也。
③ 《梵天庐》,页二七。这是通政司曾秉正的事,见《明史》一三九本传(页一五五)。
④ 《梵天庐》,页十六。
⑤ 梁亿:《尊闻录》,页十七。

10. "陈圭,台州人也……父叔弘,与其乡人多仇,圭常谏之,后一仇人以赃告叔弘罪当死……圭曰:'圭为子不能以谏其父,以陷于不义至死,此圭之不孝之致,义当死罪于圭身,原圭父,使得自新。'……通政司以闻,上大喜曰:'不意今日乃复有孝子,宜赦其死。'……刑部尚书开济奏曰:'罪有常刑,不宜屈法,开侥幸之路,请论如法。'遂听其圭代父死,而谪其父叔弘隶兵云南。"①

11. "江伯儿者,母病,刲胁肉以食,不愈,祷于岱岳,愿母愈则杀子以祭。已而母愈,遂杀其三岁子祭。事闻,太祖怒曰:'父子天伦至重,礼,父为长子三年服。今百姓乃手杀其子,绝灭伦理。宜亟捕治之。'遂逮伯儿,杖百,谪戍海南。命礼部旌表孝行。礼部议不在旌表之列,诏从之。"②

12. "洪武中,京城一校尉之妻,有美姿,日倚门自炫。有少年眷之。日暮,少年入其家,匿之床下。至夜,促其夫入直。行不二三步复还,以衣覆其妻,拥塞得所而去。少年闻之,既与狎,且问云:'汝夫爱汝如是乎?'妇言其夫平昔恩爱之详。明发别去,复以暮期。及期,少年挟利刃以入,一接后,绝妇吭而去。家人莫知其故,报其夫归。乃撾拾素有仇者一二人讼于官,一人不胜锻炼,辄自诬服。少年不忍其冤,自首服罪,云:'吾见其夫恩爱若是,而此妇负之,是以杀之。'法司具状上请。上云:'能杀不义,此义人也。'遂赦之。"③

13. "太祖闵常遇春无嗣,赐二宫女。妻悍,不敢御。晨起,捧盂水盥栉。遇春曰:'好白手!'遂入朝去。回,内出一红盒,启之,乃断宫人手也。遇春惊忧。后入朝,仪度错愕。太祖再三诘问,遇春惧,吐其实,且

---

① 同上,页十八。
② 陆釴天顺八年(1464)进士《贤识录》,商务今献汇言本,页八。
③ 陆容成化(146—587)进士《菽园杂记》(商务影印今献汇言本,页三〇)。

叩首曰:'蒙陛下赐二宫女,今若此,有辜圣恩,死莫赎,故连日惊忧。'太祖大笑,召遇春入宫饮酒。命力士肢解其妻,曰:'悍妇之肉。'遇春惊成癫痫。又有无嗣功臣,面奏太祖,求养子。太祖曰:'你们悍妻,平日酷妒,绝我功臣后嗣,可著礼部各给木碗一只,拄杖一条,沿功臣门求乞作样。'"①

14. "华高胡大海妻,敬奉西僧,行金天教法,以二妇及西僧溺死。"②

15. "太祖恨游方僧道及不守清规之僧道特甚。洪武二十五年(1392)降敕:'凡火居道士,许人挟诈三十两,钞五十锭,如无,打死勿论。和尚有妻者,诸人得攒殴之,更索其钞五十锭。无钞,殴死勿论。'令天下各寺观门口刊碑立石。"③

16. "太祖尤恶无赖为无益之举。洪武二十六年(1393)圣旨:'学唱的割了舌头,下棋打双陆的断手腕,蹴圆者卸脚。'蹴圆古之蹴鞠,今之足球也。"④

从以上数例看,太祖真是任情生杀,为所欲为而从无任何丝毫顾虑,而他之有时候"法外施仁"——如赦范文从死罪及不杀校尉妻之凶手等——乃是用以争取人民之接受、甚至欢迎他的裁判,而在不知不觉中,把皇帝裁判看成一个合理的制度。最要不得的,是他之喜欢化装私访,使人防不胜防,因之有个把人偶尔说话不小心,为满街满村引来灾害:

17. "高皇帝尝微行,至于三山街,见老妪门有坐榻,假坐移时,问妪为何许人,妪以苏人对,又问张士诚在苏何如? 妪云:'大明皇帝起手时,

---

① 《梵天庐》,页二六。
② 刘辰:《国初事迹》(吴晗引,页二二六)——但太祖早年是宠信和尚而用和尚当特务的,并且因此杀了李仕鲁、陈汶辉和张孟兼的(《明史》一三九及二八五名本传)。
③ 《梵天庐》,页二六。
④ 同上。

张王自知非真命天子,全城归附。苏人不受兵戈之苦,至今感德。'问其姓名而去,翌旦,语朝臣云:'张士诚于苏人,初无深仁厚德。昨见苏州一老妇,深感其恩。何京师十万人,无此一妇也。'洪武二十四(1391)年后,填实京师,多取苏松人者以此。"①

18. "太祖行京城中,闻一老媪密呼之为'老头儿',因大怒,至徐太傅(即徐达)家,绕室而行,沉思不已。时太傅他往,夫人震骇,恐有大虞,皇恐再拜曰:'得非妾夫达开罪陛下耶?'太祖曰:'非也,嫂勿以为念。'亟传令召五城兵马司总诸军至,曰:'张士诚小窃江东,吴民至今呼为张王。今朕为天子,而此邦居民,呼朕为"老头儿",何也?'即令籍没民家甚众。"②

19. "上元夜,都城张灯。太祖微行,至聚宝门外。时民间好以隐语相猜为戏。见一家灯上,画一大足妇人,怀西瓜而坐。众哗然笑,太祖喻其旨,谓'淮西妇人好大脚'也。甚衔之。明日,乃剿除一家九族三百余口,邻居俱发遣充军,盖马后祖籍淮西也。"③

太祖之残忍嗜杀,和他太子之仁慈,正好对比。《梵天庐丛录》中,有这样一段动人的故事:

20. "太祖尝为汉兵所逐,马后负之而逃。太子私绘为图。及后薨(十五年,1382),太祖凄惨不乐,愈肆诛戮。太子谏曰:'陛下过于杀戮,恐有伤和气。'太祖默然。明日,以棘杖置地,命太子持。太子难之。太祖曰:'汝勿能。我将琢磨光泽以遗汝。今所诛者,皆天下之险人,犹荆棘刺之能触手也。除以遗汝,福莫大焉。'太子顿首曰:'上有尧舜之君,则下有尧舜之民。'太祖怒,即以所坐榻掷之。太子走,太祖追之。太子

---

① 陆容:《菽园杂记》,页三一。
② 《梵天庐》,页二〇(亦见吴晗,页二一八,引徐祯卿《剪胜野闻》)。
③ 《梵天庐》,页二一(吴晗,页二四九引徐祯卿,与此大同小异)。

探怀中所绘图遗诸地。太祖展视之,大恸而止。"①

综前所述,宰相废除之后,文武百官骤然差皇帝大半截,而愈形渺小,而在百姓心目中,皇帝遂愈成了超人("真龙天子")。大量而任情的不断残杀,"天威"愈为"不可测",而"使民战慄"。在这两前提之下,三十年喜怒无常的无限专制,便不费力地奠定了一个"没有限制皇帝的制度",而在中国传递了五百四十年。(尤其是太祖以一个驱除鞑虏的民族英雄的姿态出现,他的一切都被人民善意地原谅。再说回来,他的任情残杀,不见得比蒙古人的异族统治更厉害多少。)如果当初明朝开国三十八年的皇帝,能像宋初三十八年(太祖、太宗)那样尊重制度、优礼大臣、保全功臣、爱惜言官,②则中国最近五六百年的政治和文化,恐怕会另是一番景象。

―――――

① 《明史》——五《兴宗皇帝传》:吴元年(1364),太子从太祖观郊坛,太祖指"道旁荆楚曰,'古用此为扑刑,以其能去风,杂伤不杀人。古人用心仁厚如此,儿念!'"(页一三三五),可作参考。
② 宋太祖请皇弟署敕及赵普依法升群臣,并见《宋史·赵普传》。宋"乾(968)兴(976)以来,不窜逐大臣,六十余年"及太祖"未尝戮一大将",见赵翼《廿二史札记》(页五一二及四九二)。东坡上神宗皇帝书说:"自建隆(960)以来,未尝罪一言者。"(《东坡文集》卷十上)。

宋濂与徐达之死

明史中的两桩疑案

《明史》对于太祖(1328—1398)之猜忌残杀,予以曲意回护,可以说是无微不至。宋濂(1310—1381)和徐达(1331—1385)之死,就叙述得不明不白。现在略予考证如下。

关于宋濂之死,《明史》一二八《宋濂传》说:

> (洪武)十三年(1380)……长孙慎坐胡惟庸党,帝欲置濂死。皇后太子力救,乃安置茂州……明年(1381),卒于夔,年七十二。知事叶以从葬之莲花山下。蜀献王慕濂名,复移茔华阳城东。(艺文本,页一四五六)

但是这里面另外还有一个过节就是这一年宋濂没有到南京来拜寿,太祖因而气得要杀他的一桩公案。

王鏊的《守溪长语》里,有这样的一段:

> 宋濂字景濂,洪武中以文学承宠渥最久。后以老致仕。每值万寿节,则来京贺上与宴,恩数尤洽。一日,与登文楼,楼峻,涉级,踬

焉。上曰："先生老矣,明年可无来"。濂稽首谢,至明年万寿节前数日,上曰："宋先生其来乎!"盖忘前语也。久之不至。曰："其沮风乎?"使使视之江口。不至。曰："其有疾乎?"使使视之家,濂方与乡人家会饮赋诗。上闻大怒,命即其家斩之。已而入官上膳,孝慈命左右置蔬膳于侧。上问后何为食素?曰："闻宋先生今日赐死,故为蔬食,以资冥福。"上感悟,遽起,命驾前双马驰赦之,曰："不及罪死。"会前使阻风钱塘江,稍得延缓。后使至则已绑至市矣。宣诏得免。久之,其孙慎获罪,复执来京将杀之。后复力救曰："田舍翁家请一先生,尚有终始。濂教太子诸王,可无师傅之恩?且濂居家,必不知情。"乃免。遣至四川,憩某寺,有老衲,高僧也。濂与语曰："吾闻内典,善恶必以类报。吾平生所为,自以为无愧。何至是哉?"僧曰："比生于胜国,尝为官乎?"曰："编修。"僧默然,濂是夜遂自经死。(商务影印"今汇献言"本,页一一二〇)

王鏊是正德元年到四年(1506—1509)的阁臣,王阳明十分尊重他,曾经有"王公深道,世未能尽也"的话(《明史》一八一《王鏊传》)。而这一段记载,是他笔记里的头一段,语气又十分肯定,毫无"传闻""疑似"的字眼,我们可以相信他必然认为有确实可靠的根据,才肯如此写的。

王鏊这段笔记,修《明史》的人,一定看见过。《明史》一一三《高皇后传》,记载她这一段对话是这样的:

  民家为子弟延师,尚以礼全终始,况天子乎?且濂家居,必不知情。(艺文本,页一三一五)

这很像是根据《长语》写的。尤其最后八个字,几乎完全相同。但是关于"失朝"获罪,和夔州"自经"两件事,《明史》就一字不提地予以抹杀了。

但是关于"失朝"一节,我们还另外掌握着一段明人笔记。柴萼的《梵天庐丛录》(上海有正民十四年本)第一卷,摘抄藏在神户某一图书馆许多明人抄本笔记中,有这样一段:

> 洪武十年,宋学士濂年老乞归,太祖亲饯之,敕其孙慎辅行。濂顿首辞,且要曰:"臣性命未毕蓬土,请岁觐陛阶。"既归,每就太祖庆节,称贺如约。太祖眷念旧臣,亦恋多深情。十三年失朝,太祖召其子中书舍人璲、孙序班慎,问之。对曰:"不幸有旦夕之忧,惟陛下哀矜赦其罪。"太祖密使人瞰之:无恙。大怒,下璲慎狱。诏御史就诛濂,没其家。先是,濂尝授太子及诸王经。太子于是泣谏曰:"臣愚戆,无他师,幸陛下哀矜贷其死。"太祖怒曰:"俟汝为天子而宥之!"太子惶惧,不知所出。遂赴溺。左右救,得免。太祖且喜且骂曰:"痴儿子,我杀人,何预汝乎?"因遍录救溺者。凡衣履濡水者,擢三级。解衣履者,皆斩之。曰:"太子溺,俟汝解衣而救之乎?"乃赦濂死,而更令入谒。然其怒卒未解也。会与后食,后具斋素。问其故,对曰:"妾闻宋先生坐罪,薄为作福佑之。"太祖艴然怒,投箸而起。濂至,令无相见,谪茂州。而竟杀璲慎。(卷一,页二二〇)

这一段记载,和王鏊《长语》中所叙的,有两点不同。(一)"宋濂失朝",和宋慎获罪,在《长语》中,是前后两件事,在此混而为一。(二)这里有太子泣谏和投水一节,《长语》不载。但是这一段笔记,修《明史》者,大概也是看过的。因为《明史·宋濂传》明明说到"太子力救"(只是没有说到"投水")。此外,《明史·高皇后传》(卷一一三)里有"帝恻然投箸

起"一句(页一三一五),也很像是从这里来的(不过《明史》为了回护太祖,就把"觥然"改成"恻然"了)

至于"庆节失朝"一节——这是宋濂致死的主要关键——是不是事实呢?我相信是事实。我根据的有下面四个理由:

一　在洪武十年(1377)致仕以前,宋濂是常常陪太祖吃饭的一位客人。《明史·宋传》中有"每旦必令侍膳"的话。所以在临别依依时,约定每年来朝称贺,是一件很自然的事。而他十二年(1379)"来朝",《宋传》也有记载。不幸文楼跌跤,太祖教他明年不要再来,而到时又忘掉了,以致产生了天大的误会和悲剧。

二　太祖大概是很不喜欢人"失朝"的。早在洪武三年(1370),宋濂就曾经为了"失朝参"而被贬为编修(《明史·宋传》)。不是十二年太祖有"明年可无来"的一句话,宋濂怎么敢到时不来。偏偏太祖把这句话忘掉了,而可巧他这一年又正要大作生日,《太祖实录》说:

　　十三年九月乙巳,天寿圣节,上御奉天殿受朝贺宴群臣于谨身殿,自是以为常。("中研究"影印本页二一一四)

这样"满朝文武"的大排场,而宋老先生偏偏"失约"缺席,怎么能使太祖不大掼其火而闹着要杀人呢?

三　《守溪长语》和《梵天庐》的记载,因为有重要的差别,显然是出自不同的来源。但关于"庆节失朝"一节,则完全一致。而其详略不同之处,恰恰可以相互发明。又都是叙说得入情入理,不像是凭空的捏造。

四　最重要的理由,是宋濂被谪茂州,是十三年(1380)九月的事(《明史·太祖本纪》),而太祖的生日,正是九月十八日。(《长语》中"其沮风乎?"一句,正适合这时候的天气。)若说没有"失朝"一节,宋濂只是受了宋慎介入"胡案"的牵累。那么胡案之发生,是在十三年正月,何以宋慎之被发现,不早不晚,恰恰在九月中呢?更重要的是:宋慎之成为胡党,根据的什么事实?何以史书上一点也没有交代?(譬如孙蕡之以"蓝党"论死,是因为他替蓝玉题过一幅画,《明史》[卷二八五《孙传》]就明白了予以指出)。尤值得我们注意的,是《明史》的前身,即王鸿绪编的《明史稿》,在这一段的叙述,和《明史》字字相同,只是《明史》中"坐胡惟庸党"五个字,在这里只是"获罪"两个字(文海影印本册三页一七八)。可见王鸿绪——或其助手——是不以宋慎为胡党的。(如果宋慎确是胡党,王鸿绪没有特意遮盖的理由。而《明史》之故意说宋慎是胡党,乃是中国政治中"戴帽子"的传统手法,以为太祖开脱。)而且如果真的只是宋慎出了毛病,而宋濂自己并没有惹太祖生气,那么太祖为什么非要杀他——"帝欲置濂死"——不可呢?(这时候宋濂已经是七十一岁,太祖五十三岁,是常常在一起用膳的二十年的老朋友。)

至于宋濂之夔府自经,王鏊更没有理由去无端捏造。因为曾任元朝编修一事,对于宋濂是不利的。而如果宋慎并无党胡之事,则宋濂之对老僧发牢骚,倒是合乎情理。

关于宋濂后来移葬成都,陆容的《菽园杂记》,有如下的记载:

> 宋景濂……安置四川茂州,未至,殁夔府,葬莲花池山下。成化间墓坏,巡抚都御史池州孙公仁,为迁葬成都。(商务影印"今献汇言"本,页四四)

这一段比《明史·宋传》叙得详细,就是宋濂初葬是在莲花池的山下,而非什么"连花山";迁葬的是孙巡抚,而非蜀献王;而且是因为"墓坏"了,不是为了"慕名"。陆容是成化(1465—1487)间的进士(《明史》卷二八六有传），叙述成化年代的故事，自然是一个有力的"人证"。

关于徐达之死，《明史》一二五《徐传》里只简单地说：

"洪武十七年（1384年）……达在北平病背疽，稍愈，帝遣达长子辉祖赍敕往劳，寻召还。"（《明史·太祖本纪》，闰［十一］月）。明年（1385）二月，疾笃，遂卒，年五十四。帝为辍朝临丧。悲恸不已（艺文本，页一四二七）。

徐祯卿（弘治十八年［1505］进士，《明史》卷二八六有传）在《剪胜野闻》里说，徐达背疽刚要好，太祖赏他号称对背疽最不利的蒸鹅吃，于是他不久就死了。（见吴晗：《朱元璋传》，上海一九五一年本，页二〇一）。《梵天庐丛录》有如下的一段：

> 徐中山王达病疽，疾笃，太祖数往视之，大集医徒治疗。日久，病少瘥。太祖忽赐膳，徐对使者流涕而食之，密令诸医逃去。未几，告薨。亟以上闻，太祖蓬跣担纸钱，道哭至第，命收斩医徒。夫人大哭出拜。太祖慰之曰："嫂勿为后虑，有朕在。"因周后事而去。（页二七）

这一段像似有一点文人的"渲染"。如果太祖真是"蓬跣道哭"，史书不会不予以详载的。但因为它没有提起"蒸鹅"显然是来自徐祯卿以外的来源。

但是徐达之死，我还是认为有问题的。理由有三个：

一　徐达从洪武六年（1373）起，就佩"大将军"印，坐镇北平。可是从九年（1376）起，"岁尽召还以为常，还辄上将印"（《明史·徐传》），可见徐达一直知道太祖之不放心他。虽然太祖对于徐达，优遇异于群臣，但是到了十七年（1384）底，太祖对于他的开国元勋，已经杀害了四个：德庆侯廖永忠（八年三月赐死）、诚意伯刘基（八年四月毒死）、永嘉侯朱亮祖

(十三年"鞭死")、临川侯胡美(十七年伏诛)。宰辅被诛的有杨宪(三年七月)、汪广洋(十二年十二月)、胡惟庸(十三年正月)、王本(十五年七月)四人。六卿被诛的有工部尚书薛祥(十四年七月杖死)、刑部尚书开济(十六年十二月)二人。(到了十八年三月,他一个月之内,斩了三位尚书:吏部的余燆、赵瑁,户部的郭桓),而十三年的胡案,"株连甚众",十五年的"空印"案,全国各府州县的长吏论死,佐贰榜百戍边,太祖早已开了杀戒,不过成千成万的诛杀,还要再等五年(洪武二十三年[1390])。那么十七年十一月里徐达扶病回京,中间难保没有什么问题。(刘基之尽人力的可能来躲避太祖的猜忌,是大家看得见的。但是汪广洋诬告他想占有"有王气"的墓地,仍旧打动了太祖的疑心(《明史》一二八《刘基传》)。

二　用毒药来医病人,对于太祖,似乎不是一件陌生的事。汪广洋给刘基吃毒药,太祖不是不知道的。《明史稿》里《刘基传》说:

"惟庸挟医来,饮其药,有物积中如拳石。间白帝,帝不省,自是疾笃。"(列传十八,文海影印本,册三,页一七五)(《明史》一二五《刘基传》采用这一段,在"积中"二字中,加进去一个"腹"字,可是把"间白帝,帝不省"六个字,全部删除了——艺文本,页一四五三。在《高皇后传》中,《明史》把"艴然"改成"恻然",在《宋濂传》中,把"获罪"改成"坐胡惟庸党",这里把"间白帝,帝不省"删去。这样"为尊者讳"的"史笔",实在有点要不得。)

虽然我们不能因此就断定太祖是汪广洋的同谋,但认为汪广洋是揣摩了太祖的意旨,心里有数,才敢下手,也许不太冤枉他。

三　还有一项理由,是陈汶辉谏太祖宠信和尚的疏里,有如下一段话:

刘基徐达之见猜，李善长周德兴之被谤，视韩信萧何，其危疑相去几何哉。(《明史》一三九本传，页一五五〇)

可见徐达之"见猜"，是人所共知的。(刘基之中毒，在洪武八年。李善长后来二十三年论斩，周德兴在二十五年赐死。)

当然，以上论断，并不能构成断定太祖毒死徐达足够的证据。但是赵翼认为"蒸鹅"之说，全是"无稽之谈"(《廿二史札记》三十一，商务本页六六二)，可是别无任何说明，那是不够为太祖开脱罪嫌的。

一九六七年七月寄自美国密西根州

附录一

萧著《中国政治思想史》评介

萧公权著:《中国政治思想史》
一九五四年中华文化出版事业委员会出版

一　写中国政治思想史之不易

写中国政治思想史,确实不是一件容易的事。梁任公先生曾指出过,在材料方面。其困难之点有三:(一)"中国政治思想史现存之史料,可谓极丰富,独惜散在群籍。非费极大之劳力,不能搜集完备。非有锐敏的观察力,时复交臂失之。"(二)"资料审择,又为治国故者一种困难之业。因古来伪书甚多。若不细加甄别,必致滥引而失真……至时代背景与思想系统完全混乱,而史之作用全失。"(三)"不惟伪书而已。即真书中所记古事古言……大半只能认为著书者之思想,而不能尽认为所指述之人之思想……即诸经诸史中资料,亦当加审慎……盖史迹由后人追述,如水经沙滤必变其质,重以文章家善为恢诡谲荡之辞,失真愈甚……唯有参征他种资料,略规定各时代背景之标准,其不大缪于此标准者,则信之而已。"(《先秦政治思想史》[民国十一年],页九至十)。在作者主观方面,其困难有二:(一)"社会事项,最易惹起吾人主观的爱憎。一为情感所蔽,非唯批评远于正鹄,且并资料之取舍,亦减其确实性……政治上理论,出入主奴之见少甚。中国唐宋以后学者……之论嚣然,而斯学愈不可复理。……吾侪宜保持极冷静的头脑,专务忠实介绍古人思想之真相,而不以丝毫自己之好恶夹杂其间。"(二)"吾侪受外来学术之影响,采彼都治学方法,以理吾故物……质言之,吾侪所持之利器,实'洋货'也。坐是之故,吾侪每喜以欧美现代名物训释古书,以欧美现代思想衡量古人。加以国民自慢性为人类所不能免,艳他人之所有,必欲吾亦有之然后为快……虽然,吾侪忠于史者,断不容以己意丝毫增减古人之妍丑。尤不容以名实不相副之解释,致读者起幻蔽……吾侪所最宜深戒也。"然而这两种态度,就是任公先生自己,也自病其"能言之而不能躬践之"。他说:"吾少作犯此屡矣。今虽力自振拔,而结习殊不易尽。"(同上,页十二、十三)。以学术修养如任公先生的人,尚有此叹,那么其他的人更可知了。

钱宾四先生指出治中国政治思想史的另外两种困难。(一)"我族传统政治思想,都渗透包会于各家思想之全体系……种种哲学思想上之本体问题,与其政治思想息息相关,水乳难分。非于哲学有专诣者,难于胜任而愉快。"(二)"中国政治思想,随时于制度中具体实现。思想之表达,实际已不在文字著作,而在当代之法令、历朝之兴革、名臣之奏议。举凡兵刑礼乐、户役赋税,所谓托之空言,不如寄之行事之深切而著明。非于治史有专精,尤难抉发其底事。"(见谢扶雅:《中国政治思想史纲》。)

但是,写中国政治思想史,除掉上面所说的以外,我认为最大的困难,是因为对于过去有关政治问题的思考,作一项历史性的观察——就是说,从历史的立场上予以观察,也就是说,研究这些思想在时间顺序上的演变,和它们与时代背景的交互影响——完全是近代西方学术的观点

（所以在和西方学术接触以前，两千多年，我们从来没有这一类的著作。而在西方也是比较晚近的事）。所以要作这一门学问，一种适当的现代西方学术的训练——最重要的，即所谓一个有科学训练的头脑（scientifically trained mind）——是一个起码的条件，而且必须对于西方的政治思想，也有足够的认识，才能够对于中国的政治思想，作比较正确的评价。不然的话，只是在故纸堆中打滚，而想在顾亭林、王船山诸人之后，在这一方面，再如何重要的贡献，恐怕就很难了。但是有了西方学术训练，还必须在国学方面，先打好了比较深厚的基础才行。近来若干作家，有的对于训诂学问太生疏，有的在材料评价上太外行，因而制造了不少的笑话，都是国学修养太差的缘故。也就是说，要作这一门学问，必须在西方现代学术，和中国国学方面，同样的有比较高深的修养，才能望其成功。这一点困难确实是很大的。而也就因为这一项困难很大，所以在这一方面工作的人非常的少，因之可以利用的现代材料，也非常缺乏；不但关于整个中国政治思想史的著作不多，就是关于某一个时代或者某一个思想家的比较现代的著述，也异常稀少，所以要作这一门的研究，差不多处处都要从处理原始材料开始。（西洋人作同样学问的，在五六十年以前，就已经有很多整理好的材料，可资利用。）而中国人之从事政治思考，已经两千多年，时间是如此之长，人数是如此之众，要作全部的整理和探讨，真是谈何容易！于是努力的缺少，和问题的艰难，益发成了一个恶性循环。

二　本书的优点

萧公权先生是在美国的康奈尔大学研究政治学的。在民国二十六年，他用英文发表了一本《政治多元论》（*Political Pluralism*），这是讨论西方当代政治理论的一部出色的著作,这一点说明了他对于西方学问的修养。但是在二十七、八年前,我曾经看到他翻译的几十首英文诗,一律填成阴阳四声十分严格的中国"词",这一点至少说明了他国学的深厚根底;和他好学深思的精神。以他这样西学和国学的优良基础,来研究中国政治思想,从基本条件上讲,就已经胜人一筹了。

萧先生这部《中国政治思想史》,单从内容的范围来看,就在这一类的著作中占第一位。全书六册,约七十三万字,从孔子起,到辛亥革命(关于国父的一章,尚待完成)。所包含的时间,上下两千五百多年。其中经过比较详细叙述的,约有六十多人,内容可以说是相当完备。所以在今天研究这门学问,不管教学用也好,参考用也好,萧先生这部书,是不能缺少的。

现在再试就质的方面,举出它的几项优点:

一 高度的系统思考

以现代学术方法整理国故,其和古人不同,因之比较可能超过古人者,主要的是因为现代人的思考,比较有系统(systematic)之故。所谓"有系统"者,就是能"分析"(analysis)。而这个分析,包括两方面,一是种类的分辨,即所谓"分类"(classification)是也;一是价值的分辨,即所谓"评价"(evaluation)是也。过去中国人读书,多半长于领会(所谓"心领神会""einfue-hlcn"),而不长于作系统性的探索。所以虽然也谈到"条理",而不知道注重"分类",也谈到"要领",而不知道利用"比较法"。可是他们十分相信自己有"他人有心,予忖度之"的天赋能力,因而惯于下"以意逆志"的工夫,以为"吟哦上下,便使人有得",于是人人都自以为可以和周公孔子直接交通,而过去一两千年的学者,一个个全都大错特错。

一个善于作系统思考者,可以从古人一堆散漫的材料中,整理出一个完整的思想体系来。他举出一个思想家的几项主要观念,而他的其他许多观念,就都成了这几项主要观念的推行和说明,而这几项主要观念本身,不但不彼此冲突重复,而且彼此间相互发明,相互支持,而形成了这一个思想体系的主要骨干。有了这种系统观念,再去读古人的原始著作,好像拿着一幅地图,去游览城市,胸中有一个全体的和方向的观念存在,不致于为斜街曲巷所迷。当然,一位后人,替一位前人整理思想,他所钩画出来的,不一定是唯一可能的体系。另外一个人,可能整理出另外一套体系来。再多的人,可能整理出再多的不同体系来。那么哪一个人整理出来的是最正确、最适当,那就要有待于读者多数意见的公断了。

萧先生对于古人思想的系统整理,有若干处,是十分成功的。例如书中对于孔子的叙述,说他"学术的主要内容,为政理与治术,其行道之方法为教学,其目的则为从政"(页五三)。他的政治思想的起点,是要恢复周礼(盛周时代的全部社会制度)(页五八),而"植本"于他所发明的"仁"的观念(即推自爱之心以爱人)(页五九)。他的"治术有三,曰养,曰教,曰治。养教之工具,为'德''礼',治之工具,为'政''刑'。德礼为主,政刑为辅,而教化又为孔子所最重之中心政策"(页六一)。对于孟子之叙述,萧先生特别举出三点:一、以人民为政治主体的"民为贵"的理论(页八九);二、立新政权以恢复旧制度(页九四);三、一治一乱的历史观(页九七)。对于墨子的学说,书中分就下列六点叙述:兼爱(页一二九),尚同(页一三三),明鬼(页一三七),尚贤(页一四〇),节用(页一四三),非攻(页一四七)。以上三例,从三位大思想家广泛复杂的学说中,简单明了的指出它们少数几个中心思想,于是我们很快的就能切实的掌握住他们思想系统的主要骨干。再看书中对于三家思想所分析出的项目,或简或繁,其综合成一个项目的,不可强予割离;分别成个别项目的,不容强予归并。凡此种种,处处都是作者高度系统思考的优美表现。

二 立论的谨严和精辟

在近年来治国故的学者们中间,似乎流行着一种喜欢发新奇议论的风气,他们常常根据一点点不太靠得住的材料,就作十分大胆的,但是并不能满足逻辑条件的推论。于是乎许多"创见"和"发现",不但丝毫不帮助我们对于古代事物的了解,而只是凭空的又多制造出若干笑话和麻烦。例如有人主张孟子的性善论,是"深受道家思想的影响";有人说从汉唐到清末,政权治权的重心,都在臣民,"皇帝几一画诺之虚号";有人说,照唐律的规定,"丈夫对其妻,有告诉、骂詈、殴打、折伤及骂詈并殴打其父母祖父母之自由"。凡此种种,不一而足。萧先生在他书中,很少提出与众不同的个人见解——内中也有我不大同意的少数几项,将在后面提出讨论——一般说来,在这方面,他是趋向于保守的。我们与其说他缺乏个人见解,不如说他态度谨严。而这正是在时下风气中难见的美态。

萧先生的态度虽然趋向于谨严,然而这个仍不妨碍他在若干地方作十分肯定的、非常精辟的论断。例如他指出宋后儒者每以臣下效忠君国为绝对义务,实则并非孔子之教(页六六),孟子民贵之说,与近代之民权有别,未可混同(页九一)。道法二家思想之相近者皮毛,其根本则迥不相同(页二四六)。先秦之法家思想,实专制思想之误称,若干条目,似与法治有关,实则皆失法律之平,为近代法治之所不许(页二六七)。以上数端,都是十分有分量的论断。

三 功力精深

如果把中国政治思想史当作一宗浩大的工程,则萧先生所表现的"不惜工本"的伟大精神,着实是可惊的。他所准备的材料极为丰富,工作十分仔细和考究。他不躲避任何复杂或艰深的问题、忽略任何和问题有关的著作，他如果把所参考过的书籍列一清单，一定是非常可观的。他书中每章正文后的小注，少的百节左右，多的一百八、九十节。占全书篇幅将近五分之二。内容包括古今中外，有考证，有议论，有比较，有引申。最足以说明作者学问的渊博、用心的细密，和态度的谨严。读本书不细读小注，不容易看出他功力之深。

四　责任交代清楚

书中对于采用别人意见的时候，无不一一交代清楚，例如指出孔子设教授徒，遂打破阶级的界限，是章太炎之说（页五三）；《诗经》《尚书》中极少见"仁"字，是梁任公说过的（页七九，注五四）；"墨之本在兼爱"，乃张惠言所举出（页一二九）；叙墨家团体组织，曾参考过方授楚之书，（页一五四注二九）等等。凡此种种，不掠他人之美，不代他人受过，本是作学问者应有的态度，乃近来似乎常常为作家们所忽略，还有书中引用二手（second hand）材料时，从不忽略把它明白叙述出来。这些也本是学者们应有的交代，但是现在的作家们多不肯如此做，所以我要在这里特别予以表扬。

五　态度谦虚

读萧先生这部书，予人最深的印象，是他那彻底谦虚的态度。在他叙述他个人的见解时，所用的语句，常常是"如我人所解，尚非大误，则……似乎……"；驳斥他人时，则说"或不足为完全持平之论欤"等等。甚至于有时候未免谦虚的过甚一点，例如"吾人之解释如不误，则严格言之，孔子思想中未尝有近代之民族观念"（页七二），等等，好像一个人过于揖让频繁，反倒有点像故意做作似的。但是和时下若干时髦作家那种自认为了不起的神气对照起来，却又只觉其难得而可爱了。

影响价值观念的多种因素

一 十三种不同的人生观

在现在这个动荡的时期，大家最喜欢讨论的，常常是文化问题，其实所谓不同的文化，事实上只是不同的基本的"价值观念"。而影响"价值观念"的形成和演变的，仔细研究，实在有多方面的重要的因素。美国哲学家莫利士（Charles Morris）曾经就社会方面、心理方面，和个人的体格方面，研究这种种因素如何个别地和共同地影响人类的价值观念，和这些因素在影响上的比重。

莫利士的研究资料，主要是根据人类对于生活方式的看法。他列举出十三种不同的对于美满生活的观念，也可以说是十三种不同的人生观。它们在内容上，包罗着许多伦理和宗教系统所主张的若干价值。然后，在美国、中国、印度、日本、挪威、加拿大各地的大学中，叫男女学生对于这种十三种生活方式，就其爱好的程度，分别予以评分。其中一部分学生，还经过半个到一个钟头的问话。问话完毕每人经过一次体型检定，少数人还接受了气质调查，和人格因素的测验。这些学生们对于生活方式的评分，就是说明了他们对于美满生活的"观念"。

十三种生活方式的内容如下：

第 1 方式：

保存人类最良好的成就。在这一个生活计划里，个人应当主动地参加他那个社区的社群生活，但不是为了要改变它，而是为了要了解、欣赏和保存人类所完成的最好的东西。过分的欲望应当避免，而代之以适当的节制。世间的种种好东西，不是不许要的，但必须出之以正当的方法。人生要光明的、要有平衡、要风雅、要有控制。而粗俗、兴奋、无理智的举动、无耐心、纵欲等等，这些全要予以避免。友谊应被重视，但非和许多人容易亲密之谓。生活应该是有纪律的、坦白的、有礼貌的、行为可预测的。社会变化应该慢慢地审慎地进行，好教人类文化的成就不致丧失。个人在身体方面、社会方面，都应该有活动，但不是狂热式、激进式的。约束和智慧应该对于一个活动的生活发布命令。

第 2 方式：

培养人与物的独立性。就一个人的生活大部分而言，一个人应当"单独的去走他的路"。在居住的地方，他应当具有他"私人的领域"，他应当有他自己的许多的时间，应当设法控制他自己的生活。一个人应当看重自给自足、熟虑和沉思，和对于自己的认识。一个人兴趣的方向，应该离开和社群团体的亲密结合，离开对于物质的操弄，或控制物质环境的企图。一个人应当设法使他表面的生活简单化，把一切依靠外来的物质力量和社群力量才能满足的欲望予以节制，而集中精力于自我的精练、自我的净洁，和自我的指导。"向外"去生活着，是作不出什么，得不着什么的，一个人必须避免对于某些人或者某些东西的依靠。生命的中心，只有在个人自己的里面才找得到。

第 3 方式：

表示对于他人的同情关切。这一种生活方式，把对于别人的同情关切作成生活的中心。温情应该是生活中的主要成分。但是，这是一种纯洁的温情，既不羼杂着强迫别人和自己要好的意思，更丝毫没有利用别人来达到自己目的的用心。占有的贪婪、男女的情欲、控制人和物的权力之追求、对于智力的过分强调、对于自己的过分着重，凡此种种，都要予以避免。因为这些都会妨碍人与人之间的同情心的增长，而人世间只有这种同情心才能够给予生命以一种意义，如若我们对人怀有一种侵略心，则我们在无形之中，把我们自己关闭起来，无法受纳别人的影响力量，而没有这种力量我们是不能真正在人格上生长的，所以一个人应该努力清洁自己、约束自己，以求能够受纳别人、欣赏别人，和帮助别人。

第 4 方式：

轮流着欣赏热闹和冷静。生活是要来享受的，用肉体去享受，有滋有味的和任情任意地去享受。生活的目的，不是去控制世界的或社会的命运，或者他人的生命，而是尽情开放，以受纳各种人或各种物而为之喜悦。人生应该像是一个欢乐的节日，而不是一间作坊或者一所练习道德纪律的学校。不要约束自己，要听其自然，要听任人或物来感动它，这个比作任何事，比作任何好事，还为重要。但是要想这样的享受，有一个先决条件，就是必须充分地以自我为中心，这样子才能够注意到个人周围一切发生的事情，才能够有心情去欣赏和享受一切新的事物。所以一个人应当避免一切牵累，避免对于某些人或某些物的依靠，避免牺牲自己。一个人应当常常独处，有时间来沉思或注意自己。对于一个好的人生，冷静和热闹，同样是不可缺少的。

第 5 方式：

参加团体的生活来欣赏生命。一个人不应当只是顾到自己，逃避别人，远远地站在一旁，而采取一个自我中心的态度。一个人应当参加一个社群团体，欣赏合作和友伴，和别人一起来积极行动，以求实现大家的共同目的。人类是有社群性的，人类是要有行动的。人生应当促成有力的团体行动和合作的团体享受。沉思，约束，追求个人的自给自足，抽象的理智，孤独，强调个人的所有，这些都足以把人和人联系在一起的根蒂斩断。一个人应当有滋有味的向外生活，享受人生的一切好东西，和一起工作，来取得一切必要的东西，来过一个快乐的、有力量的社群生活。凡是反对这种理想的人，对待他们不必过于客气。人生是不能马马虎虎的。

第 6 方式：

永久掌握住在变化中的环境。生活是经常倾向于停滞的，能"舒舒服服"就算了。外面罩上一种多病多虑的姿态也蛮好。为了克服这一类的倾向，一个人应该强调经常活动的必要——身体的行动，探险，凡是有问题出现，立刻予以现实的解决，改良凡是足以控制世界和社会的种种技术。一个人的前途，主要的全看他作的是些什么，而不在乎他的感觉如何，或者他的推理如何。新的问题经常在发生，而且永远要发生。人类要想进步的话，一定要经常的作种种的改良。我们不能跟随着过去跑就算了，或者梦想将来可能如何。我们必须坚决的和不断的工作，才能取得对于威胁我们的各种力量的控制。人类应当依靠从科举知识中得来的工艺进步。应当把解决他的问题作为他生活的目的。不要以"好"为满足，一定要完成"更好"的。

第 7 方式：

行动、享受、静观三者的整合。我们应当在不同的时间，用不同的方法，从所有各种生活方式中都接受一点，而不对任何一种单独效忠。在某一时刻中，其中的某一种是比较适当的；在另一时刻中，则另一种最为适当。生命应当包括享受、行动和静观三者，三者应当具有同等的比例。如若其中任何一个过趋极端，则我们将失掉一些对于我们生活非常重要的东西。所以我们应该培植一种生活的弹性，容忍我们身体里面多方面的性能，接受这种多方面所产生的紧张，在享受和行动之中，保留一点超脱的机会。人生的目的，是在享受、行动和静观三者的动的整合，也就是各种不同生活方式的交互行动。一个人应当利用所有这种种生活方式来建立一个生命，而不是单独的利用其中的某一个。

第 8 方式：

在无忧和卫生的享受中度过生活。享受应该是人生的主音。但不是要狂热地去追求各种强烈的刺激性的快乐，而是要安然地享受各种简单的，容易得到的快乐：譬如今天活在世上、有美味的食物、舒适安逸的环境、和朋友们谈天、休息和松弛，这些无不都是快乐。温暖和舒适的家、松软的椅子和床、储藏着充分食物的厨房、为使朋友进来而开敞的门户——这应该是一个人生活的地方。身体安逸，不紧张，动作稳静，不慌不忙，慢慢地呼吸，心甘情愿地点头和安歇，对于世界，就是说，对于它的食物充满谢意——这应该是一个人的身体的情形。不能抑制的野心，或者狂热的禁欲理想，这些都是没有得到满足的人的记号。他们已经失去了浮沉于简单、无忧，而卫生的享受中以度其天年的能力。

第9方式：

在安静的接待中等候。接待受纳应当是生命的主音。人生的好东西都是自动来临的,不求自来,不是可以坚决行动获取,也不是可以在放纵肉体的情欲中找到,也不是可以从参预社群生活的烦扰中寻找。这些的东西,不能用帮助旁人的方式给予人家,也不能从苦苦思考中获得。而在一个人的门栅开弛的时候,它们不求自来。在一个人停止作各种要求,而在安静的接待中等候的时候,他的自我就变成开放的,而能接受那些培养它,和透过它来发生作用的各种力量,而靠着这些力量的维持,自我就得到了欢乐与和平。在青天和丛树之下静坐,聆听大自然的各种声音,安静的等候着,那时智慧就会从外面进到里面来。

第10方式：

坚忍地控制自己。自我控制应该是生命中的主音,不过不是从世界退缩的那一种浅易的自制,而是一种警觉的、严肃的大丈夫式地控制着自我,一个生活于世界中,知道世界的强大的力量和人力的限制的自我。一个好的生活,是受理智支配的,而切实地把握着崇高的理想。它不为舒适和欲望所引诱而走入邪路。它不期待着各种乌托邦。它不相信最终的胜利。一个人不可期待太多。但是一个人可以警觉地来注意约束自己,抑制他那些不受约束的情感冲动,知道在世界中他的地方在哪里,以理智领导他的行动,维持他的完全依靠自己的独立。这样子虽然一个人最后不免一死,他究竟维持着他的人类尊严和敬意以活着,和以一种伟大的、悠美的态度而死去。

第 11 方式：

静观内心的生活。静观的生活才是良好的生活。外面的世界不是一个人合式的住所：它太大了、太冷落、太压迫。只有一个内心的生活，才具有价值。一个内在的世界，充满了丰富的思想和情感，有梦景，有自我认识，这才是一个人真正的家园。只要加强培植内在的自己，一个人才真正成为一个人。只有到那时，对于一切活动的东西的深切的同情心，才能够产生，对于生命中内在的痛苦，才能够了解，对于一切侵略行为的虚幻，才能够体会，一种静观的快乐，才能够获得。到那时，狂妄的自大，自然瓦解，勉强的刻苦，自然消失。一方面，把这个世界放弃，另一方面，在那个更广大、更美妙的海洋中，找到了内在的自己。

第 12 方式：

从事冒险性的行为。运用身体上的气力，是得到一个有价值的生活的秘诀。天生双手，是用来把原料造成东西的：用木料石头作成房子、种粮食来收成、用泥土来捏塑。一个人的筋骨，只有在动作中感觉着快乐，攀登、跑步、滑雪等等，生命只有在越度、控制、克服困难的时候才有意思。只有行动的作为，一种适合现状的作为，勇敢的、具有冒险性的作为，才带来满足。生命不是在小心远虑中，不是在松弛的安逸中达到它完善的程度。强有力的向外的行动，在可以捉摸的现在中感觉到自己的力量而兴奋——这个才是真正的生活的方式。

第 13 方式：

服从宇宙的意旨。一个人应当让人来使用他。让别的人来使用他，以帮助他们的成长。让宇宙间的伟大的意旨来使用他，因为它们正在无声无臭中,以不可抗御的力量完成其目的。人类和世界意旨,在内心中都是可靠的,值得我们的信任。一个人应当谦卑、固定、忠实、让步。对于自己所需要的温情和保隐,得到了充满感谢,不得到不作任何要求。接近人物,接近自然,因为接近,所以安全。以虔诚培养善良,因为虔诚,所以也为善良所支仗。一个人应当是一个清朗的、自信的、安静的器皿和工具,以容纳那些伟大的、可靠的力量,以帮助它们向它们的完成去动转。

二　东方和西方的价值观念

上面所说的十三种生活方式,由美国、中国、印度、日本、挪威等国的大学生,就其爱好的程度分别予以评分(注:评分方式,一方面每一种生活方式给予"一"到"七"的评分,另一方面,依爱好的程度,把它们排成先后的次序)。从他们的评分中表示出来的价值观念,简单说明如下。

在美国学生中间,第七、第一和第六方式,非常地受欢迎,而第九、第二、第十一和第十三,则不受欢迎。第七方式在这里占据非常的优势,任何其他国家对于它的评分,都不能与之抗衡。强调建设性行动的第六方式,在这里处于第三位,所得分数,低于在挪威、中国、印度和日本所得的。第三方式,这个意味着基督教伦理的生活方式,在价值次序上只排列第七,在第一选择上排到第五,比起在任何其他国家里所得到的分数都来得少。

对于第七方式的高度评分,是美国资料研究所表达出来的最显著之点。第三和第六都比其他国家的评分为低(除去加拿大对于第六),也是值得注意的。所以我们可以说,美国的大学生,似乎最欢迎一种富有弹性的、多方面的生活。在约制上,他们比印度学生差,对于社会问题的关切,比中国和印度的学生都差。但是第七方式同时也指示出来,他们并不是完全反对超脱。再从欢迎第七方式的人,也欢迎第一和第六这一点来看,他们也不是完全不负责任的人。

中国学生们对于第十三、第五、第六及第三方式,差不多同样的表示欢迎,但是其中没有任何一种是突出的。第十三方式,在中国得分最高,而在美国得分最低,第七方式,在第一选择上占第三位。中国青年是极端的趋向于行动和社群化的,和那些内向的或者趋向自然的生活方式,完全处于相反的地位。他的气质既不像是禁欲者,也不严肃冷酷,而是充满了温暖的人情味。这里虽然没有一个富有占有性和多所要求的自我的痕迹,但是中国传统的对于修身养性的强调,似乎可以看出来还是一个很发生作用的力量。

在印度,第一方式占据着显著的优势,它在印度的价值模式中的位置,好像第七方式之在美国模式中一样。但以第一选择为准,则第七方式占据第二位。根据评分记录,印度的价值模式,有力地强调社会约束和自我控制。这一种传统的生活态度对于精神的内向,特别着重,虽然它也不反对行动和热心。但是在当前的严重社会问题(譬如极端和广泛的贫乏情形)的压力之下,大家都认识了社会重建工作之必要,所以第六和第五生活方式,占据第二高的位置。从这里看来,印度青年所感觉的迫切问题,是如何调和社会传统和社会重建,和如何整合内向的自觉和外间的行动。

日本学生的价值模式,和印度的很相类似。在双方面,都是第三、第一、第六和第十方式领先。不过在这里占第一位的,是第三方式,而不是第一方式,第七方式在日本的得分,比在其他国家的为低。日本学生的一般定向,很明显的是对人和社会,虽然不及印度的强调。他们内向的精神，至少有和印度一样的程度，而对于自然的承受，则还要强调一些。

在挪威的价值模式里，第三和第一方式，是特别显著的。其次，就是第六和第七，最受欢迎。但是在第一选择中，第七方式占了第一位，这一点却和日本很不一样。挪威的价值模式，显然是避免极端的。它跟印度的距离，跟它和美国的距离，差不多是一样的。但是，我们不能因为它和日本的距离，比它和美国的距离还小，就说它的"东方"性超过"西方"性，因为在这五种生活方式上，它的计分比日本高，而在另外五种生活方式上，它却又高过了美国。在挪威和日本之间主要的相同点，是第三方式的高度评分；在它和美国之间的，则是第七方式的较高分数。不过，它虽然和美国一样的欢迎第七方式，但是它并不那样强调富有弹性和多方面的生活，而是在首先强调社会约束和自我控制。而对于承受和内向的生活，也不像美国那样的极端反对。

以上各国学生的评分所表现的变化情形，至少说明，我们不能简单地以东方和西方作为分界的。在某些方面，中国学生很像美国学生，在另一些方面则不然。从若干方面讲，西方学生的心理定向，是以自我为中心的，东方学生则以社会为中心，但是这个也不可以作为一个"东""西"分界的标准。因为从历史上说，过去有些时代，这个情形正是相反的。至于现在之所以如此，可能是因为作评分的时候，亚洲民族所面对的社会问题，比起西方国家的适为严重之故，这个事实，也可以帮助解释，为什么他们非常强调行动，和并不太强调超脱（如若只依照东方传统观念来测度，应当与此恰恰相反）。在任何地方，人们对于他们自己和他们的社会，都同样有关切的需要。至于关切的重点，事实上落在哪一方面，就要看当时当地最迫切的问题在哪里。

三　影响价值观念的各种因素

前面所说的，都是从不同的人，对于不同的生活方式，所表示的不同的爱好，分辨他们不同的价值观念。但是每一个人，有他个别的体质，有他分别的气质和性格，生活在一个有其个别的传统和问题的社会里，而这一切都是发生在地球上某一个个别的地方。因此我们可以说，决定一个人的价值观念的有生物因素、心理因素、社群因素和生态因素。而这四种因素，彼此之间，又都在相互影响着。并且，它们不但共同的影响人类的价值观念，同时，人类的价值观念，也同样的有力地在影响它们，这种看法，就是在这几年在社会科学里开始流行的"全场理论"（field theory）的观念，应用在价值理论的探究之上。不过，其中生态因素，因资料不够，姑且从略。

1. 社群因素：

"生活方式"的评分，最重要的一个事实，就是在每一个文化区域内所表现的一致性。不管地理距离多么辽远，各人所住地方的情形，多么不同，但是同属于一个文化模式的人，他们爱好的标准，都表现出显著的类似。

中国学生之强调第三、第五和第十三方式，固然符合中国儒教的人文主义；印度的第一和第十方式，也代表印度哲理的超脱思想；美国的第七方式，更足以代表尊重个人表现的西方传统。但是另一方面，中国传统文化里的佛家和道家的思想，在评分上丝毫没有表现出来。而照印度的传统来看，评分中所表现的统治性，也似乎过分强烈。而第三方式在美国所得的评分之低,更不足反映出西方传统文化中的基督教的精神。所以我们要研究传统文化对于价值观念的影响,必须特别注意到每个文化中个别的成分,才能得到更适当的了解。例如宗教对于价值观念的影响,即使在中国,教会学校的学生们对于第三生活方式的评分,就比全国的评分数略高。又如美国的黑人大学生特别欢迎第一和第六方式:他们一方面有力的认同(identify)美国的传统,另一方面竭力想改善他们在社群系统中的地位。

评分者的生活地区的人口情形,和经济状况,对于生活方式的选择,有着关联。在大都市,第七方式得分较高,而第一和第三方式,都得分较低,就其是第三。这就是说,在人口众多的地方,社群约束和自我批判的意识较低,而自我定向的趋势较强。他们不但保守性低,就在活动和承受的方面,也较为低弱。此外,大都市的富人和小地方的穷人,他们评分最高和最低的生活方式,恰恰相反。而同是穷人或富人,他们所欢迎和不欢迎的,又因其所住地方的人口多寡,大不相同:大地方的人偏重自己,小地方的人注重社会。

评分者个人的社群角色,也会影响其对于生活方式之选择,例如一个根本主义派(Fundamentalim)的圣经学院里,把第十三方式作为第一选择的,占全院学生百分之四十六,而一般学生的作如此选择的,不过百分之一而已。而各国学生的评分,似乎也多少反映出来一些他们的一般环境。例如印度之才获独立,一方面能欣赏其传统文化,另一方面面对严重的社会问题,所以第一和第六两方式得分都高,中国之欢迎第三、五、十三,三种,表示他们感觉时代之动荡,再不能强调消极和超脱。美国人的选择,表示他们受战争的伤害不重,没有意识到时局之艰难和国际责任之重大,所以他们注意到个人内心的丰富泉源,而毫无顾忌地追求生活的享受。

2. 心理因素：

一个人在他生活过程中的种种动机和行为，多少有一个固定的模式，这个我们称之为"性格"。譬如友善和残酷、吝啬和慷慨、自大和自卑、恐怖和自信等等，都是一个人性格上的特质。这些性格特质，都是一个人在他复杂的社群生活（互动过程）中学习而得，所以生活方式的价值观念，可能和这些性格特质有关。

卡特尔的人格测验，分下列十六种特质，而各以一个字母代表之。

A. 噪郁倾向对分裂倾向。

B. 一般智慧对精神欠缺。

C. 情感安定（或健强的自我）对不得满足的情感。

E. 统治（优越感）对屈服。

F. 情绪奔腾对忧郁恐怖。

G. 高尚品格（健强的超我）对缺乏行为标准。

H. 冒险主动对退缩性的分裂倾向。

I. 情绪敏感对情感麻木。

L. 被害恐怖性的分裂倾向对信赖别人的为人主义。

M. 歇斯特里亚性的不关心对现实性的关切。

N. 精巧细密对天真朴素。

O. 恐怖性的不安全的意识对安静的自信。

Q_1. 过激对保守。

Q_2. 独立和自足对决心。

Q_3. 意志的控制和性格的坚定性。

Q_4. 神经紧张。

根据被测验者的得分，和他对于生活方式的评分，发现那些欢迎第一方式的人在性格特质上,和欢迎第二方式的人,在许多方面恰恰相反,正反映出这两种生活方式的强烈的对比。又如欢迎第四生活方式的人,比起欢迎其他生活方式的人来说,比较情绪奔腾(F),但是超我的坚强(G)较低,不倾向于被害的恐怖(L),不太精巧细密(N),也没有神经型的不安全的感觉(O)。这些特质,和第四方式的内容,显然相称。

近年来,在心理学对于价值的研究里,最被广泛使用的,当推阿乐坡-维尔农二氏的"价值研究",莫利士曾把他这六种价值范畴(理论、经济、审美、社群、政治、宗教)和各种生活方式作一比较研究。一般来说,似乎第四、第七方式,接近理论;第五、六、八、十二,四种方式接近经济;第二、四两方式接近审美;第一、三、十三,三方式接近社群;第三、九、十、十一、十三各方式接近宗教。再就这种组合来推论,经济近似在行动中求快乐和进步,社群近似约束和自制,宗教近似承受和同情。只有政治一栏,无论选择何种生活方式的人,在这一方面的得分,并无显著的高低。仔细推寻,欢迎第四、五、八、十、十二方式,和不欢迎第九、十三方式的人,在政治价值上的记分,似乎比其他的人稍微高一点儿。

3. 生物因素:

年龄和生活观念,似乎也有一点关联。第一、二、三、九、十、十三,六种生活方式受欢迎的程度,似乎随着年龄而增长,第四、五、六、八、十二,五种,则似乎随着年龄而减退。这个关联,也可以解释为什么中国和日本学生的测验结果,和他们传统文化的模式,有些距离。因为他们传统理想,都代表一种丰富的哲理,而哲理不是青年人们的产物。

人们的体型,大致可分为脂肪型、筋骨型、神经型、平衡型四种。脂肪型的人,往往有浑圆的身材,圆形的头颅,从侧面看比从正面看来得厚,中间部分的躯干比较肥大,而双脚很小。他们在性格上是随和的人,喜欢身体上的安适,追求一切"生命中美好的东西",渴求别人的好感和赞扬,殷勤有礼,很难发怒,遇有困难,找人帮忙,而且容易入睡。

筋骨型的人,在骨骼、肌肉、关节方面,有充分的发展,立方形的头颅,有坚强的下颚,胸部比腹部发达。他们往往摆着一副性急的、侵略性的姿态,喜欢探险和刺激,是硬心肠的,对于别人的需要和愿望,全然不知,说话声音清晰响亮,遇有困难,马上设法对付,而必出之于行动。

神经型的人,身材瘦长纤弱,头颅往往是三角形,嘴小紧闭,眼睛灵活,手脚细长。这种人在行动上是紧张的、抑制的,喜欢独善其身,不喜社交集会,反抗种种习惯,和任何种类的例行工作,脾气善变,令人莫测高深,睡得不好,遇有困难,比较喜欢独自担当。

事实上,充满精神和体力的筋骨型的人,自然喜欢具有强烈行动的生活方式;脆弱和敏感的神经型的人,则喜欢不须作用团体力量而能保障他不受过度刺激的一种生活;松弛成习的脂肪型的人,既不要去行动,也不需要保障,自然强调享乐和承受的生活内容了。

从生活方式和体型的相关性来看,最主要的对立,是在第五、十二、和第二、七、十一之间,也就是筋骨型的人和非筋骨型的人之间的对立。在神经型和脂肪型的人们之间,差别就不那么清楚,并且也随着文化而异。同时,筋骨型的人的生活性质,似乎也是最固定,神经次之,而脂肪最差。平衡型的人,一般说来,对于各种生活方式,不像其他体型的人那样强烈欢迎,也不那样强烈反对。

一般说来,比较受欢迎的生活方式,是第一、三、六,三种方式,比较不受欢迎的,是二、四、九、十一,四种。后面四种,是极端体型的人所偏好的,而第一、三、六,三种,并不和某些特种体型有关,所以受一般的欢迎(在一般人口中,平衡型的人,也是占最大多数)。同时,这三种生活方式,全都和社会的继续生存有关——维持已有的成就、对他人的同情关切、自我和社会的重连——那么,影响价值观念的生物因素,和社会持续的条件,二者之间,还有相辅相成的作用。

四 "全场论"的观点

以前研究价值论的人,往往偏重某一个价值观念,以为自己的解释是对的,别人的全都错了。在他们主张自己的见解时,反复申述,不遗余力,而不肯虚心去聆听别人的意见,以对整个问题作全面的探讨。

现在,我们知道,一个人的价值观念,不但跟他自己的体型、性格、年龄有关,而且居留地点的人口多寡、个人的经济状况、他的社群角色和社会的直接处境、宗教信仰,和文化环境等等,全都在直接地发生着影响。莫利士先生在这一方面,所提供的有力的论证,实在是以后讨论文化问题的人们所不宜忽略者也。

论"防御机械"

一个快乐的人生，就是说一个人能够充分地发挥他自己的才能，和只遭受到最低限度的挫折。或者在遭遇挫折的时候，他心理上的防御机械(Defense mechanisms)能够发生有效的作用，使他终于安渡难关。这种防御机械的运作，都是在不知不觉中进行。每一个人的获得这种能力，使用到什么样的程度，和它的实际有效范围，多半是决定于他生活其中的文化环境。

挫折是任何人所避免不了的。一个人的智力、体格、容貌、精力，和环境方面的种种，常常使得他恨不得变成另外一个人。尤其是有了什么不如意的事情，总觉得：别人凭什么就比自己强呢？事实上，从哺乳时期开始，一个孩子的欲望，就常常得不到充分地满足。接着是父母对于他的便溺训练。一个人身体上的自然要求，这是最先受到文化影响的一部分。其次，就是父母的数不尽的管教。这时候父母的管教方式和孩子的反应，往往影响孩子一生的人格，譬如他对人的友善或者敌视、对于挫折的容忍能力、对于权威的看法、自制能力、自信心、顺从和不顺从的程度。最后就是父母对孩子的期待过高，所谓望子成龙，凡是自己当年没有能做到的，往往希望孩子来替自己扬眉吐气。因此对他不免有过分的责备，因而使孩子愤怒沮丧，甚至完全失掉了自信心（这是惯于服从父母的孩子们的最大危机）。

孩子成长到十几岁之后，无不希望摆脱父母的干涉，而要想在他自己的朋友之间受到尊敬。于是，在学业上竞争，在运动上竞争，在求偶方面竞争,在职业方面竞争。竞争的方面愈多,受到的挫折也就愈来愈复杂。有时候,挫折的由来,是因为个人体格上或者经济上先天的不利条件。有时候,天灾人祸,使事情发生了意料之外的不幸。有时候,挫折是一种冲突情势的结果,譬如两种目的,都能达到,但是不能兼得,因之难于抉择;或者为了取悦父母(或情人)而想名列前茅,却又一心不肯埋头苦读;或者一方面既不喜欢读书,一方面却又深怕考试不及格。

一个人在遭遇到挫折的时候,多半会感觉到紧张不安、忧虑和灰心。有的人直接向挫折的来源表示侵略性的行为,有的则故意地指桑骂槐,借题发挥来泄一泄怨气。有的人变得惊慌失措,完全失掉了应付的能力。有的人设法给自己找个台阶下,说自己所以考试失败,是因为忙于社交,根本没有看书(不是笨,是不用功)。当一个人不能达到目的的时候,他就根据他平常对于自己的观念,想到一些搪塞的话来挽回自己的面子。

有若干心理学家把补偿行为(Compensation)也算作防御机械。不过,它不像其他防御机械之只具有消极作用。补偿行为是针对一种烦恼挫折的情况,作一种积极的实际的补救。补偿行为可分为两种:(1)直接补偿——面对障碍和失败,再接再厉,以加倍的努力来克服困难,完成目标。希腊的狄摩西尼(Demosthenes),当初就是为了克服他的口吃,竟成了有名的雄辩家。(2)间接的补偿——无法成为小提琴家,一个人发奋来学法律,结果在另一个行业中出人头地。一个女人自己不能生育,却又喜欢小孩,结果成为十分成功的幼稚园老师。

心理防御机械,种类繁多,但是一般说来,大约有三个主要原则。第一个原则是选择性。凡是不愉快的经验、感觉或者思想,都被抛置脑后,尽量避免去想它。佛洛依德就认为这种被压抑的感觉或思想,是被驱入"潜意识"的领域之中的。一个以自我为中心的孩子,为了逃避因为不扶养寡母而受到的良心责备,索性到远地游荡,躲开任何认识他的寡母的人。跟牙医生的约会常常被忘掉,也是这个原因。

第二个原则是歪曲现实。知觉不但是有选择性,而且会把现实(过去、现在和将来)按照自己的希望来剪裁。要是一个人的仇敌是有决心而且非常坚定的,那么,毫无疑问地,他一定是一个"老顽固"。自己考试失败,一定是"老师不公平"。

第三个原则是创设一个幻想的世界。这种白日梦的情思若是严重,就成了一个精神病患者。但是,一个受了欺侮的人,如果在幻想之中向对方发泄了他的愤恨,他可能比一个没有这种幻想的人表现较少的敌意。

由此看来,心理上的防御机械是教人逃避当前使人难堪的情况,不去和它正面相对。因之当前的情况也就好像不再那样使人焦心的了。这并不是因为它真是有了改变,或者确被克服,而是因为一个人不再注意它的存在。有时候,这种防御机械并不能瞒过别人,而只是使一个人自己暂时觉着挽回了"面子"。一个不肯当众道歉的人,可能私下向少数人说些后悔的话。只要一个人不把防御机械当作真正的解决问题的方法,而只是作为维持尊严的权宜之计,也正是人情之常。

人们最常使用的防御机械,约有下面几种。

一　合理化

一个人不择手段达到了自己的目的之后,对于自己的动机和行为却感到惭愧,于是就想出种种可以被社会所接受的理由。譬如没有能够及时资助一个好朋友,眼看他宣告破产之后,一个人决不肯承认自己原来是妒忌这个朋友的才能,或者认为他将来可能是商业上的劲敌,却说是使他多得一些"锻炼"的机会。《伊索寓言》上的狐狸说葡萄是酸的也就是这个心理的演变。

二　幻　想

以一个想象的世界来代替苦闷的现实。这种情形,在宗教信仰中最是明显。假使想象中的一个有力量、富于同情心的、有求必应的神明,一定会来给他帮助,那么,环境中发生威胁的部分看来也就不太危险了。一个人确信自己死后可以升入永恒的天堂,那么,他也就甘于忍受人世间短暂的灾难。

三　移转和投射

故意忽视自己的短处,而把这个短处投射在别人的身上,来肆意攻击。一个使人讨厌的人,在批评别人的可厌程度时,夸张事实。猜疑别人有不良行为,往往正是自己有那种动机而故意投射别人。丑陋的老处女常常说人家在转她的念头,就是一个明显的例子。一个人把自己的失败,归咎于别人的过错,譬如同事的未能充分合作。这种防御机械使用得过分,甚至于认为真是别人在毁害了他的前程。

一个人在眼红别人的成功的时候,就专门找对方的毛病来挑剔,譬如说对方太自私自利,连太太都要离开他了;或者说对方的成功,完全是裙带关系;等等。这都是着力在使用这些批评上,来宽慰自己的失败。

在这样的心理之下,另有一种更微妙的方式,那就是承认对方也有某一些优点,接着指出对方的弱点却是严重极了。

不过最常见的方式,还是另外找个对象出气。先生在公事房吃了"排头",回来就怪太太不治家务;太太受了委曲,就骂孩子淘气。这种把侵略的和敌意的冲动,使在无辜的没有抵抗能力的对象身上,就是我们所熟知的"以羔羊代罪"的现象。

四　矫枉过正

为了抵制一种不为社会所认许的欲望或思想,一个人常会表现出绝对相反的可贵的行为。人们对于某一个人的过分的亲爱,是为了他们要抵制他们内心里对这个人的憎恶。或者一个经管出纳的人,为了抵制银钱的诱惑,而格外表现出绝对的明显的诚实和清高。

五　尽善主义

一个人为了避免去面对使他紧张的原因,而致全力于另外一个工作,刻意求全。尤其是因为他当初的不小心或者不整洁,而弄糟了某种事情的时候,于是他在另一些事情上,采取了相反的极端。他用事实来表示他绝对的小心或整洁,使他自己和别人都相信他绝不可能是一个不小心、不整洁的人。

这种尽善主义的心理,往往使人只注意小节而忽略大体。他觉得每样东西都得有一定的位置,而且他把自己的东西都收拾得有条不紊。手帕有一定的折法、手要洗一定的次数。而对于某些重大和困难的事情,因为心无旁骛的缘故，反而视若无睹。

六　引人注意

不能获得人家的注意和赏许，可能是一件非常痛苦的事情，尤其是一向被人注意和赏许的人。不过，要人家注意和赏许，必须要有比人家出色的成绩，那么就非长期的努力不可。

为了引人注意，有些青年故意奇装异服，或者危言耸听，表示其与众不同。一个天真的大学一年级生，可能抽烟喝酒，整天睡懒觉，大谈其恋爱经验，以引起人家的注意。或者炫示自己的无所不知，乱吹一阵，自欺欺人。一时里他可能达到了目的，但是这种注意多半是暂时的，最后所换来的，不是人家的鄙视，就是人家的怜悯。

以自己的门第，或显赫的亲戚来壮大自己的声势，希望获得注意，是另一个不甘寂寞的防御机械。这时候，一个人并不是对于一个政治家、实业家或者篮球明星特别崇拜，而只是以别人的成就来装点自己的门面，自我陶醉一番而已。

七　防御性的病症

用疾病来躲开不愉快的责任，博取关心和同情，以及逃避耻辱或者罪恶的感觉，也是一种十分普通的防御机械。若不是有疾病要做借口，现实所带给他的是无法担当的痛苦和必然的失败。这种防御性的病症，到了严重的时候，真是和身体组织上发生了故障一般，不过在医生的检查之下,却发现不出任何组织上伤害的现象。

这种防御性的、机能上的(Functional)症状,如头痛、呕吐、呼吸困难、耳聋、肢体瘫痪等等,都是不舒服的,但是,比现实所带来的难堪还是来得好受些。譬如一个上阵的士兵,为了逃避战斗的惨酷,忽然手臂瘫痪。或者一个学生最初只是在考试期间假装头痛,以便临时缺席。可是以后每逢困难,都欢迎有"头痛"可作借口,而他也就真的表现出肌肉紧张,血压增高的症候。

八 退 化

有些人,认为自己的能力或所受的宠爱,比不上他周围的人们,因而在态度上转变成无助和孩子气,冀获得别人的关切和帮助,这就是退化。最显著的例子,就是在一个家庭里新添一个婴孩的时候,做小哥哥或者小姊姊的忽然溺床了,甚至说话也伊伊哑哑地说不清楚了。

人们在遭遇困难的时候,往往想到一个靠山。这个靠山——无论是一个有势力的人物,或者是神明——就变成他的"父母代替品"。一个人只要能够信仰和跟随靠山,那就根本用不着为自己的现实奋斗,因为自有靠山替他安排。而为了取得靠山的帮助、同情和鼓励,他也就不惜夸大自己的弱点,因之更加地不求上进,更加地依赖旁人。

九 酗 酒

一个人多半是为了逃避自责、痛苦和其他的紧张,而从事酗酒。酒精使一个人从烦躁忧虑中解脱,从而产生一种松弛的、自得其乐的心理状态。众所周知的,酒精能够破坏一个人健全而客观的判断力,因此只有使得实际情形每况愈下。

以上种种防御机械,虽然在使用上,一个文化和一个文化不同,一个人和一个人不同,但是基本防御机械,却是在人类之间普遍存在;它们是人类性格的特征。

每一种防御机械,都有它的危险性,而且有些防御机械是特别危险。譬如一味地苛责别人和以羔羊代罪,可能会严重地损害到人与人之间的关系;而创设一个幻想的世界,最可能使一个人脱离现实。虽然所有的防御机械都可能破坏一个人努力奋斗的动机,但是,有几种防御机械破坏更彻底一些。

如果以宗教信仰作为一种防御机械的话,那么,它是最为社会所接受,也最能够使个人满足。它没有以批评别人来自我陶醉的危机。上帝(或其他神明)是鼓励和同情的来源;而魔鬼正好作为赎罪羔羊。而且宗教世界有它的界限,它并不要整个地代替现实世界。一个人笃信入迷以致妨害到他日常的计划和责任的危险,究竟是比较少的。不过所怕的是,一个人太依赖祈祷的力量,而忽略了人事上应尽的努力。

一般说来,由于现代教育机会的发达,和社会上已有的许许多多对于人们所提供的心理上的帮助,已经使得每一个人不大需要使用这些防御机械。适当的教育,使得一个人,对他自己和对于别人都有相当正确的认识,对于事物有合理的期待和目标,以及完成这些目标的充分的能力。当他有了一些无法应付的困难的时候,自有一些谅解他的朋友,和以公益为目的的机关团体或个人可以给他帮助、同情和鼓励。在一些极端的情形中,他也可以向一些精神病学家、心理学家、有心理学训练的医生、牧师或神父,或其他的顾问人物请教。

不过，最要紧的，是要认清这些防御机械的性质，它们的有效范围和可能带来的危险。而我们对于使用这些防御机械的人，应该给予同情和帮助，不要撕破他们的"面子"。一个人在面对他所无法克服的挫折的时候，除了铤而走险和精神失常之外，心理上的防御机械至少能够给他一种暂时的"急救"，以便他在适当的帮助之下，能够重新振作起来，继续应付他所面对的现实环境。

谈《西厢》

上月在纽约,和夏志清兄谈《西厢》,说起董解元和王实甫在故事结构上的几个漏洞。志清兄说他在别人书里,还没有看见过有人提到这几点,劝我早点写出来,供大家商榷。

一、《董西厢》是荟集唐宋有关《西厢》作品的大成。其中许多诗词,都是在别处看不到,只是靠着它而保留到现在的。它尤其是喜欢引用《会真记》。记中的叙事文字、崔张的诗句和对话,只是遇到适当的场合,它无不是引用原文字句。但因为别处另有修改,遂不免屡出纰漏。

《董西厢》对于《会真记》最重大的改变,是在崔张私合以前,加上夫人许婚赖婚的一段情节——但此并非董解元的创作,因为已见《莺莺本传歌》,参阅世界书局一九六三年影印《西厢记诸宫调》总页一○○——和把崔张间的姨表亲改成崔郑间的姑表亲。而这两项改变,是有相互关系的。因为崔张的结合,是背礼违法的,得不到社会上同情。《董西厢》为了使男女主角取得充分的道德立场,乃利用许婚赖婚的一段曲折,使张生的偷香,是因为夫人赖掉了她已经应允的婚姻,而不是他天生的轻薄好色。莺莺的幽会,是因为张生害了相思病而命近垂危,不欲以怨报德。而并不是一个淫奔的浪女,但是一位相国夫人,儿女的婚姻大事,岂可随便的许许赖赖?于是再加上莺莺原先已经许配于郑恒的一节。因之夫人之赖婚,也不是无故背弃诺言,而是因为她另有一番不得已的苦衷。但是崔张的结合,毕竟是破坏了一项既定的婚约——在唐律中,许婚悔约是有罪的,女仍追归前夫——为了避免这项悔约的罪行,遂再把崔张的亲谊,改成崔郑的亲谊,使这项原有的婚约,变成违背法律,败坏风俗,本来就应该取消的一项承诺。(姑表成亲,本是中国故有的风俗,到了北魏的文帝[535—551],开始禁止。金人依之。虽然唐宋律都不禁,但有些地方,还维持此项观念。明清两朝,在法典上都是禁止姑表作亲的。我对于这个问题,曾经有些考证,在此从略。)于是崔张的结合,不但是合情合理,而且还挽救了一项违法婚姻之成为事实。

好则好矣,但是在第二年张生在长安,莺莺寄书,《董西厢》一字不改地引用了《会真记》的原文,于是"鄙昔中表相因,或同宴处"(《董》,《诸宫调》,页二○五)两句话,露了《会真记》里崔郑表亲的马脚。这是《董西厢》的一个大纰漏。(《王西厢》里的这一封信[世界书局一九六一年影印明弘治本《奇妙全相注释西厢记》页一四一],虽然文字十分粗俗,使人作呕,但是却把"中表相因"几句话删除了,这是《王西厢》比《董西厢》精细的地方。)

《董西厢》此外还有一个漏洞:《会真记》里的张生,虽然把莺莺"始乱终弃",可是一年以后,二人一娶一嫁,张生还想再见莺莺一面,但是莺莺毅然地拒绝了。她还寄诗一首:"弃置今何道,当时且自亲。还将旧来意,怜取眼前人。"意思是说你且把当年对我的一番恩爱,用在你现在的这一位新爱人身上吧。怨愤之情,溢于言表。但是《董西厢》却把这首诗用在长亭送别之际,作为莺莺送行之诗(页一八○),就不免有点"不知所云"了。而《王西厢》不但未予考究,把它依样葫芦地抄上(页一二七),并且还饶上张生一首和韵的打油,透顶的寒酸,更加莫名其妙。

《董西厢》的第三项欠妥处,是把张生寄诗和莺莺复书的时间,拖长了半年之久。

在《会真记》里,长亭送别之后,第二年张生文战不胜,于是"贻书"于崔,崔氏"缄报",其中有"春风多厉"一语,可见二者都是一个春天里的事。

在《董西厢》里，张生及第后，马上赋诗令仆人报喜（页一九三），那是三月十五日（"季春十五"，页一九四）。信在当月里就到了莺莺手里（"远别春三月，恁时方有音书至"，页二二五）。可是要一直等到秋天（"又是深秋时序"，页一九九），她才修书遣仆寄生。这里把时间拖长的原因，大概是要张生在京卧疾，"至秋未愈"（页二〇二）。正在这"愁肠万结"的时候，忽然收到莺莺那封哀怨缠绵的长信，以便大力地加强"断肠萧娘一纸书"（页二〇七）的凄惨气氛。这是一段十分成功的描写，可是莺莺在别离半载之后，才收到张生中举的消息，却要再等半年，才肯给他写回信，那就未免有点在人情上说不过去。《王西厢》在这里，完全采用了《会真记》的时间表（"暮秋"相别［页三四］，"半年"未有消息［页一三五］，张生信来，才过"小春时候"［页一三四］），就比较妥当多多了。

二、《王西厢》在全部轮廓上，都是照《董西厢》建构起来。但是在细节上，几乎没有一处不是加以或多或少的变更。现在把其中比较重要的，指出若干：

《董西厢》：

① 莺莺：十七岁（页十）

② 欢郎：莺莺之弟（页二九）

③ 先和诗（页三三），后问红（页四四）

④ 向白马将军投书：法聪（页五五）

⑤ 白马将军的军队：五百余人（页八六）

⑥ 斩孙飞虎（页八八）

⑦ 张生于夫人赖婚后悬梁（页一〇八）

⑧ 郑恒现在尚书幼子（页一〇三）

《王西厢》：

① 十九岁（页三一）

② 小厮（页三九）

③ 先问红（页四五），后和诗（页五一）

④ 惠明（页六三）

⑤ 五千人（页六八）

⑥ 不斩（页六九）

⑦ 于莺莺赖简后（页八一）

⑧ 长子，父母双亡（页一四六）

以上这些，都是《王西厢》煞费苦心的修改处。但是《王西厢》太着重戏剧化，节拍太紧促了，以致在整个故事的时间因素上，犯了重大的错误。现在把崔张离合在《会真记》里、《董西厢》里，和《王西厢》里的三个不同的时间表，分别予以说明。

在《会真记》里——也就是说在元微之的真实故事里——张生和莺莺初次见面，是在普救寺兵变之后。虽无一见钟情，可是要过了若干天，才敢向红娘吐出。于是张生寄春词，莺莺"待月"，张生跳墙，莺莺摆面孔，这都是在"二月旬有四日"一天内的事情。一场没趣之后，谁知道不到四天，忽然"至矣，至矣"，天女竟然下凡了。这是二月的"旬有八日"。可是一夜之后，莺莺有"十余日"不再露面。张生一首三十韵的会真诗，打动了莺莺爱才之心，从此朝隐而入，暮隐而出，同安于嚢所谓西厢者"几一月"。"无何"，张生西游长安，"不数月"复游于蒲，舍于崔氏者"又累月"。一直到了秋天（莺莺信里说，"自去秋以来"），张生才再行西去应考。算来二人在一起鬼混的时间，自从二月十八日定情之后，在三月里差不多一个月。在张生二次游蒲之时，至少又有三两个月，甚至可能有四五个月之久。甜蜜的日子，不能算少。

《董西厢》在二人成事之前，造成许多插曲。可是在成事之后，毫无波折的一过就是半年多的好日子。在这里，张生到普救寺借厢，是在二月中旬（页十八），当夜即和莺莺隔墙吟和（页三三）。马上废寝忘餐（页三八），害了相思重病（页三九）。等到孙飞虎围寺，夫人许婚，白马兵退，夫人赖婚之后。张生一气之下，收拾行李，要到长安去了。忽然被红娘发现了他的琴囊，劝他"不须归去"，且来表演一次琴挑（页一〇八）。接着寄简、赖简，在极端失望之下，他还在梦中和莺莺幽会了一次（页一三六）。这些都应当全是二月里的事情。好事既然不成，自然"久之成疾"（页一五七）——这是张生第二次生病——夫人带着莺莺来问病（页一四〇）。临去时，张生昏迷倒地，"口鼻内悄然无气"（页一四四），因此打动了莺莺爱怜之心。张生醒来时，正要悬梁自尽，就在这个时候，红娘送来"今夜雨云来"的好消息。张生顿然有了精神，肚子也饿了，教红娘偷来夫人的美馔，"举箸而尽"（页一五二）。到了夜里，"玉宇无尘，月华铺地"，莺莺果然织女下降（页一五四），这是三月十五了（"季春十五，莺莺思之，去年待月西厢之下"页一九四）。到了第二天，莺莺不但依时前来赴约（页一六〇），并且从此"君瑞与莺莺，来往半年过，夜夜偷期不相度"（页一六五）。日子久了，自然不免被夫人发觉（"眼谩眉低胸乳高"，页一六四）。幸亏红娘口利（页一六八），把夫人说服。叫了张生来，当面认可了亲事。张生也自动地要在"三两日定行"（页一七五），而莺莺这时也以一般的未婚妻自居，"自是不复见"而要等到"后数日生行"（页一七〇），才随着夫人到长亭来送别（页一七六）。

在《王西厢》里，一切行动，都闪电化了。张生游蒲，是在二月上旬（页三一），接着就惊艳（页三六），借厢（页四二），和诗（页五一），等到为老相公作佛事，还只是二月十五日（页五三）。第二日一早，孙飞虎就围寺，张生修书给白马将军，信上明白地写着二月十六日。过了两天（十八日），白马将军兵到围解（"下书得两日，不见回音"，页六八）。夫人即于次日——二月十九日——备宴款生（"明日略备草酌"，页六九），而于席上赖婚。张生于当日的夜里，即弹琴诉苦（"今夕好歹与小姐同到花园内烧香"，页八一）。第二天——二十日——莺莺使红娘探望张生（"自昨夜听琴"，页九〇），得了张生的诗简，马上回答他"西厢待月"，而张生即于当夜跳墙赴约（"我今夜花园里和他哩也波哩"，页一〇〇）。兴致勃勃，却遭了莺莺一番抢白，过了一夜，马上病重起来（"昨夜花园中，吃了这一场气，眼见得休了也"，页一〇八）。谁知道就在这个时候，红娘送来"谨奉新诗可当媒"的"药方"（页一一一），而张生莺莺，遂于当夜——二十二日——成其好事（"昨夜红娘传简去与张生，约今夕和他相见"，页一一三）。在《董西厢》里，从赖婚到佳期，要经过个把月的，在这里，前后不到四天。

好事虽然成得快。但是好日子也同样的过得快。他们二人甜蜜的生活，才过了一个月（"他两个经今月余，则是一处宿"，页一二〇），就被夫人发觉，她立刻把张生叫来，虽然许了亲事，却无情地强迫他"明日便上朝取应去"（页一二三）。第二天长亭送别，正是"碧云天，黄花地，西风紧，北雁南飞"的"暮秋天气"（页一二四）。气氛够凄惨了，故事够戏剧化了。只是没有算一算，二月二十二日，才"燕侣莺俦"，怎么才"经月余"，一下子就到了"暮秋"九月？

除此以外，《王西厢》还有两处粗心的地方。

一、在《董西厢》里，张生廷试，以第三人及第（页一九二），所以寄莺莺的诗，说"玉京仙府探花郎"（页一九八）。《王西厢》把他改成"头名状元"（页一三四），但是仍然采用原诗，而且还教莺莺加以解释，说"探花郎是第三名"（页一五七），这样的粗疏，真是不可原谅。

二、夫人才上场，就说已经写信叫郑恒来搬柩（页三一），这是贞元十七年二月以前的事（页三二）。可是过了一年多，到了第二年六月十五日（莺莺祈笺，页一四五）后，郑恒才上场，但他说"俺姑娘数月前寄书来"

（页一四六），未免相差过远了。但作者自有其苦衷，因为郑恒没有理由，要过了一年四个月之久，才能起身。《董西厢》根本没有写信叫郑恒这一节，所以也就避免了这一项不需要的矛盾。

一九七〇年七月于兰辛

论政治家与学人

照中国传统文化的想法,做学问和做政治仿佛是一件事。因为"劳心者治人",读书人就是统治阶级。而治人之道,只要能"正其身"就行;所谓"其身正,不令而行"。而大学之道,也正是"正心诚意"。所以从这个逻辑的前提出发,当然可以"仕而优则学,学而优则仕"。而子路所说"何必读书,然后为学?"也正是这个逻辑的自然的推论。

可是在中国过去两千年中,学而优则仕,虽是通例,仕而优则学者,却极少见,多半都是仕而"不"优则学。这中间固然出了不少有成就的学者和文人(或诗人),但是这点成就,却为这些学人——和一般人——造成一种严重的错觉,以为学问和政治,真的相通,他们在学问(或诗文)上的成就,就足以证明他们在政治上的才能,因而使他们一个个自叹其"怀才不遇",一天到晚地去"悲秋""叹逝",有的就硬是抑郁以殁,说起来也真是够可怜的。

但是,学问和政治,真的是相通的吗?大不然也!其间相异之点既多且大,兹试论之如下。

第一,就"能力"(skill)言之,学者的本领,主要是在书本上的——我这里所谈的学者,偏重文史方面的,不涉及科学家;科学家们没有"半部论语足以治天下"的想法;政治家的本领,则在对事和对人上,他不但必须能够处理事,尤其必须能够处理人。处理人分两点,一是知人,一是用人。知人并不太难,因为难得的是人才。果有人才,正如鹤处鸡群,不会辨认不出来的;而难的却在用人,因为虽有人才见知,却知而不能用,或用而不能尽，或用而不得其当，正同不知一样。用人的条件最要紧的一个是"恢廓大度"（magnanimity），也就是所谓"气魄"。有大度的人，与人有"无所竞"之心，因之才能够使"人尽其才"，而人才也自然"甘为我用"。这种性格，在另一方面表现的，是"度量"，度量就是能够容忍无端敌视的能力（tolerance of unjustified）。在社会组织上，领导地位的本身就是被别人无端敌视的对象。地位愈高，无端敌视者愈众，因之所需要的度量愈大。因为这种敌视，只有度量才能够予以克服，而也必然地能够予以克服。培养度量有方法，就是把自己看轻一点就行了。不过，这句话说起来不难，做起来却大为不易。而以上所说的"气魄""度量"，一个学者是不大用得着的。

第二，政治家必须有"品格"（操守，integrity）。他必须具有一个高尚的理想，才能够使他"有所不为"，才能够使他"不为利诱，不为威屈"。而这种品格，并不是一个读书人平日做学问时所急切需要的条件。

第三，政治家需要"经验"，要有处事的经验、要有用人的经验、要有深切体察社会各阶层状况的经验。一个专在书本上下功夫的学者，是得不着这些经验的，而事实上也不那样的需要它们。

第四，政治家需要一番"磨练"，孟子讲得最为传神，所谓"天将降大任于斯人也，必先苦其心志，劳其筋骨，饿其体肤，空乏其身，行拂乱其所为，所以动心忍性，增益其所不能"。大约可以分几方面来讲。一，政治的对象是民间，民间的疾苦，唯有在民间生活，才能真正领略，而政治家在逆境中，才能够真正到民间来生活。二，政治是一个有统属的组织，因之无法消除在下位者对其长官的逢迎。所以在政治上工作的人，在他的长官看来，几乎无一不是好的，而从民间看，则谁好谁坏、好坏到什么程度，又几乎无一不是一目了然。久居高位者，唯有遭受贬降，才能够有再多一次从民间看人的机会。而久居民间者，对人才的认识也更清楚得多,也才能够充实他日后从政时的人才储蓄。三,政治家遭受逆境,才体会到许多平生认为不可能的事情之真的可能,譬如"忠而被谤,信而见疑";才知道种瓜竟得豆——譬如许多过去受过自己深恩大惠的人,竟可以一下子反面无情,而素昧平生的人,居然肯冒身家性命的危险,挺身而出,来帮忙渡危解难。凡此种种,都是在扩充一个政治家的人生经验,也正是促成他在智慧上的更为成熟。四,政治上的生活是十分忙碌的,唯有在逆境中,才能够使他重新得到悠闲,使他能够在精神的冷静和寂寞(mental solitude)中,重新习练深刻的、透彻的思考。五,政治上的逆境,使他把权力利禄名位都看轻了。于是由澹泊(无得失之心)而宁静(不切切于事功),自然而然地不再那样看重自己。而这一种开拓的心胸,自然可以爱惜人才、信任人才,而达到用人的一种极高的境界。六,唯有从得失中过来的人,才能够真正打破得失的观念,才真是百炼之钢。唯有这种人,才能有真正坚强的意志,才有真正的毅力,也才能够真正有所担当。

　　逆境是上天对政治家的恩赐,因为它是可遇不可求的。政治家之需要经过逆境,如同树木之需要经过风霜,是他们成熟过程中绝对不可缺少的因素。对于在书本上做学问的人们,则并不是那样的需要。

　　第五,"声望"对于政治家是很重要的。同样一句话,由没有声望的人说出来,就不免人微言轻,而出自有声望者的口中,则"先声"足之夺人,可以使人"望风景从"。这一点在作学问上就不那样重要了。

　　第六,在学问和政治上,最不相同的一点,是"机会"的作用。政治上的成功———一个人之能否见用,政策之能否成功——不是一个人自己所能主宰的,而含有若干命运的成分在内。记得曾文正似乎说过,一个人的功名事业,风水和八字的作用大,学问和能力的作用小。但是做学问,则一分耕耘,一分收获,绝少机会的成分在里面。然而世上竟有不少有前途的学者,放弃了他们有把握的学问不做,而到没有把握的政治里去翻筋斗,真是使人难解。

第七,但是二者却有一点相同,那就是"年纪"。艺术界里每每有很早成名的天才,但是,学者和政治家,则都是年纪愈大,修养愈深,而造诣愈高——当然不是没有限制的,到了思想僵化,和时代脱离,那就完了——到那时"炉火纯青",才真算得是"得天独厚"。他们这时一言一动,真的可以移风易俗。古语说,"楚国无以为宝,惟善以为宝"。这样的人物,才算得是一个国家和民族的真正的宝贝。

附录二

大度山的风

大度山的风，真够得上"大名鼎鼎"了。一个人，不知有大度山的便罢，知道有大度山的，也就无不知道大度山上的风：他们一听说你要到大度山去，便会问：那里的风你吃得消么？听说你是从大度山来的，便会问：那里的风到底怎么样？

我自从去年九月里，来到大度山，便对这里的风，作了一个有系统的纪录，并且随时作细心的体验。现在简单地报告一下。

一、夏天的风，应该可以说是大度山得天独厚的地方。我去年九月里来的时候，虽然盛夏已过，但是仍然暑威未除，烈阳之下，还是九十多度。可是因为在山上，地势高爽，又兼房屋疏稀，所以空气非常流畅，凡是日光不到的地方，就觉得轻风习习，阴凉可人。尤其到了傍晚，开窗迎风，差不多没有一个房间，不是可以使人安然入睡。而一入午夜，更非掩窗拥被不可了。就因为这个缘故，在大度山过夏，不管你的房子是东向西向南向北向，就是最热的时候，你总也可以找到一榻之地，无须挥扇，即可晏然高卧。无论白天多么热，一到夜晚，你必可畅眠无碍，来休息你一天的疲乏。这一种消烦却暑、宁体便人的良风，一直不大被人提起，真是不公平之至。

二、不受欢迎的风，在大度山上，总要到十月将尽的时候，才开始降临。大约维持到次年的二月。这四个多月的光景，可称为大度山的风季。这个时期里的风，约摸可分为三种。

A 阵风　这种风的来势颇猛，呼呼的声音，十分雄壮，但是为时甚暂，短则十来分钟，长也不过半个钟头，就风消云散于温和的日光之中。这样的风，多半是在上午。从去年九月到现在二月，五个月之中，来过三四次。

B 夜风　这种风，较前面一种的时间为长。有时在傍晚六七点钟开始，有时在夜半十一、二点开始。因为它在夜间逞雄，所以似乎格外"威风"大。但是它施威的时间，顶多也不过六七个钟头。有时傍晚起风，夜半而止；有时候夜半起风，黎明而止，因为它从不等到日出，所以我称之为夜风。这样的风，五个月之中，来过四次。

C 雄风　这是大度山上各种风中，最凶的一种。它的威严气息，和台风差不多一样。所不同者有三：(一)它中间不夹带着雨；(二)它停顿的期间，不像台风那样有节奏、那样长；(三)它的风向有一定的，总是来自东北方。这种风初起的时候，和上述两种差不多，不过它持续的时间特别长，而且愈吹愈凶，不一会就"天昏地暗，日月无光"，这就是大度山上第一号凶神的出现。这时风声振耳，万窍怒号。你出去一看，迎面寒风，使你马上倒吸一口气。路旁的树木，一株株在屈服，一株株在挣扎，一株株在闪避，有的像打太极拳、有的像跳摇滚舞，使你想起，鲁智深醉打山门的光景。可是风头稍一减消，弯腰曲背的树木，立刻一株株的又挺直了起来，迎风招展，这种百折不挠的事实表现，会给你一种十分有力的启示。这一种风，维持的时间，大约半天光景，最多不过二十四小时，风止之后，马上丽日晴和，正是"雨过天青"的章法，使你格外感佩造物的慈祥和美丽。

这样的风，今冬一共有过三次，一次在十月二十二日，由下午一点到夜里十一点；一次在一月十日，由上午十一时到下午四时；最凶的一次在十月廿五日，由下午六时一直到第二天的下午六时。

这样够格的风，五个月中不过三次，所以大度山的风之不善，实在"不如是之其也"。上月里一位台北的朋友，来此小住。有人问他对于大度山的风感觉怎样。他说"未免失望"。梁容若先生说的不错：这样的风，在经验过华北狂风滋味的人看起来，真不算什么。

据久居大度山的人说，大度山上的风，近年来是一年比一年的少了。这句话我想是可靠的。因为树木和房屋的增加，当然使风势逐渐的减缩。东海路是南北向的，中间没有房屋。东海路上的各巷，是东西向的，两旁有零星的宿舍和花木。就这个样子，当东海路上冷风逼人的时候，你一走进各巷，马上感觉到风威大减。我想在三两年内，校园的树木增长繁荣之后，大度山的风，可能不再被人提起。（可能办公大楼、文理两个学院，及高踞山头，北向而多窗的几栋宿舍，多少还要受到威胁。）

谈到风，就不能不提到雨。大度山的干燥，当然和雨少不无关系。在这里，饼干花生米，放进盒子里，好几天，还是脆嘣嘣的。用擦铜油擦过的金属品，过了好几个月，依然光辉夺目。就这一点来说，使一个久居江南的北方人，会忽然想起家乡来。（更不须要谈到对于风湿病，这是怎样一个好地方！）我来了五个月之中，一共下过七场雨，其中维持到半天以上的，只有三次（十二月十三日至十四日、二月十日至十一日、二十日至二十一日）。因此，在大度山上，每雨必为甘霖。

不久以前，我去过一次台北，冷风吹着细雨，使人感觉无限凄凉。真的，大度山上的风雨哪里会这个样子！

（一九五九，二，廿二）

宁静的大度山

在阳明山上,碰到不少老朋友,一见面就谈起大度山,他们常常加上一句:只是冬天风大了一点。在我听来,不免有点"不知有汉"的感觉。

大度山可怕的风,恐怕是已经属于过去的了。

在两年半以前,我在一篇短文中说过:"我想在三两年内,校园的树木增长茂密之后,大度山的风,可能不再有人提起。"这项预测,似乎猜中了一大半。

我在一九五七年的秋冬之际,曾经对于大度山的风,作过详细的纪录,那时已经觉到"大度山的风之不善,不如是之甚也"。一九五九年的秋冬之际,曾开始再作纪录,但已微不足道,也就没有继续作下去。一九六〇年,没有再作,也没有去理会。除了在山头教室的前面,有时觉着大风的威力尚存之外,住在山腰宿舍的同人们,再没有人谈到"风"的问题了。

台中大度山的风,何以消失得这样快?

答案是,因为大度山上树木生长迅速之故。

亚热带树木生长之快,不是我们平常想像得到的。吃完了木瓜,把剩下的种子,随便种下,不到一年,就长成一丈多的树木,果实累累,使你一家人大享口福。在大度山上的人家,自己没有香蕉和木瓜的,现在恐怕没有几家(荔枝、桂圆、柠檬、八拉,也紧接地跟着到山上来)。

三四岁小孩高的树松树苗,移植庭前,两年之间,就高越屋顶。苦楝树、相思树,全都是在三两年之内,洒地成林。我们成语说"十年树木",

这是我们中原地带的标准。到了这里,三五年已经很可观。所以在你一感觉有阳光过盛的地方,不妨立刻种树,两年后,你就可以自己乘凉,而不感觉便宜全被后人占去。

所以在我到了大度山之后,三年之间,一片黄沙的校园,全部加上了一层绿衣。室内、室外、上课、回家,抬头看去,无处不是满眼苍翠,那时你才体会到自己也正身在万绿丛中呢!

不过树木花草的茂密,也带来各种小昆虫滋长。前年种丝瓜,真是下子成荫。去年经过几次的奋斗,才种活了三四株。今年种了好几种花果菜蔬,几次三番全部被小虫子吃去,最后只好承认失败而放弃,换来的却是对于每个挑菜来叫卖的乡下人的真实的敬意。

树木茂密的另一妙处,是每日黎明时的种种清脆的鸟声,躺在床上,静听一会,可以安静你的心灵,可以清醒你的神智。而夜间的唧唧的虫声,则是使你用耳朵来领略夜的神秘。白天呢,所听见的,只是小孩子们嬉笑的快乐声音。请问世界上能使人长生不老的,还有胜过这种声调的吗?

大度山上所缺的只是水。将来能作一个大的蓄水池,能游泳、能荡舟,那就好了。图书馆前的一个水池,上面浮着几朵莲花,本是山上最幽美,也是最吸引人的一景。不知何人出主意,把它填成平地,种上青草——不知道本来设计为蓄水池的地方,改作为草地,在建筑学上,是否说得通——一年之间,沧海桑田,真使人感慨系之。大度山上的环境,年年都有改善,只有这是在改恶、在改丑,真是可惜。

不过毕竟是改善的地方占多数。校园内的柏油路,完成已两三年。学生中心、招待所、医务室这几所具有画意的建筑物,也都早已次第完成。公路局一天有十三、四次班车。代买蔬菜的商号有好几家。治安更是不成问题。而四季咸宜的气候——夏天比台北凉快,冬天比台北暖和,一年到头的干燥,没有灰尘——更是大度山的瑰宝。

大度山有一个危险,就是可能太舒服了。梁任公反对他的儿子到清华,说是"清华太舒服,使人懒于进取",他说清华是温柔乡。我今天对于大度山,也颇有此感。

道隣诗词二十首

静观词序

余年十六,始学作词。颇好之。后二十年,见秋明翁及寄庼两先生吟咏之苦,遂叹欲工之不易,废然搁笔。久之,亦辄有兴至情生,率尔成章者,则泰半少年悲欢陈述,雨声灯影中偶成,篇中诸阕是也。余因窃念:词者依宫吕而兴者也,宫吕之道失,而犹斤斤于阴阳上去之辨,则又何异盲人之弄粉调朱,使有目者见之,其不蹙额疾走者几希矣,不亦悲夫!

一九五七年八月　道隣识

好事近

何事苦矜持?对面云山重叠!唯见万千言语,聚盈盈双睫。　当筵歌罢泪偷弹,幽怨上眉颊。未有御阶流水,怎题诗红叶!

阮郎归

玉容消瘦怯寒襦:深情怎负渠?一杯在手意踌躇,双眉未肯舒。

蝉韵歇,雁声孤,帘前花影疏。重阳烟雨两模糊:风光不似初!

鹧鸪天

犹恐娇嗔气未平,偷从眉眼看卿卿。含颦初似云间月,一笑还同雨后晴。　携素手,步中庭,满庭花影悄无声。凤城今夜多少:尔我双双最有情!

玉楼春

玉纤脱手香犹凝,眉语分明情未尽。夜阑归去睡多时:应是两眼仍炯炯。　丁宁记说桃源近,愁味不随残酒醒。春风偏恼断肠人:吹破一帘花月影。

玉楼春

游踪险被征事误;三顾才临塔下路。来时云雨正纷飞,到后雨云无觅处。　平川芳草青无数,眼底苍茫愁日暮。山中木石好为居;何事匆匆来又去?

玉楼春

眉梢眼角潜相盼,不敢人前端正看。有情装得似无情;对面犹如千丈远!　夜深人静来相伴,暖玉温香春意满。枕边私语正缠绵;又听城楼更数点。

青玉案

昨宵梦过城东路;便走向,君家去。三岁韶光容易度:玉阶杨柳,昼帘双燕,犹似旧时处。 愁来不问朝和暮,忍诵当年断肠句。春色阑珊知几许?晓窗惊看:小桥西畔,点点啼红雨。

玲珑四犯

梨雨新晴,正十里汀洲,春意初偏。满目芳菲,空恨探花人晚。小溪一夜微澜,便漾起眼波千万。念去年浅笑娇面:寻遍画帘双燕。 枕香犹恋钗头线,想依稀鬓云零乱。征车御道斜阳里,忽地人行远。十载锦笺凤篆,几检点几番断肠。问那年月下,携素手,重相见。

三姝媚

寒窗闻夜雨,喜朝来初晴,游丝如絮。词客凄凉;怎碧纱帘幕,乍垂朱户?按点霓裳,应自有故园歌舞。为甚三更,一觉萧然,那人甚处?小苑琴声清苦;念梦里家山,枕边归路。酒后情怀,把画眉心事,写成新谱。怕上层楼,看眼底青山无数。只恐文君望久,深闺独语。

高阳台 为伯庄题画

琼管声残,玉钗约阻,凭阑锦袖香留。寂寞斜阳,春寒未下帘钩。雕梁又听呢喃语,对晚风燕子先愁。甚凄凉倦蝶幽魂,犹恋花洲。　六朝盛迹今何在？剩绿杨巷陌,明月高楼。旧日秦淮,笙歌那处停舟？挑灯细检霜腴谱；怎题诗崔灏前头！谢多情频满芳尊,排我离忧。

忆旧游

　　恰冰弦断雁,绣绣停鸾,午梦熏兰。误了丁香约；悄亭亭玉立,廿二栏干。再望沈郎词笔,新绢写婵娟。便万里烟云,三春花鸟,怎个题笺！　缠绵:倦游处,甚酒醉琼城,图幻青岚。素面临流水,可风沙十丈,憔悴朱颜？莫提旧时罗扇,飞梦惊啼鹃。趁寂寞回廊:高堂静日垂画帘。

忆旧游

　　其柳眉浅愠,凤目微慵,无语亭亭。暗月摇风慢,乍露台起舞,素影娉婷。倩人起扶娇醉,怀袖鬓香盈。剩碧几瑶琴,歌檀粉扇,伴醒卿卿。　漂零:可曾记,为送两桥头,珠履尘生？秉烛邀游侣,却花阴缓步,执手叮咛。扁舟卧看云锦,风暖翠波莹。怕玉宇高寒:吹来旧曲含怨声！

赠陈世骧用吉川韵　一九六四

　　松下展芳纻,黄庭素手临。园林有邱壑,连理最知音。教化能及远,文章不似今。先生真澹泊,梁父久无吟。

寄莲笙 一九六六

许久无消息,杨君近若何?定当常棋酒,可有甚诗歌。此地仍清冷,前溪缺芰荷。不知已长夏,怀远费吟哦。

纪　事 一九六七

理义悦心胜悦口,繁华过眼已云烟。呼牛呼马人间世,自东自西霜雪天。幸有客来常对酒,喜从儿戏学忘年。读书作字饶功力,白发迟迟未上颠。

赠德明 用东坡贺子由生日韵

君与我出处,相似颇非一。居则频飘泊,行则屡颠踬。但乐读我书,荣辱讵可必。名亦满天下,唯虑过其实。因之心浩然,宁复愠三黜。岁寒丰暇豫,一年功课毕。湖山有佳色,好遁君子吉。高堂鼓琴瑟,良朋盈子宝。辄欲赋新诗,久矣无彩笔。待二十五年,九十作生日。

再赠德明 用微之赠乐天韵　一九七〇

承平年少久相亲,海外重逢白发身。不意半生常作客,于今岁暮更为邻。无双经术推叔重,十月湖山似晚春。莫向新亭悲独鹤,桃源尚有未归人。

和佛观 一九七二

落拓江湖亦可哀,尚余残墨逞雄才。老妻渡海情偏厚,壮士弹铗志欲灰。定以文章成大业,讵同野马逐尘埃。柳须桃眼撩人甚,啼鸟声中春又回。

即 事

湖山轻帆去复还,青山倒影绿波间。远山环绕青山外,尚有雪山绕远山。栽树拾花岁月深,偶然小立玩鸣禽。日长已自成朋友,觅食飞来上掌心。

赠张桂生伉俪 一九七一年五月

桂生北岩上,秉志阳与刚。不媚三春艳,独高岁晚香。清风洗俗韵,劲节傲寒霜。伟干五百丈,丹心垂久芳。

徐道邻先生行述

程沧波

君姓徐氏，名审交，字道邻，江苏省旧徐川府萧县人。徐氏之先伯益佐禹有功，封其子若木于徐，因以为氏，世居青徐，徐氏之居徐州，由来久矣。清道咸以降，海禁大开，甲午之败，全国震惊，内外奋发图强，士子弃科举负笈海外者踵相想。君之父讳树铮，以诸生挟策干疆臣。旋东渡日本学军事，学成归国，投北洋戎幕，头角峥嵘，十余年间叱咤风云，扬威河朔。树铮公娶于夏，生子女六人，君于清光绪三十二年十一月初二日生于日本东京。生而颖慧岐嶷，同气六人，独得父母钟爱。清宣统二年，随父母归国，入塾读书，作文属对，每有警句，塾师为之激赏。在襁褓时，失足堕地伤足，乳媪匿不告，数年后遂成痼疾，终身不良于行。然由是闭户读书，益专心一志。民国十三年侍父游历欧洲考察，留德读书。民国十四年树铮公归国出京，在廊房遇害，主谋者西北国民军主帅冯玉祥也。君在德闻耗奔丧归国，其明年，回德入柏林大学攻法律。民国二十年获法学博士学位。是年冬归国，任职国防设计委员会。民国廿五年调行政院参议。抗战中奉派在义大利任代办，中义绝交，下旗归国任考试院铨叙部司长。民国三十四年荐升行政院政务处处长。时日本乞降，抗战胜利，上国声威，震耀寰宇，君居中枢要地，浸浸大用。是年冬投牒重庆地方法院，控诉张之江、冯玉祥廊房杀人罪，投诉之前，友人劝说百端尼之，君告之曰：杀父之仇，泣血腐心，梦寐不忘者二十年，今官居特任，时逢休明，若再因循迁延，天下后世，其谓我何？官可弃，气与志不可夺，做官之日短,做人之日长,毅然投诉不稍辍。法曹以时效为理由,不予起诉。君之义声播海内,于是罢官归海上,执教于国立同济大学。旋任台湾省政府委员兼秘书长,继任江苏省政府秘书长,皆不久于其位。后渡海来台,任教台湾大学及东海大学,讲中国法制史及唐律。君所专攻为法律,著述为《中国法制史》,采西方治学之术,整理国故。至于赋诗、度曲及桥牌等艺事,凡所涉猎,无不专精。一九六二年夏,应美国某大学聘,去美讲学,继任教华盛顿大学。一九七三夏应"教育部"邀回国,勾留月余,归西雅图。是年十二月耶诞前夕,在寓所与子女围观电视,忽头欹身侧堕地,呼吸急促,家人亟抱持登床,医来断为心脏症,不及施药,遽已溘逝。越三日,葬于西雅图公墓。君生于清光绪三十二年十一月二日,卒于一九七三年十二月二十四日,享寿六十有八岁。君之祖讳葵南字忠清,清同治癸酉拔贡,铨授教谕,改直隶州州判。君之父讳树铮,追赠陆军上将,历任陆军部次长、西北筹边使。母氏夏,庶母某氏,兄弟姊妹共十人,君初娶德国舒碧君女士,生男子子一人,小瑞;女子子二人,小虎、小玉。继娶叶妙暎女士,生男子子一人小珂,女子子一人小瑜。

呜呼,君之凶问到台湾,君之故人与门人,及知君者,莫不为之涕泣。君之家世,君之所学与所志,宜可以用其所养所学以济世,凭其风范以矫世,然而今日君之所遗,则渺兮不可名状之风操与呕心钻研之遗著而已。寥落文人,客死异邦,一棺附身,万事皆了,则今日集会台大法学院,式仰遗像诸君子,唏嘘而不能自已者矣。

痛定思痛忆道隣

徐叶妙暎

身在福中不知福,十八年半的朦懵生活,像腾云驾雾似的,由台湾大学、东海大学、华盛顿大学、哥伦比亚大学、密歇根州立大学,又回到华盛顿大学。不但飘洋过海,而且再次横贯北美洲。直到一九七三年圣诞前夕,道隣和我们正过着恬静的假期,忽然心脏病发作,撒手归天。我顿然从七重天翻了下来。再也没有想到生命竟是如此脆弱。他的勇气、他的毅力、他对人生的执着、他对家人的关爱,都到哪儿去呢?

那年十月间,曾有胸腔开刀之议。住院检查之后,医生说是可以用药物治疗。我们以为好好保养,一定可以带病延年。因此,他也不肯闲着。有关明律的英文稿,正待哈佛出版社送回来校对。又想重新整理宋律研究,出版一本书。三篇博士论文,也正在指导之中。有一次他笑自己成了个药罐子,却不见他诉说病痛。十二月十六日,他感觉胸痛,我就急召救护车送他去医院。急诊室的医生检查之后,把主治医师魏勃大夫找来会诊,说是买了氧气筒在家,以便在呼吸不畅或感觉胸痛的时候使用。并且告诉我们调整药量的方式。道隣随即和我回家了。此后的几天,病况好转,他也照常走动。不过家里摆着了氧气筒,总不是好兆。不论我心里是多么的警惕,却也没有想到病况严重到这个地步。生活中点缀着过节的气氛,女儿小瑜早就决定去夏威夷探望姑姑李方桂太太,所以忙着准备她的行装。就在道邻逝世的前几个钟头,张桂生先生伉俪来带了一盒梨来看望他。而晚饭桌上加上一道他爱吃的葱油饼,晚饭之后，我削了两只苹果，道隣坐在十七岁的儿子小珂身边，大家围看电视，分享苹果。他连一句呻吟都没有的，只见他的头向后仰去，手上抽筋。我们赶紧给他戴上氧气，立刻打电话找人急救。想不到从此永别。

顿时天转地旋。幸而三家邻居看到了我们门前的医疗急救车，过来探望，当时替我出主意。而我打电话向高叔哿先生伉俪求救，他们和张桂生先生伉俪也都赶来帮忙。不然，我不知道自己怎么能够脚跟着地的。此后，至亲们从夏威夷、纽约、密歇根、加里福尼亚和北达可他州，先后来到我的身边。在亲友们的帮忙和安慰中，我不能自抑地为道隣的壮志未酬而哭泣，为孩子们幼小而哭泣，为生也有涯而哭泣，更为自怜而哭泣。没有哭过长夜的，真是不知道何谓伤心！

最使我难过的，是未能向他表达欣赏、领情和感激。他的好处，总认为是理所当然。譬如他替我们买了一幢房子，看中它窗前的景色。我却因为这么一桩大事，丝毫没有和我商量，不禁挑剔房子不好。两次三番的这样说着，惹他生气。岂不是白吃果子嫌酸，何等没有良心！为什么不能体会他的动机？为什么非要我也拿个主意不可？为什么漠视湖山之美？为什么如此骄横任性？房子好坏究竟有甚么关系呢？当我们结婚之初，寄居在张德荫先生家里，我曾经是多么的满足。为什么在改善了的现实中，变得吹毛求疵起来了呢？……要是他知道我的悔悟——唉，他又怎么能够知道呢？

道隣对于自己所用的东西，都是井井有秩，各有存放的地方。从来没有为眼镜、手杖、钥匙之类，东找西寻。他说治家系统化，既可节省时间，又可免伤脑筋。他的皮鞋连鞋边都涂抹鞋油。书桌之整齐，像是一件摆设。家用杂物，随时补充。凡是可以重加利用的东西，诸如麻绳纸盒之类，随手收藏。有一次我看他在擦一只旧台钟，笑他何苦来哉。他说凡是到他手上的东西，他必须使它焕然一新。

他对亲友们的关心，和自己的事情一般。亲友们是构成他的世界的基础。有朋来访，那种由衷的快乐，使我觉得他对人热情，有如做学生的时代。他喜欢请朋友们到家里来，使我有一种安全和舒适之感。因为我觉得我是被他所需要的。现在想来，一个幸福的婚姻，实在需要有一些朋友。孩子们的乐观自信，可以和朋友们打成一片，也都是他的身教所致。

他的爱好自然，不但在园子里种植了玫瑰、玉兰、樱桃和杜鹃，还从朋友家里挪来几株竹子。他甚至买了书来研究怎么样照顾它们。他就笑我没有长心，一曝十寒。他走了以后，我才知道家里的几个盆景何以生气蓬勃，要不是现在有女儿小瑜在经常浇水施肥，恐怕一年前都早已枯死了。不过，最使我想念的，是他带给家里的音乐。他说他在德国读书的时候，常常省钱去听音乐会、去听歌剧。现在既没钱常去音乐会场，能够听听唱片、听听无线电，也很知足了。有时候他也喜欢自己吹唱一番。他的笛子吹得十分高明，多少回有意教我，可惜我没有学会。至于他不断买来的新书，我也很少翻阅。

有幸和他结伴远征，却是不知学习。他的处事积极、待人诚恳、治学切实，和他的潇洒才华，只恨拙笔不会记述。现在，王靖献先生帮忙使这本遗著出版，读者们也许可以从他的字里行间，觉察到他对人生的热爱。但愿他的学问，能对读者们有所帮助。

《中国法制史论集》（台湾志文出版社 1975 年版）

论文

从法制史上看东方及西方法律观念之形成

中国民族和西洋民族，在法律生活上，有两点特别显著的差异：一是关于人民守法的精神，二是关于自由和人权的意识。

一、谈到守法，凡是到西洋留过学的人，第一感觉到的，就是他们一般人民的普遍的守法的精神。这种对于公共规律和秩序的尊敬，在他们认为理所当然的，在我们却实在不容易看到。中国人是不太守法的。过于守法的人，往往被认为谄媚软弱没有出息。奉公守法而不顾亲友情面的，不但不受尊敬，反而不免被人唾骂。注意私谊，厚待其亲戚邻里者，虽然大家明知其不免贪污舞弊，但大半都肯予以原谅，而使之在社会上留得一个美名。至于劫富济贫，梁山泊式的犯法行为，更是广泛群众最欣赏的幻想的对象。（旧版的《诗经》，头一页常常印着一幅"五子闹学"，也只有从这一个角度上才能了解其深刻的意义。）

谈到自由和权利，这在西洋都是很早就很普遍的观念，但是在中国却不甚发达。例如像美国《独立宣言》代表的那一种自由和人权的主义，实在是中国传统脑筋所一直无法想象出来的。（中国虽有十分成熟的法律思考和非常丰富的政治文献，但是同样的或类似的语句，就是少数也难以找出。）我们一向读中国古书的人，在初次接触到这类思想的文字时，看它们那样有力地描写人类的尊严，真感觉到说不出的兴奋、骄傲和感激。

关于这两个现象——守法精神和权利意识——的解释，我有一个粗浅的想法，就是西洋的法律，全是人民向统治者争取得来的。个人的权利和自由都是他们流血奋斗的结果,所以他们自由的意识强,对于法律秩序都自动地予以尊敬。中国的法律,则是统治者自己颁布的。所以人民对于它,没有自动自发地尊敬。同时中国的法律制度,是相当成熟的。在这个制度之下,人民已有了基本的权利和自由,根本用不着用激烈的手段向统治者去争取。所以中国的人民,一般说来,对于这些得来容易的东西,也就不知道像西洋人那样地以全部灵魂和心血来爱惜它、宝贵它。

二、西洋法系,是导源于希腊和罗马的。希腊的法律,最早的比较具体的记载,是公元前621年(周襄王三十一年)杜累科(Draco)为雅典制定的法典。杜累科立法的原因,我们都知道,是为了安抚平民对贵族的不满。因为在当时执法的官吏,大半都是贵族,他们尽力利用权势来压迫平民。于是杜累科把当时认为通行的法律制度,编订成为法典,使之具有白纸黑字的根据,以免执法的贵族任意歪曲破坏。所以杜累科的功劳,并不是有任何创制的贡献,而只是在"法律成文化"(Aufzeichnung)这一点上。而这一点正奠定了以后千秋万世任何法律制度的主要基础。所以杜累科的立法,虽然并不高明——《杜累科法典》之严酷,成了历史上的谚语:"杜累科的方式"(Draconic),即代表无情的残酷——而在历史上一直被人不忘的,也就在此。

梭伦(Solon)之为雅典立法(公元前594年),也正是在雅典贵族控制雅典、压迫平民到了贫无立锥之地的时候。他第一个动作,就是取消当时一切贫富之间的债务关系,同时禁止任何以个人的身体作抵押的债务行为。他另外一个重要的改革,就是建立了四个财产阶级,而打倒了原有土著贵族的独有的特权。对于不服法官裁判的人民,他给予他们一种上诉权。所以整个的《梭伦立法》,可以说是帮助平民抵抗统治者压迫剥削的一种努力。接着前503年,克莱斯蒂尼(Cleisthenes)的变法,前

462年后，伯里克里斯（Pericles）的当政，都是一步一步地提高了平民的政治权利，而终于使雅典成了一个民主政治的典型。所以法律制度和政治的发展，在雅典来说，就是民主和自由的发展。

至于法律在罗马之发展，我们知道，最早的史料，是公元前450年（周贞定王十九年）的十二铜表。但是我们要知道，这十二铜表的建立，也是多少次平民和贵族争斗的收获。罗马平民和贵族的争斗，在公元前494年已经尖锐化，全部平民都脱离罗马，而跑到郊外的圣山（Mons Sacer）。幸亏麦能纽斯·阿格利帕（Menenius Agrippa）的口才（历史上有名的四肢和肚子不合作的寓言），才把他们劝说回家，而设立了保障平民权利的护民官（Tribuni Plebis）。公元前471年，护民官改由平民自选。公元前462年，护民官台伦蒂留司·阿尔沙（Terentilius Arsa），初次要求由平民代表编订法典，但是没有得到贵族的同意。经过几年的争执，到了公元前454年，他改而主张由平民和贵族的代表，共同立法。此时贵族虽然同意立法，但是坚决反对有平民的代表。为了缓和当时的紧张局面，结果派了一个三人考察团，到希腊去研究当时名闻各国的《梭伦立法》。公元前452年，他们选了十个贵族代表，成了一个十人团（Decimvir），为罗马立法，他们是具有最高的权威和职责的。一年之中成了十表，由民会（Comitia Centuriata）通过。第二年，又改选十人，此时其中已有五个人是平民的代表。又成立了二表。可惜这些立法者，贪权好势，不把法案提交民会，反贪虐无道，引起全城的暴动，使平民二次走向圣山，前方作战的师旅，班师围城，元老院罢免和弹劾十人团，恢复了十个护民官，改选了两个执政，到了第二年（前450年），才把最后两表由民会通过。所以说，这十二铜表，实在是罗马平民经过四十几年的艰苦奋斗才得来的成果。①

罗马法原来包括着两个系统，一个是由罗马市民制定的市民法(ius civile)，一个是建立于裁判官的判例之上的万民法(ius gentium)，而万民法里面更包涵着许多从希腊传播来的思想因素。万民法最初是辅助市民法的，继而补充了市民法，最后则代替了市民法。尤其到了法律学昌明的时代，拉比奥(Marcus Antistius Labeo, 50B. C. ? —18)的思想，有力地影响了后来所有的法律学者。而拉比奥是一位非常富有民主思想的一个人，所以在罗马法典(Corpus Iuris Civilis)中存在的一套法律系统，是有很丰富的民主与自由的精神的。

西洋的法律和政治制度，罗马法之后，被后人称颂的，有公元1215年的《大宪章》(Magna Carta)，1688年的《人权法案》(Bill of Rights)，有1776年的《美国宪法》(American Constitution)和1789年的法国《人权宣言》(Declaration des droits de l'Homme et du citoyen)。这种种法案，无一不是政治民主化，人格尊严化的重要里程碑，同时也无一不是被统治者和统治者长久斗争的最后的胜利。

德国罗马法学者索姆(Rudolf Sohm)说：习惯法是统治阶级的朋友，成文法才是弱者的保障。成文法之发达和下层阶级之提高其地位，是互相关联的(Institutionen des Ramischen Rechts，17te Aufl，1933，S. 52)。这句话，从西洋法律的发达史看来，确实是不错。

三、回观中国法系之起源，则和上面所说的，大不相同。《左传》中说：鲁昭公六年(公元前536)，郑国的子产铸刑书("铸刑书于鼎以为国之常法")，晋国的贤者叔向(羊舌肸)大不以为然，写信给他，说古来圣

---

① 目前一般认为《十二铜表法》前十表于公元前451年制定完成，后二表于公元前450年制定完成，全部法表于公元前449年最终通过。——编者注

王,对于犯法者,都是临时议其重轻,不豫定设法,所以百姓以莫测高深而个个害怕。今铸鼎示民,必将大量引起争端,恐怕郑国要从此衰败了。过了二十三年(昭公二十九年),晋国自己也铸刑鼎,孔子也说"民在鼎矣,何以尊贵,贵何业之守","晋其亡乎"。(孔疏:"民知罪之轻重在于鼎,贵者断狱,不敢加增。犯罪者取验于书,更复何以为贵。威权在鼎,民不忌上,贵复何业之守。贵之所以为贵,只为权势在焉。势不足畏,故业无可守。贵无可守,则贱不足威。贵贱既无次序,何以得成为国。"这一段更充分地说明了统治阶级之怎样害怕成文法减削了他们的权力。)在罗马,平民要求立法(法律成文化),而统治者一再不肯答应。在中国,统治者自动地在立法,而遭遇到其中一部分传统人物的反对。

但是中国人毕竟是政治性特别高的一个民族。李悝的《法经》六篇,似乎被魏文侯采用作魏国的法典(约公元前 400 年)。商鞅受之以相秦,改"法"为"律",是为秦律(公元前 359 年)。萧何加上三篇,是为"九章之律"(公元前 201 年)。这种皇室自动制定法律的方式,被后来两千年中所有的朝代,全部地重复使用。因之在中国历史上虽然有许多次的改朝换代,和若干次的异族入主中原,但从来没有过被统治的老百姓向朝廷争取法律上的权利的这一类事实。只有到了清末,朝廷不能及时自动地制定宪法,才引起了辛亥革命,而使一个三四千年的老君主国家,一下子变成了民主政体。

再则,在中国过去的法制之下,人民是有相当多的权利和自由的。名义上,人民之间,固然有贵族、平民和贱民之别,但是在这些阶级之间,流动性是很大的。所谓"将相无种",人人都有封侯拜相的希望。中国从来没有强迫人民要信仰的某一种国教;从来没有某种人民只能从事某种职业的限制;中国经典一直在鼓励臣民向主上犯颜极谏;人民迁居寄籍,从无严重的障碍;讲学结友,跑江湖,各式各样的团体,一向也很多。所以信仰自由、职业自由、言论自由、结社自由，是中国人民一直所享有的，所以用不着去争取，用不着去在基本法上郑重地予以规定。因之一般人民，对于权利和自由的意识，也就远不如西洋人的来得那样强烈和显著。

四、至于统治者和被统治者的关系，何以在西洋和中国，有如此的不同，我也有一个粗浅的想法。我以为在西洋，因为他们很早就分成许多不同的语言和文化，所以在上古到中古，人民"种族"的意识比较浓厚。而在许多主要的国家中，统治者和被统治者常常属于不同的民族，所以他们统治者和被统治者，在心理上都有了明显的界限。因之在制度上，也建立了许多的限制，而促使被统治者之不断地奋斗以求改善。中国则一直享有比较统一的语言和文化，人民间"种族"的意识非常薄弱，几乎可以说是没有（"夷""夏"之分，只是文化的意识）。因之统治者和被统治者没有心理上的鸿沟，而制度上，也就没有厚于某一种人而薄于某一种人的不平等的现象。所以多少年来，改朝换代，多半只是改换一批当政的人，而不是某一个民族推翻了另一个民族（明之驱元及辛亥革命，只是少数的例外），或者某一个阶级打倒了另一个阶级。不过这个想法是否站得住，恐怕还需要有更多的论证。

二

无论如何，中国法系和西洋（罗马）法系，就历史的悠久、思想的成熟、影响的广泛来说，正是东西竞美，无分轩轾。但其价值中心之所在，内容发展的方面，却又大不相同，遂使这两个法系的整个外貌，呈现出非常显著的差异。

一、中国法系的中心思想，是从礼教出发而把法律看成一种辅助工具的。中国的古代法律认为维持社会生活的，主要的是各种礼教（道德规律。而法律规律,只是加强礼教规律的作用而已。就是所谓"礼者禁于将然之前,法者禁于已然之后"(《大戴礼·礼察篇》)和"出礼则入刑"(《后汉书·陈宠传》),"德礼为政教之本,刑罚为政教之用"是也(唐律《名例篇》疏)。这个中心思想,整个的控制着中国法律制度的发展。在最能代表中国法系的"唐律"中,我们可以举出下列六点的证明。

① 唐律中有许多罪名,是专为保障礼教规律而设的,例如居丧生子,徒刑一年是。② 唐律中,补充律文的"律疏",常常根据《礼经》的文字来解释律文,例如许嫁以聘财为准是。③ 礼教规则,往往被当作法律条文,例如居期丧作乐,杖八十是。④ 法律条文之引用及解释,不受严格的形式主义的拘束,例如比附论罪,和出入以轻重相明是。⑤ 君主有特别的人格,例如各种大逆的罪名是。⑥ 官吏有特殊的地位,因之也在一般作人的责任上,比较平民,负有较大的责任。例如家人敛索,主人不知情也要得罪是。⑦ 亲属身份,在定罪量刑上有决定性的作用,例如妻殴夫徒一年,夫殴妻无罪是(以上见徐道隣,《中国法制史论略》,1953年,36—48页)。

中国法律的基本观念,即是一种礼教的法律观。而礼教的目的,是维持社会的善良关系(即所谓"伦常"),所以也就自然发展出一套很实际的社会观念。即以唐律为例,它就有一套很完备的社会防罪制度,把防止犯罪的责任,一部分付托给社会本身。例如邻里被强盗,闻而不救,杖九十;见火起,不告不救,笞三十是。同时也就发展出一种很明显的警察意识:例如脱户(不登记户口)徒三年,脯肉有毒会病人,不速焚者,杖九十是(同上,48—54页)。

在一个具有社会观念的法律制度之下,最发达的,当然是刑法。所以中国过去差不多只有把刑法才看作法律。而唐律的第一篇的开始几条,就是五刑和十恶。至于维持社会秩序的工具,主要当然是官吏组织,所以中国的行政法、官吏法、惩戒法，也都特别的发达。而现代法律所最注重的民法、诉讼法，反倒一直没有得到重视（详拙著《唐律通论》，1945年，29—36页）。

二、反过来，在代表西洋法系的罗马法中，法律是具有其独立的卓越的地位，而不是附属于其他价值而存在的。赛尔苏斯（Celsus）说："法律是用以维持善良和公平的艺术。"（Ius est ars boni et aequi.［D. 1. I. I. Pr.］）那么它就不只是一种补助的工具。毛得斯丁（Modestinus）说："法律的作用是命令、禁止、允许、惩罚"（Legis virtus haec est：imperare, vetare, permittere, punire［D. 1.3.7.］），那么哪里还分什么"未然之前"，"已然之后"？同时，罗马法的法律观念，是以权利为其出发点的。拉丁字"优司"（Ius）一方面代表法律，一方面也代表权利。所以承袭罗马法的德国法律学也就同样的把"莱希特"（Recht）当作法律和权利讲，而称法律为"客观"的"莱希特"，权利为"主观"的"莱希特"（Recht im objektiven und subjektiven Sinne）（法国的"都鲁阿"［Droit］，也是一样）。换句话说，这正是一件事的两面，即是法律者乃是用以确定权利、保护权利的工具，而权利者，也正就是法律所确定的、所保护的利益（参见陈允、应时，《罗马法》，30页）。

权利是属于个人的，权利成了法律的基本观点，那么整个法律制度，自然走上个人主义的道路。所以罗马法最发达的部分，是债权法，尤其是契约法，而使整个西方社会很早的就具有了在彼此权利之间，界限非常分明的法律意识。

一个人的权利，不但在他活着的时候，不容人侵犯，就是在他死后，他也能自由的予以使用。这是继承法在罗马很早就得到发展的原因。再则，人类用以保障权利的，最切要的，莫过于诉讼，所以诉讼法在罗马发展最早。十二铜表的第一表第一条的规定，就是关于被告出庭的义务。

　　以个人权利为本位的法律,对于人和人的相争,必是锱铢必较,不容丝毫的差池。所以罗马法系的法律,自然地走上极端的形式主义。依照《德国民法》,一张亲笔缮写的遗嘱,如果保留了信纸上原已印就的地名,没有把它先行涂去,然后再用笔重新写上的,那么这张遗嘱就因之无效,(Fischer—Henle, Büergerliches Gesetzbuch, 13. Aufl. 1927, S. 1450)。从中国旧律的观点看来,真不免感觉到这是一个大笑话。

　　三、关于"礼教"和"权利"这两点基本观念,对于中国和罗马的法律制度所发生的重要影响,自从我在拙著《唐律通论》中提出之后,十余年来,似乎尚为一般讲中西法律比较的学者们所接受。至于这两种观念之如何产生和滋长,我现在也有一个粗浅的想法。

　　我认为中国的礼教法律观,主要的是农业社会的产品。中国的社会,一直是农村经济的型态。而中国的农村经济,则因为受了地理的限制,一直是一个匮乏的经济(Economy of Scarcity)。因之这个社会,也就很自然地接受了强调"知足、安分、克己"等等价值观念(亦即"礼"的精神)的儒家哲学。(以上两点在研究中国问题的社会学者群中,似乎已经可以算是已建立的理论。)而儒家哲学对于社会秩序的建造和维持,是使用两套方法的。一是以亲属关系(扩而大之为伦常关系)作为社会结构的基础,一是以礼教规律作为社会活动的模式。由于这两者的相因相成,乃产生了中国社会的传统典型。这样子一个社会的法律制度,其以礼教思想为其基本观念,以伦常关系为其主要架构,自是事理之所当然了。

　　至于罗马法系之以权利为其中心思想,显然是罗马的商业社会的结果。罗马的十二铜表,虽然已经建立于公元前 450 年,但是这只是市民法的原始架构,而罗马法真正的发达,还是靠后来法官自由发展的万民法。而这一个事实,则自公元前 242 年设立外事裁判官(Praetor peregrinus)时开始,这正是罗马统一意大利之后雄霸四方,而罗马成了旧世界的商业中心之时。外事裁判官之设立,就是为了适应此时已经有了高度发展的商业的需要。那么万民法之发展,因之也就自然而然地以债权法契约法为其主要的内容了。再过了三五百年,万民法的思想,整个的控制了罗马法,因而控制了承袭罗马法的西方世界。那么西洋法系之以权利观念为其主要的思想基础,又岂不是极自然的吗?

就最近两千年人类历史的演进来看,人类文化的发展,似乎和商业的发展不可分离(工业的发展,必须有商业为其基础),而且它前进的方向,也似乎在商业的不断的加强化。果真如此的话,那么罗马法(尤其是它的债权法、契约法)的精神,两千年来,依然统治着大部分人类的社会生活,和中国为什么不能不放弃它固有的礼教法律观,而需要走进以权利为中心的西洋法系的行列,也就有了很自然的解释了。

原载于《萨孟武先生六秩晋——华诞纪念社会科学论文集》(1957年版)

《唐律疏议补注》序

《唐律疏议》，文理清妙，然其书颇有难读处。一、书中文字，间有讹错，所失虽微，差谬甚远，如《名例律》官户部曲条："私奴婢得经主请免，官奴婢不用此律。""不"字或误作"亦"。《捕亡律》知情藏匿罪人条："奴死主匿，即同自匿，不合准收为坐。""不"字各本皆误作"一"。《断狱律》官司出入人罪条："全出加役流减一等，合徒三年。""三"字皆误作"五"。不加订正，律文不可解也。二、律中征引条文，率不详出处，寻省至为不易。如《名例律》恶逆条问答称"律云不以尊压及出降"，同律徒应役无兼丁条称"律云加者数满乃坐"。初读者非以全部律逐条检阅不得也。三、唐时典章制度，去今浸远，非解说不易了然：如官阶之职事散勋、赋税之租调庸役、人口之部曲官户，皆是也。四、律文全部贯通，后先互证。不加参详，难获的论。如《名例律》以官当徒不尽条言，"以官当徒者，罪轻不尽其官，留官收赎。官少不尽其罪，余罪收赎"云云。而《断狱律》断罪应决配条则称："过失犯罪，不合用官当徒。"是收赎不限于罪轻也。同律犯罪未发自首条：称"越度关，及奸，并私习天文，不在自首之列"。然观《贼盗律》造畜蛊毒条，则造畜蛊毒亦不在自首之列矣。五、律用比附之法，事多称其一体。举反之际，甚费思考。如《名例律》二罪从重条，举"通计前罪，以充后数"之例。而但解徒杖入流，不及徒流入死。同律反罪坐之条称："准"谓科罪，"以"同真犯。而不言"依""从""同"如何科断也。余病此书自宋元六七百年来，读者虽众，而罕有所发明。不揣谫陋，窃循上述诸义,一一为之诠释。间亦就其法理法意之所可窥者,微附所见,不成一家之言,唯冀于读此书者,不无小补云尔。民国三十二年二月萧县徐道隣识。

原载于《图书月刊》1943年第3卷第1期

纲常考

近来研究中国政治思想,深深感觉着两千年来,其最中心的观念,是汉儒发端的"三纲"主义。所谓"三纲五常"——或简称为"纲常"或"伦常"——这顶大帽子,两千多年来——除去几个有革命性的思想家——就一直笼罩着每一个中国人的头脑。现在就这个观念在历史上的发展,略为探究如下。

一、三　纲

"三纲"是什么?就是君臣、父子、夫妇三种关系。但是这三纲,并不是儒家原有的玩意儿。孔孟荀三家,从来没有提起它;《易》《诗》《书》《春秋》几部经书,也没有提起它。① 梁任公(一八七三——一九二九)说:"儒家只有五伦,并无三纲。"(《先秦政治思想史》,页七五)这句话是不错的。

在中国古书里,最早提出这三种关系和其性质的,恐怕是韩非子(—前二三三),他在"忠孝"篇里说:

---

① 《易经》"序卦"有一处说到这三种关系:"有夫妇然后有父子,有父子然后有君臣。"但是这里并没有含蕴着"纲"的意义,而只是强调夫妇关系的重要,所以韩康伯(晋朝人)的注说:"人伦之道,莫大于夫妇。故夫子殷勤深述其义,以崇人伦之始。"

> 臣事君，子事父，妻事夫，三者顺则天下治，三者逆则天下乱，此天下之常道也。

这实在就是三纲，不过他没有把"纲"字使用出来罢了。

至于把"纲"字使用出来，大概是汉以后的事。而最早的似乎是董仲舒（—前一五〇—）。《春秋繁露》"基义"第五十三说：

> 凡物必有合，合必有上，必有下……阴者阳之合，妻者夫之合，子者父之合，臣者君之合。物莫无合，而合各有阴阳……君臣父子夫妇之义，皆与诸阴阳之道。君为阳，臣为阴；父为阳，子为阴；夫为阳，妇为阴。

同章后面又说：

"天为君而覆露之，地为臣而持载之。阳为夫而生之，阴为妇而助之；春为父而生之，夏为子而养之……王道之三纲，可求诸天。"董氏这里的"三纲"，显然是从"阴阳"的观点出发的。《礼记·乐记》篇：

> 夫古者天地顺而四时当，民有德而五谷昌，疾疢不作而无妖祥，此之谓"大当"，然后圣人作为父子君臣，以为纪纲。纪纲既正，天下大定。

这里也明显地反映着汉朝人的看法，不过只提到三纲中的两纲罢了。孔颖达（五七四—六四八）的正义，引用《礼纬含文嘉》，说：

> 三纲谓君为臣纲，父为子纲，夫为妻纲。

这个《礼纬含文嘉》,《白虎通》曾经引用过,现在佚亡了。所以对于"三纲"的最早的正式说明,现在可以考证的,似乎只剩有《白虎通》。(白虎观"讲议五经同异",据后《汉书·章帝纪》的记载,是建初四年[七九]的事。)那里(疏证本卷八)有"三纲六纪"一段,说:

> 三纲者何谓也?谓君臣父子夫妇也……君臣父子夫妇六人也:所以称三纲何?一阴一阳谓之道:阳得阴而成,阴得阳而序。刚柔相配,故六人为三纲。

董仲舒的理论,到这里完全正式化,而成了官定的基本概念。"三纲"观念后来整个的控制了中国人的思想模式,《白虎通》的作用,恐怕是具有决定性的。

不过在《白虎通》里,和"三纲"同时提起的,还有所谓"六纪"。"六纪"者,是"诸父,兄弟,族人,诸舅,师长,朋友"六者。至于所以要称之为"纲纪"者,书中说:

> 何谓纲纪?纲者张也,纪者理也。大者为纲,小者为纪,所以强理上下,整齐人道也。人皆怀五常之性,有纲纪之心,是以纲纪为化,若罗纲之有纪纲而万目张也。

书中又说:

> 三纲法天地人……君臣法天,取象日月,屈信归功天也。父子法地,取象五行转相生也。夫妇法人,取象六合阴阳有施化端也。

又说:

> 六纪为三纲之纪者也。师长君臣之纪也,以其皆成己也。诸父兄弟,父子之纪也(陈立疏证——一八三二刊:'诸父为父昆弟,昆弟为己昆弟')以其有亲恩连也。(疏证:'不及族人,以宗族皆亲恩所连而推故也'。)诸舅朋友,夫妇之纪也,以其皆有同志为己助也。

至于六纪中应有的态度,《乐记正义》引用的《礼纬含文嘉》说:

> 六纪谓诸父有善(《白虎通》漏此一句),诸舅有义,族人有叙(《白虎通》作"序"),昆弟有亲,师长有尊,朋友有旧,是六纪也。

这里值得我们注意的是,"三纲"的观念,在中国人的思想里,从此以后,愈来愈为普遍,愈为巩固,可是"六纪"的说法,却相反的逐渐的被人忘掉了。

二、五 常

一、我们一般所称的"五常",指的是"仁义礼智信"。董仲舒在《贤良对》中说:

> 夫仁谊礼智信,五常之道,王者所当修饬也。(《汉书·董仲舒传》)

《白虎通》卷八,"情性"一段中说:

五常者何？谓仁义礼智信也。仁者不忍也，施生爱人也。义者宜也，断决得中也。礼者履也，履道成文也。智者知也，独见前闻，不惑于事，见微知著也。信者诚也，专一不疑也。故人生而应八卦之体，得五气以为常：仁义礼智信是也。

　　书中接着又把人的五藏：肝肺心肾脾，和五行中的金木水火土，以及四方中的东西南北中，和仁义礼智信相配合：说什么"肝仁，肺义，心礼，肾智，脾信"等等，更是非常典型式地露出汉朝人的思想模式。

　　二、在这以前，"五常"有时候指的是"义慈友恭孝"（这一点将于下面讨论"五伦"时再谈）；有时候指的是"金木水火土"五行。譬如《礼记·乐记》第十九：

　　"道五常之行"。郑氏注："五常，五行也一。"孔氏疏："谓依金木水火土之性也。"

　　但是自从《白虎通》的"官方定义"成立之后，凡是说"五常"的，差不多总是指的这仁义礼智信五者了。①

　　三、"三纲"和"五常"，经过了《白虎通》的核定之后，不久就被联合在一起而成了儒家的基本观念。《论语·为政》第二："子张问十世可知也？子曰：殷因于夏礼，所损益可知也"。《集解》引马融（——一三〇——）注，说：

　　所因谓三纲五常。

　　王通（五八四—六一七）《中说·天地篇》卷二：

---

① 有人有时候误把五伦也称为"五常"，这是没有根据的，详下一节注五。

> 薛收曰:吾尝闻夫子之论诗矣:上明三纲,下达五常。

这就是比较早的"纲""常"连用的例子。

到了南宋以后,身心性命之学兴,"三纲五常"一下子成了宇宙间自然的法则,如朱子(一一三〇——一二〇〇)说:

> 宇宙之间,一理而已。天得之而为天,地得之而为地。而凡生于天地之间者,又各得之以为性。其张之为三纲,其纪之为五常。并皆此理之流行,无所适而不在(《读大记》,"大全"本卷七〇〇)

说的最为明白澈底,于是乎在宋儒的护法之下,"三纲""无常"进入了《三字经》。[①] 从此以后,所谓"三纲""五常",真的如同"春夏秋冬"和"东西南北"一样,成了每个中国人最基本最自然的观念了。

三、五 伦

"五伦"者,是君臣、父子、夫妇、兄弟、朋友五种关系。这些关系,在过去中国人的价值观念上,也经过一番演变,兹试述之如下:

一、在春秋以前,人事关系中特别被看重的,似乎是"父母兄弟子"五者。这五者,

1. 一称为"五常"。例如

[①]《三字经》(宋末人撰):"三纲者,君臣义,父子亲,夫妇顺","曰仁义,礼智信,此五常,不容紊。"二者中间,是"曰春夏,曰秋冬,此四时,运不穷"和"曰南北,曰西东,此四方,应乎中"。显然在暗示,三纲和五常之跟四时四方一样,同为宇宙间的自然法则。

《周书·泰誓下》第三：①

"狎侮五常"，孔颖达疏："五常即五典，谓父义，母慈，兄友，弟恭，子孝……五者人之常行。"

2. 有时被称"五典"：

《虞书舜典》第二：

"慎徽五典："孔安国（前一四〇）传："五典者，五常之教：父义母慈兄友弟恭子孝。"

3. 又有时被称为"五品"：

《虞书舜典》第二：

"五品不逊"。孔传："五品谓五常。"孔疏："品谓品秩，一家之内，尊卑之差，即父母兄弟子是也。"

《史记·五帝纪》第一：

"五品不驯"，集解："郑玄（一二七—二〇〇）曰：'五品，父母兄弟子也。'王肃（一二五六）曰：'五品，五常也。'"

4. 或被称为"五教"：

《虞书舜典》第二：

"敬敷五教"。孔传："布无常之教。"孔疏："教之义慈友恭孝。此事可常行，乃为五常耳。"

《左传·文十八年》：

> 举八元，使布五教于四方：父义，母慈，兄友，弟恭，子孝。

《史记·五帝纪》第一：

---

① 这一段《尚书》的引用，是姑以传统文献为根据，暂不涉"伪书"问题。

举八元,使布五教于四方:父义,母慈,兄友,弟恭,子孝。

5. 或被称为"五义":

《国语·周语》:

"五义纪宜"。韦昭(一二七三)注:"五义,谓父义,母慈兄友,弟恭,予孝也。"

二、同时,在这"五常"以外,对于重要的人事关系,在各种古籍中,我们还可以看到其他许许多多不同的说法。例如

(一)君臣父子。《论语·颜渊》第十二:

"齐景公问政于孔子,孔子对曰:'君君臣臣,父父子子'。"邢昺(一一〇〇〇一)疏:"若君不失君道,乃至子不失子道……而后国家正也。"刘宝楠(一一八三〇一)正义:"言君当思所以为君,臣当思所以为臣,父当思所以为父,子当思所以为子。"

(二)君臣,长幼。《论语·微子》第十八:

长幼之节,不可废也。君臣之义,如之何其废之?

(三)父子,兄弟,夫妇。《易·家人·象》曰:

"父父子子,兄兄弟弟,夫夫妇妇,而家道正。正家而天下定矣。"孔颖达疏:"父不失父道,乃至妇不失妇道,尊卑有序,上下不失,而后为家道之正。"

(四)"六亲"。《管子·牧民》第二:

"上服度则六亲固。"《史记·管晏列传》正义:"六亲谓外祖父母一,父母二,姊妹三,妻兄弟之子四,从母之子五,女之子六也。王弼(一二四九)云:父母兄弟妻子也。"

除以上两说之外,"六亲"还有其他许多不同的解释,可参看《汉书·贾谊传》"以奉六亲"下面,王先谦的补注(一九一五年刊)中,所引的王先恭之说。

(五)"六顺",《左传·隐三年》：

君义,臣行,父慈,子孝,兄爱,弟敬,所谓六顺也。

(六)"六纪",这是《白虎通》的说法,已于前面说明"三纲"时讲到。

(七)"七教",《礼记·王制》第六：

七教：父子,兄弟,夫妇,君臣,长幼,朋友,宾客。

(八)"八礼"。《管子·五辅》第十：

是故圣王饬此八礼,以导其民。八者各得其义,则为人君者,中正而无私；为人臣者,忠信而不党；为人父者,慈惠以教；为人子者,孝弟以肃；为人兄者,宽裕以惠；为人弟者,比顺以敬；为人夫者,敦懞以固；为人妻者,劝勉以贞。

(九)"十礼",《左传·昭二十六年》：

君令,臣共,父慈,子孝,兄爱,弟敬,夫和,妻柔,姑慈,妇听：礼也。君令而不违,臣共而不贰,父慈而教,子孝而箴,兄爱而友,弟敬而顺,夫和而义,妻柔而正,姑慈而从,妇听而婉：礼之善物也。

(一〇)"十义"。《礼记·礼运》第九：

何谓人义？父慈，子孝，兄良，弟悌，夫义，妇听，长惠，幼顺，君仁，臣忠……十者谓之人义。

(十一)"十伦",《礼记·祭统》第二十五：

夫祭有十伦焉：见事鬼神之道焉；见君臣之义焉；见父子之伦焉；见贵贱之等焉；见亲疏之杀焉；见爵贵之施焉；见夫妇之别焉；见政事之均焉；见长幼之序焉，见上下之际焉：此之谓十伦。

三、"五伦"的提出，最早似乎是在《孟子》。《滕文公上》：

使契为司徒，教以人伦：父子有亲，君臣有义，夫妇有别，长幼有序，朋友有信。

同样提出这五种关系的，还有《中庸》里的第二十章：

君臣也，父子也，夫妇也，昆弟也，朋友之交也：五者天下之达道也。

不过这里只称之为"五达道"，而没有使用"伦常"等字样。此外,《汉书》七十五《翼奉传》：

"诗有五际"注引应劭(一一九〇一)曰："君臣父子兄弟夫妇朋友也。"

那么君臣、父子、兄弟、夫妇、朋友这五种关系,除了"五伦"这个正式名称之外,还有"五达道","五际"两个别号,①②不过不大通行罢了。

四、五伦这个观念,也是到了宋朝,才大量地发展起来。③

例如二程(明道,一〇三二——一〇八五,伊川,一〇三三——一一〇七)说:

> 道之外无物,物之外无道,是天地之间,无道而非道也。即父子在所亲,君臣在所敬,以至于为夫妇,为长幼,为朋友,无所为而非道。(《二程遗书》卷四,《二先生语》。)

又说:

> 父子君臣,天下之定理,无所逃于天地之间(《遗书》卷五,《二先生语》。)

朱子更是看重了五伦,在白鹿洞书院的教条里,第一项就揭示出此

---

① 舜使契所教的人伦,是否如《左传·文十八年》所说"五常",抑或如孟子这里所说"五伦",清朝学者持论不一,毛西河(一六二三——一七一六)认为契所教的人伦,应该是五常,而"孟子所言,必战国相传,别有如此"。焦循(一七六二——一八二〇)则认为"孟子深于诗书,所目五教,宜得其真。未可据《左传》以疑孟子"。详焦循:《孟子正义·滕文公上》,世界本页二二七—二二八。这二说之中,我认为毛说有《左传》的客观佐证,焦说则只本着主观的猜度而已。

② 近来有些学者,因为汉以后的学者常常提到"三纲五常",而所说的又常常是五伦的关系,遂以为他们所谓"五常",就是"君臣、父子、夫妇、兄弟、朋友",这是错误的,我曾经详细考证过,而并没有发现他们在那里说过五常即五伦。

③ 例如韩愈(七六八—八二四)在《原道》里,还说"其位君臣、父子、师友、宾主、昆弟、夫妇",而不用"五伦"。不过李习之(一七九八—)就说"此圣人之道,所谓君臣、父子、夫妇、兄弟、朋友,而养之以道德仁义之谓也"(《去佛斋文·文集》,四部丛刊本册一,页二十二。)

五伦,而说:

> 右五教之目,学者学此而已(见《宋元学案》,卷四十九)。

就是说,读书作学问,此外再没有其他的目的了。
在《四书集注》中,他也说:

> 人大伦有五:父子有亲,君臣有敬,夫妇有别,长幼有序,朋友有信是也(《论语·微子第十八·子路从而后章注》)。

而这"五伦"也同样地随着三字经而普遍地渗入了每个中国人的思想里。① 并且因为"五伦"里面本已包涵着有"三纲",所以后人也就常常不说"纲常",而说"伦常"②。意思实在是一样的。

四、重点不在三纲

"三纲""五常"和"五伦",本来各有各的意思。"三纲"是强调三种关系中一方服从另一方的片面义务;"五常"是五种彼此"不相干"的独立的

---

① 三字经:"父子恩,夫妇从,兄则友,弟则恭,长幼序,友与朋,君则敬,臣则忠,此十义,人所同"。本来和"兄弟"交替使用的"长幼",到这里似乎改指"朋友"关系而言了(即谓朋友之间,宜遵长幼之序也)。
② 例如吕新吾(一五二六——一六一八)说:"天经地义,人纲物轨,莫大于伦常"(《去伪斋集六·严子陵》)。

德行①。"五伦"是五种对等的关系：即"亲、义、别、序、信"五者，双方都有遵守的义务——这种包涵双方义务的观念，在"十礼"或"十义"中表露得更为清楚——但是自从汉儒"纲常"并称以后，不管说"纲常"也好，说"伦常"也好，其意义重点，却全部集中在三纲观念中片面服从的义务上面，而所谓"常"，所谓"伦"，只变成其一种陪衬字眼而已。熊十力先生在《汉儒》（一九五六年再版）中说："汉宋群儒以五常连属于三纲，即五常亦变为名教。"（页三）就是这个意思。

隋文帝的《开皇律》（五八一），在刑名中首创了"十恶"之目。这完全是三纲主义的注脚。在这里，不但君臣父子夫妇间的地位彼此尊卑悬殊，就是兄和弟之间，长官和部属之间，受业师和学生之间，在法律上，也都各有一种尊卑不平等的关系存在着。所以，我们可以说，三纲的观念，从隋朝起，已经严格而有力地制度化起来了。

至于这个观念，从此以后，怎样广泛地控制了中国人的思想方式、生活方式、政治制度和社会组织，其详当另为文论之。

原载于《民主评论》1960 年第 11 卷第 7 期

---

① 《论衡·问孔》第二十八："智与仁不相干也……五常之道，仁义礼智信也。五者各别不相须而成。"（编者按：论衡问孔各篇其为学之精神甚好，但其所提出之问题，殆无一不浅薄。就人之对无常实际成就而言，固各有所偏；然就五常之本身而言，岂系不相干者乎？人对科学知识，只能各得其一部门，但不可因此而谓科学知识各部门之互不相干，况以统一之人生为主体之道德耶。）

读唐律

（一）唐律无未遂罪说

唐律无未遂罪界说，欲设之罚，皆特立刑名。考一部律中，凡有四例。一，《贼盗律》，谋杀人者徒三年。（贼盗律谋杀人条）二，《卫禁律》："化外人……私与禁兵器者绞，共为婚姻者流二千里，未入未成者减三等。"（越度缘边关塞条）三，《贼盗律》："强盗不得财徒二年。"（强盗条，又窃盗不得财笞五十）四，《诈伪律》："诈欺官私取财物不得，准盗论减二等。"（诈欺官私条，又诈为官私文书求财不得同）此外未遂之罪皆无罚，此义乍观似觉简阙。详思所以，则亦自首得原之必然结果。《名例律》："犯罪未发而自首者原其罪，……其于人损伤，于物不可备偿者，不在自首之例。"（犯罪未发自首条）疏云："过而不改，斯成过矣。今能改过来首，其罪皆合得原。"推求律义，盖以刑因罪致，罪以事成。而其事之致刑，必状之不可平反。不然者，有发于心，乃形于事，事后如悔，反复原状。则一己之德刑偶亏，他人之利害无故，执法者又何必操严刑峻罚以从其后乎？《名例律》："诸盗诈取人财物，而于财主首露者，与经官司自首同。"（盗诈取人财物条）又曰："诸公事失错自觉举者原其罪。……其断罪失错已行决者，不用此律。"（公事失错条）《职制律》："诸有所请求者笞五十，主司许者与同坐。"（有所请求条）注："主司不许及请求者皆不坐。"《杂律》："诸亡失器物符印之类应坐者,皆听三十日求访,不得然后决罪。若限内能自访得,及他人得者免其罪。"(亡失符印求访条)夫主司不许而请求者不坐,他人得符印而亡失者免其罪。是犯罪者必事之不可平复,至明且显,则罪之将犯而未遂者之无罚,盖尤灼然矣。虽然,律以正俗,刑以止杀,不有诛心之罚,奚作未犯之惩,则又何说?曰,此儒家礼治论之效也。律疏不云乎?"凭黎元而树司宰,因政教而施刑法。"又曰:"德礼为政教之本,刑罚为政教之用。"(并见《名例律》篇首疏)所谓礼者尽于将然之前,法者禁于已然之后。盖"德教为主,刑罚为助"之说,周秦以还,久成不易之论,非自唐始矣。夫然,则格心者礼教之事,治罪者刑罚之事。既未成罪,何须施刑乎?曰苟以礼治为主,则虽律所未禁,法亦未始不可无罚。《职制律》："问居期丧作乐,合得何罪?答:礼云,大功将至辟琴瑟。故律虽无文,不合无罪,从不应为重,杖八十。"(匿父母夫丧条)《名例律》："老小笃疾殴父母,于律虽得勿论,准礼仍为不孝,上请听裁。"(老小废疾条)皆其例也。夫以律之以礼治为主,故刑可限于罪之已成。其状可复原者,许其自首,犯而未遂者,遂恕而不论耳。虽然,欲杀之心,不可无罚,夷夏关防,国事尤重。盗者律之所深弃,盖男犯盗,女犯奸,虽八议不合减赎。(《名例律》赎章)诈伪一例近盗之尤者,故别立不遂之罚四例云。

(二) 唐律无自卫说

自卫之义,不见唐律。其一部刑名中,自卫之事凡三。一,《斗讼律》："诸斗殴杀人者绞,以刃及故杀人者斩。"注称:"为人以兵刃逼己,因用兵刃拒而伤杀者依斗法。"(斗故杀用兵刃条)二,《诈伪律》:"诸诈为官及称官所遣而捕人者流二千里。为人所犯害而诈称官捕及诈追摄人者徒一年。"(诈称官所捕人条)三,《厩库律》:"畜产欲抵啮人而杀伤者,不坐不偿。"(官私畜毁食官私物条)夫他人以兵刃见逼,己因用兵刃相拒,而犹杀人不免于死,重伤至于徒流,则律不用自卫之说明矣。故为避犯害而诈称官捕者,犹徒一年,必来相抵啮者之为畜产,始可拒伤而无罪,屡思其故,其所以如此者,殆以自卫之义,取证难而开斗竞乎。何以言之,自卫之义,用于斗竞杀伤之时为多,而争斗之起,必也其一逼人,一为见逼。然迨杀伤已成,而至于按问,则见逼者于理固直,而逼人者又孰肯自承乎。立一减罚之义,使两造互争而莫辨,不如不立此义之为愈。唐律特重现实,而不鹜空论,故不用也。唐律之现实,莫显于其法定假说。如犯罪以造意为肯,徒者减一等。而众人共犯,则止坐尊长,共监临主守为犯,则监主为首,凡人为徒。(《名例律》共犯罪造意为首条)共犯罪而有逃亡,见获者称亡者为首更无证徒,则决其从罪。(《名例律》共犯罪有逃亡条)共殴伤人者,以下手重者为重罪,至死者则随所因为重罪,其事不可分者,以后下手为重罪,不知先后轻重者,则以谋首及初斗者为重罪。(《斗讼律》同谋不同谋殴伤人条)皆其类也。且自卫之取证,纵使不难。等见逼者若有所恃,必将挺身斗狠而无恐,是杀伤之事将以自卫之义而益众,则尤非定律者之所欲耳。然则此非为逼人者张目欤?曰不然。止杀惩竞,律文别有周密之方。《斗讼律》:"斗以兵刃斫射人不著者杖一百,刃伤者徒二年,因斗而用兵刃杀,与故杀同。"(兵刃斫射人及斗故杀用兵刃条)此律之防用兵刃也。《贼盗律》:"夜无故入人家者笞四十,主人登时杀者无论。"(夜无故入人家条)此防凶者之入人家也。《捕亡律》:"邻里被强盗及杀人,告而不救助者杖一百,闻而不救助者减一等。"(邻里被强盗条)此禁凶之推及邻里者也。又曰:"被人殴击折伤以上,若盗及强奸,虽傍人皆得捕系以送官司。"(被殴击奸盗捕法条)又曰:"追捕罪人,力不能制,告道路行人,其行人力能助之而不助者杖八十。"

（道路行人捕罪人条）此惩凶之责，达于路人者也。夫惩凶之责，达于路人，可谓集体安全之至者矣，不可但以无自卫而谓为奖凶残也。九一八之役，日本谓出于自卫，盖此义之难为界说如此，而《国联盟约》不具《捕亡律》之集体安全，终致瓦解。悲夫！

原载于《思想与时代》1943 年第 19 期

《开元律》考

一

《唐律疏议》,卷首载长孙无忌等永徽四年《进律疏表》,以是世人皆目此律为《永徽律》,未有怀疑者也,至日人佐藤诚实著《律令考》(《国学院杂志》五卷十三号),始以书中为中宗武后玄宗避讳为问。仁井田升、牧野巽推衍其说,撰《故〈唐律疏议〉制作年代考》(《东方学报》第一二册),谓此乃玄宗开元二十五年之律疏,世遂炫此异论,而深疑往者不无张冠李戴之嫌矣。

袁仲灿著《故〈唐律疏议〉非永徽律疏》一文(《中和月刊》一卷十期)。举证凡十:

一,《名例》卷一,"十恶"条,大不敬一节,注中有"御宝"二字,宝者武后及玄宗时之称,永徽时当称玺,而疏文且直有"开元岁中改玺曰宝"一语。

二,书中数用此"宝"字,如《贼盗》十九"盗宝"条,《诈伪》二十五"伪造皇帝宝"条皆是。

三,书中只见制书制敕之"制"字,从不称"诏",而唐初因隋之制,册书诏敕,总名曰"诏",至武后天授元年,始改"诏"为"制"。

四,书中通讳"显"字,易以"明"字或"露"字,显者中宗讳也。

五,《卫禁律》"奉敕夜开宫殿门"条,疏文言及"东都",而东都之初置,乃显庆二年事。

六,《贼盗律》"盗宫殿门符"条,疏文言及"北都",但武后前无北都也。

七,《名例律》"同职犯公坐"条,疏文言及大理寺"少卿",而少卿之官,至永徽六年八月,始初置也。

八,《斗讼律》"监临知犯法"条,疏文称"金吾",实则金吾原称武侯卫,至龙朔二年,始改金吾之称。

九,《斗讼律》"左职统属殴长官"条,疏文称及"千牛府",此千牛府之设,乃显庆间事。

十,同条又言及诸州"别驾",实则永徽初当称长史,至上元元年,始复旧称也。

以上所举,其例虽多,其事则一。即现行之《唐律疏议》,号称永徽,但书中内容,至少在犯讳字、地名、宫称、诏敕、印玺等名物部分,曾经开元时人,加以修正。

二

此种局部文字修正,与全书内容影响如何,姑不具论。而此种发现,使吾人于《永徽律》外注意及《开元律》,则殊有价值。

按开元中曾颁布律令,可无疑问。《旧唐书·刑法志》云:开元二十二年,户部尚书李林甫又受诏改修格令。林甫迁中书令,乃与侍中牛仙客、御史中丞王敬从,与明法之官前左武卫胄曹参军崔晃、卫州司户参军直中书陈承信、酸枣尉直刑部俞元杞等,共加删缉旧格式律令及敕,总七千二十六条。其一千三百二十四条,于事非要,并删之。二千一百八十条,随文损益。三千五百九十四条,仍旧不改。总成律十二卷、律疏三十卷、令二十卷、式二十卷、开元新格十卷,又撰格式律令事类四十类,以类相从,便于省览。二十五年九月奏上,敕于尚书都省写五十本,发使散于天下。《唐会要》卷三十九,亦具此节,唯文字上有三五字出入,盖同一来源,而传写有异。《通典》卷一百六十五,亦载此事,唯云总七千四百八十条,于事非要而删除者千三百四条,随文损益者二千一百五十条,仍旧不改者三千五百九十四条,与《旧唐书》所载数字,略有不同耳,《玉海》卷六十六录《会要》文,总七千九十八条,应是《唐书》总数之正,而随事损益者,误为三千一百八十条,甚矣国人与数目字之不习也。

此开元二十五年颁行之律,今日尚可考证者,有《通典》节载各条,及敦煌本《名例》残卷两者,兹分述之。

《通典》卷一百六十五,节录《开元律》六七十条,取与今本唐律校之,有四点不同:

一,律条次序,与疏议参差。如㈠"谋反大逆"条,属《贼盗律》,应在《户婚》《厩库》之后,此则直接《名例》"八议"条。㈡"无官犯罪"条,本属《名例》,此又移诸《贼盗律》"盗官文书"条之后。此种例极多,不解所取何义。

二,分条佚漏,《通典》节律,每条皆冠一圈。而谋反大逆一条下,连接六七条,且有《斗讼律》数条在内,此例亦触目皆是。

三,文字有出入。《疏议》,谋反大逆,父子年十六以上皆绞,《通典》无"父"字。谋叛已上道者皆斩,《通典》斩作"绞"。妻子流二千里,《通典》作"妻妾"。例亦不鲜。以律详之,皆讹文也。

四,有"诸告人罪,非叛以上者,皆令三审"一条,为《疏议》所无。

详究以上诸点,《通典》所载律云,可云支离破碎,颠倒讹误,其不足据以考证,明矣。其多出一条,颇有价值,但中间亦有脱文。予意其出于

"格""令",《通典》误参入"律"文耳。

敦煌《石室碎金》载《名例律疏》残卷,卷末有"开元二十五年六月二十七日臣王敬从俞元祀陈承信霍晃牛仙客李林甫上"六行。姓名年月,皆与《唐书》所载有出入,官名更详。其为《开元律》无疑矣,以与今本唐律对校,文字有出入者,凡四五十处。其中十之八九,皆属省文,如今本"若夫官未叙者",敦煌本省去"若"字;"即依以官当徒之法",省去"以"字"徒"字;"以本阶从五品官当徒二年",省去"官"字"徒"字;"守五品者,五品所守,别无告身",省作"所守别无告身";"告身虽不合追毁,亦不得以为荫",省作"告身虽不合毁,不合为荫";皆其例也。间有用字不同者:如今本"次以何官当",敦煌本"以"字作"用";"其部曲奴婢者","者"字作"等";"既已先死,岂可到遣除名",作"岂宜先死,到遣除名";凡三四处。

《碎金》尚载有《杂律下》残本八十行,格式与《名例》残卷全同,不知亦系开元写本否。与今本校,则今之"三十",皆作"卅","二十"皆作"廿",又有二三处,显属讹误——如"流上减二等"句佚"上"字,"坐赃论减三等",坐上衍一"坐"字——此外全无出入。

以比敦煌开元本与今本唐律校勘结果,可云二者实是一书。(省文及异字,只成另本,不成别书。)吾人所不知者,《永徽律》与《开元律》者,一乎二乎?易言之,抑《永徽律》自《开元律》颁行后,而遂失传乎?抑《开元律》即承写旧有之《永徽律》而无所改乎?

三

予谓今本唐律,实是《永徽律》,唯其所据原本,乃开元时写本,亦或即系开元二十五年颁行之本,亦未可知。而开元时实未尝修律,其所重颁之律及律疏,即永徽旧本,不过于字讳名物,在当时"文有不便者",皆加以修正而已。其说有三。

一，今本唐律，所载长孙无忌等《进律疏表》，其属于《永徽律》也无疑（表中有"乃制太尉……"一语，此"制"字亦开元时所改），表既系永徽时表，律亦自是永徽时律。若必谓永徽与开元律，乃断然两事，而今本之表属永徽，律乃开元，不解当时传写是书者，何故必割截《永徽律》之表，而冠诸《开元律》之首乎？故以此表论之，若非今本所传，固是《永徽律》，不过字讳名物，经过开元人修正；则今本所传，乃是《开元律》，而内容实即是《永徽律》，不独字讳名物外，别无改正，即永徽时之《进律疏表》，亦沿袭而不废也。

二，唐时成文法，有律令格式四者，而改易最繁者为格。《职制律》，"诸称律令式不便于事者，皆须申尚书省，议定奏闻"不言"格"也。永徽以后，重定格式者：龙朔元年诏重定格式，麟德二年奏上；议凤元年诏删缉格式，二年奏上；嗣圣二年，有《垂拱留司格》；神龙元年，有《散颁格》；景灵元年有《太极格》；开元元年有《开元格》；七年有《开元后格》，二十五年有《开元新格》，皆不敢率言修律也。即就开元二十五年之事论之，共加删缉者，总七千九十八条，可见格式为多（律不过五百二条）。予谓开元二十五年，固曾重颁律疏三十卷（敦煌本卷末"刊定法官臣"六行乃其证）。但内容一仍永徽之旧，唯于字讳名称，"文有不便者"，予以修易，其他无所更改。故以颁行之事言之，称之为《开元律》也可；就其内容事实言之，称之为《永徽律》也亦可。《新唐书·刑法志》："二十五年，中书令李林甫又著新格，凡所损益数千条"，未言及律；《旧唐书·玄宗本纪》"九月壬申，颁新定令式格及事类一百三十卷于天下"，亦未言及律。则亦以开元二十五年所新定者，实未尝有律耳。

三，唐人对律令章则，最为重视，凡有重要改革，大半可考。如㈠十恶始于开皇，大业中改为八，武德时又复为十（《名例》六）；㈡指斥乘舆，情理切害者,入大不敬,旧律本作言理(《名例》六);㊂ 加役流者,本是死刑,武德中改为断趾,贞观六年改为加役流(《名例》十一);此见于律疏者也。㊃ 妇人官品,不荫亲属(《名例》十二),中宗时,韦皇后表请:诸夫人不因夫子而加邑号者,听子孙用荫;此见于《通典》者也(卷三十四)。㊄ 在官犯罪,事发去官,公罪流以下勿论(《名例》十六),会昌五年制,苟涉欺诈,不在勿论之限。乾符四年制,五年之后,去任不论,五年内事同见任;此见于《会要》者也(卷三十九)。事之细者,即垂拱间韦方质王守慎修定格式,其律唯改一十四条(《册府》作二十四条),文有不便者,大抵仍旧,(《会要》三十九,《册府》六百十二,《玉海》六十六)。元和二年八月,刑部奏改律卷第八为斗竞(《会要》三十九)。亦无不班班可考。苟开元制律,于永徽律多所改革,而《通典》《会要》与新旧书《刑志》,皆无所载,吾不信也。然则吾人谓《开元律》即是《永徽律》,不亦宜乎。

原载于《新法学》1948 年第 1 卷第 3 期

唐律在中国法制史上及东亚诸国之价值

上、在中国法制史上之价值

唐律在全部中国法制史中,据最高之地位。实以其上集秦汉魏晋之大成,下立宋元明清之轨范。故历朝法典,无与伦比。兹分言之如下:

一、承先之唐律　中国自有史以来,论法之著者,首推李悝《法经》。其后汉有"九章之律"。南晋北齐,皆号明法。而此千余年来之法律思想制度,皆至唐而得一总汇。观唐律各律篇首之疏,对秦汉魏晋间,各篇之增损因革,既叙述綦详;而律内各条文,因袭于前者,亦多可借他书考证。《名例律》篇首疏不云乎?"远则皇王妙旨,近则萧贾遗文,沿波讨源,自枝穷叶";自叙尤明。则秦汉魏晋之律虽无存,实已假唐律而存矣。(唐律,承用汉律者,沈家本有《汉律摭遗》二十二卷,考证甚详,承用其他前代律者,尚待研究。)

二、启后之唐律　唐律自永徽疏成后,遂为历代词律之准绳。其脉传之迹,较其所以集前代之大成者尤显。盖五代六十年,率皆沿用唐律:后梁之《大梁新定律令格式》、后周之《同光刑律统类》,其律皆仍唐之旧。后周之《刑统》,亦止"申画之一规",别无创作。后晋后汉尤无论。宋初沿用后周《刑统》见之史册。建隆四年,重定《刑统》。全部实为唐律,后虽渐以敕代律,而律实未见更改。故终宋之世,其律未尝离唐律范围。元初循用金律,而金律者多承于辽,辽律即唐律也。其后颁《至元新格式》,列目二十,其面目始稍变,而犹同于唐者九。其异者十一,大体在命名分章。至八议十恶官当之制,皆仍唐也。明律尤直承唐律。李善长等议律,谓"今制宜遵唐旧",见《明志》。而太祖尤倾心唐律:洪武元年,命儒臣四人,同刑官讲唐律,日进二十条也。明律初发六部为依归,名例居后;继又后用唐律篇目;而最后修订,(洪武二十二年)仍以六部为纲,而以旧律各目,分属其下,其内容十之七八,无改唐律。清律屡经修校,其篇目同明律,而损益甚微。故明清两代之律,其形式固有异于唐,而详考其实,则唐律之规模,盖依然也。暨清末变法,民国制典,西洋法之影响遂著,然史地之环境不移,唐律之迹,终不至荡然无存,当于另文中详述之。耶士卡勒(Escola)有言:"从唐律起,中国的法理专门学问,和法律的准则与解释,方才开始发展。"又言:"中国司法制度的进化,起始于西历六百五十年。至一千九百一十年,经过一千二百六十年,都进步的很缓慢;并只有轻微的改订而已。"(见杨鸿烈《中国法律发达史》,页三四三)持论虽非尽当,然其于唐律之所以启后开来,所见固甚明也。

综上所述,唐律在中国法制史上之价值,灼然甚明。盖研究中国法者,苟非专攻某一代以为长者,如不能尽取历代法典而详读之,唯有读唐律,可以知历代制法之常之正,而他律可略。不知唐律,但习明律清律,则仅见其变其偏而已,不知渊源本末,未识其刑罚之中,尚无论焉。

下、在东亚诸国的影响

近世比较法学兴,而"中国法系"在世界各种法系中之价值日显。而

"中国法"之中心,固唐律也。故唐律在东方各国之影响,不可不述。兹论之如下:

一、朝鲜　朝鲜法制,至高丽王建立国时(公元918),渐可详考。而其一代之制,大抵仿唐。刑法尤采唐律。盖即于此十二篇中,取其七十一条。虽简易未足资治,而唐律之基础于是定矣。至朝鲜建国(1392),李太祖采用明律,遂为李朝四百余年之大法,即至光武九年(1905),修订《刑法大全》,亦仍参酌《大明律》而成。明律之于唐律,异其面目,而存其精神。则虽皆名离于唐,而实亦不能去于唐也。

二、日本　日本律令之最古最著者,当推近江(668)大宝(701)及养老(718)律令。三者皆直接脱胎唐律。其后弘仁(820)贞观(869)延喜(907)删定格式,举循唐旧。盖自天智天皇(669)至醍醐天皇(907),皆遵唐成制者矣。自幕府掌政,至明治维新,此数百年中,诸藩制法,皆以明律为本。如纪州藩《国律》、新发田藩《在中御条目》、熊本藩《御刑法草书》、弘前藩《刑法牒》、名古屋藩《御定书》,其著者也。即至明治即位,其三年颁布之《新建纲领》,六年之《改定律例》,亦仍无不以《大明律》为蓝本。则此时日本之私淑唐律,正与李朝时之朝鲜同也。

三、琉球　琉球自尚穆时(1786),始有法典,厥名科律。内容全用清律。著律臣自称:"《大清律》四百三十六门之中,所采用之科律,凡一百三条"。日本大藏省所编之《冲绳法制》中,谓科律不过为《大清律》之拔萃缩写而已,殆不虚也。

四、安南　安南久属中国版图,后虽独立,制法仍宗中国。而黎民一朝典章(1428—1777),更复直绍有唐。其载诸历朝宪章类志者,皆可得而征也。自阮氏建国(1778),乃径以明朝律为蓝本。自1909年沦为法属后,则并采用法国律矣。

中国法在东亚各国之影响，既如上述；而唐律者又为中国法之中心，则不独以历史方法治中国法者，必读唐律，而以比较方法治中国法者，盖尤必读唐律也。

原载于《图书月刊》1944年第3卷第2期

宋朝的阿云之狱

在宋神宗的时候,大概在熙宁(1068)以前,山东登州有一个叫阿云的女子,在她母服未除的时候,许聘给一个姓韦的。尚未过门,她嫌这位未婚夫相貌丑陋,趁了他睡在田舍中的时候,带了刀去杀他。可是斫了十几刀,还没有把他斫死,只斫断了他一个指头,官方找凶手不到,怀疑是阿云搞的,把她捉来讯问,将要用刑,她才说出实话。知登州许遵把这件案子申到大理寺。大理寺照"谋杀已伤"罪,判成绞刑。许遵反驳,认为应当承认阿云有"自首"的事实,而予以减二等论罪。朝廷把案子交到刑部。刑部认为许遵的理由荒唐,而大理的判决为合法。不过朝廷很宽厚,特许阿云纳钱赎罪。后来许遵调到大理寺作判,御史台奏劾许遵,说他上次议法不当。许遵不服,说刑部的维持大理寺的判决,是阻塞了罪人自首之路,失了"罪疑惟轻"之义,请交到两制①讨论。于是神宗命令翰林学士司马光、王安石同议。② 二人意见不同,乃各自为奏。司马光支持刑部,王安石祖护许遵。皇帝是看重王安石的,于是采取他的意见,而于熙宁元年(1068)七月癸酉下诏:"谋杀已伤,按问欲举自首者,从谋杀减二等论。"可是很多人不服。御史中丞滕甫请再选官定议,御史钱颛并请罢免许遵。于是皇帝诏选翰林学士吕公著、韩维,知制诰钱公辅三

---

① 宋朝称翰林学士及知制诰为两制。
② 王安石作翰林学士是治平四年(1067)九月的事,神宗已继位了。

人，重行审定。他们三人谓宜如安石所议，于是皇帝制曰可，而原来大理寺、审刑院和刑部里判原案的法官皆获罪。可是法官齐恢、王师元、蔡冠卿等群起抗议，说吕公著等的议论不对。于是皇帝叫王安石和这几位法官反复论辩，师元等始终坚持其说。皇帝不得已，采取了一个折中办法，于二年(1069)二月庚子下诏："自今后谋杀人已死自首，及按问欲举，并奏取敕裁。"而判部刘述、丁讽，认为这一道诏书内容不完备（"奏庚子诏书不尽"），不予发表，把它原封退还中书。这时王安石已任参知政事，也上奏折说这一道诏书没有必要。他和唐介在皇帝面前，为这事争辩了许多次。最后皇帝还是听了安石的话，于二月甲寅①下诏："自今谋杀人已伤自首，及按问欲举，并以去年七年诏书从事。"而收还了庚子的诏书。可是判部刘述等始终反对，要交到两府②合议，中丞吕诲、御史刘琦、钱颛皆请如述所奏。皇帝认为"律文甚明，不须合议"。而曾公亮等皆以博尽同异，厌塞言者为无伤。乃以众议付枢密院：文彦博和吕公弼都主张不用自首，而陈升之和韩绛则附和安石。可巧富弼入相，皇帝令弼与安石议。弼劝安石接受大众的意见，安石不可。弼乃辞病不议，久而未决。到了八月中，皇帝下诏，"谋杀人自首，及按问欲举，并依今年二月甲寅敕施行"，并诏开封府批官王尧臣劾刘述、丁讽、王师元以闻，述等皆贬。司马光又上奏争辩，皇帝不理。王安石的主张得胜之后，司勋员外郎崔台符举手加额，说"数百年误用刑名，今乃得正"。安石喜其附已，明年六月，擢大理卿。后来到元丰八年(1085)，哲宗继神宗即位，司马光再度为相，重申前议。十一月癸已，皇帝下诏："强盗按问欲举自首者，不用减等。"这一桩公案，于是又被扭转过来，距离熙宁元年七月的诏书，已是十

---

① 距庚子十五日。
② 宋朝称中书省和枢密院为两府。

七个年头了。①

现在再把这件案子的法律问题、其有关条文和各方面的争执要点,略述如下。

第一,阿云是在母服中许聘姓韦的,那么他们二人之间,有没有夫妻关系的存在?如认其有,则依唐律②《贼盗律》谋杀期亲尊长条,"诸谋杀……夫……者皆斩",阿云应处斩刑;如认其没有,则是凡人相杀,依同律谋杀人条,"诸谋杀人者徒三年,已伤者绞,已杀者斩",应处绞刑。而一是十恶,一不是十恶,二者的分别尤大。至于母丧未除的影响,依《户婚律》居父母夫丧嫁娶条,"诸居父母及夫丧而嫁娶者徒三年……各离之",且违律为婚,不但构成依法应离的条件,并且根本否定其夫妻关系之曾经存在。不过阿云虽已许聘,并未过门("许嫁未行"),依《名例律》,十恶条,四曰恶逆句疏:"定婚夫唯不得违约改嫁,相犯并同凡人。"当时只成立了一种不合法的契约关系,根本没有构成二人间的夫妻身份。而许遵当时强调"纳采之日,母服未除,应以凡人论"的,是否因为在宋朝,已经是把已婚未婚之夫,同作杀夫论罪?③ 所以必须引用"居丧嫁娶"的条文,才能替阿云开脱?然而,纳采和嫁娶,显有不同,许遵把二者混为一谈,多少不免牵强。但是当时大家讨论这件案子时,对于这一点,都并没有多少争辩。

第二,阿云在"欲加讯掠"之时,方才吐实,这样算不算自首?《名例律》,犯罪未发自首条:"犯罪未发而自首者原其罪……其知人欲告,而自首者,减罪二等坐之。"律疏加以扩充,说:"及案问欲举,而自首陈,各得减罪二等坐之。"许遵说"被问即陈,应为按问",因之主张为阿云减罪二

---

① 以上据《宋史·刑法志》,《通考》,沈家本《律令考》及《寄簃文存》。
② 宋朝是全部施用唐律的。
③ 在清朝是如此的。

等。实则"寻绎律意:'罪未发'是未告官司也;'案问欲举',是官吏方兴此议,而罪人未拘执到官也;故得原其悔过之心,以自首原减。若阿云之事,吏方求盗未得,是已告官司;疑云执而诘之乃吐实,是官吏已举,罪人已到官;未有悔过情形,按律本不成'首'。许遵删去'欲举'二字,谓被问即按问……卤莽灭裂甚矣"①。但是仗着王安石的政治力量,许遵的理论,毕竟全胜,于是当时问狱的习惯,据《宋史·许遵传》所说,"虽累问不承者,亦得为'按问'。或两人同为盗劫,吏先问左则'按问'在左,先问右则'按问'在右。狱之生死,在问之先后,而非盗之情。天下益厌其说"。

第三,唐律中的自首,不是没有限制的。《名例律》,犯罪未发自首条说:"其于人损伤,不在自首之例。"律注说:"因犯杀伤而自首者,得免所因之罪,仍从故杀伤法。本应过失者,听从本。"律疏说:"假有因盗,故杀伤人,或过失杀伤财主而自首者,盗罪得免,故杀伤罪仍科;若过失杀伤,仍从过失本法。"那么于人已有损伤的阿云,纵使认其为有自首的事实,而在法律上,是否还可以依法予以减免呢? 在前面按问欲举的问题里,许遵的意见,本来站不住,可是被大家轻轻地放过,于是这一个遂成了本案中主要的,和争执最烈的问题了。

刑部的意见,认为根据上面的条文,和法司及刑部一向的成例,凡是谋杀已伤,从来不许首免。因为律注所称"因犯杀伤",乃指"别因有犯,遂致杀伤",至于谋杀,则"始谋专为杀人,即无所因之罪"。所以不承认阿云有自首的条件,而判她以谋杀已伤的绞刑。

许遵则认为阿云因为谋杀姓韦的,才把他伤害,所以"谋杀"是她伤害的"所因"之罪。她现在既已自首,则其判刑,应当从谋杀上减二等论。王安石是以全力支持许遵的。他说,杀伤的罪名不一,有因谋,有因斗,

————————
① 沈家本:《寄簃文存》四,页十七。

有因劫囚等等，这都是杀伤之"有所因"。《刑统》①的意思，唯过失与斗，当从本法，其余杀伤，全都应该得免所因之罪。他说，"法寺邢部，以法得首免之谋杀，与法不得免之已伤，合为一事，其失律意甚明"云云。

司马光是支持刑部的传统解释的。他推原立法本意，谓犯杀伤而自首，得免所因之罪者，"盖以于人损伤，既不在自首之列，而别因有犯，如为盗，劫囚，略卖人之类，本无杀伤之意，而致杀伤人，虑有司执义，并不许首，故申明因犯杀伤而自首者，得免所因之罪。然杀伤之事，自有二等：其处心积虑，巧诈百端，掩人不备，则谓之'谋'；直情径行，略无顾虑，公然杀害，则谓之'故'。谋者重，故者轻。今因犯他罪，致杀伤人，他罪得首，杀伤不原。若从'谋'杀则太重，若从'斗'杀则太轻，故参酌其中，从'故'杀伤法。其直犯杀伤，更无他罪者，惟未伤可首，已伤不在首限。今许遵欲以谋与杀分为两事。按谋杀故杀，皆是杀人，若'谋'与'杀'为两事，则'故'与'杀'亦为两事也。彼平居谋虑，不为杀人，当有何罪而可首者？以此知谋字止因杀字生文，不得别为所因之罪。若以认斗与谋，皆为所因之罪，从故杀伤法，则是斗杀自首，反得加罪一等也"。

上面这段争议，明明是司马温公一派有理，安石以怙势而胜，不足为训。至于"因"字的解释，沈家本说得好："因者由也，谋之所由生也。所由必有事，世有无事而造谋者乎？阿云嫌夫貌陋，其事也，因也，有嫌夫之心，而始造杀夫之谋，谋非所因，明甚。"②这个分析，比司马温公所说，更为明白透澈。当时如有人如此说出，我想对方很难提出有力的反驳。不过当时的争辩，主要的似乎还是一种政治上的角力赛，所以双方都提出来非常广泛和复杂的论据（Arguments）。不然的话，传统方面只要从

---

① 《刑统》是宋朝的刑法典，内容是以全部唐律，加上历朝的敕诏而成的。
② 沈家本：《文存》四，页二十二。

"按问欲举"四字上着眼,认定阿云的供词,是在按问"已"举之后,而不是在"未"举之先,这样岂不根本推翻了自首问题的先决条件？然而当时他们为什么不这样作,我实在不懂得。

原载于《军法专刊》1953 年第 2 卷第 5 期

清代考试与任官制度

一

中国固有法律中,最发达的是两部分:一是刑法,一是官吏法。对于中国过去的刑法,言者已众。现在略谈一谈中国的官吏法。

中国的吏治(Bureaucracy),不能说是世界上的最古的(古埃及也是一个吏治国家)。但是现在世界上尚存在的具有历史性的吏治成规(Tradition),和有系统的吏治文献,实在没有比中国再早和再完全的了。这是我们在人类文化史上光荣的一页。我们的考试制度,曾经直接地影响了英国的人事制度,根据现有的证据,已不容怀疑。[①] 西方有名的学者,对中国在吏治上的经验,有了解而知道尊重者,亦日见其多(如 Max Weber、Toynbee、Sorokin)。

中国的吏治,自秦汉以来,已成整个国家里政治生活的枢纽,到了清朝,经过一千余年的发展,而形成了非常有系统的制度。其中最重要的部分,当推考试和任官。

许多典章制度,到了清朝,不但有充分的发达,而可说是发达过分:种种不需要的复杂、无意义的区分,把一个明白清楚的系统,反弄得纷乱模糊。我现在把清朝的考试和任官制度,就其整个体系和主要的重点,

---

① 参邓嗣禹:《中国考试制度西传考》,《哈佛大学亚洲研究》季刊七卷四期。

加以叙述,其中复杂麻烦而无关紧要的细节——如职分文武、缺分满汉等各成一套——则一概省略,以求概括的举其要点。

二

清朝的考试,通称"科举",其考取者或授予以官职,或承认其资格。这是从隋唐以来,经过宋元明三朝,一直在施行不废的制度。这个制度,和过去中国人的生活思想,打成一片。所以"秀才""举人""状元""翰林"等等,是以前每个妇人孺子都能衡量分辨的身份。现在把各种考试,分别说明如下。

(一) 岁考科考

各省"学政"(俗称"学台"),在各府及直隶州,设置试场(俗称"分棚考试"),每三年之中,分别举行一次岁考,和一次科考,考试各府州县学生。"岁考"的目的,在考取"童生"进学,和考察已经"进学"的"生员"之勤惰;"科考"的目的,则是次年"乡试"的一种预备考。

凡参加岁考的童生,必须是在当地有籍贯,三代身家清白,非倡优隶卑及贱役之家,①并不居父母丧者。由同考五人互结,并同县廪生一人认保,如有冒籍、冒姓、匿身、倩替、出身卑贱者,廪保同罪。先经一次"初试"("县考"),后经一次"复试"("府考"),然后才参加"院试"("岁考"或"科考")。每试三场,逐场淘汰。② 各州县每岁考所取的名额,依其人口

---

① 理发者为贱役,修脚者否;抬轿者为贱役,挑水挑柴者否。
② 考场十分严密,入场先行搜检,四隅置设瞭望,考完出场,三十人开门一次,日落时出尽,不继烛。

多寡，由二十人至四十人不等。童生在岁考中被考取者，称为"附生"（正称"附学生员"），俗语谓之"进学"。

已进学之附生，每逢岁考，除非已进学三十年，或年满七十者，必须参加。考的好者，升为"增生"（正称"增广生"）或"廪生"（正称"廪膳生"），不好者，由廪生降为增生或降为附生，甚至于"扑责"或"黜为百姓"。廪生每年有"廪饩"银四两。廪生增生，皆有定额，每州县各由二十人至四十人不等。应"补廪"而无廪缺者，可以"候廪"，应"补增"而无增缺者，仍居附生。廪增附同为"生员"，俗称皆谓之"秀才"。

"科考"在每次乡试的前一年（寅戌己亥）举行，考取列一二等者，由学政册送乡试，其余不准乡试。其未经科考的生员，得于乡试时，临时补考，谓之"录遗"。

秀才屡考乡试而不中者，或学行兼优、或食廪年深，学政可收之"入贡"，是一种补救办法，其详见下节。

秀才比一般平民，有高一等的身份。他戴九品的顶子，例免差徭。违犯了禁令，其情节轻者，地方官行文当地教官（教授、学正、教谕）责惩，重者先申请学政黜革其功名后，然后才能治罪。他们在堂上不用下跪，地方官不许打他们板子。中国过去一向有意识的抬高知识分子的身份，这是其中非常有效的一个方法。

（二）贡生监生

"监生"名义上是"国子监"（亦称"太学"）的学生，"贡生"名义上是"贡"于国子监的生员。但是事实上后来都只是名称而已，和国子监没有任何实际关系。

"贡生"有六种，岁、恩、拔、优、副、例。"岁贡"者，学政取各府州县廪生中之年资最深者，挨次升贡。府取岁贡一人，州三岁二人，县二岁一人。"恩贡"者,值国家有庆典,以本年岁贡之人作恩贡,而以其依次待贡者作岁贡。"拔贡"者,每十二年(酉年)一举,由学政于所考取之一二等生员中,选文行俱优者,至京应朝考。每府二人,州县各一人。"优贡"者,学政于三年任满时,择"廪增"中之文行兼优者,送礼部考试,依省份大小,每省自一二名至五六名不等。但事实上因无录用之条,大多都不赴京报考。"副贡"者,乡试之考取副榜者。"例贡"者,则为出资捐纳之功名。故"恩拔副岁优"谓之五贡,由此出身者,亦仍谓之"正途"①,而拔贡每十二年一拔,优贡每三年每省只五六人,很受人重视,甚或在举人之上。

拔贡到京,由部奏请"朝考",取分三等,列名一二等者,于保和殿复试。取录者或以"七品小京官",分部学习,或以"知县"分发各省试用。其余愿以"州判"用者,掣签分省试用。愿就教职者,即交吏部注册铨选。其朝考未取及殿试落第者,亦得赴吏部,呈请就"教谕"或"直隶州州判",听候铨选。优贡之授职,亦如拔贡,唯仅有朝考而无殿试,优者得以知县,俟三年后掣签分省试用。嘉庆以后,五贡遇乡试之年,皆得具呈就职就教。

"监生"有四:恩、荫、优、例。"恩监"由八旗汉文官学生或圣贤后裔考取。"荫生"分恩荫、难荫二者。"恩荫"者文武大臣,俱送一子入监。"难荫"者,殉难臣工,得荫一子入监,不限品级。"优监"者,学政于任满时,选附生未补增廪之优者,报者入监。"例监"者,纳资而得之初步功名,依其纳资参寡,有得报考乡试者、有不得报考乡试者。监生身份,最初与贡生相近而略逊,故"贡监"并称,而其考职授官之法,亦多相类。晚年例监为捐纳入官必由之路,"监生"即表示捐班出身,士林所不齿矣。②

---

① 但不为"科甲",科甲限于进士及举人。
② 捐监之犯罪者,地方官可随时勾销其捐状而笞责之。

"贡、监"仍可乡试,由国子监考录后,册送顺天乡试。其在籍者,则由学政科考后,册送各省乡试。但贡生多为屡发乡试不中之人,率多无意进取;监生则以捐纳出身,更少有人下场了。

(三) 乡试

"乡试"三年一次,逢子午卯酉年(八月)由皇帝选派"主考",至各省会举行。遇有国家庆典,例外举行者,谓之"恩科"。名额各省不一,最少的四十名(贵州),最多的九十六名(江西、浙江)。另有副榜,名额为正榜五分之一。考取正榜者,谓之"举人"称为科甲出身。其名列第一者,俗称"解元"。取副榜者,谓之"副贡",已于上节说明。各省参加乡试者,由学政考送(科考),每一名额,大省准送八十人,中省六十人,小省五十人。副榜一名,准送二十人。

凡中举者,得应次年之会试,应会试三次不中者,得具履历,加六品以上同乡京官之保证,申详吏部,听候"大挑"。大挑每六年举行一次,一等用"知县",二等用"学正""教谕",到吏部注册候选。

(四) 会试

"会试"于乡试之第二年(辰戌丑未)三月,在京由礼部举行。名额无定,每次依乡试"中式"人数,由皇帝临行定之,大率为三百数十名,最高者为雍正八年(1730)之406名,最低者为乾隆五十四年(1789)之九十六名。取中者,全部参加殿试,由皇帝亲定最优者之名次,其在会试时考取第一名者,俗称"会元"。

(五) 殿试

"殿试"于会试发榜(四月十五)后十一日(二十六日)行之。五月一日发榜,谓之"传胪"。全部人员,分为三甲。一甲三名,二三甲无定数。一甲称"赐进士及第",二甲称"赐进士出身",三甲称"赐同进士出身",皆"进士"也;俗亦统称"翰林"。此外一甲一至三名,亦称"状元""榜眼""探花",二甲一名,亦称"传胪",皆明清旧称也。乡试会试殿试连取第一者,谓之连中三元,有清一代,乾隆四十六年(1781)之钱棨(江南),嘉庆二十五年(1820)之陈继昌(广西),二人而已。

殿试之后,状元授"翰林院修撰"(从六品),"榜眼""探花"授"翰林院编修"(正七品)。二三甲以下,经"朝考"后,优者入翰林院"庶常馆"为学,称"庶吉士",食七品俸。三年后,再经朝考,二甲授"编修",三甲授"检讨"(从七品)。其余不入翰林者,则为六部"主事"(正六品),或"即用知县"(正七品)。进士中之非庶吉士者,为六部之"额外主事",亦有任国子监"学正""学录"(并正八品)或府州县职者。①

前清科举之制,有最大弱点,为其限于七百字之"八股文"、五言八韵之"试帖诗",形式僵化、内容空虚。所谓"诗赋只尚浮华,而全无实用,明经从事记诵,而文义不通,习非所用,用非所习"②。后人每谓清朝之维持八股,乃一种愚民政策,用心在断丧人才,钱宾四先生说:"任何一个制度,很难说是由一二人所发明。八股在明朝已推行,未必用意刻毒。不过其目的虽在录求人才,而人才终为此消废。任何创制度的人,纵使存心公正善良,也可有偏弊、有流害。"③所说甚是公正。法国的工业教育,一向注重考试高级数学,费尧(Henri Fayol)大攻击之,说这是教师的懒

---

① 以上参据《大清会典》《清史稿》及织田万《清国行政法》。详载考试一切条款者,有每三年一刊之《科场条例》,及《学政全书》两种官书。
② 《清史稿·选举志》三,2页。
③ 钱穆:《中国历代政治得失》,98页。

惰,因为教学答案易定标准、卷子容易评判的缘故。①明清两代之用八股和试帖作考试科目,我们未尝不可作如是观。

科举之优点,在其为绝对公平的公开竞选。前清科场,不能说完全没有毛病,但从制度上看,则其所以防范杜禁之者,可以说实在尽了人类能事。考生入场,先要搜检夹带,后用"号军"看守。考卷写完之后,由"受卷所"以其不合格式者,马上剔出。合式者由"弥封所"黏纸遮盖考生姓名及座位号数。再由"誊录所"把原来用墨笔写的卷子,用朱笔另行抄写,再由"对读所"校对清楚。所有参加试改的"内外帘"官员(提调监试为外帘,主考同考为内帘),上自主考,下至门房及洒扫夫役,全是临时选委。考官作弊,被论斩、充军、革职者,其例甚伙。这样层层设防,唯一目的,就在保障公开竞争之真实。考试既如此认真,所以考试的内容,纵然不好,而真正人才之从科举中出来的,还是不少。因为就是八股试帖,要作的好,也还是需要智慧和勤学的。所以以前科举的内容,固然消磨了许多人的许多光阴,可是科举的方法,仍旧选拔出来不少"文武干济,英伟特达之才"。

科举的第二个优点,是把考试和任用,连锁起来。考试等第和官职品级的配合,上已略述。考进士的,前几名马上就进翰林,次一点的,三年之后,也就进去,如肯屈就知县,双月选五人,单月选四人,二三年中总可得官。举人要取得任官资格,须要等待六年一次的大挑,然取额较宽,照例二十人中取十二人,一等三人,以知县"试用";二等九人,以学正教谕(并正八品)铨选。而用知县者,得"借"补府经历(正八品),直隶州州同(从六品),出路也就较宽了。

尤其是进士翰林这一级,有一个好出身,保险将来作大官,而事情清

---

① 参阅《费尧管理术》,96—102页。

闲，一面读书修学，一面获得许多政治知识，即使放到外省作主考，也是旅行各地，多识民间风俗、多认识朋友，如是多年，才正式当官任事。因之许多政治家学问家，都是从翰林里出来，钱宾四一再称赞这一个政府故意栽培人才的好制度。①

科举还有第三个优点，就是国家控制了考试而可以不再去控制教育。中国古制，虽有政府办的学校，但后来考试制度发达，学校遂有名无实，而教育完全成了民间自治的事项。但是国家掌握着考试，考试要求什么，民间教育就会准备什么，间接地还是控制着了教育，实不失为一个执简驭繁的办法。西洋有些国家，政府只管考试而不管教育和这个制度，倒颇有暗合之处。

三

前清的官制官规，历年久远，变嬗繁多，可称五花八门，尽光怪陆离之致。晚年保举捐纳盛行，而吏规尽坏。然其强盛时间的优良制度，值得我们研究参考的，还是不少，兹略述之如下。

（一）官制（组织）

前清官制，最值得我们注意的，即其在一致性（Uniformity）之中，充分的容忍个别化（Particularism）。譬如各部，在中央是吏户礼兵刑工六部，而在东三省则不设吏部；中央各部有尚书，东三省则只设侍郎。同为总督，有辖一省者（直隶），有辖二省者（闽浙、两广），有辖三省者（两江）。各省份有总督巡抚并设者（两江总督之下，有江苏、安徽、江西三巡抚），

---

① 钱穆:《中国历代政治得失》,97页。

有使总督兼任巡抚者(直隶、四川),有只设巡抚不设总督者(山东、山西)。各省皆设布政使("藩台")一员,而江苏独设二员(江宁、苏州)。各省皆设按察使("臬台"),而新疆则由分巡道兼之。同为道员,有管辖全省者(督粮道、盐法道),有限于区域者(分守道,分巡道),即分守道及分巡道,又有兼职及不兼职者(山西雁平分守道、直隶霸昌分巡道,皆无兼职),而兼职者,或兵备道、或河道、或驿传道、或茶马道,又皆因地建置,极不一致。各府例与首县同城(如江宁、保定),而亦有不同城者(贵州恩州府、广西泗城府)。而各机关之内部组织,更多因地不同,如各省按察使皆设经历,而有四省不设(皖湘甘贵),其设知事者仅五省(赣闽等),设照历者六省(皖闽等),设检校者四省(闽赣),而设司狱者则更因时因地,省置无恒。其他各道署、各盐政、各府之属官,更皆各地情形,繁简不一。可见前清官制,非常注意适合地方性,而一地方之制度,其他地方绝不得轻易援例模仿。

(二)品级

清朝官职的等级,分为九品,每品分正从,共十八级,兹以各级内外官职,择要举例如下。

	京官	外官
正一品	内阁大学士	
从一品	各部尚书,都御史	
正二品	各部侍郎	总督
从二品	内阁学士	巡抚,布政使
正三品	副都御史,大理寺卿	按察使
从三品	光禄寺卿	盐运使
正四品	鸿胪寺卿	道员
从四品	侍读学士,侍讲学士	知道

续表

	京官	外官
正五品	各部郎中,六科给事中	直隶州知州,府同知
从五品	各部员外郎	知州
正六品	各部主事	府通判
从六品	翰林院修撰	布政使经历,州同
正七品	翰林院编修,大理寺评事	知县,府学教授
从七品	翰林院检讨,内阁中书	州判
正八品	国子监学正	府经历,县丞,学正,教谕
从八品	翰林院典簿	布政使照磨,训导
正九品	各部笔帖式	府同知,县主簿
从九品	刑部司狱	巡检,库大使
未入品	翰林院孔目	典史,仓大使

品级之作用有四:① 表示各职务之轻重;② 限定任职者之资格;③ 表示各职务相互间之上下关系;④ 作一切任职者升降转调之基础。

(三) 任期

清朝官吏任职,几无不有一定之任期。如各省"学政",法定三年一任。边地及水土恶劣地方官员,分别以二年三年为一任,期满即升;各学教习(国子监),三年期满,引见叙用;礼部"儒士",三年期满,以检校、典史选用,此皆明文规定者。此外所有内外官员,每三年考绩一次,以定升降。名义上说是考绩,事实上则主要的具有任期之作用。职务没有任期,一方面任职者心理不安定,无法认真作事,另一方面,政府无法作合理的升降转调,以重用贤能和淘汰昏朽。"人事上没有合理的动态(Turn over),组织不能健全;职务不定任期,人事不能有合理的动态。" 欧美学者最近一二十年研究人事行政所认为最基本的原则,中国吏制,在二三百年前,已经很认真地去施行了。

（四）升转原则

前清各种官职，都有一定的升转程序。现任某职者，将来可以升任何职，某职出缺，应以曾任何职者升补，一切都有规矩。这是前清官制中最精彩的一部分。例如内阁大学士，由尚书升任。各部尚书侍郎，以其他部之尚书侍郎转补。总督以左都御史、侍郎、巡抚转补。巡抚以左副都御史、府尹、布政使（非本省）转补。布政使必以按察使升任。按察使以道员、运使升任。道员以郎中、知府升任。知府以员外郎、同知升任。郎中以员外郎、内阁侍读升任。直隶州知州以知州、知县升任。我们从这里看，前清官吏升迁，非常注意内升外转。所以京官之居高位者，一定有充分的地方经验，地方官之负重任者，一定相当地明了中枢政策。其中布政使必以按察使升任，本省布政使，不能升任本省巡抚，各部侍郎不能升本部尚书，都是非常硬性的规定。

为贯彻上述的原则，清朝还试用过许多内外互调的方法。康熙中以翰林官外放道府的例子很多。乾隆中定科道①三年升转一次，这是内官外用的。外官内用的，有所谓"行取知县"，是以贤良的知县，由大臣荐举，内升御史。但是这许多方法，都不太成功，全没有能够施行多久。

（五）各种"缺"的特殊要求

清朝官制，有许多员缺，或定有资格上的限制，或定有任用时的限制。大概上者是注意业务的特殊性，下者是注意地方的特殊性。

资格的限制，例如：① 正印官、京官、监察御史，限于正途出身（捐纳

---

① 科谓六科给事中，道谓十五道监察御史，合称"科道"。

及胥吏出身者否）；② 翰林院、詹事府、吏礼二部官员，限于科甲出身（非进士举人者否）；③ 布政使限于曾任按察使者；④ 直隶、江南、浙江三省学政，限于翰詹侍读赞善以上人员；⑤ 顺天及奉天两府尹丞、京府京县，限于汉人；⑥ 刑部司官，限于非汉军人。宗室缺、满洲缺、蒙古缺等等其例尤多，兹不缕举。

至于各缺的任用限制，例如各道府州县等缺，依其任授的方法分为六种。"请旨缺"者，由皇帝选派，如冲烦疲难之道府是也。"拣授缺"者，由吏部选合格者二人，拟正陪引见，由皇帝拣选中一人任之，如直隶之热河道林口道是也。"题授缺"者，由督抚提出人选，题奏皇帝，请求任用，如直隶之通承道、清河道是也。"调授缺"者，由督抚以同省官吏，奏准皇帝，相互对调，如甘肃之镇迪道、福建之莆田县是也。"留授缺"者，该缺本应部选，但因特别事故时，即由督抚遴员补授，如佐杂教职盐官之要缺是也。"部选缺"者，由吏部铨选之谓，其详见下。

各地方员缺，又有腹俸、边俸及水土恶毒之分。"腹俸"（一般地方）之地方官，五年无过失，例得迁擢。"边俸"（分"烟瘴"及"苗疆"）或"同边俸"（分"沿海"及"沿河"）之地方官，三年期满"即升"；"水土恶毒"者，不俟三年"即升"。

（六）任官

清朝任官方法，可分五种，略述如下。

1. 特简

由皇帝择人任使，不限资格，不拘员缺，无任何限制。可云最大之任使权。然有清十代皇帝，从来没有使用过一次。

2. 开列

大员出缺时，由吏部（后为军机处）就合乎资格之人员，依补改调转升之次序,列名题奏请旨。"补"者,该员原任职务,因故离职,如回避、丁忧、终养、告病、现可复职者是也。"改"者,以同样职位,改迁其他机关,如五部尚书改吏部尚书是也。"调"者,以同样等级,改任不同职务,如宝泉局大使,由户部笔帖式调用是也。"转"者,在同一机关内,升任同等级而次序较高之职,如右侍郎转左侍郎、侍讲学士转侍读学士是也。"升者",进级任用,如侍郎升尚书、巡抚升总督是也。开列之缺,多属一二三品大员,亦有道府要缺,如上述"请旨缺"者是也。

3. 部选

京官司官以下,外官道府以下,除特定之缺,一律由吏部铨选。铨选者,以具有资格之人员,列名于册,俟有适合之职位出缺时(升降回避丁忧死亡等),依其先后班次任之,同班有数人者,以掣签定之。而各种班次之规定,乃一非常繁杂之制度,如候选人有满员汉员之分、月份分单月双月或双单月不分。选缺分即选、正选、插选、并选、抵选、坐选等等,名目繁多事例琐碎,非久主其事者不能明也。兹略举汉员铨选之班次,以示大概。① 不拘双单月,不入班次者(即在月选班次之先),为奉旨即用、裁汰别补(原机关裁撤者)、扣除别选(已被选取而因故另选他人者)、亲老改补近省、服满坐补原缺、指定某部某省人员。② 单月不入班次者,为回避别补(原已选补为回避离职者)、病痊坐补(原缺)。③ 依原选月不入班次者,丁忧过班人员(因父母丧漏选者)。④ 双单月皆有班次者,为学习进士(殿试分六部学习者)、散馆庶吉士(入庶常馆三年后任职者)、进士、举人、俸满边俸(边俸腹俸年满者)、教职(教职之达一定年限者)、捐纳、明通(?)。⑤ 双月班次("大选"),为荫监(以亲荫入国子监者)、教习(成安宫、景山学任教习者)、肄业(恩拔副贡入国子监者)、议叙(修实录,及编书有功人员)、就职(五贡于乡试年具呈就职[?])、考职(贡监生于乡试年至吏部考试授职)、役满(书吏,吏攒五年役满得主考任职)。⑥单月班次("急选"),为行取(知县调任御史)、外转(京官外放道府)、服满(守制满二十七月者)、开复(降职留任,三年开复,革职留任,四年无过开复)、降补(降级任用者)、七品京官拔贡考优者授七品小京官、监场期满等,皆按班序选。

用人以班次签选之法,始于明之万历(1573—1619)。以最需理智之用人,付之于毫无理智之抽签,其欲为事为地择人也难矣。而主其事者,更未必全无弊病。然在承平之世,人多职少之时,此亦未尝非无办法中之一办法。而其各种班次及不入班次之班次,内中尤包涵许多年的人事行政经验,我们未可视为毫无意义而予以一笔抹杀也。

4. 奏荐

京官之任用,除上述"开列"者外,多为奏荐,分拣授、推授二种。"拣授"者,由吏部拟正副二人,呈皇帝拣之,如国子监之满员"司业"、钦天监之"监正"是也。"推授"者亦如拣授,唯不限于二人,如国子监之汉员"司业"、钦天监之"监副"是也,大概拣授重才干,推授重年资。至于各部司官以下官员,皆由本部堂官,择属官数人,保送吏部。由吏部引见,择取一人,形式略同推授,唯其本部堂官之选拔权较大耳。

5. 题调

各地方官员之不归吏部铨选,皆由督抚选拔(故俗称为"内选""外补"),分题补及奏调二者。"题补"者,督抚自候补人员中,选定当任某缺,而题请任用之意。"奏调"者,拟以甲乙二人对调,奏准而后施行之意。至于在各督抚之下之候用人员,俗分即用班及候补班二者。"即用"者,皆新取进士,殿试后分发各省"即用"者是也,然一时未必有缺,故事实上仍在候补。故"候补班"分即用、尽先候补、候补班前、候补班前先、新海防、拔贡候补、优贡候补、大挑候补等。而在清季末年,实际上补缺者,以专由捐纳而得之"新海防"为最捷,由保举式捐纳而得之"候补班前先"次之。由进士出身而得之"即用"又次之。则以督抚用人,理论上为事择人,故可不受班次之严格限制(当然亦不能完全不顾)。甚至可以"署理"名义,使用资格不合之人;而各种"差缺"之名目繁多,如洋务局、厘捐局、学务处等等,随时可差委候补之人充任,更不受各种实缺之限制,此皆官制官规上之大漏洞,而不见之于铨选法例者也。

(七) 考绩

清制三年考绩一次,考京官曰京察,考外官曰大计。逢计察之年,是月内外官均再停升补,俟考核具题命下后,再接班升补。

"京察"逢子午卯酉年举行,三品京堂,由吏部开具事实。具奏候旨("列题"),四五品京堂,由特简王公大臣验看引见("引见"),余官由吏部会大学士、都察院堂官、吏科给事中、京畿道监察御史,会同审核,具题奏请("会核")。考其四格,曰守政才年。"守"分"清""勤""平";"政"分"勤""平";"才"分"长""平";"年"分"青""壮""健";合并考核,列一等者为"称职",加级记名,引见备外用;列二等者为"勤职",列三等者为"供职"。考察其弱点,乾隆时称为八法,曰贪、酷、罢软无为、不谨、年老、有疾、浮躁、才力不及。嘉庆以后,"贪""酷"应随时参革,不待京察,故只余六法。"不谨"及"罢软无为"皆革职,"浮躁"降三级调用,"才力不及"降二级调用,"年老""有疾"者休致。而"不谨"及"浮躁"二者,须详列事实。合受六法之处分者,皆于引见后黜降,谓之"劾"。

"大计"逢寅巳申亥举行,布按二使之治绩,由督抚移牒吏部,具题请裁("考题"),其余各官,由督抚以当升当降者,分列二册,送吏部会都察院、吏科、京畿道考察题复("会核")。成绩分"卓异"及"供职"二者,凡举卓异者,"务期无加派,无滥刑,无盗案,无钱粮亏欠,仓库亏空,民生得所,地方日有起色"。其考卓异者,赴京引见,纪录"即升",常得不次擢用,徇情滥保者罪之。其依八法处分,与京察同。其不入举劾者,自知州知县以上,仍由督抚以守政才年四项,注考具册,咨吏部复定等次,缮册进呈。此外司道年终有密考,州县一年期满有甄别,皆随时考核之法,在察计之外者也。

京察之列一等者,京官限七分之一,笔帖式限八分之一。大计列卓异者,各省皆有定额,大约道府州县限十五分之一,余官限百三十分之一。内外各官,凡历俸未满者①、未及年限者②、革职留任者、钱粮未完者,皆不得膺上考。

(八) 回避

清朝任官,有各种回避,规例甚繁。兹择其最要者列之。

1. 京官之亲属回避,有以下数者

(1) 祖孙、父子、伯叔、兄弟,不得在同一官署任职。皆官卑者回避官高者。官等相同者,后任者回避先任者。唯子孙为堂官,父祖为司官时,父祖回避,否则皆子孙回避。

(2) 母之父及兄弟、妻之父及兄弟、女婿、姊妹之子,亦不得在同官署任职,位卑者避位尊者,唯同为司官,则可不避。

(3) 汉人之任京官者,上述亲属之外,中表兄弟、儿女姻亲,司官应回避堂官。

2. 京官之员缺回避,有以下数者

(1) 户刑二部司官,回避本籍省份所属之清吏司。有例应回避之亲

---

① 内外官初任职皆为"试俸",分别满一年至五年后,始得"实授",自实授到任日起,始"论俸"。
② 如病痊复职,必逾半年,由他处转任,必逾一年。

属,任布政使按察使以上官职者,亦回避其省份所属之清吏司。

(2) 文职京官三品以上,外官按察使以上,不得任军机章京。

(3) 三品京堂以上,外任督抚以上之子弟,不得选御史。

(4) 各道御史,不得任其本籍省份之监察。

(5) 营盐商者,或祖孙父子伯叔兄弟有营盐商者,不得任职户部。

3. 外官之亲属回避,有以下数者

(1) 地方官之部属,不得有① 五服内之亲族;② 父之姊妹之夫及其子;③ 母之父及兄弟、母之兄弟姊妹之子;④ 妻之祖父兄弟、妻之胞侄、妻之姊妹之夫;⑤ 女婿及其子、姊妹之子、孙女之婿;⑥ 师生(乡会试同考官之房师)。

(2) 任地方官者,上自督抚,下至杂职,皆回避本籍、寄籍(流寓他乡,附其户籍者),及邻省五百里以内地方。唯巡抚可不避邻省。清末用岑春煊至广西剿匪,以其为广西人故只能使之"署理"两广总督,此等例外,绝无而仅有者也。

4. 外官之员缺回避,有以下数者

(1) 教授、学正、教谕、训导等教官,只能在本省任职,但须回避本府。

(2) 在直隶省任道府同知以上者,如在任地内有田庄土地者,应予回避。

(3) 汉军旗不得在直隶省任职,唯布政使按察使以上,不在此限。

(4) 督抚布按,与各省学政,有祖孙父子伯叔兄弟关系者,应奏明请示,应否回避。道府亦然,州县不避。

(九) 守制致仕告病终养

清制,汉人官员,凡丁父母忧(及承重孙丁祖父母忧)者,必解职回籍

"守制",二十七个月后,以原官起用。明清以来,视为重典。洪杨时办团练之曾国藩、同治时任军机之李鸿藻,虽朝命夺忧再三,终不受也。此虽属中国伦理思想,但为年轻人开让仕路,其作用亦甚大。"致仕"无一定年限,乾隆时京察之二三等留任官,年六十五岁以上者,皆引见,盖隐寓淘汰之意。"告病"例须验看出结,给假后回籍调治,道府以上,应否回籍,由吏部请旨决定。"终养"者,汉人官员,祖父母父母年七十以上,家无兄弟,或八十以上,虽有兄弟,皆许告归终养,终养后仍补原缺,亦有防奸者以终养离现职,日后设法别谋美缺之弊也。

(十)保举及捐纳

前清任官劣例,莫过于晚年之保举与捐纳。保举与一般之荐举不同。荐举者大臣以其所知人才,荐之朝廷,如陶澍之荐林则徐、吴文镕之荐胡林翼、宗稷宸之荐左宗棠,皆为当时及后人所称道。晚年之"保举",照例因修书、治河、缉盗、劝捐等,事毕上奏,一案辄保举多人,如山东河工,一保即五六百人,顺天赈捐,一保一千三百余人,"耳未闻鼙鼓,足未履沙场,而谬称杀敌致果,身经百战,比比皆然也"。罔上营私,甚为劣政。"捐纳"者,纳钱捐官之谓,在清朝初年,仅可捐空衔、封典、顶戴等虚荣。或贡生捐中书、增附捐教职,尚无伤大雅,晚年则京官郎中以下,外官道府以下之实缺,皆可以捐纳得之。甚至于"革职留任"之处分,"试俸"之限制,"引见验看"之规定,"回避"之拘束,亦皆无不可以捐纳豁免。一切良规,为之打破。有清一代官制,初即谨严,乾嘉之际,尤称得体,晚年属于"洋务"及"实业"之差事,皆由督抚委员派充,而数百年关于地方实缺之规定,失其重要性,保举及捐纳盛行,而整个吏治瓦解矣。

中国的农业社会,一向是安土重迁。不但一般人的心理如此,国家的制度也是如此。我们看唐朝，法律上规定："非营求资（财谓贸迁有无，远求利润），及学宦（或负笈从师，或弃儒求仕），而浮浪他所者，十日笞十，二十日加一等。即有官事，在他所事了，留住不还者，亦如之。"（唐律杂律，浮浪他所条）这一个"人不离乡"的政策，到了清朝的官制官规里，更是特别明显。① 凡是要参加科举的，一定要在本籍投考，就是随亲在外的不回本籍，也不能考试。② 凡是作官的，一定要把父母留在原籍，不许"将亲之任"，最多亲老可以要求改调近省，或辞职归乡终养（父殁后，老母可随子就任）。③ 京官食俸十年以上许省墓，六年以上许省亲，五年以上许迁葬、送亲，或归娶，皆许居乡四个月。④ 丁忧守制，必须回原籍。⑤ 年老致仕，必须回原籍。⑥ 居官告病者必须回乡调治，位在道府以上，方许呈准督抚，留外调治。⑦ 革职人员皆限期回籍，违限及中途迁留者，本人及所在地方官，皆遭议处。

近人学者，有研究清朝人才来源的，统计了九百十五个贡生举人和进士的出身。他们是 52.5％出自城镇，41.16％出自乡村，另有 6.34％出自市镇。而在鲁皖晋豫四省中，出自乡间的，竟超过了出自城市的。如再分析这些人，父亲已有功名的和父亲没有功名的之比例，城乡两方，也几乎相等；城方是 68：32，乡方是 64：36。这说明了中国人才缺乏集中性的事实，也就是说，原来在乡间的，并不因为被科举选择出来之后，便脱离了本乡。中国落叶归根的传统，为我们乡土社会，保持地方人才。这些人物，即便跃登龙门，也并不忘本。不但不损蚀本乡的元力，送往外洋，而且对于根源的保卫和培养，时常看成一种责任，因之，常有一地有了一个成名的人物，所谓开了风气，接着会有相当长的一个时期，人才辈出的。循环作育，蔚为大观。人才不脱离草根，使中国文化能深入地方，也使人才的来源充沛浩阔。

对于中国文化的形成，和中国民族之统一，语言文字之外，这一个人才交流,循环作育的一个事实,其作用之大,是非常明显的。而维持和促进人才的交流,上面所述这些制度,更显然是十分强有力的因素。我们研究清朝政治制度时,这两点事实,皆不宜忽略也。

原载于张其昀等:《中国政治思想与制度史论集》第三册(台北中华文化出版事业委员会1954年版)

民主、法治与制度

民主、法治、制度,这三个名词,在二次世界大战后,差不多在世界上每个角落都成了"时尚"(fashion)。任何一个政府,不管它实行的是属于某一种形态的政治,任何言论家,不管他提倡的是属于某一种思想的理论,没有一个不是在天天讲民主、讲法治、讲制度。但是这三个名词,它们所代表的究竟是什么?这三者之间的相互关系究竟是怎样?倒不是一件十分简单、一目了然的事情,而使我们研究社会和政治科学的人,认为有加以阐明的必要。

一、所谓民主政治,就它在历史上发展的情形而论,是以保障人民的自由和权利为目的,而以使人民选举代表参预政权为方法。但是方法和目的,毕竟是两回事。所以要推行民主政治,必须要实行人民选举,但是只有了人民选举,还不能就算是达到了民主政治。因为必须有待于人民的自由和权利,确实得到了尊重和保障,这个政治才算是真正的民主。

二、民主必讲法治,但法治不一定就是民主。民主是有其确切的内容的:自由和人权是也。法治则不然,它只是一种形式,一种工具:因为同是法治,它所根据的,可能是极不同的法律;它所追求的,可能是极不同,甚至于极端相反的目的。因为所谓法治者无他,只是切实遵守"法律"而已。而"法律"者,也只是一套具有某一种形式的章则,它可能是保障自由和人权的,可能不是保障自由和人权的,甚至于可能是摧残和压迫自由和人权的。商鞅和李斯统治之下的秦朝、希特勒统治之下的德国,就是后一种法治国家的代表。而希特勒执政以前的德国,何尝不是一个高度法治的国家?但是威玛政府执行的法律,是尊重自由和人权的法律,希特勒政权执行的法律,是压迫自由和人权的法律。同一个国家,同一的法治,不但他们民众所遭受者大不相同,而为其国家民族所引致来的后果,更大不相同如此。所以讲民主政治,一定要讲法治。但是只空洞地讲法治还不够,一定要一个"民主"的法治才行。

三、至于法治和制度的关系,这一点更为微妙。因为要讲法治,必须尊重制度,而尊重制度并不一定就是法治。而且,制度这一个名词,其涵义颇为含混。我们有在习惯上沿袭下来的制度,有随时建立起来的制度。这些差别,我们必须一一加以分辨。

一般说来,必须具有一段悠长历史的,才能成为制度。就是说,必须是从习惯上因袭而来的,才是真正的制度。用行动论(现代社会科学里一个新兴的领域)的术语来讲,制度者就是"一个社会中各份子所'内化'(internalized)了的各种社会规律"。就是说,这个社会里的人,在人与人的行为之间,根据他们自然的观点,都一致认为应当如此,而不应当不如此;其如此者,应当得到社会的认可,其不如此者,应当得到社会的制裁,那么,这些就是在这个社会里通行的"制度"。

制度是一个社会之能运行的先决条件,如同社会是人类之能生存的先决条件一样。人类因其生理和其生存环境条件的限制,没有有意识地分工合作,是无法在地球上生存的。而制度就是人类一切分工合作的基本规范。所以,制度就是人类文化的出发点。没有制度,就没有人类文化,有了制度,才有文化,而且,制度愈发达,文化才愈有成就,人类生活条件,才愈为提高。

因此之故,任何社会,多多少少,都有某一程度尊重制度的现象。但是这些制度,不一定就是法治;神治、巫师治、尊长治、族长治,这些和法治极端相反的治术，无一不是一种"制度"，而且有时候是历史非常悠久的制度，而一直被尊重和奉行着的。所以我们上面说，尊重制度，不一定就是法治，就是这个道理。

但是要讲法治，却必须第一先尊重制度。因为法治的目的，是要以法律的规范，代替风俗习惯的规范，作为一切社会行动最基本的、最具有强制性的准则。法治的一个过程，就是要使一种"人为"的、由某一种国家机构"制定"的成文章则，在其影响人民行动的效力上，代替和超过了由于习俗上"因袭"而来的、由人民"内化"了的不成文的章则。所以法治的第一要点，是要法律制度之被尊重。而法律制度之要被尊重，其第一要点，则在政府权力机关之率先尊重它。政府权力机关，如若对其本身所制定之法律制度，率先不尊重，而希望民众能对之尊重，等于卖姜的人，高声说它不辣，而想有人来买，其不可能一也。普鲁士的腓烈大帝，想推行法治，故意说他莫愁宫外老农的风磨太吵他，命令老农不许使用，老农认为他自己的磨，在法律上，要怎样用就怎样用，偏不听他。腓烈要收买，他偏不卖。告到法院，腓烈竟大遭败诉。到今天二百年后，这座"历史风磨"，依然巍立在莫愁宫前，为万人景仰之资。这就是老腓烈表示他怎样尊重法律制度用以推行法治的一个戏剧性的表演。

实在说来，提倡法治和尊重制度之为不可分，也可以说是老生常谈。商鞅在要施行他的"变法之令"之前，先在国都南门立一根三丈的木头，悬赏有人能搬到北门的，给他十两银子。民众认为是开玩笑，没有人肯搬。商鞅把赏金提高到五十两。有一个人搬着试试，马上得到五十两银子。因之下令之后，马上令行于民。这又是一幕尊重法律制度的戏剧表演。

但是，这两个例子，也告诉我们，如若想推行法治而不尊重制度，甚至于破坏制度，其对于法治的反影响，又将是如何的可惜。如若腓烈控告老农,而法院违法把老农的风磨拆除,秦国的老百姓搬木头,而商鞅竟否认他五十两赏金的诺言,那么普鲁士和秦国的法治和富强,恐怕很难成为事实了。

我们近年来力倡法治,但在尊重制度上,似乎未曾加以足够的注意。我们在设法推行种种新的制度之先,未曾对于制度推行后可能遭遇的困难,予以充分的考虑和准备好适当的对策。因之往往在建立一种新制度时,高度地强调其重要性,而在偶尔遭遇到实施时的困难时,马上为了顾全事实而牺牲了制度。我们最近几年才施行的首长任期制度,似乎就是面前一个很好的例子。重要的任期制度都如此,其他次要的制度,还说什么?这样和立木悬赏而故意不予兑现,又何以异?我们在励行法治推行民主政治的路上,对于"轻予建立制度,轻予破坏制度"这一点,实不可不十分重视之也。

原载于《自由中国》1956年第15卷第9期

福利国家的科学意义

一、老题目的新看法

人类之开始有文化生活，必定先有一种最起码的社会组织。所以政治思考——就是说：政治能带给我们的是什么？我们所期望于政治的是什么？——可以说是和人类思考有同样悠久的历史。同时，不管怎么样的一个社会，不管这个社会的基础是怎么样一种文化，只要它具有一种最起码的社群组织，它也就一定有它的一套政治理想。

一个社会的政治理想，也可以说是在这个社会里一时所流行的一切理想的总结论。所以世界上不但许多不同的民族，各有其不同的政治理想；就是在同一个地方的同一民族，在他们不同的时代中，他们所表现出来的政治理想，也随着他们的知识和思想的发展而常常变化。世界上许多文化民族的思想史里所呈现的形形色色的各种国家论、各种法律哲学、各种历史哲学，都是这一个历史事实的最鲜艳的插图。

最近几十年来的政治思考，不管它是属于哪一种思想系统的型范——不管它是宗教主义的、人权主义的，或社会主义的——似乎多多少少都含蕴着一点"福利国家"（welfare state）的意义在内。（至少没有任何一种思考，胆敢正面否认"福利"一类的观念。）就是说，国家——也可以称之为"政府""政权"或"法律"——之所以必须存在者,就是因为唯有靠着有国家的组织,我们人民的福利,才能得到有效的保障,才能获得发展的机会。也就是说,国家组织的真正的存在的理由(raison d'etre),是寄托在人民的福利上面。

不过,"人民"的"福利",这一个名辞,究竟代表的是些什么? 这一个问题,在近年来的政治思考中,似乎尚没有人加以足够精密和足够深刻地探讨。所谓人民者,究竟是哪些人? 是某一阶级的人呢? 是多数阶级的人呢? 还是所有一切的人呢? 所谓福利者,又是什么? 是一个人的物质的生活条件呢? 还是他的精神的生活内容呢? 一个人福利的最高点,当然是他的理想的生活了。然而所谓"理想生活",又是属于哪一个文化的,哪一种哲学的呢? 还是世界上果真有一种统一的、普遍的、不分文化和种族畛域的"生活理想"存在呢?

至少,在过去几十年的政治理论中,有许多一向从来未被认为有问题的观念,从我们现代的学术观点看起来,都多多少少的成了问题。譬如我们过去一向在追求着经济的发展,但是从来没有人注意到这个经济发展的程序,在社会学的意义上,所带来和产生的是些什么结果。我们一直提倡着促进人民的健康,但是我们这个健康的观念,却是属于生理学上的多,属于心理学上的少。我们曾经一心一意地在努力提高人民生活的水准,但是很少人注意到,这种逐日进步的生活方式,对于我们下一代下两代的子孙的生活,是发生怎样的影响。我们只注意到某些人在某种意义下的所谓进步,而没有注意到他们没有得到发展的潜在能力。(把一个天才艺术家勉强训练成一个普通码头工人,这是功劳还是罪恶?)我们过去谈政治,对于思想方式、生活方式,都认为自己所从以出发的那一套的基本观念,都是人类所共有的、千古不易的真理。而哪里体会到,一个思想系统和它当时的社会背景有不可分离的关联? 我们哪里知道,世界上只有在某一时期生长在某一场合的"人群",哪里有什么叫作"人类"的这样一种动物?撇开具体的人群和他们的自然环境于不顾,而泛论某一个"文化系统"之优劣,或者盲目地推崇某一种文化而强迫另一些民族来接受,正好像撇开一个人的身体不论,不管他长短肥瘠,也不管春夏秋冬,随便的从箱子里掏出来一件衣服给他穿,而一定要说这是最合身最卫生的。也好像强迫一个人把两腿两臂截短,把肚子和屁股割小,以来适合他的朋友给他拿来的这一件所谓美丽的衣服。

二、构成社会福利的六种因素

根据近年来各种学科的发展,现代的社会科学家们,认为检讨一个社群的政治建树——就是说,"政治"给这里的人们带来的"福利"是什么?——应当从六个不同的观点出发。

(一)生态学的出发点:生态学(Ecology)的内容,是研究一个生物的生活状态和它的四周环境怎样相互影响。这一个生物学的重要理论,现在在社会科学里,也逐渐成了非常时髦的研究观点。(参阅 Marston Bates: Human Ecology 见 Alfred Kroeber: *Anthropology Today*, 1953, p.700.)生态学家的思考,近年来有一种趋势,他们认为生物现象中,有一种最理想的状态,他们称之为"生态顶峰"(ecological climax):研究"资源保护"者,固然以这个顶峰作为他们的工作目标,研究"社会进步"的,也以这个社会的生活,是逐渐地接近,还是逐渐地远离这个顶峰为断。

什么是"生态顶峰",我在这里引用谢尔司(Paul B. Sears)一段话来作说明。

如若我们假定地球上的各种生物和它的气候,(从我们人类的观点来看)可以说是相当固定的话,我们就可以说,在每个领域里——生物、大地、水、空气——所有各种生物的团体都在代表着一种走向于一个理想界限的变化或阶段。这一个界限是一个安定的顶峰:就是说,生活在一块蒙罩着成熟土壤的成熟地形上,和这一块土地上的气候、动物、植物,保持着良好的平衡……从这一个观点中,我们可以引伸出来一个非常实用的概念,来衡量人类对于他们土地的使用是否适当。因为在自然现象中,这一个"顶峰"所代表的,是生命、气候、地形、土壤四者间用以产生一切维持生命的物体之最有效的相互关系。任何使生物接近这一个理想的动作,都是在增加大地的能力来安定地继续不停地来支持一切生命。任何阻碍或颠倒这一个过程的事实,都是使大地的这一种能力逐渐减少。(见所著 *Life and Environment*, 1939, p. 100)

现在有许多国家,拼命地在讲"开发",拼命地在"提高"他们人民生活的水准,而从来没有考虑到,他们现有的资源,已经贫乏得到了什么程度——现在世界上存余的锡,已经成了稀有的金属,铅也是如此。铜也是一种快用完了的金属。世界上的煤,也许还可以用几百年,汽油则不过几十年。有些地方,连水都成了问题。虽然有些人把希望都寄托于未来的"发明家"的身上,但不知道近年来的发明,都是上世纪已有的重要观念的适用,而并不是原始的重要观念的新发明。现在世界上的大发明家,大多数都在为未来的发明,深切忧虑——从生态学的立场来看,真好像一个贫无立锥的穷人,把房中仅有的余粮,一大把一大把地拿出来喂猪喂狗。

生态学的观点,就是注意一个社群和它的自然环境的相互关系。我们在这里用作研究根据的材料是这一个地方的历史、地理、天然资源、经济状况、国民所得、资源开发及运用、社会组织、经济组织等等，这些材料愈为齐全，我们在生态学上的论断就愈为正确。

（二）医药学的出发点：近年来各种医药学科的发展，尤其是公共卫生学和营养学二者的重要成就，使我从生理卫生方面来检讨一个社群的生活，最容易得到客观的和可靠的结论。这是人类各种福利中最客观的、最具体的、最不争的一种观察。各种寿命统计、生产统计、儿童健康统计、卫生统计、医药统计等等，都是我们从这一个角度来研究一个社群时最重要的资料。

（三）社会学的出发点：从社会学的观点，来评判一个社群的发展是否健全。我们要研究这里的犯罪数字、救济制度、保险制度、退休制度、学校状况、兵役状况、法院和监狱设施、一般的社会组织及经济组织等等。一定要这样子从多方面来观察，我们才能对于这一个"社会"有比较完整的认识。

至于怎么样的一个政治气氛，是对于一个社会最合理想的，这是两千年来一直被争论的一个难题。但是经过近年来社会心理学家的许多重要的实验和研究，这个问题，似乎可以说是已经解决了大半。勒温（Kurt Lewin 1890—1947）和他这一派的学者的努力，证明了在一个"民主领导"之下所形成的一种"民主气氛"，是从社会学观点来衡量一个团体的健康之最好的标准。

这些学者们，认为在一个团体里，如果那些领导者所采用的方法，都是用一种同情和劝告的心情来引导他们的同人，自动自发地来发挥他们自己的才力及其表现的方式，则这些被领导者所表现的反应，一定是自然的、真诚的、有创造性的、有持久力的。如果领导者用的是一种强迫的手段，来驱使他的同人去做一件未得他们同意而已经规定好一定要他们去做的事情，则其结果必与之相反。一个民主的领导者，他的行为和态度是自然的、活泼的、有弹性的、有把握的。他不惧怕在他这一个团体中人和人的关系上发生任何变化，他也不惧怕他个人的地位或权力会遭受什么损失。所以他所促成的、维持的，是一种自由的、宽容的、"民主"的团体气氛。"极权"的领导者则不然，他怀抱着的是一种僵硬的、不安全的心理，他一直在想如何维持和加强他的地位和权力，如何达到他的固定的不容改变的目标。所以他所造成的，是一种压迫的、"极权"的团体气氛。虽然在他的不断地鞭策之下，他也能驱使他的群众去完成某一些工作，但是这些工作，都是勉勉强强的一种形式上的敷衍。他没有方法引起这些群众的真正兴趣，更谈不到鼓动和运用他们内在的潜能。而"民主"式的领导所鼓励和发展的，却正是他们的主动能力、责任感和高度的团结性。所以，民主的领导，实在是发扬最高团体精神的一把宝钥。而且，积极的团体精神，反过来又能大大地影响于领导者自己，它能促进领导者自己的生长和成熟，启发和动员那些蕴藏在领导者人格里面的各种重要的潜在能力。(参阅 Lewin, *Resolving Social Conflicts*, 1948, p. 71)

(四) 符号系统(文化系统)的出发点：一个人之所以和其他动物不同，就是因为只有他才有一个符号系统(Symbolic System)。所以一个人的符号系统，就是他超越于一个生物有机体以外的独有的成就，也就是他所以是一个"人"的唯一成就。我们研究一个社群，也是如此。这里我们所要研究的资料，是他们的语言、文字、学术、文学、宗教仪式、美术、工艺、神话、故事、民族习惯、人生观和信仰等等。我们过去常常喜欢笼统的以"文化"称之，尤其喜欢拿某一种文化和另一种文化比较，硬说某一种文化是落后的、原始的，另一种是进步的、现代的，而完全忽略了这一个社群是生活在怎么样的一个自然环境。在今天我们获得了生态学的观点之后,我们知道,一个社群的符号系统(文化),对于这里面的人们是有好处还是有坏处,好坏又各到了什么程度,全看它对于这个社群的基本的价值观念和它的团体人格,发生的影响是什么。

(五)基本价值观念的出发点:在一个社群里所包涵着的,虽然都是很多数的和彼此很不相同的个人,但是每一个社群,都有它非常具体、非常明显的基本的价值观念。世界上每一个民族,对于宇宙、对于人生、对于一切生物,都有他们一种共同的基本观念和信仰。而这一个观念和信仰的系统,正是维持和发展这个民族的团体生活的主要动力。这一个观念和信仰系统的形成,是这一个民族的各种生态因素、社会因素、体质因素、精神因素,千百年来相互交织的综合结果。同时,这四种因素也是透过了这一个观念和信仰系统才达到了彼此相互影响相互促进的作用。根据近年来学者们对于许多"原始"民族的研究,我们知道,一个民族的基本观念系统,对于外来的压力,是具有异常坚强的抵抗力的。而一个民族的基本价值观念的改变,必定是从其他各种因素——如同社会组织、生产方法、自然环境、卫生状况等等——的变化而逐渐改变。一切在知识上自命为领导者的人物,对于这一点,能特别加以认识才好。

(六)团体人格的出发点:人类没有不是在团体中生活的,所以,团体,也就是在彼此交应生活中形成自己,发展自己的一群人们的总合。近年来不断发展的人格心理学、精神病学、心理卫生学、文化人类学、民族学等等,给我们带来种种新的知识、工具和方法,不但使我们对于一个人的"人格"(Personality)具有非常深刻的了解和从来没有过的了解方法,就是对于如何诊断一个社群的"团体人格"(Group Personality)、一个民族的"民族性"(National Character),也获得了很广泛的知识和很具体的结论了。(参阅 J. Henry & M. E. Spiro, *Psychological Techniques*: *Projective Tests in Field Work* 及 Magaret Mead,

National Character 并见 Kroeber, *Anthropology Today*, p. 417, 642)

怎么样才是一个人格的健全发展？这是一个一向认为不易解答的难题。而把这一个问题引用到"团体人格"上，则又不知道更困难了若干倍。尤其是在今天团体观念和个人观念在人类价值思想上作殊死战的时候，这个问题似乎根本无从解答。因之，欧佛司齐特（Oversteet）在他的《成熟的头脑》（*The Mature Mind*, 1949）里，所提出的"人格成熟"的标准，格外值得我们的重视和赞扬。他说：

> 对于人格的健全发展，我们主张一种"联锁论"（Linkage Theory）。就是说，只根据一个文化的或一个社会里的一般习惯和一般情形，来断定一个人的人格发展之是否健全，这是很不妥当的。相反的，我们要根据一个文化或一个社会的生活习惯，是否在促进，或者还是阻碍这里面所有的人都能健全地发展，才能断定这一个文化或社会本身之是否健全。……我们用以衡量一个社会的标准，就是它这个促进人类性能发展的效率。所以在我们讨论人格问题的时候，既不应该假定人们是生活在"真空"中的一群生物体，（因而可以漠视个人以外的一切），也不应该假定一个人的社会环境和习惯是一种最高无上的需要，而一个渺小的人的最高义务和幸福，就是怎么样来"适应"这一种高尚的需要。人类在完成他们生活的使命时，和他们的社会发生有种种的重要的联锁关系，我们从这些关系上，可以取得一种同时可以衡量个人行为也可以衡量社会制度的心理尺度。（页廿四）

研究一个社群的"团体人格"，心理学给我们的有多种的可靠的测验方法，断定人格发展之是否健全，人类学给我们的也有客观的比较一致的标准。所以近年来的社会科学家中从事这一类研究者,颇不乏其人。而他们研究的结果,认为一个社群在这一方面的表现,是所有其他一切因素的总反映、总结果。也就是说,研究一个社群的福利,问题的焦点,是他们的团体人格。也就是说,一个社群的政治成就,最切实的答案,是看这里的"团体人格"之所表现者如何。也就是说:看生活在这里面的人们,在整个团体环境之中,怎样的得到他们人格上健全的成熟的发展。

谈到这里,我们不能不想起斯宾诺莎的一段话:

> 一个国家的最后目的,不是在统制人民,也不是用恐怖来限制人民,而是使每个人从恐怖中解脱,使每个人可以有一种安安全全的,既不伤害自己,也不伤害他人的生活和行动。一个国家的目的,我再重说一遍,不是把有理性的人类造成凶狠的野兽或者是无灵性的机器。而是保障他们的身体和心灵可以安全的表现它们的功用。是引导人们过一个有自由理性的生活,运用他们自由的理性。使他们不要把他们的力量消耗于仇恨、愤怒和狡诈之中,也不要彼此不公平地相互对待。所以,一个国家的目的,实在说起来,就是"自由"。(*Tractatus Politicus*, chap. xx.)

我们上面引用的许多现代科学的论证,到这里全都成了斯宾诺莎三百年前这一段话的注脚,他真不愧为一个伟大的哲人!

三、六种因素的交应性

我们上面所讲的六种因素,彼此之间,有的是直接相互影响的,有的则是间接相互影响的。在这样子各种力量的交互错综之下,一个社团中的人群，个别的和集体的在人格发展的路上前进。这种情形，罗拉汤姆生（Laura Thompson）曾用过一个图案来说明。

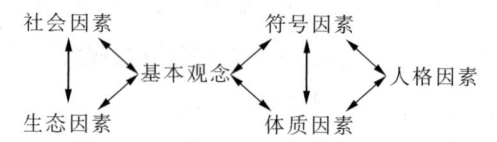

```
社会因素              符号因素
    ↕   ↘          ↗   ↕
       基本观念          人格因素
    ↕   ↗          ↘   ↕
生态因素              体质因素
```

在某些人们想为另一些人们，提高他们的社会福利——提高他们的文化水准、经济水准、生活水准——不管是一个工业化的民族去"教育""开化"一个未工业化的国家，或者是一个高知识的阶级去教养或统制一个低知识的阶级，一定要知道，真正发生影响的场合，主要的只是在体质因素和符号因素这两方面。（这一点说明了为什么过去许多社会学者，研究社会组织和人格形态的相互影响时，总是得不到满意的结论。因为二者间只有一种间接的关系存在，中间隔着的还有基本观念和符号系统两种因素。）汤姆生另有一图案为之说明如下：

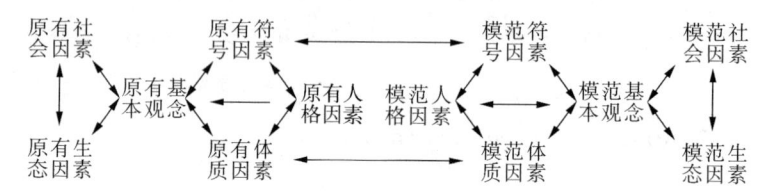

```
原有社会因素        原有符号因素        模范符号因素        模范社会因素
    ↕       ↘    ↗     ↕      ↘    ↗     ↕      ↘    ↗     ↕
        原有基本观念  ←→  原有人格因素 ←→ 模范人格因素 ←→ 模范基本观念
    ↕       ↗    ↘     ↕      ↗    ↘     ↕      ↗    ↘     ↕
原有生态因素        原有体质因素  ←→   模范体质因素        模范生态因素
```

我们细心观察，不但是一个民族接受另一个民族的文化时，就是一个人接受另一个人的教育影响时，其中相互作用的过程和上面这个图案所表示的，也都大致相符呢（参阅 L. Thompson, *Personality and Government*, 1951, p. 182）。

原载于《自由中国》1955年第13卷第6期

宪法草案初稿商兑

（一）批评宪章之先决问题

吾人今日欲讨论宪法问题，应先认清三点：一、制定宪法，乃实际政治问题，而非学术理论问题：此谓吾人目前最重要目的，在如何可得一发生效力之宪法，不在如何可得一最完美最高妙之宪法。盖宪法虽"好"而不"生效"，与废纸无异；宪法虽有缺点而能生效，胜于无宪。二、我国目前外忧内患严重之时，欲求度此难关，首在得一强有力之政府，欲求政府之强有力，必先求其政权统一，而欲求政权之统一，必先求其地位巩固，近年山东广西之渐获小康，可以为证。故吾人今日宁愿有一地位巩固强有力之专制政府，不愿得一表面上顺从民意实则朝不保夕之柔弱政府。三、一国忧难时间，地方政治重于中央政治，庚子之乱，东南半壁可以保境自安、不受摧残，可以为证。论者谓百姓幸福，不在一国宪法之好恶，而在地方行政之良否，宜三思也。以下对宪法草案初稿之批评，皆根据以上三点。

（二）宪草中制度上可议之点

一、行政院长之地位太不巩固

宪法草案初稿之政府组织：全国政治中心，在行政院长而不在总统，任命行政院长之权，在总统而不在国民大会。是即责任内阁制也，所不同者：（一）责任内阁之所顾虑者，仅一国会之不信任案已耳，行政院长之所顾虑者则有四：A，国民大会或国民委员会之不同意；B，立法院之不信任；C，监察院之弹劾；D，国民委员会之接受弹劾或不信任案，是行政院长之阻力过多也。（二）责任内阁与国会不协时，元首为拥护其内阁，有解散国会之权而从新召集之。宪草中之总统，欲拥护其行政院长，则除遇立法院提出不信任案时，可提交复议一次而已，此外丝毫无能为力，即使总统极端信任行政院长，而全国人民极端爱戴总统，然苟有十余国民委员及二十余监察委员或百余立法委员不与同情，则尽全国人民之权利力能，亦绝无法为之后援，是行政院长之基础特薄也。处中国目前忧患正多百废待兴之时，使一阻力甚多而后盾毫无之长官，作一国政治组织之中心、负推动全国行政之责任，而可能乎？宪草中缺憾甚多，此点最宜注意。且就其组织观之，总统不自负行政责任，而有提任行政院长之权，然又无权拥护之，是全国中只有负行政之责任者，而无具行政之实权者也。例如总统提出一人作行政院长，而国民委员会反对之；或才得任命，监察院弹劾之，而国民委员会接受之，此后历任皆然，而监察院既不弹劾总统，国民委员会亦不召集国民大会，是三年中将无行政院长，试问此三年中主持行政者何人乎？且政府行政机关（总统-行政院长）及监督机关（国民委员会立法院监察院），既同为民选，而监督机关随时可互相联合或召集大会,以排去行政长官,行政长官则无法召集大会以抵抗监督机关,则法理上亦失分权互制之效也。

二、立法院权限太宽——不信任案之失当

宪草初稿以国民委员会代表国民大会,以之作为民意机关,而以立法权付诸立法院,是断然决然,不以立法与民意,混为一谈也。此诚合乎近代欧美各国宪法学之趋势,而为挽回议会制度末日之初试,良可赞美。所可疑者,宪草既视立法权为政府治权,而不以为人民政权,视立法为技术之事,而不为民意之事,然则又何故以议会制度组织立法院乎?其说如下:(一)立法委员之职,既在运用立法技术,而不在代表民意,然则何以立法委员必经国民大会选举?(二)立法委员既为专门法律人才,则对于财政(预算)军事(戒严宣战媾和)外交(条约)及国际事项,岂能皆有特殊之研究,而可负责为各事最后之决断?(三)立法院之所事,既首重立法,则对于国家行政之细情,自难深悉,然则何以对行政院有提出不信任案之权?信若行政院政治之设施,或法律案之执行,有所不当,则监察院将无弹劾之职权乎?弹劾之,是全国之中独行政院有两重监察院也。例如行政院政治之设施,果有不当,立法院不提出质询,亦不提出不信任案,则监察院弹劾行政院之外,亦必将弹劾立法院乎?

三、县长无厉行庶政之机能

依宪草初稿,县长虽受省长之指挥以执行中央行政,而其罢免之权,则全在县议员与县民之手。然则遇中央政策与地方利益有冲突时,县长为执行中央政策而受地方人民之反对与攻击,中央何以拥护之乎?目前我国地方人民,尚多缺乏政治训练,故虽有惠民之政,而在其设施之项,率皆不得百姓谅解,殆为常例。乃欲于此时使地方人民有罢免其行政长

官之权,是无异尽削其行政机能,非所以处危济乱也。

四、行政诉讼仍应独立

宪草初稿司法院无行政法院之组织（一〇七），其旨未详，若欲以行政诉讼归之普通法院，特设行政诉讼庭而使之有复审上诉之可能，则未尝不可，若欲以之减去行政诉讼，或以之并诸普通民刑诉讼，则是与一般法治趋势逆流而趋，甚不可也。

（三）宪草中条文上可议之点

一、十五条之宗教自由

宪草十五条：人民信仰宗教之自由，可受法律限制，与《约法》十一条之绝对自由不同。何前宽而后严耶？

二、廿六条之矿产及天然力

廿六条定矿产及天然力属于国家所有，不受人民土地所有权之影响。然不知人民于国家取用矿产或天然力时，其土地所有权，因之遭受损失，国家将与以相当赔偿乎？

（四）宪草中应决而未决之问题

一、省县间中间阶级问题

地方行政之应改二级制为三级制，全国上下，几众口一辞，宪草似尚未顾及此点。

二、宪法法庭问题

宪法之如何保障，宪草中殊未顾及。将来违宪之法律，由何处判其失效，违宪之行政，由何处为之纠正，皆难决之事也。

原载于《独立评论》1934 年第 94 期

对于宪法草案初稿之意见

壹　批评宪草之前提

一、实际上之适用重于理论上之全善全美

二、须巩固中央政府之地位

三、不可忽略地方政治组织

吾人今日欲讨论宪法问题，应先认清三点：一、制定宪法，乃实际政治问题，而非学术理论问题：此谓吾人目前最重要目的，在如何可得一发生效力之宪法，不在如何可得一最完美最高妙之宪法。盖宪法虽"好"而不"生效"，与废纸无异；宪法虽有缺点而能生效，胜于无宪。二、我国目前外忧内患严重之时，欲求度此难关，首在得一强有力之政府，欲求政府之强有力，必先求其政权统一，而欲求政权之统一，必先求其地位巩固。三、一国忧难时间，地方政治重于中央政治。欧洲公法学者谓百姓幸福，不在一国宪法之好恶，而在地方行政之良否，宜三思也。以下对宪法草案初稿之批评，皆根据以上三点。

贰 宪草中制度上可议之点

一、行政院长之地位太不巩固

宪法草案初稿之政府组织:全国政治中心,在行政院长而不在总统,任命行政院长之权,在总统而不在国民大会。是即责任内阁制也。所不同者:一、责任内阁之所顾虑者,仅一国会之不信任案已耳。行政院长之所顾虑者则有四:A 国民大会或国民委员会之不同意。B 立法院之不信任。C 监察院之弹劾。D 国民委员会之接受弹劾或不信任案,是行政院长之阻力过多也。二、责任内阁与国会不协时,元首为拥护其内阁,有解散国会之权而从新召集之。宪草中之总统,欲拥护其行政院长,则除遇立法院提出不信任案时,可提交复议一次而已,此外丝毫无能为力,即使总统极端信任行政院长,而全国人民极端爱戴总统,然苟有十余国民委员及二十余监察委员或百余立法委员不与同情,则尽全国人民之权利能力,亦绝无法为之后援,是行政院长之基础特薄也。处中国目前忧患正多百废待兴之时,使一阻力甚多而后盾毫无之长官,作一国政治组织之中心,负推动全国行政之责任,而可能乎？宪草中缺憾甚多,此点最宜注意。且就其组织观之:总统不自负行政责任,而有提任行政院长之权,然又无权拥护之。是全国中只有负行政之责任者,而无具行政之实权者也。例如总统提出一人作行政院长,而国民委员会反对之;或才得任命,监察院弹劾之,而国民委员会接受之,此后历任皆然,而监察院既不弹劾总统,国民委员会亦不召集国民大会,是三年中将无行政院长,试问此三年中主持行政者何人乎？且政府行政机关（总统-行政院长）及监督机关（国民委员会立法院监察院）,既同为民选,而监督机关随时可以互相联合或召集大会,以排去行政长官,行政长官则无法召集大会以抵抗监督机关,则法理上亦失分权互制之效也。

二、立法院权限太宽——不信任案之失当

宪草初稿以国民委员会代表国民大会,以之作为民意机关,而以立法权付诸立法院,是断然决然,不以立法与民意,混为一谈也,此诚合乎近代欧美各国宪法学之趋势,而为挽回议会制度末日之初试,良可赞美。所可疑者,宪草既视立法权为政府治权,而不以为人民政权,视立法为技术之事而不为民意之事,然则又何故以议会制度组织立法院乎?其说如下:一、立法委员之职,既在运用立法技术,而不在代表民意,然则何以立法委员必经国民大会选举?二、立法委员既为专门法律人材,则对于财政(预算)军事(戒严宣战媾和)外交(条约)及国际事项,岂能皆有特殊之研究,而可负责为各事最后之决断?三、立法院之所事,既首重立法,则对于国家行政之细情,自难深悉,然则何以对行政院有提出不信任案之权?信若行政院政治之设施,或法律案之执行,有所不当,则监察院将无弹劾之职权乎?弹劾之,是全国之中独行政院有两重监察院也。例如行政院政治之设施,果有不当,立法院不提出质询,亦不提出不信任案,则监察院弹劾行政院之外,亦必将弹劾立法院乎?

三、县长无厉行庶政之机能

依宪草初稿,县长虽受省长之指挥以执行中央行政,而其罢免之权,则全在县议员与县民之手。然则遇中央政策与地方利益有冲突时,县长为执行中央政策而受地方人民之反对与攻击,中央何以拥护之乎?目前我国地方人民,尚多缺乏政治训练,故虽有惠民之政,而在其设施之初,率皆不得百姓谅解,殆为常例。乃欲于此时使地方人民有罢免其行政长

官之权,是无异尽削其行政机能,非所以处危济乱也。

四、国民大会之组织宜再加缜密

第五章关于国民大会之种种规定,弱点颇多:

甲　各县市繁荣程度悬殊,每大县有二三百万人(上海县),小县十万左右,各选代表一人,未免有欠公允。

乙　假定各代表尚能代表各该选民团体意旨,然二千三百四代表之一旦从远道乡曲而来出席大会,能否为国家决定大计,实属疑问。

丙　且责任繁重(计七项),每次开会只有一月,代表人数,又如此之多,虽欲轻率从事,亦恐时候不足。

五、国民委员会应向国民大会负责

国民委员会委员,系在国民大会闭会期间代为行使其职权,通常事件,应于事后提交国民大会追认,若关国家安危事件,应负召集国民大会临时大会之责。委员会委员,既由国民大会产生,自应对国民大会负责,不能称职时,国民大会得行使罢免之权,初稿未曾规定,亦为缺点。委员年龄,定为四十五岁以上,似亦太高,或可改为四十岁以上。

六、行政诉讼仍应独立

宪草初稿司法院无行政法院之组织(一〇七),其旨未详,若欲以行政诉讼归之普通法院,特设行政诉讼庭,而使之有复审上诉之可能,则亦未尝不可,若欲以之减去行政诉讼,或以之并诸普通民刑诉讼,是与一般法治趋势逆流而趋,则甚不可也。其理姑略。

叁　宪草中条文上可议之点

一、十五条之宗教自由

宪草十五条：人民信仰宗教之自由，可受法律限制，与《约法》十一条之绝对自由不同。何前宽而后严耶？

二、廿六条之矿产及天然力

廿六条定矿产及天然力属于国家所有，不受人民土地所有权之影响。然不知人民于国家取用矿产或天然力时，其土地所有权，因之遭受损失，国家将与以相当赔偿乎？

三、三十六条之教育原则

三十六条：教育应以培养高尚人格增进生活技能及造成健全国民为主要目的。是说废话也。三十四条定三民主义为教育原则，不已包括此乎？

四、一〇九条之未及大赦

初稿第一〇九条，应于特赦前，增加"大赦"一项，因大赦案由司法院提请，较为合理。

五、二二七条之地价规定

第二二七条关于地价之规定，虽系根据平均地权主义，然应否立即实行，及如何施行之处，有审慎考虑之必要。且地价高涨，亦有因普通物价高昂所致（应以指数为准），与生计价值有相当比较，若全将"非因劳力资本而加者"作为公有，则似觉有失公平。

肆　宪草中应决而未决之问题

一、省县间中间阶级问题

地方行政之应改二级制为三级制，全国上下，几众口一辞，宪草似尚未顾及此点。

二、宪法法庭问题

宪法之如何保障，宪草中殊未顾及。将来违宪之法律，由何处判其失效，违宪之行政，由何处为之纠正，皆难决之事也。

原载于《中华法学杂志》1934年第1—2期

论行政处分之拘束力

> 参考行政法院判例：
> 二十四年度第五十九号
> 二十五年度第六号
> 二十三年度第三号
> 二十三年度第四号

行政法院二十四年度第五十九号判决书裁判要旨，谓"人民对于中央或地方官署之处分，有不服者，应于《诉愿法》第五条第一项所定期间内，提起诉愿；否则原处分即属确定，自不得就同一事件，再有所主张。"（二十五年第六号辞意亦同）按此即一事不再理（exceptio rei iudicatae）之原则，司法裁判中所谓实际拘束力是也。唯此原则用之于司法裁判则可，用之于行政裁判则极不可。盖行政时之"处分"，与司法裁判中之"判决"，原不可相提并论。判决之有"实际拘束力"，本为各国通用之原则；至行政处分，则行政法学家一般见解，皆认其仅有"形式拘束力"，而无"实际拘束力"也。何谓有形式拘束力？即行政处分未受当事人攻击，或被攻击而为受理官署所维持，则此处分之存在为确定，不能再受攻击而被撤销。纵使此后为新处分所推翻，其"曾经存在"不容疑问，其所生之法律效果，不因之而发生任何变化是也。例如官厅误认某甲有精神病，而施以监置处分，某甲未能于法定期内提起诉愿，则该处分为确定。某甲此时与第三者订立之契约，因之无效。纵使事后官厅发觉错误，知某甲从未有精神病，因而"取销"其（已确定之）监置处分（与"撤销"尚未确定之处分不同），然其误受监置期间所订立之契约，依然完全无效。与前无异（ex nunc）也。（若某甲一面提起诉愿，一面订立契约，其后该监置处分果被撤销，则其所订立之契约，即作为自始有效。盖被攻击而撤销之处分，等于"从未存在"[ex tunc]也。）何谓无实际拘束力？即行政处分虽已确定，然人民对该处分内容之事实，随时得别有所请求，官署对之亦得随时作异样之处分，绝不为旧处分所限是也。例如某甲向官厅请求允许其设一影戏院，甲官提倡俭朴，不欲增加居民之消耗，而作拒绝之处分，其后乙官意重普教，认影戏为开通风气之利器，则可于某甲再作请求之时，允许之矣。或某甲初次请求之时，当地居民不多，官厅认为无此需要而拒绝之；其后若干时，市民激增，某甲自可再作请求，官厅亦不必以其初次之拒绝而此时再拒绝之也。此即判决与处分之异（判决有实际拘束力，处分无实际拘束力），亦即行政与司法之异也。盖法律在司法为目的，在行政则为方法、为范围。司法之职责：在对某一事实，确指其为合法或违法；行政之职责：在对某一事实，采取此种或彼种适当之处置。故司法之精神为执一不变，行政之精神，为因时致宜。因而司法之判决为一定的：同一事实，易时易人，（在同一法律施行期间）皆必得同样之裁决。行政之处分为无定则的：同一事实，行政官之政见不一，社会之环境日嬗，则其所以处置之方，先后既可不同，易人亦可异趣。盖司法裁判之不许一事再提者，非不许再提，以其纵使再提，于人民并无利益也。（合法之判决，在法理上自无变更之可能。）行政之不能引用该原则者，以社会之进化不息，国家之政策时异，一事之先后处分，必须权时制宜也。易言之：判决之所以有实际拘束力者，不但欲限制人民之滥行诉讼，实亦因法庭之不能妄翻成判；行政处分之所以不应有实际拘束力者，以欲为官署保留重新处分之自由，自亦不得不允许人民以再有主张之机会耳。（行政法院对官署变更从前处分之自由，则曾有明白宣示：参阅行政法院判例二十三年度第三号及第四号。）故近世各国行政法规及行政法学者，主张行政处分有实际拘束力者，日益仅见。虽保持安定（quieta non movere）之思想，应为行政官署所尊重，然以之作一事先后处分时之考虑则可，认为处分有实际拘束力则不可。不然：处分一经确定，人民对同一事件不得再有所主张，其结果必至不堪设想。如上述被误认为有精神病之某甲，一失诉愿期限，将终身不能作取销监置处分之请求；又或某甲请求经营电车，官厅认为居民过少无此需要而拒绝之，以后该地成为巨市，仍将永久不得设置电车，或人人皆有请求经营该地电车之权，而某甲独无之；天下宁有是理乎？

原载于《行政研究》1937 年第 2 卷第 2 期

营业界限争执之行政法观

> 参考行政法院判例：
> 二十三年度第十二号
> 二十三年度第三十五号
> 二十四年度第二号
> 二十四年度第三十八号
> 二十四年度第七十号
> 二十四年度第七十五号
> 又：
> 二十三年度第五十六号
> 二十四年度第三十号
> 二十四年度第四十七号
> 二十四年度第五十一号

　　公法及私法之区别，在不设立行政法院之国家，多少仅为学理上问题。在设有行政法院之国家，则其实际效果甚足轻重。盖其问题，不在争执之最后裁决，是否将在行政法院或普通法院（此中分别，原已未可忽视），而在系争之事实，是否仅可由司法机关审判，抑或各级行政官署随时得而处理之也。盖行政法院与普通法院之分别尚小，行政官署与司法机关之分别则甚大。

我国行政法院关于认定公私法之判决书，为数已不少。依著者所见：其中最滋疑虑者，则为关于营业界限争执之判断。

营业界限争执者，在有多数同业居民之地方，为避免营业竞争之冲突，于习惯上曾成立一种划别分配方法。其后有人违反此种习惯方法，遂生争执。此中要点有三：一、营业之限制，非土地权使用之结果（如地上权地役权之类）；二、并未成立一种私人与私人间限制同业竞争之契约；三、系争营业，不在情形特殊应受官厅限制之列（如需特别允许之饭店酒馆及娱乐场所之类）。

兹以行政法院所判各例明之：一、浙江永嘉县东门衙街，驳运货物，分驳船、舢板两种。驳船班头潘姓，舢板班头陈姓。素来习惯，大批货物归驳船搬运，零星货物由舢板装运。其后陈姓亦自造驳船四艘，潘姓遂起而抗争（二十三年度第十二号）。二、长沙大篾业旧有规定，新开店者须查"上三下四"方准开贸（意使同业者，不得对门或间壁而居）。有黄姓者，老店被焚，移址续营，其同业舒姓，谓其违反条规，诉官令其迁移，遂生争执（二十三年度第三十五号）。三、长沙靳江河朱张渡地方，有划户谢姓者，谓朱张渡码头界限以内，自清末以来，只准渠辈领有凭单之划船装载渡送。外埠划船不得在界内装运。界外靳江河划户吴姓，则谓朱张渡专载渡河客商，仅系"横水"性质，而无"直水"渡运权。故谢姓反对吴姓之在其界内搅渡，吴姓则反对谢姓之直水装运，两不相下（二十四年度第二号）。四、无锡西门外米栈甚多。代各栈缝做米包者，向分五段（或五帮），而划分某一地带归某一段承做，或二三段合做。后以此发生争执：甲方谓子丑两地带为单独工作地带，乙方仅可取得其一。乙方则谓子丑本为合作地带，尽可兼顾。屡议不协（二十四年度第三十八号）。五、福建尤溪上下溪木排，向由木商雇夫头转雇排夫捎运，谓之"捎排"。前清时曾有上下溪"划界分捎"办法。其后下溪排夫人数日增，时向上溪额外争捎，辄起纠纷（二十四年度第七十号）。六、福建福清县海口街，沿岸码头，起卸货物，向由陈林两姓包运，各有界限。其后有赤屿乡长，控林姓工人越境兜卸，请与取缔。林姓则反称该处为其"祖管"码头界限，赤屿乡人意图霸占，竟率众抢攻云云（二十四年度第七十五号）。此行政法院所判营业界限争执各案案情之大略也。

以上六案，除第四案（无锡承做米包）及第六案（福清码头地段），表面上似具有"契约"或"所有权"关系，略形特殊，其余案情，皆大致相同。行政法院之裁判，在第二案（长沙大箆业）及第三案（靳江河划渡），认系争事实为公法关系，维持原有决定。对其余四案：则尽否认其公法性质，而归之于民事事件。其理由谓："人民因习惯所取得之权利，依法得排除他人之侵害。是项排除侵害之诉争，属于私法关系。除法律无规定外，要皆属于民事事件，应归有管辖权之司法机关审判。"（上二十三年度第十二号"永嘉驳船"及二十四年度第七十号"尤溪木排"判例。余例措词略同：二十四年度第三十八号"承做米包"判例，谓"分段营业，是否可据为既得权利之主张，及是否受有侵害，乃属私权之争"。第七十五号"福清码头"判例，谓"人民因习惯成立之包运码头，发生界限之争执，请求确认者，属于民事范围"）。

依上述六例年月观之，行政法院之裁判，似有确认营业界限争执为私法事件之倾向。愚见对此颇有所疑，兹分三端言之。

一、所谓受侵害者是否果为权利？　详观各案案情：在争议初起之时，皆系有在某处执某业者于先，有至同处企同业者于后。先者认后者侵害其权利，遂起抗争。然所谓受侵害者果为何项权利乎？详究近代各国法令，盖无不以营业自由及契约自由为原则（我国《约法》第三十七条第三十八条），以特许专利专卖为例外（《约法》第六十三条，其显例如交通水电等重要公共事业）。是"同业竞争"原为法令所许（若就政策言之，且为足资奖励之事）。是亦诚以后来竞业者，对其先居之同业，固有争夺其将来获利机会之可能，然实无侵害其现有权利之事实。盖先者实际所受之影响：不过一种心理上之恐慌（其标的为未来的，为可能而尚非确定的。真正价廉物美之商家，何尝恐惧同业竞争？）而迥非任何具体之损害（譬如后者扰乱先者日常之执业，或破坏其已成之交易之类）。则其所谓"权利"者，不过一种未来之"机会"，所称"受侵害"者，仅为其事实上（并不受法律保障的）营业"优势之减少"而已。反而言之：先者对后者提出之抗争，却实为对后者权利之侵害。盖后者既在某处开始营业，苟不在干犯法禁之列，则其为使用其法律上原有之"权利"（营业自由），毫无可疑，亦自为国家法律所应承认而保障者也。今先者出而干涉之：谓其在是处不得执行是业，而要求其休闭或迁移。此非权利之侵害而何乎？

二、习惯能否产生一种可以侵害他人权利之权利？　习惯成法之原则，在地舆广大、成法未备之中国，固一时尚不失其重大之意义（在欧洲大陆国家，自中央与地方集权争执及浪漫法派与成文法派竞争过去之后，"习惯法"一字，多少仅成为学术上之历史名辞），然亦不能不有其限制。其限制者何：不背公共秩序或善良风俗是也（《民法》第二条）。营业界限争执之内容，吾人既已观之：先者所主张之权利，不过一种机会，所谓受侵害，不过一种被淘汰之恐慌。苟予以承认：是不啻使习惯可产生一种"得以侵害他人权利之权利"。此可谓不背公共秩序或善良风俗乎？

三、营业界限争执属于公法抑私法？　习惯可否产生上述权利，原不以属于公法或私法而异（在行政法中，固甚少习惯法之踪迹，然以学理言之，则并非绝不相容）。行政法院认习惯所生之权利必属私法，认营业界限争执即为习惯权利之侵害，故以之归诸私法。是中可疑之点，已如上述。兹再续明鄙见：营业界限争执，实为纯粹"职业管理"问题，乃公法事件而非私法事件也。盖此类之争执：非先者与后者个人间对某事之争议,乃先者一种对任何人可以抗争的权利之主张;其结果不仅限于甲与乙个人之损益,乃与一般民众之福利有关。盖减少同业竞争,即为增加私人垄断,在此个人私益与社会公益处于相反地位之时,不从公法立场处理,焉能得其适当?近代各国,无不承认营业自由,亦无不施行职业管理。私人干涉之机会愈少,公家统制之权威愈大,盖莫不从公益两字着想。且其公法性质既立,虽有私权关系,亦将退后,盖国家命令,重于私人契约(而强制交易且足限制人民之契约自由)。土地公用重于私人所有权之行使(严厉者如征收征用是也)。行政机关之处理公法事件,不以其有无私法关系之存在,而作取舍之分也。

  故如上述第四案(承做米包争执),行政机关可以厂栈及工人数目之多少,工户及厂址距离之远近,为之作营业地段之分配。以求保护人民利益平均,及维持地方公共秩序。而事先是否有两段工人以彼此工作地段互相交换之事,不足以左右适当之处分。盖公法事件中之私人契约,固足以拘束其当事人(契约不能给付时,由契约所生之双方义务权利仍然存在),不足以拘束官厅也。第六案(码头包运争执)之原告,谓码头包运,乃以其所有地供人使用而取得之酬报,故应受法律保障。不知土地所有权之使用,本无不处处受公法之限制:例如农村土地不可种植鸦片;军事区之邻近,不得建构伟楼;学校医院之旁,不能设戏园或马戏场;无不为日常惯见之事。码头包运既生争执,则行政官署应辨别:包运一事是否为必须取缔之恶习,而废除码头是否为禁止包运必要之先决。判断既明,处分自当。绝不能但以原告有码头所有权之主张,遂认为私法事件而推诿不问也。

  以上三端,理至明显。行政法院不顾私法关系主张而径依公法论断者,原不鲜先例(参阅二十五年度第五十六号,二十四年第三十号、第四十七号、第五十一号),即在上述六案中,亦未尝不以其中两案作公法事件论断。(若依行政法院成例立说,则长沙大篾业"上三下四"之规定,及靳江河划渡横水直水运权,何曾非人民因习惯所取得之权利?则其排除侵害之诉争,亦自应为私法关系。)在其余四案,则以限于习惯私法之说,遂不免两歧耳。而其结果则大值疑问:盖各案原有之决定,如江苏省政府之处分无锡米包争执,乃按照厂栈及工人数目比例分配;福建省政府之处理木排争执,系维持党政机关会同调处及已经施行两年之"四六分捎"办法(凡上溪木排系下溪抱头经理者,下溪排夫分捎可占十分之四);其处理码头包运争执,则一面维持原有码头之权利(以其认废除码头乃所有权关系之故。然苟能取销包运,无须废除码头,则亦自无无故侵害私法之理),一面废止包运之制度:其权合时宜,轻重颇得其当。(唯福建省政府关于驳运争执之决定:维持旧有习惯,责令后来竞业者,将新造船只恢复舢板式样,则殊欠平允。然行政法院尽可另为处分,不必以之诿诸司法机关。今皆予以撤销。)在行政官署,固有无所措手足之感;在人民方面,则以其为三诉结果,殆鲜有不以斗争攘夺之势豪恶习,认为法许之习惯,以垄断包揽强霸占据之事实,认为因习惯所既得之权利者矣!

  虽然:行政法院之裁判,不过仅认其为私法争执,并未确言私法权利之是否存在。如果事实上习惯不能产生营业界限之权利,则司法机关审判时,亦必自有同样之否认。而著者之所以斤斤然从事公法与私法之争者,则有四因:一、此类职业争执,影响于社会者每甚切要(如交通业日用品商业,其尤显者)。行政处理较司法审判迅捷,自易趋赴时机。二、属于行政范围之事,行政机关对之应较认识清切,则其随时权衡轻重参酌机宜,较司法机关之因事处理者,必可较为得当。三、司法精神重保守,行政精神重进化;司法重个人权益,行政重社会福利;我国目前政治,应采进取精神。四、营业界限争执,背景皆有一种地方土豪之恶劣势力存在。背驰潮流,殊有碍于改良进步。在我国目前行政机关较司法机关远具实力之时,就革除此种势力着想,亦以之付诸行政机关为宜也。

原载于《行政研究》1936年第1卷第2期

刑事责任与行政责任

痛恨贪污的不要饶恕了低能
纠举违法的不要忽略了失职

在今日的报纸上，最足引起社会兴趣的新闻，无疑的是贪污案件的检举了，知情者毫无顾忌地对于贪污的揭发，报纸上不厌求详地对于贪污的报导，大众读者密切关心地对于贪污的注意，很明显地反映出社会上两种心理：一、对于贪污的痛恨，是如何的普遍和深刻；二、对于铲除贪污的期望，是如何的热烈和迫切。

但是如果我们把这些贪污案件，就其指摘和辩护的各点、初诉和终审的结果，一一分别研究起来，就发现下列的一个很不能令人满意的事实：就是提出来的案子非常的多，而结果判罪的非常的少；或者控诉的罪名很大，而结果处罚的罪名很小。而这一个事实中，又包涵着两个尚未被人重视、但其意义确甚为深长的现象。一、事实上并不是贪污的事情，大家偏硬要说他是贪污。例如某省的一个财政厅长，把他自坐的公家汽车，借给本省的民政厅长，到省内出巡，在告他的人们的诉状中，也算了贪污罪状的一款。二、真正的坏蛋，以贪污被告，但因为证据不足，开释无罪之后，不但依然留任，继续地为所欲为，而且仿佛似乎"是非大白"，反到更多得了一层保障。这种例子，更是滔滔天下，举不胜举。

依我们学习公法者的眼光来看：不是贪污，硬告贪污，就是可以负行政责任的，偏要教他负刑事责任；贪污无据，不究其他，就是因为不能证明被告的刑事责任，因之连他的行政责任，也不追问了。换句话说，大家到处追求公务员的刑事责任，而忽略了他们的行政责任。

其实公务员的行政责任，在我们法律上，何尝不是订定的十分完全和十分明白？在任职之先，他们先要发誓：不妄费一钱，不妄用一人，不营私舞弊，不授受贿赂（《宣誓条例》）。在服务的时候：他们要恪守誓言，要忠身努力，要诚实清廉，要谨慎勤勉，要避免一切足以损失名誉之行为，不得假借权力以求私利，不得利用机会加害于人，不得畏难规避互相推诿，不得无故稽延，不得兼营商业，不得从事投机，不得向部属推荐人员，不得向部属哄说请托，不得向上下赠受财物，不得就所管收受馈赠，不得动支公款，不得借用公物（《公务员服务法》）。他们之应受惩戒，不止限于违法，而并及于废弛职务及其他失职行为（《公务员惩戒法》）。他们之升降进退，要看他们是否对于所任职务卓著成绩，是否平日办事勤慎敏捷，是否对本机关行政有特殊贡献，是否才力短绌不能胜任，是否因循荒怠废弛职务，是否经办事务屡生错误，是否学识浅陋行为不检（《公务员考绩法》）。法律条文中的公务员之行政责任，可以说是应有尽有了。

至于公务员的刑事责任，主要不出《刑法》中渎职一章的范围。而在这少少十五条中，除去地方官守土、司法官暴滥、收税官浮征、邮电官妨害秘密各款外，一般公务员可犯之罪，不过收受贿赂、废职酿灾、图利、泄漏秘密、借机犯罪五项。而此五项之中，又自以受贿及图利，较为普遍，也就是所谓贪污罪了。

公务员的行政责任，如彼之广泛，刑事责任，如此之窄狭。刑事裁判中提供证据之重要，是人所共知。而公务员之贪污舞弊，现在这个年头，那里会轻易的落于人手？贪污案件，控告的那么多，判罪的那么少，什么人看不见？然而一般人民，对于一个官吏的攻击，还是千篇一律的从贪污上着笔，那是什么缘故？

我想这问题的答案，不是一般人民对于公务员的行政责任之不了解，而是一般公务员的长官对于他们的行政责任之不追求。本来一个公务员服务，守法是他最低的条件，而尽职却是他真正的使命。长官对于他部属的指挥监督，不但要防止他们违背法令，尤其要督促他们尽忠职守：上面所引服务、惩戒、考绩法规中指出的各项，无一不是行政责任，无一不是一般公务员的长官所应该注意的事情。可是现在的一般机关首长，那一位肯在他们部属的工作和成绩上去花工夫？对于他们的部下：他们只知道任情喜怒的升降，那里有评论功过的进退？年终考绩的标准：长官的喜怒占几分？人情面子占几分？真正的功过勤惰占几分？谁去追问他们行政上的表现？对待人民老百姓，几乎他们的部下，没有一个不是好的。虽然他们说：如果你们发现我的部下贪污，你们尽管告他！我一定移送法院，决不袒护。但也就是在说：他们贪污，你们可以告。他们成绩好不好、办事低能不低能、公事耽误不耽误，那是我管的事，你们可丝毫问不着。也就是说，他们对于你们，刑事上负责任，行政上不负责任。这样作风，结果在部属方面，造成了奉迎谄媚的风气。在人民方面，既是不许谈行政责任，就只好在刑事责任上作文章。就是说，因为《考绩法》不讲，遂不得不求救于惩戒。《惩戒法》无虑，遂不得不求救于《刑法》。可是《刑法》怎么能解决行政责任的问题呢？

现在我们大家再不能不明白公务员的行政责任了。我们要知道，他们不但在他们长官的面前有责任，他们在我们老百姓面前也有责任。而他们的责任的范围，非常的宽。凡是上面提起服务、惩戒、考绩法规中所说到的，无一不是他们的行政责任，无一不是我们可以追问的。我们对于一个公务员的不满，就是时间有耽误、事理欠明白等小节，只要是应该由他负责的，我们都可以向他本人抗议、向他的长官陈述、向他们的上级机关控告、向全国的舆论揭发。我们不但是可以这样做，而且我们应当这样做。我们不这样做，是我们自己放弃我们的权利，就再不能埋怨人家欺负我们！

饭作出来是生的，肉烧出来是臭的，油盐柴米蹧蹋许多，饭到时候开不出来，我们都要追问的，那都是我们要求更换厨房的理由。可是我们不要一定说他是在赚钱，一定说他是在偷米。而这雇用厨房的人，不要认为人们不能证明他在赚钱或偷米，就一定认为他是好厨房，认为他不可更换。而我们更不可因此而放弃了更换这个厨房的要求，和失掉了更换这个厨房的期望。因为这个厨房作出来的饭，毕竟是要我们大家去吃的。

原载于《世纪评论》1947年第1卷第5期

论行政诉讼之范围

> 参考行政法院判例：
> 二十四年度第十九号
> 二十四年度第二十九号
> 二十三年度第五十九号
> 二十三年度第十四号
> 二十四年度第六十号
> 二十三年度第四十六号
> 二十四年度第七十四号
> 二十四年度第二十号
> 二十四年度第五十四号
> 二十四年度第五十五号
> 二十四年度第六十七号

行政裁判之制度，在现代各国，甚不一律。其原因：以各国立宪政体之历史、公法思想之系统、司法制度之成效，与其行政裁判制度之演成，皆具有极密切之关系。故在英美之行政裁判权，则属诸普通司法机关，在大陆则特设有行政法院。而行政法院之组织，在法国德国（多数各邦）则为多级制，在奥国日本则为一级制。此其最显著者也。

行政裁判之制度既异，则其裁判之范围，亦自因之不同（如行政诉讼与诉愿之关系,在行政法院采用一级制或多级制时,全然各异)。其中同异之辨、优劣之殊,姑不具详。兹有欲切实阐明者:凡设有行政法院之国家,无论其行政法院为一级制或多级制,其最后阶段之行政诉讼在逻辑上已原自赋有两重范围。一、行政法院只能裁判公法事件,不能裁判私法事件。二、行政法院只能裁判违法处分,不能裁判失当处分是也。

行政法院只能裁判公法事件之理由,至为明显。盖行政裁判之历史,无论在何国,莫不较司法裁判之历史为挽近。是谓裁判私法事件之机关,原已有各级普通法院存在。今既于普通法院之外另设行政法院,则自无有使之兼顾私法之理。故我行政法院廿四年度第十九号判例,亦有如下宣示:"行政诉讼,系解决公法上法律关系,而民事诉讼,实为保护私权而设。二者性质迥然不同,故其审判管辖,亦各有别。"盖言之者详矣。

虽然,行政法院之裁判竟仍有不免涉及私法者。廿四年度二十九号诉讼案:有蜀商公会者,曾以其所有之汉口蚊子湖地产,抵押于川路公司。川路公司即以之向法庭登记,嗣又以之转押于西合泰钱庄。该地产后以无人承买,西合泰亦不肯受,法院将契付令西合泰暂管待赎。其后汉口市政府责令川路公司,补缴该地产契税。川路公司主张无纳税之义务,涉讼于行政法院。行政法院判例谓:"蜀商公会抵给原告(川路公司)之蚊子湖地产,早已移转占有,而使用收益之权,亦悉以畀之原告。核其性质,自属一种不动产质权,与普通抵押权不同。此项物权,在民法上虽无明文,但于民国十年六月即已发生,其时《民法物权编》尚未施行,依照《民法物权编施行法》第一条,原可不适用《民法》之规定。则凡关于所质地产应负担之义务,原告与蜀商公会相互间,于设定行为既无若何特别订定,自应由原告负担。"其内容之当否,姑不具说,行政法院之裁判,而及于物权事件("一种不动产质权"),殊不免令人惊异也。

上述之案，乃显然私法事件，而行政法院径予判决者也。其错误甚为易见。但遇有公私法性质不甚清楚之事件，普通法院认为私法性质，行政机关认为公法性质，互争处理，则生积极之权限争议。或普通法院认为公法性质，行政机关认为私法性质，互相推诿，则生消极之权限争议。积极争议生，则系争事件久延不决；消极争议生，则人民痛苦无处申诉。则将若何处理之乎？

上述廿四年度二十九号一案，虽其私法性质较明，然一经行政法院判决，亦可变为积极权限争议。盖若当事人不服是项判决，另向普通法院声诉，法院认定该事件之私法性质，因之否认行政法院判决之拘束力（法理上言之甚通），而别为判决。两方对其相异之判决，互争维持，则积极之权限争议生矣。行政法院二十三年度第五十九号诉讼案：有灵壁县徐某者，其先人曾以所有茶厅地拨交该镇千佛阁僧人收租，作施茶基金之用。民国十九年，该县政府将全县庙产拨充教育经费，连同茶厅地一并折报作地方公共慈善事业之举。徐某主张该地系付托施舍茶水，并未给与该庙，呈准县政府将其收回，捐归徐氏宗祠，作修祠续谱与学并慈善事业之用。嗣以该镇小学校长经收该地租益，充学校经费，徐某即以霸占地亩抗诉。后由人调解，仍以地归徐氏，双方具结，由县府批准销案。至二十二年，徐某又以该地收租事件，与该小学继任校长涉讼。县府处分：认双方对于茶厅地，均无主张权利之可能，应照原案，仍作地方公共慈善事业之举，在尚未举办之时，暂归该小学经管。徐某不服，抗告于安徽高等法院第一分院。该分院以裁定驳回：认为县政府之处分，非以司法职权所为之裁判，应另行诉愿。徐某诉愿及再诉愿后，提起行政诉讼。行政法院则认该事件为私权诉争，应属民事范围，因之撤销原处分。今若该县政府坚持原议：认徐某之请求，本非所有权之主张（因徐某曾指明以茶厅地"作修祠续谱兴学并慈善事业之用"），而系争之标的，仅在地租之收益,应否拨归该镇小学,抑或拨作其他"兴学"并慈善事业之用。则事涉地方公共利益,自应以行政职权处分。若再以此继生争执,则普通法院必认之为公法事件而付之行政机关,行政法院将仍认之为私法事件而诿之普通法院,则消极权限之争议生矣。

  大凡设有行政法院之国家,率无不有权限争议之虞。而其解决之法,殊不一途。在偏重司法之国家,则其普通法院率能自身决定其权限(参看德国《法院组织法》第十七条),故其司法机关根本无向行政机关争取权限之必要。则其权限争议法院之设,首在保障行政权抵抗司法机关之遏逾权限,或遇消极争议时,便于当事人之提诉,其重心实在司法。故其甚者,则有以司法机关执行权限裁判权者,如德国布雷门邦(Bremen)以权限争议事件交联邦最高法院裁判是也。(参阅德国《法院组织法施行法》第十七条第一款。此不过在布雷门一邦为然,并非德国各邦之权限争议,皆由最高法院裁判也。此点每为人所误认。)至偏重公法之国家,则以法国为首,其权限法院之组织,侧重行政人员。此种观念,随公法思想之孟晋,日益普遍。德国各邦之先后设置行政法院,是其良例。至其甚者,则有以行政法院行使权限裁判权者,如德国之黑森邦(Hessen)是也(参阅黑森一九一一年七月八日《行政裁判法》第八条第一百〇四条等)。大概权限争议之裁判,偏重司法者,为历史应有之过程,侧重行政者,为现代明显之趋势。

  权限争议之裁判,在我国为何如乎?我国现行法制,尚无中立裁判机关成立。论者谓权限争议,要不外发生于行政法院及最高法院之间,自可请求其共同隶属之司法院解决。然行政法院与最高法院同为独立而最高之裁判机关,司法院虽为其系统上所属之机关,可否以命令扩减其裁判之权限?又行政法院乃隶属于司法院之机关,则本其自身上司法之系统,可否望其能充分代表行政立场之见解?再则司法院之解决,无论如何，终不免本其自身司法权之立场，处理行政与司法两权间之争执；此可否谓为无侵越权限之虞，而不违背分权原则？（此固有上述布雷门之先例，然不能即谓为应守之成法。）且若争议不发生于行政法院及最高法院之间，而发生于行政院及行政法院或普通法院之间，则又将若何处理？若谓不用此法尚可由行政院及司法院，以权限争议作院与院间不能解决之事项，呈请国民政府委员会议解决（《国民政府组织法》第十七条）。而此类争执，率为极微妙与复杂之法律问题，尤常与实际政治有甚密切之关联，以之授诸非有特别法律训练及未必实际从事行政之国府委员，讵能望其处理适当？即纵使其能处理适当，若遇事为消极争议，两院皆无所主张之时，则当事者之人民，又将何以申达其请求？（我国目前行政法院制度之矛盾，于此益形显然。盖既有行政法院之设立，则似采取大陆法制矣，而不以之隶属于行政系统之行政院，而隶属于司法系统之司法院，则与英美法制之以司法机关处理行政诉讼者，实际上究何所异？而徒增权限争议之可能，殊无适当解决之方法。留心法制者于此宜三致意也！）

何以言行政法院只能裁判违法处分不能裁判失当处分，乃其逻辑上之范围？此则以行政法院处理之事件，虽不出行政范围，然就其本身而言，终为司法机关而非行政机关故也。盖行政法院之设立，乃为裁判行政官署之专横，以求保障人民之权利；并非顾虑行政官署之措施不周，使之作最后之裁断。缘行政法之第一要义，为法律限制与自由裁量之分。盖无法律限制，则行政官署之设施，将无所顾忌，势将只有国家而无人民；若无自由裁量，则行政官署之束缚重重，必至无所措施，势将只有人民而无国家。行政法院之职权，所以只能及于行政官署执行法律之事，不能及于行政官署自由裁量之事者，以行政法院之地位，就法理与法制两言之，固为行政官署之最后纠正机关，而非行政官署之最高指挥机关

(指挥之事,因可兼及于违法及失当,纠正之事,则只限于违法)。我国法制,人民对违法及失当处分,皆可提起诉愿(《诉愿法》第一条),而提起行政诉讼,则只限于违法处分者(《行政诉讼法》第一条),即此意也。故行政法院二十三年度第十四号判例,亦曾谓"地方政府本于行政职权之所为,纵有不当,亦只是不当处分,不能提起行政诉讼。"又二十四年度第六十号判例:"原处分即有不当,依法应以再诉愿决定为最终之决定,仍不得提起行政诉讼"。盖亦言之甚明。

然我行政法院之裁判,亦竟有涉及失当处分者。二十三年度第四十六号诉讼案:河北遵化有草厂庄者,向分东西两铺。历来差款,系从邻村帮摊。民国九年,与邻村为差款涉讼,县知事议定摊款标准,今两铺直接承交城内警察所,取销帮摊名称。斯时草厂西铺摊款之额,约符地亩八顷之数。十八年村制改编,将草厂西铺编入东新庄为附村。东新庄村长具诉,草厂西铺有地二十顷左右,其按亩应摊差款,久欠未交,请求传追,并请勘丈西村土地以定摊款标准。该县政府以各项差款需索甚急,又值青苗在地,不便丈量,遂以折中办法,酌定摊款标准;责成草厂西铺暂按十六顷八十一亩摊支各款(以该村曾表示承认有地十六顷),俟青苗收割后,再行勘丈,按照实数摊纳。后以此涉及行政诉讼。行政法院变更原处分,使草厂西铺暂按十二顷摊派。其理由谓"折中办法,既在两村地亩未经勘丈以前,自应于十六顷以下,与原来负担之警款八元以上,酌定相当之数,始得其平,究不得以其最高额为准。乃竟责成草厂西铺暂按十六顷八十一亩摊纳,绳以公平之原则,自难谓合,应即予以变更。"此判之内容如何,姑不具论(若就所谓"最高额"言之,应非县府假定之十六顷数目,而为东新庄所主张二十顷之数目)。观其以"公平"二字立说,即亦自认其所论断者非违法问题,而为失当问题矣。二十四年度第七十四号诉讼案:如皋县农户姚某,民国十八年间,以避乱迁居南通。十九年如皋创办保卫团，征收枪械捐，以姚某在如之田产尚多，定为月捐五十元。嗣虽历次减少，姚某则从未缴纳。后以该县将姚某送案限缴，涉及行政诉讼。行政法院判决，以月捐五十元部分，改为月捐三十元。其理由谓："保卫捐办法，产业价额达十万者月捐五十元……原告产业价额能否达十万元，无从证明，则月纳五十元之捐额，已失其根据。……唯查议决支捐办法之当时，系属迫于事机。……故为顾全既往之事实计，为力求负担捐额之公平计，折中处断；将纳捐五十元之部分，改变更为月捐三十元"是既未能斥原处分之违法（以原告产业多寡未能证明），而又以之为失当而变更之，此与上级对下级机关之监督指挥行为，何以异乎？

违法与失当之划分，虽未必较公私法之区别为易，然其解决方式，则较为简单。盖违法与失当之争议，无论有无权限法院之存在，只有听诸行政法院之裁决而已。何以言之？违法或失当之问题，实即自由裁量范围问题是也。盖不出自由裁量范围之外者，方可言失当；一出自由裁量范围之外者即是违法。而何者为尚在自由裁量范围之内，何者为已出于自由裁量范围之外，易言之；自由裁量之范围，如何划定，此问题之本身，乃法律问题，而非自由裁量问题也（若自由裁量之范围，亦为自由裁量之事，则是已无所谓法律限制，亦即根本无所谓自由裁量）。行政法院之职责，既在审判行政官署处分之合法与否，则行政官署认定其自由裁量范围之是否合法，亦自在其审判权限之内，而不容任何人对之有所争执。若使行政官署对行政法院划定自由裁量范围之判决，可以提出异议而求权限法院之解决，则是权限法院之裁判，不仅拘于权限争执之事，而可及于权限以内之事，不为权限法院，而为再高级之行政法院矣！

我国商标案件，行政法院之判决与行政院再诉愿决定，每相异趣：如二十四年度第二十号，铁锚与铁链两商标，行政院认为"两者实无近似之可言"，行政法院则谓为"殊无显著之差异"；二十四年第五十四号，却瘳咳与知阿可尔两商标,行政院认为不近似,行政法院认为近似。有谓认定商标是否近似,纯系事实问题,不应由行政法院重予审断者。不知行政机关之认定商标是否近似,而作登记或撤销之处分,乃为执行法律行为(使用商标法),而非自由裁量行为。既非自由裁量行为,何可否认行政法院审断之权,若谓此乃事实问题,可不由法院审断,则不受司法保障之法律,根本有何法律效力?若以大陆法"终审不审理事实"(revisio in iure)之说相解:则其中原因,乃以其三审各机关,既同居司法立场,则对于系争事实,凡有可资研究之点,自己考核周详,理应不至别有发现。而在一体之行政机关,则凡属地位之不同,或即有见解之各异,已有对系争事实各予审核之必要。况行政法院之立场,自始即与一般行政机关有异,焉可使之置事实问题于不顾乎?(且在我国法制:民事诉讼之终审,亦不用 revisio in iure 之原则[《民事诉讼法》第四百六十九条]。)

  不当处分应不受行政裁判之理,既详于上。然违法处分之未受当事人攻击者,是否应受纠正?此点在一般法例,皆适用"不诉不判"(non iudex sine auctore)之原则。我国行政法院亦然:二十四年度第五十五号诉案,原告以租房报价不实,市府重行估定,通书照缴。原告认为非法处分,于提起行政诉讼时,谓依房捐章程,房捐由房东负担,已为房客非纳税主体云云。行政法院判决:"原告谓非纳税主体一节,查原告当初并未就此点有所争执,原处分及诉愿决定再诉愿决定,亦均未加以论断,自不属本件审判范围,应毋庸议。"二十四年度第六十七号案:有何姓者,以承包牙税,与康姓等发生争执。县政府传案集评,断令康姓等应偿还何姓一百十四元外,再补给何姓一千三百六十九元。两造不服,提起行政诉讼。行政法院认该事件为"包捐商人与粮行间对于民事上契约之争执",撤销两决定及原处分,唯于原处分偿还百十四元之部分,予以维持。其理由谓"原处分关于康等应偿还何姓百十四元之部分,为原告等所不争,应不审究"云云。愚意行政法院对于未受攻击之违法处分,应作已提起诉讼及未提起诉讼之分。对于未提起诉讼之违法处分,自以适用"不诉不判"之原则为宜。盖一国之行政机关,为数既繁,每一机关之处分,尤难胜数,岂能望行政法院可尽其检举之责?故以之付诸上级机关之监督,及人民之抗举,妨范似为已足。至已经提起诉讼之违法处分,则似应由行政法院本其职权,从事审究。盖行政法院之职权,在审判不在检举。对未提起诉讼之处分,自可以无从知悉,置之不问。对于已经提起诉讼之违法处分,则是既已知其存在又未能断其不违法,则何能以未受当事人攻击之说,推诿不问?此就情理言之也。且既有违法处分之存在,行政法院徒以"不在诉愿决定范围"之说,暂不审究,则当事人不以此受逾越诉愿期限之损失,即必有事后仍行提起诉愿或行政诉讼之举。是则不损害人民权利,则必增加官厅人事,以行政效率言之,亦未善也。

原载于《行政研究》1937年第2卷第1期

行政诉讼中之赔偿损害问题

(参考行政法院判例二十三年度第二十号)

"提起行政诉讼,得附带请求损害赔偿"。原为《行政诉讼法》第二条条文所明示。但其损害之先决条件为何,则未有规定。行政法院二十三年度第二十号判例谓:"《行政诉讼法》第二条规定之损害赔偿,系指行政官署因违法处分,致损害人民权利,依法应负赔偿责任者而言。若行政官署之处分。既属于法无违,亦于当事人之权利无损,自不生损害赔偿问题。"是行政诉讼时附带请求之损害赔偿,仅以行政诉讼标的之原处分所致之损害为限也。(上列案件中之原处分,本于原告有利;原告之不服者,乃撤销原处分之再诉愿决定,而非原处分。则其请求赔偿损害,自非谓原处分对之有何损害,而意指再诉愿决定对之有损害,事理至明。行政法院谓原处分于法无违对原告自无损害;不免答非所问。)愚意此种限制殊失行政诉讼中赔偿损害之作用,而亦未得法律条文中原有之意义。何以言之?行政诉讼之目的,在补救违法之处分,允许附带赔偿损害之请求,意在救济人民因违法处分所受之损失,此在法理其意甚明,上述行政法院之解释,在事实单纯如当事人民仅为一方而与官厅对立之时,自属无可疵议(盖处分违法,人民即可请求赔偿损害,处分若不违法,则人民原无损害可言)。若遇事实复杂在多方人民互有争执因而不服官厅处分之时,则殊失公平之理。盖若人民互有争执,则官厅之处分,对甲方有利者,对乙方为不利;对乙方有利者,对甲方为不利。因此而至诉愿及再诉愿时,则诉愿决定及再诉愿决定对于当事人民甲乙两方之关系,利此则害彼,利彼则害此,与上无异。而诉愿决定与再诉愿决定对原处分,既可与以维持或撤销之不同的解决,而再诉愿决定之当否,仍须行政法院为最后之审判。则在行政诉讼终结而三级结果(诉愿决定再诉愿决定及行政法院判决)互有不同之时,则原处分诉愿决定及再诉愿决定三者之间,必有其一为违法,而人民甲方与乙方之间,必有其一曾受违法处分或决定之损害者。例如甲乙互有争执,[一]官厅作不利于甲之违法处分,则于乙自为有利而甲不能甘服,于是该处分虽可经诉愿及再诉愿决定之维持,而卒将被撤销:则该处分之违法为确定而某甲所受之损害可请求赔偿;今若[二]官厅作有利于甲之合法处分,乙以其于己不利而提起诉愿或再诉愿,而受理官署竟误认乙为有理而撤销原处分,逮甲提起行政诉讼时,始得行政法院撤销诉愿决定而维持原处分:是撤销原处分之决定为违法而甲曾受其损害,与上例原无二致。今依上述行政法院判例断之:则甲在例[一]有请求赔偿损害之权利,在例[二]则无之,是赔偿损害之请求,只限于违法处分而不及于违法决定,负法律上赔偿损害之责任者,只为处分官署,而不为受理诉愿官署。人民受下级官署之违法损害者,可请求赔偿,受上级官署之违法损害者,则不得请求赔偿,此在法理人情,岂能成说? 如谓受违法处分之损害者,为时较长,受违法决定之损害者,为时较短(由处分至行政诉讼,凡经过三阶段"处分诉愿决定及再诉愿决定",由决定至行政诉讼,仅经过一或二阶段"再诉愿决定或诉愿决定及再诉愿决定"):则在不能复原之损害,不以时间久暂而原异;在随时增长之损害,则更应计其损害之多寡而为赔偿,益见损害时间之不足为赔偿责任轻重——若谓广认官厅赔偿责任,"所失利益"一端,必至无法应付。则《行政诉讼法》第二条第二项已豫为之防矣,更何虑乎?

原载于《行政研究》1937年第2卷第5期

论现行法律教育制度

谈起现在我国的法律教育,恐怕一般人都是在摇头。兹撇开整个教育环境及个别学校的特殊情形不论,专就法律教育的制度方面,略为检讨如下:

一、分组问题

现行的分组制度,系根据教育部卅四年十月六日公布之《法律学系科目表》。其说明中第二项,谓凡设备欠缺或不便分组者,可采混合制。足见教育部的理想,是要分组的。而其分组凡四:(一)司法组,(二)行政法学组,(三)国际法学组,(四)理论法学组。

法律教育之分组,其理论当否,姑不具论,然此制度之实际作用何在,则殊难使人体会。若云依组分班乎:则如司法组有学生九十名(以高考及就业关系,目前司法组学生占最多数),国际法学组有学生八名,而其共同科目,至少有一百一十三个学分(法学院必修科目至少五十学分,各组共同必修科目至少六十三学分)。在此同样科目授课时,将必使九十人为一班,而其他八人为一班乎?若云依组限定教员名额:则如甲校只设两组,而学生甚多,每年级皆开双班或三班(如全校为七百人),乙校设有三组,而学生甚少,每班不过一二十人(如全校为二百人),然则乙校教员,应较甲校仍多三分之一乎(如甲校十二人,则乙校应为十八人)?

若云依分组性质以聘请教员：则不设国际法学组者，可以不聘国际法教员不开国际法，不设理论法学组者，可以不聘法理学教员不开法理学乎？

再就学生方面说，这四个组，虽同属于法律学，而其学术性质、工作环境，实相去甚远，学生们才进大学，对法律学本身为何物，尚未十分明了，而即欲其选择分组，不亦难乎？（四五岁小孩，嚷着身体不舒服要看病，而要他指定肠胃科、神经科、分泌科，岂非笑话？）且大学教育，本为学术研究，设备、师资及环境，在在足以左右学生们研究的兴趣。今如司法组学生提出一国际法论文，或理论法学组学生提出一诉讼法论文，在学校方面将不予审查乎？抑使之转组乎？抑根本不理会分组问题乎？

唯一看出来的分组作用，就是各组的科目表，而此表则又大成问题。例如司法组的必修科目，无土地法及劳工法，请问律师法官遇见了这种案子怎么办？行政法学组的必修科目无诉讼法，请问不懂行政救济的，算不算行政法学专家；没学过诉讼法的人，能不能懂得行政救济？理论法学组的必修科目，第一项是商事法，而中国政治思想史、西洋政制思想史和西洋法制史，反属选修，诚不知此中奥理所在！又有许多科目，开下来很好看，而现在中国能教授这些科目的有几个人？如所谓比较行政法、国际行政法、比较宪法、立法原理、比较法学绪论、比较民法等等，请问在欧美先进的国家，那个大学里，经常的开过这几门功课？在那个大学里，这几门是某种考试的必修课程？

我以为法学分组，只有在一种情形之下，是有意义和必需。就是在学生提出毕业论文后口试时，可以依其所属组的不同，而对他们考试科目的要求，分别的予以提高或减低。不过各组的科目，还须详细斟酌。而我以为司法组内的民法刑法，不妨分开，而法史学则似应另成一组。

二、公共科目问题

在法律系必修科目中,有所谓法学院共同必修科目(教育部二十八年八月十二日颁布,三十三年八月修订),计有三民主义、伦理学、国文、外国文、中国通史、世界通史、哲学概论、理则学、政治学、经济学、社会学、普通心理学等十二门科目,总计至少五十二个学分(事实上为迁就教师排课,学分超出此数甚多)。这些科目,有的是为补充中学时代的欠缺,有的是学法律者比较上应有的常识,其用意未尝不佳。但是事实上,教员和学生,都认为它们是些次要科目,认为它们是些"苛捐杂税",学生们多数照例缺课,教员们大半无精打采,到了学期终了,学生得学分,教员支薪水,耗费的是时间人力和物力。学校、教员和学生方面,为这十二门科目的负担,和学生实际的收获,这个比例的恶劣,凡是法律系的教员和学生间,实是尽人皆知。

我的意见:这十二门科目,最好一律改为选修,而由学生们任选二门,最好在第二三学年里面去修,学生自知用功,教员自然起劲,这样上课才有意义。否则根本不必开课,而定作考试课目,指定教员作读书指导,我保险学期考试的试卷成绩,不会比现在差,而学生的功课表上,不至于像现在这么挤,以剥夺了学生们自修的时间,而免得教员和学生,在讲堂上受罪!

三、主要法律科目问题

法律教育中民法刑法的重要,是不须详说的。但是看一看我们的科目表，在四个整个学年里，民法最多不过占二十六个学分，可能只是十九个学分；刑法最多不过占十二个学分，可能只是八个学分。换言之，一个法律系的学生，学校对他的要求，和供给他学习的机会，债篇总论和世界通史，是完全一样的；刑法总论和哲学概论或什么心理学，是相差不多。就制度上而言，法学生读四年的法律学，对于民刑法的下过的功夫，不过是各上过一次课，和参加过一次学期考试而已。学校既不作比其他科目更切实更深刻的要求，也不给他们可以作更切实更深刻研究的机会和设备。请大家想一想，法律中的民法和刑法，是不是听过一次讲和参加过一次期考，就可以算"学会"了？学工的学生，总要到工厂实习，学医的要到病房，学科学的要到实验室，以考验其对学理了解如何，而学法律的学生，对于他们作基础的民刑法，只是上过一次课而已，天下宁有是理？

我在同济法学院里，为曾经听过了民法的学生，开过一次讲习班，是请薛祀光先生主讲的。算是选修科目，可是要经过薛先生口试认可后才许参加。有些学生，原来自以为已"通"民法的，旁听了几次之后，方知道过去根本没有摸着门。这个讲习班收获很好，很多学生要求多开些这类的讲习班。（本来在德国和瑞士的大学里，上课根本没有考试，只有在参加司法官考试和博士考试时，要提出至少五个参加过这类讲习班的证明文件。）

四、国文和外国文问题

现在一般大学毕业生，无论什么学科，除非家庭环境特殊，论国文：一个个文字欠通、字体恶劣、白字连篇、典故乱用。论外国文：则既不能说、又不能看、更不能写。占去小学中学里多少时间，消耗了青年多少精神气力学来的一点外国文，经过了大学四五年的教育，而终于寿归正寝。

尤其国文的不佳，使学生到了社会里，处处吃亏碰壁。这个缺点和危机，法学院的同学们，没有一个不深切了解的。

我认为在学校方面，在大学生四五年的读书期间，应该经常的给他们继续补习国文和外国文的机会。我在同济法学院里，每班次皆有国文班、德文班和英文班。不但是定为选修科目由学生自由参加，并且还有考试成绩好即计算学分，成绩不及格即不算学分的优待。一律用小班次，每十余人成一班，习国文的每个人皆要作文，习外国文的每个人皆要说话。学生参加的兴趣，和实际学习的收获，令人相当满意。

以上四个制度上的问题，想大家一般都感觉得到的。今天我特把经验所得，在学期就要开始的时候，写出来供大家的参考，并请大家指教。

三十七年九月一日

原载于《观察》1948年第5卷第3期

刑罚可废除乎？

一

法国人有一句谚语：明白一切，就是原谅一切（Tout comprendre c'est tout pardonner）。刑罚在人类社会中的演变，似乎是正在说明这句话的道理。

在野蛮社会中，久旱成灾，他们会找出一个人来，硬说这是他的罪过，而把他用火烧死。任何民族的文化史上，都少不了剜眼、割手、锯腿、断足等各色各样的酷刑。而现在呢？明明有人犯了罪，但是因为他犯罪时是吃醉了酒，或者精神上有些问题，他的罪名就不成立。成立罪名的人呢？在现代化的监狱中，不但饮食的营养、健康的维护，胜过经济落后社会中的自由和富足的人，而各种补习教育、进修教育、体育生活、艺术生活，更是他们一般人所想望不到。所以刑事"责任"之由广泛而日趋狭小，刑罚"手段"之由残酷而日趋宽厚，显然的是和人类文化之进步，不可分开。

二

刑罚的意义，一直在随着人类知识的进步而在变化。在心理学（尤其是精神病学)、社会学(尤其是犯罪学)发达的今天,刑罚的概念,本身上就大成了疑问。本来过去陈旧的观念,一直认为犯罪者是一群"歹"人(或者是被"魔鬼"驱使的人)。我们之所以可以义正词严地责罚他们的,因为他们不是好人,不是和我们一样的好人,而是我们社会中的罪人。而我们现在的认识呢?我们今天知道:人类根本是一样的,人类中根本没有什么好歹之分。人类中所有的不同,是生理遗传上的不同,是生活环境的不同。人类之所以有犯罪的和不犯罪的,就因为犯罪的是生活在犯罪环境里。一个人丰衣足食,不会去窃盗;有室有家,不会去强奸;有学问有修养,不会去诈欺取财。不是为物质或生理生活所压迫而去作奸犯法的,那是精神病,不是犯罪。反过来,只要是一个人,饥思食、寝思色,有生存上的需要而不去设法求得满足的,那就是生理或心理上有缺欠的人。一个人没有犯罪环境之无须犯罪,和处在犯罪环境中之不得不犯罪,和一个人在英国之不会得狂犬病,和在四川之不能不生疟疾,正是一样。犯罪也就是疾病,不过不是身体上的生理疾病,而是人格上的社会疾病,同样的都是和是非好歹无关。但是,一个人出了天花,我们同情他、可怜他、安慰他,有人不幸受了他的传染,我们顶多责备自己太不小心,没有把他隔离好,从没有人要来把这个出天花的骂一顿打一顿。但是一个犯了罪的人(社会上的病人),他本心之不想犯罪,而毕竟犯了罪,和一个人之不想出天花而毕竟出了天花,本无二致,但是我们不同情他,不可怜他,而把他一辈子看成坏蛋。不幸有人受了他的祸害,这和那个出天花的不幸传染了别人,也正是一样,但是这时我们却并不责备我们自己,而全来责备他,说他是"犯了罪",就这样轻轻地把社会上所造就的一切因果,全部地推卸到他一个人身上:我们指责他、耻辱他、虐待他、弄死他。他的情形越可怜,我们收拾他越狠,而心里越感觉着舒服,说什么"罪人斯得",什么"惩此巨凶",等等——请问我们这个态度是对的吗?

我们真的是心安理得吗?

三

我们一旦把犯罪现象看成社会病态时,那么刑罚一词,就失去其意义了。我们对于疾病,要治疗、要预防。责备是无用的。我们对于社会病态的处理,亦应如此。

我们过去对于刑罚的作用,主要的认为是在保障社会:以为只要规定某一种行为将引致判刑的后果,就可以使得人们不敢去作了。但是如果我们仔细想想,就可以发现凡是《刑法》所禁止的,在一个人在正常状态时,并不是他本心所乐意作的行为。但是仍然有人犯罪的,就是因为他受了犯罪环境的压迫,因为他所处的状态,失了正常。犯罪环境是原因,犯罪行为是结果。刑罚的威胁,固然是抵制犯罪压迫的一种力量,但是刑罚的威胁是有一定限度的、是呆板不变的,而犯罪环境的压力,是动态的、是可能随时增长的。因此,凡是犯罪事实产生的地方,就是刑罚压力敌不住犯罪压力的现象。以刑罚抵制犯罪,事实上不能说是完全无效,但是要防备某一种结果,而不从消除它的原因上想法子,当然是只有事倍而功半。想完全利用刑罚来制止犯罪——所谓刑以"止"杀——可以说是一种逻辑上的错误。

还有一种理论,比上面这个"保障社会论"还要站不住的,就是要用刑罚的方法来"教育"或"改良"犯罪者,使之不再去犯罪的一种想法。一个犯罪者,在判刑处罚以后,悔过改良者,不能说绝对没有。但是在出狱以后,对社会的敌意更增加,犯罪的技术更进步的,是不是更多?(这一点对于曾留心监狱学及犯罪学的,固不必多说。而于一批窃盗刑满出狱以后,地方上的窃案马上增加,这更是社会上一般人的日常经验。)而施行监狱教育以感化犯人而得到成功者,我们要问一问他们,他们是否认为判"刑"入"狱",是这种教育成功的先决或最有利的条件?——我们实在可以肯定的说:现在的刑罚制度,只能增加而不能减少犯罪者的犯罪性。如若认为它包涵着一种"教育"作用,可以改良犯罪者,那么这种"教育",我们也不一定非给它穿上这件"刑罚"的外装不可。

理论上最说不通,但是事实上最深入人心的一种解释,就是刑罚所代表的一种报复心理。所谓以目还目,以牙还牙,实在是人类最自然最原始的情绪。刑罚虽然不能制止犯罪,而一般人对于刑罚制度尚不感觉到不满意的,正是这一个情绪作祟。并且,如果我们认为社会之形成靠法律,法律的萌芽在刑法,那么这一种报复手段的制度化,正可以说是一切人类文化的起源。但是我们并不能因此而否认,报复是一种最无意识的举动,最有害无益的举动。而人类文化的进步,就是在拉长脱离一切原始状态的距离。上面所说刑事责任之由广泛而狭小,刑罚手段之由残暴而宽厚,也正说明了这个报复意识之日见减轻的趋势。

四

综上所说,我们不能不认为刑罚是人类文化进步的渣滓。我们要推广社会教育、加强社会救济、扩充精神治疗,那么犯罪自然会减少。我们如果有充分的补习班、救济所、疗养院,我们就用不着刑警、用不着法官、用不着监狱、用不着一切伤害人类尊严的行动和名词了。

但是,在我们今天的社会里,刑罚是否可以废除呢?——不可以,现在还不可以。不可以的原因,是因为我们的知识程度、经济能力,都还去此标准甚远。但是,刑罚是一个落后社会的标记,这一点我们如果不明了,我们就永无接近这个标准之日了。

原载于徐道隣:《论政治与学术》(台北"中央"文物供应社 1954 年版)

书评:

LAW IN IMPERIAL CHINA

By DERK BODDE and CLARENCE MORRIS
Harvard University Press, Cambridge, Massachusetts, 1967.
615 pp. $17.50

LAW IN IMPERIAL China, the first book to provide a comprehensive picture of the concepts and functioning of Imprial Chinese law between 1736-1885, fills a very definite need in an important, but difficult, field of Western sinology. Among the few recent books on Chinese traditional law this is the most informative, most interesting, if not also the most important one.

In studying an alien law system, no approach can be more profitable than looking into the actual court decisions. This is the basic merit of the present book. The 190 case decisions—selected from among 7600! —present not only the Ch'ing code in its systematics and in its entirety, but show Chinese law in its full action and Chinese society under the impact of this law system. Taking into consideration the specific difficulties involved in the enterprise—the necessity of working with a technical vocabulary, a code with neither numbering nor index and a highly literary Chinese style (p. 158)—the accomplishment of the work is "formidable".

Prof. Bodde, the author of pp. 1-489, displays an unsurpassed attention to accuracy and detail. See, besides the various appendices, the comments on the *vitex negundo* (p. 80), the site and building of the Board of Punishments (p. 123), suicide in China (p. 192, N. 28), T'ung-chou at the Grand Canal (p. 268), the Chinese way of calculating the size of a house (p. 439), etc. They read very much like Chinese classic-commentary of the Ch'ien-Chia tradition.

As an overall evaluation of the book the reviewer finds no words adequate to express his genuine esteem for the authors' high achievement.

The book, however, contains a few statements which are, in this reviewer's opinion, somewhat incomplete and others that lack precision. It is to call the authors' attention to these passages for future revision and to provide the serious reader of the book with additional information which might further his understanding that the reviewer takes the liberty to make the following comments. (Apart from this there are a few statements in the first part of the book which are for the reviewer difficult to accept. These are the Chinese thinking of crimes as "violations of cosmic order" (p. 43), the "bitter controversy" between Confucians and Legalists in the "next three centuries following 536" (p. 49), the "flexibility" of the "unwritten" *li* which, "in Confucian view", give "poetry and beauty to life" (p. 21), etc. The reviewer intends to discuss these more theoretical problems in a separate paper.)

EVERY CHINESE CODE of imperial times goes back to the T'ang code and can be to certain extent regarded as its "continuity" (pp. 59, 62). Professor Bodde, in his scholarly discussion of various topics, makes repeated references to the T'ang code. (See the comments on "bondsmen", p. 34; on pregnancy during the mourning period, p. 39; on beatings in extracting confessions, p. 98; on accusations before the imperial chariot, p. 465; on improper "execution of" sentences, p. 473; etc.) But in the following cases he does not trouble to indicate their T'ang origin which, in the reviewer's opinion, is not unimportant.

1. That the commentary may bring some substantial changes to the statutes in the code (p. 70) is already observable in the T'ang code (Hsu Dau-lin, *T'ang-lü t'ung-lun* [Essays on the T'ang code], Chungking 1945, Second Taipei [Chung-hua] reprint, 1966, p. 87).

2. That the criminal's wife is obliged to follow her husband into exile and his parents and children are permitted to do so, is provided in art. 24 of the T'ang code (the reviewer is quoting the articles by a continuous numeration; in the 1956 Taipei [Commercial Press] reprint: vol. 1, p. 49 [hereafter simply: 1/49]). Thus, "Confucian familism triumphed over Legalist strictness" not "during the early part of the Ch'ing" (p. 86), but about a thousand years earlier.

3. The statute on "violating ordinances" (p. 179) is a relic from the T'ang code (art. 449 [4/56]). The discontinuance, under the Ch'ing, of enacting "ordinances" (*ling* 令) makes this article obsolete.

4. In T'ang jurisprudence, only "intentional killing" (*ku sha* 故

杀), "killing in an affray" (*tou sha* 斗杀) and "premeditated killing" (*mou sha* 谋杀), are considered to be "homicide" proper (*sha jen* 杀人), T'ang code, art. 9 (1/26), while "unauthorized killing" [of criminals] (*shan sha* 擅杀) are regarded less as crime and treated differently from "homicide". This principle should be spelled out, for it is the reason why the Statutes Commission goes to pains to analize the difference between "killing in an affray" and "unauthorized killing" (p. 254).

5. The prohibition, for rural persons, against buying grain in the capital (p. 264) derives from the T'ang code, art. 221 (3/23). This prohibition was dropped in the Ming code (which was enacted in Nanking where availability of grain was no problem), but was restored under the Ch'ing in the form of a substatute (Ch'ing code, in the 1964 Taipei [Wen-hai] reprint, p. 1364).

6. The "formal definition" of "accident" and its examples, quoted at length on p. 342, are not offered first by the "Official Commentary" of the Ch'ing jurists, but are a part of the T'ang code (art. 339, [3/109]).

7. That children and grandchildren (not sons and grandsons) may attack those who are attacking their parents or grandparents (p. 396) is the content of art. 335 of the T'ang code (3/106) and art. 346 of the Ming code (included in the *Ta-Ming hui-tien* [Collected Institutes of the Great Ming], hereafter quoted as TMHT, Taipei [Wen-hai] reprint, 1963, p. 2359). But the Ch'ing jurists added the rescuing wife to the list of rightful attackers in a substatute to art. 323 (Code, p.

2865).

8. No "increase" in punishment may result in a death sentence unless the death penalty is provided by the statute. This is a principle of the T'ang law (art. 56 [2/48]), adopted in both the Ming (art. 38 [TMHT, p. 2260]) and the Ch'ing codes (art. 36, p. 540). This article answers all the questions raised about "increment of punishment" on p. 406.

9. Prof. Bodde hinted at the increased power of the Board of Punishments over the Court of Revision under the Ch'ing (p. 132). But the fact that under the T'ang and Sung it was the Board which reviewed the decisions passed by the Court, while under the Ming and the Ch'ing the Court reviewed those passed by the Board should be mentioned in this connexion. The significance of this functional change in relation to the development of Chinese law and the Sung jurists' advocacy of a "power separation" between these two law agencies is well noted by Shen Chia-pen 沈家本 (See his "Hsing-kuan k'ao", [Study on Law Offices], in *Shen Chi-yi hsien-sheng yi-shu*, [Bequeathed Writings of Mr. Shen], Peking 1929, Taipei [Wen-hai] reprint, 1964, pp. 868, 875, 876).

IN THE FOLLOWING CASES the author applies to the statutes a loose interpretation which, in the reviewer's opinion, is not called for.

1. The principle of application of statutes "by analogy" in the Ch'ing (and Ming) code can well be regarded as an improvement in legal precision upon the T'ang code, wherein the statutes are often

applied "by inference". This means that if the accused is acquitted of a major offense, the prescribed leniency also holds for a more minor one: if the killing on the spot of an intruder during the night entails no punishment, there is, of course, no punishment for an injury inflicted in the same way. To indict an offender, on the other hand, the penalty prescribed for a minor offence implies this for a major one: if the "attempt" at murdering a senior relative of one-year mourning is punished by decapitation, it is clear that a successful murder would entail no lesser punishment. (That is why the T'ang code says not a single word about premeditated parricide. It is considered too heineous a crime to discuss. The premeditated murder of a senior relative of one-year mourning is already punished by decapitation, art. 253 [3/44]).

The Ming code dropped the principle of inferential application of law (consequently, it produced, an article on premeditated parricide: art. 307 [TMHT, p. 2348]) and changed it to application "by analogy" with the allowance of increase or reduction of the statutory penalty to meet aggravating or extenuating circumstances, but made such verdicts dependent upon approval by the throne (art. 46 [TMHT, p. 2262], Ch'ing code, art. 44, p. 561). One related substatute in the Ch'ing code (p. 562) is given in a partial translation by the author on p. 176.

But this substatute has no effect whatsoever on the "direct" application of law. Nowhere is it said that the "direct" application of a statute forbids any change of its prescribed penalties to meet extra-statutory circumstances.

Yet the translated part of the substatute has led the author to apply its rules indiscriminately, and claim that any change of statutory penalty makes the decision one "by analogy". He questions, in many cases, why the Board of Punishments applies a statute or substatute "directly" and not "analogically" as it should (pp. 177, 259, 279, 283, 289, 294, 317, 356, 388, 419, 424, 488). One possible reason is that according to the Board's understanding of the code there was no analogy.

2. Art. 35 of the Ch'ing code (paraphrasing art. 49 of the T'ang code [1/40]) specifies that a crime, although meeting the definition of one statute, should be punished by a heavier sentence if, considering the offender's ultimate motivation—[this qualifying phrase bringing more confusion than clarification is a Ming addition to the beautiful T'ang original]—it meets the definition of another statute which prescribes a heavier penalty (This is what is called "Idealkonkurrenz" in German jurisprudence.) This is why in several cases—195. 2, 201. 6, 259. 2, etc.—the board of Punishments decided for the heavier of two alternate penalties. Any speculation on the Board's reason for selecting the heavier punishment (pp. 398, 408, 460, etc.) is of no great importance since the Board is acting simply in accordance with law.

3. According to art. 36 of the Ch'ing code (p. 539)—and art. 56 of the T'ang code (2/47)—the two degrees of the death penalty as well as the three degrees of exile are, in the calculation of penalty reduction, to be counted each as one degree (i. e. reduction from any form of death is exile, reduction from exile of any distance is penal

servitude). Although no word in the article refers to penal servitude, our author claims the same treatment for the five degrees of the penal servitude (pp. 101, 269, 385: "the 'three' highest categories of punishment"). It is hard to see how he has arrived at this conclusion.

4. The author complains about the "obscurity" of the three "curious" punishments (pp. 82-83). To understand these we must, indeed, go back to the Ming code.

For the first of the group, "(death penalty) converted to five-year penal servitude", the term "miscellaneous crimes" is crucial. It was the First Ming Emperor who, in 1368, designated thirteen capital crimes as "miscellaneous" (they are listed in TMHT p. 2398), remitted their offenders' death penalty, and made them perform labor work for five years (see substatute to art. 1 of the Ming code, TMHT p. 2239). In 1497, eleven more capital crimes were added to the list as "miscellaneous" (*ibid.* p. 2411). A decree of the Second Emperor of 1497 (quoted in Shen Chia-pen, *op. cit.* p. 121) sheds much light on this institution.

The second of the group, "total penal servitude of four years", is a misnomer in the Ch'ing code. It actually encompasses two kinds of crimes: (a) a crime originally punished by exile, later designated as "miscellaneous" and converted to a four-year penal servitude (For its origin see Ming code, art. 1, TMHT p. 2239). A more correct title would be "miscellaneous exile converted to a four-year penal servitude" as has indeed been used in the "Explanation on Punishment Redemption" (*shu-li shuo* 赎例说) (contained in the Ch'ing code, p.

155). (b) a second crime punishable by penal servitude committed by a convict while serving a term of penal servitude imposed upon him for a previous crime. His penalty, no matter how many years are included in the individual terms, should be limited to a *total* of four years. This is the content of art. 21 of the Ch'ing code (p. 391) where the word "total" (*tsung* 总) appears which is "not clear" to the author (p. 83). That the "total penal servitude" including these two kinds of crimes is explained in a substatute to art. 16 of the code (p. 313).

The third "peculiarity", "transportation converted to penal servitude", has its origin in the T'ang code (it is *not* a Ming punishment [p. 89]) in which offenders convicted of homicide and sentenced to a death penalty are to be "transported" to a distance of over 1000 *li* if an amnesty remits their punishment and the killed person happens to have relatives of one-year mourning and above living in that area (art. 265 [3/54]). This is a measure intended to save the feelings of the victim's survivors, and is not a punishment.

"Transportation" has been used by the Ming codifiers for various purposes, e. g. , to remove a trouble-making headman (Ming code, art. 89, TMHT p. 2280). The Ch'ing jurists obviously disliked this institution and commuted it to a two-year penal servitude as the equivalent of an halved exile, hence its clumsy name "transportation commuted to an exile reduced by one half and converted to a penal servitude of two years". But this provision was not applicable to frontier tribes such as the Miao, the Chuang, etc. , where prescribed "transportation" had to be carried out (See Hsing-fa chih 刑法志

[Treatise on Criminal Law] in the *Ch'ing-shih kao* 清史稿 [Draft History of the Ch'ing], hereafter quoted as Ch'ing Legal Treatise).

5. It seems to the reviewer that Prof. Bodde expects the *Conspectus* to be more than it intends to be. The *Conspectus* is a treatise on *legal problems* for the active judge. It is not a *commentary on the code*, nor a *statistical analysis* of crimes in China. Thus, one should not be surprised if "not all of the Code's 436 sections are represented by cases in the *Conspectus*" (p. 149). Nor should one expect any positive result from quantitative speculations based on the *Conspectus* ("small proportion" on p. 178, "the thirteenth" on p. 162, etc.). The number of cases contained in the *Conspectus* will make no one believe that killing a wife's paramour (with 376 cases) was the most prevalent crime in Nineteenth-Century China, or that stealing (with 111 cases) ranked only the eleventh most common (p. 162)!

THE FOLLOWING PROBLEMS, discussed at some length in the book, seem to be, when checked against the code, resulting from faulty translations.

1. The author has some difficulty in determining the nature and significance of cases he calls "leading" (p. 154). But as a matter of fact, *ch'eng an* 成案 only means "completed case", or, simply, "case". (Hence "*ch'eng an*" 成案 and "*an*" 案 are used interchangeably in the *Conspectus*.) To read anything more, like "leading", into the word, would necessarily create confusion. The supposed "definition" quoted on p. 151 is only a guiding principle (*fan li* 凡例) adopted by the compilers for selecting cases to be included in the collection.

2. The second substatute to art. 422 of the code (p. 3743) reads:

In all capital cases, if a governor-general or governor recommends a light sentence, but the Board is in favor for a heavier one, so it should reject the recommendation and instruct the governor-general or governor to conduct a retrial. If the recommended sentence is too heavy and the Board of Punishments favors a lighter one, but feels that there is something questionable in the case, so should it equally reject the recommendation and instruct the governor-general or governor to prepare another, more satisfactory recommendation. If, however, the Board of Punishments is firmly determined in its opinion [about the correctness of the lighter sentence] so should it change the recommended verdict at once and submit it to the throne for approval. There is no longer any need to remand the case for retrial which would only prolong delay and cause additional implications.

But the phrase "something questionable in the case" is now translated in the book as "if there is something suspicious about the lighter sentence pronounced by the Board" (p. 475). So the author asks, rightly, "how and by whom the existance of this suspicious something was to be determined" and assumes, "therefore, that this part of the substatute was a dead letter" (p. 134).

3. *Yueh* 越 (jumping, overpassing) *su* 诉 means "filing a suit at a

higher (instead of the proper) court", and nothing else. But in the book it is translated as "accusation which proves to be false" (pp. 353, 354, 463, 464, 467, etc., except on p. 398 line 24). Thus, wherever this term appears, there is distortion of meaning and the passage becomes confusing.

IN SEVERAL OTHER CASES problems seem to be created simply by inadvertent negligence.

1. The author complains about the inconsistency of the Board's practice of granting the privilege of redemption to women. "Thus only three of our twenty women offenders are permitted some kind of redemption" (pp. 170, 317). But here, the Board is adhering, in most cases, to a substatute to art. 1 of the code (p. 227) which reads:

> Women offenders, guilty of a sexual offence, thievery, or filial unpiety, shall be punished according to law. Other women offenders, guilty of crimes punishable by light or heavy bamboo, by penal servitude, civil or military exile, or "miscellaneous capital crimes" which entail one hundred lows of heavy bamboo, are, like enobled women (*ming fu* 命妇) and principal wifes of officials permitted monetary redemption.

2. In case 223. 2 the author criticizes the Board for refusing to apply the related statute by permitting a "sold" wife to remain with the second husband and allowing the first husband to keep the price (p. 429). But the "*chi-chu*" 集注 [Collected Commentary] in an "upper

commentary" to art. 367 of the code (p. 3229) reads:

> When a man sells his wife out of poverty the marriage should, according to statutory law, be disolved. But if the husband is not in the position to provide for her and she has no close relatives to whom to return, the dissolution would only force her to contract another marriage and further damage her morality. It would be better, therefore, to leave the woman with the second husband and the gift money with the first. In present times, this practice is being followed in both Kiangsu and Chekiang.

Much of the author's mind-reading of the Board on p. 429 or p. 514 is literally expressed in this semi-official guideline.

3. In case 223.3 the situation is reversed. Here the Board permitted the husband to keep his wife whose adulterous affairs he had previously tolerated. The author remarks that the Board is again "not applying the statute [demanding the dissolution of marriage in case of tolerated adultery] to its strict letter" (p. 430). But another "upper commentary" to the same article of the code (p. 3230) comes to the Board's defense:

> (The decision of a) Case in Hupeh in 1769: The toleration of the wife's adulterous affairs sprang from fear of the adulteror's power and violence: It is a result of coercion. A dissolution of the marriage will not be considered.

A look at this provision would save all the lengthy discussion on p. 430 and the reprimanding remark that "the Board cites but ignores the provision of what is clearly the relevant statute" (p. 181).

4. The author has found it "a little surprising" that in the *Conspectus* only a few cases "contain explicit reference to precedents" (p. 179). The explanation is that a substatute to art. 415 of the code (p. 3718) specifies as follows:

> Except for officially published statutes and substatutes, any precedent which has not been generally circulated as a substatute, is categorically prohibited [for citing in a case decision]. If, however, governors-general and governors who, in dealing with legal cases, feel that some of these [under examination] correspond to some old cases (*chiu li* 旧例) which can be cited as precedent, they are permitted to refer to them in their report on that case. The Board of Punishments, after careful examination, may ask throne for permission to make it [the old case] a substatute.

Thus, there is little likelihood that the *Conspectus*, a practical manual for the active judge, intends to be a "convenient repertory" of "helpful precedents" (p. 180).

5. On p. 180 the author enters in a lengthy discussion of the idea of "life-for-a-life" (*ti ming* 抵命), a concept of very early origin (p. 331), and sees the idea illustrated in the death penalty for a commoner

killing a slave or a husband killing his wife, while an injury inflicted on them is punished one or two degrees below the norm (p. 183).

Now, how old is the idea of "life-for-a-life"? To answer this question would require further research. At this moment the earliest mention of the concept known to this reviewer is in the Ming code where a substatute to art. 315 speaks of "convicts who are to pay life for a life" (TMHT, p. 2350). But the death penalty for killing a slave or a wife was already contained in the T'ang code (art. 320, 325 [3/95,98]). In court decision, the term made frequent appearances in the 1750's, the earliest in 1748 (Ch'ing code, p. 529, upper level).

That this idea, if taken too literally, borders on sheer nonsense is for everybody to see: What is to happen if one kills by accident? What if one person kills several? Or what if several persons kill one? In any event, this idea as a guiding principle for measuring punishment has been forcefully refuted by the Chia-ch'ing emperor, the "eminent jurist" on the throne (Ch'ing Legal Treatise), in a rescript of September 21, 1802:

> The principle of "life-for-a-life", pronounced in an Imperial Decree in 1753, refers merely to cases of armed mass affray (*hsieh tou* 械斗). Should one adhere to this saying literally [and indiscriminately] all the cases involving a death by killing or from injury would be classified as "deserving execution" and the class of "deferred execution" simply eliminated. Does this make any sense? (*Jen-tsung shih-lu* [True Records of the Chia-ch'ing

emperor], Taipei 1964 reprint, p. 1429).

This imperial rescript explains why the term "requital", *ti* 抵, is no longer used extensively in official terminology since that date as it was before. Pushed too far (as on p. 183 N. 22) the idea necessarily "breaks down" in many cases (p. 183, last paragraph).

THERE ARE, FINALLY, a number of minor inaccuracies and some missing information which are briefly indicated as following.

1. The T'ang code has 502, not 501 articles (pp. 7 N. 12, 58, 60). The usual miscounting results from the fact that art. 328 (beating elder brother or sister) is missing in the table of contents at the beginning of the code.

2. The husband's mourning for his wife is of degree 2a (p. 38) only when his parents are dead, otherwise of degree 2b (Ch'ing code, p. 175).

3. The tabooed periods for execution under the T'ang were, according to art. 496 of the T'ang code (4/88) not applicable to slaves killing their masters and four groups of "abominations" which included seven different crimes, treason (p. 47) was but one of them.

4. The Sung never enacted a code of their own. They adopted, not "copied" (p. 57) the T'ang code.

5. The Ch'ing code of 1740 is an unchanged duplicate of the code of 1727, to which the honor of the "final definite edition" (pp. 60, 71) should go. However, it is the 1740 edition which gives the code its definite title: *Ta-Ch'ing lü-li* 大清律例 (in 1646 the title was: *Ta-*

Ch'ing-lü chi-chieh fu-li 大清律集解附例; in 1727: *Ta-Ch'ing-lü chi-chieh* 大清律集解).

6. The tables of the "life Exile" of 1743 (p. 85) and of "Military Exile" of 1772 (p. 88) were, it is worthy to mention, compiled by the Board of Punishment and of War respectively (Ch'ing Legal Treatise).

7. Deportation, even to Amur or Sinkiang, does not necessarily involve life slavery (p. 91). See e. g. code pp. 500, 619.

8. Some exiled convicts, contrary to the statement on p. 99, are rehabilitated, some even allowed to return to their home town (code, pp. 607, 608).

9. Judicial Commissioners are full-time legal *officers*, but not necessarily fulltime legal *experts* (p. 115). Legal training is not a requirement for this position.

10. A department of the Board cannot communicate *directly* with provincial authorities (p. 130), but only "via the Directorate".

11. The *four* categories of assize cases (p. 138) are listed in the Ch'ing Legal Treatise as *five*, the fourth being split into two.

12. As a case collection of Sung times (p. 145) the *Ming-kung shu-p'an ch'ing-ming-chi* 名公书判清明集 [Collection of cases of Integrity and Insight by famous Scholar-Officials] should not be overlooked.

13. *K'uei-chi* (p. 147), now called Shao-hsing, is the place where most of Imperial China's legal secretaries came from.

14. The word *hsien* 现 in *hsien-shen* 现审 (p. 154) means "presently" (under trial), not "exposed" (for judicial examinations).

15. Private offences meriting 100 blows are not commuted to "deprivation of rank" (p. 214), but only to dismissal from the post. The rank remains unaffected. See Ch'ing code p. 269.

16. The provision permitting one found guilty of homicide to remanin at home to care for his aged parents for whom he is the only support (pp. 193, 225) is a T'ang institution which has been further developed under the Ch'ing. A substatute to art. 18 of the code specifies as follows: This provision does not take effect if the victim of the crime was the only support for his (the victim's) aged parents. But if the victim had been leading a vagrant life, not caring for his parents, or if he had been expelled by his parents for lack of support or for disobedience, or if his family background cannot be ascertained, then a petition may still be filed for permission to permit the convicted offender to remain at his parents' home. But in cases of "unauthorized killing" [of guilty persons], which are different from ordinary homicide, a petition for the same purpose should invariably filed and no investigation need be made to ascertain whether or not the slain victim was the sole son (p. 361). This is a good example of the excellence of Ch'ing legislation.

17. *Na-shu* 纳赎 (p. 216) is only one of the three kinds of redemption in the Ch'ing system. The other two are *shou-shu* 收赎 and *shu-tsui* 赎罪. *Shou-shu*, also called *lü-shu* 律赎 (redemption by statute), is a continuation of the T'ang tradition; the other two, also called *li-shu* 例赎 (redemption by substatute), were introduced only under the Ming. For details see the Ch'ing Legal Treatise.

18. In case 12.2 no analogy was made between causing parental suicide by theft and forcing women to prostitution (p. 228). Only the commutation of military exile to three years imprisonment in the first sentence was analogically applied in the second. The analogy is between the commutations of the penalties, not in the punishment of crimes.

19. "*Lou*" 漏 in *lou-shih yin-hsin* 漏使印信 (art. 73, Code, p. 825) means leaking, missing, not just "in an improper manner" (p. 239). The upper commentary refers explicitly to the stamping of seal "over two adjacent pages" and "over corrections".

20. The Board of Civil Office determines the penalty not for [all] offences committed by officials (p. 271), but only their "public" offences.

21. The "Ten Abominations" are large groups of crimes which are scattered throughout the code in some 25 articles. It is not true that all of them are "most serious crimes of the code" and "most heavily punished" (p. 286 N. 9 and *passim*). Some are quite harmless offences, entailing light punishment for instance 60 blows of bamboo for wearing ordinary (not mourning) garments during the mourning period. The significance of the "abominations" lies in the fact that anyone found guilty of such crimes is barred from benefitting from his privileged status if he has any and from future amnesty measures.

22. "*Chung*" 众 (mass) discussed on p. 288 is defined in the T'ang code, following the classic definition by Chang Fei 张斐 (fl. 270 A. D.), as "over three persons" (art. 268 [3/56]). But the Ch'ing code

makes a difference between "over twenty" and "over forty persons" (p. 1881).

23. Investigation by the governor of one province into the affairs of another is not only "an extraordinary measure" (p. 327), but is simply unthinkable. The defendant, native of another province, was obviously living, at the time of the accusation, in the province of the investigating governor.

24. "Boulais 1257" bans the criminal's wife and sons (code, p. 2447), but explicitly "not his daughters", still less "other family members living with him" (p. 329).

25. "Excess speed", discussed on p. 351, *was* explicitly stated, by the reference to art. 396 (Boulais 1312) where the word "*ch'ih-chou* 馳骤", violent galopping, occurs.

26. On p. 385 the author takes issue with the sentence of life exile at a distance of 3000 *li*, and pleads for a distance of 2000 *li*. But the distance, as quoted in the upper commentary on p. 2769 of the code, *is* 2000 *li*.

27. Mr. Pi, in case 189.1 would surely not be sentenced to strangulation or decapitation after the assizes (p. 387), because his brother was guilty of robbery, a capital crime (art. 266, p. 1953), and the "unauthorized killing" of such an individual, according to art. 388 (p. 3352), would be at most 100 blows of the heavy bamboo.

28. "Clear and white" (p. 428) refers not to the boy's countenance, but to his "unblemished" family background. Only boys of respectable families (*liang chia*), or under 12 years of age are

protected from rapists by this substatute (code, p. 3203).

29. The description of the statute Boulais 1601, providing penalty for fornification between a man and "the wife of his paternal uncle" (p. 433), should be expanded to include "his father's or grandfather's concubine" (code, p. 3234). This would make the "analogy" in the case still more stringent.

30. *K'ung-ho* 恐吓, intimidate, *so-cha* 索诈, extort, together describe the act of extortion. *Ho-cha* 吓诈 is only the contracted form of the term, not one of two kinds of extortion (p. 451); in the same way that "*yang-tao*" 洋盗 is the contracted form of "*chiang-yang ta-tao*" 江洋大盗, not one of two kinds of pirates (code, pp. 1960, 1986).

31. The remission of all penalty if the accusation proves to be correct (p. 465) applies only to accusations lodged with the emperor, art. 332 (p. 2894), but by no means to other accusations bypassing the proper court.

32. *Tuan-tsui pu-tang* 断罪不当 (act. 422) means "improper sentencing of crimes", not "improper execution of sentences" (p. 470) which would be 决罚不如法 (act. 413).

33. In the reviewer's opinion, the figure "398" discussed on p. 479 is a typographical rather than a judicial error, and should simply read "298".

34. A substatute to art. 435 (p. 3814) specifies that encroachment upon the temple of Kuan Yü in Peking shall in addition to the regular penalty be punished by one month of wearing the cangue. The decision in Shensi (p. 489) was obviously based upon this provision.

35. Among the numerous misprints in the book the following four are of consequence:

1. P. 247, line 19. for *10* read *20* blows.
2. P. 347, line 28: for *two* read *one* and one half years.
3. P. 363, line 24: for *30* read *20* blows.
4. P. 415, line 14: for *30* read *36* percent.

As a concluding remark the reviewer wishes to agree that the "errors of detail", discussed in the preceding pages, "are not significant enough to detract seriously from the overall value" of the book (anthor's own words, p. 159). The entire review has been written in, and prompted by, genuine respect for the author's unexcelled care for accuracy and detail.

Professor's Morris' part of the book, pp. 493-542, makes a most delightful reading. His keen insight into this complex system, gathered from just these 190 translated cases, is astonishing. The short resumé of the lengthy volume on pp. 541-2 is the best presentation of Chinese law this reviewer has ever read. No sinologist, no student of comparative law should miss it.

Hsu Dau-lin
Michigan State University

编后记

2019年底同济法学院青年才俊徐钢、陈颐等为传承同济法学文脉和精神,决意编辑出版"同济法学先哲文存",要我帮忙《徐道邻集》的编集。徐公是我仰慕的法学大家,这不仅在于我的法学素养得益于徐公众多的法学论著,而且在于耳濡目染众多徐公学生、同济法学校友对徐公当年才华横溢、潇洒英姿的缅怀。2004年我在同济大学还接待了徐公的妻子、同济校友叶妙暎女士,她驻足于徐公工作过的寓所、自己曾经就学的校园良久。她不仅赠送给我由她主持编订的徐道邻《中国法制史论集》,而且决定将她保管的徐公在美国的所有藏书捐赠给母校——同济大学文法学院。

徐道邻(1906—1973),原名审交,今安徽萧县人,出生于日本东京,其父为北洋皖系军事将领徐树铮。徐道邻自幼颖慧,1910年随父回国,即入私塾学习,1924年侍父游历考察欧洲,并留德读书。1925年,徐树铮回国,被冯玉祥、张之江等人谋害于廊坊。徐道邻回国奔丧后,于1925年回德国,进入柏林大学攻读法律,师从德国著名学者阿道夫·西蒙德(Rudolf Smend)教授研习公法理论。1931年以论文《宪法的变迁》(Die Verfassungswandlung)获法学博士学位。徐道邻的博士论文《宪法的变迁》,以严谨合理的逻辑结构、深入细致的论证阐述、精当流畅的文字表达、准确而有说服力的学术注释,获得博士论文的最高等级,至今鲜有中国留德学者能够超越。该博士论文奠定了徐道邻作为民国著名学者的学术基础。

在获得博士学位的当年冬天,徐道邻旋即回国,先任职于国防设计委员会,后历任行政院政务处参议、驻意大利代办、考试院铨叙司司长、行政院政务处处长等,其做事认真勤勉,见地独到,为人豁达。1945年抗日战争胜利后,徐道邻想了却心头多年的夙愿:替父报仇。他曾经谈道:"凡是读中国书、听中国戏、看中国小说的人,对于他,没有一件比替父亲伸冤报仇更重要的。但是我那时知道,对于我,这却不是一件简单的事情。冯是一个手握重兵的大军阀。我是一个赤手空拳的孩子,怎么能谈报仇?想要报仇,必须努力向上,在社会上有了一点地位,然后才能作此想。因此我下定了决心:先拿报仇的精神去读书;等书读好了,再拿读书的精神去作事;等作事有点成就,再拿作事的精神去报仇!"①因此,徐道邻不顾友人劝告,毅然辞官投诉重庆地方法院和军事委员会,控告冯玉祥、张之江廊坊杀人罪。因政治等诸多因素,法院以时效为理由使该案不了了之,但徐道邻的义举和该案实况已经声播海内。徐道邻于是回归学术,执教于国立同济大学法学院,并出任院长;后又任台湾省政府委员兼秘书长、江苏省政府委员兼秘书长。1949年去台湾后,在台湾大学、东海大学讲授中国法制史、唐律,并以其扎实的旧学根底和深入探究的西学相结合,以比较的方法,对中外法律制度,尤其是中国法制史进行研究,成果丰硕。1962年夏,徐道邻应美国大学邀请,远渡重洋,先后在西雅图华盛顿大学、哥伦比亚大学和密歇根州立大学任教,传播丰富而深邃的中国法律文化,直到1973年因病去世。

纵观徐公的生平,其"由学入仕",政治上循规蹈矩、践行孝忠,可在民国强者争雄的动荡年代,其护家报国的满腔情怀终究未能如愿;其又

---

① 徐道邻:《二十年后的申冤》,收入徐道邻编述、徐樱增补:《徐树铮先生文集年谱合刊》,台湾商务印书馆1989年版,第379页。

"由仕归学",学术上通今博古、学贯中西,在思想文化承上启下的年代,凭孜孜求实的精神,终成一代法学大家。徐公最难能可贵的是,作为一个学贯中西的法学大家,不管何时何地都坚持以中国法律文化作为自己主要研究、教授和传播的对象,始终如一,并不因地而异、因时而变。

对徐公学术的把握,我以为有如下特点:第一,徐公以中西文化交融的视角研究和论述法律,体现学术的准确性和广博性,这不仅体现在徐公对外国法制的阐述方面,同样体现在徐公对中国传统法律制度史的论述方面,其专著《宪法的变迁》《唐律通论》等都有很好的体现。第二,徐公以比较法阐述古今中外的法律制度,足见徐公驾驭中西学术的自如性,其论著不仅注重微观的比较,如从某一法规着眼,而且注重宏观的比较,如从社会文化等方面入手,在论文《民主法治与制度》等作品中也都得到很好的体现。第三,徐公以真切求实的态度追求学术的真谛,体现学者尊重事实、追求真理的精神,这可以在徐公的每一篇著述里得到体现。

我们为传承同济法学文脉和精神,编辑徐公的这部著作集,如果说还有什么特点的话:其一,我们将其博士论文《宪法的变迁》和对《中国帝制时期法律》(Law in Imperial China)的书评以原文形式发表,体现徐公用中、德、英三种文字写作的特点;其二,我们在徐公的这部著作集中,收录了其在大陆尚未发表的多篇论文,以填补资料的阙如,并增加学术的新颖性。

徐公这部著作集的出版,当感谢台湾大学王柏元博士,是其在繁忙的工作和学习之余,在图书馆浩瀚的民国资料中帮助我们钩沉出大陆尚未发表的徐道隣的七篇学术论文;也当感谢商务印书馆的责任编辑以一丝不苟、精益求精的职业精神,造就《徐道隣集》美好的形象和质量。

同济大学法学院教授　蒋晓伟

2021 年 1 月于同济衷和楼

图书在版编目(CIP)数据

徐道邻集 / 徐道邻著；蒋晓伟编 . — 北京：商务印书馆，2021
（同济法学先哲文存）
ISBN 978-7-100-19886-8

Ⅰ.①徐… Ⅱ.①徐…②蒋… Ⅲ.①法学—文集 Ⅳ.① D90-53

中国版本图书馆 CIP 数据核字（2021）第 079009 号

权利保留，侵权必究。

同济法学先哲文存
徐道邻集
徐道邻　著
蒋晓伟　编

商 务 印 书 馆 出 版
（北京王府井大街36号　邮政编码100710）
商 务 印 书 馆 发 行
江苏凤凰数码印务有限公司印刷
ISBN 978-7-100-19886-8

| 2021年9月第1版 | 开本 880×1240 1/32 |
| 2021年9月第1次印刷 | 印张 30⅛ |

定价：128.00元